Ingrid Lühr

Internationale Rechnungslegung für kleine und mittelgroße Unternehmen

Moderne Finanzwirtschaft & Unternehmensbewertung

Herausgegeben von
Prof. Dr. Manfred Jürgen Matschke
Prof. Dr. Thomas Hering
Prof. Dr. Michael Olbrich
Prof. Dr. Heinz Eckart Klingelhöfer
Prof. Dr. Gerrit Brösel

In dieser Schriftenreihe werden betriebswirtschaftliche Forschungsergebnisse zu aktuellen Fragestellungen der betrieblichen Finanzwirtschaft im ganzen und der Unternehmensbewertung im besonderen präsentiert. Die Reihe richtet sich an Leser in Wissenschaft und Praxis. Sie ist als Veröffentlichungsplattform für alle herausragenden Arbeiten auf den genannten Gebieten offen, unabhängig davon, wo sie entstanden sind.

Ingrid Lühr

Internationale Rechnungslegung für kleine und mittelgroße Unternehmen

Mit einem Geleitwort von Prof. Dr. Dieter Schneeloch

RESEARCH

Bibliografische Information der Deutschen Nationalbibliothek
Die Deutsche Nationalbibliothek verzeichnet diese Publikation in der
Deutschen Nationalbibliografie; detaillierte bibliografische Daten sind im Internet über
<http://dnb.d-nb.de> abrufbar.

Dissertation FernUniversität in Hagen, 2009

1. Auflage 2010

Alle Rechte vorbehalten
© Gabler Verlag | Springer Fachmedien Wiesbaden GmbH 2010

Lektorat: Ute Wrasmann | Stefanie Loyal

Gabler Verlag ist eine Marke von Springer Fachmedien.
Springer Fachmedien ist Teil der Fachverlagsgruppe Springer Science+Business Media.
www.gabler.de

Das Werk einschließlich aller seiner Teile ist urheberrechtlich geschützt. Jede
Verwertung außerhalb der engen Grenzen des Urheberrechtsgesetzes ist ohne
Zustimmung des Verlags unzulässig und strafbar. Das gilt insbesondere für
Vervielfältigungen, Übersetzungen, Mikroverfilmungen und die Einspeicherung
und Verarbeitung in elektronischen Systemen.

Die Wiedergabe von Gebrauchsnamen, Handelsnamen, Warenbezeichnungen usw. in diesem
Werk berechtigt auch ohne besondere Kennzeichnung nicht zu der Annahme, dass solche
Namen im Sinne der Warenzeichen- und Markenschutz-Gesetzgebung als frei zu betrachten
wären und daher von jedermann benutzt werden dürften.

Umschlaggestaltung: KünkelLopka Medienentwicklung, Heidelberg
Gedruckt auf säurefreiem und chlorfrei gebleichtem Papier
Printed in Germany

ISBN 978-3-8349-2253-3

Geleitwort

Die zunehmende Harmonisierung der Rechnungslegung durch Verbreitung der International Financial Reporting Standards (IFRS) erfordert zwingend eine Teilnahme an der Diskussion um die Anwendung der IFRS. Das International Accounting Standards Board (IASB) arbeitet fortlaufend an deren Weiterentwicklung mit dem Ziel, dass die IFRS eines Tages weltweit und für alle rechnungslegenden Unternehmen gelten sollen. Die Europäische Union (EU) unterstützt – wenn auch nicht uneingeschränkt – dieses Unterfangen.

Entwickelt wurden die IFRS für kapitalmarktorientierte Unternehmen; für alle Konzernabschlüsse kapitalmarktorientierter Unternehmen innerhalb der EU sind sie verbindlich anzuwenden. Das Anliegen des IASB, die Anwendung der IFRS auch für kleine und mittelgroße Unternehmen voranzutreiben, stößt auf heftige Kritik. Aus diesem Grund hat das IASB einen gesonderten Standard für kleine und mittelgroße Unternehmen, den IFRS für KMU, entwickelt. Diesem fehlt jedoch die für kleine und mittelgroße Unternehmen notwendige Praktikabilität. Auch wenn sich der deutsche Gesetzgeber mit der Verabschiedung des Bilanzrechtsmodernisierungsgesetzes (BilMoG) gegen die Anwendung der IFRS und damit auch des IFRS für KMU entschieden hat, sind die Auswirkungen der internationalen auf die nationale Rechnungslegung gravierend. Eine Auseinandersetzung mit dem Gedankengut der IFRS und deren Einflüsse auf die handelsrechtliche Rechnungslegung sind unumgänglich.

In diesem Sinne ist es verdienstvoll, dass Frau Lühr sich mit ihrer Dissertation die Aufgabe gestellt hat, einen Beitrag zur Diskussion um ein adäquates Rechnungslegungssystem für kleine und mittelgroße Unternehmen vor dem Hintergrund der IFRS und des IFRS für KMU zu leisten. Sie kritisiert nicht nur die einzelnen Regelungen des IFRS für KMU in überzeugender und wohlbegründeter Weise, sondern zeigt auch die zunehmende „Infizierung" des HGB durch die internationale Rechnungslegung.

Die von Frau Lühr behandelten Fragestellungen sind von großem wissenschaftlichen Interesse und praktischer Relevanz. Die vorliegende Arbeit ist der normativen Betriebswirtschaftslehre zuzuordnen und zwar dem speziellen Bereich, der sich mit der Deduktion von Grundsätzen zur Abbildung realen betrieblichen Geschehens in der externen Rechnungslegung der Unternehmen beschäftigt. Derartige Arbeiten haben in der deutschsprachigen Betriebswirtschaftslehre eine lange Tradition. Sie werden zum Kernbereich der Betriebswirtschaftslehre gezählt. Im Rahmen ihrer kritischen Auseinandersetzung entwickelt Frau Lühr eine Vielzahl eigenständiger Gedanken. Es ist zu hoffen, dass diese die künftige wissenschaftliche und politische Diskussion beeinflussen werden.

Prof. Dr. Dieter Schneeloch

Vorwort

Die vorliegende Arbeit entstand während meiner Tätigkeit als wissenschaftliche Mitarbeiterin am Lehrstuhl für Betriebswirtschaftslehre, insbesondere Steuer- und Prüfungswesen. Sie wurde im Sommersemester 2009 in nahezu unveränderter Form von der Fakultät für Wirtschaftswissenschaft der FernUniversität in Hagen als Dissertation angenommen. Bei allen, die mich bei der Anfertigung der Arbeit und ihrer Veröffentlichung unterstützt haben, möchte ich mich ganz herzlich bedanken.

Ein besonderes Anliegen ist es mir, meinem akademischen Lehrer und Doktorvater, Herrn Prof. Dr. Dieter Schneeloch, zu danken, der mir diese Arbeit ermöglicht und viele wertvolle Anregungen im Rahmen der Doktorandenseminare gegeben hat. Herrn Prof. Dr. habil. Thomas Hering danke ich für die zügige Erstellung des Zweitgutachtens und die damit verbundenen Anregungen. Schließlich möchte ich Herrn Prof. Dr. Jörn Littkemann in seiner Eigenschaft als drittes Mitglied der Prüfungskommission meinen Dank aussprechen.

Mein Dank gebührt auch den Herausgebern der Schriftenreihe „Moderne Finanzwirtschaft & Unternehmensbewertung" für die freundliche Aufnahme meiner Arbeit.

Die lebhaften Diskussionen in freundschaftlicher Arbeitsatmosphäre am Lehrstuhl haben mich stets motiviert, bedanken möchte ich mich besonders bei Herrn Dr. Guido Patek, Frau Dipl.-Kff. Heidi Reichle, Herrn Dipl.-Ing. Dipl.-Kfm. S. Peter Schröder, Herrn Dipl.-Ök. Thomas Vogelsang, Herrn Dr. Wilfried Wittstock sowie bei Frau Dr. Tanja Trockels-Brand und Herrn Prof. Dr. Hubertus Wameling. Insbesondere Herr Dr. Guido Patek, Herr Dipl.-Ing. Dipl.-Kfm. S. Peter Schröder und Herr Dr. Wilfried Wittstock haben mir jederzeit mit Rat und Tat zur Seite gestanden und damit maßgeblich zum erfolgreichen Abschluss meiner Promotion beigetragen.

Der größte Dank gilt meinem Mann Burkhardt Lühr für sein Verständnis, seine großherzige Geduld und seine unzähligen Ermutigungen und Aufmunterungen. Vielen herzlichen Dank an Frau Barbara Lauer für ihre Ausdauer bei der abschließenden Korrektur dieser „fremden Materie".

Des Weiteren gilt mein Dank meinen Eltern dafür, dass ich während der Zeit als wissenschaftliche Mitarbeiterin an der FernUniversität in Hagen bei ihnen wohnen konnte und für ihre vielfältige weitere Unterstützung. Alle anderen Familienmitglieder und Freunde mögen verzeihen, dass ich sie nicht namentlich erwähne, mein Dank gilt auch ihnen.

Nürnberg, den 23. Januar 2010 Ingrid Lühr

Inhaltsübersicht

Inhaltsverzeichnis XI

Abkürzungsverzeichnis XIX

Abbildungsverzeichnis XXV

1 Einleitung **1**

1.1 Problemstellung und Untersuchungsziel 1

1.2 Abgrenzung der Untersuchung 4

1.3 Gang der Untersuchung 4

2 Internationale Rechnungslegung und Entwicklungen für kleine und mittelgroße Unternehmen **7**

2.1 Grundlagen der internationalen Rechnungslegung 7

2.2 Definition und Bedeutung kleiner und mittelgroßer Unternehmen 25

2.3 Aktuelle Entwicklungen der Rechnungslegung für kleine und mittelgroße Unternehmen 40

3 Anforderungen der Adressaten an die Abschlüsse kleiner und mittelgroßer Unternehmen und an die Grundsätze eines adäquaten Rechnungslegungssystems **47**

3.1 Einführung und Überblick 47

3.2 Zwecke der Rechnungslegung 49

3.3 Adressaten der Abschlüsse kleiner und mittelgroßer Unternehmen 52

3.4 Interessen der Adressaten 56

3.5 Zwischenergebnisse 69

3.6 Betrachtung der wirtschaftlichen Lage des Unternehmens ... 75

3.7 Grundsätze eines adäquaten Rechnungslegungssystems 83

4 Untersuchung der Vorteilhaftigkeit von IFRS-Abschlüssen im Vergleich zu HGB-Abschlüssen ... 131

4.1 In der Literatur genannte Argumente für eine Anwendung der IFRS ... 131

4.2 Konvergenz von internem und externem Rechnungswesen ... 133

4.3 Beschaffung von Fremd- und Eigenkapital ... 166

4.4 Zunehmende Internationalisierung ... 193

4.5 Zwischenergebnisse ... 195

5 Analyse des IFRS für KMU und kritische Würdigung internationaler Einflüsse auf die handelsrechtliche Rechnungslegung ... 197

5.1 Einführung und Überblick ... 197

5.2 Vorgehen und Selbstverständnis des IASB ... 198

5.3 Prüfung der Konzeption und Ausgestaltung des IFRS für KMU im Vergleich zu den vollen IFRS sowie deren Auswirkungen auf die handelsrechtliche Rechnungslegung ... 206

5.4 Ergebnisse der Analyse ... 323

6 Empfehlungen zur Ausgestaltung eines adäquaten Rechnungslegungssystems für kleine und mittelgroße Unternehmen ... 325

6.1 Erfüllung der Zahlungsbemessungs- und Informationszwecke ... 325

6.2 Kritische Würdigung von Mehrzweckabschlüssen ... 327

6.3 Betrachtung de lege ferenda ... 333

7 Zusammenfassung ... 337

Literaturverzeichnis ... 347

Verzeichnis der Verordnungen, Empfehlungen und Richtlinien sowie Mitteilungen, Vorschläge und Kommentare der Europäischen Union ... 397

Verzeichnis der Gesetze, Artikelgesetze, Parlamentaria, Verwaltungsanweisungen und Urteile ... 403

Inhaltsverzeichnis

Abkürzungsverzeichnis XIX

Abbildungsverzeichnis XXV

1 Einleitung 1
1.1 Problemstellung und Untersuchungsziel 1
1.2 Abgrenzung der Untersuchung 4
1.3 Gang der Untersuchung 4

2 Internationale Rechnungslegung und Entwicklungen für kleine und mittelgroße Unternehmen 7
2.1 Grundlagen der internationalen Rechnungslegung 7
2.1.1 Zielsetzung des Abschlusses 7
2.1.1.1 Definition des Abschlusses und seiner Bestandteile 7
2.1.1.2 Vermittlung eines den tatsächlichen Verhältnissen entsprechenden Bildes 10
2.1.1.3 Bereitstellung entscheidungsnützlicher Informationen ... 13
2.1.1.3.1 Vorbemerkung 13
2.1.1.3.2 Darstellung der Vermögenslage 14
2.1.1.3.3 Darstellung der Ertragslage 14
2.1.1.3.4 Darstellung der Finanzlage 15
2.1.2 Konzeptionelle Grundlagen 17
2.1.2.1 Informations- versus Zahlungsbemessungsfunktion 17
2.1.2.2 Angloamerikanische versus kontinentaleuropäische Rechnungslegung ... 19
2.1.3 Entwicklungen auf Ebene der Europäischen Union 21
2.1.3.1 Hinwendung zu den IFRS 21
2.1.3.2 Reaktionen der Mitgliedstaaten auf das Wahlrecht zur Anwendung der IFRS 22

2.2 Definition und Bedeutung kleiner und mittelgroßer Unternehmen 25
2.2.1 Definitionskriterien auf nationaler und internationaler Ebene 25
2.2.1.1 Quantitative Abgrenzungskriterien 25
2.2.1.2 Qualitative Abgrenzungskriterien 27
2.2.1.3 Definitionskriterien der Europäischen Union 29
2.2.1.4 Definitionskriterien des IFRS für KMU 30

2.2.2 Bedeutung kleiner und mittelgroßer Unternehmen und ihrer Abschlüsse für die Adressaten 34
2.2.3 Abgrenzung für diese Untersuchung 38

2.3 Aktuelle Entwicklungen der Rechnungslegung für kleine und mittelgroße Unternehmen 40

2.3.1 Überblick 40
2.3.2 Entwicklung eines eigenen International Financial Reporting Standard 40
    2.3.2.1 Projektverlauf 40
    2.3.2.2 Zielsetzungen des IASB 42
2.3.3 Bilanzrechtsmodernisierung als gleichwertige Alternative 43
    2.3.3.1 Entwicklungsstadien 43
    2.3.3.2 Zielsetzungen des Gesetzgebers 44

3 Anforderungen der Adressaten an die Abschlüsse kleiner und mittelgroßer Unternehmen und an die Grundsätze eines adäquaten Rechnungslegungssystems 47

3.1 Einführung und Überblick 47

3.2 Zwecke der Rechnungslegung 49

3.3 Adressaten der Abschlüsse kleiner und mittelgroßer Unternehmen 52

3.3.1 Überblick 52
3.3.2 Abgrenzung der internen Adressaten 53
3.3.3 Abgrenzung der externen Adressaten 55

3.4 Interessen der Adressaten 56

3.4.1 Vorbemerkung 56
3.4.2 Interessen der internen Adressaten 57
    3.4.2.1 Interessen der an der Geschäftsführung beteiligten Gesellschafter 57
    3.4.2.2 Interessen angestellter Geschäftsführer 58
3.4.3 Interessen der externen Adressaten 60
    3.4.3.1 Interessen der nicht an der Geschäftsführung beteiligten Gesellschafter 60
    3.4.3.2 Interessen der Kreditgeber 62
    3.4.3.3 Interessen der Arbeitnehmer 63
    3.4.3.4 Interessen der Lieferanten 64
    3.4.3.5 Interessen der Kunden 64

Inhaltsverzeichnis

3.4.3.6	Interessen des Fiskus	65
3.4.3.7	Interessen sonstiger Gruppen	65
3.4.4	Konvergente und divergente Interessen	65
3.4.5	Zuordnung der Interessen zu den Rechnungslegungszwecken	66

3.5 Zwischenergebnisse ... **69**

3.6 Betrachtung der wirtschaftlichen Lage des Unternehmens ... **75**

- 3.6.1 Vorüberlegungen ... 75
- 3.6.2 Betrachtung der Vermögenslage ... 76
- 3.6.3 Betrachtung der Ertragslage ... 78
- 3.6.4 Betrachtung der Finanzlage ... 80
- 3.6.5 Ergebnisse zur Erfüllbarkeit der Rechnungslegungszwecke ... 82

3.7 Grundsätze eines adäquaten Rechnungslegungssystems ... **83**

- 3.7.1 Vorbemerkung ... 83
- 3.7.2 Bedeutung der genannten Rechnungslegungszwecke ... 84
- 3.7.3 Verknüpfung der Zwecke mit den Grundsätzen der Rechnungslegungssysteme ... 87
- 3.7.4 Grundsätze der handelsrechtlichen Rechnungslegung ... 89
  - 3.7.4.1 Bedeutung der Grundsätze ordnungsmäßiger Buchführung und Bilanzierung ... 89
  - 3.7.4.2 Systemgrundsätze ... 91
  - 3.7.4.3 Rahmengrundsätze ... 93
  - 3.7.4.4 Dokumentationsgrundsätze ... 98
  - 3.7.4.5 Ansatzgrundsätze für die Bilanz ... 99
  - 3.7.4.6 Definitionsgrundsätze für den Jahreserfolg ... 100
  - 3.7.4.7 Kapitalerhaltungsgrundsätze ... 103
- 3.7.5 Grundsätze der International Financial Reporting Standards ... 106
  - 3.7.5.1 Bedeutung des Rahmenkonzepts ... 106
  - 3.7.5.2 Grundlegende Annahmen ... 108
  - 3.7.5.3 Qualitative Anforderungen ... 110
  - 3.7.5.4 Relativierende Nebenbedingungen ... 114
  - 3.7.5.5 Definitions- und Ansatzkriterien für die Bilanz ... 116
  - 3.7.5.6 Abgrenzungskriterien für die Gesamtergebnisrechnung ... 119
  - 3.7.5.7 Kapital- und Kapitalerhaltungskonzepte ... 122
- 3.7.6 Betrachtung de lege ferenda ... 123
  - 3.7.6.1 Gegenüberstellung der Grundsätze beider Rechnungslegungssysteme ... 123

3.7.6.2 Grundsätze für Zwecke der Zahlungsbemessung 124
3.7.6.3 Grundsätze für Zwecke der Informationsvermittlung 125
3.7.7 Ergebnisse zu den Grundsätzen eines adäquaten Rechnungslegungssystems 128

4 Untersuchung der Vorteilhaftigkeit von IFRS-Abschlüssen im Vergleich zu HGB-Abschlüssen 131

4.1 In der Literatur genannte Argumente für eine Anwendung der IFRS 131

4.2 Konvergenz von internem und externem Rechnungswesen 133

    4.2.1 Einführung 133
    4.2.2 Mögliche Vorteile 136
    4.2.3 Besondere Eignung der IFRS-Rechnungslegung für interne Berichtszwecke 138
        4.2.3.1 Überblick 138
        4.2.3.2 Steuerungsorientierte Kotrollrechnung und IFRS-basierte Konvergenzrechnung 139
            4.2.3.2.1 Vorbemerkung 139
            4.2.3.2.2 Anforderungskriterien an eine steuerungsorientierte Kontrollrechnung 140
            4.2.3.2.3 Zusammenhänge zwischen den Anforderungskriterien und den IFRS-Grundsätzen 142
        4.2.3.3 IFRS- statt HGB-basiertes internes Rechnungswesen 143
            4.2.3.3.1 Vorbemerkung 143
            4.2.3.3.2 Dominanz des Periodisierungsgrundsatzes 144
            4.2.3.3.3 Nachrangigkeit des Vorsichtsprinzips 147
    4.2.4 Konvergenz interner und externer Ergebnisermittlung 150
        4.2.4.1 Vorbemerkung 150
        4.2.4.2 Aufstellung der Gewinn- und Verlustrechnung nach dem Umsatzkostenverfahren 151
        4.2.4.3 Abstimmung der Erfolgsspaltung 153
    4.2.5 Ersatz kalkulatorischer Kosten durch pagatorische Werte 157
        4.2.5.1 Einführung 157
        4.2.5.2 Verzicht auf kalkulatorische Kosten 158
        4.2.5.3 Manipulationsspielräume bei Ermittlung kalkulatorischer Kosten 160
        4.2.5.4 Bewertung zum beizulegenden Zeitwert statt Ermittlung kalkulatorischer Kosten 162
    4.2.6 Schlussfolgerungen zur Konvergenz von internem und externem Rechnungswesen 164

4.3 Beschaffung von Fremd- und Eigenkapital 166

4.3.1 Einführung 166
4.3.2 Mögliche Vorteile 171
4.3.3 Bevorzugung von IFRS-Abschlüssen bei internen Ratingsystemen 172
    4.3.3.1 Vorbemerkung 172
    4.3.3.2 Anforderungskriterien an interne Ratingsysteme 173
    4.3.3.3 Erfüllung der Anforderungskriterien 176
4.3.4 Verbesserung der Ratingergebnisse durch IFRS-Abschlüsse 180
    4.3.4.1 Vorbemerkung 180
    4.3.4.2 Analysefelder des Bonitätsratings 181
    4.3.4.3 Verbesserung der Eigenkapitalquote und Verringerung der Kreditkosten ... 184
    4.3.4.4 Bedeutung des qualitativen Ratings 188
4.3.5 Erleichterungen bei Private Equity 190
4.3.6 Schlussfolgerungen zur Beschaffung von Fremd- und Eigenkapital 192

4.4 Zunehmende Internationalisierung 193

4.5 Zwischenergebnisse 195

5 Analyse des IFRS für KMU und kritische Würdigung internationaler Einflüsse auf die handelsrechtliche Rechnungslegung 197

5.1 Einführung und Überblick 197

5.2 Vorgehen und Selbstverständnis des IASB 198

5.2.1 Ausführungen des IASB zu den Bedürfnissen kleiner und mittelgroßer Unternehmen und deren Adressaten 198
5.2.2 Top-down- statt Bottom-up-Ansatz 200
5.2.3 Meinungsaustausch und empirische Untersuchungen 201
5.2.4 Prägung des IASB durch seine Mitglieder 204

5.3 Prüfung der Konzeption und Ausgestaltung des IFRS für KMU im Vergleich zu den vollen IFRS sowie deren Auswirkungen auf die handelsrechtliche Rechnungslegung 206

5.3.1 Anforderungskriterien an ein Rechnungslegungssystem internationaler Prägung 206
    5.3.1.1 Forderungen der Anwender und Adressaten 206
    5.3.1.2 Standpunkt des IASB 206

5.3.1.3	HGB und Bilanzrechtsmodernisierung	209
5.3.1.4	Methodik der Untersuchung	211
5.3.1.4.1	Prüfung auf Praktikabilität	211
5.3.1.4.2	Tabellarischer Überblick zu den folgenden Gliederungspunkten	213
5.3.2	Unabhängigkeit von den vollen IFRS	217
5.3.2.1	Der IFRS für KMU als eigenständiges Regelwerk	217
5.3.2.2	Vorschläge des IASB zur Zielerreichung	217
5.3.2.2.1	Überblick	217
5.3.2.2.2	Ausschluss nicht relevanter Sachgebiete	218
5.3.2.2.3	Querverweise bei Wahlrechten	220
5.3.2.2.4	Vorgehen bei Regelungslücken	224
5.3.2.3	Schlussfolgerungen und Ausblick zum IFRS für KMU als eigenständiges Regelwerk	227
5.3.2.4	Gefährdung der Eigenständigkeit des HGB und der GoB durch Einflüsse der IFRS	228
5.3.2.5	Zwischenergebnisse	232
5.3.3	Regelwerk angemessenen Umfangs	232
5.3.3.1	Umfang des IFRS für KMU	232
5.3.3.2	Vorschläge des IASB zur Zielerreichung	233
5.3.3.2.1	Überblick	233
5.3.3.2.2	Erstellung eines Glossars statt redundanter Definitionen	234
5.3.3.2.3	Verringerung des Textvolumens durch Kürzungen	235
5.3.3.2.3.1	Untersuchung ausgewählter Abschnitte	235
5.3.3.2.3.2	Analyse des Abschnitts 12 im Vergleich zu IAS 2: Vorräte	235
5.3.3.2.3.3	Analyse des Abschnitts 22 im Vergleich zu IAS 18 und IAS 11: Erlöse und Fertigungsaufträge	238
5.3.3.3	Schlussfolgerungen zum Umfang des IFRS für KMU	244
5.3.3.4	Beeinträchtigung der Gliederungsstruktur des HGB durch das BilMoG	244
5.3.3.5	Zwischenergebnisse	245
5.3.4	Prinzipien anstelle von Einzelfallregeln	246
5.3.4.1	Prinzipienorientierung der IFRS und des HGB	246
5.3.4.2	Prinzipien- und regelorientierte Rechnungslegungssysteme	246
5.3.4.3	Paradigmenwechsel im IFRS für KMU	250
5.3.4.3.1	Überblick	250
5.3.4.3.2	Regelungsprozess auf Basis allgemein verbindlicher Prinzipien	251
5.3.4.3.3	Regelungsgehalt der Konzepte und grundlegenden Prinzipien	253
5.3.4.3.4	Abweichung von Einzelfallregeln zugunsten übergeordneter Prinzipien bei Regelungsanwendung	255

5.3.4.4 Schlussfolgerungen zur Prinzipienorientierung des IFRS für KMU 257
5.3.4.5 Gefährdung der Prinzipienorientierung des HGB durch Einflüsse
der IFRS 258
5.3.4.6 Zwischenergebnisse 260
5.3.5 Reduktion von Aufwand, Kosten und Komplexität 260
5.3.5.1 Erleichterungen bei Ansatz und Bewertung im IFRS für KMU 260
5.3.5.2 Vorschläge des IASB zur Zielerreichung 262
    5.3.5.2.1 Überblick 262
    5.3.5.2.2 Finanzinstrumente 264
        5.3.5.2.2.1 Wahlrecht zur Ansatz- und Bewertungsmethode,
                    Definition und Anwendungsbereich 264
        5.3.5.2.2.2 Ansatz und Bewertung 267
        5.3.5.2.2.3 Ausbuchung finanzieller Vermögenswerte und
                    Verbindlichkeiten 272
        5.3.5.2.2.4 Bilanzierung von Sicherungsbeziehungen 274
    5.3.5.2.3 Ertragsteuern 279
        5.3.5.2.3.1 Steuerabgrenzungen 279
        5.3.5.2.3.2 Zeitlich begrenzte und temporäre Differenzen 282
        5.3.5.2.3.3 Ansatz und Bewertung 284
        5.3.5.2.3.4 Zeitliche-Differenzen-Plus-Ansatz versus
                    Temporäre-Differenzen-Ansatz 286
    5.3.5.2.4 Wertminderung des Geschäfts- oder Firmenwerts 288
    5.3.5.2.5 Bewertung von biologischen Vermögenswerten 292
    5.3.5.2.6 Erfassung versicherungsmathematischer Gewinne und Verluste
            aus leistungsorientierten Plänen 293
    5.3.5.2.7 Bewertung von anteilsbasierten Vergütungstransaktionen mit
            Ausgleich durch Eigenkapitalinstrumente 295
    5.3.5.2.8 Erstbewertung von Gegenständen des Finanzierungsleasings
            beim Leasingnehmer 296
    5.3.5.2.9 Bilanzierungswahlrecht für Entwicklungskosten 297
5.3.5.3 Schlussfolgerungen und Ausblick zu den Erleichterungen bei
Ansatz und Bewertung im IFRS für KMU 298
5.3.5.4 Schaffung einer „einfacheren und kostengünstigeren Alternative"
durch das BilMoG 300
5.3.5.5 Zwischenergebnisse 304
5.3.6 Erstellung nur eines Abschlusses 304
5.3.6.1 Zahlungsbemessung und steuerliche Gewinnermittlung 304
5.3.6.2 Ausschüttungsbemessung und IFRS 307

5.3.6.2.1 Überblick 307
5.3.6.2.2 Solvenztest statt bilanzieller Kapitalerhaltung 309
5.3.6.2.3 Überleitungsrechnung ohne Solvenztest 312
5.3.6.3 Steuerliche Gewinnermittlung 314
5.3.6.4 Schlussfolgerungen zur Ausschüttungsbemessung nach IFRS und zur steuerlichen Gewinnermittlung 316
5.3.6.5 Ausschüttungsbemessung und Bilanzrechtsmodernisierung 316
5.3.6.6 Maßgeblichkeit und Bilanzrechtsmodernisierung 318
5.3.6.7 Zwischenergebnisse 323

5.4 **Ergebnisse der Analyse** **323**

6 Empfehlungen zur Ausgestaltung eines adäquaten Rechnungslegungssystems für kleine und mittelgroße Unternehmen 325

6.1 **Erfüllung der Zahlungsbemessungs- und Informationszwecke** **325**

6.2 **Kritische Würdigung von Mehrzweckabschlüssen** **327**

6.2.1 Bilanzrechtsmodernisierungsgesetz 327
6.2.2 Abkopplungsthese von Adolf Moxter 329
6.2.3 Ergänzte Mehrzweckbilanz von Edmund Heinen 330

6.3 **Betrachtung de lege ferenda** **333**

6.3.1 Vorschlag einer Zwei-Werte-Bilanz 333
6.3.2 Konzeptionelle Grundlagen der Zwei-Werte-Bilanz 334

7 Zusammenfassung 337

Literaturverzeichnis 347

Verzeichnis der Verordnungen, Empfehlungen und Richtlinien sowie
Mitteilungen, Vorschläge und Kommentare der Europäischen Union 397

Verzeichnis der Gesetze, Artikelgesetze, Parlamentaria, Verwaltungsanweisungen und Urteile 403

Abkürzungsverzeichnis

a. F.	alte Fassung
a. M.	am Main
Abl.	Amtsblatt
Abs.	Absatz
Abt.	Abteilung
AG	Aktiengesellschaft
AGVO	Allgemeine Gruppenfreistellungsverordnung
AK	Anschaffungs- oder Herstellungskosten
AktG	Aktiengesetz
APFRAG	Asia-Pacific Financial Reporting Advisory Group
Art.	Artikel
b&b	bilanz & buchhaltung (Zeitschrift)
BaFin	Bundesanstalt für Finanzdienstleistungsaufsicht
BB	Betriebs-Berater (Zeitschrift)
BBK	Zeitschrift für Betrieb und Rechnungswesen: Buchführung, Bilanz, Kostenrechnung
BC	Basis for Conclusions
BdF	Bundesminister der Finanzen
BDI	Bundesverband der Deutschen Industrie e. V.
ber.	berichtigt
BFuP	Betriebswirtschaftliche Forschung und Praxis (Zeitschrift)
BGB	Bürgerliches Gesetzbuch
BGBl	Bundesgesetzblatt
BGH	Bundesgerichtshof
BilKoG	Bilanzkontrollgesetz
BilMoG	Bilanzrechtsmodernisierungsgesetz
BilReG	Bilanzrechtsreformgesetz
BiRiLiG	Bilanzrichtliniengesetz
BR-Drucks.	Bundesrats-Drucksache
BStBl	Bundessteuerblatt
BT-Drucks.	Bundestags-Drucksache
BVK	Bundesverband deutscher Kapitalbeteiligungsgesellschaften e. V.
BWA	Bund der Wirtschaftsakademiker e. V.
bzw.	beziehungsweise
ca.	circa

CCCTB	Common Consolidated Corporate Tax Base
COM	Communication from the Commission
d. h.	das heißt
DAX	Deutscher Aktienindex
DB	Der Betrieb (Zeitschrift)
DIHK	Deutsche Industrie- und Handelskammer
DPR	Deutsche Prüfstelle für Rechnungslegung
DP-SME	Discussion Paper – Preliminary Views on Accounting Standards for Small and Medium-sized Entities
DRS	Deutsche Rechnungslegungs Standards
DRSC	Deutsches Rechnungslegungs Standards Committee e. V.
DSGV	Deutscher Sparkassen- und Giroverband
DSR	Deutscher Standardisierungsrat
DStR	Deutsches Steuerrecht (Zeitschrift)
DSWR	Datenverarbeitung-Steuer-Wirtschaft-Recht (Zeitschrift)
DVFA	Deutsche Vereinigung für Finanzanalyse und Asset Management
e. V.	eingetragener Verein
ED	Exposure Draft
EDV	Elektronische Datenverarbeitung
EEA	European Economic Area
EFRAG	European Financial Reporting Advisory Group
EG	Europäische Gemeinschaft
EHUG	Gesetz über elektronische Handelsregister und Genossenschaftsregister sowie das Unternehmensregister
E-IFRS-KMU	Entwurf eines vorgeschlagenen IFRS für kleine und mittelgroße Unternehmen
Einf.	Einführung
EL	Expected Loss
engl.	englisch
EStG	Einkommensteuergesetz
et al.	et alii
etc.	et cetera
EU	Europäische Union
EURIBOR	Euro Interbank Offered Rate
EVM	Earned-Value-Methode
EWG	Europäische Wirtschaftsgemeinschaft

f.	folgende
FAS	Financial Accounting Standards
FASB	Financial Accounting Standards Board
FB	Der Finanz-Betrieb (Zeitschrift)
ff.	fortfolgende
FGG-RG	Gesetz zur Reform des Verfahrens in Familiensachen und Angelegenheiten der freiwilligen Gerichtsbarkeit
FIFO	First in – First out
Fn.	Fußnote
GbR	Gesellschaft bürgerlichen Rechts
GenG	Gesetz betreffend die Erwerbs- und Wirtschaftsgenossenschaften
GKKB	Gemeinsame konsolidierte Körperschaftsteuer-Bemessungsgrundlage
GmbH	Gesellschaft(en) mit beschränkter Haftung
GmbH & Co. KG	Gesellschaft(en) mit beschränkter Haftung und Compagnie Kommanditgesellschaft
GmbHG	Gesetz betreffend die Gesellschaften mit beschränkter Haftung
GmbHR	GmbH Rundschau (Zeitschrift)
GoB	Grundsätze ordnungsmäßiger Buchführung und Bilanzierung
GS	Grundlage für Schlussfolgerungen
GuV	Gewinn- und Verlustrechnung
HDAX	Zusammenfassung von DAX, MDAX und TecDAX (Auswahlliste der Deutschen Börse)
HdJ	Handbuch des Jahresabschlusses
HdR	Handbuch der Rechnungslegung
HFA	Hauptfachausschuss des Instituts der Wirtschaftsprüfer in Deutschland e. V.
HGB	Handelsgesetzbuch
HGB-RegE	Regierungsentwurf zur Änderung des Handelsgesetzbuches (durch das Bilanzrechtsmodernisierungsgesetz)
hrsg.	herausgegeben
Hrsg.	Herausgeber
HS	Halbsatz
i. B.	im Breisgau
i. d. R.	in der Regel

i. e. S.	im engeren Sinne
i. S. d.	im Sinne des/der
i. S. v.	im Sinne von
i. V. m.	in Verbindung mit
i. w. S.	im weiteren Sinne
IAS	International Accounting Standard(s)
IASB	International Accounting Standards Board
IASC	International Accounting Standards Committee
IASCF	International Accounting Standards Committee Foundation
IDW	Institut der Wirtschaftsprüfer in Deutschland e. V.
IDW-FN	Fachnachrichten des Instituts der Wirtschaftsprüfer in Deutschland e. V. (Zeitschrift)
IfM	Institut für Mittelstandsforschung
IFRIC	International Financial Reporting Interpretations Committee
IFRS	International Financial Reporting Standards
IFRS for NPAEs	IFRS for Non-publicly Accountable Entities
IFRS for PE	IFRS for Private Entities
IFRS for SMEs	IFRS for Small and Medium-sized Entities
IFRS für KMU	IFRS für kleine und mittelgroße Unternehmen
InsO	Insolvenzordnung
IOSCO	International Organization of Securities Commissions
IRZ	Zeitschrift für Internationale Rechnungslegung
JAE	Jahreseinheiten
KfW	Kreditanstalt für Wiederaufbau
KG	Kommanditgesellschaft(en)
KMU	Kleine und mittelgroße Unternehmen
KOM	Mitteilung der Kommission
KoR	Zeitschrift für internationale und kapitalmarktorientierte Rechnungslegung
krp	Kostenrechnungspraxis (Zeitschrift)
KWG	Gesetz über das Kreditwesen
LG	Landgericht
LGD	Loss Given Default
LIBOR	London Interbank Offered Rate
lt.	laut
m. E.	meines Erachtens

Abkürzungsverzeichnis

m. w .N.	mit weiteren Nachweisen
MBG	Mittelständische Beteiligungsgesellschaften
MDAX	Midcap-DAX (Auswahlindex der Deutschen Börse)
Mio.	Millionen
MoMiG	Gesetz zur Modernisierung des GmbH-Rechts und zur Bekämpfung von Missbräuchen
Mrd.	Milliarde(n)
NPAEs	Non-publicly Accountable Entities
Nr.	Nummer
Nrn.	Nummern
OHG	Offene Handelsgesellschaft(en)
p.	page
P6_TA	Entschließung des Europäischen Parlaments
PAEs	Public Accountable Entities
PD	Probability of Default
PiR	Praxis der internationalen Rechnungslegung (Zeitschrift)
POCM	Percentage-of-Completion-Methode
PublG	Publizitätsgesetz
RegE	Regierungsentwurf
RIC	Rechnungslegung Interpretations Committee
Rk.	Rahmenkonzept
ROHG	Reichsoberhandelsgericht
Rz.	Randziffer
S.	Seite
SEC	Securities and Exchange Commission
SFAS	Statement of Financial Accounting Standards
SIC	Standing Interpretations Committee
SKM	Standardkostenmodell
SME(s)	Small and Medium-sized Entities
sog.	so genannte(r, s)
Sp.	Spalte
SR	Status:Recht (Zeitschrift)
StuB	Steuern und Bilanzen (Zeitschrift)
StuW	Steuer und Wirtschaft (Zeitschrift)

Tz.	Teilziffer
u.	und
u. a.	unter anderem/und andere
u. ä.	und ähnliche
UR	Universität Regensburg
US	United States
USA	United States of America
US-GAAP	United States Generally Accepted Accounting Principles
UStG	Umsatzsteuergesetz
vgl.	vergleiche
WM	Wertpapier-Mitteilungen – Zeitschrift für Wirtschafts- und Bankrecht
WPg	Die Wirtschaftsprüfung (Zeitschrift)
z. B.	zum Beispiel
ZfB	Zeitschrift für Betriebswirtschaft
zfbf	Zeitschrift für betriebswirtschaftliche Forschung
ZfCM	Zeitschrift für Controlling und Management
ZfgK	Zeitschrift für das gesamte Kreditwesen
zfhf	Zeitschrift für handelswissenschaftliche Forschung
ZGR	Zeitschrift für Unternehmens- und Gesellschaftsrecht
ZHR	Zeitschrift für das gesamte Handels- und Wirtschaftsrecht
ZR	Rechtsprechung in Zivilsachen

Abbildungsverzeichnis

Abbildung 2/1: Ausübung der Wahlrechte nach Artikel 5 der IAS-Verordnung 23

Abbildung 2/2: Quantitative Abgrenzungen kleiner und mittelgroßer Unternehmen in Deutschland 26

Abbildung 2/3: Quantitative Abgrenzung kleiner und mittelgroßer Unternehmen in der Europäischen Union 30

Abbildung 2/4: Anzahl der Einzel-/Konzernabschlüsse in Deutschland und in der Europäischen Union 35

Abbildung 3/1: Gruppen von internen und externen Adressaten kleiner und mittelgroßer Unternehmen 53

Abbildung 3/2: Zuordnung der Interessen interner und externer Adressaten zu den Zwecken der Rechnungslegung 69

Abbildung 3/3: Zusammenhänge zwischen den Adressatengruppen und den Zwecken der Rechnungslegung unter Berücksichtigung der Differenzierung von „kleinen", „wachsenden" und „mittleren" Unternehmen 74

Abbildung 3/4: Das System der handelsrechtlichen GoB 90

Abbildung 3/5: Grundlegende Annahmen, qualitative Anforderungen und relativierende Nebenbedingungen der IFRS 107

Abbildung 4/1: Übereinstimmung der Anforderungskriterien mit den Grundsätzen der IFRS 142

Abbildung 5/1: Tabellarischer Überblick zur Untersuchung der Akzeptanzkriterien 216

Abbildung 5/2: Das Kontinuum prinzipien- und regelorientierter Rechnungslegungssysteme 247

Abbildung 5/3: Prinzipienbasierte Rechnungslegung 249

1 Einleitung

1.1 Problemstellung und Untersuchungsziel

Vor einigen Jahrzehnten entstand die Idee einer weltweiten Harmonisierung der Rechnungslegung für alle Unternehmen. Aufgrund der zunehmenden Globalisierung der Wirtschaft ist sie nicht mehr aufzuhalten.[1] Zunächst schien es, als würden sich die United States Generally Accepted Accounting Principles (US-GAAP) – wenngleich sie ein System nationaler Standards sind – zum dominierenden Rechnungslegungssystem entwickeln. Trotz ihres Potenzials setzten sich schließlich die International Financial Reporting Standards (IFRS) durch, die zu der Zeit noch mit International Accounting Standards (IAS) betitelt wurden.[2] Da beide Rechnungslegungssysteme ähnliche Zielsetzungen verfolgen, haben sich die Entwicklungsgremien auf eine gemeinsame Fortentwicklung der Rechnungslegungsvorschriften geeinigt.[3] Das Fernziel ist ein weltweit einheitliches Rechnungslegungssystem.

Die IFRS sollen zukünftig die Rechnungslegung aller Nationen bestimmen. Dem International Accounting Standards Board (IASB) – das der International Accounting Standards Committee Foundation (IASCF) angehört – fällt, nachdem es entsprechende Standards aufgestellt hat, die bedeutende Aufgabe zu, diese fortzuentwickeln. Seine Legitimation erhält es von den Wirtschaftsprüfungsgesellschaften und Verbänden von Rechnungslegern, die es unterstützen.[4] Das IASB ist autorisiert, Standardentwürfe (*Exposure Drafts*), Standards (IAS bzw. IFRS), Interpretationen (SIC bzw. IFRIC) und andere Verlautbarungen zu verabschieden. Die IASCF hat das Versprechen gegeben,[5]

> „im Interesse der Öffentlichkeit einheitliche, qualitativ hochwertige, verständliche und durchsetzbare weltweite Rechnungslegungsstandards zu entwickeln, die zu einer qualitativ hochwertigen, transparenten und vergleichbaren Informationsdarstellung in Abschlüssen und anderen Finanzberichten führen, um den Teilnehmern an Kapitalmärkten und anderen Nutzern zu helfen, ökonomische Entscheidungen zu treffen"[6].

---

[1] Vgl. z. B. MARET, J./WEPLER, L., Internationalisierung, 1999, S. 39.
[2] Am 1. April 2001 wurden die IAS in IFRS umbenannt.
[3] Diese Einigung wurde im Jahr 2002 im sog. Norwalk Agreement manifestiert; siehe zur weiteren Fortentwicklung z. B. ERCHINGER, H./MELCHER, W., Konvergenz, 2007, S. 245-254; PAPE, J./FEY, G., Konvergenz, 2008, S. 29-53.
[4] Zur historischen Entwicklung des IASB und der IASCF – im Jahr 1973 als International Accounting Standards Committee (IASC) gegründet – sowie der Harmonisierungsbestrebungen siehe ausführlich BÖRSTLER, C., Zukunft, 2006, S. 25-62.
[5] Siehe zur Zielsetzung die Satzung des IASCF, Constitution, 2000, Part A, Section 2.
[6] HEUSER, P. J./THEILE, C., IFRS Handbuch, 2007, Kapitel A, Rz. 21.

Die Europäische Union (EU) zeigte Interesse an einer Vereinheitlichung der Rechnungslegung und partizipiert an deren Fortentwicklung.

Mit der IAS-Verordnung des Europäischen Parlaments und des Europäischen Rates vom 19. Juli 2002 wurde mit Artikel 4 eine Pflicht zur Anwendung der IFRS für alle Konzernabschlüsse von Unternehmen ab dem Jahr 2005 erlassen, deren Wertpapiere am Bilanzstichtag zum Handel in einem geregelten Markt zugelassen sind. Darüber hinaus räumt die IAS-Verordnung in Artikel 5 allen Mitgliedstaaten die Möglichkeit ein, ihren Unternehmen für Einzelabschlüsse und bzw. oder Konzernabschlüsse von Unternehmen, deren Wertpapiere nicht zum Handel in einem geregelten Markt zugelassen sind, eine Anwendung der IFRS zu gestatten oder vorzuschreiben.[7]

Der deutsche Gesetzgeber hat mit der Umsetzung der IAS-Verordnung im Bilanzrechtsreformgesetz (BilReG) zum einen durch die Hinzufügung des § 315a HGB klargestellt, dass außer den Unternehmen, deren Wertpapiere am Bilanzstichtag zum Handel in einem geregelten Markt zugelassen sind, auch die, welche eine solche Zulassung beantragt haben, ihren Konzernabschluss nach IFRS erstellen müssen. Für alle weiteren Konzernabschlüsse wurde ein Wahlrecht eingeräumt.[8] Zum anderen wurde der Absatz 2a in den § 325 HGB eingefügt, der besagt, dass für Offenlegungszwecke statt eines HGB-Abschlusses ein IFRS-Abschluss vorgelegt werden darf. Die IFRS sind in diesem Fall vollständig anzuwenden.[9] Der Erstellung eines IFRS-Abschlusses mit befreiender Wirkung hat der deutsche Gesetzgeber nicht zugestimmt, jedes Unternehmen muss weiterhin einen HGB-Abschluss zu Ausschüttungszwecken und gegebenenfalls einen zusätzlichen Abschluss zur steuerlichen Gewinnermittlung erstellen.

Mit der Verabschiedung der IAS-Verordnung stand fest, dass die Diskussion um die Erstellung von Abschlüssen nach IFRS für nicht kapitalmarktorientierte Unternehmen noch lange nicht zu Ende sein würde. Trotz der Verabschiedung des Bilanzrechtsreformgesetzes und der damit erfolgten Klarstellung der Anwendungspflichten und -möglichkeiten der IFRS für Konzern- und Einzelabschlüsse in Deutschland wird auch dort die Diskussion fortgeführt. Ausschlaggebend ist zum einen die Abstrahlungswirkung der Rechnungslegungsvorschriften großer auf kleine und mittelgroße Unterneh-

---

[7] Vgl. Verordnung (EG) Nr. 1606/2002, ABl. L 243 vom 11.09.2002, S. 3.

[8] Vgl. Gesetz zur Einführung internationaler Rechnungslegungsstandards und zur Sicherung der Qualität der Abschlussprüfung (Bilanzrechtsreformgesetz – BilReG) vom 04.12.2004, BGBl I 2004, S. 3169.

[9] Vgl. Gesetz zur Einführung internationaler Rechnungslegungsstandards und zur Sicherung der Qualität der Abschlussprüfung (Bilanzrechtsreformgesetz – BilReG) vom 04.12.2004, BGBl I 2004, S. 3172.

1.1 Problemstellung und Untersuchungsziel

men[10] und zum anderen die Diskussion um den vom IASB speziell für nicht kapitalmarktorientierte Unternehmen geplanten IFRS für KMU.

Seit 1998 beschäftigt sich das IASB mit der Entwicklung eines speziellen Standards für kleine und mittelgroße Unternehmen,[11] betitelt als „IFRS für KMU" bzw. "IFRS for SMEs" (*IFRS for Small and Medium-sized Entities*).[12] Am 15. Februar 2007 legte das IASB den Standardentwurf vor, auf welchen sich die Ausführungen in dieser Arbeit beziehen.

Da europäische und nationale Gesetzgeber weiterhin Interesse an einer Harmonisierung der Rechnungslegung haben, besteht – auch für kleine und mittelgroße Unternehmen – ein faktischer Druck für die Auseinandersetzung mit und möglicherweise auch für eine Hinwendung zu den IFRS.[13] Ihre Einflüsse auf die europäische und nationale Rechnungslegung kann niemand leugnen. Ob sie sich aber langfristig über die kapitalmarktorientierten Unternehmen hinaus auch für nicht kapitalmarktorientierte Unternehmen durchsetzen werden, lässt sich gegenwärtig nicht mit Sicherheit beurteilen.[14]

Rechnungslegungsstandards für kleine und mittelgroße Unternehmen sollten so beschaffen sein, dass sie an den Bedürfnissen der Adressaten ausgerichtet sind. Rechnungslegungsstandards, die sich an den Interessen anonymer Anteilseigner von Konzernen orientieren, sind für sie nicht zwangsläufig praktikabel.

Ziel der folgenden Untersuchung ist es, einen Beitrag zur Frage nach einem zweckadäquaten Rechnungslegungssystem für kleine und mittelgroße Unternehmen – unter Berücksichtigung der Einflüsse internationaler Rechnungslegungsstandards – zu leisten. Es wird untersucht, wie sinnvoll eine Anwendung der IFRS und speziell des IFRS

---

[10] Vgl. KÜTING, K./RANKER, D./WOHLGEMUTH, F., Auswirkungen, 2004, S. 102.

[11] Zur Historie des KMU-Projektes siehe BEIERSDORF, K., IASB-Projekt, 2005, S. 762.

[12] Die endgültige Benennung als "IFRS for SMEs" gab das IASB Anfang Juni 2009 bekannt. In seiner Sitzung im Januar 2009 hatte es beschlossen, dass der finale Standard als "IFRS for NPAEs" (*IFRS for Non-publicly Accountable Entities*) verabschiedet werden sollte. Erst im Mai 2008 hatte es eine Umbenennung in "IFRS for PE" (*IFRS for Private Entities*) vorgenommen. Davor wurde einige Jahre lang die Bezeichnung "IFRS for SMEs" (*IFRS for Small and Medium-sized Entities*) verwendet. Bereits im Jahr 2005, gemäß der Entscheidung des IASB in seiner Sitzung im Februar 2005, trug der geplante Standard schon einmal den Titel "IFRS for NPAEs"; vgl. BEIERSDORF, K./ZEIMES, M., Relevanz, 2005, S. 116; KNORR, L./ZEIMES, M., IASB-Projekt, 2005, S. 20.

[13] Vgl. auch KÜTING, K./RANKER, D./WOHLGEMUTH, F., Auswirkungen, 2004, S. 102; SCHNEELOCH, D., IFRS, 2008, S. 542.

[14] Vgl. Entwurf eines Gesetzes zur Modernisierung des Bilanzrechts (Bilanzrechtsmodernisierungsgesetz – BilMoG), BT-Drucks. 16/10067 vom 30.07.2008, S. 33.

für KMU ist, ausgehend von den besonderen Belangen kleiner und mittelgroßer Unternehmen. Ebenso erfolgt eine Beurteilung der in Deutschland nach der Verabschiedung des Bilanzrechtsmodernisierungsgesetzes (BilMoG) zu erwartenden Entwicklungen. Es werden Handlungsempfehlungen zur Erfüllung der Rechnungslegungszwecke für kleine und mittelgroße Unternehmen entwickelt.

1.2 Abgrenzung der Untersuchung

Im Betrachtungsfokus der Untersuchung stehen kleine und mittelgroße Unternehmen. Für die Zuordnung der Unternehmen gelten primär quantitative und sekundär qualitative Abgrenzungskriterien. Gefolgt werden soll der Empfehlung der Europäischen Union.[15] In quantitativer Hinsicht gelten festgelegte Größenkriterien, die nicht überschritten werden dürfen. Die bestimmenden Indikatoren sind die Anzahl der Beschäftigten, die Höhe des Umsatzes und der Bilanzsumme. In qualitativer Hinsicht zählen nur Unternehmen zu den kleinen und mittelgroßen, die als eigenständig gelten, d. h., sie dürfen nicht 25 % oder mehr des Kapitals oder der Stimmrechte eines anderen Unternehmens halten bzw. nicht 25 % oder mehr des Kapitals oder der Stimmrechte des eigenen Unternehmens dürfen im Besitz anderer sein oder von staatlichen Stellen oder Körperschaften des öffentlichen Rechts kontrolliert werden. Folglich sind nur Einzel-, nicht aber Konzernabschlüsse[16] Gegenstand der Untersuchung.

Kleine und mittelgroße Unternehmen sind das Rückgrat der europäischen Wirtschaft[17] und haben im Gefüge aller Unternehmen eine Schlüsselrolle für das Wirtschaftswachstum. Daher sollte einem den Interessen der Adressaten von Abschlüssen kleiner und mittelgroßer Unternehmen adäquaten Rechnungslegungssystem besondere Aufmerksamkeit zukommen.

Die Arbeit wurde im Juni 2009 fertiggestellt, was ihrem Bearbeitungsstand entspricht.

1.3 Gang der Untersuchung

Das folgende Kapitel 2 substanziiert die notwendigen Grundlagen zur Vorbereitung auf die kritische Diskussion, beginnend mit Ausführungen zur Zielsetzung des Abschlusses, zu den konzeptionellen Grundlagen und zur Bedeutung der IFRS in der Europäischen Union in Gliederungspunkt 2.1. Die Darstellung wird durch verglei-

---

[15] Vgl. Empfehlung 2003/361/EG, ABl. L 124 vom 20.05.2003 und Gliederungspunkt 2.2.1.3.

[16] Zum „Konzernabschluss als Instrument zur Informationsvermittlung und Ausschüttungsbemessung" siehe HINZ, M., Konzernabschluss, 2002, S. 1-382.

[17] Vgl. z. B. KAWLATH, A., IFRS versus HGB, 2007, S. 308; EU-Kommission, Mittelstand, 2008, S. 3.

1.3 Gang der Untersuchung

chende Betrachtungen mit der handelsrechtlichen Rechnungslegung ergänzt. Gliederungspunkt 2.2 befasst sich mit Abgrenzungskriterien kleiner und mittelgroßer Unternehmen. Als Betrachtungsobjekte der folgenden Untersuchung bedürfen sie einer prägnanten Typisierung. In Gliederungspunkt 2.3 werden die wichtigsten Entwicklungsstufen und Zielsetzungen des speziell für die betrachtete Zielgruppe initiierten IASB-Projektes und des BilMoG aufgezeigt.

In Kapitel 3 erfolgt eine Auseinandersetzung mit den Bedürfnissen interner und externer Adressaten und deren Anforderungen an ein adäquates Rechnungslegungssystem. Deshalb enthält Gliederungspunkt 3.2 zunächst grundlegende Ausführungen zu den Rechnungslegungszwecken. Notwendig sind die Definition und Abgrenzung der internen und externen Adressaten, die in Gliederungspunkt 3.3 erfolgt. Im Anschluss an Gliederungspunkt 3.4, in dem die Interessen der verschiedenen Adressatengruppen ausführlich erläutert werden, folgen in Gliederungspunkt 3.5 erste Zwischenergebnisse. Die Analyse der Frage, welchen Entscheidungsnutzen die Betrachtung der Vermögens-, Ertrags- und Finanzlage eines Unternehmens den Adressaten bringen kann, ist Inhalt des Gliederungspunktes 3.6, um daraus Rückschlüsse auf die Erfüllbarkeit der Rechnungslegungszwecke zu ziehen. Die Rechnungslegungszwecke sind auch ursächlich für die Ausführungen in Gliederungspunkt 3.7. Sie sind eng verbunden mit den Grundsätzen der Rechnungslegungssysteme, weshalb ausführlich auf das System der handelsrechtlichen Grundsätze ordnungsmäßiger Buchführung und Bilanzierung (GoB) sowie die Grundsätze der IFRS eingegangen wird. In der weiteren Argumentation sind diese stets von Bedeutung. Ziel des Kapitels ist es, Grundsätze zur Erfüllung der Rechnungslegungszwecke kleiner und mittelgroßer Unternehmen aufzustellen.

Kapitel 4 enthält eine Untersuchung zur Vorteilhaftigkeit von IFRS- gegenüber HGB-Abschlüssen, um die Frage zu beantworten, ob konkrete Gründe für die Anwendung der IFRS vorliegen. Es bietet sich an, von den in der Literatur genannten Argumenten für eine Umstellung auf die IFRS auszugehen. Scheinbare Vorteile bestehen bei der Konvergenz von internem und externem Rechnungswesen, bei der Beschaffung von Fremd- und Eigenkapital und bei zunehmender Internationalisierung. Nach näheren Ausführungen in Gliederungspunkt 4.1 und der Ermittlung detaillierter Subvorteile werden subjunktionelle Behauptungen abgeleitet. Sie sind zu überprüfen. Nur wenn die aufgestellten Thesen zutreffen, ist den IFRS-Abschlüssen eine Vorteilhaftigkeit zu konstatieren. Mögliche Verbesserungen bei der Konvergenz von internem und externem Rechnungswesen bestimmen die Diskussion in Gliederungspunkt 4.2, Begünstigungen bei der Beschaffung von Fremd- und Eigenkapital werden in Gliederungspunkt 4.3 auf den Prüfstand gestellt und die Bewährung im Wettbewerb bei zunehmender Internationalisierung in Gliederungspunkt 4.4. Die Ergebnisse sind in Gliederungspunkt 4.5 festgehalten.

Im Betrachtungsfokus des Kapitels 5 stehen der Entwurf eines IFRS für KMU und das BilMoG. Ziel ist einerseits die Beantwortung der Frage, ob der IFRS für KMU aus Sicht kleiner und mittelgroßer Unternehmen praktikabler ist als die vollen IFRS, und andererseits, ob das BilMoG eine gelungene Alternative darstellt. Ein Rechungslegungssystem ist praktikabel, wenn es die Kriterien der Eignung, Zweckmäßigkeit und Anwendbarkeit erfüllt.

Die Forderungen der Anwender und Adressaten an ein adäquates Rechnungslegungssystem bilden die Akzeptanzkriterien für ein zukünftiges Rechnungslegungssystem internationaler Prägung. Der Untersuchung wird in Gliederungspunkt 5.2 eine kritische Stellungnahme zum Vorgehen und Selbstverständnis des IASB vorangestellt. Mit den Akzeptanzkriterien befassen sich die Unterpunkte des Gliederungspunktes 5.3. Die Unabhängigkeit von den vollen IFRS, der Umfang des Regelwerks, die Prinzipienorientierung, Aufwand, Kosten und Komplexität sowie die Erfüllung des Wunsches kleiner und mittelgroßer Unternehmen, nur einen Abschluss erstellen zu müssen, werden kritisch geprüft. Der Vergleich des IFRS für KMU mit den vollen IFRS ermöglicht eine detaillierte Beurteilung, ob Praktikabilitätssteigerungen vorliegen. Aus den Kriterien des Forderungskatalogs werden Prämissen abgeleitet, deren Erfüllung bzw. Nichterfüllung Rückschlüsse auf die Praktikabilität und schließlich auf die Erreichbarkeit der genannten Forderungen zulassen. Am Ende eines jeden Unterpunktes wird eine Verbindung zwischen den Akzeptanzkriterien und dem BilMoG hergestellt, um auch dessen Praktikabilität bewerten zu können. Das Kapitel schließt mit den Ergebnissen der Analyse in Gliederungspunkt 5.4.

Aufbauend auf dem mithilfe der bisherigen Analysen geschaffenen Postament, besteht das Ziel des Kapitels 6 darin, normative Ansätze[18] zu entwickeln. Eine mögliche Integration der in den vorhergehenden Kapiteln gemachten Vorschläge ist Bedingung. In Gliederungspunkt 6.2 und 6.3 werden Überlegungen zur Ausgestaltung eines für kleine und mittelgroße Unternehmen adäquaten Rechnungslegungssystems dargelegt, das primär Zahlungsbemessungs-, aber auch Informationszwecke berücksichtigt. In der Literatur fundierte Ansätze von Mehrzweckabschlüssen werden kritisch gewürdigt.

Die Betrachtungen de lege ferenda zu den Grundsätzen eines adäquaten Rechnungslegungssystems in Gliederungspunkt 3.7.6 finden in Gliederungspunkt 6.3 ihren Abschluss. Mit einer Zusammenfassung der Untersuchungsergebnisse in Kapitel 7 endet die Arbeit.

---

[18] Vgl. COENENBERG, A. G., Jahresabschluss, 2005, S. 1221: „Als normative Ansätze sind diejenigen Beiträge aufzufassen, die – meist von Plausibilitätsüberlegungen ausgehend – konkrete Vorschläge zur Verbesserung des Informationsgehalts der öffentlichen Rechnungslegung unterbreiten."

2 Internationale Rechnungslegung und Entwicklungen für kleine und mittelgroße Unternehmen

2.1 Grundlagen der internationalen Rechnungslegung

2.1.1 Zielsetzung des Abschlusses

2.1.1.1 Definition des Abschlusses und seiner Bestandteile

Abschlüsse, die nach internationalen Rechnungslegungsstandards erstellt werden, unterscheiden sich nicht nur in ihrer Zielsetzung und Konzeption von denen nach nationalen Gesetzesnormen, sondern auch in ihren Bestandteilen. Nur die Definition ist allgemeingültig. Ein Abschluss kann definiert werden als „abschließende Zusammenfassung bestimmter Vorfälle einer abgrenzbaren Einheit über einen bestimmten Zeitraum"[1].

Im Abschluss des Unternehmens werden in der Regel die Sachverhalte des vergangenen Geschäftsjahres bis zum Bilanzstichtag abgebildet.[2] Somit ist der „bestimmte Zeitraum" als einjährige Geschäftsperiode fest vorgegeben.[3]

Es handelt sich um den Abschluss „einer abgrenzbaren Einheit", d. h. entweder um den eines Teils des Unternehmens, den des gesamten Unternehmens oder den eines Zusammenschlusses mehrerer Unternehmen, z. B. eines Konzerns[4].

In einer Bilanz[5] werden „bestimmte Vorfälle" als Gegenüberstellung der Aktiva und Passiva eines Unternehmens aufgezeigt. Auf der Seite der Aktiva stehen die Vermögenswerte, auf der Seite der Passiva das Eigenkapital und die Schulden.[6] Die Gewinn-

---

[1] EGNER, H., Bilanzen, 1974, S. 1. Weitere Definitionen finden sich bei SEICHT, G., Bilanztheorien, 1982, S. 7; GRÄFER, H., Bilanzanalyse, 2008, S. 4 f.

[2] Vgl. BAETGE, J./KIRSCH, H.-J./THIELE, S., Bilanzen, 2007, S. 123.

[3] Dies ist zumindest gemäß § 242 Abs. 2 HGB der Fall. Einem IFRS-Abschluss darf in Ausnahmefällen ein längerer oder kürzerer Berichtszeitraum zugrunde liegen; vgl. IAS 1.36 f. und zur Erläuterung BRÜCKS, M./DIEHM, S./KERKHOFF, G., in: THIELE, S./VON KEITZ, I./BRÜCKS, M., Internationales Bilanzrecht, 2008, IAS 1, Rz. 191-195.

[4] Zur Definition des Konzerns siehe § 18 AktG und ausführlich HINZ, M., Konzernabschluss, 2002, S. 11-14.

[5] In der Literatur werden die Begriffe „Bilanz" und „Jahresabschluss" häufig synonym verwendet, so z. B. bei WINNEFELD, R., Bilanz-Handbuch, 2006, Einf., Rz. 5, anders bei BAETGE, J., Objektivierung, 1970, S. 17. Der Bilanzlehre fehlt eine einheitliche Terminologie; vgl. HEINEN, E., Handelsbilanzen, 1986, S. 14. Der Begriff „Bilanz" wird mehrdeutig verwendet, i. w. S. als Synonym für den „Jahresabschluss" bzw. den in dieser Arbeit verwendeten Begriff „Abschluss" und i. e. S. für die Gegenüberstellung von Aktiva und Passiva als Bestandteil des HGB-Abschlusses gemäß § 242 Abs. 3 HGB bzw. des IFRS-Abschlusses gemäß IAS 1.10. In dieser Arbeit wird der Begriff Bilanz i. e. S. verwendet.

[6] Vgl. z. B. HEINEN, E., Handelsbilanzen, 1986, S. 14; BAETGE, J./COMMANDEUR, D., in: KÜTING, K./WEBER, C.-P., HdR, 1995, § 264 HGB, Rz. 21.

und Verlust- bzw. Gesamtergebnisrechnung beinhaltet, als ein Unterkonto des Eigenkapitals,[7] eine Gegenüberstellung der Aufwendungen und Erträge des Geschäftsjahres und ist integraler Bestandteil des Abschlusses.[8] Der Begriff „Abschluss" steht in dieser Arbeit unabhängig vom zugrunde liegenden Rechnungslegungssystem. Für Abschlüsse nach den IFRS und dem HGB wird zwischen „IFRS-Abschlüssen" und „HGB-Abschlüssen" unterschieden.

Zum vollständigen IFRS-Abschluss gehören nach IAS 1.10[9] die Bilanz, eine Gesamtergebnisrechnung, eine Eigenkapitalveränderungsrechnung, eine Kapitalflussrechnung, ein Anhang und eine Bilanz zu Beginn der frühesten Vergleichsperiode, wenn ein Unternehmen eine Rechnungslegungsmethode rückwirkend anwendet oder Posten im Abschluss rückwirkend anpasst oder umgliedert.

Für die Gesamtergebnisrechnung[10] besteht nach IAS 1.12 i. V. m. IAS 1.81 ein Darstellungswahlrecht. Sie ist entweder als alleinige umfassende Erfolgsrechnung (*single statement approach*), d. h. als zusammenhängende Übersicht aller in der Periode erfolgswirksam und erfolgsneutral erfassten Erträge und Aufwendungen, oder in zwei aufeinander folgenden Rechnungen (*two statements approach*) aufzustellen. Werden zwei Rechnungen erstellt, so entspricht die erste der Gewinn- und Verlustrechnung, die zweite zeigt eine Aufstellung der erfolgsneutral erfassten Erträge und Aufwendungen.[11] Im Folgenden wird stets von der Zweiteilung der Gesamtergebnisrechnung ausgegangen[12] und der Bestandteil der Gewinn- und Verlustrechnung betrachtet. Mit der vorgenommenen Trennung von Gesamtergebnis- und Eigenkapitalveränderungsrechnung sind nicht eigentümerbezogene Eigenkapitaländerungen und eigentümerbezogene Änderungen separat auszuweisen.[13] Die Kapitalflussrechnung fungiert als

---

[7] Vgl. LÖW, E., Kapitalflussrechnung, 2005, S. 235.

[8] Vgl. EGNER, H., Bilanzen, 1974, S. 1.

[9] Der IAS 1 wurde mit der Verordnung (EG) Nr. 1274/2008, ABl. L 339 vom 18.12.2008, S. 3-44 in der vom IASB in 2007 verabschiedeten Version von der EU *endorsed*.

[10] Zur Gesamtergebnisrechnung siehe ausführlich HALLER, A./ERNSTBERGER, J./BUCHHAUSER, A., Performance Reporting, 2008, S. 316 f.; KÜTING, K./REUTER, M., Eigenkapitalkomponenten, 2009, S. 45.

[11] Zu erfolgsneutralen Erträgen und Aufwendungen siehe ausführlich PELLENS, B./BRANDT, E./NEUHAUS, S., Ergebnisneutrale Erfolgsbestandteile, 2007, S. 454-465.

[12] Die Ausübung des Wahlrechts zugunsten der Zweiteilung wird den Unternehmen in der Literatur dringend empfohlen, so z. B. KÜTING, K./REUTER, M., Eigenkapitalkomponenten, 2009, S. 49.

[13] Vgl. HALLER, A./ERNSTBERGER, J./BUCHHAUSER, A., Performance Reporting, 2008, S. 316; ESSER, M./BRENDLE, M., Gesamtergebnis, 2009, S. 145. WAGENHOFER, A., Internationale Rechnungslegungsstandards, 2009, S. 457.

2.1 Grundlagen der internationalen Rechnungslegung

Unterkonto des Kontos Zahlungsmittel.[14] Der Anhang fasst die maßgeblichen Ansatz- und Bewertungsmethoden zusammen und enthält sonstige Erläuterungen.

Die „abschließende Zusammenfassung" umfasst im Falle eines IFRS-Abschlusses, sowohl für den Einzel- als auch für den Konzernabschluss, die Gesamtheit der genannten Bestandteile. Für Unternehmen, die nach der IAS-Verordnung verpflichtet sind, ihren Konzernabschluss nach IFRS zu erstellen, kommt außerdem eine Segmentberichterstattung hinzu.

Ein HGB-Abschluss besteht gemäß den handelsrechtlichen Vorschriften für Einzelabschlüsse nach § 242 Abs. 3 HGB im Mindestfall aus der Bilanz sowie der Gewinn- und Verlustrechnung. Kapitalgesellschaften haben diesen außerdem nach § 264 Abs. 1 Satz 1 HGB um einen Anhang, der mit der Bilanz und der Gewinn- und Verlustrechnung eine Einheit bildet, zu erweitern; je nach Größe auch um einen Lagebericht.[15] Einem Konzernabschluss sind nach § 297 Abs. 1 HGB eine Kapitalflussrechnung[16] und eine Eigenkapitalveränderungsrechnung[17] sowie auf freiwilliger Basis eine Segmentberichterstattung hinzuzufügen. Die kapitalmarktorientierten Kapitalgesellschaften, die nicht zur Aufstellung eines Konzernabschlusses verpflichtet sind, haben nach § 264 Abs. 1 Satz 2 HGB eine Kapitalflussrechnung und eine Eigenkapitalveränderungsrechnung zu erstellen. Das Wahlrecht zur Erstellung eines Segmentberichts gilt für sie ebenfalls.[18]

Der Abschluss ist ein Informationssystem[19], „mit dessen Hilfe in der Realität vorhandene Informationen gesammelt, gefiltert und transformiert werden, um schließlich in Entscheidungen einer Person einzugehen, mit dem Ziel, den ‚Nutzen' dieser Person oder den ‚Zielerfüllungsgrad' zu erhöhen".[20] Auf genau dieser Zielsetzung basiert die

---

[14] Vgl. LÖW, E., Kapitalflussrechnung, 2005, S. 235.

[15] Für weitere Rechtsformen, z. B. die GmbH & Co. KG, siehe § 264a HGB und für Genossenschaften § 336 HGB. Zu den Unterschieden der Abschlussbestandteile zwischen HGB und IFRS siehe z. B. HAYN, S./HOLD-PAETSCH, C., in: EPSTEIN, B. J./JERMAKOWICZ, E. K., Wiley-Kommentar, 2009, Abschnitt 2, Rz. 16-20 und Rz. 151-159.

[16] § 297 Abs. 1 HGB wurde infolge des Bilanzrechtsreformgesetzes (BilReG) vom 04.12.2004, BGBl I, 2004, S. 3166 dahingehend geändert, dass die Aufstellung einer Kapitalflussrechnung für alle Konzernabschlüsse verpflichtend ist, während vorher nur kapitalmarktorientierte Unternehmen dazu verpflichtet waren; vgl. zur Begründung des Regierungsentwurfes IDW (Hrsg.), BilReG, 2005, S. 66-68.

[17] In § 297 Abs. 1 HGB wird der Begriff „Eigenkapitalspiegel" verwendet.

[18] Zur Begründung der Änderung siehe Entwurf eines Gesetzes zur Modernisierung des Bilanzrechts (Bilanzrechtsmodernisierungsgesetz – BilMoG), BT-Drucks. 16/10067 vom 30.07.2008, S. 36.

[19] Zur Darstellung des Abschlusses als Informationssystem siehe EGNER, H., Bilanzen, 1974, S. 5-9.

[20] EGNER, H., Bilanzen, 1974, S. 5.

IFRS-Rechnungslegung. IAS 1.9 fordert, dass mit dem IFRS-Abschluss entscheidungsnützliche Informationen über die Vermögens-, Ertrags- und Finanzlage für einen weiten Adressatenkreis bereitgestellt werden.[21] Die Sammlung, Filterung und Transformation[22] der Informationen wird durch die angewendeten Ansatz- und Bewertungspraktiken bestimmt.

2.1.1.2 Vermittlung eines den tatsächlichen Verhältnissen entsprechenden Bildes

Um das oben beschriebene Informationsziel zu erreichen, sind die Vermögens-, Ertrags- und Finanzlage den tatsächlichen Verhältnissen entsprechend (*fairly*) darzustellen. Dies fordert die 4. EG-Richtlinie in Artikel 2 Abs. 3 mit folgendem Wortlaut: „Der Jahresabschluß hat ein den tatsächlichen Verhältnissen entsprechendes Bild der Vermögens-, Finanz- und Ertragslage der Gesellschaft zu vermitteln."[23] Zurückzuführen ist der Wortlaut dieser Generalnorm auf den britischen „True-and-Fair-View-Grundsatz"[24].

Unter Ergänzung der „Cashflows" (Mittelzuflüsse und -abflüsse) hat das IASB diese Forderung in die „Allgemeinen Merkmale" des IAS 1, beginnend mit IAS 1.15, in ähnlicher Formulierung übernommen: „Abschlüsse haben die Vermögens-, Finanz- und Ertragslage sowie die Cashflows eines Unternehmens den tatsächlichen Verhältnissen entsprechend darzustellen."[25] Zur Erfüllung dieser Forderung verlangt IAS 1.15

---

[21] Zu weiteren Ausführungen siehe BOHL, W./MANGLIERS, O., in: Beck'sches IFRS-Handbuch, 2006, § 2, Rz. 3.

[22] Statt der Begriffe „Sammlung, Filterung und Transformation" könnten z. B. auch die Begriffe „Erfassung, Aufbereitung und Weiterleitung" verwendet werden; vgl. HEINEN, E., Handelsbilanzen, 1986, S. 13.

[23] Vierte Richtlinie 78/660/EWG, ABl. L 222 vom 14.08.1978, S. 12. Weitere Ausführungen zur 4. EG-Richtlinie finden sich bei BAETGE, J./COMMANDEUR, D., in: KÜTING, K./WEBER, C.-P., HdR, 1995, § 264 HGB, Rz. 29-31; ADLER, H./DÜRING, W./SCHMALTZ, K., Rechnungslegung, 1997, § 264 HGB, Rz. 36-41.

[24] Im Jahre 1948 wurde er erstmals im Companies Act in Section 149 Subsection 2 gesetzlich verankert; vgl. TUBBESING, G., True and Fair View, 1979, S. 92; GROßFELD, B., in: Handwörterbuch Bilanzrecht, 1986, S. 196 f.; LEWIS, R./PENDRILL, D., Accounting, 2004, p. 15 and p. 23. In Deutschland war Moxter einer der Ersten, der sich mit dieser Generalnorm auseinandergesetzt hat; vgl. MOXTER, A., Jahresabschlußaufgaben, 1979, S. 141-146. Das IASB nennt diesen Grundsatz, wie dem engl. Originaltext (z. B. in IAS 1.15) der IFRS zu entnehmen ist, *fair presentation*. Zu weiteren Ausführungen zum „True-and-Fair-View-Grundsatz" siehe z. B. GOERDELER, R., True and Fair View, 1973, S. 517-525; NIEHUS, R. J., True and Fair View, 1979, S. 221-225; SCHILDBACH, T., Auswirkungen, 1979, S. 277-286; LANG, J., in: Handwörterbuch Bilanzrecht, 1986, S. 225-227; STREIM, H., Generalnorm, 1994, S. 393-398; STREIM, H., in: HOFBAUER, M. A./KUPSCH, P., Bonner Handbuch, 1994, Fach 4, § 264 HGB, Rz. 10-16.

[25] Siehe hierzu auch die Paragraphen 12 ff. und 46 des Rahmenkonzepts. Statt Cashflows heißt es hier „Veränderungen in der Vermögens- und Finanzlage".

2.1 Grundlagen der internationalen Rechnungslegung

die Übereinstimmung mit „den im *Rahmenkonzept* enthaltenen Definitionen und Erfassungskriterien für Vermögenswerte, Schulden, Erträge und Aufwendungen". Ein nach den IFRS erstellter Abschluss, gegebenenfalls ergänzt um zusätzliche Angaben im Anhang, führt nach IAS 1.15 annahmegemäß zu einem Abschluss, der ein den tatsächlichen Verhältnissen entsprechendes Bild vermittelt. Inwieweit dies tatsächlich der Fall ist, hängt davon ab, wie zielführend die konkreten Abbildungsregeln der einzelnen Standards sind.

Die besondere Bedeutung der Generalnorm als absolut vorrangig (*overriding principle*)[26] ergibt sich aus IAS 1.19 i. V. m. IAS 1.20. In Ausnahmefällen, wenn die Einhaltung eines Standards bzw. einer Interpretation so irreführend ist, dass es zu einem Konflikt mit der Zielsetzung der IFRS kommt, darf der Bilanzierende die Regelungen einzelner Paragraphen durchbrechen, um eine den tatsächlichen Verhältnissen entsprechende Darstellung der Vermögens-, Ertrags- und Finanzlage sowie der Cashflows zu gewährleisten.[27]

Die IFRS stimmen mit der Forderung des Artikels 2 Abs. 5 der 4. EG-Richtlinie überein. Diese besagt, dass in Ausnahmefällen, wenn die Anwendung einer Vorschrift nicht mit der in Artikel 2 Abs. 3 vorgesehenen Verpflichtung vereinbar ist, von der betreffenden Vorschrift abzuweichen ist, um sicherzustellen, dass ein den tatsächlichen Verhältnissen entsprechendes Bild vermittelt wird. Entscheidend ist der durch den Abschluss vermittelte objektive[28] Gesamteindruck der Vermögens-, Ertrags- und Finanzlage und der Entwicklungstendenzen des Unternehmens.[29]

---

[26] Vgl. STREIM, H., in: HOFBAUER, M. A./KUPSCH, P., Bonner Handbuch, 1994, Fach 4, § 264 HGB, Rz. 13 und Rz. 26; ADLER, H./DÜRING, W./SCHMALTZ, K., Rechnungslegung international, 2002, Abschnitt 1, Rz. 113; BAETGE, J. et al., in: BAETGE, J. et al., Kommentar, 2003, Teil A, Kapitel II, Rz. 51 f.; BORN, K., Rechnungslegung, 2007, S. 87-89; RUHNKE, K., Rechnungslegung, 2008, S. 236-238; HAYN, S./HOLD-PAETSCH, C., in: EPSTEIN, B. J./JERMAKOWICZ, E. K., Wiley-Kommentar, 2009, Abschnitt 2, Rz. 112-115. In der deutschsprachigen Literatur wird generell nur der englische Begriff *overriding principle* verwendet.

[27] Vgl. BOHL, W./MANGLIERS, O., in: Beck'sches IFRS-Handbuch, 2006, § 2, Rz. 7; RUHNKE, K., Rechnungslegung, 2008, S. 236 f.

[28] Problematisch ist das Fehlen einer allgemeingültigen rechtlichen Definition des „Einblicksziels"; vgl. MOXTER, A., Sinn und Zweck, 1987, S. 370; STREIM, H., in: HOFBAUER, M. A./KUPSCH, P., Bonner Handbuch, 1994, Fach 4, § 264 HGB, Rz. 14; ADLER, H./DÜRING, W./SCHMALTZ, K., Rechnungslegung, 1997, § 264 HGB, Rz. 62; WINKELJOHANN, N./ SCHELLHORN, M., in: Beck'scher Bilanzkommentar, 2006, § 264 HGB, Rz. 41.

[29] Vgl. ADLER, H./DÜRING, W./SCHMALTZ, K., Rechnungslegung, 1997, § 264 HGB, Rz. 100; WINKELJOHANN, N./SCHELLHORN, M., in: Beck'scher Bilanzkommentar, 2006, § 264 HGB, Rz. 41 f.

In die Rechtsprechung des HGB wurde Artikel 2 Abs. 5 der 4. EG-Richtlinie nicht übernommen,[30] die Umsetzung des Artikels 2 Abs. 3 wird in der Literatur kontrovers diskutiert.[31]

In § 264 Abs. 2 HGB heißt es: „Der Jahresabschluss der Kapitalgesellschaft hat unter Beachtung der Grundsätze ordnungsmäßiger Buchführung ein den tatsächlichen Verhältnissen entsprechendes Bild der Vermögens-, Finanz- und Ertragslage der Kapitalgesellschaft zu vermitteln." Die Kommentarliteratur spricht dem Zusatz „unter Beachtung der Grundsätze ordnungsmäßiger Buchführung", die vor allem vom Realisations- und Imparitätsprinzip beherrscht werden, eine „einschränkende Wirkung" zu.[32] Ein umfassender Einblick in die Vermögens-, Ertrags- und Finanzlage ist mit dieser Generalnorm des HGB also nicht gemeint. Der gesetzliche HGB-Abschluss kann und soll nur Anhaltspunkte geben. Die Art des gewollten Einblicks wird durch zahlreiche Einzelnormen des HGB konkretisiert.[33] Teilweise wird § 264 Abs. 2 HGB in der Kommentarliteratur als gegenstandslos erachtet,[34] vor allem, weil er nur wiederhole, was § 243 Abs. 1 HGB bereits beinhalte.[35] § 264 Abs. 2 HGB enthält die Generalnorm der Informationsvermittlung. Aufgabe des HGB ist jedoch primär die Ermittlung eines verteilungsfähigen Gewinns, so dass der Absatz, zumindest für den

---

[30] Ein Fallbeispiel zu sich daraus ergebenden Unterschieden in den verschiedenen Rechnungslegungssystemen stellen LÜDENBACH und HOFFMANN dar; vgl. LÜDENBACH, N./HOFFMANN, W.-D., Objective-oriented Accounting, 2003, S. 396.

[31] Vgl. STREIM, H., Generalnorm, 1994, S. 396 f.; ADLER, H./DÜRING, W./SCHMALTZ, K., Rechnungslegung, 1997, § 264 HGB, Rz. 42 f. und Rz. 51; WINKELJOHANN, N./SCHELLHORN, M., in: Beck'scher Bilanzkommentar, 2006, § 264 HGB, Rz. 24-31.

[32] Vgl. z. B. BAETGE, J./COMMANDEUR, D., in: KÜTING, K./WEBER, C.-P., HdR, 1995, § 264 HGB, Rz. 32; BOHL, W./MANGLIERS, O., in: Beck'sches IFRS-Handbuch, 2006, § 2, Rz. 7. LEFFSON sieht eine solche Beschränkung auch, relativiert diese jedoch, weil er sie gleichzeitig als Beitrag zur Objektivierung des Bildes der tatsächlichen Verhältnisse interpretiert, und betrachtet sie außerdem als sinnvolle Grenze für übertriebene Anforderungen, die an das Bild der tatsächlichen Verhältnisse gestellt werden könnten; vgl. LEFFSON, U., in: Handwörterbuch Bilanzrecht, 1986, S. 100.

[33] Vgl. MOXTER, A., Sinn und Zweck, 1987, S. 372 f.

[34] BALLWIESER kommt zu dem Schluss, dass der materielle Gehalt des § 264 Abs. 2 Satz 1 HGB ausgesprochen gering ist; vgl. BALLWIESER, W., in: BAETGE, J./KIRSCH, H.-J./THIELE, S., Bilanzrecht, 2002, § 264 HGB, Rz. 66. SCHILDBACH macht darauf aufmerksam, dass Beispiele für die Notwendigkeit des § 264 Abs. 2 Satz 2 HGB sehr rar sind; vgl. SCHILDBACH, T., Jahresabschluss, 2008, S. 272.

[35] GROßFELD kommt zu dem Ergebnis, dass der Bedeutungsunterschied von „nach den Grundsätzen ordnungsmäßiger Buchführung" in § 243 Abs. 1 HGB und „unter Beachtung der Grundsätze ordnungsmäßiger Buchführung" in 264 Abs. 2 Satz 1 HGB bei einer solchen Behauptung ignoriert worden sei. Die Formulierung des § 243 Abs. 1 HGB fordere eine „striktere Anwendung" der GoB als die Formulierung des § 264 Abs. 2 Satz 1 HGB; vgl. GROßFELD, B., in: Handwörterbuch Bilanzrecht, 1986, S. 198 f.

2.1 Grundlagen der internationalen Rechnungslegung

Einzelabschluss,[36] zweitrangig ist.[37] Eine Generalnorm zur Gewinnermittlung, etwa mit der Formulierung: „Der Jahresabschluß der Kapitalgesellschaft hat unter Berücksichtigung des Gläubigerschutzes den verteilungsfähigen Gewinn zu ermitteln"[38], wäre für die HGB-Rechnungslegung sinnvoller.

2.1.1.3 Bereitstellung entscheidungsnützlicher Informationen

2.1.1.3.1 Vorbemerkung

Im vorhergehenden Gliederungspunkt 2.1.1.2 wurde auf die Verwendung eines zusammenfassenden und vereinfachenden Begriffs für die Vermögens-, Ertrags- und Finanzlage bewusst verzichtet; es hätten sich Begriffe wie „wirtschaftliche Lage" bzw. „wirtschaftliche Verhältnisse" angeboten.[39] Da sich die Informationsinteressen der Adressaten in unterschiedlicher Weise auf die Vermögens-, Ertrags- bzw. Finanzlage beziehen, ist eine Differenzierung sinnvoll. In den folgenden Ausführungen wird zuerst auf die Vermögenslage, dann auf die Ertragslage und schließlich auf die Finanzlage eingegangen. Eine Rangfolge hinsichtlich ihrer Bedeutung gibt es nicht, wenngleich verschiedene Abhängigkeiten bestehen.[40]

In diesem Gliederungspunkt wird auf die allgemeine Darstellung der Vermögens-, Ertrags- und Finanzlage im Sinne der IFRS unter Berücksichtigung einzelner Paragraphen des Rahmenkonzepts und des IAS 1.10 eingegangen. Der später folgende Gliederungspunkt 3.6 enthält differenziertere Ausführungen; im Vordergrund steht die Beurteilung der Vermögens-, Ertrags- und Finanzlage durch die Adressatengruppen unter Berücksichtigung ihrer speziellen Informationsinteressen.

---

[36] Die entsprechende Rechtsnorm für den Konzernabschluss findet sich in § 297 Abs. 2 Satz 2 HGB.

[37] Vgl. SCHILDBACH, T., Generalklausel, 1987, S. 1-15; BEISSE, H., Generalnorm, 1988, S. 33 f. STREIM betrachtet die Generalnorm, im Sinne der „Abkopplungsthese" von MOXTER eher als „Generalnorm für den Anhang", dem er die Informationsaufgabe des HGB-Abschlusses zuordnet; vgl. MOXTER, A., Bilanzrecht, 1986, S. 67; STREIM, H., Generalnorm, 1994, S. 391-406; STREIM, H., in: HOFBAUER, M. A./KUPSCH, P., Bonner Handbuch, 1994, Fach 4, § 264 HGB, Rz. 21-24 und ebenso ADLER, H./DÜRING, W./SCHMALTZ, K., Rechnungslegung, 1997, § 264 HGB, Rz. 88.

[38] STREIM, H., Generalnorm, 1994, S. 405.

[39] Vgl. COENENBERG, A. G., in: Handwörterbuch Bilanzrecht, 1986, S. 157; STREIM, H., in: HOFBAUER, M. A./KUPSCH, P., Bonner Handbuch, 1994, Fach 4, § 264 HGB, Rz. 31.

[40] Vgl. COENENBERG, A. G., in: Handwörterbuch Bilanzrecht, 1986, S. 157 f.; BAETGE, J./COMANDEUR, D., in: KÜTING, K./WEBER, C.-P., HdR, 1995, § 264 HGB, Rz. 14. Bei Berücksichtigung konkreter Interessen der Adressaten kann sich sehr wohl eine Rangfolge ergeben; vgl. z. B. STREIM, H., in: HOFBAUER, M. A./KUPSCH, P., Bonner Handbuch, 1994, Fach 4, § 264 HGB, Rz. 35.

2.1.1.3.2 Darstellung der Vermögenslage

Die Darstellung der Vermögenslage[41] soll den Adressaten Informationen über den vorhandenen Reichtum bzw. die bestehenden Schulden des Unternehmens vermitteln.[42]

Auf der Aktivseite der Bilanz (*statement of financial position*) stehen die Vermögenswerte (*assets*); nach Rk. 49 (a) handelt es sich dabei um Ressourcen, die aufgrund von Ereignissen der Vergangenheit in die Verfügungsmacht des Unternehmens gelangt sind. Von ihnen wird erwartet, dass sie dem Unternehmen zu einem künftigen wirtschaftlichen Nutzen verhelfen. Auf der Passivseite der Bilanz stehen die Schulden (*liabilities*); nach Rk. 49 (b) sind dies gegenwärtige Verpflichtungen des Unternehmens, die aus Ereignissen der Vergangenheit resultieren und mit denen ein Abfluss von Ressourcen verbunden ist. Als Residualgröße von Vermögenswerten und Schulden verbleibt nach Rk. 49 (c) das Eigenkapital (*equity*).

Das zentrale Informationsinstrument zur Darstellung der Vermögenslage eines Unternehmens ist die Bilanz, der Anhang liefert ergänzende Angaben. Zur Beurteilung der Vermögenslage durch die Adressaten sind für sie Kenntnisse über die angewendeten Ansatz- und Bewertungsmethoden, die der Anhang vermittelt, unabdingbar, da sie nur so die ihnen vermittelten Informationen „entschlüsseln" können.[43]

2.1.1.3.3 Darstellung der Ertragslage

Die Darstellung der Ertragslage[44] soll den Adressaten Informationen über die Ertrags- und Aufwandsstruktur[45] sowie das Periodenergebnis vermitteln.

Auf der Habenseite der Gewinn- und Verlustrechnung stehen die Erträge (*incomes*); nach Rk. 70 (a) stellen diese entweder als Zuflüsse bzw. Erhöhungen von Vermö-

---

[41] Siehe ausführlich zur Vermögenslage z. B. BAETGE, J./COMANDEUR, D., in: KÜTING, K./WEBER, C.-P., HdR, 1995, § 264 HGB, Rz. 21-23; ADLER, H./DÜRING, W./SCHMALTZ, K., Rechnungslegung international, 2002, Abschnitt 1, Rz. 144-185; WINKELJOHANN, N./SCHELLHORN, M., in: Beck'scher Bilanzkommentar, 2006, § 264 HGB, Rz. 37.

[42] Vgl. WINKELJOHANN, N./SCHELLHORN, M., in: Beck'scher Bilanzkommentar, 2006, § 264 HGB, Rz. 37.

[43] Siehe dazu ausführlich BAETGE, J./COMMANDEUR, D., in: KÜTING, K./WEBER, C.-P., HdR, 1995, § 264 HGB, Rz. 22 f.

[44] Siehe ausführlich zur Ertragslage z. B. BAETGE, J./COMMANDEUR, D., in: KÜTING, K./WEBER, C.-P., HdR, 1995, § 264 HGB, Rz. 16-20; ADLER, H./DÜRING, W./SCHMALTZ, K., Rechnungslegung international, 2002, Abschnitt 1, Rz. 186-205; WINKELJOHANN, N./SCHELLHORN, M., in: Beck'scher Bilanzkommentar, 2006, § 264 HGB, Rz. 37.

[45] Vgl. MOXTER, A., Jahresabschlußaufgaben, 1979, S. 144.

2.1 Grundlagen der internationalen Rechnungslegung

genswerten oder als Abnahme von Schulden eine Zunahme des wirtschaftlichen Nutzens dar. Erträge führen zu einer Erhöhung des Eigenkapitals, ohne dass die Anteilseigner Einlagen tätigen. Auf der Sollseite der Gewinn- und Verlustrechnung stehen die Aufwendungen (*expenses*); nach Rk. 70 (b) stellen diese entweder in Form von Abflüssen bzw. Verminderungen von Vermögenswerten oder als Erhöhung von Schulden eine Abnahme des wirtschaftlichen Nutzens dar. Aufwendungen führen zu einer Verringerung des Eigenkapitals, ohne dass eine Ausschüttung an Anteilseigner vorgenommen wird. Als Residualgröße aus Erträgen und Aufwendungen ergibt sich der Jahresüberschuss (*net profit*) bzw. Jahresfehlbetrag (*net loss*).[46] Darüber hinaus gibt die Gesamtergebnisrechnung (*statement of comprehensive income*) einen Überblick über erfolgsneutrale Eigenkapitalkomponenten.

Eine Darstellung der Ertragslage soll aufzeigen, in welchem Ausmaß und aus welchen Gründen sich das Eigenkapital des Unternehmens innerhalb des Betrachtungszeitraums verändert.[47] Neben dem Ausweis des Periodenergebnisses ist ein detaillierter Einblick in die Entwicklung des Eigenkapitals von Bedeutung. Diese Informationsaufgabe fällt der Eigenkapitalveränderungsrechnung (*statement of changes in equity*)[48] zu. Sie enthält neben dem Gesamtergebnis der Periode auch die Beträge der Transaktionen mit Eigentümern.

Die zentralen Informationsinstrumente zur Darstellung der Ertragslage sind die Gewinn- und Verlust- bzw. die Gesamtergebnisrechnung sowie die Eigenkapitalveränderungsrechnung. Der Anhang liefert wichtige ergänzende Angaben, z. B. zur Gliederung der Posten.

2.1.1.3.4 Darstellung der Finanzlage

Neben Informationen über die Vermögens- und Ertragslage sind besonders Informationen über die Finanzlage[49] des Unternehmens von Interesse. Im Blickfeld der Finanzlage stehen die Finanzierung und die Liquidität des Unternehmens. Die Finanzierung betrifft die Überlassung von Kapital und alle Kapitaldispositionen, die mit der laufen-

---

[46] Vgl. ADLER, H./DÜRING, W./SCHMALTZ, K., Rechnungslegung international, 2002, Abschnitt 1, Rz. 203.
[47] Vgl. WINKELJOHANN, N./SCHELLHORN, M., in: Beck'scher Bilanzkommentar, 2006, § 264 HGB, Rz. 37.
[48] Zur Eigenkapitalveränderungsrechnung nach IFRS siehe ausführlich IAS 1.106 bis IAS 1.110.
[49] Siehe ausführlich zur Finanzlage z. B. BAETGE, J./COMMANDEUR, D., in: KÜTING, K./WEBER, C.-P., HdR, 1995, § 264 HGB, Rz. 24-28; WINKELJOHANN, N./SCHELLHORN, M., in: Beck'scher Bilanzkommentar, 2006, § 264 HGB, Rz. 37.

den Durchführung betrieblicher Funktionen im Zusammenhang stehen.[50] Die Liquidität des Unternehmens bezeichnet seine Fähigkeit, Zahlungsverpflichtungen erfüllen zu können.[51] Obwohl die Darstellung der Finanzierung als eher „langfristige Liquiditätsdimension" die finanziellen Strukturen von Kapitalbeschaffung und -verwendung zeigt und der Begriff der Liquidität im hier verwendeten Sinne auf die Darstellung der „kurzfristigen Liquiditätsdimension"[52] zielt, wird der bisherigen Chronologie gefolgt und zuerst auf die Finanzierung eingegangen. Das primäre Informationsinstrument der Finanzierung ist die Bilanz.

Die Bilanz informiert die Adressaten über die Kapitalbeschaffung, dargestellt auf der Passivseite, und über die Kapitalverwendung, dargestellt auf der Aktivseite. Die Posten der Passivseite helfen bei der Aufklärung, woher die im Unternehmen eingesetzten Mittel stammen. Damit der Adressat sich ein Bild über die Beschaffung des im Unternehmen eingesetzten Kapitals machen kann, benötigt er Angaben über die Art, Höhe und Fristigkeiten der eingesetzten Mittel. Diese Informationen liefert der Anhang.[53] Die Posten der Aktivseite zeigen die Verwendung des im Unternehmen eingesetzten Kapitals, wobei die Kapitalverwendung eher der Vermögenslage zuzuordnen ist. Der Anhang liefert weiterführende Informationen, z. B. zur Abschreibungsmethode oder zugrunde gelegten Nutzungsdauer bei Sachanlagen.

Erste Anhaltspunkte über die Liquidität eines Unternehmens gibt die Gewinn- und Verlustrechnung. Bei einem erfolgreichen Unternehmen ist die Wahrscheinlichkeit, dass es seine Zahlungsverpflichtungen erfüllen kann, groß.[54] Das eigentliche Instrument zur Darstellung der Liquidität des Unternehmens ist die Kapitalflussrechnung. Sie hilft, den Zahlungsprozess des Unternehmens transparent zu machen.[55]

---

[50] Vgl. BAETGE, J./COMMANDEUR, D., in: KÜTING, K./WEBER, C.-P., HdR, 1995, § 264 HGB, Rz. 24 f.

[51] Vgl. LEFFSON, U., Bilanzanalyse, 1984, Rz. 43; RÜCKLE, D., in: Handwörterbuch Bilanzrecht, 1986, S. 174; ADLER, H./DÜRING, W./SCHMALTZ, K., Rechnungslegung, 1997, § 264 HGB, Rz. 74; COENENBERG, A. G., Jahresabschluss, 2005, S. 1001; WINNEFELD, R., Bilanz-Handbuch, 2006, Einf., Rz. 30; SCHILDBACH, T., Jahresabschluss, 2008, S. 5.

[52] SCHIERENBECK und WÖHLE verwenden die Begriffe der „langfristigen" und „kurzfristigen Liquiditätsdimension"; vgl. ausführlich SCHIERENBECK, H./WÖHLE, C. B., Betriebswirtschaftslehre, 2008, S. 376 f.

[53] Vgl. ADLER, H./DÜRING, W./SCHMALTZ, K., Rechnungslegung, 1997, § 264 HGB, Rz. 72; WINKELJOHANN, N./SCHELLHORN, M., in: Beck'scher Bilanzkommentar, 2006, § 264 HGB, Rz. 37.

[54] Vgl. LEFFSON, U., Bilanzanalyse, 1984, Rz. 37; COENENBERG, A. G., in: Handwörterbuch Bilanzrecht, 1986, S. 157; BAETGE, J./COMMANDEUR, D., in: KÜTING, K./WEBER, C.-P., HdR, 1995, § 264 HGB, Rz. 26.

[55] Vgl. BITZ, M./SCHNEELOCH, D./WITTSTOCK, W., Jahresabschluß, 2003, S. 476.

2.1 Grundlagen der internationalen Rechnungslegung

Die Kapitalflussrechnung[56] (*cash flow statement*) gibt detaillierte Informationen, welche Faktoren zu den Veränderungen der Liquidität, deren Höhe aus der Bilanz ersichtlich ist, geführt haben.[57] Nach der Zielsetzung des IAS 7 dient die Kapitalflussrechnung den Adressaten als „Grundlage zur Beurteilung der Fähigkeit des Unternehmens, Zahlungsmittel und Zahlungsmitteläquivalente zu erwirtschaften, sowie zur Abschätzung des Liquiditätsbedarfes des Unternehmens". Zu den Zahlungsmitteln zählen nach IAS 7.6 Barmittel und Sichteinlagen, zu den Zahlungsmitteläquivalenten kurzfristige liquide Finanzinvestitionen, die jederzeit in Zahlungsmittel umgewandelt werden können. Die Darstellung erfolgt nach IAS 7.10 getrennt nach den Bereichen der betrieblichen Tätigkeit, Investitions- und Finanzierungstätigkeit. Sie soll den Adressaten „Informationen über die Art, Zusammensetzung und Veränderungen der Zahlungsmittelflüsse eines Unternehmens"[58] liefern und aufklären, inwieweit das Unternehmen dazu in der Lage ist, positive Cashflows zu erwirtschaften und seinen Zahlungsverpflichtungen nachzukommen, und inwieweit es Quellen der Außenfinanzierung in Anspruch nehmen muss.[59]

Zusammenfassend kann festgestellt werden, dass zur Darstellung der Finanzlage sämtliche Bestandteile des Abschlusses relevant sind.

2.1.2 Konzeptionelle Grundlagen

2.1.2.1 Informations- versus Zahlungsbemessungsfunktion

Zum einen haben Abschlüsse die Aufgabe, „verschiedenen Adressatengruppen bestimmte Informationen über das betrachtete Unternehmen in standardisierter Form zur Verfügung zu stellen". Ihre Aufgabe ist die Informationsvermittlung. Zum anderen haben sie die Aufgabe, „in Rechtsvorschriften und Verträgen allgemein umschriebene Rechte und Pflichten bestimmter Personengruppen ... für den jeweils vorliegenden Einzelfall in ihrem quantitativen Ausmaß zu konkretisieren".[60] Zumeist handelt es sich

---

[56] Siehe ausführlich zur Kapitalflussrechnung z. B. ADLER, H./DÜRING, W./SCHMALTZ, K., Rechnungslegung international, 2002, Abschnitt 23; LITTKEMANN, J./KRAFT, S., Kapitalflussrechnung, 2006, S. 553-564; RUDOLPH, R., in: Beck'sches IFRS-Handbuch, 2006, § 18; WINNEFELD, R., Bilanz-Handbuch, 2006, Kapitel O, Rz. 2-95; PELLENS, B. et al., Rechnungslegung, 2008, S. 182-201; WAGENHOFER, A., Internationale Rechnungslegungsstandards, 2009, S. 467-474.
[57] Vgl. WYSOCKI, K. v., in: BAETGE, J. et al., Kommentar, 2003, Teil B, IAS 7, Rz. 1-3; ULL, T., Abschlusselemente, 2006, S. 367.
[58] HAYN, S./WALDERSEE, G., IFRS/HGB/HGB-BilMoG, 2008, S. 337.
[59] Vgl. ADLER, H./DÜRING, W./SCHMALTZ, K., Rechnungslegung international, 2002, Abschnitt 23, Rz. 6.
[60] Zu beiden wörtlichen Zitaten BITZ, M./SCHNEELOCH, D./WITTSTOCK, W., Jahresabschluß, 2003, S. 33.

dabei um auf Zahlungen gerichtete Ansprüche oder Verpflichtungen, weshalb in diesem Zusammenhang von der Zahlungsbemessungsfunktion[61] gesprochen wird.[62] Informations- und Zahlungsbemessungsfunktion bilden die beiden Grundfunktionen der externen Rechnungslegung.[63]

Einziges Ziel der IFRS-Rechnungslegung ist die Informationsfunktion.[64] Wichtigste Adressaten sind, repräsentativ für alle, die Investoren. In Paragraph 9 des Rahmenkonzepts werden zunächst sämtliche Adressaten aufgezählt: Investoren, Arbeitnehmer, Kreditgeber, Lieferanten und andere Gläubiger, Kunden, Regierungen und ihre Institutionen sowie die Öffentlichkeit. Paragraph 10 weist darauf hin, dass IFRS-Abschlüsse nicht alle Informationsbedürfnisse erfüllen können und deshalb von den Informationsbedürfnissen der Investoren ausgegangen wird.

Ziel der handelsrechtlichen Rechnungslegung ist originär die Zahlungsbemessungsfunktion, konkrete Adressatengruppen nennt das HGB nicht. Erst mit den Harmonisierungsbestrebungen der Rechnungslegung innerhalb der Europäischen Union trat die Informationsfunktion neben die Zahlungsbemessungsfunktion. Erste Meilensteine einer Anpassung der Rechnungslegung aller EU-Staaten bilden die 4. EG-Richtlinie[65], die sog. Einzeljahresabschlussrichtlinie aus dem Jahr 1978, und die 7. EG-Richtlinie[66], die sog. Konzernabschlussrichtlinie aus dem Jahr 1983. Ziel der handelsrechtlichen Rechnungslegung ist seitdem die Erreichung eines Gleichgewichts zwischen beiden Funktionen.[67] Die von der Europäischen Union verabschiedeten Richtlinien enthalten Wahlrechte, die der Umsetzung in nationales Recht durch den Gesetzgeber bedürfen. Der deutsche Gesetzgeber ist dieser Pflicht zur Manifestierung der 4. und 7. EG-

---

[61] Zur Zahlungsbemessungsfunktion siehe ausführlich z. B. PATEK, G. A., Derivative Finanzprodukte, 2002, S. 83-87; BITZ, M./SCHNEELOCH, D./WITTSTOCK, W., Jahresabschluß, 2003, S. 41-46; COENENBERG, A. G., Jahresabschluss, 2005, S. 14 f.

[62] Vgl. BITZ, M./SCHNEELOCH, D./WITTSTOCK, W., Jahresabschluß, 2003, S. 33.

[63] Vgl. KUBIN, K. W., Shareholder Value, 1998, S. 528; HINZ, M., 2003, in: Beck'sches HdR, B 100, Rz. 4-6; COENENBERG, A. G., Jahresabschluss, 2005, S. 14.

[64] Zur Informationsfunktion siehe ausführlich z. B. HEUSER, P. J./THEILE, C., IFRS Handbuch, 2007, Kapitel A, Rz. 6.

[65] Vgl. Vierte Richtlinie 78/660/EWG, ABl. L 222 vom 14.08.1978, S. 11-31.

[66] Vgl. Siebente Richtlinie 83/349/EWG, ABl. L 193 vom 18.07.1983, S. 1-17.

[67] Vgl. BÖRSTLER, C., Zukunft, 2006, S. 29.

Richtlinie[68] in deutsches Bilanzrecht mit der Verabschiedung des Bilanzrichtlinien-Gesetzes am 19. Dezember 1985[69] nachgekommen.[70]

2.1.2.2 Angloamerikanische versus kontinentaleuropäische Rechnungslegung

Sämtliche Rechnungslegungssysteme, ob national oder international, lassen sich aufgrund ihrer unterschiedlichen Historien und Rechnungslegungsphilosophien im Wesentlichen zwei Rechnungslegungsklassen[71] zuordnen, zum einen kontinentaleuropäischer und zum anderen angloamerikanischer Prägung.[72] Die Ursachen ihrer unterschiedlichen Zielsetzungen liegen in den differenten Rahmenbedingungen ihrer Entstehungsgeschichten.

Kontinentaleuropäisch geprägte Rechnungslegungssysteme, wie das HGB,[73] zeichnen sich durch ihre prinzipienbasierte (*principles-based*) Gestaltung nach dem sog. *code law*[74] aus. Ausgehend von übergeordneten Prinzipien werden Einzelfälle durch Subsumtion gelöst.[75] Angloamerikanisch geprägte Rechnungslegungssysteme, wie die

---

[68] Die 4. und 7. EG-Richtlinie wurden von deutscher Seite stark beeinflusst. Im Jahr 1965 wurde ein Ausschuss zur Harmonisierung der Rechnungslegung in Europa gegründet, die sog. Groupe Elmendorff, dessen Vorsitzender WILHELM ELMENDORFF war. Dieses Gremium, gebildet aus Berufsvertretungen der europäischen Wirtschaftsprüfer, erarbeitete den ersten Entwurf der 4. EG-Richtlinie; vgl. NIEHUS, R., Spur, 2003, S. 966.

[69] Gesetz zur Durchführung der Vierten, Siebten und Achten Richtlinie des Rates der Europäischen Gemeinschaften zur Koordinierung des Gesellschaftsrechts (Bilanzrichtlinien-Gesetz – BiRiLiG) vom 19.12.1985, BGBl I 1985, S. 2355-2433.

[70] Vgl. KÜTING, K., Rechnungslegung in Deutschland, 2000, S. 38.

[71] Die weiteren Rechnungslegungsklassen südamerikanischer und sozialistischer Prägung sollen hier vernachlässigt werden; vgl. dazu BAETGE, J. et al., in: BAETGE, J. et al., Kommentar, 2003, Teil A, Kapitel II, Rz. 1 f.

[72] Vgl. z. B. HINZ, M., Rechnungslegung, 2005, S. 3 f.; HEUSER, P. J./THEILE, C., IFRS Handbuch, 2007, Kapitel A, Rz. 1.

[73] Weitere Beispiele sind die Rechnungslegungssysteme von Belgien, Frankreich, Italien, Spanien, Schweden, Japan und der Schweiz; vgl. HINZ, M., Rechnungslegung, 2005, S. 3.

[74] Dieser Begriff resultiert aus dem Charakter des kontinentaleuropäischen Rechtssystems, das sich durch eine hohe Anzahl von Gesetzen auszeichnet; vgl. z. B. RUHNKE, K., Rechnungslegung, 2008, S. 60.

[75] Vgl. HEUSER, P. J./THEILE, C., IFRS Handbuch, 2007, Kapitel A, Rz. 3.

US-GAAP in ihrer bisherigen Entwicklung,[76] sind regelbasiert (*rules-based*). Durch eine Fülle detaillierter und möglichst punktgenau trennender Regeln für jeden realen Sachverhalt versuchen sie, ein jeweils passendes Abbild zu finden.[77] Ihnen liegt ein stark kasuistisches System[78] zugrunde,[79] weshalb dieses Rechnungslegungssystem als *case law*[80] charakterisiert wird.[81] Aus einer Vielzahl von Einzelfalllösungen werden Standards abgeleitet.[82] Einzelne Gerichtsentscheidungen erhalten über den Einzelfall hinaus allgemeingültig bindende Wirkung.[83] Eine weitere Systemorientierung ist nicht vorhanden. Die IFRS-Rechnungslegung wurde stark geprägt durch die angloamerikanische Rechnungslegungsphilosophie. Das IASB steht seit seiner Gründung – als International Accounting Standards Committee (IASC)[84] – im Jahr 1973 unter starkem britisch-amerikanischem Einfluss.[85]

---

[76] Bereits seit einigen Jahren diskutiert das Financial Accounting Standards Board (FASB) – als Antwort auf zahlreiche Bilanzskandale wie den Fall Enron – eine stärkere Prinzipienorientierung der US-GAAP; vgl. dazu ausführlich LÜDENBACH, N./HOFFMANN, W.-D., Objective-oriented Accounting, 2003, S. 387 f.; SCHILDBACH, T., Prinzipienorientierung, 2003, S. 247-266; KUHNER, C., Prinzipienbasierung, 2004, S. 261-271 und zu den Bilanzskandalen LÜDENBACH, N./HOFFMANN, W.-D., Enron, 2002, S. 1169-1175. Die Diskussion um die Prinzipienorientierung steht in engem Zusammenhang mit dem Konvergenzprojekt der Rahmenkonzepte zwischen US-GAAP und IFRS; vgl. z. B. GASSEN, J./FISCHKIN, M./HILL, V., Rahmenkonzept-Projekt, 2008, S. 874-882 und zum Projektverlauf siehe KAMPMANN, H./SCHWEDLER, K., Rahmenkonzept, 2006, S. 521 f.; WATRIN, C./STROHM, C., Paradigmenwechsel, 2006, S. 123-127; PELGER, C., Framework-Projekt, 2009, S. 156 f.

[77] Vgl. SCHILDBACH, T., Prinzipienorientierung, 2003, S. 247 f.

[78] Vgl. ADLER, H./DÜRING, W./SCHMALTZ, K., Rechnungslegung international, 2002, Abschnitt 1, Rz. 21; KUHNER, C., Prinzipienbasierung, 2004, S. 263 m. w. N.; WATRIN, C./STROHM, C., Paradigmenwechsel, 2006, S. 123; LÜDENBACH, N./HOFFMANN, W.-D., in: Haufe IFRS-Kommentar, 2009, § 1, Rz. 44.

[79] Kritisch wird in diesem Zusammenhang von Rechnungslegungsregeln mit „Kochbuchcharakter" oder von einem „*patchwork system*" gesprochen; vgl. LÜDENBACH, N./HOFFMANN, W.-D., in: Haufe IFRS-Kommentar, 2009, § 1, Rz. 45; WAGENHOFER, A., Internationale Rechnungslegungsstandards, 2009, S. 51.

[80] Dieser Begriff resultiert aus dem Charakter des angloamerikanischen Rechtssystems, das von nur begrenzt einschränkenden Gesetzesvorschriften und einzelfallbezogenen Richtersprüchen gekennzeichnet ist; vgl. RUHNKE, K., Rechnungslegung, 2008, S. 59.

[81] Vgl. zur Unterscheidung von regelbasierten und prinzipienbasierten Rechnungslegungskonzeptionen z. B. PREIßLER, G., Prinzipienbasierung, 2002, S. 2389 f.; WATRIN, C./STROHM, C., Paradigmenwechsel, 2006, S. 123 f.; HEUSER, P. J./THEILE, C., IFRS Handbuch, 2007, Kapitel A, Rz. 2 f.

[82] Vgl. HALLER, A., Grundlagen, 1994, S. 14.

[83] Vgl. HALLER, A., Grundlagen, 1994, S. 13 f.; PREIßLER, G., Prinzipienbasierung, 2002, S. 2389.

[84] Zu den Anfängen und der Organisationsstruktur des IASC siehe STREIM, H., in: HOFBAUER, M. A./KUPSCH, P., Bonner Handbuch, 1994, Fach 5, International Accounting Standards, Rz. 1-12; KLEEKÄMPER, H./KUHLEWIND, A.-M./ALVAREZ, M., in: BAETGE, J. et al., Kommentar, 2003, Teil A, Kapitel I, Rz. 20-76.

[85] Vgl. HEUSER, P. J./THEILE, C., IFRS Handbuch, 2007, Kapitel A, Rz. 1.

2.1.3 Entwicklungen auf Ebene der Europäischen Union

2.1.3.1 Hinwendung zu den IFRS

Die Harmonisierungsbestrebungen der Europäischen Union haben das Ziel, eine bessere Vergleichbarkeit von Abschlüssen verschiedener Länder herbeizuführen. Die Bestimmungen der Richtlinien sind für die Mitgliedstaaten jedoch erst nach Umsetzung in das nationale Recht durch die jeweiligen Gesetzgeber verbindlich. Da sich die Umsetzungsprozesse über viele Jahre hinzogen,[86] war lange Zeit nicht ermittelbar, ob die Richtlinien tatsächlich zu dem gewünschten Ziel führen würden. Schließlich erwies sich ihr Kompromisscharakter als nachteilig. Er war ursächlich für zu große Differenzen, die das ursprüngliche Ziel der Europäischen Union konterkarierten. Der Prozess der Implementierung verfehlte seinen wirtschaftlichen Zweck.[87]

Nach diesem Scheitern folgte die Wende hin zu den international anerkannten Rechnungslegungsvorschriften,[88] den damaligen International Accounting Standards (IAS). In ihrer Mitteilung zur „Harmonisierung auf dem Gebiet der Rechnungslegung" von November 1995[89] räumte die EU-Kommission ein, dass die Richtlinien nicht alle Probleme lösen konnten. Des Weiteren begründete sie ihren Vorstoß damit, dass die gemäß den EU-Richtlinien und den nationalen Rechtsvorschriften erstellten Abschlüsse nicht den auf internationaler Ebene geforderten Grundsätzen entsprachen, insbesondere wurden sie von der amerikanischen Börsenaufsicht Securities and Exchange Commission (SEC) nicht anerkannt. Um europäischen Unternehmen den Zutritt zu internationalen Kapitalmärkten, insbesondere auch dem amerikanischen, zu ermöglichen, betrachtete die Kommission die Annahme der IAS als unumgänglich. Sie wollte sich aber nicht auf die Übernahme der internationalen Rechnungslegungsstandards beschränken, sondern sicherte sich auch ein Mitspracherecht bei der Entwicklung. Die Europäische Kommission erhielt den Mitgliedstatus in der „Consultative Group" und wohnt dem Board seitdem als Beobachter bei.

Die internationale Anerkennung und weltweite Anwendung der IAS schritt voran. Unterstützt wurde dieser Prozess vor allem von der International Organization of Securities Commissions (IOSCO), der 1974 gegründeten internationalen Börsenauf-

---

[86] Die 4. EG-Richtlinie wurde in Italien erst im Jahr 1991 in nationales Recht umgesetzt, die 7. EG-Richtlinie in Irland erst 1992; vgl. BÖRSTLER, C., Zukunft, 2006, S. 31, Fn. 113.

[87] Vgl. KÜTING, K., Rechnungslegung in Deutschland, 2000, S. 39.

[88] Zu dieser Entwicklung siehe ausführlich VAN HULLE, K., Bilanzrichtlinien, 2003, S. 968-981.

[89] Vgl. COM 95 (508) von November 1995, S. 1-16.

sichtsbehörde.[90] Am 17. Mai 2000 gab diese eine Empfehlung an ihre Mitgliedorganisationen, die IAS als Basisregelwerk zur Notierung an allen nationalen Wertpapierbörsen zuzulassen.[91]

Die EU-Kommission arbeitete währenddessen an einem Entwurf für die IAS-Verordnung, den sie am 13. Februar 2001[92] veröffentlichte. Im Gegensatz zu den Richtlinien sind Verordnungen nach ihrer Verabschiedung von allen Mitgliedstaaten verbindlich anzuwenden. Die Länder verpflichten sich durch ihren Beitritt zur Europäischen Union. Nur für dort gesondert als Wahlrechte deklarierte Bestimmungen haben die nationalen Gesetzgeber noch eine Entscheidungsfreiheit. Die am 19. Juli 2002 verabschiedete IAS-Verordnung[93] enthielt zwei bedeutende Wahlrechte, zum einen für die Übergangsbestimmungen und zum anderen für die Anwendung der IFRS auf sämtliche Einzelabschlüsse und die Konzernabschlüsse nicht kapitalmarktorientierter Unternehmen. Bezüglich der Übergangsbestimmungen stand es den Ländern frei, denjenigen kapitalmarktorientierten Unternehmen, die bereits einen Abschluss nach international anerkannten Standards erstellten, eine Übergangsfrist für alle Geschäftsjahre, die vor dem 1. Januar 2007 begannen, einzuräumen.[94] Für die Einzel- und die Konzernabschlüsse nicht kapitalmarktorientierter Unternehmen sollten die Gesetzgeber selbst entscheiden, ob sie Abschlüsse nach IFRS mit befreiender Wirkung verbieten, gestatten oder vorschreiben.[95]

2.1.3.2 Reaktionen der Mitgliedstaaten auf das Wahlrecht zur Anwendung der IFRS

Die folgende Abbildung 2/1 zeigt, wie die Mitgliedstaaten entschieden haben. Versicherungsgesellschaften, Kreditinstitute, öffentliche Banken und weitere Finanzunternehmen wurden ausgeklammert, für diese bestehen in den Mitgliedstaaten verschiedene Sonderregelungen.

---

[90] Vgl. BÖRSTLER, C., Zukunft, 2006, S. 63. Eines der inzwischen 192 Mitglieder ist die Bundesanstalt für Finanzdienstleistungsaufsicht (BaFin). Der von LEU und TEITLER-FEINBERG für ihren Aufsatz gewählte Titel „IOSCO als globale Promotorin von IFRS" umschreibt die Rolle der IOSCO im Entwicklungsprozess der IFRS sehr treffend; vgl. LEU, P./TEITLER-FEINBERG, E., IOSCO, 2007, S. 546-550.

[91] Siehe dazu ausführlich FUCHS, M./STIBI, B., IOSCO, 2000, S. 2-5.

[92] Vgl. KOM(2001) 80 endgültig vom 13.02.2001, S. 1-24.

[93] Vgl. Verordnung (EG) Nr. 1606/2002, ABl. L 243 vom 11.09.2002, S. 1-4.

[94] Vgl. Verordnung (EG) Nr. 1606/2002, ABl. L 243 vom 11.09.2002, Artikel 9, S. 4.

[95] Vgl. Verordnung (EG) Nr. 1606/2002, ABl. L 243 vom 11.09.2002, Artikel 5, S. 3.

2.1 Grundlagen der internationalen Rechnungslegung

EU-Staat	IFRS für Einzelabschluss kapitalmarktorientierter Unternehmen	IFRS für Konzernabschluss nicht kapitalmarktorientierter Unternehmen	IFRS für Einzelabschluss nicht kapitalmarktorientierter Unternehmen
Belgien	?	+	?
Bulgarien	+++	+/+++[96]	+/+++[97]
Dänemark	+++	+	+
Deutschland	---	+	---
Estland	+++	+	+
Finnland	+	+	+
Frankreich	---	+	---
Griechenland	+++	+	+
Holland	+	+	+
Irland	+	+	+
Italien	+++	+	+
Lettland	+++	+	---
Litauen	+++	+	+
Luxemburg	+	+	+
Malta	+++	+++	+++
Österreich	---	+	---
Polen	+	---	---
Portugal	+	+	+[98]
Rumänien	---	---	---
Schweden	---	+	---
Slowakei	+	+++	+[99]
Slowenien	+	+	+
Spanien	---	+	---
Tschechische Republik	+++	+	---
Ungarn	---	+	---
Vereinigtes Königreich	+	+	+
Zypern	+++	+++	+++

Legende: --- verboten, + gestattet, +++ vorgeschrieben, ? noch nicht entschieden

Abbildung 2/1: Ausübung der Wahlrechte nach Artikel 5 der IAS-Verordnung (eigene Darstellung[100])

---

[96] Bulgarien: Für KMU gestattet und für alle anderen vorgeschrieben.
[97] Bulgarien: Für KMU gestattet und für alle anderen vorgeschrieben.
[98] Portugal: Für Unternehmen, die einem konsolidierungspflichtigen Unternehmen angehören, gestattet.
[99] Slowakei: Für Unternehmen, die einen Konzernabschluss erstellen, gestattet.
[100] Die eigene Darstellung basiert auf den Angaben der EU-Kommission vom 25.02.2008; vgl. European Commission, Implementation, 2008, S. 1-5. Andere Darstellungsweisen finden sich z. B. bei KUHNER, C., Zukunft, 2007, S. 58 oder KAJÜTER, P. et al., Beurteilung, 2008, S. 592 (unvollständige Darstellung für nur sechs ausgewählte Länder).

Aus Abbildung 2/1 geht hervor, dass nur noch wenige Staaten die Aufstellung von Konzernabschlüssen nicht kapitalmarktorientierter Unternehmen nach IFRS ablehnen. Ein Verbot haben lediglich Polen und Rumänien ausgesprochen. Eine definitive Verpflichtung für alle Konzernabschlüsse nach IFRS wurde nur von Malta, der Slowakei und Zypern erlassen, alle anderen Mitgliedstaaten stellen ihren Konzernunternehmen die Anwendung der IFRS frei. Bulgarien differenziert zwischen kleinen und mittelgroßen (KMU) sowie anderen Unternehmen. KMU dürfen ihre Konzernabschlüsse nach IFRS erstellen, für alle anderen Unternehmen sind sie verbindlich anzuwenden.

Anders entschieden die Mitgliedstaaten bezüglich der Einzelabschlüsse. Während kapitalmarktorientierte Unternehmen ihre Einzelabschlüsse in vielen Ländern unbedingt nach IFRS erstellen müssen und nur wenige Länder ihren Unternehmen dies verbieten, ist die Zustimmung der Mitgliedstaaten bezüglich der Einzelabschlüsse nicht kapitalmarktorientierter Unternehmen wesentlich geringer.

Nur zwei bzw. drei der Länder[101] verpflichten ihre nicht kapitalmarktorientierten Unternehmen zu Einzelabschlüssen nach IFRS. Zehn Länder[102] lehnen die IFRS für den Einzelabschluss ihrer nicht kapitalmarktorientierten Unternehmen ab, alle anderen tolerieren sie mit befreiender Wirkung.

Eine komplette Verpflichtung für alle Abschlüsse nach IFRS besteht nur in Malta und Zypern, Länder mit historisch angloamerikanischer Prägung ihrer Rechnungslegung. Ansonsten zeigt sich, dass nicht nur Deutschland, sondern darüber hinaus viele weitere Mitgliedstaaten der Europäischen Union nicht nur mit Zurückhaltung reagieren, sondern die IFRS-Rechnungslegung auch ablehnen.[103] Sie bevorzugen ihre nationalen Systeme statt einer europaweiten Lösung. Zwar sind die meisten nationalen Systeme inzwischen international geprägt, eine Vereinheitlichung wird jedoch nicht präferiert.

---

[101] Dies sind Malta und Zypern sowie Bulgarien mit der genannten Differenzierung zwischen kleinen und mittelgroßen sowie anderen Unternehmen.

[102] Dies sind Deutschland, Frankreich, Lettland, Österreich, Polen, Rumänien, Schweden, Spanien, Tschechische Republik und Ungarn.

[103] Zu konträren Ergebnissen kommt KUHNER. Er begründet sein Fazit vor allem mit der zunehmenden Verpflichtung von Einzelabschlüssen kapitalmarktorientierter Unternehmen nach IFRS; vgl. KUHNER, C., Zukunft, 2007, S. 58: „Insgesamt belegt der Befund, dass die vor allem in der inländischen Diskussion geäußerten Vorbehalte gegen eine Anwendung der IFRS im Einzelabschluss offenbar in vielen anderen EU-Staaten nicht geteilt werden: So spricht etwa die von etlichen Staaten praktizierte Regelung, den IFRS-Einzelabschluss gerade für kapitalmarktorientierte Unternehmen ... verbindlich zu dekretieren, für die von den jeweiligen Gesetzgebungsorganen offensichtlich vertretene Auffassung, dass sich auch die Schutzzwecke des Einzelabschlusses im Wege der IFRS besser realisieren lassen, als unter Anwendung der jeweiligen nationalen Standards."

Für Unternehmen, die einen IFRS-Abschluss benötigen oder erstellen wollen, bedeutet dies, dass sie den zusätzlichen Aufwand für einen – neben dem nach nationalen Standards erstellten – weiteren Abschluss akzeptieren müssen.

2.2 Definition und Bedeutung kleiner und mittelgroßer Unternehmen

2.2.1 Definitionskriterien auf nationaler und internationaler Ebene

2.2.1.1 Quantitative Abgrenzungskriterien

Im internationalen Sprachgebrauch wird die Bezeichnung KMU, in englischer Übersetzung SME bzw. SMEs (S*mall and Medium-sized Entities*), für kleine und mittelgroße Unternehmen verwendet. Als Unternehmen ist jede Einheit anzusehen, „die eine wirtschaftliche Tätigkeit ausübt"[104]. Der Terminus KMU basiert auf einer quantitativ orientierten Begriffsabgrenzung,[105] der „Festlegung bestimmter Grenzen im Hinblick auf bestimmte Größenmerkmale"[106]. Weltweit haben Gesetzgeber und andere Gremien verschiedener Länder der Entwicklung ihrer Definition die Höhe der Mitarbeiterzahl, des Umsatzes und der Bilanzsumme zugrunde gelegt.[107] Kleine und mittelgroße Unternehmen „sind danach all jene Unternehmen, die eine bestimmte Unternehmensgröße nicht überschreiten"[108].

Als Beispiel werden die quantitativen Definitionen für Deutschland, dargestellt in der folgenden Abbildung,[109] angeführt.

---

[104] Empfehlung 2003/361/EG, ABl. L 124 vom 20.05.2003, Anhang, Titel I, Artikel 1, S. 39. Zur ausführlichen Diskussion der Begriffsdefinition des Unternehmens siehe z. B. SCHIERENBECK, H./WÖHLE, C. B., Betriebswirtschaftslehre, 2008, S. 17-63.

[105] Vgl. MANDLER, U., Mittelstand, 2004, S. 13; MUGLER, J., Grundlagen, 2008, S. 22.

[106] WOLTER, H.-J./HAUSER, H.-E., Bedeutung, 2001, S. 29.

[107] Vgl. GÜNTERBERG, B./WOLTER, H.-J., Mittelstand, 2002, S. 1-3.

[108] MANDLER, U., Mittelstand, 2004, S. 15.

[109] In Anlehnung an die Darstellung der quantitativen Mittelstandsdefinition des IfM, die leicht modifiziert übernommen und um das Schaubild der Größenklassen im deutschen Handelsrecht erweitert wurde; vgl. WALLAU, F., Mittelstand, 2005, S. 3.

**Handelsrechtliche Umschreibung der Größenklassen
von Kapitalgesellschaften gemäß § 267 HGB**

Unternehmensgröße	Beschäftigte	Umsatz	Bilanzsumme
Klein	bis 50	bis 9,68 Mio. €	bis 4,84 Mio. €
Mittel	bis 250	bis 38,5 Mio. €	bis 19,25 Mio. €
Groß	mehr als 250	mehr als 38,5 Mio. €	mehr als 19,25 Mio. €

**Quantitative Mittelstandsdefinition
des Instituts für Mittelstandsforschung in Bonn***

Unternehmensgröße	Beschäftigte	Umsatz
Klein	bis 9	bis unter 1 Mio. €
Mittel	bis 499	bis unter 50 Mio. €
Groß	mehr als 500	50 Mio. € und mehr

* Gültig seit der Euro-Umstellung im Jahr 2002

Abbildung 2/2: Quantitative Abgrenzungen kleiner und mittelgroßer Unternehmen in Deutschland

Die in Deutschland gemäß § 267 HGB bestimmten Größenklassen dienen der Einstufung von Unternehmen zu Rechnungslegungszwecken; die Werte entsprechen der letzten Änderung durch das Bilanzrechtsmodernisierungsgesetz[110] infolge der sog. Abänderungsrichtlinie[111] zur Anpassung der 4. EG-Richtlinie. Die Höchstgrenze der Zahl der Arbeitnehmer ist gleich geblieben, bei den Umsatzerlösen wurde sie für kleine Unternehmen von 8,03 Mio. € auf 9,68 Mio. € und für mittelgroße Unternehmen von 32,12 Mio. € auf 38,5 Mio. € erhöht, ebenso bei den Bilanzsummen für kleine Unternehmen von 4,015 Mio. € auf 4,84 Mio. € und für mittelgroße Unternehmen von 16,06 Mio. € auf 19,25 Mio. €. Diese Anhebung begründete die Bundesregie-

---

[110] Vgl. Gesetz zur Modernisierung des Bilanzrechts (Bilanzrechtsmodernisierungsgesetz – BilMoG) vom 25.05.2009, BGBl I 2009, S. 1105.

[111] Vgl. Richtlinie 2006/46/EG, ABl. L 224 vom 16.08.2006, S. 1-7. Regulär werden die Schwellenwerte wegen inflationärer Entwicklungen von der EU alle fünf Jahre überprüft und gegebenenfalls angepasst; vgl. WINNEFELD, R., Bilanz-Handbuch, 2006, Kapitel F, Rz. 42. Die in der sog. Schwellenwertrichtlinie oder auch Euro-Anpassungsrichtlinie festgelegten Werte wurden allerdings schon nach drei Jahren wieder erhöht; siehe Richtlinie 2003/38/EG, ABl. L 120 vom 15.05.2003, S. 22 f.

rung damit, dass so „mehr Unternehmen als bisher die größenabhängigen Erleichterungen in Anspruch nehmen"[112] können. Die Werte des § 267 HGB sind um 10 % höher als die genannten Werte der Abänderungsrichtlinie[113] und nutzen damit genau den Spielraum, den Artikel 12 Abs. 2 der 4. EG-Richtlinie den Ländern einräumt.

Der handelsrechtlichen Umschreibung geht eine Unterscheidung nach Rechtsformen voraus, § 267 HGB gilt nur für Kapitalgesellschaften. Die Einteilung der Kapitalgesellschaften in kleine, mittelgroße und große ist vor allem bedeutsam, weil es für kleine und mittelgroße Kapitalgesellschaften verschiedene Erleichterungen gegenüber großen gibt.[114] Zur Feststellung, welcher Größenklasse ein Unternehmen angehört, müssen mindestens zwei der drei Kriterien – „Anzahl der Beschäftigten", wobei diese im Jahresdurchschnitt zu ermitteln sind,[115] „Höhe des Umsatzes" und „Höhe der Bilanzsumme" – erfüllt sein.

Zur Klassifikation der Unternehmen gemäß der Definition des Instituts für Mittelstandforschung (IfM) sind nur Beschäftigtenzahl und Umsatzgröße entscheidend. Beide Kriterien müssen erfüllt sein. Diese Unternehmensquantifizierung[116] ist die Grundlage für amtliche statistische Auswertungen, aber auch für eine Vielzahl empirischer Untersuchungen.[117]

2.2.1.2 Qualitative Abgrenzungskriterien

Der im deutschen Sprachraum gebräuchliche Begriff „Mittelstand" bezeichnet aus quantitativer Sicht die kleinen und mittelgroßen Unternehmen, jedoch ist er in seiner eigentlichen Bedeutung unter qualitativen Gesichtspunkten sehr viel weiter zu fas-

---

[112] Vgl. Entwurf eines Gesetzes zur Modernisierung des Bilanzrechts (Bilanzrechtsmodernisierungsgesetz – BilMoG), BT-Drucks. 16/10067 vom 30.07.2008, S. 32.

[113] Vgl. Richtlinie 2006/46/EG, ABl. L 224 vom 16.08.2006, Artikel 1 Nr. 1 bis 3, S. 3.

[114] Vorausgesetzt, die kleinen bzw. mittelgroßen Unternehmen sind nicht zum amtlichen Wertpapierhandel zugelassen oder haben eine solche Zulassung beantragt; vgl. § 267 Abs. 3 Satz 2 HGB. Siehe zu den Erleichterungen für kleine Unternehmen z. B. die §§ 264 Abs. 1 Satz 4, 266 Abs. 1 Satz 3, 274a, 276, 288 Abs. 1, 316 Abs. 1 Satz 1 und 326 HGB; zu den Erleichterungen für mittelgroße Unternehmen z. B. die §§ 276 Satz 1, 288 Abs. 2 HGB und für ausführliche Darstellungen WINNEFELD, R., Bilanz-Handbuch, 2006, Kapitel F, Rz. 43-45.

[115] Zur Ermittlung der Zahl der Beschäftigten im Jahresdurchschnitt siehe § 267 Abs. 5 HGB. Die Begriffe „Beschäftigte" und „Arbeitnehmer" werden synonym verwendet.

[116] Vgl. GÜNTERBERG, B./WOLTER, H.-J., Mittelstand, 2002, S. 19-21, auch zur Anpassung der quantitativen Mittelstandsdefinition des IfM im Rahmen der Euro-Umstellung.

[117] Vgl. GEISELER, C., Finanzierungsverhalten, 1999, S. 15; ROHLFING, M./FUNCK, D., KMU, 2002, S. XXII f.

sen.[118] Ein gemessen an quantitativen Kriterien als groß einzustufendes Unternehmen kann gemäß qualitativer Beurteilung zum Mittelstand gehören.[119] Der entscheidende qualitative Aspekt ist die enge Verflechtung von Unternehmen und Unternehmer, die sich zum einen in der Einheit von Eigentum und Leitung und zum anderen in der Verantwortung des Unternehmers für unternehmensrelevante Entscheidungen zeigt. Einheit von Eigentum und Leitung bedeutet die „Einheit von wirtschaftlicher Existenz des Unternehmens und seiner Leitung"[120]. Die Verantwortung für unternehmensrelevante Entscheidungen betrifft strategische Entscheidungen.[121] Mittelständische Unternehmen sind das Gegenstück zu managergeführten Publikumsaktiengesellschaften, die sich durch die Trennung von Eigentum und Verfügungsmacht auszeichnen.[122] Daraus ergibt sich als weiteres, ein mittelständisches Unternehmen kennzeichnendes Attribut die Konzernunabhängigkeit bzw. weitgehende Konzernunabhängigkeit.[123]

Der Begriff Mittelstand gilt als schwer übersetzbar in andere Sprachen. Er kennzeichnet die Wirtschaftsstrukturen des deutschen Sprachraums.[124] Das Selbstverständnis der mittelständischen Unternehmer beruht eher auf der qualitativen Auffassung.[125] Eine qualitative Betrachtung bietet jedoch keine Möglichkeit der statistischen Erfassung. Infolgedessen gewannen quantitative Merkmale, die ursprünglich nur Hilfskriterien sein sollten, an Bedeutung und wurden zu konstitutiven Definitionskriterien.[126]

---

[118] Vgl. GÜNTERBERG, B./WOLTER, H.-J., Mittelstand, 2002, S. 1.

[119] Vgl. MUGLER, J., in: Handwörterbuch der Betriebswirtschaftslehre, 2007, Sp. 1235.

[120] GÜNTERBERG, B./WOLTER, H.-J., Mittelstand, 2002, S. 3. Zu den Abgrenzungsproblemen bei der Erfüllung dieser Forderung siehe WOLTER, H.-J./HAUSER, H.-E., Bedeutung, 2001, S. 32.

[121] Vgl. WOLTER, H.-J./HAUSER, H.-E., Bedeutung, 2001, S. 33.

[122] Vgl. MANDLER, U., Mittelstand, 2004, S. 14 f.

[123] Vgl. GÜNTERBERG, B./WOLTER, H.-J., Mittelstand, 2002, S. 3. Besonders dieses Kriterium ist Ursache vieler Diskussionen um die Zugehörigkeit von Unternehmen zum Mittelstand, denn viele sind nur noch formal, nicht aber faktisch als eigenständig anzusehen; siehe dazu WOLTER, H.-J./HAUSER, H.-E., Bedeutung, 2001, S. 27.

[124] Vgl. GÜNTERBERG, B./KAYSER, G., SMEs in Germany, 2004, S. 1; MUGLER, J., Grundlagen, 2008, S. 29. Nur in Schweden (*Meddelstand*) und den Niederlanden (*Middenstand*) werden stammverwandte Bezeichnungen verwendet; vgl. WOSSIDLO, P. R., in: Handwörterbuch der Betriebswirtschaftslehre, 1993, Sp. 2888.

[125] Vgl. MANDLER, U., Mittelstand, 2004, S. 13.

[126] Vgl. WOLTER, H.-J./HAUSER, H.-E., Bedeutung, 2001, S. 30.

2.2.1.3 Definitionskriterien der Europäischen Union

Die Europäische Union gibt in ihrer Empfehlung für die Definition der Kleinstunternehmen sowie der kleinen und mittelgroßen Unternehmen[127] quantitative Kriterien vor, jedoch nicht ohne eine ergänzende qualitative Bestimmung zur Verbundenheit von Unternehmen. Während Abspaltungen und Übernahmen, d. h. konzernabhängige Einheiten, häufig als kleine oder mittelgroße Unternehmen in die amtlichen Statistiken eingehen, bleiben sie in der Empfehlung der Europäischen Union außen vor.[128]

Als quantitatives Hauptkriterium ist das Kriterium der Mitarbeiterzahl zu betrachten,[129] die in Jahreseinheiten (JAE) gemessen wird. Darunter fällt jede Person, die während des gesamten Berichtsjahres als Vollzeitkraft des betreffenden Unternehmens tätig war. Teilzeitkräfte und Saisonarbeit werden anteilig verrechnet.[130] Notwendige Ergänzungskriterien sind der Umsatz und die Bilanzsumme. Von der alleinigen Berücksichtigung des Umsatzes als finanzielles Kriterium wird abgeraten. Bei der Eingruppierung darf die festgelegte Grenze eines der beiden Kriterien überschritten werden.[131]

Entscheidend für die Zugehörigkeit zu den kleinen und mittelgroßen Unternehmen ist für ein zu betrachtendes Unternehmen außerdem deren Verbundenheit mit anderen Unternehmen. Ein Unternehmen gilt dann als eigenständiges Unternehmen i. S. d. kleinen und mittelgroßen Unternehmen, wenn es weniger als 25 % des Kapitals oder der Stimmrechte eines anderen Unternehmens hält bzw. nicht 25 % oder mehr im Besitz anderer Unternehmen sind oder von staatlichen Stellen oder Körperschaften des öffentlichen Rechts kontrolliert werden.[132]

In Anlehnung an Abbildung 2/2 soll in der folgenden Abbildung die Definition der kleinen und mittelgroßen Unternehmen durch die Europäische Union übersichtlich dargestellt werden:[133]

---

[127] Vgl. Empfehlung 2003/361/EG, ABl. L 124 vom 20.05.2003, S. 36-41.

[128] Vgl. GÜNTERBERG, B./WOLTER, H.-J., Mittelstand, 2002, S. 3.

[129] Vgl. Empfehlung 2003/361/EG, ABl. L 124 vom 20.05.2003, Nr. (4), S. 36.

[130] Vgl. Empfehlung 2003/361/EG, ABl. L 124 vom 20.05.2003, Artikel 5, S. 40.

[131] Vgl. Empfehlung 2003/361/EG, ABl. L 124 vom 20.05.2003, Nr. (4), S. 36.

[132] Vgl. Empfehlung 2003/361/EG, ABl. L 124 vom 20.05.2003, Artikel 3, S. 39 f.

[133] In Anlehnung an WALLAU, F., Mittelstand, 2005, S. 3.

Unternehmensgröße	Beschäftigte	Umsatz	Bilanzsumme
Kleinstunternehmen	bis 9	bis 2 Mio. €	bis 2 Mio. €
Kleinunternehmen	bis 49	bis 10 Mio. €	bis 10 Mio. €
Mittelgroßes Unternehmen	bis 249	bis 50 Mio. €	bis 43 Mio. €

* Gültig seit dem 1. Januar 2005 gemäß Empfehlung 2003/361/EG, ABl. L 124 vom 20.05.2003, Anhang, Titel I, Artikel 2, S. 39

Abbildung 2/3: Quantitative Abgrenzung kleiner und mittelgroßer Unternehmen in der Europäischen Union*

Zur Eingruppierung der Unternehmen ist unbedingt zu beachten, dass, wenn ein Unternehmen die vorgegebenen Schwellenwerte für die Mitarbeiterzahl oder die Bilanzsumme über- bzw. unterschreitet, sich sein Status erst dann ändert, wenn dies in zwei aufeinander folgenden Jahren der Fall ist.[134]

Die Bedeutung dieser Definition in der Empfehlung der Europäischen Union zeigt sich darin, dass sie für sämtliche zukünftige Vorschriften und Programme, in welchen von KMU die Rede ist, angewendet werden soll.[135] Dies betrifft z. B. die Größendefinition der KMU im Rahmen der Allgemeinen Gruppenfreistellungsverordnung (AGVO) der Europäischen Union für staatliche Beihilfen.[136] Die Verordnung erlaubt Investitions- und Beschäftigungsbeihilfen, Beihilfen für die Inanspruchnahme von Beratungsdiensten, Beihilfen für die Teilnahme an Messen u. a. für kleine und mittelgroße Unternehmen.

2.2.1.4 Definitionskriterien des IFRS für KMU

Nach diesen detaillierten Ausführungen zum Begriff KMU soll nun darauf eingegangen werden, in welchem Sinne dieser in der aktuellen Rechnungslegungsdebatte vom IASB verwendet wird.

In Abschnitt 13 des Vorworts im Entwurf eines IFRS für KMU (E-IFRS für KMU) stellt das IASB klar, dass die Entscheidungskompetenz, für welche Unternehmen die zukünftige Anwendung des IFRS für KMU vorgeschrieben bzw. erlaubt ist, bei den

---

[134] Vgl. Empfehlung 2003/361/EG, ABl. L 124 vom 20.05.2003, Artikel 4 Abs. 2, S. 40. Diese Regelung gilt auch handelsrechtlich für die Größenklassen der Kapitalgesellschaften gemäß § 267 Abs. 4 Satz 1 HGB.

[135] Vgl. Empfehlung 2003/361/EG, ABl. L 124 vom 20.05.2003, Artikel 8 Abs. 1, S. 41.

[136] Vgl. Verordnung (EG) Nr. 800/2008, ABl. L 214 vom 09.08.2008, S. 3-47. In Anhang I, Artikel 2 wird noch einmal ausdrücklich auf die zugrunde liegenden Größenmerkmale zur Definition der Unternehmensklassen hingewiesen.

2.2 Definition und Bedeutung kleiner und mittelgroßer Unternehmen

nationalen Gesetzgebern und Standardsettern[137] liegt. Das IASB gibt lediglich deshalb eine Definition von kleinen und mittelgroßen Unternehmen vor, damit es über die Eignung der Standards für diese Zielgruppe entscheiden und den beabsichtigten Anwendungsbereich für nationale Gesetzgeber, Standardsetter und berichterstattende Unternehmen mit ihren Wirtschaftsprüfern abgrenzen kann.[138]

Das IASB definiert kleine und mittelgroße Unternehmen im E-IFRS für KMU 1.1 mithilfe zweier qualitativer Kriterien:

1. Es ist zu unterscheiden zwischen Unternehmen mit und ohne „öffentlicher Rechenschaftspflicht"[139] (*public accountability*). Zu den kleinen und mittelgroßen Unternehmen zählen nur diejenigen, die nicht der öffentlichen Rechenschaftspflicht unterliegen.

2. Ausschlaggebend ist außerdem, ob ein Unternehmen einen „Abschluss für allgemeine Zwecke"[140] (*general purpose financial statements*) für externe Adressaten erstellt. Zu den kleinen und mittelgroßen Unternehmen zählen nur diejenigen, die einen Abschluss für allgemeine Zwecke anfertigen.

Die Begriffsbestimmung für kleine und mittelgroße Unternehmen ist völlig losgelöst von quantitativen Kriterien und somit unabhängig von den ökonomischen Gegebenheiten eines Landes.[141] Eine quantitative Klassifizierung (*size test*) wird nicht vorgegeben. Die jeweiligen Gesetzgeber können jedoch Größenklassenmerkmale festsetzen.[142]

---

[137] Der nationale Standardsetter für Deutschland ist das Deutsche Rechnungslegungs Standards Committee e. V. (DRSC). Zu den Aufgaben der nationalen Standardsetter siehe WAGENHOFER, A., Internationale Rechnungslegungsstandards, 2009, S. 65 f. Wenn im fortgeführten Text auf den nationalen Gesetzgeber verwiesen wird, ist stets das DRSC als „privatrechtlich organisierte Einrichtung" i. S. d. § 342 HGB eingeschlossen.

[138] Das IASB bestätigt hier seinen bereits im Diskussionspapier von Juni 2004 veröffentlichten Vorschlag; vgl. IASB, DP-SME, Tz. 21.

[139] Diese Begriffsübersetzung wird z. B. verwendet von DALLMANN, H./ULL, T., IFRS-Rechnungslegung, 2004, S. 326; andere Autoren übersetzen *public accountability* mit „öffentliche Rechnungslegungspflicht"; so HOFFMANN, W.-D./LÜDENBACH, N., in: LÜDENBACH, N./HOFFMANN, W.-D., Kommentar, 2005, § 50, Tz. 5.

[140] Dies ist der in der offiziellen deutschen Übersetzung der IFRS verwendete Begriff für *general purpose financial statements*; vgl. IASB, IFRS, 2006, S. 72 f., F. 6 und Rk. 6. BALLWIESER übersetzt: „allgemein gehaltene Rechnungslegungsinstrumente"; BALLWIESER, W., IFRS-Rechnungslegung, 2006, S. 10.

[141] Vgl. DALLMANN, H./ULL, T., IFRS-Rechnungslegung, 2004, S. 326.

[142] Vgl. IASB, Schlussfolgerungen, 2007, GS 43 f.

Der Grundsatz der öffentlichen Rechenschaftspflicht ist als das wichtigste Kriterium zur Unterscheidung von Unternehmen (*overriding characteristic*) anzusehen,[143] was auch in der zwischenzeitlich verwendeten Betitelung des IFRS for SMEs als IFRS for NPAEs zum Ausdruck kam.[144] Alle Unternehmen, die unter die NPAEs (*Non-publicly Acountable Entities*) fallen, gehören zur potenziellen Anwendergruppe; für alle anderen steht die Bezeichnung PAEs (*Public Accountable Entities*).

Ein Unternehmen ist gemäß E-IFRS für KMU 1.2 dann öffentlich rechenschaftspflichtig, wenn es eines der beiden folgenden Kriterien erfüllt: Es ist zum öffentlichen Wertpapierhandel zugelassen bzw. hat eine solche Zulassung beantragt oder es dient der treuhänderischen Verwaltung von Vermögenswerten für einen breit gestreuten Anlegerkreis, z. B. Banken, Versicherungen, Wertpapiermakler, Fondsgesellschaften oder Investmentgesellschaften.[145]

Alle Unternehmen mit öffentlicher Rechenschaftspflicht sind verpflichtet, die vollen IFRS anzuwenden; selbst dann, wenn der nationale Gesetzgeber anderes bestimmt, darf der Abschluss eines solchen Unternehmens gemäß E-IFRS für KMU 1.3 nicht als mit dem IFRS für KMU übereinstimmend bestätigt werden.

Seit der Veröffentlichung des Diskussionspapiers im Juni 2004 wird diskutiert, ob Unternehmen mit erheblicher ökonomischer Bedeutung im eigenen Land den Unternehmen mit öffentlicher Rechenschaftspflicht und somit dem Anwenderkreis der vollen IFRS zugeordnet werden sollen.[146] Mit der Veröffentlichung des Standardentwurfs entzog sich das IASB der Verantwortung für diese Entscheidung. Die nationalen Gesetzgeber haben ein Entscheidungswahlrecht,[147] außerdem muss jedes Land die Abgrenzungskriterien für diese Unternehmen selbst festlegen. Eine Verallgemeinerung, wann ein Unternehmen von national ökonomischer Bedeutung ist und wann nicht, ist schwer möglich, selbst nationale Standardsetter urteilen unterschiedlich.[148]

Wegen der fehlenden Quantifizierung und durch die Entscheidungsfreiheit der nationalen Gesetzgeber zusammen mit den Standardsettern fehlt Unternehmensvergleichen über die nationalen Grenzen hinaus jede Grundlage. Es besteht die Gefahr, dass es faktisch keine einheitlich bestimmte Anwendergruppe des IFRS für KMU geben wird,

---

[143] Vgl. DALLMANN, H./ULL, T., IFRS-Rechnungslegung, 2004, S. 326.
[144] Vgl. Fn. 12 in Kapitel 1.
[145] Vgl. IASB, Schlussfolgerungen, 2007, GS 33-36.
[146] Vgl. HALLER, A./EIERLE, B., Accounting Standards, 2004, S. 1840 f.; IASB, DP-SME, Tz. 31.
[147] Vgl. IASB, Schlussfolgerungen, 2007, GS 39 f. und GS 44.
[148] Vgl. DALLMANN, H./ULL, T., IFRS-Rechnungslegung, 2004, S. 327.

2.2 Definition und Bedeutung kleiner und mittelgroßer Unternehmen

weil die nationale Beeinflussung zu groß ist und letztendlich differente nationale Anwendungsbereiche entstehen können.[149]

Für das zweite Kriterium steht statt der in Paragraph 6 des Rahmenkonzepts verwendeten Übersetzung „Abschluss für allgemeine Zwecke"[150] (*general purpose financial statements*) im deutschsprachigen Entwurf der Begriff „Mehrzweckabschlüsse". Dem Standardentwurf ist ein Glossar angehängt, das bei Verständnisfragen weiterhilft. Ein Mehrzweckabschluss wird definiert als „ein Abschluss, der auf die Informationsbedürfnisse eines großen Kreises von Adressaten ausgerichtet ist, wie z. B. Anteilseignern, Fremdkapitalgebern, Mitarbeitern und allgemeine Öffentlichkeit." Es wird davon ausgegangen, dass die Informationsinteressen dieser Benutzergruppen ausreichend kongruent sind.

In IAS 1.7 der vollen IFRS heißt es: „Ein *Abschluss für allgemeine Zwecke* ... soll den Bedürfnissen von Adressaten gerecht werden, die nicht in der Lage sind, einem Unternehmen die Veröffentlichung von Berichten vorzuschreiben, die auf ihre spezifischen Informationsbedürfnisse zugeschnitten sind." Im gleichen Sinne äußert sich das IASB im Vorwort des IFRS für KMU.[151] Diese Aussage lässt den Schluss zu, dass Unternehmen, die keine Adressaten ohne Zugang zu unternehmensinternen Daten haben, keinen Abschluss aufstellen müssen, sofern die Informationsbedürfnisse aller Adressaten ohne allgemeinen Abschluss befriedigt werden können. Dies könnte zutreffen auf Einzelunternehmen und Unternehmen, deren Adressatenkreis sich auf interne Adressaten beschränkt, z. B. kleine Familienunternehmen, die keine externen Geldgeber haben.

Es kann ansonsten nicht davon ausgegangen werden, dass Kleinstunternehmen ausgeschlossen sind.[152] Fraglich bleibt, wer letztendlich darüber entscheidet, ob ein Abschluss zu erstellen ist. Auch hier überlässt das IASB die Abgrenzung den nationalen Gesetzgebern und Standardsettern.

---

[149] Vgl. HALLER, A., Szenario, 2003, S. 419; DALLMANN, H./ULL, T., IFRS-Rechnungslegung, 2004, S. 326 f.

[150] Rk. 6 stellt klar, dass wenn in den IFRS der Begriff „Abschluss" (bzw. „Abschlüsse") verwendet wird, stets der „Abschluss für allgemeine Zwecke" gemeint ist.

[151] Vgl. IASB, E-IFRS-KMU 2007, V 8.

[152] Obgleich die Aussagen der Mitarbeiter des Projekts IFRS for SMEs bezüglich der Einbeziehung von Kleinstunternehmen unterschiedlich sind: „Nicht Gegenstand des Projekts der IFRS für SMEs – trotz mancher gegenteiliger Verlautbarungen von Mitarbeitern des Projekts ... – ist die Rechnungslegung für Kleinstunternehmen (sog. Micro-Entities)"; POLL, J., Stand, 2006, S. 86. Diese Aussage wird im Entwurf nicht bestätigt. In den Grundlagen für Schlussfolgerungen stellt das IASB fest, dass auch für die Adressaten sog. Mikros Mehrzweckabschlüsse zu erstellen sind; vgl. IASB, Schlussfolgerungen, 2007, GS 46.

2.2.2 Bedeutung kleiner und mittelgroßer Unternehmen und ihrer Abschlüsse für die Adressaten

Die potenzielle Zielgruppe des IFRS für KMU ist somit sehr umfassend. Ohne weitere Eingrenzung des nationalen Gesetzgebers könnten in Deutschland gemäß der Umsatzsteuerstatistik für das Jahr 2006[153] ca. 3 Mio. Unternehmen betroffen sein. Die Anzahl der gezählten Einzelabschlüsse liegt bei 1,66 Mio.,[154] hinzu kommen die Konzernabschlüsse nicht kapitalmarktorientierter Unternehmen, die auch zukünftig keine Kapitalmarktorientierung anstreben.

Auf Ebene der Europäischen Union handelt es sich entsprechend um ca. 23 Mio. kleine und mittelgroße Unternehmen.[155] Die gezählten Einzelabschlüsse werden mit ca. 6,3 Mio. angegeben, die Konzernabschlüsse nicht kapitalmarktorientierter Unternehmen mit ca. 176.000.[156]

Das Statistische Bundesamt hat im Jahr 2005 eine differenzierte Auswertung nach den Definitionskriterien der Europäischen Union[157] vorgenommen. Demnach gehören über 99 % aller deutschen Unternehmen zur Kategorie der kleinen und mittelgroßen Unternehmen. Sie erwirtschaften nahezu 35 % des Gesamtumsatzes und beschäftigen fast 60 % aller Arbeitnehmer.[158] In der Europäischen Union lag der prozentuale Anteil der kleinen und mittelgroßen Unternehmen im Jahr 2005 ebenfalls bei ca. 99 %.[159]

Eine differenzierte Aufschlüsselung, wie sich die Anzahl der Einzel- und Konzernabschlüsse in Deutschland und der Europäischen Union auf die Unternehmenskategorien verteilt, ist – soweit vorhanden – der folgenden Abbildung 2/4 zu entnehmen. Die Werte stammen – soweit nicht anders angegeben – für Deutschland vom Statistischen Bundesamt aus dem Jahr 2005[160] und für die Europäische Union aus der sog. Ramboll-Studie.[161] Diese Studie wurde von der EU-Kommission in Auftrag gegeben zur Ermitt-

---

[153] Vgl. Statistisches Bundesamt, Statistisches Jahrbuch, 2008, S. 610. Nicht erfasst werden in dieser Statistik Unternehmen i. S. d. § 19 UStG, deren Umsatz zuzüglich der darauf entfallenden Steuer im vorangegangenen Kalenderjahr 17.500 € nicht überstiegen hat und im laufenden Kalenderjahr 50.000 € voraussichtlich nicht übersteigen wird.

[154] Vgl. KLESS, S./VELDHUES, B., Ausgewählte Ergebnisse, 2008, S. 231.

[155] Vgl. European Commission, Facts and figures, 2009, p. 1.

[156] Vgl. zu diesen Zahlen der Einzel- und Konzernabschlüsse die folgenden Ausführungen zur sog. Ramboll-Studie und Abbildung 2/4.

[157] Vgl. Gliederungspunkt 2.2.1.3.

[158] Vgl. KLESS, S./VELDHUES, B., Ausgewählte Ergebnisse, 2008, S. 225.

[159] Vgl. European Commission, Facts and figures, 2009, p. 1.

[160] Vgl. KLESS, S./VELDHUES, B., Ausgewählte Ergebnisse, 2008, S. 231.

[161] Vgl. Internal Market and Services Directorate General (DG MARKT), Study, 2007, S. 5 und S. 10.

2.2 Definition und Bedeutung kleiner und mittelgroßer Unternehmen

lung der Kosten für die Anwendung der 4. EG-Richtlinie in den Unternehmen im Rahmen des Projektes, ein vereinfachtes Unternehmensumfeld in den Bereichen Gesellschaftsrecht, Rechnungslegung und Abschlussprüfung zu schaffen.[162] Sie enthält als grundlegende Daten die hier übernommenen Werte für die Anzahl der Unternehmen in den jeweiligen Größenkategorien.

Anzahl der Einzel-/Konzernabschlüsse in Deutschland

Unternehmenskategorien*	Kleinstunternehmen	Kleinunternehmen	Mittelgroße Unternehmen	Große Unternehmen	Kapitalmarktorientierte Unternehmen
Beschäftigte	≤ 10	≤ 50	≤ 250	> 250	
Umsatz	≤ 2 Mio. €	≤ 10 Mio. €	≤ 50 Mio. €	> 50 Mio. €	
Bilanzsumme	≤ 2 Mio. €	≤ 10 Mio. €	≤ 43 Mio. €	> 43 Mio. €	
Einzelabschlüsse (100 %)	1.357.922 (81,1 %)	257.998 (15,4 %)	46.629 (2,8 %)	11.508 (0,7%)	keine Angaben
Konzernabschlüsse	keine Angaben	keine Angaben	keine Angaben	keine Angaben	ca. 1.296**

  * Gemäß Empfehlung 2003/361/EG, ABl. L 124 vom 20.05.2003, Anhang, Titel I, Artikel 2, S. 39.
  ** Vgl. BURGER, A./FRÖHLICH, J./ULBRICH, P. R., Kapitalmarktorientierung, 2006, S. 117 (Stichtag: 28.04.2005).

Anzahl der Einzel-/Konzernabschlüsse in der Europäischen Union

Unternehmenskategorien*	Kleinstunternehmen	Kleinunternehmen	Mittelgroße Unternehmen	Große Unternehmen	Kapitalmarktorientierte Unternehmen
Beschäftigte	≤ 10	≤ 50	≤ 250	> 250	
Umsatz	≤ 1 Mio. €	$\leq 7,3$ Mio. €	$\leq 29,2$ Mio. €	$> 29,2$ Mio. €	
Bilanzsumme	$\leq 0,5$ Mio. €	$\leq 3,65$ Mio. €	$\leq 14,6$ Mio. €	$> 14,6$ Mio. €	
Einzelabschlüsse (100 %)	4.431.515 (70,2 %)	1.477.172 (23,4 %)	240.273 (3,8 %)	154.850 (2,5 %)	7.608 (0,1 %)
Konzernabschlüsse	keine Angaben	keine Angaben	60.068	116.138	ca. 7.000**

  * Gemäß Richtlinie 2003/38/EG, ABl. L 120 vom 15.05.2003, Artikel 1 Nr. 1 und 2, S. 22, ergänzt um die Kategorie der Kleinstunternehmen. Die geänderten Schwellenwerte gemäß Richtlinie 2006/46/EG, ABl. L 224 vom 16.08.2006, Artikel 1 Nr. 1 bis 3, S. 3 wurden noch nicht berücksichtigt.
  ** Vgl. Entwurf eines Gesetzes zur Modernisierung des Bilanzrechts (Bilanzrechtsmodernisierungsgesetz – BilMoG), BT-Drucks. 16/10067 vom 30.07.2008, S. 33.

Abbildung 2/4: Anzahl der Einzel-/Konzernabschlüsse in Deutschland und in der Europäischen Union

---

[162] Vgl. KNORR, L./BEIERSDORF, K./SCHMIDT, M., EU-Vorschlag, 2007, S. 2113, Fn. 24; KÖHLER, A., Kosten-Nutzen-Aspekte, 2008, S. 8 f.

Die Europäische Kommission hat am 10. Juli 2007 die „Mitteilung der Kommission über ein vereinfachtes Unternehmensumfeld in den Bereichen Gesellschaftsrecht, Rechnungslegung und Abschlussprüfung"[163] veröffentlicht. Als wesentliche Maßnahme für den Bürokratieabbau für kleine und mittelgroße Unternehmen schlägt sie vor, Kleinstunternehmen (sog. Mikros) von der Erstellung eines buchhalterischen Abschlusses zu befreien. Der Definition von Kleinstunternehmen legt die EU-Kommission – unabhängig von allen sonst genannten Größenrastern – die folgenden Größenindikatoren zugrunde:

- Anzahl der Beschäftigten: bis zu 10 Mitarbeiter
- Höhe der Bilanzsumme: bis zu 500.000 €
- Höhe des Umsatzes: bis zu 1.000.000 €

Bestätigt wurde dieses Vorhaben mit der Vorlage des „Vorschlags für eine Richtlinie des Europäischen Parlaments und des Rates zur Änderung der 4. EG-Richtlinie"[164] am 26. Februar 2009. Dieser sieht die Aufnahme eines neuen Artikels 1a vor, der den Ermessensspielraum der Mitgliedstaaten erweitern soll. Ziel ist die Verringerung der Verwaltungslast innerhalb der Europäischen Union; Auswirkungen auf den EU-Haushalt sind nicht zu erwarten.

Abbildung 2/4 zeigt, dass 4.431.515 Kleinstunternehmen,[165] d. h. 70,2 % aller Unternehmen, nicht mehr verpflichtet wären, einen Abschluss i. S. d. 4. EG-Richtlinie aufzustellen, sollte die beabsichtigte Entscheidung von der Europäischen Union endgültig getroffen werden. Die nationalen Gesetzgeber würden über Pflicht oder Freiwilligkeit der Erstellung eines buchhalterischen Abschlusses für Kleinstunternehmen entscheiden.[166]

Gemäß einer Schätzung von LIESEL KNORR, KATI BEIERSDORF und MARTIN SCHMIDT, die in Zusammenarbeit mit dem Statistischen Bundesamt vorgenommen wurde, lagen im Jahr 2005 in Deutschland 1.940.436 Unternehmen[167] (von insgesamt ca. 3 Mio.)

---

[163] Vgl. KOM(2007) 394 endgültig vom 10.07.2007, S. 1-20. Zu den „Vereinfachungen für KMU bei Rechnungslegung und Abschlussprüfung" siehe S. 8 f.

[164] Vgl. KOM(2009) 83 endgültig vom 26.02.2009, S. 1-12.

[165] Die EU-Kommission geht in ihrer endgültigen Schätzung von 5,3 Mio. Kleinstunternehmen aus; vgl. KOM(2009) 83 endgültig vom 26.02.2009, S. 8.

[166] Vgl. auch KÖHLER, A., Kosten-Nutzen-Aspekte, 2008, S. 10.

[167] Für die Schätzung der Kleinstunternehmen wurden die aus der Umsatzsteuerstatistik verfügbaren Daten um weitere Angaben des Statistischen Bundesamtes ergänzt; vgl. KNORR, L./BEIERSDORF, K./SCHMIDT, M., EU-Vorschlag, 2007, S. 2113, Fn. 28.

2.2 Definition und Bedeutung kleiner und mittelgroßer Unternehmen

unter der Umsatzgrenze von 1 Mio. €. Die Rangfolge der Rechtsformen wird mit 78,8 % von den Einzelunternehmern angeführt. Es folgen die GmbH mit 16,86 % und die GmbH & Co. KG mit 2,74 %. Alle weiteren Rechtsformen – wie KG, OHG und Genossenschaften – haben innerhalb der Kleinstunternehmen je einen Anteil von weniger als 1 %.[168]

Mit der Neueinfügung des § 241a HGB hat der deutsche Gesetzgeber alle Einzelkaufleute, die an den Abschlussstichtagen von zwei aufeinander folgenden Geschäftsjahren nicht mehr als 500.000 € Umsatzerlöse und 50.000 € Jahresüberschuss aufweisen, von der Buchführungspflicht befreit. Nach ersten Erfahrungen mit der Umsetzung des BilMoG wird er vielleicht weitere Entscheidungen für Personenhandelsgesellschaften und Genossenschaften treffen oder die Größenkriterien anheben.[169]

Die Ausführungen zu den statistischen Erhebungen haben gezeigt, dass die Kleinstunternehmen durchaus von Bedeutung für die deutsche und europäische Wirtschaft sind. Sie schaffen Arbeitsplätze und sichern den Lebensunterhalt der Einzelunternehmer. Ihre Bedeutung für den IFRS für KMU ist jedoch gering, denn vielen dieser Unternehmen fehlen die Adressaten für ihre Abschlüsse. Die Eigenkapitalgeber selbst benötigen zur Eigeninformation keine solchen, weil ihnen aufgrund der eher geringen Unternehmensgröße genügend andere Quellen zur Verfügung stehen. Als Fremdkapitalgeber sind Kreditinstitute die meistgefragten Adressaten, welchen als „Hausbanken" innerhalb dieser Größenordnung genügend Unternehmensinformationen zur Verfügung stehen dürften, um nicht auf die Abschlüsse der Unternehmen als Informationsinstrument angewiesen zu sein. Abschlüsse für allgemeine Zwecke werden nicht zwingend benötigt.[170] Auch kann davon ausgegangen werden, dass bei diesen Unternehmen kaum grenzüberschreitende Geschäftstätigkeiten stattfinden; andernfalls dürften sich fast ausschließlich Kunden und Lieferanten für die Abschlüsse der Unternehmen interessieren. Der Aufwand, eigens für diese Adressatengruppen Abschlüsse zu erstellen, wäre zu hoch.

Es kann festgestellt werden, dass für Kleinstunternehmen keine Notwendigkeit für europaweit vergleichbare Abschlüsse besteht[171] und sich eine Anwendung des IFRS

---

[168] Vgl. KNORR, L./BEIERSDORF, K./SCHMIDT, M., EU-Vorschlag, 2007, S. 2113.

[169] Vgl. Entwurf eines Gesetzes zur Modernisierung des Bilanzrechts (Bilanzrechtsmodernisierungsgesetz – BilMoG), BT-Drucks. 16/10067 vom 30.07.2008, S. 47 und zu weiteren Ausführungen KUßMAUL, H./MEYERING, S., § 241a HGB-E, 2008, S. 1445-1447.

[170] Auch die EU-Kommission kommt zu dem Ergebnis, dass das allgemeine Interesse an den Abschlüssen der Kleinstunternehmen gering ist; vgl. KOM(2007) 394 endgültig vom 10.07.2007, S. 8.

[171] Vgl. zu diesen Ergebnissen auch KNORR, L./BEIERSDORF, K./SCHMIDT, M., EU-Vorschlag, 2007, S. 2114.

für KMU in jeder Hinsicht erübrigt. Die Kleinstunternehmen gehören somit eindeutig nicht zu den potenziellen Anwendern des IFRS für KMU und werden daher aus der folgenden Untersuchung ausgeschlossen.

2.2.3 Abgrenzung für diese Untersuchung

Zu betrachten und von den großen abzugrenzen sind folglich kleine Unternehmen – ohne Kleinstunternehmen – und mittelgroße. Wenn im Verlauf der Untersuchung zwischen kleinen, mittelgroßen und großen Unternehmen unterschieden wird, so liegt der Abgrenzung die „Empfehlung der Kommission vom 6. Mai 2003 betreffend die Definition der Kleinstunternehmen sowie der kleinen und mittleren Unternehmen" zugrunde.[172] Da die Größenkriterien nur als Raster für eine Quantifizierung dienen, die von untergeordneter Bedeutung ist, ist eine durch die Europäische Union in regelmäßigen Abständen vorgenommene Anpassung der Werte Umsatz und Bilanzsumme unerheblich, ebenso wie auch die Frage, ob Kleinstunternehmen bis zu 1 Mio. € oder bis zu 2 Mio. € Umsatz bzw. Bilanzsumme als solche gelten. Die genannten quantitativen Grenzen dienen hier lediglich als Richtwerte. Eine exakte Größenzuordnung mithilfe präziser Grenzwerte ist nicht erforderlich.

Von untergeordneter Bedeutung, nicht aber entbehrlich ist für diese Untersuchung eine ergänzende qualitative Abgrenzung. Als Kriterien kämen generell die Führungs- und Leitungs- sowie die Eigentümer- oder die Finanzierungsstruktur[173] der Unternehmen in Frage.[174] Diesen Abgrenzungskriterien wird i. d. R. eine verhaltensbestimmende Wirkung zugesprochen.[175] Sinnvoll ist eine Differenzierung mithilfe ausgewählter Spezifika, weil damit die unterschiedliche Bedeutung der jeweiligen Adressaten und ihrer Interessen besser herausgestellt werden kann. Den kleinen und mittelgroßen bzw. mittelständischen Unternehmen werden hier, zurückgehend auf PETER RÜTGER

---

[172] Vgl. Empfehlung 2003/361/EG, ABl. L 124 vom 20.05.2003 und Gliederungspunkt 2.2.1.3.

[173] METH unterteilt mittelständische Unternehmen in drei Kategorien. Er legt seiner Typisierung zum einen die Unternehmensgröße und zum anderen das qualitative Kriterium der Finanzierungsstruktur zugrunde und differenziert zwischen „Typ 1 – ein kleines Unternehmen mit wenigen Fremdkapitalgebern", „Typ 2 – ein mittelgroßes Unternehmen mit vielen Fremdkapital- und wenigen Eigenkapitalgebern" und „Typ 3 – ein großes Unternehmen mit vielen Fremdkapital- und Eigenkapitalgebern"; vgl. METH, D., IFRS, 2007, S. 38-44. Für diese Untersuchung soll eine weitergehende Typisierung, die auch andere qualitative Kriterien einbezieht, vorgenommen werden; siehe dazu Gliederungspunkt 3.5.

[174] Zu weiteren qualitativen Merkmalen und zu möglichen Ansätzen, kleine und mittelgroße Unternehmen von großen abzugrenzen, siehe z. B. BERNET, B./DENK, C. L., Finanzierungsmodelle, 2000, S. 22-24 und noch ausführlicher PFOHL, H.-C., Abgrenzung, 2006, S. 18-21.

[175] Vgl. GEISELER, C., Finanzierungsverhalten, 1999, S. 14, Fn. 19 m. w. N.

2.2 Definition und Bedeutung kleiner und mittelgroßer Unternehmen

WOSSIDLO, die Unternehmen zugeordnet, welche die folgenden Merkmalskombinationen erfüllen:[176]

⇨ rechtliche Selbstständigkeit,

⇨ die Eigentumsmehrheit liegt bei einer Person oder einem begrenzten Kreis natürlicher Personen,

⇨ mindestens ein Gesellschafter ist an der Geschäftsführung beteiligt und

⇨ mindestens ein Gesellschafter, zumeist der Geschäftsführer, ist im Wesentlichen in seiner wirtschaftlichen Existenz vom Bestand und Erfolg des Unternehmens abhängig.

In der Literatur wird eine vollständige Erfüllung aller Kriterien als „konjunktive Merkmalskombination" und eine anteilige Erfüllung, z. B. von drei der vier genannten Bedingungen, als „disjunktive Merkmalskombination" bezeichnet.[177]

Folgende Prämissen für eine exemplarische Typisierung in qualitativer Hinsicht sollen ausgewählten weiteren Betrachtungen zugrunde gelegt werden:

⇨ Unternehmen, die den kleinen Unternehmen zugerechnet werden, zeichnen sich i. d. R. durch eine konjunktive Merkmalskombination aus („kleine" Unternehmen).

⇨ Je größer das Unternehmen, desto wahrscheinlicher ist, dass die Ausprägung der Merkmale weniger stark bzw. das ein oder andere Merkmal nicht erfüllt ist. Diese Unternehmen gehören noch zu den kleinen, tendieren aber zu den mittelgroßen Unternehmen („wachsende" Unternehmen).

⇨ Liegt eine disjunktive Merkmalskombination vor, so gehört das entsprechende Unternehmen zur Kategorie der mittelgroßen Unternehmen („mittlere" Unternehmen).

Bezüglich der Schlussfolgerungen zu den sich daraus für die jeweiligen Adressaten und ihre Interessen ergebenden Unterschieden sei auf die Ausführungen des folgenden Kapitels 3, insbesondere Gliederungspunkt 3.5, verwiesen.

---

[176] Vgl. WOSSIDLO, P. R., in: Handwörterbuch der Betriebswirtschaftslehre, 1993, Sp. 2890 f.; als weitere Kriterien werden das Gewinnstreben und die Zugehörigkeit zu bestimmten Wirtschaftsbereichen angeführt, mit welchen Non-Profit-Organisationen und Betriebe der Land- und Forstwirtschaft sowie die freien Berufe ausgeschlossen werden sollen. Auf die explizite Nennung dieser Kriterien wird verzichtet, die genannten Gruppen gehören nicht zu den Betrachtungsobjekten dieser Untersuchung. In der aktuellen Auflage des Handwörterbuchs der Betriebswirtschaftslehre wurde der Beitrag zu den mittelständischen Unternehmungen von WOSSIDLO durch einen Beitrag von MUGLER ersetzt. Dieser verweist jedoch selbst auf den Beitrag von WOSSIDLO in der Vorauflage; vgl. MUGLER, J., in: Handwörterbuch der Betriebswirtschaftslehre, 2007, Sp. 1240.

[177] Diese Unterscheidung findet sich z. B. bei GEISELER, C., Finanzierungsverhalten, 1999, S. 14.

Die hier aufgezeigte qualitative Differenzierung ist für Partialbetrachtungen der Untersuchung hilfreich. Wenn kleine und mittelgroße Unternehmen hinsichtlich dieser Typisierung unterschieden werden, stehen die Begriffe „kleine", „wachsende" und „mittlere" Unternehmen in Anführungszeichen. Die „kleinen" Unternehmen dürften in quantitativer Hinsicht zumeist den Kleinstunternehmen zuordenbar sein. Sie werden stellenweise noch der Vollständigkeit halber mit aufgeführt, bleiben aber ansonsten unberücksichtigt.

2.3 Aktuelle Entwicklungen der Rechnungslegung für kleine und mittelgroße Unternehmen

2.3.1 Überblick

Die Diskussion um die Rechnungslegung für kleine und mittelgroße Unternehmen wird von zwei Entwicklungssträngen bestimmt, einerseits auf internationaler Ebene durch den IFRS für KMU und andererseits auf nationaler Ebene durch das BilMoG. Beide Entwürfe sind heftig umstritten. Diskussionen im Vorfeld haben Änderungen bewirkt, jedoch nicht dazu geführt, dass Entwürfe zurückgezogen wurden und grundsätzlich neu konzipiert werden. Das IASB hat den endgültigen Standard für Sommer 2009 angekündigt,[178] der Bundestag hat das BilMoG am 26. März 2009 verabschiedet.[179] Die Zustimmung des Bundesrates folgte am 3. April 2009. Zu beiden Projekten soll ein zeitlicher Abriss gegeben und schließlich ausführlich auf deren Zielsetzungen eingegangen werden.

2.3.2 Entwicklung eines eigenen International Financial Reporting Standard

2.3.2.1 Projektverlauf

Das IASC – später umbenannt in IASB – initiierte im April 1998 erste Schritte zur Entwicklung eines eigenen International Financial Reporting Standard für kleine und mittelgroße Unternehmen. Vertieft und in den Status eines Forschungsprojektes erhoben wurden die Entwicklungsansätze jedoch erst ab Sommer 2001. Im Juli 2003 stand das Projekt zum ersten Mal auf der Tagesordnung einer IASB-Sitzung. Mit der Veröffentlichung des Diskussionspapiers ("Preliminary Views on Accounting Standards for Small and Medium-sized Entities") im Juni 2004 eröffnete das IASB die Diskussion

---

[178] Vgl. DRSC, IASB/IFRIC-Projekte, 2009, Projektnummer 17.

[179] Vgl. Gesetzesbeschluss des Deutschen Bundestages, Gesetz zur Modernisierung des Bilanzrechts (Bilanzrechtsmodernisierungsgesetz – BilMoG), BR-Drucks. 270/09 vom 27.03.2009.

2.3 Aktuelle Entwicklungen der Rechnungslegung für kleine und mittelgroße Unternehmen   41

des Projektes in der Öffentlichkeit. Die Kommentierungsfrist endete im September 2004. Der Grundstein war gelegt, die Ausrichtung an den vollen IFRS stand fest. Im Herbst 2005 boten IASB-Mitglieder öffentliche Diskussionsrunden an.

Der geplante Standardentwurf ("Exposure Draft of a Proposed IFRS for Small and Medium-sized Entities") erschien nicht, wie ursprünglich beabsichtigt, im Jahr 2006, sondern erst im Februar 2007. Im August und November 2006 wurden sog. Arbeitsentwürfe ("Staff Drafts of an IFRS for SMEs") veröffentlicht, die aber noch nicht kommentiert werden durften. Sie belegen, dass das IASB der Entwicklung des Standards eine hohe Priorität zumisst. Die Kommentierungsfrist endete regulär im September 2007, wurde aber verlängert. Bis Ende des Jahres 2007 nahm das IASB eingehende Stellungnahmen an. Begleitet wurde das Projekt von zahlreichen Fragebogenaktionen und anderen empirischen Untersuchungen. Die wohl größte Bedeutung misst das IASB den sog. Probeabschlüssen (*field tests*) bei. Im Rahmen dieser Feldstudien stellten kleine und mittelgroße Unternehmen probeweise Abschlüsse nach dem vorliegenden Entwurf des IFRS für KMU auf, um letzte Probleme bei deren Anwendung aufzuspüren.[180]

Selbst wenn das IASB den finalen Standard verabschiedet, lässt sich daraus keine rechtsbindende Wirkung für europäische Staaten ableiten.[181] Das IASB ist ein privatrechtliches Gremium, das nicht über die rechtsverbindliche Anwendung der IFRS entscheiden kann. Ein vom IASB verabschiedeter IFRS muss erst das entsprechende Anerkennungsverfahren (*endorsement*) durchlaufen.[182] Ist ein Standard *endorsed,* so wird dies im Amtsblatt der Europäischen Union im Rahmen einer Verordnung verkündet. Erst dann ist der Standard für alle europäischen Mitgliedstaaten verbindlich.

Zu bedenken ist, dass der IFRS für KMU nicht unter die IAS-Verordnung fällt.[183] Theoretisch könnte es aber eine erweiterte oder separate Verordnung für den finalen Standard geben, wenn das Interesse der Mitgliedstaaten und der Europäischen Kommission an einem entsprechenden *endorsement* groß genug ist. Die Mitgliedstaaten, welche eine unmittelbare Umsetzung wünschen und nicht auf eine europäische Ent-

---

[180] Zum Projektverlauf siehe ausführlich PRASSE, S., in: BAETGE, J. et al., Kommentar, 2003, Teil A, Kapitel V, Rz. 4-8; BEIERSDORF, K., IASB-Projekt, 2005, S. 762; BEIERSDORF, K., Zeittafel, 2007, S. 24; PELLENS, B. et al., Rechnungslegung, 2008, S. 965 f.

[181] Vgl. ausführlich BEIERSDORF, K./DAVIS, A., Rechtswirkung, 2006, S. 987-990.

[182] Siehe ausführlich zum „Endorsement-Verfahren" z. B. BEIERSDORF, K./BOGAJEWSKAJA, J., Endorsement, 2005, S. 5-9; KÖHLER, A., IFRS-Standardentwurf, 2007, S. 4 f.; OVERSBERG, T., Endorsement-Prozess, 2007, S. 1597-1602; BIEBEL, R., Rechnungslegung, 2008, S. 80-82.

[183] Vgl. PRASSE, S., in: BAETGE, J. et al., Kommentar, 2003, Teil A, Kapitel V, Rz. 10; KÖHLER, A., IFRS-Standardentwurf, 2007, S. 2; PELLENS, B. et al., Rechnungslegung, 2008, S. 966.

scheidung warten wollen, können eine nationale Lösung anstreben: die direkte Übernahme der Regelungen des IFRS for SMEs in nationales Recht.[184] Eine solche Lösung lässt sich grundsätzlich mit den europäischen Vorgaben für das Bilanzrecht der Staaten im Sinne der 4. und 7. EG-Richtlinie vereinbaren. Die Richtlinien werden den IFRS kontinuierlich angepasst.[185]

Das Europäische Parlament hat sich in seiner Beschlussfassung am 24. April 2008 sehr kritisch und seinerseits sehr skeptisch zur Übernahme des IFRS für KMU geäußert.[186]

2.3.2.2 Zielsetzungen des IASB

Die oberste Zielsetzung eines internationalen Rechnungslegungsstandards für kleine und mittelgroße Unternehmen ist die internationale Vergleichbarkeit ihrer Finanzinformationen. Dabei will das IASB, so seine Absichtserklärung, die strukturellen Besonderheiten der Unternehmen wie auch die speziellen Bedürfnisse der Adressaten berücksichtigen.[187] Die daraus für nicht kapitalmarktorientierte Unternehmen erwachsenden Vorteile formuliert das IASB wie folgt: „Durch Erzielung einer Darstellung hochwertiger, vergleichbarer Finanzinformationen verbessern hochwertige globale Rechnungslegungsstandards die Allokationseffizienz und die Bepreisung des Kapitals."[188] Das IASB nennt einen ganzen Katalog von Gründen, warum Abschlüsse von kleinen und mittelgroßen Unternehmen über die Ländergrenzen hinaus vergleichbar sein müssen. Es führt z. B. die Vergabe von grenzüberschreitenden Krediten durch die Finanzinstitutionen an, die Interessen von Käufern und Verkäufern in anderen Ländern, die Interessen der Wagniskapitalfirmen, welche kleinen und mittelgroßen Unternehmen grenzüberschreitend Finanzmittel gewähren, oder die Interessen der in einem anderen Rechtskreis ansässigen Investoren.[189] Sämtliche Gründe fokussieren die international aktiven Unternehmen; ungenannt bleiben die, welche ausschließlich auf nationalen Märkten aktiv sind, Kredite von nationalen Geldgebern in Anspruch nehmen und ihre Waren von nationalen Lieferanten beziehen.

---

[184] Vgl. BEIERSDORF, K./MORICH, S., IFRS für KMU, 2009, S. 12 f.

[185] Eine solche Anpassung war z. B. das explizite Ziel der sog. Modernisierungsrichtlinie; vgl. die Begründung in der Richtlinie 2003/51/EG des Europäischen Parlaments und des Rates vom 18. Juni 2003, ABl. L 178 vom 17.07.2003, S. 16.

[186] Vgl. P6_TA(2008) 0183 endgültig vom 24.04.2008, S. 5 f.

[187] Vgl. PRASSE, S., in: BAETGE, J. et al., Kommentar, 2003, Teil A, Kapitel V, Rz. 2.

[188] IASB, Schlussfolgerungen, 2007, GS 15.

[189] Vgl. IASB, Schlussfolgerungen, 2007, GS 16.

Zielsetzung eines Abschlusses nach dem IFRS für KMU ist die Bereitstellung von Informationen über die Vermögens-, Ertrags- und Finanzlage sowie die Cashflows des Unternehmens zu Entscheidungszwecken.[190] Sie unterscheidet sich nicht von den vollen IFRS. Das IASB stellt in seinen Begründungen zum Entwurf fest, dass die Zielsetzungen, wie sie im Rahmenkonzept niedergelegt sind, auch für kleine und mittelgroße Unternehmen sachgerecht sind. Es belegt diese Behauptung mit den ihm bekannten Untersuchungen, die bestätigen, dass die vollen IFRS in vielen Ländern von kleinen und mittelgroßen Unternehmen angewendet werden.[191] Das IASB stellt damit eine implikative Behauptung auf, deren Voraussetzung es nicht weiter hinterfragt.

2.3.3 Bilanzrechtsmodernisierung als gleichwertige Alternative

2.3.3.1 Entwicklungsstadien

Einige Monate nach Verabschiedung der IAS-Verordnung veröffentlichte der deutsche Gesetzgeber am 25. Februar 2003 den Maßnahmenkatalog „Unternehmensintegrität und Anlegerschutz"[192]. In seinem sog. 10-Punkte-Programm kündigte die Bundesregierung neben gesellschaftsrechtlichen Reformen auch eine Neugestaltung des Bilanzrechts an. Der Einzelabschluss nach HGB sollte grundsätzlich erhalten bleiben, die Bilanzregeln des HGB aber „modernisiert" werden. Modernisiert bedeutet in diesem Zusammenhang vor allem eine Umsetzung der sog. Fair-Value-Richtlinie aus dem Jahr 2001[193] und der sog. Modernisierungsrichtlinie aus dem Jahr 2003[194] sowie die Abschaffung der zahlreichen Ansatz- und Bewertungswahlrechte des HGB. Die Fair-Value-Richtlinie sieht die Bewertung von Finanzinstrumenten zum beizulegenden Zeitwert vor. Im Zuge der Anpassungen an die IFRS wurde im Zusammenhang mit der Modernisierungsrichtlinie z. B. die Aufhebung des § 248 Abs. 2 HGB, d. h. des Aktivierungsverbots für selbst geschaffene immaterielle Vermögenswerte, diskutiert. Auch eine Anpassung der Bewertungsgrundlage für Rückstellungen an international gültige Grundsätze wurde im 10-Punkte-Programm vorgeschlagen.[195] Es galt, das HGB nach

---

[190] Vgl. PRASSE, S., in: BAETGE, J. et al., Kommentar, 2003, Teil A, Kapitel V, Rz. 40.

[191] Vgl. IASB, Schlussfolgerungen, 2007, GS 27.

[192] Vgl. Bundesregierung, 10-Punkte-Programm – Maßnahmenkatalog, 2004, S. 167-174.

[193] Vgl. Richtlinie 2001/65/EG des Europäischen Parlaments und des Rates vom 27. September 2001, ABl. L 283 vom 27.10.2001, S. 28-32.

[194] Vgl. Richtlinie 2003/51/EG des Europäischen Parlaments und des Rates vom 18. Juni 2003, ABl. L 178 vom 17.07.2003, S. 16-22.

[195] Vgl. ausführlich ERNST, C., Gesetzgebungsreport, 2003, S. 1487-1491 und zur Umsetzung die Vorschläge des DSR zum BilMoG vom 03.05.2005; vgl. DSR, Vorschläge, 2005, S. 1-43.

Wahlrechten zu „durchforsten" und die, welche als nicht mehr zeitgemäß beurteilt wurden, zu „entrümpeln".[196]

Am 8. November 2007 legte das Bundesministerium der Justiz den lang angekündigten Referentenentwurf eines Gesetzes zur Modernisierung des Bilanzrechts (Bilanzrechtsmodernisierungsgesetz – BilMoG) vor. Der von der Bundesregierung beschlossene Entwurf des Gesetzes[197] folgte am 21. Mai 2008 und wurde in geänderter Fassung verabschiedet.

Das BilMoG trägt unbestritten die „Handschrift der IFRS". Kritiker befürchten, dass „ein Blick in die IFRS unerlässlich wird",[198] wenn das reformierte HGB korrekt angewendet werden soll.

2.3.3.2 Zielsetzungen des Gesetzgebers

Das eigentliche Ziel des BilMoG ist, den Unternehmen eine „gleichwertige, aber einfachere und kostengünstigere"[199] Alternative zu den IFRS zu bieten. Der handelsrechtliche Abschluss bleibt als Grundlage der Gewinnermittlung bestehen.

Die Bundesregierung nimmt im Rahmen der Modernisierungsbestrebungen besonders kleine und mittelgroße Unternehmen in den Blick. Sie beabsichtigt erhebliche Erleichterungen und Entlastungen sowohl für Einzelkaufleute und kleine und mittelgroße Kapitalgesellschaften als auch für alle anderen Unternehmen dieser Kategorie.

Um eine Verbesserung der Informationsfunktion zu erreichen, sollen wichtige Komponenten der IFRS für Ansatz, Bewertung und Anhang – wenngleich oftmals nur teilweise, d. h. soweit als notwendig erachtet – übernommen werden. Ziel ist eine maßvolle Annäherung an die IFRS.[200] Sowohl die Zahlungsbemessungsfunktion als auch die GoB sowie Ansatz- und Bewertungsprinzipien sollen erhalten bleiben. Nur die

---

[196] Vgl. IDW, Internationalisierung, 2005, S. 52.

[197] Vgl. Entwurf eines Gesetzes zur Modernisierung des Bilanzrechts (Bilanzrechtsmodernisierungsgesetz – BilMoG), BT-Drucks. 16/10067 vom 30.07.2008, S. 1-124.

[198] KNORR, L., Bilanzrechtsreform, 2008, S. 66.

[199] Entwurf eines Gesetzes zur Modernisierung des Bilanzrechts (Bilanzrechtsmodernisierungsgesetz – BilMoG), BT-Drucks. 16/10067 vom 30.07.2008, S. 32.

[200] LÜDENBACH und HOFFMANN beurteilten den Referentenentwurf als einen „Zwischenstopp" auf dem langen – zunächst noch bedächtigen – Marsch in Richtung der IFRS; vgl. LÜDENBACH, N./HOFFMANN, W.-D., Schatten, 2007, S. 18-20. In ihrem Beitrag zum Regierungsentwurf stellen sie jedoch fest, dass der Regierungsentwurf „mit seiner Hinwendung zu den IFRS äußerlich viel subtiler" vorgeht und von einem faktischen Zwang des Marsches in Richtung der IFRS expressis verbis nicht mehr die Rede ist; vgl. HOFFMANN, W.-D./LÜDENBACH, N., Schwerpunkte, 2008, S. 49.

2.3 Aktuelle Entwicklungen der Rechnungslegung für kleine und mittelgroße Unternehmen

umgekehrte Maßgeblichkeit, nicht aber die Maßgeblichkeit für die steuerliche Gewinnermittlung soll aufgegeben werden. Die „mittelstandsfreundlichen Eckpfeiler der handelsrechtlichen Bilanzierungsvorschriften"[201] blieben somit bestehen.

Kritiker stellen die Frage, ob sich die Bundesregierung mit ihrem Vorhaben nicht Ziele gesetzt hat, die sich als widersprüchlich und nicht einlösbar erweisen werden. STEFAN RAMMERT und ANGELIKA THIES formulieren diese wie folgt:

„1. Herstellung von Vollwertigkeit des HGB-Bilanzrechts zu den IFRS ohne Aufgabe seiner Wirtschaftlichkeit und Einfachheit,

2. Stärkung der Informationsfunktion der HGB-Bilanz ohne Aufgabe ihrer Ausschüttungs- und indirekten Steuerbemessungsfunktion und

3. Annäherung des HGB-Bilanzrechts an die IFRS ohne Aufgabe des bestehenden GoB-Systems."[202]

---

[201] Entwurf eines Gesetzes zur Modernisierung des Bilanzrechts (Bilanzrechtsmodernisierungsgesetz – BilMoG), BT-Drucks. 16/10067 vom 30.07.2008, S. 34.
[202] RAMMERT, S./THIES, A., Kapitalerhaltung und Besteuerung, 2009, S. 34.

3 Anforderungen der Adressaten an die Abschlüsse kleiner und mittelgroßer Unternehmen und an die Grundsätze eines adäquaten Rechnungslegungssystems

3.1 Einführung und Überblick

Adressaten benötigen Informationen, um Entscheidungen zu treffen.[1] Im Verlauf dieses Kapitels soll herausgearbeitet werden, welche Abschlussinformationen für welche internen und externen Adressaten kleiner und mittelgroßer Unternehmen entscheidungsnützlich sind. Zur Ermittlung von Anforderungskriterien an Abschlüsse, die ihren Interessen gerecht werden, und an die Grundsätze eines ihren Ansprüchen adäquaten Rechnungslegungssystems wird dem Vorgehen der modernen Bilanztheorie gefolgt. ADOLF MOXTER beschreibt diese als ungleich stärker aufgabenorientiert als die traditionellen Bilanztheorien[2]: „Man analysiert die möglichen Bilanzaufgaben und ermittelt (erst) dann die (aufgabenadäquaten) Bilanzierungsnormen."[3] Der Ermittlung der Aufgaben und Ableitung aufgabenadäquater Bilanzierungsnormen liegt das Vorgehen der deduktiven Methode, der „Methode des Nachdenkens", zugrunde.[4] Im Gegensatz zur deduktiven Methode beruht die induktive Methode auf „empirischen Untersuchungen". Die induktive Methode birgt aber die Gefahr in sich, dass sich die gezogenen Schlüsse, auch wenn noch so viele empirische Daten zugrunde liegen, als falsch erweisen.[5]

Die Herleitung von Grundsätzen und Bilanzierungsnormen aus den Zwecken eines Abschlusses erweist sich als äußerst schwierig.[6] Namhafte Betriebswirtschaftler, zu nennen sind vor allem EUGEN SCHMALENBACH, GEORG DÖLLERER, ULRICH LEFFSON und ADOLF MOXTER, haben sich damit auseinandergesetzt und an der Entwicklung des

---

[1] Vgl. KÜTING, K./WEBER, C.-P., Bilanzanalyse, 2006, S. 8.

[2] Zu den traditionellen Bilanztheorien siehe z. B. MOXTER, A., Bilanztheorie, 1984, S. 5-79; BITZ, M./SCHNEELOCH, D./WITTSTOCK, W., Jahresabschluß, 2003, S. 49-77; BAETGE, J./KIRSCH, H.-J./THIELE, S., Bilanzen, 2007, S. 12-26. Als die bedeutendsten traditionellen Bilanztheorien sind zu nennen: Die statische Bilanztheorie, deren Begründer HERMAN VEIT SIMON war, die dynamische Bilanztheorie, die von EUGEN SCHMALENBACH geprägt wurde und die organische Bilanztheorie, die von FRITZ SCHMIDT konzipiert wurde. Siehe dazu deren bedeutenden Werke SIMON, H. V., Bilanzen, 1899, S. 1-490; SCHMIDT, F., Die organische Bilanz, 1921, S. 1-133; SCHMALENBACH, E., Dynamische Bilanz, 1962, S. 1-272.

[3] MOXTER, A., Bilanztheorie, 1984, S. 2.

[4] Vgl. zur deduktiven Methode ausführlich EGNER, H., Bilanzen, 1974, S. 10; YOSHIDA, T., GoB, 1976, S. 54-58; LEFFSON, U., GoB, 1987, S. 29-31; RUHNKE, K., Rechnungslegung, 2008, S. 186.

[5] In Anlehnung an POPPER, K., Forschung, 2005, S. 3. Siehe zum Problem der Induktion ausführlich POPPER, K., Forschung, 2005, S. 3-5.

[6] Vgl. RUHNKE, K., Rechnungslegung, 2008, S. 191.

Systems von Grundsätzen ordnungsmäßiger Buchführung und Bilanzierung (GoB) mitgewirkt.[7] Im Handels-, Aktien- und Steuerrecht wird der Begriff „Grundsätze ordnungsmäßiger Buchführung" verwendet. Trotzdem rechnet auch der Gesetzgeber die in der eigentlich korrekten betriebswirtschaftlichen Ausdrucksweise enthaltenen Bilanzierungsgrundsätze zu den GoB. Mit der Bezeichnung GoB sind also sowohl die Grundsätze ordnungsmäßiger Buchführung als auch die der Bilanzierung gemeint.[8] Auf sie wird im Verlauf dieses Kapitels ausführlich eingegangen. Es wird schließlich der Versuch unternommen, aus ihnen Grundsätze für ein adäquates Rechnungslegungssystem für kleine und mittelgroße Unternehmen abzuleiten. Diese dienen der weiteren Untersuchung, um eine Antwort auf die Frage zu finden, welches Rechnungslegungssystem für sie praktikabel ist bzw. welche Konzeption und Ausgestaltung ein ihren Anforderungen adäquates Rechnungslegungssystem haben muss.

Gemäß der Vorgehensweise der deduktiven Methode sind die folgenden Fragen in der genannten Reihenfolge zu beantworten:[9]

- Welche Personengruppen kommen mit kleinen und mittelgroßen Unternehmen in Berührung?

- Welche Interessen haben diese Personengruppen hinsichtlich der von ihnen zu treffenden Entscheidungen?

- Welche Anforderungen an die Abschlüsse kleiner und mittelgroßer Unternehmen und an ein adäquates Rechnungslegungssystem lassen sich daraus ableiten?

Als Ausgangspunkt dieser drei Fragen ist zunächst zu klären, warum Personengruppen überhaupt Interesse am Abschluss des Unternehmens haben. Erst dann können diese Personengruppen sowie ihre Interessen und Anforderungen konkretisiert werden. Zu diesem Zweck wird der folgenden Untersuchung die sog. Koalitions- bzw. Stakeholder-Theorie[10] zugrunde gelegt.[11] Aus Sicht dieser Theorie „ist die langfristige Existenz

---

[7] Siehe dazu deren bedeutenden Werke SCHMALENBACH, E., GoB, 1933, S. 225-233; DÖLLERER, G., GoB, 1959, S. 1217-1221; LEFFSON, U., GoB, 1987, S. 1-540; MOXTER, A., Grundsätze ordnungsgemäßer Rechnungslegung, 2003, S. 1-350. Das HGB trat 1897 in Kraft, mit ihm wurde erstmals festgelegt, dass die Buchführung des Kaufmanns den GoB entsprechen muss; vgl. THIELE, S./STELLBRINK, J./ZIESEMER, S., in: BAETGE, J./KIRSCH, H.-J./THIELE, S., Bilanzrecht, 2002, Einführung, Rz. 5.

[8] Vgl. BAETGE, J., Objektivierung, 1970, S. 28 i. V. m. LEFFSON, U., GoB, 1987, S. 17-21.

[9] Vgl. auch EGNER, H., Bilanzen, 1974, S. 10-11.

[10] Diese geht zurück auf die Organisationstheoretiker CYERT und MARCH; vgl. CYERT, R. M./MARCH, J. G., Theory of the Firm, 1992, p. 30-51.

[11] So auch bei KÜTING, K./WEBER, C.-P., Bilanzanalyse, 2006, S. 6 f.;

des Unternehmens nur sicherbar, wenn das Unternehmen als Instrument der Zielrealisation sämtlicher an der Unternehmung beteiligten Stakeholder betrachtet wird"[12]. Das Unternehmen ist eine Koalition, die nur so lange Bestand hat, wie sie die Zielvorstellungen der Koalitionspartner erfüllt. Die Koalitionspartner stehen vor der dauerhaften Frage, ob sie Koalitionspartner bleiben wollen oder, im Fall von potenziellen Koalitionspartnern, ob sie der Koalition beitreten wollen.[13] Deshalb benötigen sie regelmäßig Informationen über den Erreichungsgrad ihrer Zielvorstellungen bzw. die Aussichten, ob ihre Zielvorstellungen erfüllt werden können.[14]

3.2 Zwecke der Rechnungslegung

Im Sinne der Koalitionstheorie wird der Abschluss des Unternehmens zum Rechenschaftsbericht der Geschäftsführung gegenüber den Koalitionsteilnehmern.[15] ULRICH LEFFSON definiert Rechenschaft als die „Offenlegung der Verwendung anvertrauten Kapitals in dem Sinne, daß dem Informationsberechtigten – das kann auch der Rechenschaftslegende selbst sein – ein so vollständiger, klarer und zutreffender Einblick in die Geschäftstätigkeit gegeben wird, daß dieser sich ein eigenes Urteil über das verwaltete Vermögen und die damit erzielten Erfolge bilden kann"[16]. Mit dem Einschub „das kann auch der Rechenschaftslegende selbst sein" wird deutlich, dass ULRICH LEFFSON nicht zwischen den Zwecken der Rechenschaft und Selbstinformation differenziert, sondern den Begriff „Rechenschaft" umfassend verwendet. Selbstinformation meint die „Rechenschaft des Kaufmanns vor sich selbst"[17]. ADOLF MOXTER weist ausdrücklich darauf hin, dass für die Unterscheidung von Rechenschaft und Selbstinformation ausschlaggebend ist, wer Rechnungslegungsadressat ist.[18] Im weiteren Sprachverlauf wird der Begriff „Rechenschaft" nur dann verwendet, wenn sich die Informationen an Dritte richten; inbegriffen sind Gesellschafter, die nicht an der Geschäftsführung partizipieren. Diesen dient der Abschluss bei Trennung von Eigen-

---

[12] COENENBERG, A. G., Jahresabschluss, 2005, S. 1179.
[13] Vgl. VOLK, G., Jahresabschlußadressaten, 1987, S. 723 und S. 725; VOLK, G., Information, 1990, S. 44; vgl. auch STÜTZEL, W., Bilanztheorie, 1967, S. 332; HINZ, M., 2003, in: Beck'sches HdR, B 100, Rz. 17.
[14] Vgl. HINZ, M., Konzernabschluss, 2002, S. 49 f.; COENENBERG, A. G., Jahresabschluss, 2005, S. 1179.
[15] Vgl. KUBIN, K. W., Shareholder Value, 1998, S. 526; KÜTING, K./WEBER, C.-P., Bilanzanalyse, 2006, S. 7.
[16] LEFFSON, U., GoB, 1987, S. 64.
[17] LEFFSON, U., GoB, 1987, S. 55; vgl. STÜTZEL, W., Bilanztheorie, 1967, S. 331.
[18] Vgl. MOXTER, A., Gewinnermittlung, 1982, S. 220.

tum und Leitung[19] als Rechenschaftsbericht des Unternehmens zur Überwachung der Geschäftsführung.[20] Ist die Geschäftsführung Informationsadressat, so steht der Begriff „Selbstinformation".

Es sei darauf hingewiesen, dass ULRICH LEFFSON als Hauptaufgaben des Abschlusses die Rechenschafts- und die Dokumentationsfunktion nennt,[21] während ADOLF MOXTER als wichtigste Aufgabe neben der Dokumentation die Selbstinformation anführt.[22] Ihre Auffassungen unterscheiden sich in der Gewichtung der Adressaten. Primäre Zielgruppe des Abschlusses ist nach ADOLF MOXTER die Geschäftsführung. Mit dem Zwang der Geschäftsführung zur Selbstinformation „sollen Dritte im Hinblick auf den möglichen Konkursfall geschützt werden"[23].

Beide heben die Dokumentationsfunktion hervor. Der Abschluss muss übersichtliche, vollständige und für Dritte nachvollziehbare Aufzeichnungen der Geschäftsvorfälle enthalten,[24] die im Bedarfsfall als „Urkundenbeweise"[25] verwendbar sind. Mit ihrer Hilfe können wichtige Vorgänge und Ereignisse im Nachhinein rekonstruiert werden.[26]

In seinen späteren Werken prägte ADOLF MOXTER den Begriff der „Schuldendeckungskontrolle" und meinte damit die Ermittlung der Schuldendeckungsfähigkeit[27] bzw. die Kontrolle der Zahlungsfähigkeit des Unternehmens. Als zahlungsunfähig gilt ein Schuldner nach § 17 Abs. 2 InsO, wenn er fällige Zahlungspflichten nicht begleichen kann. Ein Schuldner ist noch nicht zahlungsunfähig, wenn er künftige fällige Schulden gegenwärtig nicht begleichen kann, sondern nur, wenn er fällige Schulden nachhaltig nicht aufbringen kann.[28] Vorübergehende Liquiditätsanspannungen sind als

---

[19] Vgl. Gliederungspunkt 2.2.1.2.

[20] STÜTZEL sieht darin den eigentlichen Zweck von Rechenschaftsberichten; vgl. STÜTZEL, W., Bilanztheorie, 1967, S. 331: „Rechenschaftsberichte sind Informationen für die Personen, die für die Bestellung der Verwalter fremder Vermögen zuständig sind, damit sie über Entlastung, Wiederbestellung oder Abberufung der Verwalter entscheiden können."

[21] Vgl. BAETGE, J., Rechnungslegungszwecke, 1976, S. 15; LEFFSON, U., GoB, 1987, S. 157.

[22] Vgl. OBERBRINKMANN, F., Interpretation, 1990, S. 217 f.

[23] BAETGE, J., Rechnungslegungszwecke, 1976, S. 15.

[24] Vgl. BAETGE, J./KIRSCH, H.-J./THIELE, S., Bilanzen, 2007, S. 97.

[25] BITZ, M./SCHNEELOCH, D./WITTSTOCK, W., Jahresabschluß, 2003, S. 34.

[26] Vgl. BITZ, M./SCHNEELOCH, D./WITTSTOCK, W., Jahresabschluß, 2003, S. 34 und ausführlich zur Dokumentationsfunktion z. B. MOXTER, A., Bilanztheorie, 1984, S. 81 f.; LEFFSON, U., GoB, 1987, S. 47-49; BAETGE, J./KIRSCH, H.-J., in: KÜTING, K./WEBER, C.-P., HdR, 1995, Kapitel 4, Rz. 56 f.

[27] Vgl. OBERBRINKMANN, F., Interpretation, 1990, S. 219.

[28] Vgl. MOXTER, A., Bilanztheorie, 1984, S. 86.

3.2 Zwecke der Rechnungslegung

Warnung einer möglichen Zahlungsunfähigkeit zu werten, müssen aber nicht zwangsläufig zur Zahlungsunfähigkeit führen. Die Schuldendeckungskontrolle ist eng verbunden mit der Selbstinformation. Sie wird in dieser Untersuchung als eigener Teilzweck der Rechnungslegung behandelt.

An anderer Stelle weist ADOLF MOXTER darauf hin, dass mangelnde Selbstinformation, d. h. die Vernachlässigung einer regelmäßigen Kontrolle der wirtschaftlichen Verhältnisse, zu „Fehlsteuerungen des Unternehmens mit schwerwiegenden Nachteilen nicht nur für den Kaufmann selbst führen"[29] kann. Damit erweitert er die Zwecke des Abschlusses um die Funktionen der Unternehmenskontrolle und -steuerung[30]. Der Abschluss dient dann gegebenenfalls als Instrument der unternehmensinternen Steuerung.

ULRICH LEFFSON betrachtet den Zweck der Unternehmenssteuerung lediglich als Nebenzweck. Die globalen Informationen des Abschlusses reichen seiner Meinung nach nicht aus, um die innerbetrieblichen Informationsbedürfnisse zur Steuerung des Unternehmens zu erfüllen. Zusatzrechnungen, wie Kostenanalysen und Planungsrechnungen, die jedoch nicht allein auf den Daten des Abschlusses, sondern auch auf Daten der Buchführung beruhen, seien unbedingt erforderlich.[31] So begründet ULRICH LEFFSON die Notwendigkeit eines internen Rechnungslegungssystems.

Die bisher genannten Funktionen sind der Informationsfunktion des Abschlusses zuzuordnen. Zur Zahlungsbemessungsfunktion gehören die Aufgaben der Ausschüttungssperre und der Ausschüttungssicherung.[32] Die Ausschüttungssperre ist notwendig, wenn Haftungsbeschränkungen bestehen.[33] Sie schützt die Interessen der Gläubiger. Ein Mindesthaftungsvermögen bleibt trotz Entnahmen der Gesellschafter bestehen.[34] Die Ausschüttungssicherung soll „eine willkürliche Verkürzung des möglichen Ausschüttungsvolumens verhindern"[35]. Die Gewinnverteilung erfolgt an die Gewinn-

---

[29] MOXTER, A., Grundsätze ordnungsgemäßer Rechnungslegung, 2003, S. 4.

[30] Der Begriff „Unternehmenssteuerung" steht für Unternehmenssteuerung und -führung. In der Literatur wird häufig eine Differenzierung dieser Funktionen vorgenommen, siehe z. B. bei KÜTING, K./WEBER, C.-P., Bilanzanalyse, 2006, S. 10.

[31] Vgl. LEFFSON, U., GoB, 1987, S. 110 f.

[32] Vgl. BAETGE, J., Rechnungslegungszwecke, 1976, S. 15; VOLK, G., Information, 1990, S. 36 f.; HINZ, M., 2003, in: Beck'sches HdR, B 100, Rz. 6 und Rz. 30-45.

[33] Vgl. MOXTER, A., Bilanztheorie, 1984, S. 93; BITZ, M./SCHNEELOCH, D./WITTSTOCK, W., Jahresabschluß, 2003, S. 41.

[34] Vgl. MOXTER, A., Bilanztheorie, 1984, S. 94.

[35] HINZ, M., 2003, in: Beck'sches HdR, B 100, Rz. 39.

berechtigten. Mit dem jährlichen Abschluss des Unternehmens wird die zu verteilende Gewinngröße ermittelt. Durch Mindestausschüttungsregelungen werden die Interessen der Gesellschafter gewahrt. Je nach Rechtsform steht jedem Gewinnberechtigten ein Mindestausschüttungsbetrag zu.[36]

Dem handelsrechtlichen Abschluss kommt außerdem die Aufgabe der steuerlichen Gewinnermittlung zu, denn durch das Maßgeblichkeitsprinzip ist dieser mit dem steuerrechtlichen Einzelabschluss verbunden.[37] Einziger Adressat ist der Fiskus.

3.3 Adressaten der Abschlüsse kleiner und mittelgroßer Unternehmen

3.3.1 Überblick

Im Sinne der Koalitionstheorie sind die Koalitionspartner des Unternehmens die verschiedenen Adressaten, d. h. die Gesellschafter, Kreditgeber, Arbeitnehmer, Kunden, Lieferanten und der Fiskus.

Zu unterscheiden sind aktive und passive Informationsempfänger eines Unternehmens, die aktiven sollen dem Schrifttum folgend „interne Adressaten", die passiven „externe Adressaten" genannt werden.[38] Im bisherigen Text wurde nur der Oberbegriff Adressaten verwendet, der sowohl die internen als auch die externen Adressaten umfasst.

Die Gruppen der internen und externen Adressaten werden in der folgenden Abbildung[39] übersichtlich dargestellt:

---

[36] Vgl. MOXTER, A., Bilanztheorie, 1984, S. 98.

[37] Vgl. VOLK, G., Information, 1990, S. 37 f.; HINZ, M., 2003, in: Beck'sches HdR, B 100, Rz. 7; COENENBERG, A. G., Jahresabschluss, 2005, S. 16 f. und ausführlich zum „Jahresabschluss als Besteuerungsgrundlage" LEFFSON, U., GoB, 1987, S. 107-109.

[38] Vgl. z. B. KÜTING, K./WEBER, C.-P., Bilanzanalyse, 2006, S. 7; WAGENHOFER, A., Bilanzierung, 2008, S. 24. SCHOENFELD bezeichnet die aktiven Informationsempfänger als „Entscheidungsträger" und die passiven Informationsempfänger als „Adressaten"; vgl. SCHOENFELD, A., Bilanzierungsverhalten, 1988, S. 18. KUßMAUL und HENKES hingegen unterscheiden bei ihrer Betrachtung des Adressatenkreises bezüglich des IFRS für KMU zwischen „eigenkapitalgebenden Adressaten" und „fremdkapitalgebenden Adressaten". Sie betrachten jedoch nur die im Text des Arbeitsentwurfes bzw. Diskussionspapiers ausdrücklich genannten Adressaten; vgl. KUßMAUL, H./HENKES, J., IFRS, 2006, S. 2235-2240. Bei einer solchen Differenzierung würden hier einige Adressatengruppen, z. B. Arbeitnehmer und Kunden, unberücksichtigt bleiben.

[39] Die Abbildung 3/1 wurde in Anlehnung an die Darstellung bei WAGENHOFER, A., Bilanzierung, 2008, S. 24 modifiziert übernommen.

3.3 Adressaten der Abschlüsse kleiner und mittelgroßer Unternehmen

Interne Adressaten	Externe Adressaten
• Gesellschafter, die an der Geschäftsführung beteiligt sind • Nichteigentümer, die als Geschäftsführer angestellt sind	• Gesellschafter, die nicht an der Geschäftsführung beteiligt sind • Kreditgeber • Arbeitnehmer und Gewerkschaften • Lieferanten • Kunden • Fiskus • sonstige Gruppen

Abbildung 3/1: Gruppen von internen und externen Adressaten kleiner und mittelgroßer Unternehmen

3.3.2 Abgrenzung der internen Adressaten

Interne Adressaten sind alle Unternehmenszugehörigen, die aktive Unternehmensentscheidungen treffen bzw. die Entscheidungsverantwortung tragen.[40] Zu den internen Adressaten zählen die Gesellschafter, die an der Geschäftsführung beteiligt bzw. alleinige Geschäftsführer sind und Nichteigentümer, die als Geschäftsführer angestellt[41] sind.[42]

Die Geschäftsführung des Unternehmens ist letztendlich für die Erstellung des Abschlusses verantwortlich.[43] Sie kann diese Aufgabe dem Leiter des Rechnungswesens oder dem Steuerberater übertragen. Die Geschäftsführung, d. h. sowohl Gesellschafter, die an der Geschäftsführung beteiligt sind, als auch angestellte Geschäftsführer, treten einerseits als Adressaten am Abschluss des eigenen Unternehmens in Erscheinung und sind andererseits, als Ersteller der Abschlüsse, die Anwender der Rechnungslegungsnormen.[44]

---

[40] KÜTING und REUTER definieren interne Adressaten als „Personen mit einem (Rechts-) Anspruch auf Unternehmensinformationen, wozu dann auch Kreditgeber und Lieferanten, sofern sie besonders einflussreich sind, sowie die Finanzverwaltung zu zählen wären. Zu den externen Adressaten würden dann diejenigen ohne einen solchen Anspruch gehören; vgl. KÜTING, K./REUTER, M., Bilanzierung, 2004, S. 230.

[41] Zu deren Sonderstellung siehe die folgenden Ausführungen in Gliederungspunkt 3.4.2.2.

[42] Vgl. auch SCHOENFELD, A., Bilanzierungsverhalten, 1988, S. 16 f.; KÜTING, K./WEBER, C.-P., Bilanzanalyse, 2006, S. 9.

[43] Siehe z. B. § 42a GmbHG.

[44] VOLK vertritt die Auffassung, dass „bei der Unternehmensleitung als Bilanzersteller i. w. S. kein Informationsinteresse am publizierten Jahresabschluß vermutet werden kann"; VOLK, G., Jahresabschlußadressaten, 1987, S. 724. Den Zweck der Selbstinformation schließt er aus. Im Mittelpunkt seiner Betrachtung stehen Publikumsaktiengesellschaften. In dieser Untersuchung werden die internen Adressaten sowohl mit ihren Informationsinteressen als auch als Ersteller des Abschlusses berücksichtigt.

Zu Informationszwecken über das eigene Unternehmen stehen der Gruppe der internen Adressaten i. d. R. weitere Informationen als nur die des Abschlusses zur Verfügung. Dies sind vor allem Informationen aus dem internen Rechnungswesen des Unternehmens, aber auch weitere aufgezeichnete Unternehmensinformationen,[45] z. B. statistisches Zahlenmaterial oder qualitative Entscheidungsinformationen.[46] Interne Adressaten sind zur Befriedigung ihrer Informationsbedürfnisse nicht unbedingt auf den Abschluss des Unternehmens angewiesen.[47] Allerdings dürfte es eine beträchtliche Anzahl von Unternehmen geben, bei welchen wegen der zusätzlichen Kosten, des Aufwands oder mangelnder Kenntnisse, keine andere Datenbasis als der Abschluss regelmäßig erstellt wird.[48] In diesem Sinne kann die Aussage getroffen werden, dass die Abschlussdaten für die internen Adressaten mit hoher Wahrscheinlichkeit eine umso größere Bedeutung haben, je kleiner das Unternehmen ist.[49] Den internen Adressaten steht dann der Abschluss als einzige Dispositionsbasis für betriebliches Handeln und als einziges Informationsinstrument für die wirtschaftliche Entwicklung des Unternehmens zur Verfügung.[50]

Häufig findet sich bei kleinen und mittelgroßen Unternehmen eine enge Verflechtung von Unternehmen und Unternehmer, d. h., es besteht eine Einheit von Eigentum und Leitung.[51] In den Größenkategorien der kleinen und mittelgroßen Unternehmen gibt es eher wenige Unternehmen mit Geschäftsführern im Angestelltenverhältnis. Angestellte Geschäftsführer nehmen eine Sonderstellung als einerseits interne und andererseits externe Adressaten ein. Sie gehören zu den internen Adressaten, denen neben den Abschlussdaten grundsätzlich andere Unternehmensinformationen zur Verfügung stehen, sind aber auch Arbeitnehmer und somit externe Adressaten.

Zu den internen Adressaten gehören außerdem Beteiligungsgesellschaften, die als Private-Equity-Geber fungieren und sich als Eigenkapitalgeber an nicht kapitalmarkt-

---

[45] Vgl. BITZ, M./SCHNEELOCH, D./WITTSTOCK, W., Jahresabschluß, 2003, S. 473.

[46] Vgl. EGNER, H., Bilanzen, 1974, S. 26.

[47] Vgl. EGNER, H., Bilanzen, 1974, S. 28; BITZ, M./SCHNEELOCH, D./WITTSTOCK, W., Jahresabschluß, 2003, S. 473.

[48] Deshalb soll nicht dem in der Literatur üblichen Vorgehen, das die internen Adressaten zumeist unberücksichtigt lässt, gefolgt werden; siehe z. B. bei EGNER, H., Bilanzen, 1974, S. 25; BITZ, M./SCHNEELOCH, D./WITTSTOCK, W., Jahresabschluß, 2003, S. 473, nicht so bei KÜTING, K./WEBER, C.-P., Bilanzanalyse, 2006, S. 7; GRÄFER, H., Bilanzanalyse, 2008, S. 7 f.

[49] Vgl. EIERLE, B., Unternehmensberichterstattung, 2004, S. 50; GÖBEL, S./KORMAIER, B., Adressaten, 2007, S. 525 m. w. N.; vgl. auch KREY, A./LORSON, P., Gestaltungsempfehlungen, 2007, S. 1718.

[50] Vgl. GRÄFER, H., Bilanzanalyse, 2008, S. 7 f.

[51] Vgl. Gliederungspunkt 2.2.1.2.

orientierten Unternehmen beteiligen. Zwar hat die Finanzierung durch Private Equity in den letzten Jahren an Bedeutung gewonnen, ist aber dennoch nicht als häufig anzutreffende Finanzierungsart einzustufen, weshalb die Private-Equity-Geber an dieser Stelle unberücksichtigt bleiben. Im folgenden Kapitel, der Diskussion um die Vorteilhaftigkeit bzw. die Notwendigkeit von IFRS für kleine und mittelgroße Unternehmen, wird auf die IFRS im Zusammenhang mit Private Equity eingegangen.[52]

3.3.3 Abgrenzung der externen Adressaten

Externe Adressaten sind passive Informationsempfänger ohne direkten Einfluss auf das Unternehmensgeschehen und ohne das Recht auf Einflussnahme.[53] Zu ihnen gehören die nicht an der Geschäftsführung beteiligten Gesellschafter, die Kreditgeber, die Arbeitnehmer, die Lieferanten, die Kunden, der Fiskus und die sonstigen Gruppen. Die externen Adressaten haben nur in Ausnahmefällen die Möglichkeit, andere Unternehmensdaten als den Abschluss einzusehen. Sie haben generell keinen Einblick in das direkte Unternehmensgeschehen und kennen die Hintergründe des Zustandekommens der Abschlussdaten nicht. Sie sehen nur das Ergebnis[54] und treffen ihre Entscheidungen auf dieser Grundlage.

Nicht an der Geschäftsführung des Unternehmens beteiligte Gesellschafter sind z. B. die Gesellschafter einer GmbH, die nicht gemäß § 6 GmbHG zur Geschäftsführung berufen wurden, Mitgesellschafter einer OHG bzw. GbR oder Gesellschafter, welche die Geschäftsführung bereits an ihre Nachfolger abgegeben haben.

Je schneller ein Unternehmen wächst, desto größer ist die Notwendigkeit, Kreditgeber zu überzeugen, langfristige Gelder verfügbar zu machen. Diese werden von Banken und Versicherungsgesellschaften, aber auch von privaten Geldgebern oder Inhabern von Teilschuldverschreibungen bereitgestellt.[55] Ohne Zweifel sind die Kreditinstitute die wichtigsten Fremdkapitalgeber für kleine und mittelgroße Unternehmen[56] und somit wichtige Adressaten ihrer Abschlüsse.[57] Wenn im weiteren Verlauf der Untersuchung der Begriff „Kreditgeber" verwendet wird, sind stets primär die Kreditinstitute gemeint.

---

[52] Vgl. Gliederungspunkt 4.3.5.
[53] Vgl. SCHOENFELD, A., Bilanzierungsverhalten, 1988, S. 19; vgl. auch SIEBEN, G./HAASE, K. D., Jahresabschlußrechnung, 1971, S. 54.
[54] Vgl. SCHOENFELD, A., Bilanzierungsverhalten, 1988, S. 18 f.
[55] Vgl. GRÄFER, H., Bilanzanalyse, 2008, S. 6.
[56] Vgl. z. B. WETZEL, A., Kapitalmarkt, 2003, S. 39 f.; Bundesverband deutscher Banken, Mittelstandsfinanzierung, 2005, S. 3 f.
[57] Vgl. MASSENBERG, H.-J./BORCHARDT, A., Rating, 2007, S. 347.

Bei den Arbeitnehmern sollen nicht nur die gegenwärtig im Unternehmen tätigen Arbeitnehmer berücksichtigt werden, sondern auch ehemalige pensionsberechtigte und potenzielle Arbeitnehmer.[58] In dieser Gruppe gibt es Überschneidungen mit anderen internen und externen Adressatengruppen, ein Beispiel ist ein angestellter Geschäftsführer oder ein Arbeitnehmer, der gleichzeitig Kommanditist oder privater Kreditgeber ist. Die Gewerkschaften sind als Organisationen, welche die Interessen der Arbeitnehmer vertreten, ergänzend zu erwähnen.

Je schneller ein Unternehmen wächst, desto größer ist i. d. R. auch die Notwendigkeit, Lieferanten zu überzeugen, kurzfristige Kredite zur Verfügung zu stellen.[59] Zu kurzfristigen Krediten dieser Art zählen vor allem verlängerte Zahlungsziele.

Die weiteren externen Adressatengruppen sollen im Zusammenhang mit ihren Informationsinteressen im Gliederungspunkt 3.4.3 benannt werden.

3.4 Interessen der Adressaten

3.4.1 Vorbemerkung

Bei der Frage nach den Zielen und Beweggründen für die Koalitionsbeziehung einzelner Individuen zum Unternehmen gibt es keinen für alle Mitglieder einer Adressatengruppe verbindlichen Konsens. Ihre Interessen sind vielfältig und nicht homogen.[60] Jedes Mitglied hat seine individuellen Gründe für seine Koalitionsbereitschaft und -teilnahme sowie entsprechende Interessen. Sie können unmöglich alle berücksichtigt werden.[61] Es sollen nur solche interessenspezifischen Zielvorstellungen herausgefiltert werden, „von denen Grund zur Annahme besteht, daß die betroffenen Individuen sie als für sich vorteilhaft akzeptieren"[62] und die als für die Mitglieder einer Adressatengruppe „typischen Interessen"[63] angesehen werden können.

Zu betrachten sind im Folgenden die Interessen der internen Adressaten, und zwar sowohl als Anwender von Rechnungslegungsnormen als auch als Adressaten der Abschlüsse, und die Interessen der externen Adressaten.

---

[58] Vgl. EGNER, H., Bilanzen, 1974, S. 10.
[59] Vgl. WAGENHOFER, A., Bilanzierung, 2008, S. 26.
[60] Vgl. WÖHE, G., Bilanzierung, 1997, S. 42.
[61] Vgl. EGNER, H., Bilanzen, 1974, S. 24.
[62] MOXTER, A., Grundsätze ordnungsmäßiger Bilanzierung, 1966, S. 39.
[63] EGNER, H., Bilanzen, 1974, S. 24.

3.4 Interessen der Adressaten

Externe Adressaten, mit Ausnahme der Gewerkschaften und einiger Zugehöriger der sonstigen Gruppen, haben finanzielle Informationsinteressen[64], d. h., es bestehen Ansprüche auf vertraglich vereinbarte oder vom Erfolg des Unternehmens abhängige Zahlungen, über deren Zuflusswahrscheinlichkeiten die Adressaten informiert sein wollen. Sie haben Interesse zu erfahren, ob sie mit positiven oder negativen Ergebnissen rechnen können.[65] Ihre darüber hinaus verbleibenden nicht finanziellen, d. h. nicht den Zahlungsströmen geltenden Interessen werden im Folgenden nur dann berücksichtigt, wenn der Abschluss eines Unternehmens für sie von wesentlicher Bedeutung ist. Dies trifft vor allem auf die den sonstigen Adressatengruppen zugehörigen Konkurrenten zu.

Angemerkt sei, dass mit dem seit Januar 2007 öffentlich zugänglichen elektronischen Handels- und Genossenschafts- sowie Unternehmensregister die Informationsbeschaffung für alle externen Adressaten gleichermaßen vereinfacht wurde. Kreditgebern, Arbeitnehmern, Lieferanten und Kunden, aber auch den Konkurrenten, steht somit ein neues Informationsmedium zu Verfügung. Das Ziel der verbesserten Transparenz wurde erreicht. Ursächlich ist das inzwischen in Kraft getretene Gesetz über elektronische Handelsregister und Genossenschaftsregister sowie das Unternehmensregister (EHUG)[66]. Bei Nichteinreichung des Abschlusses droht dem Unternehmen ein Ordnungsgeldverfahren.

3.4.2 Interessen der internen Adressaten

3.4.2.1 Interessen der an der Geschäftsführung beteiligten Gesellschafter

Als Ersteller des Abschlusses fordert die Geschäftsführung ein Rechnungslegungssystem, das ihnen in angemessener Weise jahresabschlusspolitische Maßnahmen ermöglicht.[67] Sie hat Interesse daran, die Geschäftsvorfälle nur in begrenztem Maße transparent zu machen. Sie will den anderen Adressaten, primär den Gesellschaftern, die nicht

---

[64] COENENBERG wie auch EGNER, der damit Bezug nimmt auf ein unveröffentlichtes Skriptum zur Vorlesung Bilanzen von MOXTER, unterscheiden bezüglich der von den Koalitionspartnern erwarteten Leistungen zwischen finanziellen und nicht finanziellen Interessen; vgl. EGNER, H., Bilanzen, 1974, S. 11 f.; WÖHE, G., Bilanzierung, 1997, S. 41; COENENBERG, A. G., Jahresabschluss, 2005, S. 1179 f. MOXTER weist darauf hin, dass der Jahresabschluss „von vornherein wenig geeignet" sei, zur Realisierung nichtfinanzieller Ziele beizutragen; vgl. MOXTER, A., Grundsätze ordnungsmäßiger Bilanzierung, 1966, S. 37.

[65] Vgl. WÖHE, G., Bilanzierung, 1997, S. 41.

[66] Vgl. Gesetz über elektronische Handelsregister und Genossenschaftsregister sowie das Unternehmensregister (EHUG) vom 10.11.2006, BGBl I 2006, S. 2553-2586.

[67] Vgl. BITZ, M./SCHNEELOCH, D./WITTSTOCK, W., Jahresabschluß, 2003, S. 804.

an der Geschäftsführung beteiligt sind, und den Kreditgebern zeigen, dass ihre Unternehmensführung erfolgreich ist. In diesem Sinne sind die Geschäftsführer daran interessiert, selbst zu wissen, welche Folgerungen den externen Adressaten aus den Abschlussdaten auf die wirtschaftliche Stabilität des Unternehmens möglich sind. Eine vorherige Analyse des Abschlusses hilft ihnen bei der Einschätzung der Reaktionen verschiedener externer Adressaten.[68]

In Gliederungspunkt 3.3.2 wurde bereits darauf hingewiesen, dass in Unternehmen möglicherweise außer einem Rechnungslegungsabschluss[69] keine weiteren Informationen zur Unternehmenskontrolle und -steuerung zur Verfügung stehen. Zu jeder Zeit hat es Bestrebungen gegeben, die Daten des externen Rechnungswesens mit denen des internen Rechnungswesens zu verknüpfen, um sie generell für Zwecke der Unternehmenssteuerung und Kontrolle zu verwenden.[70] Problematisch ist dabei, dass die Abschlussinformationen für viele Entscheidungen, vor allem für operative, zu spät verfügbar sind.[71]

Grundsätzlich richten sich die Interessen auf die Liquidität und den Fortbestand des Unternehmens. Die an der Geschäftsführung beteiligten Gesellschafter sind an den Renditeerwartungen, aber auch dem Unternehmenswert bei Verkauf interessiert, um gegebenenfalls den Wert ihres Anteils abschätzen zu können. Im Liquidationsfall müssen sie mit Kapitalverlusten rechnen, so dass davon ausgegangen werden kann, dass auch ein Interesse am Liquidationswert (bei Notverkäufen) des Unternehmens besteht.[72]

3.4.2.2 Interessen angestellter Geschäftsführer

Wegen ihrer Sonderstellung soll den angestellten Geschäftsführern[73] ein eigener Gliederungspunkt gewidmet werden. Sie sind einerseits Unternehmensinterne und haben ähnliche Interessen wie die an der Geschäftsführung beteiligten Gesellschafter. Ihnen ist die Bestätigung einer erfolgreichen Unternehmensführung durch den Abschluss wichtig.

---

[68] Vgl. auch GRÄFER, H., Bilanzanalyse, 2008, S. 8.

[69] Es ist jedoch zu beachten, dass ein solcher Abschluss in deutschen Unternehmen gegenwärtig zwecks steuerlicher Gewinnermittlung nach steuerlichen Gesichtspunkten und nicht nach handelsrechtlichen Maßstäben erstellt wird. Vgl. zu den Folgen des Maßgeblichkeitsprinzips WÖHE, G., Bilanzierung, 1997, S. 45-46; WAGENHOFER, A., Bilanzierung, 2008, S. 27.

[70] Vgl. GRÄFER, H., Bilanzanalyse, 2008, S. 8.

[71] Vgl. WAGENHOFER, A., Bilanzierung, 2008, S. 25.

[72] Vgl. LEFFSON, U., Bilanzanalyse, 1984, Rz. 32-34.

[73] Siehe ausführlich EGNER, H., Bilanzen, 1974, S. 25-28.

3.4 Interessen der Adressaten

Andererseits sind sie Arbeitnehmer, deren Interessen zwar nicht deckungsgleich mit denen anderer Arbeitnehmer sind, aber dennoch viele Überschneidungen aufweisen. Im Hinblick auf die Bezüge unterscheidet sich der angestellte Geschäftsführer von den anderen Arbeitnehmern dadurch, dass er – aufgrund seiner Position – in höherem Maße „erfolgsabhängige" Zahlungen erhält. Inwieweit er jedoch diesbezüglich auf die Informationen des Abschlusses angewiesen ist, kann nicht allgemein festgestellt werden.[74]

Zu berücksichtigen sind des Weiteren die Abschlussinteressen eines angestellten Geschäftsführers im Zusammenhang mit seiner Sorgfalts-, Verlustanzeige- und Insolvenzantragspflicht. Einem Geschäftsführer obliegt eine besondere Sorgfaltspflicht, bei deren Verletzung er der Gesellschaft haftet.[75] Vernachlässigt ein Geschäftsführer einer GmbH seine Pflicht, einen Verlust in Höhe der Hälfte des Stammkapitals anzuzeigen, droht ihm gemäß § 84 GmbHG eine Freiheits- oder Geldstrafe. Wird eine Gesellschaft, oder allgemeiner eine juristische Person, zahlungsunfähig oder überschuldet, hat der Geschäftsführer als Mitglied des Vertretungsorgans nach § 15a Abs. 1 InsO einen Insolvenzantrag zu stellen.[76] Im Falle der Führungslosigkeit einer Gesellschaft geht diese Verpflichtung nach § 15a Abs. 3 InsO auf die Gesellschafter über. Bei Nichteinhaltung dieser Vorschrift drohen Sanktionen nach § 823 Abs. 2 BGB i. V. m. § 15a Abs. 4 bzw. Abs. 5 InsO. Zwar agiert der angestellte Geschäftsführer in einem solchen Fall als Beteiligter des Unternehmens, da aber der Abschluss als Informationsquelle für diesen Sachverhalt dienen kann und der Geschäftsführer persönlich betroffen ist, wird dieses Informationsanliegen im Rahmen seiner Informationsinteressen als Adressat in die Liste aufgenommen. Ähnliche Vorschriften für die Geschäftsführung von Einzelunternehmen und Personengesellschaften existieren nicht, da die Gesellschafter unbeschränkt haften und daraus folgend die Geschäftsführung regulär selbst ausüben.[77]

---

[74] EGNER definiert „erfolgsabhängige" Zahlungen als „vom Gewinn abhängige" Zahlungen, während die Erfolgsabhängigkeit m. E. auch an den Erfüllungsgrad anderer Ziele geknüpft sein kann. EGNER kommt zu dem Schluss, dass sich „die genaue Höhe der erfolgsabhängigen Bezüge" aus dem Jahresabschluss ergibt; vgl. EGNER, H., Bilanzen, 1974, S. 26. HINZ räumt ein, dass die Nutzung von Abschlussgrößen als „Bemessungsgrundlage für ergebnisabhängige Bezüge des Leitungsorgans" eine mögliche Zusatzfunktion des Abschlusses sein kann; vgl. HINZ, M., 2003, in: Beck'sches HdR, B 100, Rz. 8.

[75] Je nach Rechtsform des Unternehmens siehe § 43 GmbHG, § 93 AktG und § 34 GenG.

[76] Mit dem Gesetz zur Modernisierung des GmbH-Rechts und zur Bekämpfung von Missbräuchen (MoMiG) vom 23.10.2008, BGBl I 2008, S. 2037 wurde § 15a neu in die InsO eingefügt. Damit geht eine Verlagerung der Insolvenzantragspflicht aus dem Gesellschaftsrecht (u. a. wurden die §§ 64 Abs. 1 GmHG a. F., 92 Abs. 2 AktG a. F., 99 Abs. 1 GenG a. F. und 130a Abs. 1 HGB a. F. entsprechend geändert) in das Insolvenzrecht einher; vgl. ausführlich WÄLZHOLZ, E., Insolvenzrechtliche Behandlung, 2007, S. 1914 f.

[77] Vgl. zu diesem Abschnitt EGNER, H., Bilanzen, 1974, S. 27.

3.4.3 Interessen der externen Adressaten

3.4.3.1 Interessen der nicht an der Geschäftsführung beteiligten Gesellschafter

Berücksichtigt werden die Interessen gegenwärtiger und zukünftiger Gesellschafter. Gegenwärtigen Gesellschaftern, die nicht an der Geschäftsführung beteiligt sind, soll der Abschluss Rechenschaft über die wirtschaftlichen Erfolge bzw. Misserfolge des Unternehmens ablegen und ihnen die Entwicklung ihrer Anteile aufzeigen.[78] Sie haben nicht nur Interesse an den gegenwärtigen Erfolgen, sondern auch an Erfolgspotenzialen, die für zukünftige Erfolge sorgen werden. Potenziellen Gesellschaftern dient der Abschluss als Entscheidungsgrundlage, ob sie wirklich Teilhaber des Unternehmens werden wollen.[79]

Die Gesellschafter sind an möglichst hohen Renditen interessiert.[80] Die Rendite ergibt sich aus dem Verhältnis der Ausschüttungen zum Anteilswert. Die Gesellschafter benötigen deshalb vor allem Informationen über die Höhe, die zeitliche Struktur und die Sicherheit künftiger Ausschüttungen.[81] Mithilfe der Abschlussdaten wollen sie erfahren, wie es zu den gegenwärtigen Zahlungen kommt, welche Zahlungen zukünftig zu erwarten sind und mit welcher Wahrscheinlichkeit sie zufließen werden. Ihnen sind außerdem Informationen über den Liquidationswert wichtig, um den Wert ihres Anteils im Verkaufsfall einschätzen zu können.[82]

Den Gesellschaftern liegt daran, dass die Liquidität und damit der Fortbestand des Unternehmens langfristig gesichert sind. Wird das Unternehmen zahlungsunfähig, so geht ihr eingesetztes Kapital oder zumindest Teile davon verloren.[83]

Für die Gesellschafter, die nicht an der Geschäftsführung beteiligt sind, stellt der Abschluss ein Kontrollinstrument der Unternehmensführung, d. h. der Mitgesellschafter oder des angestellten Geschäftsführers, dar. Nicht der Geschäftsführung angehörende Gesellschafter prüfen auf diese Weise, ob die Geschäftsführung in ihrem Sinne handelt oder eigene Ziele verfolgt, was zu „Eigner-Manager-Konflikten"[84] bzw.

---

[78] Vgl. GRÄFER, H., Bilanzanalyse, 2008, S. 6.
[79] Vgl. BITZ, M./SCHNEELOCH, D./WITTSTOCK, W., Jahresabschluß, 2003, S. 36 und S. 39.
[80] Vgl. WINNEFELD, R., Bilanz-Handbuch, 2006, Einf., Rz 18.
[81] Vgl. MOXTER, A., Grundsätze ordnungsmäßiger Bilanzierung, 1966, S. 38.
[82] Vgl. STREIM, H., Generalnorm, 1994, S. 399.
[83] Vgl. WAGENHOFER, A., Bilanzierung, 2008, S. 25.
[84] Diesen Begriff verwendet SCHILDBACH; vgl. SCHILDBACH, T., Jahresabschluss, 2008, S. 12.

3.4 Interessen der Adressaten

„Principal-Agent-Konflikten"[85] führt.[86] Der Prinzipal ist der Auftraggeber, also in diesem Fall der nicht an der Geschäftsführung beteiligte Gesellschafter, der zugestimmt hat, dass der Agent, der Auftragnehmer und Geschäftsführende, diese Tätigkeit ausübt. Der Principal-Agent-Theorie liegt der Gedanke zugrunde, dass bei jeder Beziehung zwischen Auftraggeber und Auftragnehmer die Unsicherheit seitens des Auftraggebers besteht, ob der Auftragnehmer tatsächlich in seinem Sinne handelt. Der Auftragnehmer verfügt über Informationen, die dem Auftraggeber nicht ohne Weiteres zugänglich sind. Er könnte seinen Informationsvorsprung zu Lasten des Auftraggebers ausnutzen und primär subjektive Ziele verfolgen, statt bei seinen Entscheidungen die Ziele aller Gesellschafter zu berücksichtigen.[87]

Insofern haben nicht an der Geschäftsführung beteiligten Gesellschafter vor allem ein Interesse an einer transparenten Darstellung. Der Mitgesellschafter der OHG, der von der Geschäftsführung ausgeschlossen ist, will überzeugt sein, dass keine Notwendigkeit für den Gebrauch seiner Kontrollrechte gemäß § 118 HGB, selbst einen Abschluss anzufertigen, besteht und ebenso der Kommanditist, der zwar nicht die gleichen Rechte wie der Gesellschafter der OHG hat, aber dennoch gemäß § 166 HGB berechtigt ist, die Richtigkeit des Abschlusses unter Einsichtnahme der Bücher und Papiere des Unternehmens zu prüfen. Ähnliche Auskunfts- und Einsichtsrechte haben auch die Gesellschafter einer GmbH nach § 51a GmbHG.

In welchem Ausmaß der Abschluss des Unternehmens von Gesellschaftern, die nicht an der Geschäftsführung beteiligt sind, als Kontrollinstrument genutzt wird, wenn die Geschäftsführung einem Mitgesellschafter obliegt, ist nicht feststellbar. Wird von den Gesellschaftern ein angestellter Geschäftsführer beauftragt, so kann davon ausgegangen werden, dass der Abschluss für die Gesellschafter eine wesentliche Kontrollfunktion hat. Der Anteil der fremdgeführten Unternehmen dürfte im Sektor der kleinen und mittelgroßen Unternehmen bei den Rechtsformen der GmbH und GmbH & Co. KG am häufigsten vertreten sein.[88]

---

[85] Der Principal-Agent-Ansatz entstammt den institutionenökonomischen Organisationstheorien und geht zurück auf JENSEN, M. C./MECKLING, W. H., Theory, 1976, p. 305-360.

[86] Vgl. WAGENHOFER, A., Bilanzierung, 2008, S. 25-26.

[87] Vgl. SCHNEIDER, D., Allgemeine Betriebswirtschaftslehre, 1987, S. 26 f. und S. 553-576; COENENBERG, A. G., Jahresabschluss, 2005, S. 1178 und ausführlich zur Principal-Agent-Theorie im Rahmen der institutionenökonomischen Organisationstheorien PICOT, A., Theorien, 1991, S. 150; BEA, F. X./GÖBEL, E., Organisation, 2006, S. 164-167.

[88] Dies bestätigt eine Studie des Instituts für Mittelstandsforschung (IfM) Bonn von KAYSER aus dem Jahr 2003. Hinter den nicht kapitalmarktorientierten Aktiengesellschaften, die zu 71,7 % als managergeführte Unternehmen angegeben werden, folgen die Rechtsformen der GmbH mit 20,1 % und die GmbH & Co. KG mit 14,4 %; vgl. KAYSER, G., Mittelstand, 2006, S. 36.

Rechnungslegungsnormen, die nur wenige bzw. keine Wahlrechte enthalten und Ermessensspielräume[89] weitgehend zu vermeiden wissen, dürften von den Gesellschaftern, die nicht an der Geschäftsführung beteiligt sind, bevorzugt werden. Während sie im Anhang über die Ausübung der Wahlrechte informiert werden, bergen Ermessensspielräume die Gefahr in sich, dass die Vermögens-, Ertrags- oder Finanzlage des Unternehmens verzerrt dargestellt wird.

3.4.3.2 Interessen der Kreditgeber

Die Kreditgeber sind zumeist Kreditinstitute, welche die Kreditwürdigkeit des Kunden durch ein internes Rating ermitteln. Festgestellt werden soll die Fähigkeit und Bereitschaft von Unternehmen, fälligen Zahlungsverpflichtungen termingerecht und vollständig nachzukommen.[90] Die Kreditinstitute legen die Kreditkosten gemäß der Risikoklasse, der das Unternehmen zugeordnet wird, fest.[91]

Kreditgeber haben Interesse an der Kreditwürdigkeit des Unternehmens. Sie stellen Gelder bereit und brauchen Informationen, die ihnen zeigen, dass vereinbarte Zahlungen, wie Zins- und Tilgungsleistungen bei Darlehen, von dem vertraglich verpflichteten Unternehmen termingerecht geleistet werden können.[92] Die geforderte Höhe hängt nicht vom Erfolg des Unternehmens ab, sondern ist vertraglich geregelt. Da Darlehen zumeist auf langfristigen Vereinbarungen beruhen, sind die Kreditgeber an Informationen interessiert, die ihnen die Liquidität und damit den Fortbestand des Unternehmens zusichern. Außerdem benötigen sie diese, um über die Gewährungen weiterer Kredite zu entscheiden.[93] Das Gleiche gilt für künftige Kreditgeber. Auch sie wollen Auskünfte, die zukünftige Entwicklungen möglichst verlässlich aufzeigen, um eine Entscheidung für oder wider eine Kreditgewährung treffen zu können. Der Abschluss soll Auskunft darüber geben, ob die Kreditwürdigkeit gegeben bzw. im Zweifelsfall

---

[89] Vgl. zur Definition von Wahlrechten und Ermessensspielräumen BITZ, M./SCHNEELOCH, D./WITTSTOCK, W., Jahresabschluß, 2003, S. 673-697. In anderen Literaturquellen werden Wahlrechte als „offene Wahlrechte" und Ermessensspielräume als „verdeckte Wahlrechte" bezeichnet; vgl. KIRSCH, H., Jahresabschlussanalyse, 2007, S. 5 und S. 55. MOXTER unterscheidet zwischen „expliziten" und „impliziten" Wahlrechten; vgl. MOXTER, A., Gewinnkonzeption, 2004, S. 182 f.

[90] Vgl. HOFMANN, G., Rating, 2004, S. 264 f.

[91] Ob der Abschluss des Unternehmens das geeignete und einzige Informationsinstrument des Ratings ist, wird in Gliederungspunkt 4.3 diskutiert.

[92] Vgl. EGNER, H., Bilanzen, 1974, S. 33; STREIM, H., Generalnorm, 1994, S. 399; WÖHE, G., Bilanzierung, 1997, S. 42; KÜTING, K./WEBER, C.-P., Bilanzanalyse, 2006, S. 8; GRÄFER, H., Bilanzanalyse, 2008 S. 6.

[93] Vgl. LEFFSON, U., Bilanzanalyse, 1984, Rz. 37.

genügend Sicherheiten vorhanden sind.[94] Kreditgeber haben Interesse zu erfahren, wie hoch die Insolvenzgefahr ist und wie groß ihre Kreditverluste dann sein werden.[95] Werden Gelder für Forschung und Entwicklung bereitgestellt, haben sie Interesse an der Innovationsfähigkeit des Unternehmens, z. B. um abschätzen zu können, ob der Verlängerung eines Kredits zugestimmt werden soll oder nicht.

Je größer die Transparenz der Abschlussdaten und detaillierter die vermittelten Informationen über die Liquidität, desto größer ist das Vertrauen in die Kreditwürdigkeit des Unternehmens. Rechnungslegungsnormen mit geringem Spielraum für bilanzpolitische Maßnahmen tragen in höchstem Maße dazu bei.

3.4.3.3 Interessen der Arbeitnehmer

Das Hauptinteresse der Arbeitnehmer, die ein Festgehalt bekommen, gilt der pünktlichen Zahlung ihrer Monatsgehälter. Arbeitnehmer, die zusätzlich zum Festgehalt eine Provision erhalten, die entweder gewinnabhängig oder mit der Erreichung anderer Zielvereinbarungen verbunden ist, sind darüber hinaus an hohen Gewinnen und dem Erfolg des Unternehmens besonders interessiert.[96] Erwirtschaftet das Unternehmen stets hohe Gewinne, so kann dieses Wissen den Arbeitnehmern als Grundlage ihrer Gehaltsverhandlungen zuträglich sein. Nicht zu vergessen sind die Gewerkschaften, die als Grundlage für ihre Tarifverhandlungen Interesse an Abschlussdaten haben.[97]

Arbeitnehmer sind am Fortbestand des Unternehmens interessiert, denn nur bei Erhalt des Unternehmens bleibt auch ihr Arbeitsplatz, der ihren Lebensunterhalt sichert, erhalten.[98] Dieses Interesse kann auch ehemaligen Arbeitnehmern, die pensionsberechtigt sind, und potenziellen Arbeitnehmern zugesprochen werden.[99]

Die Arbeitnehmer interessieren sich für jede Art von Veränderungen, wie Betriebserweiterungen, die Reduktion von Produktionsmengen oder auch Rationalisierungsmaßnahmen; zusammengefasst alle Veränderungen, die sich auf ihre Lebens- und Arbeits-

---

[94] Vgl. EGNER, H., Bilanzen, 1974, S. 33-34; GRÄFER, H., Bilanzanalyse, 2008, S. 6.
[95] Vgl. STREIM, H., Generalnorm, 1994, S. 399; COENENBERG, A. G., Jahresabschluss, 2005, S. 1180.
[96] Vgl. LEFFSON, U., Bilanzanalyse, 1984, Rz. 40.
[97] Vgl. WÖHE, G., Bilanzierung, 1997, S. 46; GRÄFER, H., Bilanzanalyse, 2008, S. 7.
[98] Vgl. LEFFSON, U., Bilanzanalyse, 1984, Rz. 40; WÖHE, G., Bilanzierung, 1997, S. 46; COENENBERG, A. G., Jahresabschluss, 2005, S. 1181; KÜTING, K./WEBER, C.-P., Bilanzanalyse, 2006, S. 9; WAGENHOFER, A., Bilanzierung, 2008, S. 27.
[99] Vgl. EGNER, H., Bilanzen, 1974, S. 10; WÖHE, G., Bilanzierung, 1997, S. 46; GRÄFER, H., Bilanzanalyse, 2008, S. 7.

bedingungen im Betrieb auswirken. Dem Arbeitnehmer sind seine Zufriedenheit und Perspektive im Unternehmen wichtig, ihn interessieren das Arbeitsklima, die sozialen Leistungen und die geographische Niederlassung des Unternehmens mit diesbezüglich geplanten Veränderungen.[100] Nur wenige dieser Informationen sind den Abschlüssen entnehmbar.[101]

3.4.3.4 Interessen der Lieferanten

Auch das Interesse der Lieferanten gilt vorrangig dem fristgerechten Eingang der erwarteten Forderungen, also der Liquidität des Unternehmens.[102]

Informationen über zukünftige Planungen und Entwicklungen sind wünschenswert, damit der Lieferant einschätzen kann, mit welchen Aufträgen und Bestellmengen er zukünftig zu rechnen hat. Handelt es sich um einen Großkunden, so sind solche Informationen für seine Dispositionsplanung von weitreichender Bedeutung.[103] Möglicherweise hängt das Weiterbestehen des eigenen Unternehmens davon ab.

3.4.3.5 Interessen der Kunden

Die Kunden des Unternehmens interessiert, ob das entsprechende Unternehmen seine Warenschulden begleichen wird, sofern Waren nicht sofort verfügbar sind. Bei langfristigen Fertigungsaufträgen wollen Kunden den Bestand und Erfolg des Unternehmens gesichert wissen, ebenso wenn z. B. Wartungsverträge vereinbart werden oder produktspezifische Folgeaufträge zu erwarten sind. Kunden haben immer dann langfristige Interessen an einem Unternehmen, wenn gegenwärtig abgeschlossene Verträge zukünftig relevant sind.[104]

Je nach Marktposition des Unternehmens und Machtposition des Kunden obliegt diesem bei Preisverhandlungen die Verhandlungsmacht. Nützliche Abschlussinformationen könnten zu seinen Gunsten sein.

---

[100] Vgl. EGNER, H., Bilanzen, 1974, S. 35.

[101] Abgesehen davon, dass nicht alle Arbeitnehmer das notwendige Fachwissen besitzen, um einen Jahresabschluss lesen und auswerten zu können. Dieser Sachverhalt soll unberücksichtigt bleiben; vgl. ausführlich z. B. EGNER, H., Bilanzen, 1974, S. 36.

[102] Vgl. WAGENHOFER, A., Bilanzierung, 2008, S. 27.

[103] Vgl. auch EGNER, H., Bilanzen, 1974, S. 37; VOLK, G., Jahresabschlußadressaten, 1987, S. 725; COENENBERG, A. G., Jahresabschluss, 2005, S. 1181.

[104] Vgl. GRÄFER, H., Bilanzanalyse, 2008, S. 6.

3.4.3.6 Interessen des Fiskus

Der Fiskus hat wegen der ihm zustehenden Steuerzahlungen ein reines Kontrollinteresse. Inbegriffen sind eventuelle Regulierungsnotwendigkeiten und die Verwendung der Daten für volkswirtschaftliche Statistiken. Da vor allem bei kleinen und mittelgroßen Unternehmen oft nur eine Einheitsbilanz erstellt wird[105] und das Maßgeblichkeitsprinzip von entsprechend hoher Bedeutung ist, wird auf die steuerliche Gewinnermittlung in Gliederungspunkt 5.3.6 gesondert eingegangen.

3.4.3.7 Interessen sonstiger Gruppen

Zu nennen sind vor allem die Marktpartner und Konkurrenten, die jederzeit an Informationen interessiert sind, um die eigene Leistungsfähigkeit zu prüfen.[106] Sie messen an Vergleichen mit anderen Unternehmen die eigene Konkurrenzfähigkeit, z. B. hinsichtlich des technischen Fortschritts oder der Absatzpolitik. Die Informationsinteressen der Konkurrenten sind vielfältig.[107]

Die Städte und Gemeinden haben, vor allem zur Einschätzung der regionalen Arbeits- und Kaufkraft,[108] Interesse an den vor Ort ansässigen Unternehmen. Bei der Verteilung von Subventionsgeldern ist die Vorlage verschiedener Unternehmensdaten, wie die des Abschlusses, unabdingbar.

3.4.4 Konvergente und divergente Interessen

Die Ausführungen zu den Interessen der internen und externen Adressaten haben gezeigt, dass Informations- und Zahlungsbemessungsinteressen teilweise konvergent und teilweise divergent sind und zu entsprechenden Interessenkonflikten führen. Die Adressaten fordern einerseits Rechenschaft über das unternehmerische Handeln in der Vergangenheit und andererseits die Bereitstellung von Informationen, die eine Einschätzung zukünftiger Entwicklungen des Unternehmens ermöglichen.[109]

Gesellschafter wünschen hohe Renditen, was die Risikobereitschaft der Geschäftsführung steigern könnte, während Kreditgeber eher an der Sicherheit ihrer Zahlungen, deren Höhe vertraglich geregelt und vom Erfolg des Unternehmens unabhängig ist,

---

[105] Vgl. VOLK, G., Jahresabschlußadressaten, 1987, S. 725 m. w. N.
[106] Vgl. auch KÜTING, K./WEBER, C.-P., Bilanzanalyse, 2006, S. 8.
[107] Vgl. ausführlich EGNER, H., Bilanzen, 1974, S. 37.
[108] Vgl. EGNER, H., Bilanzen, 1974, S. 38.
[109] Vgl. PELLENS, B. et al., Rechnungslegung, 2008, S. 7.

interessiert sind. Als Erfüllung der Rechenschaftsfunktion sollte ein zukünftiges Insolvenzrisiko aus Sicht der Adressaten erkennbar sein. Die Gesellschafter haben als Ersteller des Abschlusses Interesse daran, dass nicht jedes bestehende Risiko im Abschluss sichtbar wird. Sie wollen die Adressaten mit dem Abschluss von ihren Fähigkeiten einer guten Geschäftsführung überzeugen.

Interessenkonflikte entstehen durch den Wissensvorsprung der internen Adressaten gegenüber den externen Adressaten.[110] Während der interne Adressat die Geschäftsvorfälle nur in begrenztem Maße transparent machen möchte, wünschen die externen Adressaten höchstmögliche Transparenz. Die Regelungen eines Rechnungslegungssystems bestimmen, welche Informationen im Abschluss des Unternehmens zu dokumentieren sind und reduzieren somit die bestehenden Informationsasymmetrien zwischen den internen und den externen Adressaten des Abschlusses.[111]

Während Wahlrechte und Ermessensspielräume den bilanzpolitischen Interessen der Geschäftsführung von Nutzen sind, beeinträchtigen sie die Beurteilung der Vermögens-, Ertrags- und Finanzlage des Unternehmens durch die externen Adressaten. Sie führen zu Verzerrungen in der Darstellung der wirtschaftlichen Lage. Wahlrechte und Ermessensspielräume vermindern die Vergleichbarkeit von Abschlüssen verschiedener Unternehmen. Während der externe Adressat im Anhang über die Ausübung von Wahlrechten informiert wird, sieht er bei Ermessensspielräumen nur das Ergebnis. Selbst wenn auch diesbezüglich eine Auskunftspflicht im Anhang besteht, kann der Adressat nicht einschätzen, inwieweit Sachverhalte korrekt dargestellt wurden oder ob bilanzpolitische Ziele zu Verzerrungen geführt haben.

Bei Beurteilung des Rechnungslegungssystems sind die Gläubiger- den Gesellschafterinteressen vorzuziehen. Ziel ist neben einer möglichst transparenten Darstellung die Eindeutigkeit der Informationen über die Erfolge und Misserfolge. Bestehen bilanzpolitische Aktionsparameter, insbesondere Ermessensspielräume, so sind ihre Auswirkungen kritisch zu untersuchen.

3.4.5 Zuordnung der Interessen zu den Rechnungslegungszwecken

In der folgenden Aufzählung werden die wichtigsten Abschlussinteressen der internen und externen Adressatengruppen zusammengefasst.

---

[110] Vgl. PELLENS, B. et al., Rechnungslegung, 2008, S. 3.

[111] PELLENS, FÜLBIER, GASSEN und SELLHORN stellen diesen „Metazweck" als den grundlegenden Zweck eines jeden Rechnungslegungssystems dar; vgl. PELLENS, B. et al., Rechnungslegung, 2008, S. 3.

3.4 Interessen der Adressaten

Zu nennen sind die Interessen der internen Adressaten

- an hohen Renditen,
- an der Liquidität und am Fortbestehen des Unternehmens,
- am Liquidationswert des Unternehmens,
- am Abschluss zur Selbstinformation für die Kontrolle der Unternehmensdaten und die Steuerung des Unternehmens sowie

die Interessen der externen Adressaten

- an der Höhe, zeitlichen Struktur und Sicherheit der zukünftigen Zahlungen bzw. Ausschüttungen an die Gesellschafter,
- am Liquidationswert des Unternehmens,
- an Informationen über die wirtschaftlichen Erfolge und Misserfolge,
- an entscheidungsnützlichen Informationen über die Vermögens-, Ertrags- und Finanzlage,
- an der Überwachung der Geschäftsführung,
- an einer transparenten Darstellung und der Vollständigkeit von Aufzeichnungen der Geschäftsvorfälle,
- an der Liquidität des Unternehmens,
- an der Kreditwürdigkeit und vorhandenen Sicherheiten,
- an Informationen über die Insolvenzgefahr des Unternehmens und
- am Fortbestehen des Unternehmens.

Bei den internen Adressaten bleiben die Interessen als Anwender der Rechnungslegungsnormen hier unbeachtet.[112]

Die jeweils erstgenannten Interessen sind der Zahlungsbemessungsfunktion, genauer der Gewinnermittlung und -verteilung, zuzuordnen. Es ist kein Zufall, dass diese an erster Stelle stehen. Das eigentliche Interesse der Gesellschafter kleiner und mittelgroßer Unternehmen gilt den Ausschüttungen, das der Kreditgeber der Fähigkeit des Unternehmens, die Höhe, zeitliche Struktur und Sicherheit der zukünftigen Zahlungen zu gewährleisten.

---

[112] Siehe dazu Kapitel 5.

Dem Einzelabschluss kommt die Aufgabe der Ausschüttungsbemessung zu.[113] Die Gesellschafter erwarten, dass eine gesetzliche Regelung zur Ausschüttungsbemessung existiert. Handelsrechtlich ist dies der Fall. § 122 HGB enthält eine Mindestausschüttungsregelung[114] für die Gesellschafter der OHG, auf Kommanditisten findet sie keine Anwendung. Stattdessen bestimmt § 169 HGB, dass Kommanditisten grundsätzlich Anspruch auf Auszahlung des ihnen zukommenden Gewinns haben. § 232 Abs. 1 HGB enthält eine ähnliche Regelung für stille Gesellschafter.[115] Die Ausschüttungssperrfunktion ist nicht zu beachten, denn diese regelt das jeweilige Gesellschaftsrecht.[116] Die IFRS enthalten keine Regelungen zur Zahlungsbemessung.

Die weiteren Interessen der internen und externen Adressaten sind nicht nach Prioritäten sortiert. Bei der Zuordnung zu den der Informationsfunktion angehörenden Zwecken der Rechenschaft, Überwachung der Geschäftsführung, Dokumentation, Selbstinformation, Schuldendeckungskontrolle sowie Unternehmenskontrolle und -steuerung ist zu beachten, dass eine trennscharfe Abgrenzung aufgrund ihrer Zusammengehörigkeit oftmals nicht möglich ist. Bedeutend sind die in Gliederungspunkt 3.7.2 folgenden Ausführungen.

Die Rechenschaftsfunktion ist eng verbunden mit dem Verlangen nach Informationen über die wirtschaftlichen Erfolge und Misserfolge des Unternehmens. Interne und externe Adressaten fordern entscheidungsnützliche Informationen über die Vermögens-, Ertrags- und Finanzlage. Sofern das Interesse am Liquidationswert überhaupt einer Funktion zugeordnet werden kann, gehört auch dieses zur Rechenschaftsfunktion. Im Sinne der zugehörigen Kontrollfunktion dient der Rechenschaftsbericht den externen Adressaten als Kontrollinstrument der Geschäftsführung. Der Dokumentationsfunktion ist vor allem die Forderung nach Transparenz und Vollständigkeit der Darstellung der Vermögens-, Ertrags- und Finanzlage zuzuordnen. Zur Funktion der Selbstinformation, zusammen mit der Schuldendeckungskontrolle sowie Unternehmenskontrolle und -steuerung, gehören seitens der internen Adressaten die Nutzung der Daten zur Unternehmenskontrolle und -steuerung und seitens der externen Adressaten die Informationsbedürfnisse über die Liquidität und Kreditwürdigkeit des Unternehmens sowie über die Insolvenzgefahr. Die Interessen aller internen und externen Adressaten gelten in besonderer Weise dem Fortbestehen des Unternehmens.

---

[113] Vgl. HAYN, S./GRAF WALDERSEE, G., IFRS/HGB/HGB-BilMoG, 2008, S. 38 f.

[114] Sofern nicht durch den Gesellschaftsvertrag anderes bestimmt ist; vgl. § 109 HGB.

[115] Siehe ausführlich MOXTER, A., Bilanztheorie, 1984, S. 98 f.

[116] Vgl. für die Aktiengesellschaft § 58 AktG i. V. m. §§ 62, 93 und 116 AktG, für die GmbH §§ 29 bis 32 GmbHG und für die Genossenschaft § 22 GenG.

In der folgenden Abbildung werden die Ergebnisse der Zuordnung der Interessen zu den Zwecken der Rechnungslegung noch einmal übersichtlich dargestellt.

Interessen der internen und externen Adressaten	Zwecke der Rechnungslegung
• an hohen Renditen bzw. an der Höhe, zeitlichen Struktur und Sicherheit zukünftiger Zahlungen und Ausschüttungen	→ Zahlungsbemessungsfunktion
• an Informationen über wirtschaftliche Erfolge und Misserfolge • an entscheidungsnützlichen Informationen über die Vermögens-, Ertrags- und Finanzlage des Unternehmens • am Liquidationswert des Unternehmens	→ Rechenschaftsfunktion
• an der Überwachung der Geschäftsführung	→ Kontrollfunktion
• an einer transparenten Darstellung und der Vollständigkeit von Aufzeichnungen der Geschäftsvorfälle	→ Dokumentationsfunktion
• am Abschluss, um die Daten als Basis zur Selbstinformation, zwecks Kontrolle und Steuerung des Unternehmens, zu verwenden	→ Selbstinformation → Unternehmenskontrolle und -steuerung
• an der Liquidität des Unternehmens • an der Kreditwürdigkeit und vorhandenen Sicherheiten • an Informationen über die Insolvenzgefahr	→ Schuldendeckungskontrolle
• am Fortbestehen des Unternehmens	→ alle Funktionen

Abbildung 3/2: Zuordnung der Interessen interner und externer Adressaten zu den Zwecken der Rechnungslegung

3.5 Zwischenergebnisse

Dieser Gliederungspunkt soll einen Überblick geben über die Zusammenhänge zwischen den Adressatengruppen, den Zwecken der Rechnungslegung und den qualitativen Abgrenzungskriterien der Unternehmen, d. h. „kleinen", „wachsenden" und „mittleren" Unternehmen[117]. „Kleine" Unternehmen wurden zwar generell aus der Untersuchung

---

[117] Vgl. Gliederungspunkt 2.2.3.

ausgeschlossen, werden aber aus Gründen der Veranschaulichung an dieser Stelle mit aufgeführt.

Die Darstellungen der Interessen verschiedener Adressatengruppen haben bestätigt, was sich bereits bei der Konkretisierung interner und externer Adressaten kleiner und mittelgroßer Unternehmen andeutete: Die wichtigsten Adressaten der Abschlüsse, die sich über die wirtschaftliche Lage des Unternehmens informieren, sind zum einen die internen Adressaten, d. h. die Geschäftsführung, zum anderen bei den externen Adressaten die Gesellschafter, die nicht an der Geschäftsführung beteiligt sind, und die Kreditgeber.[118] Folglich werden die Adressaten für die weitere Untersuchung in vier Kategorien unterteilt:

- Geschäftsführung,

- Gesellschafter, die nicht der Geschäftsführung angehören,

- Kreditgeber, insbesondere Kreditinstitute, und

- andere externe Adressaten, wie Arbeitnehmer, Lieferanten, Kunden, Konkurrenten, Aufsichtsbehörden, Verbände, Gewerkschaften und der Fiskus.

Die Geschäftsführung hat ein großes Interesse am eigenen Unternehmen und zählt somit zu den Hauptadressaten des Abschlusses. Die Geschäftsführung verwendet die Abschlussdaten zur Selbstinformation über die Solvenz des Unternehmens. Sie benötigt die Abschlussdaten zur Unternehmenskontrolle und -steuerung, sofern für diese Zwecke kein internes Rechnungswesen vorhanden ist. Die Schuldendeckungskontrolle ist ebenso von Bedeutung.

Die Gesellschafter, die nicht der Geschäftsführung angehören, haben bei Unternehmen der Rechtsformen OHG, KG oder GbR ein großes Interesse am Abschluss, weil Sie bei Insolvenz des Unternehmens mit ihrem Privatvermögen haften. Für andere Gesellschafter, die nicht an der Geschäftsführung beteiligt sind, dürfte die Kontrollfunktion im Vordergrund stehen. Ihnen dient der Abschluss als Rechenschaftsbericht.

---

[118] Diese Aussage bestätigen empirische Untersuchungen verschiedener Länder, z. B. verschiedene Studien des Jahres 1983 aus den USA oder der Jahre 1985 und 1998 aus Großbritannien; vgl. GÖBEL, S./KORMAIER, B., Adressaten, 2007, S. 523 f. Für Europa siehe stellvertretend die Angaben der sechs Länder Deutschland, Großbritannien, Frankreich, Italien, Spanien und den Niederlanden im Rahmen der Befragung zum *ED IFRS for SMEs* aus dem Jahre 2008; vgl. KAJÜTER, P. et al., Beurteilung, 2008, S. 596 f. und für Deutschland auch KAJÜTER, P. et al., Rechnungslegung, 2007, S. 1879 f.

3.5 Zwischenergebnisse

Besonderes Interesse haben auch die Kreditgeber, insbesondere die Kreditinstitute. Dies gilt vor allem für die Rechtsform der GmbH, weil diese im Insolvenzfall nur mit ihrem Gesellschaftsvermögen haftet. Ihr Interesse gilt weniger der Veröffentlichung des Abschlusses als ihm selbst, weil Kreditinstitute Finanzauskünfte direkt vom Unternehmen verlangen können.[119] Für Kreditgeber ist vor allem die Schuldendeckungskontrolle von Bedeutung.

Die vierte Kategorie wird aufgrund der bisherigen Ergebnisse in der weiteren Untersuchung vernachlässigt. Es wird nur dann auf deren zugehörigen Adressaten eingegangen, wenn diese eigene Besonderheiten aufweisen. Arbeitnehmer, Lieferanten und Kunden gehören nicht zu den wichtigsten Abschlussadressaten.[120]

Die Funktion der Dokumentation soll zurückgestellt werden, denn ihr eigentlicher Inhalt ist die Bereitstellung von „Urkundenbeweisen".[121] Welche Adressaten von diesen bereitgestellten „Urkundenbeweisen" letztendlich Gebrauch machen, steht zum Zeitpunkt der Erstellung des Abschlusses grundsätzlich noch nicht fest.[122]

Auf die Zahlungsbemessungsfunktion wird nicht explizit eingegangen, weil sie für alle Adressatengruppen von gleichrangig primärer Bedeutung ist. Im Mittelpunkt der Untersuchung steht die Informationsfunktion.

Mit den qualitativen Kriterien zur Abgrenzung kleiner und mittelgroßer von den großen Unternehmen liegen keine messbaren Kriterien vor. Zwischen „kleinen", „wachsenden" und „mittleren" Unternehmen kann nur durch eine konjunktive oder disjunktive Merkmalskombination bzw. der unterschiedlich starken Ausprägungen der qualitativen Merkmale unterschieden werden.[123] Daraus folgt, dass bezüglich der Zusammenhänge mit den Zwecken der Rechnungslegung und den Adressatenkategorien nur Tendenzaussagen und keine absoluten Feststellungen möglich sind.

---

[119] Vgl. KNORR, L./BEIERSDORF, K./SCHMIDT, M., EU-Vorschlag, 2007, S. 2114. Zu beachten ist auch § 18 KWG. Bei Kreditsummen von 750.000 € oder mehr bzw. wenn diese mehr als 10 % ihres haftenden Eigenkapitals betragen, sind Kreditinstitute verpflichtet, sich die wirtschaftlichen Verhältnisse des Kreditnehmers offenlegen zu lassen.

[120] Vgl. auch KNORR, L./BEIERSDORF, K./SCHMIDT, M., EU-Vorschlag, 2007, S. 2114. In der Literatur werden die Adressaten dieser vierten Kategorie häufig nicht als Adressaten, sondern nur als „Interessenten" bezeichnet. Als Adressat wird – im Gegensatz zum Sprachgebrauch dieser Arbeit – nur der definiert, „der einen gesetzlichen oder vertraglich begründeten, also durchsetzbaren Anspruch auf Information" hat; vgl. MOXTER, A., Fundamentalgrundsätze, 1976, S. 95.

[121] Vgl. Gliederungspunkt 3.2.

[122] Vgl. Gliederungspunkt 3.7.2.

[123] Vgl. Gliederungspunkt 2.2.3.

Zur Kategorisierung von „kleinen", „wachsenden" und „mittleren" Unternehmen sollen als Schlussfolgerung der vorhergehenden Untersuchungen beispielhaft folgende Charakteristika festgelegt werden:

Für ein „kleines" Unternehmen:
Sämtliche qualitativen Merkmale sind konjunktiv erfüllt.

⇨ Das Unternehmen ist rechtlich selbstständig.

⇨ Die Eigentumsmehrheit liegt bei einer Person oder einem begrenzten Kreis natürlicher Personen.

⇨ Mindestens ein Gesellschafter ist an der Geschäftsführung beteiligt.

⇨ Mindestens ein Gesellschafter, zumeist der an der Geschäftsführung beteiligte, ist in seiner wirtschaftlichen Existenz vom Erfolg des Unternehmens abhängig.

⇨ Die Geschäftsführung ist als fast ausschließlich wesentliche Adressatengruppe anzusehen.

⇨ Die als Kreditgeber fungierenden Kreditinstitute haben nur eingeschränkte Interessen, weil die zur Finanzierung bereitgestellten Geldbeträge eher gering sind.

⇨ Selbstinformationsfunktion und Schuldendeckungskontrolle sind als wichtigste Funktionen anzusehen.

Für ein „wachsendes" Unternehmen:
Ausprägung der qualitativen Merkmale nimmt ab.

⇨ Das Unternehmen ist rechtlich selbstständig.

⇨ Mit zunehmender Größe des Unternehmens erweitert sich zumeist der Personenkreis der Eigentümer.

⇨ Mit zunehmender Größe des Unternehmens erweitert sich zumeist die Anzahl der nicht an der Geschäftsführung beteiligten Gesellschafter.

⇨ Neben einem an der Geschäftsführung beteiligten Gesellschafter, der in seiner wirtschaftlichen Existenz vom Erfolg des Unternehmens abhängig ist, sind die anderen Gesellschafter auf hohe Renditen bedacht.

⇨ Neben der Geschäftsführung kommen die Gesellschafter, die nicht an der Geschäftsführung beteiligt sind, als wesentliche Adressaten hinzu.

⇨ Die Bedeutung der Kreditgeber als Adressaten nimmt zu.

⇨ Neben der Selbstinformationsfunktion und der Schuldendeckungskontrolle nimmt auch die Rechenschaftsfunktion einen wichtigen Stellenwert ein.

3.5 Zwischenergebnisse

Für ein „mittleres" Unternehmen:
Die qualitativen Merkmale sind disjunktiv erfüllt.

⇨ Das Unternehmen ist rechtlich selbstständig.

⇨ Der Personenkreis der Eigentümer nimmt möglicherweise zu.

⇨ Die Geschäftsführung wird möglicherweise einem angestellten Geschäftsführer übertragen. Principal-Agent-Konflikte treten auf.

⇨ Möglicherweise besteht keine unmittelbare wirtschaftliche Abhängigkeit der Gesellschafter vom Unternehmen. Ihre Hauptinteressen gelten den hohen Renditeerwartungen.

⇨ Geschäftsführung und Gesellschafter, die nicht der Geschäftsführung angehören, haben großes Interesse am Abschluss.

⇨ Die von den Kreditgebern zur Finanzierung bereitgestellten Geldbeträge nehmen zu, entsprechend wachsen ihre Interessen als Adressaten.

⇨ Je größer das Unternehmen, desto geringer das Interesse an der Selbstinformation, die gegebenenfalls auf den angestellten Geschäftsführer übergeht, und an der Schuldendeckungskontrolle, weil der Geschäftsführung über den Abschluss hinaus weitere Unternehmensdaten verfügbar sind. Möglicherweise steigt das Interesse an der Unternehmenskontrolle und -steuerung. Die Bedeutung der Rechenschaft und Überwachung der Geschäftsführung sowie der Schuldendeckungskontrolle für Gesellschafter, die nicht der Geschäftsführung angehören, und für Kreditgeber nimmt zu.

Die durch die Zusammenhänge der qualitativen Abgrenzungskriterien mit den Adressatengruppen und den Zwecken der Rechnungslegung charakterisierten Unternehmenstypen als „kleine", „wachsende" und „mittlere" Unternehmen sollen die in Kapitel 4 und 5 folgenden Analysen unterstützen. Eine solche Differenzierung ist nicht für alle, aber für ausgewählte Partialbetrachtungen, sinnvoll.

Abbildung 3/3 verdeutlicht, dass der Abschluss des Unternehmens für die Adressaten umso größere Bedeutung hat, je größer das Unternehmen ist. Sie zeigt, welche Adressatengruppen bei welcher Unternehmenskategorie geringe, zunehmende oder umfangreiche Interessen an den jeweiligen Funktionen haben. Diese selbst entwickelte Abbildung ist nur unter der Voraussetzung der Interessennormierung und Homogenisierung der Adressatengruppen möglich.

Für „kleine" Unternehmen:	Geschäftsführung	Gesellschafter, die nicht der Geschäftsführung angehören	Kreditgeber, insbesondere Kreditinstitute
Rechenschaft			O
Selbstinformation	OOO		
Schuldendeckungskontrolle	OOO		O
Unternehmenskontrolle und -steuerung			

Für „wachsende" Unternehmen:	Geschäftsführung	Gesellschafter, die nicht der Geschäftsführung angehören	Kreditgeber, insbesondere Kreditinstitute
Rechenschaft		OOO	OOO
Selbstinformation	OOO		
Schuldendeckungskontrolle	OOO	O	OOO
Unternehmenskontrolle und -steuerung			

Für „mittlere" Unternehmen:	Geschäftsführung	Gesellschafter, die nicht der Geschäftsführung angehören	Kreditgeber, insbesondere Kreditinstitute
Rechenschaft und Überwachung der Geschäftsführung		OOOOO	OOOOO
Selbstinformation	O		
Schuldendeckungskontrolle	O	OOO	OOOOO
Unternehmenskontrolle und -steuerung	OOO		.

O Geringe Interessen   OOO Zunehmende Interessen   OOOOO Umfangreiche Interessen

Abbildung 3/3: Zusammenhänge zwischen den Adressatengruppen und den Zwecken der Rechnungslegung unter Berücksichtigung der Differenzierung von „kleinen", „wachsenden" und „mittleren" Unternehmen

3.6 Betrachtung der wirtschaftlichen Lage des Unternehmens

3.6.1 Vorüberlegungen

Statt der differenzierten Nennung von externen und internen Adressaten wird im weiteren Textverlauf wieder der zusammenfassende Begriff der „Adressaten" für beide verwendet.

Die Adressaten können sich nur dann „ein eigenes Urteil über das verwaltete Vermögen und die damit erzielten Erfolge bilden"[124], wenn der Abschluss die Vermögens-, Ertrags- und Finanzlage des Unternehmens den tatsächlichen Verhältnissen entsprechend darstellt. Kann der Adressat entscheidungsnützliche Informationen aus dem Abschluss ableiten, gilt die Rechenschaftsfunktion als erfüllt.[125] Die Rechenschaftsfunktion steht in der Rangfolge der Funktionen an erster Stelle;[126] je größer das Unternehmen ist und je zahlreicher deren Adressaten sind, desto höher ist ihre Bedeutung.

In der Bilanz werden Informationen über das vorhandene Vermögen, die bestehenden Schulden und über das Eigenkapital vermittelt. Die Gewinn- und Verlustrechnung erfasst Erträge und Aufwendungen und gibt Auskunft über den Jahresüberschuss. Die Eigenkapitalveränderungsrechnung zeigt die Entwicklung des Eigenkapitals. Die Kapitalflussrechnung gibt einen Einblick in die Liquidität des Unternehmens. Der Anhang liefert zu allen diesen Abschlusskomponenten ergänzende Angaben. Die einzelnen Bestandteile des Abschlusses werden der Darstellung der Vermögens-, Ertrags- und Finanzlage zugeordnet, so wie es in Gliederungspunkt 2.1.1.3 bereits geschehen ist. Außer dieser Zuordnung fehlen bisher weitere Erläuterungen der Begriffe Vermögens-, Ertrags- und Finanzlage. Die Begriffe „Rechenschaft", „Vermögens-, Ertrags- und Finanzlage" sowie „ein den tatsächlichen Verhältnissen entsprechendes Bild" gehören zu den „unbestimmten Rechtsbegriffen", d. h., sie sind mehrdeutig und in höchstem Maße auslegungsfähig.[127] Sie entziehen sich einer allgemeingültigen exakten Definition und müssen vom Benutzer inhaltlich ausgefüllt werden.

In den folgenden Gliederungspunkten 3.6.2 bis 3.6.5 soll ausgehend von den Interessen der Adressaten untersucht werden, welche Informationen im Abschluss eines Unternehmens durch die differenzierte Darstellung der Vermögens-, Ertrags- und Finanzlage vermittelt und welche Interessen entsprechend befriedigt werden können.

---

[124] LEFFSON, U., GoB, 1987, S. 64; vgl. Gliederungspunkt 3.2.
[125] Vgl. LEFFSON, U., GoB, 1987, S. 65.
[126] Vgl. z. B. BURKEL, P., Aufgaben, 1985, S. 838 f.
[127] Vgl. TIPKE, K., in: Handwörterbuch Bilanzrecht, 1986, S. 1.

3.6.2 Betrachtung der Vermögenslage

In der bilanztheoretischen Literatur werden viele verschiedene Vermögensbegriffe verwendet, wobei sich die folgenden drei als besonders bedeutsam herauskristallisiert haben: Effektivvermögen, Liquidationsvermögen und Fortführungs- bzw. Bilanzvermögen.[128]

Das Effektivvermögen[129] bezieht sich auf das zukünftige Nutzenpotenzial des Unternehmens. Im Mittelpunkt steht der Unternehmenswert, der potenzielle Preis bei Gesamtbewertung aller Vermögenswerte, der sich als Barwert zukünftiger Einzahlungsüberschüsse ermitteln lässt; im betriebswirtschaftlichen Sprachgebrauch wird dieser als „Ertragswert"[130] und die Gesamtbewertung zur Bestimmung des Effektivvermögens als „Ertragsbewertung" bezeichnet.[131] Problematisch bei der Ermittlung des Unternehmenswertes ist vor allem die Einschätzung des Risikos, das sich in der Effektivverzinsung niederschlägt. Die Ermittlung eines objektiven Wertes ist nicht möglich, unterschiedliche Personen würden zu unterschiedlichen Werten über die Höhe des Effektivvermögens kommen.[132] Ein Abschluss sollte zwar den Adressateninteressen gemäß die Effektivvermögenslage darstellen, real kann dies aber nicht die Zielsetzung sein.[133]

Das Liquidationsvermögen steht für das an einem bestimmten Stichtag ermittelte zur Verfügung stehende Schuldendeckungspotenzial.[134] Wie die obige Darstellung der Informationsinteressen von Adressaten zeigt, ist ein solcher Wert durchaus von Interesse. Die Adressaten wollen wissen, wie hoch das zur Deckung der Schulden zur Verfügung stehende Vermögen im Fall einer Unternehmensliquidation ist. Zwar gibt ein nach HGB bzw. nach IFRS aufgestellter Abschluss Anhaltspunkte über die Höhe des Liquidationsvermögens, eine vollständige Abbildung würde aber voraussetzen, dass alle Vermögensgegenstände als einzelveräußerbar angesehen werden und die Prämisse

---

[128] Vgl. zu diesem Gliederungspunkt STREIM, H., in: HOFBAUER, M. A./KUPSCH, P., Bonner Handbuch, 1994, Fach 4, § 264 HGB, Rz. 32-39.

[129] Siehe ausführlich zum Effektivvermögen MOXTER, A., in: Handwörterbuch Bilanzrecht, 1986, S. 346-347.

[130] Zum Begriff „Ertragswert" siehe HERING, T., Unternehmensbewertung, 2006, S. 19, Fn. 2.

[131] Vgl. MOXTER, A., in: Handwörterbuch Bilanzrecht, 1986, S. 347

[132] Vgl. WINNEFELD, R., Bilanz-Handbuch, 2006, Einf., Rz. 25.

[133] Vgl. MOXTER, A., in: Handwörterbuch Bilanzrecht, 1986, S. 348; STREIM, H., in: HOFBAUER, M. A./KUPSCH, P., Bonner Handbuch, 1994, Fach 4, § 264 HGB, Rz. 32.

[134] Vgl. KLEIN, T., Insolvenzverfahren, 2004, S. 186. Zu Ansatz und Bewertung bei Ermittlung des Insolvenzvermögens siehe PINK, A., in: HOFBAUER, M. A./KUPSCH, P., Bonner Handbuch, 1994, Fach 5, Rechnungslegungspflichten Insolvenz, Rz. 80-89 und KLEIN, T., Insolvenzverfahren, 2004, S. 225 f.

3.6 Betrachtung der wirtschaftlichen Lage des Unternehmens

der Unternehmensfortführung wegfällt. Da die Bilanzierungs- und Bewertungsvorschriften von der Fortführung des Unternehmens ausgehen, gibt der Abschluss generell keine Informationen über im Konkursfall erzielbare Liquidationserlöse.[135] Ein Liquidationswert wäre nur schätzbar, wenn eine spezielle Liquidationssituation vorausgesetzt werden könnte. Eine solche Prämissensetzung wäre aber in jedem Fall realitätsfern.[136]

Einem Abschluss nach HGB bzw. IFRS liegt der Grundsatz der Unternehmensfortführung (*going concern*) zugrunde. Er gibt Auskunft über das Fortführungs- bzw. das sog. Bilanzvermögen.[137] Aus dem Bilanzvermögen abzüglich der Schulden ergibt sich das Nettovermögen. Ungeklärt ist jedoch der Informationsnutzen für die Adressaten.[138]

Der Ermittlung des Bilanzvermögens liegt die Einzelbewertung zugrunde. Bei diesem auf Vereinfachungs- und Objektivierungserwägungen beruhendem Verfahren tritt das Bilanzvermögen an die Stelle des realen Vermögens. Ökonomisch gesehen unterscheiden sich das auf der Gesamtbewertung basierende Effektivvermögen und das auf der Einzelbewertung basierende Bilanzvermögen durch die Summe der bei der Einzelbewertung unerfassten Vermögenswerte. Die Summe der nicht einzeln bewertbaren Vermögenswerte bildet den Geschäfts- oder Firmenwert.[139] Nach der Definition aus Anhang A des IFRS 3 umfasst dieser den künftigen wirtschaftlichen Nutzen aus nicht einzeln identifizierbaren und separierbaren Vermögenswerten. Bei einer Unternehmensliquidation existiert kein Geschäfts- oder Firmenwert. Effektiv- und Liquidationsvermögen sind dann deckungsgleich. Sowohl das Liquidations- als auch das Bilanzvermögen beruhen auf dem Grundsatz der Einzelbewertung. Während mit dem Liquidationsvermögen das bloße „Gläubigerzugriffsvermögen" ermittelt wird, gilt das Fortführungsvermögen als das eigentliche „Kaufmannsvermögen".[140] Prinzipiell wäre es möglich, Anhangangaben so zu gestalten, dass diese den Adressaten auch Informationen zur Effektiv- und Liquidationsvermögenslage liefern, vorgesehen ist dies aber, im Rahmen der auf dem britischen „True-and-Fair-View-Grundsatz" beruhenden Generalnorm, nicht.

---

[135] Vgl. WÖHE, G., Bilanzierung, 1997, S. 44.

[136] Vgl. LEFFSON, U., Bilanzanalyse, 1984, Rz. 34 und 36.

[137] Siehe auch MOXTER, A., in: Handwörterbuch Bilanzrecht, 1986, S. 350. Einer der Ersten, der das Fortführungsvermögen an Stelle des Liquidationsvermögens propagierte, war HERMAN VEIT SIMON; vgl. SIMON, H. V., Bilanzen, 1899, S. 408 f.

[138] Vgl. STREIM, H., in: HOFBAUER, M. A./KUPSCH, P., Bonner Handbuch, 1994, Fach 4, § 264 HGB, Rz. 36.

[139] Vgl. MOXTER, A., in: Handwörterbuch Bilanzrecht, 1986, S. 347-348.

[140] Vgl. MOXTER, A., Bilanztheorie, 1984, S. 6.

Die obige Darstellung zur Vermögenslage zeigt, dass es für ein „Einblicksziel" in die Vermögenslage keine objektiv einheitliche Definition gibt. Dementsprechend ist seine Zielerreichung nicht messbar, egal welche Rechnungslegungsnormen der Aufstellung eines Abschlusses zugrunde liegen. Ein Urteil über den Informationsnutzen ist lediglich für einzelne Adressatengruppen nach subjektiven Kriterien möglich und sein Sinngehalt entsprechend eingeschränkt. Gemessen an ihren individuellen Interessen erhalten Adressaten nur einen bruchstückhaften Einblick in die Vermögenslage, der sich als Nebenprodukt ohne konzeptionelle Basis erweist. Ein umfassender Einblick in die Vermögenslage scheidet als Informationsziel aus.[141]

Zusammenfassend kann festgestellt werden, dass der aus der Darstellung der Vermögenslage abgeleitete Informationsnutzen gering ist. Der Abschluss gibt bezüglich der Vermögenslage Auskunft über die verfügbaren Güter.[142] Welcher Informationswert damit verbunden ist, hängt letztlich davon ab, welche Bilanzierungs- und Bewertungsmethoden ein Rechnungslegungssystem vorgibt. Wird zu historischen Anschaffungs- und Herstellungskosten bewertet, so können die Erlöse der Güter bei Verkauf erheblich über den Bilanzwerten liegen.[143] Aufgrund des Einzelbewertungsgrundsatzes sind die vermittelten Informationen in jedem Fall unvollständig. Das Einzelbewertungsverfahren ist nur ein Hilfsverfahren infolge fehlender anderer Möglichkeiten. Entsprechend kann die Darstellung der Vermögenslage nur ergänzende Informationen beitragen.

3.6.3 Betrachtung der Ertragslage

Aus den Darstellungen der Ertragslage wollen Adressaten auf den Erfolg des Unternehmens schließen. Passend wäre im betriebswirtschaftlichen Sprachgebrauch die Verwendung des Begriffs „Erfolg" statt „Periodenergebnis" und entsprechend „Erfolgslage" statt „Ertragslage".[144] Gemäß der analytischen Vorgehensweise bei Erschließung der Erfolgslage eines Unternehmens kann die gewünschte Erfüllung der Informationsinteressen der Adressaten in drei aufeinanderfolgende Phasen unterteilt werden: Ermittlung der Erfolgsentwicklung, Erforschung der Ursachen für Entwicklungsänderungen und Abschätzung der Weiterentwicklung des Unternehmens.[145]

---

[141] Vgl. MOXTER, A., Sinn und Zweck, 1987, S. 373.

[142] Vgl. MOXTER, A., in: Handwörterbuch Bilanzrecht, 1986, S. 346.

[143] Vgl. LEFFSON, U., Bilanzanalyse, 1984, Rz. 34.

[144] Vgl. COENENBERG, A. G., in: Handwörterbuch Bilanzrecht, 1986, S. 160; BAETGE, J./COMMANDEUR, D., in: KÜTING, K./WEBER, C.-P., HdR, 1995, § 264 HGB, Rz. 16; BAETGE, J./KIRSCH, H.-J./THIELE, S., Bilanzanalyse, 2004, S. 1.

[145] Vgl. LEFFSON, U., Bilanzanalyse, 1984, Rz. 69.

3.6 Betrachtung der wirtschaftlichen Lage des Unternehmens

In der ersten Phase ermittelt der Adressat den Unternehmenserfolg der vergangenen Perioden. Diese Betrachtungsweise ist rein statischer Natur.[146] Wie viele Perioden ein Adressat prüft, hängt von seinem Interesse und gewünschtem Aufwand ab und davon, wie lange er schon Koalitionspartner des Unternehmens ist oder ob er es erst werden will. Zur Messung des Unternehmenserfolgs ist eine Vergleichsgröße notwendig. Am Ende der Periode werden die Unternehmenswerte mit denen des Periodenbeginns, d. h. des letzten Abschlusses, verglichen. So wird festgestellt, ob sich das Unternehmen positiv oder negativ entwickelt hat,[147] ob es einen Jahresüberschuss oder einen Jahresfehlbetrag erwirtschaftet hat. Zur Beurteilung des Unternehmenserfolgs benötigt der Adressat Informationen zur Ausnutzung von bilanzpolitischen Spielräumen. Ohne einen Einblick, welche Wahlrechte und Ermessensspielräume wie genutzt wurden, kann der Adressat die Erfolgslage des Unternehmens nicht sachgerecht beurteilen, weitgehende Transparenz ist unbedingt erforderlich.[148] Kennt ein Adressat die Ansatz- und Bewertungsmethoden vergangener Abschlüsse, so kann er aufgrund des Stetigkeitsgrundsatzes nach IAS 8.13 bzw. § 246 Abs. 3 HGB i. V. m. § 252 Nr. 6 HGB Rückschlüsse auf die Ausnutzung bilanzpolitischer Spielräume im vorliegenden IFRS- bzw. HGB-Abschluss ziehen.

In der zweiten Phase, der Erforschung der Ursachen für Entwicklungsänderungen, steht eine systematische Struktur- und Quellenanalyse des Erfolgs im Vordergrund,[149] um die mit mehr oder weniger großer Wahrscheinlichkeit maßgeblichen Ursachen für Entwicklungsänderungen aufzudecken.[150] Hierfür müssen ausreichend differenzierte Informationen verfügbar sein. Diese soll die als Pflichtbestandteil des IFRS-Abschlusses notwendige Eigenkapitalveränderungsrechnung bereitstellen. Nach IAS 1.38 f. hat die Eigenkapitalveränderungsrechnung mindestens zwei vollständige Perioden abzubilden, die gegenwärtige und die des Vorjahres. Sie umfasst die Veränderungen des Eigenkapitals vom Beginn der Vorperiode bis zum Ende der Berichtsperiode.[151]

Während in den ersten beiden Phasen nur vergangene und die gegenwärtige Erfolgslage des Unternehmens betrachtet wurden, beschäftigen sich die Adressaten in der dritten Phase, der Abschätzung der Weiterentwicklung, mit den Erfolgspotenzialen, die über den Abschlussstichtag hinaus für die zukünftige Erfolgslage eines Unterneh-

---

[146] Vgl. COENENBERG, A. G., in: Handwörterbuch Bilanzrecht, 1986, S. 160-161.
[147] Vgl. MOXTER, A., Sinn und Zweck, 1987, S. 373.
[148] Vgl. COENENBERG, A. G., in: Handwörterbuch Bilanzrecht, 1986, S. 162.
[149] Vgl. COENENBERG, A. G., in: Handwörterbuch Bilanzrecht, 1986, S. 162.
[150] Vgl. LEFFSON, U., Bilanzanalyse, 1984, Rz. 69.
[151] Vgl. COENENBERG, A. G., Jahresabschluss, 2005, S. 364.

mens mitverantwortlich sind.[152] Das Erfolgspotenzial eines Unternehmens setzt sich aus der Summe nachhaltig wirksamer Wettbewerbsvorteile zusammen, die das Unternehmen durch seine wirtschaftliche Tätigkeit in der Vergangenheit und Gegenwart aufbauen muss, um in zukünftigen Perioden Erfolge zu erzielen. Eine Entwicklungsprognose des Unternehmens ist einem Adressaten nur möglich, wenn er Kenntnisse über die wesentlichen Erfolgsfaktoren hat. Zu diesen zählen die unternehmerischen Stärken und Schwächen sowie die zu erwartenden durch das Unternehmensumfeld bedingten Chancen und Risiken. Die genannten Erfolgsfaktoren helfen den Adressaten nur dann bei der Aufstellung einer Entwicklungsprognose, wenn sie mit hinreichender Sicherheit abschätzbar sind.[153]

Die Gewinn- und Verlustrechnung vermittelt in erster Linie ein statisches Bild, erst die Aufstellung der Veränderungen des Eigenkapitals und die Abschätzung des Erfolgspotenzials verhelfen zu einer dynamischen Sichtweise. Ohne Berücksichtigung der Erfolgspotenziale besteht die Gefahr, dass die Ertragslage eines Unternehmens falsch eingeschätzt wird; zu pessimistisch, wenn sich z. B. bedeutende selbst zu erschaffende immaterielle Vermögenswerte noch in der Entwicklungsphase befinden, und zu optimistisch, wenn z. B. ein neuer Konkurrent in einer der Folgeperioden am Markt mitmischen wird und zu erwarten ist, dass er dem Unternehmen Marktanteile streitig macht. Dennoch bleibt nur ein partieller Einblick in die Erfolgslage, denn die Einschätzungen der Erfolgspotenziale sind nicht immer zuverlässig.

3.6.4 Betrachtung der Finanzlage

„Der Ausdruck Finanzlage läßt sich konkretisieren als Fähigkeit oder Unfähigkeit zur Vermeidung von Illiquidität und Überschuldung."[154] Sämtliche Informationsinteressen an der Finanzlage eines Unternehmens basieren auf dem betriebswirtschaftlichen Ziel des finanziellen Gleichgewichts. Ein Unternehmen befindet sich im finanziellen Gleichgewicht, wenn sowohl seine Finanzierung und Liquidität als auch seine Existenz selbst längerfristig gesichert erscheinen.[155] Das finanzielle Gleichgewicht kann folglich in drei Komponentenansätze unterteilt werden. Der erste vermittelt Informationen zur Sicherung der Finanzierung, der zweite zur Sicherung der Liquidität und der

---

[152] Vgl. LEFFSON, U., Bilanzanalyse, 1984, Rz. 69.

[153] Vgl. COENENBERG, A. G., in: Handwörterbuch Bilanzrecht, 1986, S. 161-162; COENENBERG, A. G., Jahresabschluss, 2005, S. 950.

[154] BALLWIESER, W., Generalklausel, 1985, S. 1043.

[155] Vgl. SCHIERENBECK, H./WÖHLE, C. B., Betriebswirtschaftslehre, 2008, S. 376.

3.6 Betrachtung der wirtschaftlichen Lage des Unternehmens

dritte zur Feststellung der Rentabilität.[156] Alle drei Ansätze repräsentieren einen Teil des finanziellen Gleichgewichts des Unternehmens.

Die Finanzierung orientiert sich nicht an den Zahlungsverpflichtungen des Unternehmens, sondern an den strukturellen Zusammenhängen von Kapitalverwendung und -beschaffung. Auskünfte über die Kapitalverwendung, die Investitionen des Unternehmens, fallen in den Bereich der Vermögenslage. Zu detaillierten Auskünften über die Kapitalbeschaffung gehören Auskünfte über Finanzierungsquellen und deren Zusammensetzung nach Art, Sicherheit und Fristigkeiten. Diese sollen den Adressaten bei der Risikoeinschätzung ihrer Finanzierungsleistungen helfen. Das finanzielle Gleichgewicht kann als gesichert angesehen werden, wenn die finanzielle Struktur vorgegebenen „Qualitätsnormen" entspricht, andernfalls gilt es als gefährdet.[157]

Die Liquidität des Unternehmens meint die Aufrechterhaltung seiner Fähigkeit, Zahlungsverpflichtungen erfüllen zu können. Das finanzielle Gleichgewicht kann als erfüllt angesehen werden, wenn das Unternehmen liquide ist, es ist nicht erfüllt, wenn Liquiditätsengpässe auftreten und Zahlungsunfähigkeit droht.[158]

Ein Unternehmen gilt aus Sicht der Adressaten als rentabel, wenn ihre Ansprüche und die Möglichkeiten des Unternehmens, diese unter Berücksichtigung seiner Existenzbedingungen zu erfüllen, in einem ausgewogenen Verhältnis stehen. Das finanzielle Gleichgewicht ist aus Sicht der Kapitalgeber erfüllt, wenn sie für ihr eingesetztes Kapital eine angemessene Gegenleistung erhalten.[159] Für Gesellschafter ist dies eine entsprechende Gewinnausschüttung, für Kreditgeber dagegen reicht zumeist der Liquiditätsnachweis aus, um sie von der Kreditwürdigkeit und somit Rentabilität zu überzeugen.

Im Vordergrund steht die langfristige Existenz des Unternehmens, die nur bei finanziellem Gleichgewicht, d. h. bei Erfüllung aller drei Komponenten, gesichert ist. Bei der Betrachtung der Finanz- zusammen mit der Ertragslage zeigt sich das Zusammenspiel der Faktoren Liquidität und Erfolg bzw. Erfolgspotenziale. Zum einen ist die Liquidität eine notwendige Voraussetzung für die Erfolgsrealisation und den Aufbau

---

[156] Vgl. zu dieser Dreiteilung SCHIERENBECK, H./WÖHLE, C. B., Betriebswirtschaftslehre, 2008, S. 376-378. Wie bereits in Gliederungspunkt 2.1.1.3.4 erwähnt, unterscheiden SCHIERENBECK und WÖHLE nicht zwischen „Finanzierung" und „Liquidität", sondern zwischen „langfristiger" und „kurzfristiger Liquidität". Mit dem Begriff „Rentabilität" wird ihrem Sprachgebrauch gefolgt. Die Begriffe „Finanzierung" und „Liquidität" wurden in dem genannten Gliederungspunkt bereits definiert.

[157] Vgl. SCHIERENBECK, H./WÖHLE, C. B., Betriebswirtschaftslehre, 2008, S. 377.

[158] Vgl. PERRIDON, L./STEINER, M., Finanzwirtschaft, 2007, S. 6.

[159] Vgl. SCHIERENBECK, H./WÖHLE, C. B., Betriebswirtschaftslehre, 2008, S. 377.

von Erfolgspotenzialen, zum anderen ist Liquiditätsrealisation ohne Erfolg nicht möglich.[160] Funktioniert das Zusammenspiel langfristig, so ist der Fortbestand des Unternehmens gesichert.

Für einen umfassenden Einblick in die Finanzlage wären Finanzpläne oder ähnliche Instrumente, die eine periodenweise Gegenüberstellung der zu erwartender Einnahmen und Ausgaben liefern, notwendig.[161] Generell sind Finanzpläne aber nicht allen Adressaten zugänglich,[162] sofern sie in kleinen und mittelgroßen Unternehmen überhaupt erstellt werden.

3.6.5 Ergebnisse zur Erfüllbarkeit der Rechnungslegungszwecke

Der Informationsnutzen bei Betrachtung der Vermögenslage ist gering. Eine verallgemeinerte Darstellung des Effektivvermögens ist nicht möglich. Auch ermöglicht die Darstellung der Vermögenslage keine Rückschlüsse auf den Liquidationswert des Unternehmens. Die Funktion der Schuldendeckungskontrolle kann nicht durch Betrachtung der Vermögenslage erfüllt werden. Das Liquidationsvermögen wird nicht dargestellt. Ausgegangen wird vom Grundsatz der Unternehmensfortführung, der Informationsnutzen des Bilanzvermögens bleibt jedoch undefiniert.

Die Darstellung der Ertragslage liefert einen Rechenschaftsbericht des Unternehmens. Bei Betrachtung der Ertragslage ist es dem Adressaten möglich, die wirtschaftlichen Erfolge und Misserfolge des Unternehmens zu beurteilen und Rückschlüsse auf die Qualität der Geschäftsführung zu ziehen. Der Adressat möchte Informationen über vergangene und gegenwärtige Erfolge, die Erforschung der Ursachen für Entwicklungsänderungen und zu erwartende Weiterentwicklungen des Unternehmens ableiten. Voraussetzung ist, dass die Daten ausreichend transparent sind.

Die Finanzlage informiert über Finanzierung und Liquidität des Unternehmens, wozu auch Informationen über die Kreditwürdigkeit und Insolvenzgefahr des Unternehmens zählen. Somit ist die Funktion der Selbstinformation für die internen Adressaten erfüllt.

---

[160] Vgl. BAETGE, J./KIRSCH, H.-J./THIELE, S., Bilanzanalyse, 2004, S. 3; COENENBERG, A. G., Jahresabschluss, 2005, S. 950.

[161] Vgl. MOXTER, A., Jahresabschlußaufgaben, 1979, S. 143; BALLWIESER, W., Generalklausel, 1985, S. 1041; MOXTER, A., Sinn und Zweck, 1987, S. 370; BAETGE, J./COMMANDEUR, D., in: KÜTING, K./WEBER, C.-P., HdR, 1995, § 264 HGB, Rz. 26-28; ADLER, H./DÜRING, W./SCHMALTZ, K., Rechnungslegung, 1997, § 264 HGB, Rz. 71 und Rz. 75; WINNEFELD, R., Bilanz-Handbuch, 2006, Einführung, Rz. 30; SCHILDBACH, T., Jahresabschluss, 2008, S. 5.

[162] Vgl. KÜTING, K./WEBER, C.-P., Bilanzanalyse, 2006, S. 113.

Zum Schuldendeckungspotenzial bei Liquidation wurde im Rahmen der Betrachtung der Vermögenslage bereits festgestellt, dass ein solches nicht ermittelbar ist. Dies würde einen feststellbaren Wert für das Liquidationsvermögen voraussetzen. Die Finanzlage gibt einige Hinweise zum Schuldendeckungspotenzial des Unternehmens. Ist ein finanzielles Gleichgewicht vorhanden, so kann die Existenz des Unternehmens vorerst als gesichert gelten.

Die zusammengetragenen Ergebnisse können nur unter Vorbehalt betrachtet werden, denn entscheidend ist letztendlich die Informationsfreundlichkeit der Ansatz- und Bewertungsregeln,[163] die das entsprechende Rechnungslegungssystem vorgibt. Auch die diesem zugrunde liegenden Prinzipien sind mit ausschlaggebend.

Da die Zwecke der Unternehmenskontrolle und -steuerung nicht auf dem Hintergrund der Betrachtung von Vermögens-, Ertrags- und Finanzlage geprüft werden können, werden diese hier nicht angesprochen. Eine gesonderte Betrachtung folgt im Rahmen der Konvergenzuntersuchungen von internem und externem Rechnungswesen in Kapitel 4.

3.7 Grundsätze eines adäquaten Rechnungslegungssystems

3.7.1 Vorbemerkung

Die Rechnungslegung ist als Instrument aufzufassen, das „mittels standardisierter Abbildungsregeln einen Einblick in die wirtschaftliche Lage des Unternehmens verschafft"[164]. Das Rechnungslegungssystem umfasst die Gesamtheit der Abbildungsregeln. Rechnungslegungssysteme unterscheiden sich u. a. „hinsichtlich der konkreten Zwecke, die mit der Erstellung und Veröffentlichung der Daten der externen Rechnungslegung verfolgt werden sollen"[165]. Die Zwecke des Rechnungslegungssystems prägen deren Grundsätze bzw. Prinzipien[166] und die Ausgestaltung der Abbildungsregeln.[167] Bevor die genannten Zwecke der

---

[163] Vgl. STREIM, H., Generalnorm, 1994, S. 400 f.
[164] HINZ, M., 2003, in: Beck'sches HdR, B 100, Rz. 1.
[165] HINZ, M., 2003, in: Beck'sches HdR, B 100, Rz. 2.
[166] Die Begriffe „Grundsätze" und „Prinzipien" werden synonym verwendet.
[167] Vgl. z. B. BAETGE, J., Rechnungslegungszwecke, 1976, S. 13 m. w. N.; SCHNEIDER, D., Rechnungswesen, 1997, S. 33. BITZ, M./SCHNEELOCH, D./WITTSTOCK, W., Jahresabschluß, 2003, S. 32 f.; WÜSTEMANN, J./KIERZEK, S., Bilanztheoretische Erkenntnisse, 2007, S. 360 f.

- Rechenschaft und Überwachung der Geschäftsführung,
- Dokumentation,
- Selbstinformation der Geschäftsführung,
- Schuldendeckungskontrolle,
- Unternehmenskontrolle und -steuerung sowie
- Zahlungsbemessung

mit den Grundsätzen der Rechnungslegung verknüpft werden, ist zunächst auf die jeweilige Bedeutung der Rechnungslegungszwecke einzugehen. Folgend werden die Grundsätze der handelsrechtlichen Rechnungslegung, die GoB, und der IFRS, d. h. die im Rahmenkonzept verankerten Leitgedanken, erläutert und in einer kritischen Würdigung gegenübergestellt.

Als Ergebnis dieser Betrachtung sollen abschließend Grundsätze aufgestellt werden, welche geeignet erscheinen, die genannten Zwecke bestmöglich zu erfüllen. Die Gewichtung der Zwecke entsprechend den Bedürfnissen der Adressaten kleiner und mittelgroßer Unternehmen ist letztlich ausschlaggebend für die Festlegung der für ein adäquates Rechnungslegungssystem maßgeblichen Grundsätze.

3.7.2 Bedeutung der genannten Rechnungslegungszwecke

Ausgehend davon, dass Adressaten entscheidungsnützliche Informationen über Unternehmen benötigen, kann die Rechenschaftsfunktion aus Sicht der Adressaten als wichtigste Aufgabe der Informationsfunktion aufgefasst werden. Wer sein Vermögen anderen anvertraut, verlangt Rechenschaft.[168] Adressaten fordern vergangenheits- und zukunftsorientierte Informationen.[169] „Rechenschaft umfaßt Retrospektive und Pros-

---

[168] Vgl. STÜTZEL, W., Bilanztheorie, 1967, S. 331; LEFFSON, U., GoB, 1987, S. 57; BITZ, M./SCHNEELOCH, D./WITTSTOCK, W., Jahresabschluß, 2003, S. 35.

[169] Zu unterscheiden ist zwischen den beiden Begriffspaaren der „vergangenheits-" und „zukunftsorientierten" sowie der „kontrollorientierten" und „prognoseorientierten" Informationen. Die genannten Begriffe gehen auf METH zurück, der mit der kontrollorientierten Informationsfunktion Bezug nimmt auf die Rechenschaft der Unternehmensleitung über das wirtschaftliche Handeln in der Vergangenheit und mit der prognoseorientierten Informationsfunktion auf die Vermittlung von Informationen als Grundlage für Prognosen künftiger Zahlungsströme; vgl. KIRSCH, H.-J./METH, D., Adressaten, 2007, S. 10; METH, D., IFRS, 2007, S. 44-55. Die Begriffspaare sind nicht synonym, vor allem sei davor gewarnt, die Begriffe „zukunftsorientierte" und „prognoseorientierte" Informationen gleichzusetzen, denn „zukunftsorientierte" Informationen umfassen alle Informationen, die den Adressaten bei der Einschätzung der zukünftigen Unternehmenslage helfen, während „prognoseorientierte" Informationen künftig wahrscheinliche Zahlungsströme betreffen.

3.7 Grundsätze eines adäquaten Rechnungslegungssystems

pektive"[170] und erfüllt diese Forderung. Im weiteren Sprachverlauf werden die Begriffe „retrospektive" und „prospektive" Informationen verwendet. Aus der Analyse vergangenheitsorientierter Daten können Erkenntnisse für die Zukunft gewonnen werden. Die Rechenschaft trägt dazu bei, Entscheidungen zu fundieren und ist somit ein zentrales Instrument der Entscheidungsunterstützung.[171]

Den Rechtsnormen des HGB lassen sich explizit keine Zwecke der Rechnungslegung entnehmen,[172] nur für Kapitalgesellschaften wird expressis verbis auf die Rechenschaftsfunktion eingegangen.[173] Der Abschluss hat nach § 264 Abs. 2 HGB ein den tatsächlichen Verhältnissen entsprechendes Bild der Vermögens-, Ertrags- und Finanzlage zu vermitteln. Für alle anderen Rechtsformen kann lediglich aus Vorschriften der Gewinn- und Verlustverteilung bzw. zu Kontrollrechten auf die Rechenschaftsfunktion geschlossen werden.[174] Im Gegensatz dazu wird in IAS 1.9 wie auch in Paragraph 14 des Rahmenkonzepts die Aufgabe der Geschäftsführung, über „die Ergebnisse der Verwaltung des dem Management anvertrauten Vermögens" zu informieren, direkt angesprochen.

Der Dokumentationszweck fordert sehr umfangreiche Aufzeichnungen, da die möglichen Streitfälle[175], für welche diese hilfreich sein können, sehr vielfältig und sehr unterschiedlich sind. Der Adressatenkreis ist eher klein. Nur im Bedarfsfall werden Abschlüsse als Beweismittel herangezogen. Das zuständige Gericht, die Prozessparteien und gegebenenfalls zu Rate gezogene Sachverständige werden dann zu Adressaten.[176] Wenngleich bei der Erstellung des Abschlusses keine Einschätzung über seine Notwendigkeit zu Dokumentationszwecken getroffen werden kann, ist es im Fall der Auseinandersetzungen zwischen Gesellschaftern wichtig, über Unterlagen zu verfügen.[177]

Jedes Rechnungslegungssystem, das Unternehmen vorschreibt, einen Abschluss zu erstellen, beruht auf dem Zweck der Selbstinformation, unabhängig davon, ob sie verpflichtet sind, den Abschluss einem bestehenden Adressatenkreis vorzulegen oder

---

[170] LEFFSON, U., GoB, 1987, S. 63.

[171] Vgl. BALLWIESER, W., Informations-GoB, 2002, S. 115.

[172] Vgl. z. B. HINZ, M., 2003, in: Beck'sches HdR, B 100, Rz. 4.

[173] Vgl. LEFFSON, U., GoB, 1987, S. 58.

[174] Vgl. für die OHG § 120 HGB, die KG § 166 HGB, Stille Gesellschafter § 233 HGB, Genossenschaften § 48 GenG und für Gesellschaften nach BGB § 721 BGB.

[175] Einige Beispiele finden sich bei BITZ, M./SCHNEELOCH, D./WITTSTOCK, W., Jahresabschluß, 2003, S. 34 f. und HINZ, M., 2003, in: Beck'sches HdR, B 100, Rz. 11.

[176] Vgl. BITZ, M./SCHNEELOCH, D./WITTSTOCK, W., Jahresabschluß, 2003, S. 35.

[177] Vgl. auch LEFFSON, U., GoB, 1987, S. 39.

nicht. Die Rechenschaft des Geschäftsführers vor sich selbst ist somit ausdrücklich gewollt.[178] Ursprünglich war die Selbstinformation expressis verbis eine der wichtigsten Zwecke des HGB-Abschlusses.[179] Wenngleich diese Funktion heute nicht mehr als genereller Hauptzweck angesehen werden kann, impliziert die Buchführungspflicht nach § 238 HGB immer noch indirekt die Rechenschaftspflicht des Kaufmanns vor sich selbst. Eine vergleichbare Rechnungslegungsnorm findet sich in den IFRS nicht; nach dem IFRS für KMU ist nur dann ein Abschluss zu erstellen, wenn ein „Abschluss für allgemeine Zwecke"[180] notwendig ist.

Die mit dem Zweck der Selbstinformation verbundene Schuldendeckungskontrolle ist für die Geschäftsführung von Bedeutung, weil diese bei Vorliegen von Verlusten und Überschuldung gezwungen ist, zu reagieren.[181]

Zum Zweck der Selbstinformation gehören auch die Funktionen der Unternehmenskontrolle und -steuerung, wobei diese bisher nur als relevant für Geschäftsführer von Unternehmen, die über kein anderes Instrument als die Daten der externen Rechnungslegung verfügen, angesehen wurden. Diese Einschränkung soll für den weiteren Verlauf der Untersuchung aufgehoben werden, denn statt einer eigenen internen Unternehmensrechnung werden – von der Größe des Unternehmens unabhängig – für Zwecke der Unternehmenskontrolle und -steuerung inzwischen zunehmend die Daten der externen Rechnungslegung verwendet. Seit Beginn der neunziger Jahre werden Konvergenzbestrebungen zwischen internen und externen Rechnungslegungssystemen intensiv diskutiert.[182] Neben den Funktionen der Kontrolle und Steuerung ist auch die der Planung einzubeziehen.

Bei der Zuordnung der Interessen zu den Zwecken der Rechnungslegung wurde bereits darauf hingewiesen, dass das eigentliche Interesse der Adressaten der Zahlungsbemessungsfunktion gilt.[183] Bei dem Versuch, in einem Rechnungslegungssystem sowohl der Zahlungsbemessungs- als auch der Informationsfunktion gerecht zu werden, beste-

---

[178] Vgl. LEFFSON, U., GoB, 1987, S. 55.

[179] Dies ging ehemals aus § 195 HGB hervor, der jedoch bereits im Jahr 1937 aufgehoben wurde.

[180] Vgl. Gliederungspunkt 2.2.1.4.

[181] Vgl. Gliederungspunkt 3.4.2.2.

[182] Vgl. z. B. KÜTING, K./LORSON, P., Konvergenz, 1998, S. 483; WEIßENBERGER, B. E., Integrierte Rechnungslegung, 2004, S. 72.

[183] Vgl. Gliederungspunkt 3.4.5.

hen dauerhaft Konflikte.[184] Letztendlich kann nur eine der beiden Funktionen als Hauptfunktion der anderen vorgezogen werden. Die andere Funktion muss zugunsten dieser zurückstehen.

3.7.3 Verknüpfung der Zwecke mit den Grundsätzen der Rechnungslegungssysteme

Jedem Rechnungslegungssystem müssen zur Erfüllung der genannten Zwecke essenzielle Systemgrundsätze bzw. grundlegende Annahmen vorgegeben werden. Der wichtigste ist der Grundsatz der Unternehmensfortführung. Bis zur Unternehmensauflösung ist von einer Fortführung auszugehen. Als weitere Systemgrundsätze sind die Pagatorik, der Einzelbewertungsgrundsatz und die Periodenabgrenzung zu nennen.

Der Abschluss ist so zu normieren, dass die Adressaten keine falschen oder unvollständigen Informationen erhalten, die zu Fehlentscheidungen führen könnten und gegebenenfalls Vermögensverluste nach sich ziehen. Er soll Adressaten darüber informieren, ob das Unternehmen ihre Ansprüche erfüllen kann oder nicht.[185] Folglich benötigen Adressaten sowohl verlässliche als auch relevante Daten. Die Kriterien der Verlässlichkeit bzw. Richtigkeit sowie Relevanz bzw. Wirtschaftlich- und Wesentlichkeit gehören zu den qualitativen Kriterien bzw. Rahmengrundsätzen eines Rechnungslegungssystems.

Der Abschluss eines Unternehmens kann nur dann als Rechenschaftsbericht gelten und der geforderten Überwachung der Geschäftsführung gerecht werden, wenn mindestens ein „vollständiger, klarer und zutreffender Einblick in die Geschäftstätigkeit gegeben wird"[186]. Diese Forderung ergänzt den Katalog der qualitativen Kriterien bzw. Rahmengrundsätze um die Vollständigkeit sowie Klarheit und Übersichtlichkeit bzw. Verständlichkeit. Aus der Funktion des Abschlusses als Rechenschaftsbericht, der als Entscheidungsbasis fungiert, kann das noch fehlende Kriterium der Vergleichbarkeit abgeleitet werden.

Im Sinne der Dokumentationsfunktion hat der Abschluss die Aufgabe der „Bündelung von Buchführungszahlen zur Sicherung von Urkundenbeständen gegen nachträgliche Inhaltsänderung[en]"[187]. Diesem Anspruch werden Abschlüsse nur dann gerecht, wenn

---

[184] Vgl. auch COENENBERG, der feststellt, dass Ziele der Ausschüttungsbemessung und der Information „im deutschen Handelsrecht nicht gleichrangig miteinander vereinbar" sind; vgl. COENENBERG, A. G., Jahresabschluss, 2005, S. 1170 f. Er gründet seine Aussagen auf die Ausführungen STÜTZELS; vgl. STÜTZEL, W., Bilanztheorie, 1967, S. 314-340.

[185] Vgl. WÖHE, G., Bilanzierung, 1997, S. 42.

[186] LEFFSON, U., GoB, 1987, S. 64; vgl. Gliederungspunkt 3.2.

[187] STÜTZEL, W., Bilanztheorie, 1967, S. 323.

das zugrunde liegende Rechnungslegungssystem eine Systematik für die Gestaltung der Abschlussbestandteile vorgibt und die Grundsätze der vollständigen, richtigen, zeitgerechten und nachträglich unveränderbaren Erfassung von Geschäftsvorfällen verfolgt. Die aufgezeichneten Geschäftsvorfälle müssen für Dritte nachvollziehbar sein.[188] Notwendig sind auch Vorschriften zu Aufstellungs- und Aufbewahrungsfristen. Neben dem Abschluss selbst, vor allem der Bilanz, sind auch Buchführung und Inventar wertvolle Dokumentationsinstrumente.[189] In dieser Untersuchung bleiben sie quasi unberücksichtigt.

Der Unternehmer ist gezwungen, seine Bücher übersichtlich, gewissenhaft und regelmäßig zu führen.[190] Er hat zum Ende eines jeden Geschäftsjahres einen Abschluss zu erstellen, der ihn und die externen Adressaten über Vermögen und Schulden informiert. Auf diese Weise werden Schuldendeckungspotenziale aufgezeigt. Voraussetzung für die Gegenüberstellung von Vermögen und Schulden sind grundlegende Definitionskriterien, die der Ersteller des Abschlusses bei Ansatz und Bewertung zu befolgen hat. Die Ansatz- und Bewertungsmethoden, auf welchen ein vorliegender Abschluss basiert, müssen im Rechnungslegungssystem klar definiert sein.

Die Verwendung der Daten des externen Rechnungswesens für Kontroll-, Steuerungs- und Planungszwecke erfordern zum einen Vergleiche, welche die Unternehmensentwicklung über die Jahre zeigen, und zum anderen Soll-Ist-Vergleiche. Das Wachstum des Unternehmens zeigt sich im Vergleich von gegenwärtigen Abschlüssen mit denen der Vorjahre. Für Soll-Ist-Vergleiche müssen Soll-Daten vorliegen, die zeigen, was geplant war, um diese mit den Ist-Daten zu vergleichen. Die gesammelten Erfahrungen bilden die Grundlage künftiger Entscheidungen.[191]

Aus dem Zweck der Zahlungsbemessung resultieren im Rechnungslegungssystem niedergelegte Kapitalerhaltungsgrundsätze zum Schutz der Gläubiger.[192]

Infolge der bisherigen Ausführungen ergibt sich die Notwendigkeit für eine Auseinandersetzung mit den Grundsätzen der Rechnungslegung nach IFRS im Vergleich zu denen der handelsrechtlichen Rechnungslegung. In einigen, nicht aber in allen Kriterien sind das System der IFRS und das des HGB bzw. der GoB deckungsgleich. Vergleichsbasis sind die GoB, weshalb sie den Grundsätzen der IFRS in der folgenden Abhandlung vorangestellt werden. Die Ausführungen beginnen jeweils mit einem übersichtlichen Schaubild.

---

[188] Vgl. RUHNKE, K., Rechnungslegung, 2008, S. 200.
[189] Vgl. MOXTER, A., Bilanztheorie, 1984, S. 81.
[190] Vgl. STÜTZEL, W., Bilanztheorie, 1967, S. 323; HINZ, M., 2003, in: Beck'sches HdR, B 100, Rz. 13.
[191] Vgl. STÜTZEL, W., Bilanztheorie, 1967, S. 331.
[192] Vgl. z. B. MOXTER, A., Sinn und Zweck, 1987, S. 365.

3.7.4 Grundsätze der handelsrechtlichen Rechnungslegung

3.7.4.1 Bedeutung der Grundsätze ordnungsmäßiger Buchführung und Bilanzierung

Bevor auf die Ermittlung und Bedeutung der GoB eingegangen werden kann, ist ihre Rechtsnatur zu charakterisieren. Die „Grundsätze ordnungsmäßiger Buchführung und Bilanzierung" gehören originär zu den unbestimmten Rechtsbegriffen[193], sie bilden „eigentlich *den* zentralen unbestimmten Rechtsbegriff des Bilanzrechts überhaupt"[194]. Mit dem Bilanzrichtliniengesetz vom 19. Dezember 1985[195] wurden viele der Grundsätze kodifiziert[196] und ihr Rechtscharakter gestärkt. Das Gesetz macht die GoB „zum Bestandteil einer Rechtspflicht"[197].

Während die traditionelle Lehre die GoB als Handelsbräuche deklarierte,[198] warnten Betriebswirtschaftler, die sich intensiv mit ihrer Entwicklung auseinandergesetzt haben,[199] davor, die GoB mit Handelsbräuchen ordentlicher, ehrenwerter Kaufleute oder Gewohnheitsrecht gleichzusetzen. GoB werden deduktiv, „durch Nachdenken"[200], ermittelt.

Die GoB bilden ein „komplexes und vielgestaltiges Normensystem"[201], welches sich über viele Jahrzehnte entwickelt hat. Als Grundlage für die handelsrechtliche Rechnungslegung sind sie rechtsform- und größenunabhängig.[202] Die GoB umfassen nicht einzelne Grundsätze, sondern die Gesamtheit eines hierarchischen Systems, bestehend

---

[193] Vgl. Gliederungspunkt 3.6.1.

[194] LANG, J., in: Handwörterbuch Bilanzrecht, 1986, S. 233.

[195] Vgl. Gesetz zur Durchführung der Vierten, Siebten und Achten Richtlinie des Rates der Europäischen Gemeinschaften zur Koordinierung des Gesellschaftsrechts (Bilanzrichtlinien-Gesetz – BiRiLiG) vom 19.12.1985, BGBl I 1985, S. 2355-2433.

[196] Zur Unterscheidung der kodifizierten und nicht kodifizierten GoB siehe ADLER, H./DÜRING, W./SCHMALTZ, K., Rechnungslegung, 1997, § 243 HGB, Rz. 10-22a.

[197] LANG, J., in: Handwörterbuch Bilanzrecht, 1986, S. 232.

[198] Vgl. ausführlich zur Entwicklungsgeschichte der GoB z. B. LANG, J., in: Handwörterbuch Bilanzrecht, 1986, S. 234-236; ADLER, H./DÜRING, W./SCHMALTZ, K., Rechnungslegung, 1997, § 243 HGB, Rz. 4-20; EULER, R., Bilanzrechtstheorie, 1997, S. 173 f.; THIELE, S./STELLBRINK, J./ZIESEMER, S., in: BAETGE, J./KIRSCH, H.-J./THIELE, S., Bilanzrecht, 2002, Einf., Rz. 44-46 und § 243 HGB, Rz. 26-37.

[199] Vgl. Gliederungspunkt 3.1.

[200] DÖLLERER, G., GoB, 1959, S. 1220.

[201] LANG, J., in: Handwörterbuch Bilanzrecht, 1986, S. 222.

[202] Zur Frage der Rechtsform-, Konzern- und Branchenunabhängigkeit der GoB siehe BALLWIESER, W., Frage, 1995, S. 43-66.

aus „oberen" und „unteren" Grundsätzen.[203] Die oberen Grundsätze dominieren als sog. Systemgrundsätze die unteren.

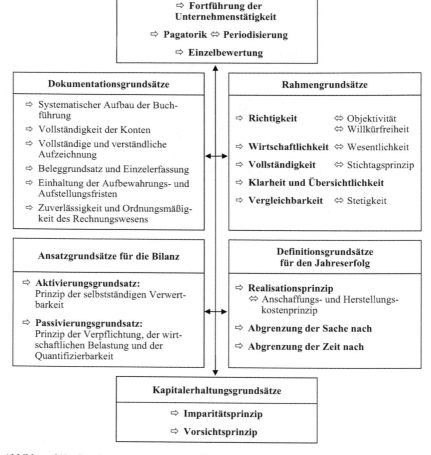

Abbildung 3/4: Das System der handelsrechtlichen GoB

---

[203] Vgl. LANG, J., in: Handwörterbuch Bilanzrecht, 1986, S. 222 f.

Die GoB sichern die handelsrechtlich beabsichtigte Prinzipienorientierung. Sie schaffen die notwendige systematische Voraussetzung für die „Konsistenz und Lückenlosigkeit des Normsystems"[204] und sind von zentraler Bedeutung.

Das System der GoB wird in den folgenden Gliederungspunkten 0 bis 3.7.4.7 ausführlich erläutert. Die Abbildung 3/4 wurde in Anlehnung an die bekannten Schaubilder von JÖRG BAETGE, HANS-JÜRGEN KIRSCH und STEFAN THIELE sowie KLAUS RUHNKE,[205] der sich selbst an die zuvor genannten Autoren anlehnt, erstellt.

3.7.4.2 Systemgrundsätze

Zu den Systemgrundsätzen der handelsrechtlichen Rechnungslegung zählen die Annahme der Unternehmensfortführung nach § 252 Abs. 1 Nr. 2 HGB, der Grundsatz der Pagatorik nach § 252 Abs. 1 Nr. 5 HGB und der Grundsatz der Einzelbewertung nach § 252 Abs. 1 Nr. 3 HGB. Die Systemgrundsätze haben den Charakter genereller Regeln für alle anderen Grundsätze.[206]

Sofern der Annahme der Unternehmensfortführung[207] keine tatsächlichen oder rechtlichen Gegebenheiten entgegenstehen, ist diese dem Abschluss zugrunde zu legen; ohne zwingenden Grund[208] darf der Bilanzierende nicht von einer Zerschlagungsfiktion ausgehen.[209] Bedeutende Akzente setzte HERMAN VEIT SIMON,[210] der als einer der Ersten die Zerschlagungsstatiker dahingehend kritisierte, dass diese lediglich das Gläubigerzugriffsvermögen ermitteln, statt die Interessen der Gesellschafter zu ver-

---

[204] WÜSTEMANN, J./KIERZEK, S., Bilanztheoretische Erkenntnisse, 2007, S. 366.

[205] Diese sind zu finden in BAETGE, J./KIRSCH, H.-J./THIELE, S., Bilanzen, 2007, S. 144 und RUHNKE, K., Rechnungslegung, 2008, S. 190.

[206] Vgl. THIELE, S./STELLBRINK, J./ZIESEMER, S., in: BAETGE, J./KIRSCH, H.-J./THIELE, S., Bilanzrecht, 2002, Einf., Rz. 51.

[207] Siehe ausführlich zum Grundsatz der Unternehmensfortführung z. B. SELCHERT, F. W., in: KÜTING, K./WEBER, C.-P., HdR, 1995, § 252 HGB, Rz. 45-59; ADLER, H./DÜRING, W./SCHMALTZ, K., Rechnungslegung, 1997, § 252 HGB, Rz. 24-27; KLEIN, T., Insolvenzverfahren, 2004, S. 117-128; WINKELJOHANN, N./GEIßLER, H., in: Beck'scher Bilanzkommentar, 2006, § 252 HGB, Rz. 9-21; WINNEFELD, R., Bilanz-Handbuch, 2006, Kapitel E, Rz. 25-35; BAETGE, J./KIRSCH, H.-J./THIELE, S., Bilanzen, 2007, S. 126 f.; RUHNKE, K., Rechnungslegung, 2008, S. 191-193.

[208] Zu zwingenden Gründen siehe ausführlich SELCHERT, F. W., in: KÜTING, K./WEBER, C.-P., HdR, 1995, § 252 HGB, Rz. 48; WINKELJOHANN, N./GEIßLER, H., in: Beck'scher Bilanzkommentar, 2006, § 252 HGB, Rz. 14-16.

[209] MOXTER diskutiert ausführlich, wann von der Annahme der Unternehmensfortführung abgewichen werden darf; vgl. MOXTER, A., Unternehmenszusammenbruch, 1980, S. 345-351.

[210] Vgl. SIMON, H. V., Bilanzen, 1899, S. 290-297.

treten.[211] Seine Forderung des Grundsatzes der Unternehmensfortführung stand im Gegensatz zur Regelung des Reichsoberhandelsgerichts (ROHG) von 1873.[212] Der Grundsatz der Unternehmensfortführung ist vor allem für die Bewertung der Vermögensgegenstände ausschlaggebend. Im Fall der Fortführung ist diesen ein anderer Wert beizumessen als bei Einzelveräußerung oder Liquidation.[213] Als Beispiel seien planmäßigen Abschreibungen von Gegenständen des abnutzbaren Anlagevermögens nach § 253 Abs. 3 HGB genannt.[214] Bei Unternehmensfortführung wird davon ausgegangen, dass die Vermögensgegenstände der planmäßigen Nutzungsdauer unterliegen, ihr Nutzungswert wird auf die entsprechenden Perioden verteilt.[215]

Nach dem Grundsatz der Pagatorik[216] sind Vermögensgegenstände, Schulden und sonstige Bilanzposten mit den Rechengrößen zu bewerten, die auf tatsächliche Zahlungsvorgänge, für Vermögenswerte auf tatsächlich gezahlte oder zu zahlende Beträge, für Verbindlichkeiten auf Erfüllungsbeträge[217] und bei Rückstellungen auf nach vernünftiger kaufmännischer Beurteilung notwendige Erfüllungsbeträge, zurückzuführen sind.[218] Demzufolge werden kalkulatorische Kostenbestandteile nicht im Abschluss des Unternehmens abgebildet. § 252 Abs. 1 Nr. 5 HGB schreibt die periodengerechte Zuordnung von Aufwendungen und Erträgen vor, d. h. von Minderungen bzw. Erhöhungen des Unternehmensvermögens im Zeitpunkt ihrer wirtschaftlichen Verursachung.[219] Diese Forderung ist Bestandteil der dynamischen Bilanzlehre von EUGEN SCHMALENBACH [220],

---

[211] Vgl. MOXTER, A., Bilanzsteuerrecht, 1983, S. 302; MOXTER, A., Bilanztheorie, 1984, S. 6.

[212] Diese Regelung verlangte den Ansatz von Vermögenswerten zum „allgemeinen Verkehrswert", d. h. ihren Einzelveräußerungspreisen; vgl. ROHG, Entscheidung vom 03.12.1873 – Rep. 934/73, S. 15-23.

[213] Vgl. WINKELJOHANN, N./GEIßLER, H., in: Beck'scher Bilanzkommentar, 2006, § 252 HGB, Rz. 9.

[214] Weitere Beispiele zur Konkretisierung des Grundsatzes der Unternehmensfortführung in den Bewertungs- und Ansatzvorschriften des HGB finden sich bei WINKELJOHANN, N./GEIßLER, H., in: Beck'scher Bilanzkommentar, 2006, § 252 HGB, Rz. 17.

[215] Vgl. insbesondere die Ausführungen von SIMON, H. V., Bilanzen, 1899, S. 380-407.

[216] Siehe ausführlich zum Grundsatz der Pagatorik z. B. BAETGE, J./KIRSCH, H.-J./THIELE, S., Bilanzen, 2007, S. 128 f.

[217] Mit dem BilMoG wurde der Begriff „Rückzahlungsbetrag" durch „Erfüllungsbetrag" ersetzt. Diese Änderung hat lediglich klarstellende Bedeutung, so die Begründung; vgl. Entwurf eines Gesetzes zur Modernisierung des Bilanzrechts (Bilanzrechtsmodernisierungsgesetz – BilMoG), BT-Drucks. 16/10067 vom 30.07.2008, S. 52.

[218] Vgl. BAETGE, J./KIRSCH, H.-J./THIELE, S., Bilanzen, 2007, S. 128.

[219] Vgl. SELCHERT, F. W., in: KÜTING, K./WEBER, C.-P., HdR, 1995, § 252 HGB, Rz. 123-129; WINKELJOHANN, N./GEIßLER, H., in: Beck'scher Bilanzkommentar, 2006, § 252 HGB, Rz. 51.

[220] Vgl. sein grundlegendes Werk SCHMALENBACH, E., Dynamische Bilanz, 1962, S. 1-272.

3.7 Grundsätze eines adäquaten Rechnungslegungssystems

der den Zweck des Abschlusses in der Ermittlung des periodengerechten Erfolgs eines Unternehmens sieht.[221]

Neben § 252 Abs. 1 Nr. 3 HGB ist der Grundsatz der Einzelbewertung[222] auch bereits in § 240 Abs. 1 HGB enthalten. Vermögensgegenstände und Schulden sind im Abschluss des Unternehmens einzeln zu bewerten, die Verrechnung der Werte mit denen anderer Vermögensgegenstände und Schulden ist grundsätzlich nicht zugelassen.[223] Durch die Einzelerfassung und -bewertung soll eine möglichst hohe Objektivität[224] erreicht werden, damit der Abschluss konkrete Anhaltspunkte zur Beurteilung des Schuldendeckungspotenzials des Unternehmens gibt.[225] In bestimmten Fällen, wie gemäß § 240 Abs. 3 und 4 HGB oder § 256 HGB, darf aus Gründen der Wirtschaftlichkeit vom Grundsatz der Einzelbewertung abgewichen werden. Die erlaubte Sammelbewertung sowie die Verwendung von Durchschnittswerten und Bewertungsvereinfachungsverfahren,[226] als Ausnahmen des Grundsatzes der Einzelbewertung, zerstören den Charakter des eigentlichen Systemgrundsatzes.[227]

3.7.4.3 Rahmengrundsätze

Die Rahmengrundsätze umfassen die grundlegenden Anforderungen der Informationsvermittlung oder mit den Worten ULRICH LEFFSONS: „Die Rahmengrundsätze sind die

---

[221] Vgl. SCHMALENBACH, E., Dynamische Bilanz, 1962, S. 49-52.

[222] Siehe ausführlich zum Grundsatz der Einzelbewertung z. B. STREIM, H., Bilanzierung, 1988, S. 75 f.; SELCHERT, F. W., in: KÜTING, K./WEBER, C.-P., HdR, 1995, § 252 HGB, Rz. 60-77; WINKELJOHANN, N./GEIßLER, H., in: Beck'scher Bilanzkommentar, 2006, § 252 HGB, Rz. 22-28; WINNEFELD, R., Bilanz-Handbuch, 2006, Kapitel E, Rz. 40-51; BAETGE, J./KIRSCH, H.-J./THIELE, S., Bilanzen, 2007, S. 129 f.

[223] Vgl. BAETGE, J./KIRSCH, H.-J./THIELE, S., Bilanzen, 2007, S. 129.

[224] Zum Begriff der Objektivität siehe die Ausführungen im folgenden Gliederungspunkt 3.7.4.3.

[225] Vgl. BAETGE, J./KIRSCH, H.-J./THIELE, S., Bilanzen, 2007, S. 130.

[226] Zu den Bewertungsvereinfachungsverfahren siehe z. B. die Darstellungen in der Kommentarliteratur bei KNOP, W., in: KÜTING, K./WEBER, C.-P., HdR, 1995, § 240 HGB, Rz. 51-92 und MAYER-WEGELIN, E., in: KÜTING, K./WEBER, C.-P., HdR, 1995, § 256 HGB, Rz. 11-94; ELLROTT, H., in: Beck'scher Bilanzkommentar, 2006, § 256 HGB, Rz. 56-75 oder in den Lehrbüchern bei STREIM, H., Bilanzierung, 1988, S. 76-81; BITZ, M./SCHNEELOCH, D./Wittstock, W., Jahresabschluß, 2003, S. 250-261, COENENBERG, A. G., Jahresabschluss, 2005, S. 203-215 und BAETGE, J./KIRSCH, H.-J./THIELE, S., Bilanzen, 2007, S. 365-373.

[227] Vgl. WOHLGEMUTH, M., in: HOFBAUER, M. A./KUPSCH, P., Bonner Handbuch, 1994, Fach 4, § 252 HGB, Rz. 29; RUHNKE, K., Rechnungslegung, 2008, S. 193. SELCHERT kritisiert, dass diese Ansicht die Rangfolge der Normen unberücksichtigt lässt, weil Grundsätze nur dort Gültigkeit haben, wo spezifische Regelungen fehlen; vgl. SELCHERT, F. W., in: KÜTING, K./WEBER, C.-P., HdR, 1995, § 252 HGB, Rz. 74. Ein solches Argument wäre m. E. bei einem regelbasierten Rechnungslegungssystem angemessen, nicht aber bei einem prinzipienorientierten.

Bedingungen jeder Vermittlung nützlicher Informationen"[228]. Zu ihnen zählen der Grundsatz der Richtigkeit, der Wirtschaftlich- und Wesentlichkeit, der Vollständigkeit, der Klarheit und Übersichtlichkeit sowie der Vergleichbarkeit. Im HGB sind diese Grundsätze in den §§ 239 Abs. 2, 243 Abs. 2, 246 und 252 Abs. 1 genannt.[229] Der Grundsatz der Richtigkeit wird im Zusammenhang mit dem in der Bilanzlehre bezeichneten Prinzip der sog. Bilanzwahrheit verständlich. Den Begriff der Bilanzwahrheit haben namhafte Bilanztheoretiker im Laufe der Zeit jedoch stets neu definiert.[230] Als eine mögliche Definition der Wahrheit soll die von KARL POPPER angeführt werden: „Wahrheit ist Übereinstimmung mit den Tatsachen (mit der Wirklichkeit)."[231] In diesem Sinne kann beurteilt werden, ob die Daten eines Abschlusses wahr oder unwahr, richtig oder falsch sind. Dem Grundsatz der Richtigkeit sind die Grundsätze der Objektivität und der Willkürfreiheit zuzuordnen.

Dem Abschluss wird ein hohes Maß an Objektivität abverlangt. Dem Begriff der Objektivität ist die Definition von JÖRG BAETGE, der sich ebenfalls auf KARL POPPER beruft, zugrunde zu legen. Objektiv ist, was für alle Beteiligten als „intersubjektiv nachprüfbar", d. h. für Dritte nachvollziehbar, gedeutet werden kann.[232] Dem steht ein gewisses Ausmaß an subjektiven Schätzungen, die sich in den Abbildungen des Abschlusses nicht vermeiden lassen, nicht entgegen. Wichtig ist, dass die Schätzungen für andere Personen nachvollziehbar sind und von diesen als richtig anerkannt werden, weil sie sich innerhalb der als tolerant geltenden Schätzungsgrenzen bewegen.[233] Die Verwendung von Schätzwerten, die dem Schätzenden unvermeidliche Spielräume eröffnen, ist notwendig, wenn keine realen Daten vorhanden sind oder zukunftsbezogene Daten, wie bei der Festlegung der Nutzungsdauer für abnutzbare Anlagegegenstände, notwendig sind.

Der Grundsatz der Objektivität ist um den Grundsatz der Willkürfreiheit zu erweitern.[234] Der Willkür sind enge Grenzen gesetzt. Wer einen Abschluss verantwortlich

---

[228] LEFFSON, U., GoB, 1987, S. 179.

[229] Vgl. BAETGE, J./KIRSCH, H.-J./THIELE, S., Bilanzen, 2007, S. 118.

[230] Siehe dazu ausführlich LEFFSON, U., GoB, 1987, S. 193-196 und im Einzelnen z. B. Simon, H. V., Bilanzen, 1899, S. 474 f. oder Heinen, E., Handelsbilanzen, 1986, S. 181 f.

[231] POPPER, K., Forschung, 2005, S. 261, Fn. 36. POPPER beruft sich auf ALFRED TARSKI, den er persönlich kannte, und letztendlich auf den Wahrheitsbegriff des Aristoteles. Ähnliche Ausführungen finden sich bei MOXTER, A., Fundamentalgrundsätze, 1976, S. 91 f.

[232] Vgl. BAETGE, J., Objektivierung, 1970, S. 16 und POPPER, K., Forschung, 2005, S. 21.

[233] Vgl. LEFFSON, U., GoB, 1987, S. 197.

[234] Vgl. BAETGE, J./KIRSCH, H.-J./THIELE, S., Bilanzen, 2007, S. 119.

3.7 Grundsätze eines adäquaten Rechnungslegungssystems

aufstellt, der wählt nur solche Werte, „die aus realitätsnahen und von ihm für zutreffend gehaltenen Hypothesen abgeleitet sind, so daß er persönlich die Bezeichnung der Posten und die Wertansätze für eine korrekte Aussage über die zugrunde liegenden Tatsachen hält"[235]. Alle diesem Grundsatz zuwider laufenden Handlungen beeinträchtigen die Rechenschaftsfunktion des Abschlusses. Die in einem Abschluss enthaltenen Posten und Wertansätze gelten als richtig bzw. verlässlich, wenn sie sowohl dem Grundsatz der Objektivität als auch dem Grundsatz der Willkürfreiheit entsprechen.

Der Grundsatz der Wirtschaftlichkeit findet sich nicht ausdrücklich im Handelsgesetzbuch. Eine Beurteilung dieses Grundsatzes ist im Zusammenhang mit einer Kosten-Nutzen-Betrachtung zu sehen. Zusätzliche Abschlussinformationen sind nur dann wirtschaftlich, wenn der zusätzliche Nutzen die zusätzlichen Kosten übersteigt.[236] Da der Informationsnutzen aber kaum messbar ist und von verschiedenen Adressaten unterschiedlich beurteilt wird, gilt der Grundsatz der Wesentlichkeit als verwendbares Substitut für den Grundsatz der Wirtschaftlichkeit.[237]

Zur Erläuterung des Grundsatzes der Wesentlichkeit wird im deutschen Schrifttum häufig auf den im amerikanischen Bilanzschrifttum verwendeten Grundsatz der *materiality* zurückgegriffen.[238] Eine Information gilt dann als wesentlich (*material*), wenn diese die Entscheidungen eines Adressaten beeinflusst. Dabei ist von einem Adressaten mit ausreichender Sachkenntnis und ohne besondere Präferenzen und Risikoneigungen auszugehen.[239] Der Bilanzierende hat die Aufgabe zu entscheiden, ob eine Information wesentlich ist oder nicht. Eine wesentliche Information darf nicht fehlen, weil dies die Entscheidung der Adressaten in falscher Weise beeinflussen könnte, eine unwesentliche Information hingegen ist unbedingt wegzulassen. Eine deutliche Grenze zwischen „wesentlich" und „unwesentlich" gibt es nicht, so dass letztendlich das Ermessen des Bilanzierenden ausschlaggebend ist.[240] Im Sprachgebrauch des HGB

---

[235] LEFFSON, U., GoB, 1987, S. 203.

[236] Vgl. THIELE, S./STELLBRINK, J./ZIESEMER, S., in: BAETGE, J./KIRSCH, H.-J./THIELE, S., Bilanzrecht, 2002, Einf., Rz. 50; RUHNKE, K., Rechnungslegung, 2008, S. 199.

[237] Vgl. BAETGE, J./KIRSCH, H.-J./THIELE, S., Bilanzen, 2007, S. 125.

[238] Vgl. z. B. LEFFSON, U., GoB, 1987, S. 182 m. w. N.; THIELE, S./ STELLBRINK, J./ZIESEMER, S., in: BAETGE, J./KIRSCH, H.-J./THIELE, S., Bilanzrecht, 2002, Einf., Rz. 50; BAETGE, J./KIRSCH, H.-J./THIELE, S., Bilanzen, 2007, S. 125.

[239] Vgl. RUHNKE, K., Rechnungslegung, 2008, S. 199.

[240] Vgl. LEFFSON, U., in: Handwörterbuch Bilanzrecht, 1986, S. 435 f.; RUHNKE, K., Rechnungslegung, 2008, S. 200.

werden der Begriff selbst wie auch Synonyme verwendet.[241] Zur qualitativen Beurteilung der Wesentlichkeit gibt es grundsätzlich keine quantitative Alternative. Die allgemeine Ansicht, dass Bewertungsänderungen dann von wesentlicher Bedeutung sind, wenn sich das Periodenergebnis dadurch um 5 % oder mehr verändert,[242] hat keinen Eingang in die deutsche Rechtsprechung gefunden. Dies belegen verschiedene Urteile.[243] Informationen, die dem Grundsatz der Wirtschaft- bzw. Wesentlichkeit entsprechen, werden auch als relevant bezeichnet.

In § 246 Abs. 1 HGB ist der Grundsatz der Vollständigkeit[244] i. S. d. Rechenschaftsfunktion niedergelegt. Sämtliche Vermögensgegenstände, Schulden, Rechnungsabgrenzungsposten, Aufwendungen und Erträge sind, soweit sie dem Eigentümer wirtschaftlich zuzurechnen sind, vollständig zu erfassen. Der Ansatz der Vermögensgegenstände richtet sich im Grunde nach dem rechtlichen Eigentum, das wirtschaftliche Eigentum ist als Ergänzungskriterium anzusehen.[245] Durchbrochen werden darf dieser Grundsatz nur, wenn andere Paragraphen dies ausdrücklich fordern.[246] Ansonsten darf kein „notwendiges", i. S. v. wesentliches Berichtselement ausgelassen werden.[247]

---

[241] Siehe z. B. in § 255 Abs. 2 HGB „wesentliche Verbesserung" oder synonym für unwesentlich in § 265 Abs. 7 Nr. 1 HGB „einen Betrag enthalten, der ... nicht erheblich ist" und zu weiteren Beispielen LEFFSON, U., in: Handwörterbuch Bilanzrecht, 1986, S. 434 f.; BALLWIESER, W., 2005, in: Beck'sches HdR, B 105, Rz. 80; BALLWIESER, W., Informations-GoB, 2002, S. 118.

[242] Vgl. LEFFSON, U., in: Handwörterbuch Bilanzrecht, 1986, S. 435 f.; WINKELJOHANN, N./SCHELLHORN, M., in: Beck'scher Bilanzkommentar, 2006, § 264 HGB, Rz. 57.

[243] So z. B. das BGH-Urteil vom 01.03.1982, II ZR 23/81, DB 1982, S. 1922. In der Bilanz einer Bank fehlten Rückstellungen für Drohverluste aus Terminkontrakten, die weniger als 1 % der zugehörigen Bilanzposition ausmachten. Der Abschluss der Bank wurde als i. S. d. § 256 Abs. 5 AktG nichtig erklärt. Im Gegensatz dazu steht das Urteil des LG Frankfurt a. M. vom 03.05.2001, 3/6 O 135/00, DB 2001, S. 1483. Streitig war die bilanzmäßige Erfassung eines Veräußerungsgewinns für Beteiligungen einer Holdinggesellschaft. Der Streitwert lag bei rund 22 % des ausgewiesenen Bilanzgewinns und wurde als unwesentlich beurteilt. Vgl. zu den genannten Urteilen die Ausführungen von LÜDENBACH, N./HOFFMANN, W.-D., in: Haufe IFRS-Kommentar, 2007, § 1, Rz. 67 bzw. in: Haufe IFRS-Kommentar, 2009, § 1, Rz. 68, wo das letztgenannte Beispiel durch ein anderes ersetzt wurde.

[244] Siehe ausführlich MOXTER, A., Fundamentalgrundsätze, 1976, S. 92 f.; LEFFSON, U., GoB, 1987, S. 219-238; BAETGE, J./KIRSCH, H.-J./THIELE, S., Bilanzen, 2007, S. 123 f.; RUHNKE, K., Rechnungslegung, 2008, S. 198 f.

[245] Vgl. Beschlussempfehlung und Bericht des Rechtsausschusses (6. Ausschuss) zu dem Gesetzentwurf der Bundesregierung – Drucksache 16/10067 – Entwurf eines Gesetzes zur Modernisierung des Bilanzrechts (Bilanzrechtsmodernisierungsgesetz – BilMoG), BT-Drucks. 16/12407 vom 24.03.2009, S. 165.

[246] Vgl. FÖRSCHLE, G./KRONER, M., in: Beck'scher Bilanzkommentar, 2006, § 246 HGB, Rz. 80-88.

[247] Vgl. MOXTER, A., Fundamentalgrundsätze, 1976, S. 93.

3.7 Grundsätze eines adäquaten Rechnungslegungssystems

Konkretisiert wird der Grundsatz der Vollständigkeit außerdem durch das Stichtagsprinzip nach § 252 Abs. 1 Nr. 3 HGB. Die Abbildung der betrieblichen Sachverhalte hat zum Bilanzstichtag zu erfolgen. Erstellt wird der Abschluss zwar erst nach dem Stichtag, aber das Stichtagsprinzip stellt sicher, dass wertaufhellende Informationen im betreffenden Abschluss abzubilden sind, wertbegründende aber nicht. Wertaufhellende Informationen beziehen sich auf Gegebenheiten, die auf die Zeit bis zum Bilanzstichtag zu datieren sind, wertbegründende Informationen auf Gegebenheiten, die sich nach dem Bilanzstichtag ereignet haben.[248]

Der Grundsätze der Klarheit und Übersichtlichkeit[249] sind in § 243 Abs. 2 HGB gesetzlich verankert. Beide Grundsätze bilden den Maßstab, der eine transparente Darstellung der Rechnungslegung garantiert. Der Grundsatz der Klarheit fordert, dass Posten und Wertansätze so eindeutig sind, dass ein Rückschluss auf die Realität möglich ist.[250] Klarheit bedeutet auch Verständlichkeit. Deshalb dürfen verwendete Begriffe „nur ein unvermeidliches Minimum an Interpretationsspielraum"[251] besitzen. Übersichtlichkeit bedeutet, dass der gesamte Abschluss und damit jeder seiner Bestandteile so gegliedert sein muss, dass er für einen sachverständigen Dritten einen möglichst sicheren, i. S. v. treffenden Einblick in die Vermögens-, Ertrags- und Finanzlage bietet.[252] Mehrdeutige und irreführende Berichtsinhalte sind zu vermeiden.[253]

Zu den wichtigsten Grundsätzen der GoB zählt der Grundsatz der Vergleichbarkeit,[254] Voraussetzung für die Erfüllung der Vergleichbarkeit von Abschlüssen ist die Einhaltung des Stetigkeitsgrundsatzes. Ein Rechnungslegungssystem muss so gestaltet sein, dass es den Adressaten möglich ist, verschiedene Abschlüsse miteinander zu verglei-

---

[248] Siehe ausführlich BITZ, M./SCHNEELOCH, D./WITTSTOCK, W., Jahresabschluß, 2003, S. 230; MOXTER, A., Wertaufhellungsverständnis, 2003, S. 2559-2564; WINKELJOHANN, N./GEIßLER, H., in: Beck'scher Bilanzkommentar, 2006, § 252 HGB, Rz. 38.

[249] Siehe ausführlich MOXTER, A., Fundamentalgrundsätze, 1976, S. 93 f.; LEFFSON, U., GoB, 1987, S. 207-219; BAETGE, J./FEY, D./FEY, G., in: KÜTING, K./WEBER, C.-P., HdR, 1995, § 243 HGB, Rz. 44-84; ADLER, H./DÜRING, W./SCHMALTZ, K., Rechnungslegung, 1997, § 243 HGB, Rz. 25; WINNEFELD, R., Bilanz-Handbuch, 2006, Kapitel D, Rz. 80 f.; BAETGE, J./KIRSCH, H.-J./THIELE, S., Bilanzen, 2007, S. 122.

[250] Vgl. BAETGE, J./FEY, D./FEY, G., in: KÜTING, K./WEBER, C.-P., HdR, 1995, § 243 HGB, Rz. 44 f.

[251] MOXTER, A., Fundamentalgrundsätze, 1976, S. 93.

[252] Vgl. HEINEN, E., Handelsbilanzen, 1986, S. 157 f. Diese Forderung findet sich auch in § 238 Abs. 1 Satz 2 HGB.

[253] Vgl. MOXTER, A., Fundamentalgrundsätze, 1976, S. 93.

[254] Siehe ausführlich BAETGE, J./COMMANDEUR, D., in: Handwörterbuch Bilanzrecht, 1986, S. 326-335; LEFFSON, U., GoB, 1987, S. 426-465; BAETGE, J./KIRSCH, H.-J./THIELE, S., Bilanzen, 2007, S. 119-122; RUHNKE, K., Rechnungslegung, 2008, S. 194-198.

chen. Zum einen muss die Vergleichbarkeit von Abschlüssen eines Unternehmens im Zeitverlauf (Zeitvergleich) und zum anderen von Abschlüssen verschiedener Unternehmen des gleichen Zeitraums (Objektvergleich) möglich sein.[255] Die Vergleichbarkeit der Abschlüsse ist nur gewährleistet, wenn sowohl die formelle als auch materielle Stetigkeit befolgt werden. Die formelle Stetigkeit ist erfüllt, wenn der in § 252 Abs. 1 Nr. 1 HGB genannte Grundsatz der Bilanzidentität beachtet wurde. Die Eröffnungsbilanz des Geschäftsjahres muss hinsichtlich der Wertansätze mit der Schlussbilanz des vorhergehenden Geschäftsjahres übereinstimmen. Die in § 246 Abs. 3 HGB i. V. m. § 252 Abs. 1 Nr. 6 HGB geforderte materielle Stetigkeit umfasst die Beibehaltung der Ansatz- und Bewertungsmethoden. Bis zur Änderung durch das BilMoG bezog sich die materielle Stetigkeit im Wortlaut des Gesetzestextes nur auf die Bewertungs- und nicht auf die Ansatzstetigkeit. Auch handelte es sich bis dahin um eine Soll-Vorschrift, die durch das BilMoG in eine Muss-Vorschrift umgewandelt wurde. Während eine Soll-Vorschrift im Regelfall zu erfüllen ist, bei angemessener Begründung aber von ihr abgewichen werden darf, ist eine Muss-Vorschrift unbedingt einzuhalten.[256]

3.7.4.4 Dokumentationsgrundsätze

Primär gelten die Dokumentationsgrundsätze[257] der Buchführung und der Aufstellung des Inventars. Sie wurden weitgehend in den §§ 238 und 239 des HGB kodifiziert.[258] Für die Dokumentation gilt ebenso wie für die Rahmengrundsätze das Gebot der Richtigkeit, Vollständigkeit und Klarheit sowie der Nachvollziehbarkeit und Unveränderlichkeit. Diese Grundsätze ergeben sich aus dem Charakter der Dokumentation, so dass ihnen eine angemessene Selbstverständlichkeit anhängt, und sie nicht als zusätzlich und neu gewonnene Grundsätze einzustufen sind.[259] Hinzu kommen Aufbewahrungs- und Aufstellungsfristen nach §§ 243 Abs. 3, 257 Abs. 4 und Abs. 5 HGB sowie § 264 Abs. 1 HGB, die einzuhalten sind. In diesem Zusammenhang ist eine geordnete technische Abwicklung notwendig.

Aufgrund der sich aus den Erläuterungen der Rahmengrundsätze im Zusammenhang mit der Rechenschafts- und der Dokumentationsfunktion ergebenden Selbstverständ-

---

[255] Vgl. BAETGE, J./KIRSCH, H.-J./THIELE, S., Bilanzen, 2007, S. 119.

[256] Siehe zum Stetigkeitsgrundsatz vor den Änderungen durch das BilMoG ausführlich BAETGE, J./KIRSCH, H.-J./THIELE, S., Bilanzen, 2007, S. 120 f.; SCHNEELOCH, D., Besteuerung, 2008, S. 216 f.

[257] Siehe ausführlich LEFFSON, U., GoB, 1987, S. 157-172; PFITZER, N./OSER, P./KUßMAUL, H., in: KÜTING, K./WEBER, C.-P., HdR, 1995, § 238 HGB, Rz. 1-24 und § 239 HGB, Rz. 1-46; BAETGE, J./KIRSCH, H.-J./THIELE, S., Bilanzen, 2007, S. 116 f.

[258] Vgl. BAETGE, J./KIRSCH, H.-J./THIELE, S., Bilanzen, 2007, S. 116.

[259] Vgl. LEFFSON, U., GoB, 1987, S. 179.

3.7 Grundsätze eines adäquaten Rechnungslegungssystems

lichkeit erübrigen sich weitere Ausführungen und eingehende Begründungen. Es ist selbstverständlich, dass die Buchführung auf richtigen Grundaufzeichnungen beruht und die Daten korrekt in den Abschluss übernommen werden.[260]

3.7.4.5 Ansatzgrundsätze für die Bilanz

Die Ansatzgrundsätze enthalten Kriterien zur Aktivierung von Vermögensgegenständen und Passivierung von Schulden. Der Bilanzierende ist nach § 242 Abs. 1 HGB verpflichtet, das Verhältnis seines Vermögens und seiner Schulden in der Bilanz darzustellen. Nach welchen Grundsätzen er zu entscheiden hat, ob ein Vermögensgegenstand bzw. eine Schuld vorliegt, ist dem Gesetz nicht zu entnehmen.[261] Die Ansatzgrundsätze gehen zurück auf die statische Bilanztheorie von HERMAN VEIT SIMON[262] und wurden in den GoB verankert. An dieser Stelle soll auf die Ansatzgrundsätze und weniger auf konkrete Ansatzregeln,[263] die im Gegensatz zu den Grundsätzen den Gesetzesnormen des HGB zu entnehmen sind, eingegangen werden.

Ein Gut ist dann zu aktivieren, wenn es einen Vermögensgegenstand verkörpert.[264] Dies ist der Fall, wenn es selbstständig verwertbar ist. Die selbstständige Verwertbarkeit ist verknüpft mit der „Existenz eines wirtschaftlich verwertbaren Potenzials zur Deckung von Schulden des Unternehmens"[265]. Voraussetzung für das Vorliegen eines Vermögensgegenstandes ist, „dass der wirtschaftliche Vorteil, den das bilanzierende Unternehmen aus der Sache oder dem Recht schöpfen kann, selbstständig Gegenstand des Rechtsverkehrs sein kann und somit gegenüber Dritten verwertet werden kann"[266]. Diese Voraussetzung ist erfüllt, wenn das Gut durch Veräußerung, Einräumung eines Nutzungsrechts, bedingten Verzicht oder im Wege der Zwangsvollstreckung in Geld transformiert werden kann.[267]

---

[260] So auch LEFFSON, U., GoB, 1987, S. 201.
[261] Vgl. KUẞMAUL, H., in: KÜTING, K./WEBER, C.-P., HdR, 1995, § 246 HGB, Rz. 6; BAETGE, J./KIRSCH, H.-J./THIELE, S., Bilanzen, 2007, S. 131.
[262] Vgl. die Ausführungen zum bilanziellen Wertansatz in SIMON, H. V., Bilanzen, 1899, S. 291-325 und zur Notwendigkeit einheitlicher Bewertungsgrundsätze S. 303 f.
[263] Siehe zu Ansatzgrundsätzen und -regeln z. B. die besonders ausführlichen Darstellungen bei BAETGE, J./KIRSCH, H.-J./THIELE, S., Bilanzen, 2007, S. 157-187.
[264] Vgl. ausführlich KAHLE, H./GÜNTER, S., Vermögensgegenstand, 2008, S. 70-73.
[265] BAETGE, J./KIRSCH, H.-J., in: KÜTING, K./WEBER, C.-P., HdR, 1995, Kapitel 4, Rz. 96.
[266] BAETGE, J./KIRSCH, H.-J., in: KÜTING, K./WEBER, C.-P., HdR, 1995, Kapitel 4, Rz. 97 (Anmerkung: Die dort von den Autoren vorgenommenen Hervorhebungen im Text wurden nicht übernommen.) und zur Auslegung im älteren Schrifttum siehe Rz. 92-98.
[267] Vgl. BAETGE, J./KIRSCH, H.-J./THIELE, S., Bilanzen, 2007, S. 163.

Schulden sind grundsätzlich passivierungspflichtig. Bei einer Schuld handelt es sich um eine rechtliche oder wirtschaftliche Verpflichtung, die eine wirtschaftliche Belastung darstellt und quantifizierbar ist. Ist die Verpflichtung nur wahrscheinlich und nicht sicher, aber annäherungsweise, wenn auch nicht exakt quantifizierbar, so ist eine Rückstellung zu bilden.[268]

Bei Erfüllung der genannten Kriterien ist die abstrakte Ansatzfähigkeit erfüllt. Die Erfüllung der abstrakten Aktivierungs- bzw. Passivierungsfähigkeit führt jedoch nicht zwangsläufig zur Erfassung in der Bilanz. Erfüllt sein muss außerdem die konkrete Ansatzfähigkeit, d. h., die gesetzlichen Regeln dürfen kein Aktivierungs- bzw. Passivierungsverbot enthalten. Es muss mindestens ein Wahlrecht bestehen.[269] Darüber hinaus sind in der Bilanz auch die Posten anzusetzen, deren Abbildungsfähigkeit allein aus der konkreten Ansatzfähigkeit hervorgeht, z. B. aktive und passive Rechnungsabgrenzungsposten. Ein aktiver Rechnungsabgrenzungsposten ist kein Vermögensgegenstand.[270]

Ein entgeltlich erworbener Geschäfts- oder Firmenwert erfüllt das Kriterium der abstrakten Aktivierungsfähigkeit ebenfalls nicht, er ist nicht selbstständig verwertbar. Trotzdem durfte er bislang nach § 255 Abs. 4 HGB a. F. aktiviert werden, weil die konkrete Aktivierungsfähigkeit der abstrakten vorgeht. Mit dem BilMoG wird aus dem Wahlrecht eine Aktivierungspflicht. Durch die Einfügung des § 246 Abs. 1 Satz 4 HGB wird der entgeltlich erworbene Geschäfts- oder Firmenwert zu einem zeitlich begrenzt nutzbaren Vermögensgegenstand fingiert.[271]

3.7.4.6 Definitionsgrundsätze für den Jahreserfolg

Die Definitionsgrundsätze zur periodengerechten Abgrenzung von Erträgen und Aufwendungen beruhen auf den drei sog. Pfeilern der periodengerechten Erfolgsermitt-

---

[268] Vgl. BREITHAUPT, J., in: BAETGE, J./KIRSCH, H.-J./THIELE, S., Bilanzrecht, 2002, § 247 HGB, Rz. 263; HOYOS, M./RING, M., in: Beck'scher Bilanzkommentar, 2006, § 247 HGB, Rz. 201-207; BAETGE, J./KIRSCH, H.-J./THIELE, S., Bilanzen, 2007, S. 131 f.

[269] Vgl. KUßMAUL, H., in: KÜTING, K./WEBER, C.-P., HdR, 1995, § 246 HGB, Rz. 6-11 und Rz. 14-15; WINNEFELD, R., Bilanz-Handbuch, 2006, Kapitel D, Rz. 422 und Rz. 859; BAETGE, J./KIRSCH, H.-J./THIELE, S., Bilanzen, 2007, S. 131.

[270] Vgl. KUßMAUL, H., in KÜTING, K./WEBER, C.-P., HdR, 1995, § 246 HGB, Rz. 12 f. und 16. Vgl. zum gesamten Abschnitt RUHNKE, K./NERLICH, C., Regelungslücken, 2004, S. 204-210.

[271] Vgl. zur Begründung Entwurf eines Gesetzes zur Modernisierung des Bilanzrechts (Bilanzrechtsmodernisierungsgesetz – BilMoG), BT-Drucks. 16/10067 vom 30.07.2008, S. 47, 117 und 122. Zur „Fiktion", ein entgeltlich erworbener Geschäfts- oder Firmenwert habe den Status eines Vermögensgegenstandes, und deren Auswirkungen siehe z. B. HERZIG, N., Modernisierung, 2008, S. 4; KAHLE, H./GÜNTER, S., Vermögensgegenstand, 2008, S. 87 f.; OSER, P. et al., Eckpunkte des Regierungsentwurfs, 2008, S. 676 f.

3.7 Grundsätze eines adäquaten Rechnungslegungssystems

lung[272], dem Realisationsprinzip[273], dem Grundsatz der Abgrenzung der Sache nach und dem Grundsatz der Abgrenzung der Zeit nach.[274]

Das Realisationsprinzip beruht auf § 252 Abs. 1 Nr. 4 Halbsatz 2 HGB: „Gewinne sind nur zu berücksichtigen, wenn sie am Abschlussstichtag realisiert sind." ULRICH LEFFSON ordnet dem Realisationsprinzip zwei Komponenten zu, die bestimmen, wie Vermögenswerte während ihres Verbleibs im Unternehmen anzusetzen sind. Die erste Komponente bestimmt, dass die dem Unternehmen zugehenden Vermögensgegenstände wie auch die selbst geschaffenen nach § 253 Abs. 1 Satz 1 HGB mit ihren Anschaffungs- oder Herstellungskosten nach § 255 Abs. 1, Abs. 2 und Abs. 2a HGB zu bewerten sind. Es gilt das Anschaffungs- oder Herstellungskostenprinzip und später das fortgeführte Anschaffungs- oder Herstellungskostenprinzip. Die zweite Komponente bestimmt den Realisationszeitpunkt, ab dem Vermögensgegenstände mit ihren Erträgen anzusetzen sind, weil sie nicht mehr zum Unternehmen gehören und ihre Erträge als realisiert gelten.[275] Dies ist dann der Fall, wenn ein Kaufvertrag abgeschlossen und die entsprechende Lieferung oder Leistung erbracht wurde, d. h., wenn die Güter das liefernde oder leistende Unternehmen verlassen haben und ihre Abrechnungsfähigkeit gegeben ist.[276]

§ 252 Abs. 1 Nr. 4 HGB blieb durch das BilMoG unberührt. Jedoch wird das Realisationsprinzip, trotz der grundsätzlichen Übernahme, in Einzelregeln durchbrochen.[277]

Angedacht war mit § 253 Abs. 1 Satz 3 HGB-RegE die Pflicht der Zeitbewertung von zu Handelszwecken erworbenen Finanzinstrumenten für alle Unternehmen. Vor dem Hintergrund der gegenwärtigen Finanzkrise wurde dieser Vorschlag abgelehnt und mit der Einfügung von § 340e Abs. 3 HGB auf den Handelsbestand von Kreditinstituten

---

[272] Vgl. BAETGE, J./KIRSCH, H.-J., in: KÜTING, K./WEBER, C.-P., HdR, 1995, Kapitel 4, Rz. 85.

[273] Siehe ausführlich zum Realisationsprinzip LEFFSON, U., GoB, 1987, S. 247-299; BITZ, M./SCHNEELOCH, D./WITTSTOCK, W., Jahresabschluß, 2003, S. 227 f.; WINKELJOHANN, N.,/GEIßLER, H., in: Beck'scher Bilanzkommentar, 2006, § 252 HGB, Rz. 43-49; BAETGE, J./KIRSCH, H.-J./THIELE, S., Bilanzen, 2007, S. 132-135; RUHNKE, K., Rechnungslegung, 2008, S. 201 f.

[274] Siehe ausführlich zum Grundsatz der Abgrenzung der Sache und der Zeit nach LEFFSON, U., GoB, 1987, S. 299-339; THIELE, S./STELLBRINK, J./ZIESEMER, S., in: BAETGE, J./KIRSCH, H.-J./THIELE, S., Bilanzrecht, 2002, Einf., Rz. 54; BAETGE, J./KIRSCH, H.-J./THIELE, S., Bilanzen, 2007, S. 135 f.; RUHNKE, K., Rechnungslegung, 2008, S. 202 f.

[275] Vgl. LEFFSON, U., GoB, 1987, S. 247.

[276] Vgl. BAETGE, J./KIRSCH, H.-J., in: KÜTING, K./WEBER, C.-P., HdR, 1995, Kapitel 4, Rz. 85.

[277] Vgl. HAAKER, A., Fair value, 2009, S. 50.

beschränkt.[278] Kleine und mittelgroße Unternehmen sind somit nicht betroffen. Die Bewertung zum beizulegenden Zeitwert widerspricht dem Realisationsprinzip; wenn ein anzusetzender Wert die Anschaffungs- bzw. Herstellungskosten übersteigt, sind unrealisierte Gewinne enthalten. Da nur Kreditinstitute von dieser Änderung betroffen sind, wird im Folgenden nicht weiter darauf eingegangen. Mit dieser Umsetzung erfüllt der Gesetzgeber in jedem Fall seine aus Artikel 42a der Fair-Value-Richtlinie resultierende Pflicht zur Freigabe der Bewertung von Finanzinstrumenten mit dem beizulegenden Zeitwert.[279]

Eine weitere Durchbrechung des Realisationsprinzips ergibt sich aus der generellen Abzinsungspflicht für Rückstellungen nach § 253 Abs. 2 Satz 1 HGB. Es kann zu einer Kürzung ungewisser Schulden um noch unrealisierte Zinserträge kommen.[280] Die Bundesregierung ist sich dessen bewusst und begründet diese Änderungsnotwendigkeit mit der Verbesserung der realitätsgerechten Information der Abschlussadressaten.[281] Für eine Annäherung an die internationale Rechnungslegung wird damit der „eherne Grundsatz des geltenden Bilanzrechts suspendiert"[282].

Der Grundsatz der Abgrenzung der Sache nach beruht auf dem Prinzip der periodengerechten Zuordnung von Aufwendungen und Erträgen nach § 252 Abs. 1 Nr. 5 HGB.[283] Da Aufwendungen und Erträge in einer sog. Mittel-Zweck-Beziehung[284] stehen, weil eine Realisierung von Erträgen erst durch die Aufwendungen möglich wird, sind die Aufwendungen in der Periode anzusetzen, in welcher die Erträge realisiert werden. Ist die direkte Zurechenbarkeit der Aufwendungen zu den Erträgen nicht möglich, so werden, wie für die zu verteilenden Fixkosten, hilfsweise Durchschnittskostengrößen errechnet. Durch Rückstellungen, z. B. für drohende Verluste, ist die Zuordnung der Aufwendungen, die ansonsten der folgenden Periode zuzurechnen wären, möglich.

---

[278] Vgl. Beschlussempfehlung und Bericht des Rechtsausschusses (6. Ausschuss) zu dem Gesetzentwurf der Bundesregierung – Drucksache 16/10067 – Entwurf eines Gesetzes zur Modernisierung des Bilanzrechts (Bilanzrechtsmodernisierungsgesetz – BilMoG), BT-Drucks. 16/12407 vom 24.03.2009, S. 163 und S. 167.

[279] Vgl. Richtlinie 2001/65/EG des Europäischen Parlaments und des Rates vom 27. September 2001, ABl. L 283 vom 27.10.2001, S. 29.

[280] Vgl. KÜTING, K./KESSLER, H./KEßLER, M., Pensionsverpflichtungen, 2009, S. 347 f. m. w. N.

[281] Vgl. Entwurf eines Gesetzes zur Modernisierung des Bilanzrechts (Bilanzrechtsmodernisierungsgesetz – BilMoG), BT-Drucks. 16/10067 vom 30.07.2008, S. 54.

[282] HERZIG, N., Modernisierung, 2008, S. 7.

[283] Vgl. Gliederungspunkt 0.

[284] Vgl. BAETGE, J./KIRSCH, H.-J., in: KÜTING, K./WEBER, C.-P., HdR, 1995, Kapitel 4, Rz. 87; BAETGE, J./KIRSCH, H.-J./THIELE, S., Bilanzen, 2007, S. 135.

3.7 Grundsätze eines adäquaten Rechnungslegungssystems

Der Grundsatz der Abgrenzung der Zeit nach regelt den Ansatz zeitraumbezogener sowie außerordentlicher Erträge und Aufwendungen. Zeitraumbezogene Erträge und Aufwendungen sind der jeweiligen Periode pro rata temporis zuzurechnen. Außerordentliche Erträge und Aufwendungen sind, entgegen dem Grundsatz der sachlichen Abgrenzung, in der Periode zu erfassen, in der ihre Ursachen bekannt werden. Der Grundsatz der Abgrenzung der Zeit nach ergänzt somit die beiden anderen Pfeiler der periodengerechten Erfolgsermittlung.[285] Außerordentliche Erträge und Aufwendungen umfassen auch solche ohne Gegenleistung. Nach § 275 Abs. 2 Nr. 16 und 17 bzw. Abs. 3 Nr. 14 und 15 HGB bilden außerordentliche Erträge und Aufwendungen eigene Posten der Gewinn- und Verlustrechnung.

3.7.4.7 Kapitalerhaltungsgrundsätze

Neben dem Realisationsprinzip sind auch die Kapitalerhaltungsgrundsätze, nämlich das Imparitäts- und das Vorsichtsprinzip, in § 252 Abs. 1 Nr. 4 HGB verankert.

Das Realisationsprinzip betrifft die bilanzielle Behandlung von Gewinnen, das Imparitätsprinzip[286] hingegen die bilanzielle Behandlung von Risiken und Verlusten. „Vorhersehbare Risiken und Verluste"[287], die bis zum Abschlussstichtag entstanden sind, sind zu berücksichtigen. Im Gegensatz zum Realisationsprinzip, dem die Prämisse zugrunde liegt, dass positive Erfolgserträge realisiert sein müssen, gilt für negative, noch unrealisierte Erfolgserträge, dass sie in der Periode ihrer Verursachung als Aufwand anzusetzen sind, obwohl ihre Erfolgswirkung erst künftig erwartet wird.[288] Das Imparitätsprinzip wird auch als „Verlustantizipationsprinzip"[289] bezeichnet. Es

---

[285] Vgl. BAETGE, J./KIRSCH, H.-J., in: KÜTING, K./WEBER, C.-P., HdR, 1995, Kapitel 4, Rz. 88; RUHNKE, K., Rechnungslegung, 2008, S. 203.

[286] Siehe ausführlich LEFFSON, U., GoB, 1987, S. 339-465; SELCHERT, F. W., in: KÜTING, K./WEBER, C.-P., HdR, 1995, § 252 HGB, Rz. 91-100; WINKELJOHANN, N./GEIßLER, H., in: Beck'scher Bilanzkommentar, 2006, § 252 HGB, Rz. 34-42; WINNEFELD, R., Bilanz-Handbuch, 2006, Kapitel E, Rz. 210-216.

[287] Zur Auslegung dieses unbestimmten Rechtsbegriffs siehe BAETGE, J./KNÜPPE, W., in: Handwörterbuch Bilanzrecht, 1986, S. 394-403.

[288] Vgl. SELCHERT, F. W., in: KÜTING, K./WEBER, C.-P., HdR, 1995, § 252 HGB, Rz. 91; WINNEFELD, R., Bilanz-Handbuch, 2006, Kapitel E, Rz. 210; BAETGE, J./KIRSCH, H.-J./THIELE, S., Bilanzen, 2007, S. 137; RUHNKE, K., Rechnungslegung, 2008, S. 209.

[289] ADLER, H./DÜRING, W./SCHMALTZ, K., Rechnungslegung, 1997, § 252 HGB, Rz. 93; SIEGEL, T./SCHMIDT, M., 2005, in: Beck'sches HdR, B 161, Rz. 24. Entgegen der im Schrifttum gebräuchlichen Abgrenzung von Realisations- und Imparitätsprinzip ordnen SIEGEL und SCHMIDT dem Imparitätsprinzip sowohl das Realisations- als auch das Verlustantizipationsprinzip unter. BEISSE bezeichnet den Begriff der „Verlustantizipation" als missverständlich; vgl. BEISSE, H., Bilanzrechtssystem, 1994, S. 18 f.

verhindert die Ausschüttung von Beträgen, die bei Eintritt des entsprechenden Verlusts voraussichtlich zur Deckung benötigt werden.[290] Konkretisiert wird das Imparitätsprinzip in der handelsrechtlichen Rechnungslegung z. B. in den §§ 249 Abs. 1 Satz 1, 253 Abs. 3 Satz 3 und 253 Abs. 4 HGB. § 249 Abs. 1 Satz 1 HGB fordert, dass für ungewisse Verbindlichkeiten und drohende Verluste aus schwebenden Geschäften Rückstellungen zu bilden sind. Nach § 253 Abs. 3 Satz 3 HGB hat der Bilanzierende bei voraussichtlich dauernder Wertminderung außerplanmäßige Abschreibungen für Vermögensgegenstände des Anlagevermögens vorzunehmen und diese mit ihrem niedrigeren, am Abschlussstichtag ermittelten Wert anzusetzen. Für Finanzanlagen wurde ein Wahlrecht bei nur vorübergehender Wertminderung eingeräumt. § 253 Abs. 4 HGB verlangt die zwingende Befolgung des strengen Niederstwertprinzips bei Bewertung von Vermögensgegenständen des Umlaufvermögens.[291] In allen Fällen werden negative, noch unrealisierte Erfolgsbeiträge antizipiert. Die genannten Beispiele bestätigen, dass das Imparitätsprinzip als besondere Ausprägung des Vorsichtsprinzips anzusehen ist.[292]

§ 252 Abs. 1 Nr. 4 HGB gibt vor, dass Vermögensgegenstände und Schulden vorsichtig zu bewerten sind. Das Vorsichtsprinzip[293] ist zu befolgen, wenn bezüglich künftiger Sachverhalte unsichere Erwartungen bestehen. Es verlangt i. S. d. Kapitalerhaltung, dass Vermögensgegenstände im Zweifel zu niedrig und Schulden zu hoch bewertet werden sollen, vor allem dann, wenn keine genauen, sondern nur geschätzte Werte ermittelt werden können.[294]

ULRICH LEFFSON kritisiert den durch das Vorsichtsprinzip geschaffenen Ermessensspielraum, der zu Manipulationszwecken missbraucht werden könne.[295] Das Ergebnis

---

[290] Vgl. BAETGE, J./KIRSCH, H.-J./THIELE, S., Bilanzen, 2007, S. 138; vgl. auch MOXTER, A., Jahresabschlußaufgaben, 1979, S. 145.

[291] Vgl. SELCHERT, F. W., in: KÜTING, K./WEBER, C.-P., HdR, 1995, § 252 HGB, Rz. 95; WINKELJOHANN, N./GEIßLER, H., in: Beck'scher Bilanzkommentar, 2006, § 252 HGB, Rz. 41; BAETGE, J./KIRSCH, H.-J./THIELE, S., Bilanzen, 2007, S. 139.

[292] Vgl. SIEGEL, T./SCHMIDT, M., 2005, in: Beck'sches HdR, B 161, Rz. 138; WINKELJOHANN, N./GEIßLER, H., in: Beck'scher Bilanzkommentar, 2006, § 252 HGB, Rz. 29 und 35; WINNEFELD, R., Bilanz-Handbuch, 2006, Kapitel E, Rz. 225.

[293] Siehe ausführlich LEFFSON, U., GoB, 1987, S. 465-467 m. w. N.; SIEGEL, T./SCHMIDT, M., 2005, in: Beck'sches HdR, B 161, Rz. 138-145; WINNEFELD, R., Bilanz-Handbuch, 2006, Kapitel E, Rz. 71 f.

[294] Vgl. SCHMALENBACH, E., Dynamische Bilanz, 1962, S. 98-100; SELCHERT, F. W., in: KÜTING, K./WEBER, C.-P., HdR, 1995, § 252 HGB, Rz. 86-90; BAETGE, J./KIRSCH, H.-J./THIELE, S., Bilanzen, 2007, S. 140; RUHNKE, K., Rechnungslegung, 2008, S. 209.

[295] Vgl. LEFFSON, U., GoB, 1987, S. 466.

von unterbewerteten Vermögensgegenständen und überbewerteten Schulden bzw. Rückstellungen ist die Bildung stiller Rücklagen.[296] Über deren Existenz erhalten externe Adressaten keine Informationen. Kommt es zu einer Verlustsituation, lösen sich stille Rücklagen automatisch auf. Die Gläubiger werden über die wahre Situation getäuscht.[297] Die Vermögens- und infolge auch die Ertragslage entsprechen nicht mehr den tatsächlichen Verhältnissen. Eine derartige Anwendung des Vorsichtsprinzips widerspricht dem Zweck der Rechenschaftslegung.[298]

Imparitäts- und Vorsichtsprinzip wurden auch nach der Reform des HGB grundsätzlich beibehalten. Das Imparitätsprinzip wurde jedoch eingeschränkt, z. B. ist es zukünftig nicht mehr möglich, Rückstellungen für unterlassene Instandhaltungsaufwendungen zu bilden. § 249 Abs. 1 Satz 3 HGB a. F. wurde gestrichen, ebenso § 253 Abs. 2 Satz 3 HGB a. F., das generelle Wahlrecht für außerplanmäßige Abschreibungen bei vorübergehender Wertminderung von Vermögensgegenständen des Anlagevermögens.

Kritisch diskutiert wurden während des gesamten Reformprozesses weitere Durchbrechungen des Vorsichtsprinzips. Das Ansatzverbot für selbst geschaffene immaterielle Vermögensgegenstände nach § 248 Abs. 2 HGB a. F. hat der Gesetzgeber in ein Wahlrecht transformiert. Ausgeschlossen sind selbst geschaffene Marken, Drucktitel, Verlagsrechte, Kundenlisten oder vergleichbare immaterielle Vermögensgegenstände des Anlagevermögens. Im Gesetzesentwurf war zunächst ein Ansatzgebot vorgesehen,[299] der Bundesrat gab aber schon in seiner ersten Stellungnahme zu bedenken, dass dies nicht realisierbar sei, weil Forschungs- und Entwicklungskosten nur mit extrem hohem Aufwand differenzierbar und ermittelbar sind.[300] Der Ansatz von Entwicklungskosten selbst geschaffener immaterieller Vermögensgegenstände widerspricht dem Grundsatz der Objektivität und verstößt in massiver Weise gegen das Vorsichtsprinzip.[301]

---

[296] „Mit anderen Worten: das Gesetz erlaubt und fördert die Überbewertung von Risiken und die Unterbewertung von Chancen"; KÜBLER, F., Vorsichtsprinzip, 1995, S. 363.
[297] Vgl. JACOBS, O. H., Realisationsprinzip, 1972, S. 175.
[298] Vgl. SCHNEIDER, D., Rechnungswesen, 1997, S. 105 f.; BAETGE, J./KIRSCH, H.-J./THIELE, S., Bilanzen, 2007, S. 140.
[299] Vgl. Entwurf eines Gesetzes zur Modernisierung des Bilanzrechts (Bilanzrechtsmodernisierungsgesetz – BilMoG), BT-Drucks. 16/10067 vom 30.07.2008, § 255 Abs. 2a HGB-RegE, S. 7.
[300] Vgl. Entwurf eines Gesetzes zur Modernisierung des Bilanzrechts (Bilanzrechtsmodernisierungsgesetz – BilMoG), BT-Drucks. 16/10067 vom 30.07.2008, S. 118.
[301] Vgl. Arbeitskreis „Immaterielle Werte im Rechnungswesen" der Schmalenbach-Gesellschaft, Leitlinien, 2008, S. 1813; DOBLER, M./KURZ, G., Aktivierungspflicht, 2008, S. 491 f; MOXTER, A., Aktivierungspflicht, 2008, S. 1515; KÜTING, K./ELLMANN, D., Immaterielles Vermögen, 2009, S. 288.

3.7.5 Grundsätze der International Financial Reporting Standards

3.7.5.1 Bedeutung des Rahmenkonzepts

Das „Rahmenkonzept für die Aufstellung und Darstellung von Abschlüssen" ("Framework for the Preparation and Presentation of Financial Statements"), im Textverlauf nur Rahmenkonzept genannt, wurde im Juli 1989 vom IASC veröffentlicht und im April 2001 vom IASB übernommen. Es bildet die Basis und konzeptionelle Grundlage zur Entwicklung der Standards.[302] Paragraph 1 des Rahmenkonzepts enthält eine Auflistung der Unterstützungsleistungen, die dieses Konzept ermöglichen soll, z. B. Unterstützung des IASB bei der Entwicklung zukünftiger Standards, Förderung der Harmonisierung von Rechnungslegungsstandards, Unterstützung der nationalen Standardsetter bei der Entwicklung nationaler Standards, Unterstützung der Abschlussadressaten bei der Interpretation der Informationen aus den IFRS-Abschlüssen.

Die Grundsätze der IFRS werden in den folgenden Gliederungspunkten 3.7.5.2 bis 3.7.5.7 ausführlich erläutert. Die folgende Abbildung wurde in Anlehnung an JÖRG BAETGE, HANS-JÜRGEN KIRSCH, PETER WOLLMERT und PETER BRÜGGEMANN erstellt.[303] Sie gibt keinen vollständigen Überblick über alle folgenden Gliederungspunkte, sondern nur zu den grundlegenden Annahmen, qualitativen Anforderungen und relativierenden Nebenbedingungen.

Das Rahmenkonzept gehört nicht zu den für die Europäische Union verbindlichen Rechnungslegungsnormen der IFRS, jedoch haben die EU-Mitgliedstaaten es zu berücksichtigen.[304] Die meisten der im Rahmenkonzept dargelegten Leitgedanken werden in den Standards, insbesondere in IAS 1, bestätigt, was deren Verbindlichkeit konstatiert.[305] Das Rahmenkonzept selbst ist kein Standard und definiert keine Grundsätze für Fragen der Bewertung.[306] In seiner Bedeutung ist es den Standards nachgeordnet.

---

[302] Vgl. z. B. WOLLMERT, P./ACHLEITNER, A.-K., Konzeptionelle Grundlagen, 1997, S. 209 f.; ADLER, H./DÜRING, W./SCHMALTZ, K., Rechnungslegung international, 2002, Abschnitt 1, Rz. 18; HEUSER, P. J./THEILE, C., IFRS Handbuch, 2007, Kapitel A, Rz. 32.

[303] Vgl. BAETGE, J. et al., in: BAETGE, J. et al., Kommentar, 2003, Teil A, Kapitel II, Rz. 29. Ähnliche Schaubilder finden sich bei HAYN, S., IAS, 1994, S. 720; ADLER, H./DÜRING, W./SCHMALTZ, K., Rechnungslegung international, 2002, Abschnitt I, Rz. 59; BAETGE, J./KIRSCH, H.-J./THIELE, S., Bilanzen, 2007, S. 153; RUHNKE, K., Rechnungslegung, 2008, S. 220.

[304] Vgl. EU-Kommission, Kommentare zu bestimmten Artikeln der Verordnung (EG) Nr. 1606/2002, Nr. 2.1.5.

[305] Vgl. z. B. HEUSER, P. J./THEILE, C., IFRS Handbuch, 2007, Kapitel B, Rz. 252.

[306] Vgl. BALLWIESER, W., Konzeptionslosigkeit, 2005, S. 731.

3.7 Grundsätze eines adäquaten Rechnungslegungssystems

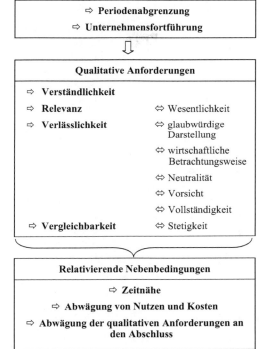

Abbildung 3/5: Grundlegende Annahmen, qualitative Anforderungen und relativierende Nebenbedingungen der IFRS

Paragraph 5 des Rahmenkonzepts gibt einen Überblick über seine Inhalte und seinen Aufbau. Das Rahmenkonzept beschäftigt sich mit

(a) der Zielsetzung von Abschlüssen,

(b) den qualitativen Anforderungen,

(c) der Definition, Ansatz und Bewertung der Abschlussposten sowie

(d) den Kapital- und Kapitalerhaltungskonzepten.

Auf die Zielsetzung von IFRS-Abschlüssen wurde bereits ausführlich eingegangen, so dass hier keine weiteren Ausführungen folgen.

3.7.5.2 Grundlegende Annahmen

Zur Vermittlung entscheidungsnützlicher Informationen liegen den IFRS zwei wesentliche Annahmen zugrunde, zum einen die Periodenabgrenzung (*accrual basis*) nach Paragraph 22 des Rahmenkonzepts bzw. IAS 1.27 f. und zum anderen die Unternehmensfortführung (*going concern*) nach Paragraph 23 des Rahmenkonzepts bzw. IAS 1.25. Der Grundsatz der Einzelbewertung zählt nicht zu den grundlegenden Annahmen.

Paragraph 22 des Rahmenkonzepts bestimmt, dass Geschäftsvorfälle in der Periode ausgewiesen werden sollen, der sie wirtschaftlich zuzurechnen sind. Von dem Konzept der Periodenabgrenzung[307] ausgenommen ist nach IAS 1.27 nur die Kapitalflussrechnung. Paragraph 95 des Rahmenkonzepts bestimmt das Prinzip der sachlichen Abgrenzung (*matching principle*). Demnach sind Aufwendungen im gleichen Zeitraum wie die entsprechenden Erträge zu erfassen, entscheidend ist der Zeitpunkt der Ertragsrealisation. Der Realisationszeitpunkt wird im Sinne der IFRS grundsätzlich weniger streng ausgelegt als im Sinne der handelsrechtlichen Rechnungslegung. Ein Ertrag ist dann zu erfassen, wenn der Zufluss des wirtschaftlichen Nutzens wahrscheinlich ist,[308] während nach den GoB erst der Gefahrenübergang an den Kunden als Realisationszeitpunkt anzusehen ist.[309] Zu bedeutenden Unterschieden bei der Erfassung kommt es in jedem Fall bei langfristigen Fertigungsaufträgen. Während Auftragserlöse und Auftragskosten nach IAS 11.22 am Bilanzstichtag entsprechend dem Leistungsfortschritt als Erträge und Aufwendungen zu erfassen sind („Percentage-of-Completion-Methode")[310], ist eine Teilgewinnrealisierung handelsrechtlich nicht zulässig. Erst nach Fertigstellung und Abnahme des Auftrags gilt der Ertrag handelsrechtlich als realisiert („Completed-Contract-Methode").

Bezüglich des Grundsatzes der Unternehmensfortführung[311] unterscheidet sich die Rechnungslegung nach IFRS nicht von der handelsrechtlichen. Die Geschäftsführung

---

[307] Siehe ausführlich zum Konzept der Periodenabgrenzung ADLER, H./DÜRING, W./SCHMALTZ, K., Rechnungslegung international, 2002, Abschnitt 1, Rz. 46-49; BAETGE, J. et al., in: BAETGE, J. et al., Kommentar, 2003, Teil A, Kapitel II, Rz. 35-40; BOHL, W./MANGLIERS, O., in: Beck'sches IFRS-Handbuch, 2006, § 2, Rz. 8 f.; HEUSER, P. J./THEILE, C., IFRS Handbuch, 2007, Kapitel B, Rz. 260-263; RUHNKE, K., Rechnungslegung, 2008, S. 220-223.

[308] Vgl. RUHNKE, K., Rechnungslegung, 2008, S. 271-274.

[309] Vgl. RUHNKE, K., Rechnungslegung, 2008, S. 201 f.; Gliederungspunkt 3.7.4.6.

[310] Siehe ausführlich zur „Percentage-of-Completion-Methode" z. B. HEUSER, P. J./THEILE, C., IFRS Handbuch, 2007, Kapitel C, Rz. 1712-1727; PELLENS, B. et al., Rechnungslegung, 2008, S. 389-398.

[311] Siehe ausführlich zum Grundsatz der Unternehmensfortführung nach IFRS ADLER, H./DÜRING, W./SCHMALTZ, K., Rechnungslegung international, 2002, Abschnitt 1, Rz. 50-53 sowie Abschnitt 2, Rz. 152-185 und Rz. 221-223; BAETGE, J. et al., in: BAETGE, J. et al., Kommentar, 2003, Teil A, Kapitel II, Rz. 30-34 und BISCHOF, S./DOLECZIK, G., in: BAETGE, J. et al., Kommentar, 2003, Teil B, IAS 10, Rz. 27-30; RUHNKE, K., Rechnungslegung, 2008, S. 223.

3.7 Grundsätze eines adäquaten Rechnungslegungssystems

hat nach IAS 1.25 eine Einschätzung vorzunehmen, inwieweit das Unternehmen über die Fähigkeit verfügt, den Geschäftsbetrieb fortzuführen. Ihrer Einschätzung hat sie nach IAS 1.26 eine Bezugsperiode von mindestens zwölf Monaten zugrunde zu legen. Ereignisse, die nach dem Bilanzstichtag eintreten, sind ebenfalls zu berücksichtigen. Aus IAS 10.14 wird ersichtlich, dass in diesem Zusammenhang nicht zwischen wertaufhellenden und wertbegründenden Ereignissen zu unterscheiden ist.[312]

Eine explizite Nennung des Grundsatzes der Einzelbewertung ist in den IFRS nicht enthalten,[313] jedoch ist einzeln zu bewerten, sofern in Standards und Interpretationen keine gegenteiligen Regelungen getroffen werden. In einer Vielzahl einzelner Standards wird die Einzelbewertung vorgegeben, so z. B. in IAS 2.23 für Vorräte oder in IAS 11.7 f. für Fertigungsaufträge. Eine Systematik, die zu einem Grundsatz führen könnte, ist jedoch nicht erkennbar,[314] dies zeigt das Beispiel der Sachanlagen. Einerseits sollen Sachanlagen gemäß dem Komponentenansatz nach IAS 16.43 in ihre Einzelteile zerlegt werden, damit den Teilen einer Sachanlage unterschiedliche Nutzungsdauern für planmäßige Abschreibungen zugrunde gelegt werden können, andererseits sollen mehrere Sachanlagen zur Ermittlung der Höhe außerplanmäßiger Abschreibungen nach IAS 36.66 zu einer zahlungsmittelgenerierenden Einheit (*cash generating unit*) zusammengefasst werden, wenn die Schätzung eines erzielbaren Betrags für den einzelnen Vermögenswert nicht möglich ist. Ein fehlender Grundsatz der Einzelbewertung bewirkt, dass der Ersteller des Abschlusses über große Spielräume verfügt.[315]

Das Vorsichtsprinzip verfolgt in der handelsrechtlichen Rechnungslegung das Ziel der vorsichtigen Bemessung von Ausschüttungen und beeinflusst entsprechend das Konzept der Periodenabgrenzung wie auch den Grundsatz der Einzelbewertung, wodurch

---

[312] Vgl. BISCHOF, S./DOLECZIK, G., in: BAETGE, J. et al., Kommentar, 2003, Teil B, IAS 10, Rz. 29; HEUSER, P. J./THEILE, C., IFRS Handbuch, 2007, Kapitel B, Rz. 264. RUHNKE, K., Rechnungslegung, 2008, S. 223.

[313] RUHNKE leitet die Gültigkeit des Einzelbewertungsgrundsatzes aus Paragraph 83 des Rahmenkonzepts her; vgl. RUHNKE, K., Rechnungslegung, 2008, S. 235. Dort wird für einen zu erfassenden Sachverhalt die Bedingung genannt, „dass ein mit dem Sachverhalt verbundener künftiger wirtschaftlicher Nutzen dem Unternehmen zufließen" muss. WINKELJOHANN und GEIßLER leiten den Einzelbewertungsgrundsatz aus IAS 1.29 her, der bestimmt, dass „jede wesentliche Gruppe gleichartiger Posten gesondert darzustellen" ist; vgl. WINKELJOHANN, N./GEIßLER, H., in: Beck'scher Bilanzkommentar, 2006, § 252 HGB, Rz. 83. M. E. lässt sich der Einzelbewertungsgrundsatz weder aus Paragraph 83 des Rahmenkonzepts noch aus IAS 1.29 ableiten, so auch HEUSER und THEILE zum IAS 1.29; vgl. HEUSER, P. J./THEILE, C., IFRS Handbuch, 2007, Kapitel B, Rz. 410, Fn. 31.

[314] Vgl. HEUSER, P. J./THEILE, C., IFRS Handbuch, 2007, Kapitel B, Rz. 411.

[315] Vgl. RAMMERT, S., in: Haufe IFRS-Kommentar, 2009, § 51, Rz. 103.

beide strenger auszulegen sind als im Rahmen der IFRS. Zwar enthalten auch diese einen Grundsatz der Vorsicht, allerdings ist sein Stellenwert sehr viel geringer.[316]

3.7.5.3 Qualitative Anforderungen

Den Rahmengrundsätzen des HGB vergleichbar sind die qualitativen Anforderungen (*qualitative characteristics*) der IFRS. Erst durch die Erfüllung der qualitativen Kriterien werden die Informationen des Abschlusses für den Adressaten nützlich. Als die vier wichtigsten Primärgrundsätze nennt Paragraph 24 des Rahmenkonzepts die Anforderungen der Verständlichkeit (*understandability*), Relevanz (*relevance*), Verlässlichkeit (*reliability*) und Vergleichbarkeit (*comparability*). Den Kriterien der Relevanz und Verlässlichkeit werden konkretisierende Sekundärprinzipien und relativierende Nebenbedingungen zugeordnet.[317]

Die Bedeutung der Verständlichkeit[318] nähert sich der der Bilanzklarheit und -wahrheit an. Auf beide Kriterien wurde bereits im Zusammenhang mit den Rahmengrundsätzen des HGB eingegangen.[319] Die dort dargestellten Definitionen gelten auch im Bedeutungszusammenhang der IFRS. Jedoch ist zu beachten, dass die Grundsätze der Klarheit und Übersichtlichkeit den formalen Aspekt der Darstellung im Abschluss stärker gewichten[320] als das Kriterium der Verständlichkeit, welches die inhaltliche Nachvollziehbarkeit und damit die Eindeutigkeit der Formulierungen meint.[321] Auch werden gemäß den Ausführungen des Paragraphen 25 des Rahmenkonzepts angemessene Kenntnisse geschäftlicher und wirtschaftlicher Tätigkeiten sowie der Rechnungslegung bei den Adressaten vorausgesetzt. Auch Informationen zu komplexen Themen, welche eventuell schwer verständlich sein können, sind in den Abschluss aufzunehmen, wenn ihnen ein entsprechendes Maß an Relevanz anhaftet.

Relevant sind Informationen nach Paragraph 26 des Rahmenkonzepts dann, wenn sie bei der Einschätzung von vergangenen, gegenwärtigen und zukünftigen Ereignissen helfen oder frühere Prognosen bestätigen bzw. korrigieren. Das Kriterium der Rele-

---

[316] Vgl. RUHNKE, K., Rechnungslegung, 2008, S. 223 und S. 228 f. und den folgenden Gliederungspunkt 3.7.5.3.

[317] Vgl. z. B. HAYN, S., IAS, 1994, S. 720; RUHNKE, K., Rechnungslegung, 2008, S. 224.

[318] Zum Kriterium der Verständlichkeit siehe z. B. ADLER, H./DÜRING, W./SCHMALTZ, K., Rechnungslegung international, 2002, Abschnitt 1, Rz. 60; PELLENS, B. et al., Rechnungslegung, 2008, S. 114 f.; RUHNKE, K., Rechnungslegung, 2008, S. 224 f.

[319] Vgl. Gliederungspunkt 3.7.4.3.

[320] Vgl. MOXTER, A., Grundsätze ordnungsgemäßer Rechnungslegung, 2003, S. 231.

[321] Vgl. BALLWIESER, W./HETTICH, S., IASB-Projekt, 2004, S. 84.

3.7 Grundsätze eines adäquaten Rechnungslegungssystems

vanz[322] ist als „zentrales Charakteristikum der Nützlichkeit von Rechnungslegungsinformationen"[323] einzustufen. Ausschlaggebend für die Relevanz von Informationen sind nach Paragraph 29 des Rahmenkonzepts entweder deren Art (*nature*) oder deren Wesentlichkeit (*materiality*). Allein wegen ihrer Art kann eine Information relevant sein, z. B. wenn die Erweiterung des Unternehmens durch ein neues Segment angestrebt wird. Als wesentlich sind Informationen nach Paragraph 30 des Rahmenkonzepts bzw. der Definition in IAS 1.7 dann anzusehen, wenn ihr Fehlen oder ihre fehlerhafte Darstellung „die auf der Basis des Abschlusses getroffenen wirtschaftlichen Entscheidungen der Adressaten beeinflussen könnten". Der Grundsatz der Wesentlichkeit wurde bereits im Zusammenhang mit den Rahmengrundsätzen des HGB erläutert[324] und ist als Sekundärprinzip der Relevanz einzuordnen.

Zwischen der nach den IFRS geforderten Verlässlichkeit der Daten und dem im handelsrechtlichen Sinne beschriebenen Grundsatz der Richtigkeit besteht ein enger Zusammenhang. Daten werden nach Paragraph 31 des Rahmenkonzepts dann als verlässlich angesehen,[325] wenn „sie keine wesentlichen Fehler enthalten und frei von verzerrenden Einflüssen sind und sich die Adressaten darauf verlassen können, dass sie glaubwürdig darstellen, was sie vorgeben, darzustellen". Dem Kriterium der Verlässlichkeit sind die Bedingungen des Grundsatzes der Objektivität und der Willkürfreiheit sehr nah.[326] Als Sekundärprinzipien der Verlässlichkeit sind die glaubwürdige Darstellung (*faithful presentation*), wirtschaftliche Betrachtungsweise (*substance over form*), Neutralität (*neutrality*), Vorsicht (*prudence*) und Vollständigkeit (*completeness*) der Daten anzusehen.[327] Die Verbindlichkeit dieser Sekundärkriterien wird durch IAS 8.10 (b) bestätigt.

---

[322] Zum Kriterium der Relevanz siehe ADLER, H./DÜRING, W./SCHMALTZ, K., Rechnungslegung international, 2002, Abschnitt 1, Rz. 61-68; BAETGE, J. et al., in: BAETGE, J. et al., Kommentar, 2003, Teil A, Kapitel II, Rz. 42-47; HEUSER, P. J./THEILE, C., IFRS Handbuch, 2007, Kapitel B, Rz. 267 f.; PELLENS, B. et al., Rechnungslegung, 2008, S. 115; RUHNKE, K., Rechnungslegung, 2008, S. 225 f.

[323] ADLER, H./DÜRING, W./SCHMALTZ, K., Rechnungslegung international, 2002, Abschnitt 1, Rz. 61.

[324] Vgl. Gliederungspunkt 3.7.4.3. Zum Grundsatz der Wesentlichkeit in beiden Rechnungslegungssystemen siehe ebenso SCHEFFLER, E., Wesentlichkeit, 2007, S. 509-521.

[325] Zum Kriterium der Verlässlichkeit siehe ausführlich ADLER, H./DÜRING, W./SCHMALTZ, K., Rechnungslegung international, 2002, Abschnitt 1, Rz. 69-82; BAETGE, J. et al., in: BAETGE, J. et al., Kommentar, 2003, Teil A, Kapitel II, Rz. 48-64; HEUSER, P. J./THEILE, C., IFRS Handbuch, 2007, Kapitel B, Rz. 269-274.

[326] Vgl. Gliederungspunkt 3.7.4.3.

[327] Vgl. ADLER, H./DÜRING, W./SCHMALTZ, K., Rechnungslegung international, 2002, Abschnitt 1, Rz. 72; BAETGE, J. et al., in: BAETGE, J. et al., Kommentar, 2003, Teil A, Kapitel II, Rz. 48; PELLENS, B. et al., Rechnungslegung, 2008, S. 115-117; KÖSTER, O., in: THIELE, S./VON KEITZ, I./BRÜCKS, M., Internationales Bilanzrecht, 2008, IAS 8, Rz. 120.

Als glaubwürdig gilt eine Darstellung dann, wenn sie den realen Verhältnissen entspricht, d. h. dem Konzept der *fair presentation* folgt und ein den tatsächlichen Verhältnissen entsprechendes Bild der Vermögens-, Ertrags- und Finanzlage vermittelt. So sind z. B. in einer Bilanz nach Paragraph 33 des Rahmenkonzepts alle Geschäftsvorfälle glaubwürdig darzulegen, „die bei einem Unternehmen am Abschlussstichtag zu Vermögenswerten, Schulden und Eigenkapital führen". Die Ansatzbedingungen müssen erfüllt sein. Die glaubwürdige Darstellung der Daten hat einen hohen Stellenwert, es gilt das *overriding principle*.[328] Problematisch ist und bleibt jedoch die Frage, wann Schätzwerte noch als glaubwürdig anzusehen sind.

Im Rahmen der IFRS wird die wirtschaftliche Betrachtungsweise[329] präferiert. Paragraph 35 des Rahmenkonzepts fordert, dass die Geschäftsvorfälle und andere Ereignisse im Abschluss „gemäß ihrem tatsächlichen wirtschaftlichen Gehalt und nicht allein gemäß der rechtlichen Gestaltung bilanziert und dargestellt werden", ausschlaggebend ist folglich nicht das rechtliche Eigentum.

Verlässliche Daten müssen nach Paragraph 35 des Rahmenkonzepts neutral[330] sein, d. h. „frei von verzerrenden Einflüssen". Das Kriterium der Neutralität ist mit dem Grundsatz der Willkürfreiheit vergleichbar. Unterliegen Daten des Abschlusses bewussten Suggestionen der Geschäftsführung, um so ein gewünschtes Ziel zu erreichen, sind sie nicht neutral. Die Auswahl und Darstellung der Informationen darf die Adressaten zu keinen irreführenden Schlussfolgerungen verleiten.[331]

Das Kriterium der Vorsicht[332] führt gemäß den Ausführungen in Paragraph 37 des Rahmenkonzepts in Ermessensfällen zu einer „sorgfältig abgewogenen"[333] Entscheidung. Sie verhindert, dass Vermögenswerte oder Erträge bei notwendigen Schätzungen unter Unsicherheit zu hoch und Schulden oder Aufwendungen zu niedrig ange-

---

[328] Vgl. BAETGE, J. et al., in: BAETGE, J. et al., Kommentar, 2003, Teil A, Kapitel II, Rz. 51 und Gliederungspunkt 2.1.1.2.

[329] Zum Kriterium der wirtschaftlichen Betrachtungsweise siehe ausführlich WOLLMERT, P./ACHLEITNER, A.-K., Konzeptionelle Grundlagen, 1997, S. 213 f.; ADLER, H./DÜRING, W./SCHMALTZ, K., Rechnungslegung international, 2002, Abschnitt 1, Rz. 74 f.; BAETGE, J. et al., in: BAETGE, J. et al., Kommentar, 2003, Teil A, Kapitel II, Rz. 53 f.; RUHNKE, K., Rechnungslegung, 2008, S. 227.

[330] Zum Kriterium der Neutralität siehe ADLER, H./DÜRING, W./SCHMALTZ, K., Rechnungslegung international, 2002, Abschnitt 1, Rz. 76; RUHNKE, K., Rechnungslegung, 2008, S. 227.

[331] Vgl. RUHNKE, K., Rechnungslegung, 2008, S. 227.

[332] Zum Kriterium der Vorsicht im Rahmen der IFRS siehe ausführlich ADLER, H./DÜRING, W./SCHMALTZ, K., Rechnungslegung international, 2002, Abschnitt 1, Rz. 77 f.; BAETGE, J. et al., in: BAETGE, J. et al., Kommentar, 2003, Teil A, Kapitel II, Rz. 56-61.

[333] ADLER, H./DÜRING, W./SCHMALTZ, K., Rechnungslegung international, 2002, Abschnitt 1, Rz. 78.

3.7 Grundsätze eines adäquaten Rechnungslegungssystems

setzt werden. Die Vorsicht nimmt als Sekundärkriterium der Verlässlichkeit jedoch anders als im HGB keinen Platz als übergeordneten Rechnungslegungsgrundsatz ein und ist in seiner Bedeutung dem Konzept der Periodenabgrenzung nachzuordnen.[334] Das Vorsichtskriterium kann somit nicht als Instrument zur Bildung stiller Reserven missbraucht werden. Es betrifft gemäß der Formulierung in Paragraph 37 des Rahmenkonzepts und in IAS 8.10 (b) (iv) sowohl den Ansatz als auch die Bewertung von Vermögenswerten oder Erträgen bzw. Schulden oder Aufwendungen.[335]

Informationen eines Abschlusses sind nur dann verlässlich, wenn die Abbildung der Geschäftsvorfälle der Vollständigkeit unterliegen,[336] d. h., wenn eine lückenlose Erfassung aller Geschäftsvorfälle erfolgt.[337] Nach Paragraph 38 des Rahmenkonzepts dürfen fehlende Angaben nicht „dazu führen, dass die Informationen falsch oder irreführend" sind. Paragraph 38 fordert die Vollständigkeit von Informationen unter Berücksichtigung eventueller Einschränkungen durch die Kriterien der Wesentlichkeit und der Kosten. Die Forderung der Wesentlichkeit bzw. Relevanz kann die Forderung nach Vollständigkeit begrenzen. Ein Verzicht auf Informationen ist nur dann möglich, wenn die Forderung nach Relevanz uneingeschränkt erhalten bleibt. Ursächlich für eine Beschränkung der Vollständigkeit können auch zu hohe Kosten sein. Zu auftretenden Zielkonflikten bei Erfüllung der qualitativen Kriterien und der Notwendigkeit, die Kriterien gegeneinander abzuwägen, folgen Ausführungen in Gliederungspunkt 3.7.5.4. Zur Bedeutung des Vollständigkeitskriteriums im Vergleich zum HGB sind die Meinungen im Schrifttum sehr different.[338] Dieser Untersuchung wird eine weitge-

---

[334] Vgl. BAETGE, J. et al., in: BAETGE, J. et al., Kommentar, 2003, Teil A, Kapitel II, Rz. 57.

[335] Vgl. ADLER, H./DÜRING, W./SCHMALTZ, K., Rechnungslegung international, 2002, Abschnitt 1, Rz. 78; RUHNKE, K., Rechnungslegung, 2008, S. 228. Eine andere Auffassung, nämlich, dass das Vorsichtskriterium sich ausschließlich auf die Bewertung und nicht auf den Ansatz bezieht, vertreten BAETGE, J. et al., in: BAETGE, J. et al., Kommentar, 2003, Teil A, Kapitel II, Rz. 59, ebenso WOLLMERT, P./ACHLEITNER, A.-K., Konzeptionelle Grundlagen, 1997, S. 248 und PELLENS, B. et al., Rechnungslegung, 2008, S. 116 f.

[336] Zum Kriterium der Vollständigkeit siehe ausführlich ADLER, H./DÜRING, W./SCHMALTZ, K., Rechnungslegung international, 2002, Abschnitt 1, Rz. 79-82; RUHNKE, K., Rechnungslegung, 2008, S. 229.

[337] Vgl. ADLER, H./DÜRING, W./SCHMALTZ, K., Rechnungslegung international, 2002, Abschnitt 1, Rz. 81.

[338] FÖRSCHLE und KRONER vertreten die Ansicht, dass sich das Vollständigkeitsgebot handelsrechtlich nur auf den Ansatz und nicht auf die Bewertung bezieht. Das Vollständigkeitsgebot gilt auch dann als erfüllt, wenn ein zu bilanzierender Gegenstand lediglich als „Erinnerungsposten" angesetzt wird. Das Kriterium der Vollständigkeit nach IFRS ist jedoch als Grundsatz zu verstehen, der auch die Bewertung sämtlicher Abschlussposten einbezieht; vgl. FÖRSCHLE, G./KRONER, M., in: Beck'scher Bilanzkommentar, 2006, § 246 HGB, Rz. 2 f. und Rz. 200. WOLLMERT und ACHLEITNER hingegen betrachten das Vollständigkeitskriterium der IFRS als „reine Ausweisnorm", während das Vollständigkeitsgebot i. S. d. HGB eine „Ansatzvorschrift" darstelle. Ihre Interpretation im Rahmen der IFRS ist deutlich eingeschränkter; vgl. WOLLMERT, P./ACHLEITNER, A.-K., Konzeptionelle Grundlagen, 1997, S. 222.

hende Kompatibilität der Auffassung i. S. d. IFRS mit der handelsrechtlichen zugrunde gelegt.[339]

Das letztgenannte qualitative Kriterium der IFRS ist das der Vergleichbarkeit.[340] Ausführungen zur Vergleichbarkeit und dem damit verknüpften Stetigkeitsgrundsatz finden sich bereits im Zusammenhang mit den Rahmengrundsätzen des HGB.[341] Auch Paragraph 39 des Rahmenkonzepts fordert, den Adressaten die Möglichkeit eines Zeit- und Objektvergleichs einzuräumen, damit sie die jeweilige Vermögens-, Ertrags- und Finanzlage des Unternehmens sowie Veränderungen in deren Vermögens- und Finanzlage beurteilen können. Diesbezüglich ist die Einhaltung des Stetigkeitsgrundsatzes[342] sowie eine Information der Adressaten über die zugrunde gelegten Ansatz- und Bewertungsmethoden erforderlich. Zum Zweck der Vergleichbarkeit „ist es wichtig, dass die Abschlüsse auch die entsprechenden Informationen für die vorhergehenden Perioden anführen". Diese Vorgabe findet sich in Paragraph 42 des Rahmenkonzepts, detaillierte Handlungsanweisungen folgen in IAS 1.38 bis IAS 1.44.[343] Besonders für kleine und mittelgroße Unternehmen dürfte diese Vorgabe ein gravierendes Problem bei der Umstellung auf IFRS darstellen. Schon ein Jahr vor der Umstellung ist für die Bereitstellung entsprechender Daten ein enormer Aufwand zu betreiben.

3.7.5.4 Relativierende Nebenbedingungen

Den relativierenden Nebenbedingungen kommt eine schlichtende Funktion zwischen den qualitativen Kriterien zu. Die Kriterien unterliegen keiner vorgegebenen Rangfolge, zwangsläufig kommt es zu Zielkonflikten. Paragraph 43 weist auf den zwischen Relevanz und Verlässlichkeit auftretenden Zielkonflikt hin und zeigt Entscheidungsmöglichkeiten für oder gegen das Kriterium der Zeitnähe (*timeliness*) auf. Des Weiteren geht Paragraph 44 darauf ein, dass die Abwägung von Nutzen und Kosten (*balance between benefit and cost*) den Ausschlag für die Lösung von Zielkonflikten geben

---

[339] In Anlehnung an RUHNKE, K., Rechnungslegung, 2008, S. 229.

[340] Siehe zum Kriterium der Vergleichbarkeit ausführlich ADLER, H./DÜRING, W./SCHMALTZ, K., Rechnungslegung international, 2002, Abschnitt 1, Rz. 83-89; BAETGE, J. et al., in: BAETGE, J. et al., Kommentar, 2003, Teil A, Kapitel II, Rz. 65 f.; HEUSER, P. J./THEILE, C., IFRS Handbuch, 2007, Kapitel B, Rz. 275 f.; PELLENS, B. et al., Rechnungslegung, 2008, S. 117.

[341] Vgl. Gliederungspunkt 3.7.4.3.

[342] Siehe zum Stetigkeitsgrundsatz im Rahmen der IFRS ausführlich ADLER, H./DÜRING, W./SCHMALTZ, K., Rechnungslegung international, 2002, Abschnitt 1, Rz. 84-87; KÖSTER, O., in: THIELE, S./VON KEITZ, I./BRÜCKS, M., Internationales Bilanzrecht, 2008, IAS 8, Rz. 124-128; RUHNKE, K., Rechnungslegung, 2008, S. 229-234.

[343] Siehe ausführlich BRÜCKS, M./DIEHM, S./KERKHOFF, G., in: THIELE, S./VON KEITZ, I./BRÜCKS, M., Internationales Bilanzrecht, 2008, IAS 1, Rz. 176-185.

3.7 Grundsätze eines adäquaten Rechnungslegungssystems

kann. Paragraph 45 stellt allgemein fest, dass in der Praxis „häufig ein Abwägen der qualitativen Anforderungen notwendig" (*a balancing, or trade-off, between qualitative characteristics is often necessary*) ist. Die Bilanzierenden müssen letztlich für die auftretenden Zielkonflikte mit eigener „fachkundiger Beurteilung" ein Lösungskonzept finden, das nach ihrem Ermessen zu einer „angemessenen Ausgewogenheit zwischen den Anforderungen" führt.[344]

Wird der Abschluss zeitnah[345] erstellt, so muss häufig eine verminderte Verlässlichkeit der Daten akzeptiert werden. Wird die Berichterstattung zugunsten der Verlässlichkeit hinausgezögert, leidet die Relevanz. Um im Sinne einer angemessenen Ausgewogenheit zu entscheiden, muss die Geschäftsführung die Bedürfnisse der Adressaten genau kennen. Unbedingte Voraussetzung ist auch die weitgehende Homogenität ihrer Interessen.

Das Abwägen von Kosten und Nutzen ist kein qualitatives Kriterium, sondern ein vorherrschender Sachzwang.[346] Die Entscheidung liegt im Ermessen des Bilanzierenden. Sind die Kosten im Vergleich zum Nutzen zu hoch, muss diesem Sachzwang in jedem Fall stattgegeben werden. Je kleiner das Unternehmen, desto größer ist die Wahrscheinlichkeit, dass der Abschluss aufgrund des Kosten-Nutzen-Arguments auf ein Mindestmaß an Daten reduziert wird. Für kleine und mittelgroße Unternehmen dürfte generell gelten, dass sie alle Befreiungsmöglichkeiten nutzen, die ihnen in Einzelbestimmungen durch den Zusatz „falls praktisch nicht durchführbar" (*impracticable to ...*) eingeräumt werden. Als Beispiel sei hier die Neugliederung von Vergleichsbeträgen in den Finanzinformationen vorhergehender Perioden zur Ermittlung von zukünftigen Trends nach IAS 1.43 genannt. Liegen keine entsprechend strukturierten Daten vor, die eine solche Neugliederung zulassen, so kann diese Vorschrift durchbrochen werden. Zu messen ist die Undurchführbarkeit nach IAS 1.7 bzw. IAS 8.5 an den unternehmensindividuell angemessenen Anstrengungen.[347] Hier besteht ein Ermessensspielraum. Allerdings sind mit vergleichbarer Ausdrücklichkeit eingeräumte Entscheidungsfreihei-

---

[344] Vgl. auch BAETGE, J./ZÜLCH, H., in: HdJ, 1984/2008, I/2, Rz. 259; HEUSER, P. J./THEILE, C., IFRS Handbuch, 2007, Kapitel B, Rz. 277-279; PELLENS, B. et al., Rechnungslegung, 2008, S. 118.

[345] Zum Kriterium der Zeitnähe siehe ADLER, H./DÜRING, W./SCHMALTZ, K., Rechnungslegung international, 2002, Abschnitt 1, Rz. 90 f.; BAETGE, J./KIRSCH, H.-J./THIELE, S., Bilanzen, 2007, S. 149; RUHNKE, K., Rechnungslegung, 2008, S. 235 f.

[346] Zur Abwägung von Kosten und Nutzen i. S. d. Paragraphen 44 des Rahmenkonzepts siehe ADLER, H./DÜRING, W./SCHMALTZ, K., Rechnungslegung international, 2002, Abschnitt 1, Rz. 92.

[347] Siehe zur Erläuterung KÖSTER, O., in: THIELE, S./VON KEITZ, I./BRÜCKS, M., Internationales Bilanzrecht, 2008, IAS 8, Rz. 179.

ten, Sachverhalte unberücksichtigt lassen zu dürfen, selten[348] und die entsprechenden Sachverhalte zumeist von eher untergeordneter Bedeutung.

Die Notwendigkeit, einen Kompromiss zwischen konträren qualitativen Anforderungen finden zu müssen, besteht dann, wenn bindende Einzelvorschriften fehlen.[349] Am häufigsten dürften Konflikte zwischen den Kriterien der Relevanz und Verlässlichkeit auftreten. Mehr als der Bilanzierende selbst ist das IASB gefordert, auf diese Konfliktsituationen zu reagieren. Durch die zunehmende Bewertung zum beizulegenden Zeitwert wird die Verlässlichkeit häufig eingeschränkt, die Relevanz erfährt eine tendenziell stärkere Gewichtung.[350] Die Entscheidung, ob diesem selbst geschaffenen Trend nachgegeben oder eher einem Weg zur Stärkung der Verlässlichkeit gefolgt werden soll, liegt beim IASB.

3.7.5.5 Definitions- und Ansatzkriterien für die Bilanz

Die Aktivierungs- bzw. Passivierungsfähigkeit der Abschlussposten ergibt sich aus einem jeweils zweistufigen Prüfungsverfahren. Zum einen müssen die Definitionskriterien und zum anderen die entsprechenden Ansatzkriterien erfüllt sein.[351] Als Aktivposten kommen sämtliche Vermögenswerte (*assets*), die der Definition des Paragraphen 49 (a) des Rahmenkonzepts entsprechen, und als Passivposten sämtliche Schulden (*liabilities*), die der Definition des Paragraphen 49 (b) entsprechen, in Frage. Anzusetzen sind diese nur bei zusätzlicher Erfüllung der Ansatzkriterien nach den Paragraphen 82 bis 84 für Aktivposten und dem Paragraphen 91 für Passivposten. Das Eigenkapital ergibt sich nach Paragraph 49 (c) als Residualgröße der Vermögenswerte nach Abzug aller Schulden.

---

[348] Vgl. BRÜCKS, M./DIEHM, S./KERKHOFF, G., in: THIELE, S./VON KEITZ, I./BRÜCKS, M., Internationales Bilanzrecht, 2008, IAS 1, Rz. 185.

[349] Vgl. ADLER, H./DÜRING, W./SCHMALTZ, K., Rechnungslegung international, 2002, Abschnitt 1, Rz. 94.

[350] Vgl. ADLER, H./DÜRING, W./SCHMALTZ, K., Rechnungslegung international, 2002, Abschnitt 1, Rz. 95.

[351] Vgl. WOLLMERT, P./ACHLEITNER, A.-K., Konzeptionelle Grundlagen, 1997, S. 215; Adler, H./DÜRING, W./SCHMALTZ, K., Rechnungslegung international, 2002, Abschnitt 1, Rz. 142; BAETGE, J. et al., in: BAETGE, J. et al., Kommentar, 2003, Teil A, Kapitel II, Rz. 68; SCHRUFF, L./HAAKER, A., Wahrscheinlichkeiten, 2007, S. 538 f.; WAGENHOFER, A., Internationale Rechnungslegungsstandards, 2009, S. 146.

3.7 Grundsätze eines adäquaten Rechnungslegungssystems

Als Vermögenswert[352] ist jede Ressource (*resource*) einzustufen, die ein Ergebnis von Ereignissen der Vergangenheit ist und sich in der Verfügungsmacht (*control*) des Unternehmens befindet. Des Weiteren wird von ihr erwartet, dass dem Unternehmen aus ihr ein künftiger wirtschaftlicher Nutzen (*future economic benefits*) zufließt.

Absichtserklärungen reichen nach Paragraph 58 des Rahmenkonzepts nicht aus, um einen Vermögenswert zu erzeugen. Sie sind nicht das Ergebnis von Ereignissen der Vergangenheit. Im Regelfall erhalten Unternehmen Vermögenswerte durch Kauf oder Produktion, sie können aber auch aus anderen Geschäftsvorfällen oder Ereignissen resultieren, z. B. ein originärer Geschäfts- oder Firmenwert. Ob sich die Ressource in der Verfügungsmacht des Unternehmens befindet oder nicht, ist nach Paragraph 51 des Rahmenkonzepts mithilfe des Kriteriums der wirtschaftlichen Betrachtungsweise zu entscheiden.[353] Wirtschaftliche und rechtliche Verfügungsmacht stimmen häufig überein, jedoch nicht zwangsläufig. Besteht ein Eigentumsvorbehalt, so befindet sich die Ressource trotzdem in der Verfügungsmacht des Unternehmens.[354]

Entscheidend ist, dass der künftige wirtschaftliche Nutzen dem Unternehmen zukommt und es den Zugriff Dritter verhindern kann. Der künftige wirtschaftliche Nutzen repräsentiert nach Paragraph 53 des Rahmenkonzepts „das Potenzial, direkt oder indirekt zum Zufluss von Zahlungsmitteln und Zahlungsmitteläquivalenten zum Unternehmen beizutragen". Mögliche Anlässe des Zuflusses eines künftigen wirtschaftlichen Nutzens nennt Paragraph 55 des Rahmenkonzepts, z. B. den Verkauf des Vermögenswertes oder Tausch gegen andere Vermögenswerte.

Den Schulden[355] ist jede gegenwärtige Verpflichtung (*present obligation*) zuzuordnen, die aus einem vergangenen Ereignis (*past event*) stammt und deren Erfüllung erwartungsgemäß mit einem Abfluss von Ressourcen mit wirtschaftlichem Nutzen (*outflow of resources embodying economic benefits*) einhergeht.

---

[352] Zur Definition der Vermögenswerte siehe ausführlich KLEIN, G. A., Unternehmenssteuerung, 1999, S. 97-99; ADLER, H./DÜRING, W./SCHMALTZ, K., Rechnungslegung international, 2002, Abschnitt 1, Rz. 145-148; BAETGE, J. et al., in: BAETGE, J. et al., Kommentar, 2003, Teil A, Kapitel II, Rz. 70-74; HEUSER, P. J./THEILE, C., IFRS Handbuch, 2007, Kapitel B, Rz. 301-305; PELLENS, B. et al., Rechnungslegung, 2008, S. 120 f.

[353] Vgl. BAETGE, J./ZÜLCH, H., in: HdJ, 1984/2008, I/2, Rz. 267.

[354] Vgl. HEUSER, P. J./THEILE, C., IFRS Handbuch, 2007, Kapitel B, Rz. 302.

[355] Zur Definition der Schulden siehe ausführlich ADLER, H./DÜRING, W./SCHMALTZ, K., Rechnungslegung international, 2002, Abschnitt 1, Rz. 159-165; BAETGE, J. et al., in: BAETGE, J. et al., Kommentar, 2003, Teil A, Kapitel II, Rz. 75-81; HEUSER, P. J./THEILE, C., IFRS Handbuch, 2007, Kapitel B, Rz. 320-326; PELLENS, B. et al., Rechnungslegung, 2008, S. 121 f. Zu weiteren Beispielen siehe die Paragraphen 63 und 64 des Rahmenkonzepts.

Eine Verpflichtung ist nach Paragraph 60 des Rahmenkonzepts „eine Pflicht oder Verantwortung, in bestimmter Weise zu handeln oder eine Leistung zu erbringen". Verpflichtungen entstehen regulär durch Vertrag oder Gesetz. Möglich ist aber auch, dass Verpflichtungen faktisch sind, weil sie aus dem üblichen Geschäftsgebaren erwachsen, was z. B. dann der Fall ist, wenn ein Unternehmen Garantieleistungen über die gesetzliche Frist hinaus verspricht. In jedem Fall handelt es sich um „Außenverpflichtungen"[356]. Paragraph 61 des Rahmenkonzepts weist darauf hin, dass nur gegenwärtige Verpflichtungen zu erfassen sind, keine zukünftigen, denen noch nicht mehr als eine Entscheidung der Geschäftsführung, in Zukunft Vermögenswerte zu erwerben, zugrunde liegt. Voraussetzung für die Entstehung einer Schuld ist ein künftiger Abfluss von Ressourcen, erfüllt wird eine Schuld, wie in Paragraph 62 des Rahmenkonzepts aufgezeigt, z. B. durch Zahlung flüssiger Mittel oder die Erbringung von Dienstleistungen. Die handelsrechtliche Definition der Schulden ist vor allem aufgrund des Kriteriums der wirtschaftlichen Sichtweise different.[357] Als Beispiel wird in Paragraph 51 des Rahmenkonzepts die Zuordnung einer Verbindlichkeit zum Leasingnehmer im Zusammenhang mit einem Finanzierungsleasingvertrag genannt. Der wirtschaftliche Nutzen des Leasinggegenstandes kommt dem Leasingnehmer zugute.

Zusätzlich zu den Definitionskriterien müssen die allgemeinen Ansatzkriterien gemäß den Ausführungen in den Paragraphen 82 bis 84 bzw. 91 des Rahmenkonzepts erfüllt sein. Nach Paragraph 83 (a) muss ein mit dem Sachverhalt verbundener künftiger wirtschaftlicher Nutzen dem Unternehmen mit ausreichender Wahrscheinlichkeit zu- oder abfließen. Quantifiziert wird das Ausmaß der geforderten Wahrscheinlichkeit, trotz weiterer Ausführungen in Paragraph 85 des Rahmenkonzepts, an dieser Stelle nicht. IAS 37.15 bzw. IAS 37.23 führt im Rahmen des Ansatzes von Rückstellungen aus, dass eine gegenwärtige Verpflichtung dann besteht, wenn „mehr dafür als dagegen spricht".[358]

---

[356] ADLER, H./DÜRING, W./SCHMALTZ, K., Rechnungslegung international, 2002, Abschnitt 1, Rz. 161; HEUSER, P. J./THEILE, C., IFRS Handbuch, 2007, Kapitel B, Rz. 322. BAETGE, J. et al. sind der Ansicht, dass unklar bleibt, ob auch Eigenverpflichtungen die Tatbestandsvoraussetzungen einer gegenwärtigen Verpflichtung erfüllen, dagegen sprechen die in den Paragraphen angeführten Beispielfälle; vgl. BAETGE, J. et al., in: BAETGE, J. et al., Kommentar, 2003, Teil A, Kapitel II, Rz. 77.

[357] Zum Vergleich des Schuldbegriffs nach IFRS und HGB siehe BAETGE, J. et al., in: BAETGE, J. et al., Kommentar, 2003, Teil A, Kapitel II, Rz. 81; RUHNKE, K., Rechnungslegung, 2008, S. 268-271. Zum handelsrechtlichen Schuldbegriff siehe ausführlich HOYOS, M./RING, M., in: Beck'scher Bilanzkommentar, 2006, § 247 HGB, Rz. 201-211.

[358] Zur Wahrscheinlichkeit des Nutzenzu- bzw. -abflusses siehe ADLER, H./DÜRING, W./SCHMALTZ, K., Rechnungslegung international, 2002, Abschnitt 1, Rz. 150 und Rz. 168; BAETGE, J. et al., in: BAETGE, J. et al., Kommentar, 2003, Teil A, Kapitel II, Rz. 99; MERSCHMEYER, M., Kapitalschutzfunktion, 2005, S. 174 f.; RUHNKE, K., Rechnungslegung, 2008, S. 265-268; WAGENHOFER, A., Internationale Rechnungslegungsstandards, 2009, S. 146 f. und zur Berücksichtigung von Wahrscheinlichkeiten im Rahmen der Rückstellungsbildung siehe ausführlich SCHRUFF, L./HAAKER, A., Wahrscheinlichkeiten, 2007, S. 531-557.

3.7 Grundsätze eines adäquaten Rechnungslegungssystems

Nach Paragraph 83 (b) ist ein Sachverhalt, der die Definitionen eines Abschlusspostens erfüllt, nur dann zu erfassen, wenn „die Anschaffungs- oder Herstellungskosten oder der Wert des Sachverhaltes verlässlich bewertet werden können", auch Schätzwerte dürfen verwendet werden. Paragraph 86 weist aber darauf hin, dass, wenn „eine hinreichend genaue Schätzung" nicht möglich ist, der entsprechende Sachverhalt nicht zu erfassen ist. Dies betrifft z. B. den originären Geschäfts- oder Firmenwert, Schätzungen wären hier zu subjektiv. Im Rahmen des HGB handelt es sich bei der Bedingung der verlässlichen Bewertung nicht um ein Ansatz-, sondern um ein Bewertungskriterium.[359]

Sind Definitions- und Ansatzkriterien erfüllt, so ist die abstrakte Ansatzfähigkeit vorhanden. Ausschlaggebend für die Aktivierung bzw. Passivierung ist letztlich aber, ob die konkrete Ansatzfähigkeit gegeben ist, d. h., ob die Regelungen der Standards einen Ansatz fordern bzw. erlauben oder durch Bilanzierungsverbote verhindern. In verschiedenen Standards werden die in Paragraph 83 angeführten Ansatzkriterien, die im Rahmen der abstrakten Ansatzfähigkeit zu erfüllen sind, auch als konkrete Ansatzkriterien genannt, so z. B. in IAS 16.7 für Sachanlagen und in IAS 38.21 für immaterielle Vermögenswerte. Nur wenn keine konkreten Regelungen in den Standards enthalten sind, hat der Bilanzierende nach IAS 8.11 (b) die „im Rahmenkonzept enthaltenen Definitionen, Erfassungskriterien und Bewertungskonzepte für Vermögenswerte, Schulden, Erträge und Aufwendungen" zu befolgen.

3.7.5.6 Abgrenzungskriterien für die Gesamtergebnisrechnung

Für den Ansatz von Erträgen (*income*) und Aufwendungen (*expenses*) in der Gewinn- und Verlust- bzw. Gesamtergebnisrechnung gilt das gleiche zweistufige Prüfungsverfahren wie für Aktiv- und Passivposten der Bilanz. Nach Paragraph 70 (a) des Rahmenkonzepts entstehen Erträge bei „Zunahme des wirtschaftlichen Nutzens in der Berichtsperiode". Eine solche Zunahme erhöht das Eigenkapital ohne Einlage der Anteilseigner und tritt „in Form von Zuflüssen oder Erhöhungen von Vermögenswerten oder einer Abnahme von Schulden" auf. Nach Paragraph 70 (b) des Rahmenkonzepts entstehen Aufwendungen bei „Abnahme des wirtschaftlichen Nutzens in der Berichtsperiode". Eine solche Abnahme vermindert das Eigenkapital ohne Ausschüttungen an die Anteilseigner und tritt „in Form von Abflüssen oder Verminderungen von Vermögenswerten oder einer Erhöhung von Schulden" auf. Die Ansatzkriterien

---

[359] Vgl. z. B. BITZ, M./SCHNEELOCH, D./WITTSTOCK, W., Jahresabschluß, 2003, S. 788.

der Paragraphen 82 bis 84 des Rahmenkonzepts müssen erfüllt sein.[360] Als Residualgröße der in der Gewinn- und Verlustrechnung erfassten Erträge und Aufwendungen ergibt sich der Jahresüberschuss (*net profit*) oder Jahresfehlbetrag (*net loss*).

Paragraph 74 des Rahmenkonzepts unterscheidet bei Erträgen zwischen Erlösen (*revenue*) und anderen Erträgen (*gains*). Erlöse fallen im Rahmen der gewöhnlichen Tätigkeit eines Unternehmens an, andere Erträge sind alle übrigen, welche die Definition von Erträgen erfüllen, wie z. B. Erträge aus der Veräußerung von Vermögenswerten. Parallel dazu unterscheidet Paragraph 78 des Rahmenkonzepts zwischen Aufwendungen, die im Rahmen der gewöhnlichen Tätigkeit des Unternehmens entstehen (*expenses that arise in the course for the ordinary aktivities of the enterprise*) und anderen (*losses*). Ausgewiesen werden auch unrealisierte – aber realisierbare[361] – Erträge und Aufwendungen. Ein dem Anschaffungs- und Herstellungskostenprinzip ähnliches Bewertungskonzept existiert im Rahmen der IFRS nicht, z. B. werden Sachanlagen im Rahmen der Neubewertungsmethode nach IAS 16.31 mit dem beizulegenden Zeitwert angesetzt, der höher sein kann als der Anschaffungs- bzw. Buchwert. Unrealisierte Aufwendungen resultieren z. B. aus einem Anstieg des Wechselkurses einer Fremdwährung bei den aufgenommenen Krediten in der betreffenden Währung.

Im Rahmen der Gewinn- und Verlustrechnung werden nur die erfolgswirksamen Erträge und Aufwendungen erfasst. Die erfolgsneutralen Erträge und Aufwendungen, die zwar den Definitionen der Erträge und Aufwendungen entsprechen, berühren nicht die Gewinn- und Verlustrechnung. Diese werden, wie die aufgrund der Neubewertung von Sachanlagen nach IAS 16.39 in die Neubewertungsrücklage einzustellenden Beträge, separat in der Gesamtergebnisrechnung erfasst.[362]

Parallel zu den Ausführungen gemäß HGB[363] soll im Rahmen dieses Gliederungspunktes auf die Abgrenzung der Sache nach und die Abgrenzung der Zeit nach eingegangen werden.

---

[360] Siehe zu den Definitionskriterien von Erträgen und Aufwendungen ausführlich ADLER, H./DÜRING, W./SCHMALTZ, K., Rechnungslegung international, 2002, Abschnitt 1, Rz. 186-189 und Rz. 193-196; BAETGE, J. et al., in: BAETGE, J. et al., Kommentar, 2003, Teil A, Kapitel II, Rz. 86-95; PELLENS, B. et al., Rechnungslegung, 2008, S. 122-124 und zu den Ansatzkriterien insbesondere ADLER, H./DÜRING, W./SCHMALTZ, K., Rechnungslegung international, 2002, Abschnitt 1, Rz. 190-192 und Rz. 197-202; RUHNKE, K., Rechnungslegung, 2008, S. 271-277.

[361] Vgl. ADLER, H./DÜRING, W./SCHMALTZ, K., Rechnungslegung international, 2002, Abschnitt 1, Rz. 188.

[362] Vgl. PELLENS, B. et al., Rechnungslegung, 2008, S. 169 f.

[363] Vgl. Gliederungspunkt 3.7.4.6.

3.7 Grundsätze eines adäquaten Rechnungslegungssystems

Zur Abgrenzung der Sache nach schreibt Paragraph 95 des Rahmenkonzepts die Zuordnung von Aufwendungen zu den entsprechenden Erlösen vor, dieses Verfahren wird als *matching principle* bezeichnet. Aufwendungen und Erträge, die aus denselben Geschäftsvorfällen oder anderen Ereignissen resultieren, sind gleichzeitig zu erfassen. „Der Zeitpunkt der Erfassung von Aufwendungen wird ... an den Zeitpunkt der Vereinnahmung der korrespondierenden Erträge geknüpft"[364]. Erstreckt sich der wirtschaftliche Nutzen eines Vermögenswertes voraussichtlich auf mehrere Perioden oder kann der Zusammenhang mit dem Ertrag nur grob oder indirekt ermittelt werden, so sind nach Paragraph 96 des Rahmenkonzepts systematische Verteilungsverfahren anzuwenden, d. h., es sind planmäßige Abschreibungen vorzunehmen. Das *matching principle* korrespondiert mit dem Konzept der Periodenabgrenzung.[365]

Zur Abgrenzung der Zeit nach ist das bereits beschriebene Konzept der Periodenabgrenzung[366] zu befolgen. Der Ausweis von gesonderten Ertrags- oder Aufwandsposten als außerordentliche Posten ist nach aktuellem Stand der IFRS gemäß IAS 1.87 ausdrücklich untersagt. Dies gilt nicht nur für den Ausweis in der Gewinn- und Verlustrechnung, sondern auch im Anhang. Vor der Überarbeitung des IAS 1 und IAS 8 zum 1. Januar 2005 war das Periodenergebnis nach IAS 1.75 (g) a. F. (überarbeitet 1997) i. V. m. IAS 8.10 a. F. (überarbeitet 1993) in das Ergebnis aus der gewöhnlichen Tätigkeit und außerordentliche Posten aufzuspalten.[367] Mit den außerordentlichen Posten wurden Erträge und Aufwendungen aus nicht häufig oder regelmäßig wiederkehrenden Ereignissen oder Geschäftsvorfällen, wie die Folgen von Naturkatastrophen, von der gewöhnlichen Tätigkeit des Unternehmens abgesondert. Begründet wurde die Aufhebung dieser Aufspaltung mit der besonders problematischen Abgrenzung zwischen außergewöhnlicher und gewöhnlicher Tätigkeit des Unternehmens.[368] Dies dürfte jedoch die Entscheidungsnützlichkeit der Informationen beeinträchtigen, weil dem Adressaten eine derartige Unterscheidung der Erträge und Aufwendungen endgültig nicht mehr möglich ist. In der Kommentarliteratur wird die Vorgabe, zusätzliche Posten nach IAS 1.85 auszuweisen, bisweilen als „Auffangklausel"[369]

---

[364] PELLENS, B. et al., Rechnungslegung, 2008, S. 169.

[365] Vgl. ADLER, H./DÜRING, W./SCHMALTZ, K., Rechnungslegung international, 2002, Abschnitt 1, Rz. 201 f.

[366] Vgl. Gliederungspunkt 3.7.5.2.

[367] Vgl. ADLER, H./DÜRING, W./SCHMALTZ, K., Rechnungslegung international, 2002, Abschnitt 1, Rz. 204.

[368] Vgl. BRÜCKS, M./DIEHM, S./KERKHOFF, G., in: THIELE, S./VON KEITZ, I./BRÜCKS, M., Internationales Bilanzrecht, 2008, IAS 1, Rz. 275.

[369] BRÜCKS, M./DIEHM, S./KERKHOFF, G., in: THIELE, S./VON KEITZ, I./BRÜCKS, M., Internationales Bilanzrecht, 2008, IAS 1, Rz. 276.

bewertet, die dem Adressaten dennoch eine Darstellung unternehmensspezifischer Umstände und ein den tatsächlichen Verhältnissen entsprechendes Bild zusichert. In Anbetracht dessen, dass diese Vorgabe bereits in IAS 1.75 a. F. (überarbeitet 1997) enthalten war, soll dieser Auffassung widersprochen werden.

3.7.5.7 Kapital- und Kapitalerhaltungskonzepte

Die Zahlungsbemessungsfunktion gehört nicht zu den Zielsetzungen der IFRS. Folglich enthalten die IFRS keine dem Imparitäts- und Vorsichtsprinzip des HGB ähnlichen Bewertungsgrundsätze mit vergleichbarer Bedeutung für die Kapitalerhaltung. Jede Betrachtung der im Rahmenkonzept niedergelegten Kapitalerhaltungskonzepte im Zusammenhang mit Bewertungsregeln der IFRS beruht auf der Fiktion eines Zahlungsbemessungszwecks. Der Sinn der Kapitalerhaltung liegt „primär in der Begründung eines Rahmens zur Ermittlung des dem Unternehmen maximal entziehbaren Gewinnes"[370]. Von der Zielsetzung der IFRS unabhängig wird in den Paragraphen 102 bis 110 des Rahmenkonzepts auf Kapital- und Kapitalerhaltungskonzepte eingegangen.[371]

Das Rahmenkonzept unterscheidet zwischen finanzwirtschaftlicher (*financial capital maintenance*) und leistungswirtschaftlicher Kapitalerhaltung (*physical capital maintenance*).[372] Dem Unternehmen ist freigestellt, welche Konzeption es wählt. Ausschlaggebend sind nach Paragraph 103 des Rahmenkonzepts die Bedürfnisse der Adressaten. Sind die Adressaten primär „an der Erhaltung des investierten Nominalkapitals oder der Kaufkraft des investierten Kapitals interessiert", ist das finanzwirtschaftliche Kapitalkonzept zu wählen, gilt ihr Interesse der „betriebliche[n] Leistungsfähigkeit des Unternehmens" das leistungswirtschaftliche Kapitalkonzept. Richten sich die Interessen der Adressaten auf den Wert des Unternehmens, fehlt ein entsprechendes Kapitalkonzept.[373]

Ziel beider Kapitalkonzepte ist die Gewinnfeststellung, sie unterscheiden sich in ihrer Gewinndefinition. Gemäß der finanzwirtschaftlichen Kapitalerhaltung gilt ein Gewinn nach Paragraph 104 (a) des Rahmenkonzepts nur dann als erwirtschaftet, wenn der

---

[370] ADLER, H./DÜRING, W./SCHMALTZ, K., Rechnungslegung international, 2002, Abschnitt 1, Rz. 220.

[371] Vgl. BAETGE, J./KIRSCH, H.-J./THIELE, S., Bilanzen, 2007, S. 154.

[372] Zur finanzwirtschaftlichen und leistungswirtschaftlichen Kapitalerhaltung siehe ausführlich ADLER, H./DÜRING, W./SCHMALTZ, K., Rechnungslegung international, 2002, Abschnitt 1, Rz. 220-224; BAETGE, J. et al., in: BAETGE, J. et al., Kommentar, 2003, Teil A, Kapitel II, Rz. 182-188; PELLENS, B. et al., Rechnungslegung, 2008, S. 127.

[373] Vgl. ADLER, H./DÜRING, W./SCHMALTZ, K., Rechnungslegung international, 2002, Abschnitt 1, Rz. 221.

finanzielle Betrag des Eigenkapitals bzw. Reinvermögens am Ende der Berichtsperiode höher ist als zu Beginn der Berichtsperiode. Der Gewinn kann entweder in nominalen Geldeinheiten oder in Einheiten der konstanten Kaufkraft, d. h. in realen Einheiten, gemessen werden. Zur Feststellung des Gewinns gemäß der leistungswirtschaftlichen Kapitalerhaltung nach Paragraph 104 (b) des Rahmenkonzepts ist die physische Produktionskapazität, z. B. die Ausbringungsmenge pro Tag, zum Ende der Periode mit der zu Beginn der Periode zu vergleichen. Die leistungswirtschaftliche Kapitalerhaltung basiert auf dem Grundsatz der Substanzerhaltung.[374] Bei beiden Konzepten sind sämtliche Kapitalabführungen an die Anteilseigner und Kapitalzuführungen von den Anteilseignern vorher gesondert abzurechnen. Gemäß Paragraph 102 des Rahmenkonzepts wenden die meisten Unternehmen ein finanzwirtschaftliches Kapitalkonzept an.

Hat sich ein Unternehmen für das finanzwirtschaftliche Kapitalkonzept entschieden, so hat es ein entsprechendes finanzwirtschaftliches Kapitalerhaltungskonzept anzuwenden. Das Kapitalerhaltungskonzept bestimmt, „wie ein Unternehmen das Kapital definiert". Den weiteren Ausführungen des Paragraphen 105 des Rahmenkonzepts zufolge liefert es „die Verbindung zwischen den Kapitalkonzepten und den Erfolgskonzepten" und „den Anhaltspunkt dafür, wie Gewinn bewertet wird".

Problematisch gestaltet sich allerdings die Umsetzung der Kapitalerhaltung bei Betrachtung konkreter Regelungen der IFRS. Zwischen Rahmenkonzept und einzelnen Regelungen bestehen Diskrepanzen. Die Bewertung zum beizulegenden Zeitwert zielt weder auf das Konzept der Substanzerhaltung, noch ist es mit der realen und schon gar nicht mit der nominalen Bewertung in Einklang zu bringen.[375] Während die deutschen GoB auf der nominalen Kapitalerhaltung basieren,[376] ist im Rahmen der IFRS kein klares Konzept erkennbar.

3.7.6 Betrachtung de lege ferenda

3.7.6.1 Gegenüberstellung der Grundsätze beider Rechnungslegungssysteme

Die Ausführungen haben gezeigt, dass die Grundsätze im Normensystem der handelsrechtlichen Rechnungslegung und der IFRS differente Bedeutung haben, auch ihre Verbindlichkeitsgrade bezüglich der Anwendung sind unterschiedlich.

---

[374] Zu den Konzepten der nominellen und realen Kapitalerhaltung sowie der Substanzerhaltung siehe ausführlich BITZ, M./SCHNEELOCH, D./WITTSTOCK, W., Jahresabschluß, 2003, S. 66-70.
[375] Vgl. ADLER, H./DÜRING, W./SCHMALTZ, K., Rechnungslegung international, 2002, Abschnitt 1, Rz. 224.
[376] Vgl. RUHNKE, K., Rechnungslegung, 2008, S. 344.

Die GoB sind aus der handelsrechtlichen Rechnungslegung nicht wegzudenken, weil sie die gesetzlichen Einzelnormen konkretisieren und ergänzen.[377] Teilweise ermöglichen erst sie die Anwendung aufgestellter Vorschriften. Dabei ist zu beachten, dass bei der Anwendung der Einzelnormen nicht erst auf die GoB zurückgegriffen wird, wenn die gesetzlichen Einzelvorschriften zu keiner Lösung mehr führen. Sie wurden nicht konzipiert, um Regelungslücken zu schließen. Die GoB bilden vielmehr das Fundament für die Anwendung der Einzelnormen. Sie sind Teil eines planvollen Systems, was z. B. dem Aufstellungsgrundsatz des § 243 Abs. 1 HGB zu entnehmen ist.

Im Gegensatz dazu dienen die im Rahmenkonzept der IFRS formulierten Leitgedanken tatsächlich dazu, im Fall von Regelungslücken zu einer Lösung zu verhelfen, wie in IAS 8.11 (b) ausdrücklich formuliert. Sie fungieren nicht als Grundsätze für bestimmte Fragen der Bewertung, die Einzelvorschriften gehen in jedem Fall vor; nachzulesen in Paragraph 2 des Rahmenkonzepts. Mit der späteren Ergänzung der IFRS um das Rahmenkonzept bekennt sich das IASB dazu, dass „noch so ausgefeilte Rechtsvorschriften ... niemals alle denkbaren Einzelfälle des Lebens erfassen und regeln"[378] können. Die Einzelvorschriften der IFRS gelten zwar losgelöst vom Rahmenkonzept, dieses ist aber bei Regelungslücken nach Lösungsmöglichkeiten zu „durchforsten". Es eröffnen sich nicht zu unterschätzende Ermessensspielräume.

Bei der Aufstellung von Grundsätzen für ein adäquates Rechnungslegungssystem kleiner und mittelgroßer Unternehmen de lege ferenda soll dem Grundgedanken der Prinzipienorientierung gefolgt werden. Somit sind ihr Verbindlichkeitsgrad und ihre Bedeutung als hoch einzustufen. Da die Zwecke der Rechnungslegung ausschlaggebend sind und unterschiedliche Rechnungslegungssysteme verschiedene Zwecke verfolgen, wird zwischen Grundsätzen für Zwecke der Zahlungsbemessung und Informationsvermittlung, i. S. v. Entscheidungsorientierung, unterschieden.

3.7.6.2 Grundsätze für Zwecke der Zahlungsbemessung

Als Grundsätze für ein Rechnungslegungssystem, das den Zweck der Zahlungsbemessung erfüllen soll, sind die der handelsrechtlichen Rechnungslegung als sehr sinnvoll zu beurteilen. HGB und GoB bilden ein bewährtes System.[379] Eine weitere Diskussion

---

[377] Vgl. BAETGE, J./FEY, D./FEY, G., in: KÜTING, K./WEBER, C.-P., HdR, 1995, § 243 HGB, Rz. 3.

[378] BAETGE, J./KIRSCH, H.-J./THIELE, S., Bilanzen, 2007, S. 106.

[379] So MOXTER, A., Fundamentalgrundsätze, 1976, S. 89: „Seit den bahnbrechenden Arbeiten von *Leffson* ist es freilich nicht mehr ... leicht, die ‚*Grundsätze ordnungsmäßiger Buchführung*' beliebig zu interpretieren. Leffson hat die betriebswirtschaftlichen Inhalte der ‚Grundsätze ordnungsmäßiger Buchführung' konsolidiert; wir verfügen nun über gesicherte Wegmarken und deutliche Grenzpflöcke."

3.7 Grundsätze eines adäquaten Rechnungslegungssystems

zu den Grundsätzen für Zwecke der Zahlungsbemessung erübrigt sich somit. Positiv hervorzuheben sind vor allem das Realisations-, Imparitäts- und Vorsichtsprinzip. Alle drei Prinzipien sind als für Zwecke der Zahlungsbemessung spezifisch anzusehen.

3.7.6.3 Grundsätze für Zwecke der Informationsvermittlung

Bei den Grundsätzen für ein Rechnungslegungssystem, dass die Zwecke der Informationsvermittlung erfüllen soll, gibt es hingegen Diskussionsbedarf. Sie wurden in der Literatur als „Grundsätze ordnungsmäßiger Rechenschaft" häufig diskutiert,[380] sie sind jedoch weit weniger gefestigt.[381] ADOLF MOXTER stellt drei Kategorien von „Kerngrundsätzen" ordnungsmäßiger Rechenschaft auf, den „Grundsatz der adressatenorientierten Rechenschaft", den „Grundsatz der entscheidungsorientierten Rechenschaft" und den „Grundsatz der gefahrenorientierten Rechenschaft". Der erstgenannte ist den beiden anderen Grundsätzen vorgelagert. Rechenschaft kann immer nur gegenüber bestimmten Adressaten abgelegt werden; deren Informationsinteressen bestimmen den Rechenschaftsinhalt. Deshalb ist ohne eine Abgrenzung der Adressaten und ihrer Informationsinteressen keine sinnvolle Rechenschaft denkbar. Der Grundsatz der entscheidungsorientierten Rechenschaft betrifft die Entscheidungskonkretisierung und Entscheidungsrelevanz. Entscheidungskonkretisierung meint das Wissen, welche Art von Entscheidungen beeinflusst werden sollen. Entscheidungsrelevanz bedeutet, dass den Adressaten Inhalte für eine Verbesserung ihrer Entscheidungen bereitzustellen sind. Der Grundsatz der gefahrenorientierten Rechenschaft stellt auf die Konkretisierung und Abwägung der Gefahren, über die zu informieren ist, ab.[382]

Für die weitere Betrachtung sei noch einmal darauf hingewiesen, dass keine allgemeingültigen Grundsätze aufgestellt werden, sondern nur solche, die einem adäquaten Rechnungslegungssystem kleiner und mittelgroßer Unternehmen und den Informationsinteressen ihrer Adressaten, gemäß der vorangegangenen Untersuchung, gerecht werden.

---

[380] Beispielhaft seien für die Auseinandersetzung mit diesem Thema genannt DÖLLERER, G., Zweck, 1958, S. 1281-1284; BAETGE, J., Objektivierung, 1970, S. 1-214. Eine Aufzählung weiterer Literatur findet sich in MOXTER, A., Fundamentalgrundsätze, 1976, S. 89 f., Fn. 2.

[381] So MOXTER, A., Fundamentalgrundsätze, 1976, S. 89 f.: „Die Forschung hat sich ihrer bisher kaum angenommen; es ist noch nicht gelungen, dieses Stück ‚offengelassene Gesetzgebung' nennenswert auszufüllen. Das kann nicht überraschen: Die Erforschung derartiger Generalklauseln ist eine recht undankbare Aufgabe, gilt es doch *Interessenwertungen* vorzunehmen, vor deren Konkretisierung sich der Gesetzgeber selbst – aus welchen Gründen auch immer – gescheut hat."

[382] Vgl. MOXTER, A., Fundamentalgrundsätze, 1976, S. 94-99.

Die Annahme der Unternehmensfortführung, der Grundsatz der Pagatorik und der Einzelbewertung sind ohne Zweifel sinnvoll. Der Grundsatz der Einzelbewertung bezweckt ein möglichst hohes Maß an Objektivität, weshalb seine Befolgung zu begrüßen ist, jedoch muss es aus Praktikabilitätserwägungen die Möglichkeit geben, diesen Grundsatz in Einzelfällen zu durchbrechen.[383] Dies fördert nicht die Transparenz, welche für eine angemessene Informationsvermittlung notwendig wäre, ermöglicht aber die Anwendung von Bewertungsvereinfachungsverfahren.

Zur Sicherstellung einer angemessenen Informationsvermittlung sind die qualitativen Kriterien von wichtiger Bedeutung. Sie wurden ausreichend definiert.[384] Für die Adressaten kleiner und mittelgroßer Unternehmen sind sämtliche genannten Kriterien, vor allem die Verlässlichkeit der Daten und implizit der Grundsatz der Objektivität, wesentlich.

Zwischen den qualitativen Kriterien kommt es zu Zielkonflikten; die Schlichtung übernehmen gemäß IFRS die relativierenden Nebenbedingungen.[385] Würde eine grundsätzliche Rangfolge der Kriterien festgelegt, was de lege ferenda unbedingt zu empfehlen ist, wären diese nicht notwendig. Die Verlässlichkeit steht in der Rangfolge für kleine und mittelgroße Unternehmen eindeutig vor der Relevanz.

Für die Adressaten kleiner und mittelgroßer Unternehmen gilt, dass ihre Präferenzen eindeutig den verlässlichen, d. h. retrospektiven, und weniger den prognoseorientierten Informationen, die über zukünftige Zahlungsströme informieren sollen und entsprechend spekulativ sind, gelten. Die Adressaten kleiner und mittelgroßer Unternehmen gewinnen eine prospektive Einschätzung aus der Kombination verlässlicher Daten, die vergangenheitsorientiert sind, mit eigenen Erfahrungen und sich abzeichnenden Vorboten für zukünftige Ereignisse.[386] So können die Adressaten die Höhe der Wahrscheinlichkeiten möglich eintreffender Ereignisse selbst bewerten und für ihre Entscheidungen berücksichtigen. Eine prospektive Einschätzung in diesem Sinne basiert nicht auf prognoseorientierten Informationen, die sich aus Schätzwerten zusammensetzen und im Abschluss verwendet werden, als wären sie verlässlich. Dies belegt, dass der Verlässlichkeit jederzeit der Vorzug vor der Relevanz zu gewähren ist.

Werden den Adressaten statt verlässlicher Daten spekulative vorgelegt, besteht zum einen Unsicherheit, weil Schätzwerte hohe Risiken beinhalten, zum anderen gelten

---

[383] Vgl. Gliederungspunkt 0.
[384] Vgl. Gliederungspunkt 3.7.5.3.
[385] Vgl. Gliederungspunkt 3.7.5.4.
[386] Vgl. Gliederungspunkt 3.7.2.

3.7 Grundsätze eines adäquaten Rechnungslegungssystems

diese, unabhängig vom realen Unsicherheitsgrad, als gegeben. Dies gilt vor allem für zum beizulegenden Zeitwert bewertete Vermögenswerte.

Zu beachten ist auch, dass dem Kriterium der Vorsicht, wird ihm der Status eines Prinzips zugedacht, von weit höherer Bedeutung ist als in seiner Eigenschaft als qualitatives Kriterium der IFRS.[387] Eine Einschränkung, damit das Vorsichtsprinzip nicht, wie im Rahmen seiner Verwendung als Prinzip für die Zahlungsbemessung, missbraucht werden kann,[388] sollte jedoch de lege ferenda gemacht werden. Eine solche Einschränkung sollte sich in konkreten Einzelnormen wiederfinden. Von der Aufhebung des Vorsichtsprinzips[389] an sich und tendenziell jeglichem Verzicht auf Vorsicht ist abzuraten. Eine allzu sorglose Berichterstattung könnte die Adressaten zu leichtfertigen Entscheidungen verleiten, weil deren Risikoeinschätzung nicht mehr von Vorsicht, sondern Optimismus geprägt wird. Die Gefahr, dass falsche Entscheidungen getroffen werden, würde steigen. Falsche Entscheidungen können sich als existenzgefährdend erweisen. Auf das mit dem Vorsichtsprinzip zusammenhängende Realisations- und Imparitätsprinzip wird in einem der nächsten Abschnitte eingegangen.

Dokumentations-, Definitions- und Ansatzgrundsätze für die Bilanz sind im handelsrechtlichen Sinne zu übernehmen. Der zu erwartende künftige wirtschaftliche Nutzen sollte auf keinen Fall als Ansatzkriterium in Erwägung gezogen werden, denn dieses als unsicher zu beurteilende Kriterium würde sowohl den Grundsatz der Verlässlichkeit als auch der Objektivität stören, die obersten Grundsätze für die Adressaten kleiner und mittelgroßer Unternehmen.

Zu diskutieren ist in diesem Zusammenhang die wirtschaftliche Zurechnung von Vermögen. Diesem Grundsatz sollte unbedingt gefolgt werden, so dass Vermögenswerte bei Auseinanderfallen von zivilrechtlichem und wirtschaftlichem Eigentum in jedem Fall beim wirtschaftlichen Eigentümer zu aktivieren sind, denn nur so kann das Ziel,

---

[387] Vgl. Gliederungspunkt 3.7.5.2.

[388] Vgl. Gliederungspunkt 3.7.4.7.

[389] BALLWIESER hingegen fordert im Rahmen seiner Auseinandersetzung mit den „Informations-GoB" einen „Grundsatz der Unbeachtlichkeit des Vorsichtsprinzips", wobei er den Adressatenkreis nicht auf die Abschlüsse kleiner und mittelgroßer Unternehmen beschränkt, sondern im Gegenteil sehr weit fasst. Ein Grundsatz der Unbeachtlichkeit des Vorsichtsprinzips impliziert auch die Abschaffung von Realisations- und Imparitätsprinzip; vgl. BALLWIESER, W., in: BAETGE, J./KIRSCH, H.-J./THIELE, S., Bilanzrecht, 2002, § 264 HGB, Rz. 96 f.; BALLWIESER, W., Informations-GoB, 2002, S. 118.

den Adressaten Informationen über das Schuldendeckungspotenzial des Unternehmens zu geben, erreicht werden.[390]

Vorsichts-, Realisations- und Imparitätsprinzip sind als Ursache dafür anzusehen, dass Auskünfte über wichtige Erfolgspotenziale verloren gehen.

Das Realisationsprinzip sollte trotzdem weiterhin bestehen bleiben, weil unrealisierte Gewinne das Abbild der wirtschaftlichen Lage des Unternehmens verzerren. Potenziale, die mit großer Sicherheit vorhanden sind, sollten zusätzlich angezeigt werden. So würden die Risiken, Gewinne auszuschütten, die aus unvorhersehbaren Gründen doch nicht realisiert werden können, vermieden und Informationen über Erfolgspotenziale trotzdem vermittelt. Mit der Bewertung zum beizulegenden Zeitwert wird das Realisationsprinzip durchbrochen, weil dann Werte angesetzt werden können, die den Wert der Anschaffungs- und Herstellungskosten, auch der fortgeführten, übersteigen. Die Differenzbeträge fallen unter die unrealisierten Erträge. Als zusätzliche Information wäre die Einschätzung von Vermögenswerten mit ihren beizulegenden Zeitwerten von Interesse, grundsätzlich dürfte eine Beibehaltung des Realisationsprinzips bei den Adressaten auf Zustimmung stoßen.

Für das Imparitätsprinzip, als Ausprägung des Vorsichtsprinzips,[391] gilt ähnliches wie für das Vorsichtsprinzip selbst. Statt einer Einschränkung wäre es sinnvoller, dieses als Prinzip aufzuheben und imparitätische Regelungen nur noch durch entsprechende Klauseln in Einzelnormen zu erlassen.

3.7.7 Ergebnisse zu den Grundsätzen eines adäquaten Rechnungslegungssystems

Die bedeutendsten Unterschiede zwischen den Grundsätzen für Zwecke der Zahlungsbemessung und der Informationsvermittlung gründen sich auf das Vorsichtsprinzip und mit ihm auf das Realisations- und Imparitätsprinzip. Alle anderen Prinzipien entsprechen sich weitgehend, können jedoch in ihrer Ausgestaltung different sein. Zum einen sind zusätzliche Regelungen zu den genannten Grundsätzen für Zwecke der Informationsvermittlung notwendig, z. B. zur Festlegung einer Rangfolge der qualita-

---

[390] Vgl. dazu die Diskussionen um die Änderung des § 246 Abs. 1 Satz 2 HGB durch das BilMoG, mit welchem der Grundsatz der wirtschaftlichen Zurechnung im HGB verankert wurde; siehe Entwurf eines Gesetzes zur Modernisierung des Bilanzrechts (Bilanzrechtsmodernisierungsgesetz – BilMoG), BT-Drucks. 16/10067 vom 30.07.2008, S. 47, 116 f. und 122; HOFFMANN, W.-D./LÜDENBACH, N., Schwerpunkte, 2008, S. 49 f.; OSER, P. et al., Eckpunkte des Regierungsentwurfs, 2008, S. 676; PETERSEN, K./ZWIRNER, C., Umbruch RegE, 2008, S. 7.

[391] Vgl. Gliederungspunkt 3.7.4.7.

3.7 Grundsätze eines adäquaten Rechnungslegungssystems

tiven Kriterien bei Konflikten, zum anderen kann eine zweckkonforme Umsetzung in den Einzelregelungen der jeweiligen Rechnungslegungssysteme verschieden sein.

Die Trennung in Grundsätze zu Zwecken der Zahlungsbemessung und Informationsvermittlung wurde bewusst gewählt und wird für die weitere Betrachtung de lege ferenda beibehalten. Erst an späterer Stelle wird darauf eingegangen, wie diese in ein einziges Rechnungslegungssystem für kleine und mittelgroße Unternehmen integriert werden können.[392]

Die Anforderungskriterien der Adressaten kleiner und mittelgroßer Unternehmen an die Abschlüsse sind andere als die der Adressaten großer Unternehmen, ihre Informationsbedürfnisse sind different. Auch die Adressaten von Abschlüssen kleiner und mittelgroßer Unternehmen fordern retrospektive und prospektive Informationen über das Unternehmen. Bei den retrospektiven Informationen sind Verlässlichkeit und Objektivität vorrangig. Sie wünschen ebenso prospektive Informationen, im Gegensatz zu den Adressaten großer Unternehmen aber keine spekulativen, i. S. v. prognoseorientierten Informationen, sondern Informationen, die ihre Einschätzung des künftigen Unternehmensverlaufs auf Basis der retrospektiven Informationen und Erfahrungswerte um weitere wertvolle Informationen ergänzen. Auf eine Differenzierung der Anforderungskriterien von Adressaten „kleiner", „wachsender" und „mittlerer" Unternehmen wurde an dieser Stelle bewusst verzichtet, weil ein Rechnungslegungssystem für all diese Unternehmen letztendlich gleich sein sollte.

Die de lege ferenda aufgestellten Grundsätze eines adäquaten Rechnungslegungssystems sprechen gegen die IFRS, jedoch kann bezüglich der Vorteilhaftigkeit von IFRS für kleine und mittelgroße Unternehmen noch keine Aussage getroffen werden, weil die Grundsätze, wie bereits festgestellt, von untergeordneter Bedeutung sind und nicht unmittelbar zum Rechnungslegungssystem der IFRS gehören. Zwar sind diese Grundsätze und die gemachten Ausführungen von wichtiger Bedeutung für die weitere Untersuchung und die an späterer Stelle fortgesetzte Betrachtung de lege ferenda, sie lassen aber an dieser Stelle noch keine Beurteilung der internationalen Rechnungslegung nach IFRS bzw. IFRS für KMU und der „modernisierten" handelsrechtlichen Rechnungslegung zu.

---

[392] Siehe dazu Kapitel 6.

4 Untersuchung der Vorteilhaftigkeit von IFRS-Abschlüssen im Vergleich zu HGB-Abschlüssen

4.1 In der Literatur genannte Argumente für eine Anwendung der IFRS

In der Diskussion um die Anwendung der IFRS auf Abschlüsse kleiner und mittelgroßer Unternehmen werden folgende Argumente[1] hervorgehoben:

- IFRS-Abschlüsse verbessern aufgrund ihrer angemessenen Abbildung der wirtschaftlichen Lage des Unternehmens die Möglichkeit der Konvergenz von internem und externem Rechnungswesen.

- IFRS-Abschlüsse verhelfen kleinen und mittelgroßen Unternehmen zu besseren Ratingergebnissen bei der Beschaffung von Fremdkapital und erleichtern die Eigenfinanzierung durch Private Equity.

- IFRS-Abschlüsse ermöglichen kleinen und mittelgroßen Unternehmen, international zu agieren und ihren Aktionsradius auf internationale Absatz- und Beschaffungsmärkte auszuweiten, indem sie die Vergleichbarkeit mit Konkurrenten anderer Länder fördern.

In der Literatur[2] werden weitere Umstellungsgründe angeführt, die weniger bedeutend sind. Aus diesem Grund bleibt die Betrachtung auf die genannten begrenzt.

Zu den Argumenten folgen zunächst ausführliche Erläuterungen und erste Hintergrundinformationen, bevor in den Gliederungspunkten 4.2 bis 4.4 eine gründliche Prüfung auf ihre Fundierung und Haltbarkeit zur Begründung einer Vorteilhaftigkeit von IFRS-Abschlüssen vorgenommen wird. Die aus den Argumenten abgeleiteten subjunktionellen Behauptungen bilden die zu prüfenden Prämissen. Nur wenn diese erfüllt sind, gilt die Vorteilhaftigkeit als bestätigt.

Hervorgerufen durch die zunehmende Globalisierung wird seit Anfang der 90er Jahre eine Harmonisierung von internem und externem Rechnungswesen für Konzerne diskutiert.[3] Inzwischen ist die Konvergenz von internem und externem Rechnungswesen

---

[1] Vgl. zu den genannten Argumenten auch BÖCKING, H.-J., IAS, 2001, S. 1438 f.; MANDLER, U., Mittelstand, 2004, S. 77-86; WINKELJOHANN, N./ULL, T., Aktueller Stand, 2004, S. 430 f.; LITTKEMANN, J./SCHULTE, K./KRAFT, S., Umstellung, 2005, S. 285-292; HAHN, K., Horrorszenario, 2007, S. 200-205; METH, D., IFRS, 2007, S. 65-68; SENGER, T., Begleitung, 2007, S. 413 f.

[2] Vgl. die in Fn. 1 genannten Quellen.

[3] Als Auslöser der Diskussion wird in der Literatur die Umstellung der Rechnungslegung des Siemens-Konzerns genannt; vgl. z. B. KÜPPER, H.-U., Unternehmensplanung, 1995, S. 20; HALLER, A., Eignung, 1997, S. 271. Die Siemens AG stellte zum Beginn des Geschäftsjahres 1992/1993 die Gewinn- und Verlustrechnung zwecks Konvergenz mit dem internen Rechnungslegung vom Gesamtkosten- auf das Umsatzkostenverfahren um. Den entscheidenden Vortrag hielt ZIEGLER auf der Schmalenbach-Tagung am 27.04.1993 in Neuss, abgedruckt wurde dieser in überarbeiteter Fassung in der zfbf 1994, S. 175-188.

ein in der Literatur häufig genanntes Argument für die Aufstellung eines Einzelabschlusses nach IFRS, auch für kleine und mittelgroße Unternehmen.[4] Die Dualität des deutschen Rechnungswesens geht zurück auf die „bahnbrechenden Arbeiten"[5] EUGEN SCHMALENBACHS. International hat sich diese Verfahrensweise nicht durchgesetzt,[6] insbesondere Ländern mit angloamerikanisch geprägten Rechnungslegungssystemen, wie den US-GAAP oder IFRS, ist eine solche Trennung fremd.[7]

Zur Unternehmensfinanzierung haben kleine und mittelgroße Unternehmen – neben der Finanzierung durch die eigenen Gesellschafter – im Wesentlichen die Möglichkeit der Fremdfinanzierung durch Kreditgeber oder der Eigenfinanzierung durch Private Equity.[8] „Private Equity" steht als Oberbegriff für die Bereitstellung von Eigenkapital an nicht kapitalmarktorientierte Unternehmen.[9]

Die Fremdfinanzierung hat den eindeutig höheren Stellenwert. Die wichtigsten Kreditgeber sind Banken und Sparkassen,[10] im weiteren Text wird der Begriff Kreditinstitute verwendet. Mit den Überlegungen um die Vorschriften der „Neuen Baseler Eigenkapitalvereinbarung", kurz „Basel II",[11] verstärkte sich die Diskussion um die Frage, ob IFRS-Abschlüsse kleinen und mittelgroßen Unternehmen zu einem besseren Rating verhelfen könnten.[12] Mit Basel II soll die Kreditvergabe künftig stärker an der Kreditwürdigkeit der Kreditnehmer ausgerichtet werden. Mithilfe von Ratings bewerten die Kreditgeber die zukünftige Liquidität des Kreditnehmers.[13] Der Begriff „Rating" bezieht sich sowohl auf den Prozess als auch auf das Ergebnis.[14] Grundsätzlich gilt: je schlechter das Ratingergebnis, desto höher die Kreditkosten.[15]

---

[4] Vgl. z. B. MANDLER, U., Mittelstand, 2004, S. 82 f.; SENGER, T., Begleitung, 2007, S. 414.

[5] Arbeitskreis „Internes Rechnungswesen" der Schmalenbach-Gesellschaft, Unternehmensrechnung, 1999, S. 2 und zu detaillierten Ausführungen S. 12-14.

[6] Vgl. Arbeitskreis „Internes Rechnungswesen" der Schmalenbach-Gesellschaft, Unternehmensrechnung, 1999, S. 2.

[7] Vgl. auch HALLER, A., Eignung, 1997, S. 271.

[8] In der Literatur häufig als „externe Eigenkapitalfinanzierung" bezeichnet; vgl. z. B. TRAGESER, C., IFRS, 2008, S. 23.

[9] Vgl. BURKHART, B., Private Equity, 2006, S. 198.

[10] Vgl. z. B. PAUL, S./STEIN, S., Qualitätsampel, 2003, S. 420 f.; KRUTH, B.-J., Anwendung, 2006, S. 173.

[11] Vgl. DVFA-Kommission Rating Standards, Arbeitskreis 2 „Validierung", Validierungsstandards, 2004, S. 596; MANDLER, U., Mittelstand, 2004, S. 83.

[12] Vgl. OEHLER, R., Auswirkungen, 2006, S. 113.

[13] Vgl. GLEIßNER, W./FÜSER, K., Rating, 2003, S. 11; OEHLER, R., KMU, 2005, S. 145.

[14] Vgl. HOFMANN, G., Rating, 2004, S. 264.

[15] Vgl. GLEIßNER, W./FÜSER, K., Rating, 2003, S. 4.

Obwohl die Eigenfinanzierung durch Private Equity seit einigen Jahren an Bedeutung gewonnen hat[16] – in anderen Ländern, wie Großbritannien, noch wesentlich mehr als in Deutschland –[17] ist sie relativ gesehen nach wie vor von geringer Bedeutung.[18] Eigenkapitalgeber, im weiteren Verlauf als Beteiligungsgesellschaften bezeichnet, sind vor allem Kreditgeber, Versicherungen, Venture-Capital-Gesellschaften, Private-Equity-Fonds und Business Angels.[19] Diese fordern international vergleichbare Abschlüsse.[20]

Die zunehmende Bedeutung internationaler Märke – auch für kleine und mittelgroße Unternehmen – ist evident. Der Außenhandel wächst seit Jahren stärker als das Bruttosozialprodukt. Die Exporte im Verhältnis zum Bruttoinlandsprodukt sind von 1995 bis 2007 von 24 % auf 47 % gestiegen.[21] In diesem Zusammenhang ist zu erwarten, dass IFRS-Abschlüsse den internationalen Erfolg kleiner und mittelgroßer Unternehmen fördern.

4.2 Konvergenz von internem und externem Rechnungswesen

4.2.1 Einführung

Das betriebliche Rechnungswesen in deutschen Unternehmen besteht nach dem sog. Zweikreissystem aus zwei differenzierten Rechnungslegungssystemen, dem externen und dem internen Rechnungswesen.[22] Sie verfolgen verschiedene Zielsetzungen.[23] Das

---

[16] Vgl. BURKHART, B., Private Equity, 2006, S. 197; TRAGESER, C., IFRS, 2008, S. 23.

[17] Das Investitionsvolumen der Beteiligungsgesellschaften mit Sitz in Großbritannien lag im Jahr 2006 bei 40,9 Mrd. € und im Jahr 2007 bei 34,2 Mrd. €, gefolgt von Frankreich mit 10,1 Mrd. € 2006 und 12,3 Mrd. € 2007. An dritter Stelle in der Rangfolge, aufgestellt vom Bundesverband deutscher Kapitalbeteiligungsgesellschaften (BVK), steht Deutschland mit 3,5 Mrd. € 2006 und 7,5 Mrd. € 2007; vgl. BVK, Private Equity, 2008, S. 6.

[18] Laut Bundesverband deutscher Kapitalbeteiligungsgesellschaften (BVK) lag der Anteil der Private-Equity-Investitionen am Bruttoinlandsprodukt im Jahr 2006 bei 0,16 % und im Jahr 2007 bei 0,17 %; vgl. BVK, Fakten, 2008, S. 1.

[19] Vgl. KAHLE, H./DAHLKE, A., IFRS, 2007, S. 315.

[20] Vgl. z. B. TRAGESER, C., IFRS, 2008, S. 23.

[21] Erfasst wurden sowohl Exporte von Waren als auch von Dienstleistungen; vgl. LO, V., Mittelstand, 2008, S. 1 f.

[22] Vgl. z. B. MÄNNEL, W., Harmonisierung, 1999, S. 13 f.; WINKELJOHANN, N./ULL, T., Relevanz, 2006, S. 11 f. Zur historischen Entwicklung des Zweikreissystems siehe KLEIN, G. A., Konvergenz, 1999, S. 67 f. und besonders ausführlich SCHAIER, S., Konvergenz, 2007, S. 39-75.

[23] Vgl. z. B. COENENBERG, A. G., Einheitlichkeit, 1995, S. 2078; KÜTING, K./LORSON, P., Spannungsfeld, 1998, S. 469 f.; STAHL, H.-W., Unternehmensergebnisse, 1999, S. 31; KÜMPEL, T., Integration, 2002, S. 905; WINKELJOHANN, N./ULL, T., Relevanz, 2006, S. 12.

externe Rechnungswesen dient der Gewinnermittlung und folgt der Konzeption der nominellen Kapitalerhaltung. Die Informationen gelten primär den externen Adressaten.[24] Das interne Rechnungswesen orientiert sich an der betrieblichen Leistung und dient der Unternehmensführung als Kontroll-, Steuerungs- und Planungsinstrument. Ihm liegt die Konzeption der Substanzerhaltung zugrunde. Das interne Rechnungswesen wird im Eigeninteresse der Unternehmensführung erstellt.[25] Es unterliegt keinerlei verpflichtenden Regelvorgaben, sondern ist prinzipiell frei gestaltbar.[26]

Die Vielfalt der betriebsindividuellen Informationswünsche führt dazu, dass die Zweck- und Schwerpunktsetzungen interner Rechnungslegungssysteme different sind.[27] In der Literatur sind zwei Hauptströmungen bezüglich der vom internen Rechnungswesen zu erfüllenden Funktionen erkennbar.

Die eine Strömung wird von ADOLF G. COENENBERG vertreten. Er nennt als interne Zwecke der Kostenrechnung zum einen die Kontrollfunktion und zum anderen die Planungsfunktion, ergänzend kommt als externe Aufgabe die Dokumentationsfunktion hinzu. Zur Unternehmenskontrolle werden Kontrollrechnungen benötigt, die den individuellen Wünschen entsprechende Informationen über die Ist-Situation des Unternehmens zur Überwachung und Steuerung bereitstellen. Planungsrechnungen dienen als Grundlage für Entscheidungsfindung und -vollzug und beinhalten zahlreiche Prognoseinformationen. Die externe Aufgabe der Dokumentation besteht darin, kostenbezogene Werte als Unterstützung für das externe Rechnungswesen zu liefern.[28]

Gemäß der anderen Strömung wird zwischen Verhaltenssteuerungs- und Entscheidungsfunktion unterschieden.[29] Kontrollrechnungen bilden die Grundlage für die Gestaltung von Anreizsystemen zur Induzierung und Optimierung von Entscheidungen

---

[24] Vgl. z. B. PFAFF, D., Notwendigkeit, 1994, S. 1069; SCHNEIDER, D., Rechnungswesen, 1997, S. 29 f.; COENENBERG, A. G., Jahresabschluss, 2005, S. 5; WAGENHOFER, A./EWERT, R., Externe Unternehmensrechnung, 2007, S. 3 f.; WALA, T./KNOLL, L./MESSNER, S., Vor- und Nachteile, 2007, S. 1834.

[25] Vgl. SCHNEIDER, D., Rechnungswesen, 1997, S. 30; KÜTING, K./LORSON, P., Spannungsfeld, 1998, S. 469; KÜMPEL, T., Integration, 2002, S. 905.

[26] Vgl. KÜPPER, H.-U., Unternehmensplanung, 1995, S. 24; KÜPPER, H.-U., Zweckmäßigkeit, 1999, S. 6; HEYD, R., Harmonisierung, 2001, S. 202; SCHAIER, S., Konvergenz, 2007, S. 126; EWERT, R./WAGENHOFER, A., Interne Unternehmensrechnung, 2008, S. 4.

[27] Vgl. KLEIN, G. A., Unternehmenssteuerung, 1999, S. 19 f.

[28] Vgl. COENENBERG, A. G., Einheitlichkeit, 1995, S. 2078; COENENBERG, A. G./FISCHER, T. M./GÜNTHER, T., Kostenrechnung, 2007, S. 22-23.

[29] Vgl. PFAFF, D., Kosteninformationen, 1995, S. 121; EWERT, R./WAGENHOFER, A., Interne Unternehmensrechnung, 2008, S. 6-11.

4.2 Konvergenz von internem und externem Rechnungswesen

der Geschäftsführung.[30] Dabei wird von einer Trennung von Eigentum und Leitung ausgegangen, die Geschäftsführer sind angestellt. Nur für solche Unternehmen ist die Verhaltenssteuerungsfunktion von Bedeutung. Planungsrechnungen bilden die Grundlage für operative (kurzfristig wirksame) und strategische (langfristig wirksame) Entscheidungen.[31] Die Verhaltenssteuerungsfunktion betrifft die Steuerung, Kontrolle und Koordination fremder Entscheidungen, die Entscheidungsfunktion hingegen die Beeinflussung eigener Entscheidungen durch Planung und Kontrolle.[32] Folglich ist die Verhaltenssteuerungsfunktion für kleine und mittelgroße Unternehmen von untergeordneter Bedeutung, weil nur wenige „mittlere" Unternehmen betroffen sind. Deshalb wird auf diese Funktion im Rahmen der Untersuchung nur am Rande eingegangen.[33]

Der folgenden Untersuchung liegt die Unterscheidung gemäß ADOLF G. COENENBERG zugrunde. Die Forderung nach Konvergenz von internem und externem Rechnungswesen kann sich nur auf die Funktionsbereiche beziehen, die im Wesentlichen zweckidentisch sind.[34] Im Betrachtungsfokus der Konvergenzbestrebungen stehen die Kontrollfunktion des internen und die Informationsfunktion des externen Rechnungswesens. Darüber hinaus sollen Potenziale des Zusammenwirkens von internem und externem Rechnungswesen bei Planungsentscheidungen diskutiert werden. Die gemeinsame Verwendung von Daten für das interne und externe Rechnungswesen würde zu Reduktionen von Aufwand und Kosten führen.[35]

Für die Untersuchung wurde bewusst der Begriff „Konvergenz", und nicht die in der Literatur verwendeten Synonyme der „Harmonisierung" oder „Integration", gewählt. Unter Konvergenz ist eine Annäherung und keine völlige Übereinstimmung zu verstehen wie bei der Harmonisierung; auch eine Integration fordert ein komplett einheitliches System.[36] Die im Verlauf des Textes verwendeten Begriffe „Zusammenwirken", „Koordination" oder „Verknüpfung" werden synonym gebraucht.

---

[30] Vgl. EWERT, R., Fair Values, 2006, S. 30.
[31] Vgl. EWERT, R., Fair Values, 2006, S. 24 und S. 27.
[32] Vgl. PFAFF, D., Kosteninformationen, 1995, S. 121.
[33] Ausführliche Untersuchungen zur Verhaltenssteuerungsfunktion im Zusammenhang mit Konvergenzbestrebungen finden sich z. B. bei PFAFF, D., Kosteninformationen, 1995, S. 119-156.
[34] Vgl. MELCHER, W., Konvergenz, 2002, S. 16.
[35] Zu weiteren möglichen Vorteilen siehe z. B. MELCHER, W., Konvergenz, 2002, S. 40-44 oder TROßMANN, E./BAUMEISTER, A., Harmonisierung, 2005, S. 636.
[36] Zu diesem Verständnis und weiteren Definitionsmöglichkeiten des Konvergenzbegriffs siehe ausführlich KÜTING, K./LORSON, P., Harmonisierung, 1999, S. 47 f., MELCHER, W., Konvergenz, 2002, S. 14-18 oder SCHAIER, S., Konvergenz, 2007, S. 17 m. w. N. und S. 108-111 m. w. N.

Zu unterscheiden ist zwischen Unternehmen, die neben dem jährlichen HGB-Abschluss keine zusätzliche interne Unternehmensrechnung aufstellen, und Unternehmen, die ein ihren Bedürfnissen entsprechendes System entwickelt haben und regelmäßig eine interne Unternehmensrechnung erstellen. Die erstgenannten Unternehmen verwenden den vorhandenen HGB-Abschluss zu Kontroll-, Steuerungs- und Planungszwecken. Dies dürfte primär auf kleine Unternehmen zutreffen. Alle anderen Unternehmen führen zwei differenzierte Rechnungslegungssysteme. Für beide Unternehmenstypen ist zu diskutieren, ob sich bei Erstellung von IFRS-Abschlüssen eine Vorteilhaftigkeit zugunsten der Konvergenz von internem und externem Rechnungswesen abzeichnet.

4.2.2 Mögliche Vorteile

Das in der Literatur wohl häufigste Argument für eine Verknüpfung von internem und externem Rechnungswesen ist die besondere Eignung der Rechnungslegungsdaten nach IFRS für die interne Berichterstattung.[37] Die Steuerungsqualität der Rechnungslegung nach IFRS wird verglichen mit der handelsrechtlichen Rechnungslegung als sehr viel höher eingeschätzt.[38] Das ausschließliche Ziel der Bereitstellung von entscheidungsnützlichen Informationen korrespondiert mit der Zielsetzung des internen Rechnungswesens, was als Indiz für eine Konvergenz von internem und externem Rechnungswesen gedeutet wird.[39] Empirisch wird die Vorteilhaftigkeit der IFRS jedoch zumeist nur im Zusammenhang mit Konzernabschlüssen und von kapitalmarktorientierten Unternehmen bestätigt.[40] Fraglich ist, ob eine solche Vorteilhaftigkeit generell

---

[37] Vgl. NOBACH, K./ZIRKLER, B., Bedeutung, 2006, S. 738; SCHAIER, S., Konvergenz, 2007, S. 119 f.

Angemerkt sei, dass in diesem Gliederungspunkt 4.2 häufig aus Quellen zitiert wird, die sich nicht speziell mit der Konvergenz von interner und externer Rechnungslegung auf Basis der IFRS, sondern der US-GAAP, beschäftigen. Ausführungen zu den US-GAAP lassen sich auf die IFRS übertragen; vgl. HALLER, A., Eignung, 1997, S. 271 oder KÜTING, K./LORSON, P., Spannungsfeld, 1998, S. 469, Fn. 1.

[38] Vgl. z. B. BUSSE VON COLBE, W., Paradigmawechsel, 2002, S. 160; KAHLE, H., Unternehmenssteuerung, 2003, S. 773 f.; LORSON, P., Harmonisierung, 2007, S. 308.

[39] Vgl. TROBMANN, E./BAUMEISTER, A., Harmonisierung, 2005, S. 631.

[40] Vgl. dazu die empirischen Studien von HORVÁTH, P./ARNAOUT, A., Einheit, 1997, S. 254-269; WEIßENBERGER, B. E./STAHL, A. B./VORSTIUS, S., Umstellung, 2004, S. 5-16; HARING, N./PRANTNER, R., Konvergenz, 2005, S. 147-154; JAHNKE, H./WIELENBERG, S./SCHUMACHER, H., Integration, 2007, S. 366: „In allen drei Studien wird der Zusammenhang zwischen IFRS-Umstellung und Harmonisierung des Rechnungswesens als relevant eingeschätzt." Zu ähnlichen Ergebnissen kommen von KEITZ, I./STIBI, B., Rechnungslegung, 2004, S. 423-429 und BDI/ERNST & YOUNG, Umbruch, 2005, S. 28 f. Andere Ergebnisse präsentiert MANDLER, dessen empirische Untersuchung sich auf mittelständische Unternehmen bezieht; vgl. MANDLER, U., Argumente, 2003, S. 683.

4.2 Konvergenz von internem und externem Rechnungswesen

gegeben ist und ob sie ausreicht, um eine Notwendigkeit für IFRS-Abschlüsse in kleinen und mittelgroßen Unternehmen zu begründen.[41]

Dem genannten Hauptargument der

- besonderen Eignung der IFRS-Rechnungslegung für interne Berichtszwecke

sind die folgenden Vorteilsnennungen unterzuordnen bzw. hinzuzufügen:

- Das Zweikreissystem führt oftmals zu zwei verschiedenen Ergebnisgrößen für die gleiche Periode, was Verwirrungen und Interpretationsschwierigkeiten mit sich bringt und ein nicht zu unterschätzendes Konfliktpotenzial zwischen Geschäftsführung und externen Adressaten bildet.[42] Durch ein IFRS-basiertes internes Rechnungswesen wären die Rechnungslegungsregeln bekannt und der Weg zum Ergebnis einheitlich und nachvollziehbar.[43]

- Im Gegensatz zum bisherigen internen Rechnungswesen, das zurückgehend auf EUGEN SCHMALENBACH[44] unter anderem auf kalkulatorischen Kosten beruht, werden im Rahmen des externen Rechnungswesens nur pagatorische Größen verwendet. Bei Koordination von internem und externem Rechnungswesen würde die interne Berichterstattung ganz, oder zumindest teilweise, von kalkulatorischen Rechengrößen befreit.[45] Bestehende Ermessensspielräume, die zu Manipulationszwecken missbraucht werden könnten, würden damit verringert.[46]

Die genannten Vorteile, deren Aufzählung keinen Anspruch auf Vollständigkeit erhebt,[47] können nur dann als tragfähige Argumente betrachtet werden, wenn sich deutliche Vorteile bei der Konvergenz von internem und externem Rechnungswesen im Vergleich zur bisherigen Trennung abzeichnen. Bedingung ist, dass der Nutzen des

---

[41] Vgl. dazu die empirische Untersuchung von JAHNKE, H./WIELENBERG, S./SCHUMACHER, H., Integration, 2007, S. 365-376.

[42] Vgl. z. B. BRUNS, H.-G., Harmonisierung, 1999, S. 593; MÄNNEL, W., Harmonisierung, 1999, S. 14; MENN, B.-J., Auswirkungen, 1999, S. 642; HEYD, R., Harmonisierung, 2001, S. 203; WAGENHOFER, A., Zusammenwirken, 2006, S. 13.

[43] Vgl. WALA, T./KNOLL, L./MESSNER, S., Vor- und Nachteile, 2007, S. 1882.

[44] Vgl. SCHMALENBACH, E., Kostenrechnung, 1963, S. 26-40.

[45] Vgl. KÜTING, K./LORSON, P., Grundsätze, 1998, S. 2254 f.; Arbeitskreis „Internes Rechnungswesen" der Schmalenbach-Gesellschaft, Unternehmensrechnung, 1999, S. 3; MÄNNEL, W., Harmonisierung, 1999, S. 17; MELCHER, W., Konvergenz, 2002, S. 112.

[46] Vgl. HEYD, R., Harmonisierung, 2001, S. 203.

[47] Zu weiteren Vorteilen siehe KLEIN, G. A., Konvergenz, 1999, S. 68; WALA, T./KNOLL, L./MESSNER, S., Vor- und Nachteile, 2007, S. 1882.

IFRS-Abschlusses größer ist als der Nutzen der herkömmlichen internen Rechnungslegung. Aufwand und Kosten für seine Erstellung sind im Idealfall geringer, aber auf keinen Fall höher, als für die Erstellung der bisher verwendeten internen Rechnungslegungsinstrumente.

Ist eine besondere Eignung der IFRS-Rechnungslegung für interne Berichtszwecke vorhanden, so wäre eine Konvergenz der Kontrollfunktion des internen Rechnungswesens und der Informationsfunktion des externen Rechnungswesens sinnvoll. In einem ersten Untersuchungsschritt soll in Gliederungspunkt 4.2.3 daher die besondere Eignung der IFRS-Rechnungslegung für interne Rechnungslegungszwecke überprüft werden. In einem zweiten Untersuchungsschritt in Gliederungspunkt 4.2.4 ist die Frage zu beantworten, ob eine einheitliche Ergebnisermittlung durch einen IFRS-Abschluss begünstigt wird. Es handelt sich um eine Teilkonvergenz, welche die Gewinn- und Verlustrechnung des externen Rechnungswesens und die interne Betriebsergebnisrechnung betrifft. Die Untersuchung in Gliederungspunkt 4.2.5 bezieht sich auf ein mögliches Zusammenwirken im Rahmen der Planungsfunktion. Zugunsten der Verwendung von pagatorischen Werten des IFRS-Abschlusses soll auf kalkulatorische Kosten verzichtet werden.

4.2.3 Besondere Eignung der IFRS-Rechnungslegung für interne Berichtszwecke

4.2.3.1 Überblick

Für die besondere Eignung der Daten einer IFRS-Rechnungslegung zur Verwendung im internen Rechnungswesen werden verschiedene Gründe genannt.

Zum einen wird argumentiert, dass die aus der Zielsetzung der IFRS hervorgehenden qualitativen Kriterien mit den Anforderungskriterien an eine interne Kontrollrechnung übereinstimmen.[48] Die interne Berichterstattung gilt dann als effektiv, wenn mindestens die Kriterien der Vergleichbarkeit, der Kommunikationsfähigkeit und der Wirtschaftlichkeit erfüllt sind.[49] Aufgrund dieser identischen Ausgangsbasis sei die Verwendung der Daten des IFRS-Abschlusses für das interne Rechnungswesen ideal.

Des Weiteren wird die Vorteilhaftigkeit der IFRS mit der Inadäquatheit des gläubigerschutzorientierten HGB begründet. Der HGB-Abschluss sei dem „multipolaren Span-

---

[48] Vgl. HALLER, A., Eignung, 1997, S. 272; KÜTING, K./LORSON, P., Spannungsfeld, 1998, S. 473; WINKELJOHANN, N./ULL, T., Relevanz, 2006, S. 12; JAHNKE, H./WIELENBERG, S./SCHUMACHER, H., Integration, 2007, S. 366.
[49] Vgl. KAHLE, H., Unternehmenssteuerung, 2003, S. 774.

nungsfeld"[50] zwischen Zahlungsbemessung und Information ausgesetzt. Durch das Zurücktreten der Informations- hinter der Zahlungsbemessungsfunktion könne schon bei alleiniger Betrachtung des HGB-Abschlusses ohne Konvergenzbestrebungen festgestellt werden, dass dieser die Adressaten nur unzureichend informiere.[51] Folglich sei er für die Nutzung im Rahmen von Konvergenzbestrebungen erst recht ungeeignet. IFRS-Abschlüsse lieferten exaktere Steuerungsgrößen,[52] weil sie ausschließlich der Informationsfunktion dienen.[53] Damit würden die IFRS den betriebswirtschaftlichen Anforderungen der internen Berichterstattung durch die Dominanz des Periodisierungsgrundsatzes und die Nachrangigkeit des Vorsichtsprinzips besser gerecht.[54] Zwar soll der Informationswert von HGB-Abschlüssen durch das BilMoG verbessert werden, Änderungen bezüglich des Periodisierungsgrundsatzes und Vorsichtsprinzips, die Gegenstand der folgenden Analyse sind, wurden jedoch nicht beabsichtigt. Deshalb kann die beschriebene Ausgangslage weiterhin als gegeben angesehen werden.

Die beiden genannten Argumentationsvarianten werden in den folgenden Gliederungspunkten geprüft.

4.2.3.2 Steuerungsorientierte Kotrollrechnung und IFRS-basierte Konvergenzrechnung

4.2.3.2.1 Vorbemerkung

Um herauszufinden, ob eine besondere Eignung der IFRS-Rechnungslegung für eine Annäherung der Kontrollfunktion des internen und der Informationsfunktion des externen Rechnungswesens gegeben ist, soll von der „steuerungsorientierten Kontrollrechnung"[55] des internen Berichtswesens und seinen zu erfüllenden Prämissen ausgegangen werden. Die ausgewählten Anforderungskriterien werden den IFRS-Grundsätzen gegenübergestellt, um zunächst beurteilen zu können, ob eine grundsätzliche Eignung der IFRS-Rechnungslegung besteht. Nur bei Erfüllung der Prämissen des internen steuerungsorientierten Kontrollrechnungssystems durch die qualitativen Kriterien kann eine IFRS-basierte Konvergenzrechnung überhaupt sinnvoll sein.

---

[50] HEYD, R., Harmonisierung, 2001, S. 202.
[51] Vgl. HEYD, R., Harmonisierung, 2001, S. 203.
[52] Vgl. KLEIN, G. A., Konvergenz, 1999, S. 67; KÜTING, K./LORSON, P., Harmonisierung, 1999, S. 55; KAHLE, H., Unternehmenssteuerung, 2003, S. 782; MANDLER, U., Argumente, 2003, S. 683.
[53] Vgl. BISCHOF, S., Anwendbarkeit, 1998, S. 9.
[54] Vgl. KÜTING, K./LORSON, P., Harmonisierung, 1999, S. 51 f.; NOBACH, K./ZIRKLER, B., Bedeutung, 2006, S. 738.
[55] KLEIN, G. A., Konvergenz, 1999, S. 69.

4.2.3.2.2 Anforderungskriterien an eine steuerungsorientierte Kontrollrechnung

Die Festlegung von als wesentlich zu bezeichnenden Anforderungskriterien an eine interne steuerungsorientierte Kontrollrechnung fällt nicht leicht. In der Literatur finden sich Anforderungskataloge[56] mit einer Vielzahl von Kriterien. Eine Auswahl, ganz ohne Willkür, ist nicht möglich. Dies gilt auch für die folgend genannten Kriterien der

- durchgängigen Analysefähigkeit,
- Anreizverträglichkeit,
- Kommunikationsfähigkeit und
- Wirtschaftlichkeit.[57]

Eine wichtige Anforderung der steuerungsorientierten Kontrollrechnung für die Entscheidungsträger ist die durchgängige Analysefähigkeit. Sie gewährleistet eine sachgerechte Beurteilung der wirtschaftlichen Lage des Unternehmens. Die im internen Rechnungswesen abgebildeten Daten zeichnen sich durch ihre Relevanz und Vergleichbarkeit, in zeitlicher und objektbezogener Hinsicht, aus.[58] Bezüglich der Relevanz ist die Aktualität der Daten von Bedeutung. Der Konflikt zwischen Relevanz und Verlässlichkeit der Daten wird stets zugunsten der Relevanz und – unter dem Aspekt der Zeitnähe – zuungunsten der Verlässlichkeit entschieden.

Die durchgängige Analysefähigkeit ist unbedingte Voraussetzung für die Anreizverträglichkeit, die einen Anreiz für die Entscheidungsträger fordert, sich konform zu den Unternehmenszielen zu verhalten. Eine Zielkongruenz der internen Kontrollrechnung mit den Unternehmenszielen ist unabdingbar und trägt dazu bei, dass die Zielkonformität der Entscheidungsträger für externe Adressaten erkennbar ist. Als Zielgrößen der Unternehmenssteuerung sind zu nennen: Liquidität, Erfolg und Erfolgspotenzial.[59]

---

[56] Vgl. z. B. COENENBERG, A. G., Einheitlichkeit, 1995, S. 2080, Abbildung 4; KLEIN, G. A., Unternehmenssteuerung, 1999, S. 63 m. w. N. Eine umfassende Übersicht zu den von verschiedenen Autoren verwendeten Kriterien findet sich bei FRANZ, K.-P./WINKLER, C., Unternehmenssteuerung, 2006, S. 64-73.

[57] Mit der getroffenen Auswahl wird der Untersuchung von KLEIN gefolgt; vgl. KLEIN, G. A., Konvergenz, 1999, S. 70; KLEIN, G. A., Unternehmenssteuerung, 1999, S. 63-71; HAAKER, A., Wertorientiertes Controlling, 2005, S. 354.

[58] Vgl. KLEIN, G. A., Unternehmenssteuerung, 1999, S. 64-66; KLEIN, G. A., Konvergenz, 1999, S. 69; HAAKER, A., Wertorientiertes Controlling, 2005, S. 354.

[59] Vgl. COENENBERG, A. G./FISCHER, T. M./GÜNTHER, T., Kostenrechnung, 2007, S. 8 f.

4.2 Konvergenz von internem und externem Rechnungswesen

Die Anreizverträglichkeit ist dann erfüllt, wenn das konvergente Rechnungslegungssystem den Entscheidungsträgern ein hohes Maß an Objektivität abverlangt und keinen bzw. wenig Spielraum für Wahl- oder Ermessensentscheidungen offen lässt.[60] Durch die Restriktion der geforderten Objektivität und der gleichzeitig gewünschten Zielkongruenz treten zwangsläufig Konflikte auf. Einerseits ist eine Steigerung der Objektivität ohne Verringerung der Zielkongruenz nicht möglich, andererseits wird bei Priorisierung der Zielkongruenz die Objektivität eingeschränkt. Ein Abwägen beider Kriterien ist stets notwendig.[61]

Die anreizverträgliche Ausgestaltung des steuerungsorientierten Kontrollsystems dient einer Annäherung der Interessen von Principal und Agent, um die regelmäßig auftretenden Principal-Agent-Konflikte zu verringern. Sie unterstützt die Akzeptanz eines zielvereinbarungsorientierten Vergütungssystems.[62] Wichtig ist die Anreizverträglichkeit vor allem für große und international aktive Unternehmen, die von starker Dezentralisation geprägt sind,[63] möglicherweise auch für „mittlere". Auf „wachsende" Unternehmen, bei welchen Eigentum und Leitung des Unternehmens eng miteinander verbunden und die Strukturen übersichtlich sind, trifft dies nicht zu.

Eine kommunikationsfähige Kontrollrechnung muss vor allem verständlich sein und auf Akzeptanz stoßen.[64] Geringe Komplexität und Transparenz begünstigen die Verständlichkeit.[65] Eine gute Verständlichkeit und die Beachtung der Grundsätze Relevanz, Wesentlichkeit, Verlässlichkeit, glaubwürdige Darstellung und Neutralität sorgen für Akzeptanz, erhöhen also die Bereitschaft der zum Unternehmen gehörenden Personen, mit dem Informationssystem zu arbeiten. Um Resultate zu ermitteln, müssen große Datenmengen bewältigt und eine beträchtliche Anzahl von Informationen ausgewertet werden. Besitzen die betreffenden Personen das Vertrauen in die Korrektheit der Kontrollrechnung, so ist die notwendige Akzeptanz vorhanden.[66] Die Kommunikationsfähigkeit ist von ähnlicher Bedeutung wie die durchgängige Analysefähigkeit.

---

[60] Vgl. KLEIN, G. A., Unternehmenssteuerung, 1999, S. 66 f.; KLEIN, G. A., Konvergenz, 1999, S. 69.
[61] Vgl. HAAKER, A., Wertorientiertes Controlling, 2005, S. 354 f.
[62] Vgl. NOBACH, K./ZIRKLER, B., Bedeutung, 2006, S. 739.
[63] Vgl. KLEIN, G. A., Unternehmenssteuerung, 1999, S. 68; KLEIN, G. A., Konvergenz, 1999, S. 69.
[64] Vgl. COENENBERG, A. G., Einheitlichkeit, 1995, S. 2080 f.; KLEIN, G. A., Unternehmenssteuerung, 1999, S. 69; KLEIN, G. A., Konvergenz, 1999, S. 70; HAAKER, A., Wertorientiertes Controlling, 2005, S. 356.
[65] Vgl. KLEIN, G. A., Unternehmenssteuerung, 1999, S. 69 m. w. N.
[66] Vgl. KLEIN, G. A., Unternehmenssteuerung, 1999, S. 70.

Entscheidend für die Erfüllung der durchgängigen Analysefähigkeit, Anreizverträglichkeit und Kommunikationsfähigkeit ist die Wirtschaftlichkeit. Nutzen und Kosten müssen in einem ausgewogenen Verhältnis stehen. Der Erfüllung sind Grenzen gesetzt, wenn der notwendige Aufwand zu hoch und der daraus resultiere Nutzen zu niedrig ist.[67]

4.2.3.2.3 Zusammenhänge zwischen den Anforderungskriterien und den IFRS-Grundsätzen

Die Darstellung hat ergeben, dass eine weitgehende Affinität zwischen den Anforderungskriterien einer steuerungsorientierten Kontrollrechnung und den IFRS-Grundsätzen besteht.[68] Dies zeigt die folgende, in Anlehnung an GEORG A. KLEIN erstellte,[69] zusammenfassende Abbildung:

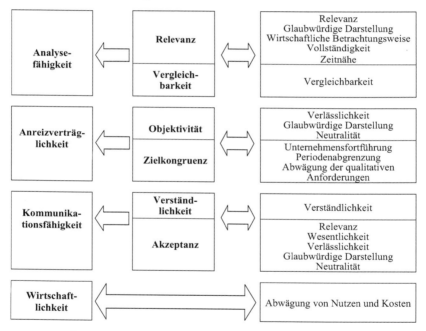

Abbildung 4/1: Übereinstimmung der Anforderungskriterien mit den Grundsätzen der IFRS

---

[67] Vgl. KLEIN, G. A., Konvergenz, 1999, S. 70.
[68] Vgl. KLEIN, G. A., Konvergenz, 1999, S. 70.
[69] Vgl. KLEIN, G. A., Konvergenz, 1999, S. 71. Die Abbildung von Klein bildet die Basis für die von NOBACH und ZIRKLER modifizierte Version in NOBACH, K./ZIRKLER, B., Bedeutung, 2006, S. 739.

4.2 Konvergenz von internem und externem Rechnungswesen

Eine IFRS-basierte Konvergenzrechnung liefert gute Ansatzpunkte zur Verbesserung der internen Unternehmenssteuerung. Sehr zuträglich ist die auf entscheidungsnützliche Informationen ausgerichtete Grundkonzeption. Die für kleine und mittelgroße Unternehmen hauptsächlich entscheidenden Anforderungskriterien der Analyse-, Kommunikationsfähigkeit und Wirtschaftlichkeit des internen Rechnungswesens werden im Vergleich zu dem ansonsten bestehenden Zweikreissystem durch die IFRS-Rechnungslegung verbessert.[70] Die Anforderungskriterien eines steuerungsorientierten Kontrollsystems sind in den IFRS in Form von qualitativen Kriterien festgeschrieben und müssen nicht von jedem Unternehmen neu definiert werden. Das wichtigste Fundament für eine Konvergenz von interner und externer Rechnungslegung auf Grundlage der IFRS ist somit vorhanden.[71] Eine grundsätzliche Eignung ist gegeben.

Eine konzeptionelle Basis allein und damit die grundsätzliche Eignung reichen jedoch nicht aus. Sämtliche Standards und ihre detaillieren Regelungen müssen die Übereinstimmung mit den qualitativen Kriterien und den damit zusammenhängenden Anforderungskriterien an ein steuerungsorientiertes Kontrollsystem bestätigen, damit den IFRS das Prädikat der besonderen Eignung attestiert werden kann. Nur wenn alle nach den IFRS abgebildeten Sachverhalte die Kriterien definitiv und besser als ein HGB-basiertes Rechnungslegungssystem erfüllen, ist dies der Fall. In den folgenden Gliederungspunkten wird eine Prüfung ausgewählter Sachverhalte und der zugehörigen Paragraphen der IFRS vorgenommen.

4.2.3.3   IFRS- statt HGB-basiertes internes Rechnungswesen

4.2.3.3.1   Vorbemerkung

In der Literatur finden sich zahlreiche konkrete Beispiele für die Vorteilhaftigkeit eines Abschlusses nach internationalen Rechnungslegungsstandards in Bezug auf die Konvergenz.[72] Eines der Argumente ist, dass „das Prinzip der periodengerechten Erfolgsermittlung ... nicht durch die Existenz eines Imparitätsprinzips konterkariert"[73] werde. Daraus wird auf die Vorteilhaftigkeit der IFRS im Vergleich zum HGB geschlossen. Ob die Dominanz des Periodisierungsgrundsatzes und die Nachrangigkeit des Vorsichtsprinzips tatsächlich eine Vorteilhaftigkeit begründen, soll in den folgen-

---

[70] Vgl. zu diesem Ergebnis NOBACH, K./ZIRKLER, B., Bedeutung, 2006, S. 744 und S. 747 f.
[71] Vgl. KLEIN, G. A., Konvergenz, 1999, S. 71: „Die IAS-Rechnungslegungsgrundsätze bilden ... aus konzeptioneller Sicht eine grundsätzlich taugliche Konvergenzbasis."
[72] Vgl. z. B. HALLER, A., Eignung, 1997, S. 274 f.; HEYD, R., Harmonisierung, 2001, S. 206-208; MANDLER, U., Mittelstand, 2004, S. 82 f.
[73] HALLER, A., Eignung, 1997, S. 274.

den Gliederungspunkten kritisch untersucht werden. Grundlegendes zum Periodisierungsgrundsatz und Vorsichtsprinzip wurde bereits in den Gliederungspunkten 3.7.5.2 und 3.7.4.7 dargelegt. An konkreten, diesen Grundsätzen zuordenbaren Beispielen soll die Erfüllung der qualitativen Kriterien sowie der Anforderungskriterien an eine steuerungsorientierte Kontrollrechnung kritisch untersucht werden. Für weitere Untersuchungen sei auf entsprechendes Schrifttum verwiesen.[74]

4.2.3.3.2 Dominanz des Periodisierungsgrundsatzes

Die bessere Eignung eines IFRS- statt HGB-basierten Rechnungswesens wird häufig am Beispiel der Erfassung von Fertigungsaufträgen nach IAS 11 diskutiert.[75] Ein Fertigungsauftrag ist nach IAS 11.3 ein spezifisch mit dem Kunden ausgehandelter Vertrag zur Fertigung eines oder mehrerer Gegenstände, zwischen welchen hinsichtlich ihres Designs, ihrer Technologie, Funktion oder Verwendung ein Zusammenhang besteht. Bei einem Vergleich mit der handelsrechtlichen Behandlung erweist sich der Periodisierungsgrundsatz als vorteilhaft und trägt zu einer besseren Konvergenzeignung bei, so die These. Fraglich ist, ob die Erfassung von Fertigungsaufträgen nach IAS 11 zum einen die qualitativen Kriterien und damit die Anforderungen an eine steuerungsorientierte Kontrollrechnung erfüllt und zum anderen einer Praktikabilitäts- und Effizienzprüfung standhält.

Das HGB enthält keine Regelungen zu Bilanzansatz und Bewertung von langfristigen Fertigungsaufträgen. Sie sind i. d. R. den Werkverträgen nach §§ 631 bis 651 BGB zuzuordnen und nach dem Realisationsprinzip als schwebende Geschäfte zu behandeln.[76] Eine solch verzerrte Darstellung der Ertragslage verstößt gegen die Generalnorm des § 264 Abs. 2 HGB.[77] Die bilanzielle Erfassung der Fertigungsaufträge ist

---

[74] HAAKER untersucht, inwieweit die aus dem jährlich vorzunehmenden Werthaltigkeitstest des Geschäfts- oder Firmenwerts resultierenden Daten für das interne Rechnungswesen verwendbar sind. PELLENS und SELLHORN behaupten, dass den Unternehmen mit der Schaffung des jährlichen Wertminderungstests für den Geschäfts- oder Firmenwert ein quasi „ideales Controlling-Instrument" verordnet wurde; vgl. PELLENS, B./SELLHORN, T., US-Goodwillbilanzierung, 2002, S. 114. HAAKER kommt in seiner ausführlichen Untersuchung auf Basis der genannten Anforderungskriterien zu dem Ergebnis, dass dieser These grundsätzlich zuzustimmen ist; vgl. HAAKER, A., Wertorientiertes Controlling, 2005, S. 351-357. Seiner Überzeugung, dass der Werthaltigkeitstest „als ‚Service' der IFRS für die wertorientierte Unternehmenssteuerung" zu werten ist, wird von anderen Autoren widersprochen. Zur vollständigen Diskussion um den genannten Beitrag siehe in der hier angegebenen Reihenfolge OLBRICH, M., Erwiderung, 2006, S. 43 f.; HAAKER, A., Replik, 2006, S. 44-47; KLINGELHÖFER, H. E., Stellungnahme, 2006, S. 590-597; OLBRICH, M., Fragwürdigkeit, 2006, S. 685-687; HAAKER, A., Erneutes Plädoyer, 2006, S. 687-695.

[75] Vgl. BISCHOF, S., Anwendbarkeit, 1998, S. 8-15; KÜMPEL, T., Integration, 2002, S. 905-910.

[76] Vgl. WOERNER, L., Gewinnrealisierung, 1988, S. 769-777.

[77] Vgl. VELTE, P., Harmonisierungspotenziale, 2006, S. 566; RUHNKE, K., Rechnungslegung, 2008, S. 620.

4.2 Konvergenz von internem und externem Rechnungswesen

somit ein deutliches Beispiel für die Zurückdrängung der Informations- zugunsten der Zahlungsbemessungsfunktion. Für die interne Unternehmensrechnung sind die Daten der externen Rechnungslegung nach HGB nicht verwendbar.

IAS 11.22 fordert die Methode der Teilgewinnrealisierung nach dem Leistungsfortschritt[78], im Folgenden als „Percentage-of-Completion-Methode" bezeichnet. Auftragserlöse und Auftragskosten sind entsprechend ihrem Leistungsfortschritt am Bilanzstichtag als Erträge und Aufwendungen zu erfassen. Unbedingte Voraussetzung sind verlässliche Daten.[79] Das Gebot der Verlässlichkeit gilt dann als erfüllt, wenn die Bedingungen des IAS 11.23 erfüllt sind. Zunächst müssen die gesamten Auftragserlöse und die dem Vertrag zurechenbaren Kosten verlässlich bewertbar sein, des Weiteren muss dem Unternehmen ein wirtschaftlicher Nutzen zufließen. Schließlich muss es am Bilanzstichtag möglich sein, sowohl die bis zur Fertigstellung des Auftrages noch anfallenden Kosten als auch den Fertigstellungsgrad verlässlich zu bestimmen. Als Datenlieferant fungiert ein begleitendes Instrument der internen Unternehmensrechnung. Es erfüllt die externe Aufgabe der Dokumentation.

In IAS 11.29 heißt es, dass im Regelfall die Notwendigkeit besteht, „über ein wirksames internes Budgetierungs- und Berichtssystem"[80] zu verfügen.[81] Zu deren Ausgestaltung bezieht IAS 11 keine Stellung.[82] Dies bleibt jedem Unternehmen selbst überlassen. Die in den Unternehmen verwendeten Systeme dürften entsprechend unterschiedlich und individuell sein, so dass die Verlässlichkeit nicht überprüfbar und die Objektivität der Daten nicht sicher ist.

Hinzu kommt, dass bilanzpolitische Gestaltungsspielräume bestehen. Wird eine verlässliche Schätzung der Auftragserlöse verneint, so ist der Erlös nach IAS 11.32 nur in der Höhe der angefallenen Auftragskosten zu erfassen, diese sind als Aufwand anzusetzen. Der Gewinnausweis liegt dann bei null. Mit der Entscheidung, ob Schätzungen

---

[78] PATZAK und KERSCHER-PREIS übersetzt „Percentage-of-Completion-Methode" in diesem Sinne, siehe Patzak, K./Kerscher-Preis, B., in: BAETGE, J. et al., Kommentar, 2003, Teil B, IAS 11 „Wichtige Übersetzungen". Zu anderen Übersetzungen siehe WOYWODE, U., Wörterbuch, 2000, S. 556.

[79] Vgl. BISCHOF, S., Anwendbarkeit, 1998, S. 10 und S. 13.

[80] Vgl. ebenso IAS 18.23.

[81] Vgl. KLEIN, G. A., Unternehmenssteuerung, 1999, S. 164. BISCHOF stellt ebenfalls fest, dass eine „mitlaufende Auftragskalkulation" unabdingbar ist; vgl. BISCHOF, S., Anwendbarkeit, 1998, S. 12.

[82] VELTE stellt die sog. Earned-Value-Methode (EVM) als mögliches Verfahren zur Nachverfolgung der Kosten, Zeit und Qualität der entsprechenden Projektgrößen dar und manifestiert seine Eignung als Instrument eines „POCM-konformen" (Percentage-of-Completion-Methode) Projektcontrolling; vgl. VELTE, P., Harmonisierungspotenziale, 2006, S. 567 f.

als verlässlich gelten, und wenn ja, in welcher Höhe, kann das Ausmaß des vorzeitigen Gewinnausweises beeinflusst werden.[83]

Als weiterer kritischer Punkt ist die Segmentierung bzw. Zusammenfassung von Einzelaufträgen anzuführen. IAS 11.8 und IAS 11.9 enthalten entsprechende Regelungen. Die jeweilige Aufteilung der Vertragskomponenten in diverse Einzelaufträge bzw. die Zusammenfassung verschiedener Verträge zu einem einzigen Fertigungsauftrag ist für die Abbildung des wirtschaftlichen Erfolgs maßgeblich.[84] Die genannten Paragraphen des IAS 11 beabsichtigen kein Wahlrecht, beinhalten aber erhebliche Ermessensspielräume. Der Bilanzierende kann, wenn das Unternehmen ein negatives Gesamtergebnis erwartet, durch eine geschickte Aufteilung von Aufträgen in Einzelkomponenten „den zeitlichen Verlauf des Erfolgsausweises in seinem Sinne beeinflussen"[85]. Die Bedingung der Objektivität und auch der Vergleichbarkeit leiden unter diesen Manipulationsmöglichkeiten.

Herkömmliche Methoden der Überprüfung und Nachverfolgung von Fertigungsaufträgen, wie die einfache Budgetsteuerung, werden den Anforderungen an das in IAS 11 bezeichnete Budgetierungs- und Berichtssystem nicht gerecht.[86] Die „Percentage-of-Completion-Methode" zwingt die Unternehmen zur aufwendigen Implementierung eines neuen Systems, mit dessen Hilfe Schätzungen von Auftragserlösen, -kosten und Fertigstellungsgrad möglich sind.[87] Damit wird den Unternehmen ein enormer zusätzlicher Kostenaufwand zugemutet.[88] Praktikabilitäts- und Effizienzüberlegungen sprechen gegen die IFRS.

Dennoch wird die „Percentage-of-Completion-Methode" im Vergleich zur im HGB verwendeten Methode der Gewinnrealisierung nach Fertigstellung[89], im Folgenden als „Completet-Contract-Methode" bezeichnet, im Schrifttum weiterhin als vorteilhaft hingestellt. Als Begründung wird angeführt, dass nicht aktivierungsfähige Auftragskosten handelsrechtlich als Zwischenverluste in den Abschluss eingehen würden, die Abbildung der Fertigungsaufträge nach IAS 11 hingegen stelle diese nach wirtschaftli-

---

[83] Vgl. POTTGIEßER, G./VELTE, P./WEBER, S., Auftragsfertigung, 2005, S. 314.

[84] KLEIN zeigt an einem Beispiel, dass, je nach Auslegung der Kriterien zur Segmentierung bzw. Zusammenfassung von Aufträgen, verschiedene Kombinationsmöglichkeiten bestehen; vgl. KLEIN, G. A., Unternehmenssteuerung, 1999, S. 165-169.

[85] KLEIN, G. A., Unternehmenssteuerung, 1999, S. 166.

[86] Vgl. z. B. SASSE, A./RIEDRICH, T., Kostensteuerung, 2004, S. 559.

[87] Siehe zur Problematik der Ermittlung von Auftragserlösen und -kosten sowie des Fertigstellungsgrades BISCHOF, S., Anwendbarkeit, 1998, S. 11 f.

[88] Vgl. VELTE, P., Harmonisierungspotenziale, 2006, S. 569.

[89] Vgl. zur deutschen Begriffsübersetzung WOYWODE, U., Wörterbuch, 2000, S. 393.

chen Maßstäben, trotz der Unsicherheit von Schätzwerten, treffender dar. Die Darstellungsweise der IFRS sei zu bevorzugen, denn nach HGB werde auf einen Umsatzausweis zunächst verzichtet.[90]

Die Untersuchungen haben gezeigt, dass weder die Forderungen der Wirtschaftlichkeit noch der uneingeschränkten Kommunikationsfähigkeit erfüllt sind, weil die Verlässlichkeit der Daten nicht überprüfbar ist.[91] Auch wurde deutlich, dass weder Objektivität[92] noch Vergleichbarkeit bei der Abbildung von Fertigungsaufträgen nach der „Percentage-of-Completion-Methode" ausreichen, was bedeutet, dass auch die Kriterien der Anreizverträglichkeit und durchgehenden Analysefähigkeit nicht erfüllt sind. Die Betrachtung weiterer qualitativer Kriterien würde zu keinen neuen Erkenntnissen führen. Auch sind Praktikabilitäts- und Effizienzbedingungen nach IFRS nicht erfüllt.

4.2.3.3.3 Nachrangigkeit des Vorsichtsprinzips

Das Vorsichtsprinzip ist handelsrechtlich eng mit dem Imparitätsprinzip verknüpft.[93] Deshalb ist zunächst zu prüfen, inwieweit die auf dem Imparitätsprinzip beruhenden Regelungsnormen des HGB auch für die IFRS Anwendung finden. Die in Gliederungspunkt 3.7.4.7 genannten Beispiele der Rückstellungen für ungewisse Verbindlichkeiten und drohende Verluste aus schwebenden Geschäften, der außerplanmäßigen Abschreibungen auf Vermögensgegenstände des Anlagevermögens und des Niederstwertprinzips bei Bewertung von Vermögensgegenständen des Umlaufvermögens sollen in den Kontext der IFRS gestellt werden. Werden lediglich die Rechnungslegungsnormen verglichen, sind die erkennbaren Unterschiede gering.

Nach IAS 37.14 sind für ungewisse Verbindlichkeiten und drohende Verluste aus schwebenden Geschäften ebenso Rückstellungen zu bilden wie nach § 249 Abs. 1 HGB. Die Möglichkeit der Bildung von Aufwandsrückstellungen für Instandhaltung nach § 249 Abs. 1 Satz 3 HGB a. F., die innerhalb des Geschäftsjahres nachgeholt werden

---

[90] Vgl. KLEIN, G. A., Unternehmenssteuerung, 1999, S. 171.
[91] Siehe dazu ebenso kritisch POTTGIEßER, G./VELTE, P./WEBER, S., Auftragsfertigung, 2005, S. 317.
[92] Anderer Ansicht ist KÜMPEL, der feststellt, dass mangelnde Objektivität kein Gegenargument sein kann, weil „exakte Schätzungen wesensimmanent fast unmöglich sind". Er sieht die zentrale Anforderung der Objektivität durch die „Percentage-of-Completion-Methode" erfüllt und kann keinen Verstoß gegen den Grundsatz der Objektivität feststellen, weil die Notwendigkeit von Schätzungen unabdingbar ist. Als Ergebnis seiner Untersuchung stellt er „einen positiven Einfluss auf die Vereinheitlichung des Rechnungswesens bei der Bewertung erfolgsversprechender langfristiger Fertigungsaufträge" durch die zunehmende Internationalisierung der Rechnungslegung fest; vgl. KÜMPEL, T., Integration, 2002, S. 905-910.
[93] Vgl. Gliederungspunkt 3.7.4.7.

konnten, besteht seit der Neufassung des § 249 HGB durch das BilMoG nicht mehr.[94] Damit ist der Hauptkritikpunkt, dass dadurch eine irreführende Darstellung der Vermögenslage sowie Verfälschung der Ertraglage besteht, beseitigt. Als Begründung für die Abschaffung nennt die Regierung u. a. die „Annäherung der handelsrechtlichen Rechnungslegung an die IFRS" und die Ermöglichung einer „stärkere[n] Annäherung des externen und des internen Rechnungswesens".[95] Außerplanmäßige Abschreibungen auf Vermögensgegenstände des Anlagevermögens sind nach IAS 16.63 i. V. m. IAS 36 vorzunehmen, das strenge Niederstwertprinzip ergibt sich aus IAS 2.9. Bedeutsame Ergebnisunterschiede bestehen bei außerplanmäßigen Abschreibungen und bei Umsetzung des strengen Niederstwertprinzips nicht.[96]

Bei Ansatz und Bewertung von ungewissen Verbindlichkeiten und drohenden Verlusten aus schwebenden Geschäften kommt es zu gravierenden Unterschieden. Die Definition der Rückstellungen nach IFRS hat den gleichen Bedeutungsinhalt wie im HGB. Rückstellungen sind für künftige oder gegenwärtige Verpflichtungen anzusetzende Passivposten, die zu Vermögensabgängen führen können.[97] Fälligkeit und Höhe der Verpflichtungen bleiben ungewiss. Grundsätzlich sind die Ansatzkriterien gleich, jedoch in ihrem Wahrscheinlichkeitsgrad unterschiedlich. Eine Verpflichtung besteht nach IAS 37.15 dann, wenn unter Berücksichtigung aller verfügbaren substanziellen Hinweise „mehr dafür als dagegen spricht",[98] gemäß den GoB reichen „gute stichhaltige Gründe"[99] aus. Unterschiede zeigen sich auch bei der Bewertung. IAS 37.36 gibt vor, dass der bestmögliche Schätzwert anzugeben ist. Die GoB fordern einen gläubigerschutzorientierten, vorsichtig geschätzten Erfüllungsbetrag, der zumeist höher ausfallen dürfte. Der IFRS-Wert beruht auf einer risikoneutralen Bewertung.[100]

---

[94] Siehe dazu ausführlich WEIGL, R./WEBER, H.-G./COSTA, M., Rückstellungen, 2009, S. 1062 f.

[95] Entwurf eines Gesetzes zur Modernisierung des Bilanzrechts (Bilanzrechtsmodernisierungsgesetz – BilMoG), BT-Drucks. 16/10067 vom 30.07.2008, S. 50 f.

[96] Zu den Verfahrensunterschieden bei der Folgebewertung siehe RUHNKE, K., Rechnungslegung, 2008, S. 304-327.

[97] Vgl. RUHNKE, K., Rechnungslegung, 2008, S. 559.

[98] In der Kommentarliteratur wird diese qualitative Umschreibung der Wahrscheinlichkeit häufig quantifiziert und ein Mindestwert von 50 % angegeben; vgl. HOMMEL, M., in: BAETGE, J./KIRSCH, H.-J./THIELE, S., Bilanzrecht, 2002, § 249 HGB, Rz. 535. HACHMEISTER und ZEYER kritisieren, dass sich durch eine solche Quantifizierung lediglich eine Scheingenauigkeit ergibt; vgl. HACHMEISTER, D./ZEYER, F., in: THIELE, S./VON KEITZ, I./BRÜCKS, M., Internationales Bilanzrecht, 2008, IAS 37, Rz. 140.

[99] HOMMEL, M., in: BAETGE, J./KIRSCH, H.-J./THIELE, S., Bilanzrecht, 2002, § 249 HGB, Rz. 535.

[100] Vgl. HOMMEL, M./WÜSTEMANN, J., Synopse, 2006, S. 164-167.

4.2 Konvergenz von internem und externem Rechnungswesen

Bei der handelsrechtlichen Rechnungslegung besteht die Gefahr, dass aufgrund des Vorsichtsprinzips zu vorsichtig bewertet wird und „Unterbewertungen in guten Jahren zum Ausgleich von Verlusten in schlechten Jahren benutzt werden"[101]. Durch bestehende Ermessensspielräume im Rahmen der IFRS sind auch diese nicht vor einer sog. Erfolgsverschleierung[102] sicher. Sowohl die Bilanzierung nach HGB wie auch nach IFRS schränken die Objektivität und Vergleichbarkeit ein. Die Daten eines IFRS-Abschlusses sind nicht verlässlicher als die eines HGB-Abschlusses. Die Vorteilhaftigkeit der IFRS im Vergleich zum HGB ist somit widerlegt.

Muss dennoch eine Entscheidung für eines der Rechnungslegungssysteme zu Konvergenzzwecken getroffen werden, so könnte statt der Konvergenz mit einem IFRS-Abschluss ebenso der Vorschlag von DIETER SCHNEIDER aufgegriffen werden, die Daten des HGB-Abschlusses für das interne Rechnungswesen zu verwenden. Aus Praktikabilitätsgründen erachtet er es für sinnvoll, die aus der Anwendung des Imparitätsprinzips resultierenden Einflüsse zunächst im internen Rechnungswesen zu belassen und schließlich über einen „Sonderposten für zweckbezogenes Risikokapital" und einen „Sonderposten für Planabweichungen" pauschal zu korrigieren. Bilanzrechtliche Aufwandserhöhungen und Verlustvorwegnahmen, also Rückstellungen, seien in den „Sonderposten für zweckbezogenes Risikokapital" umzubuchen, wodurch diese eliminiert würden. Im Jahr der Gewinn- und Verlustverwirklichung, d. h. in welchem die Rückstellungen aufgelöst werden, seien dann die nicht beanspruchten Teilbeträge in den „Sonderposten für Planabweichungen" einzustellen. Mit diesem Vorgehen würden Unterbewertungen in guten Jahren zum Ausgleich von Verlusten in schlechten Jahren vermieden.[103]

Konvergenzbestrebungen sind weder auf Grundlage eines IFRS-Abschlusses noch auf Grundlage des HGB-Abschlusses problemlos möglich. Eine besondere Eignung für interne Berichtszwecke kann der IFRS-Rechnungslegung nicht zugesprochen werden. Eine mit einer Umstellung des externen Rechnungswesens auf die IFRS-Rechnungslegung einhergehende Konvergenz und entsprechende Verwendung der Daten des externen Abschlusses für die gesamte Aufgabenbreite des internen Rechnungswesens ist illusorisch.[104] Die Zweckmäßigkeit von Konvergenzen zwischen internem und externem Rechnungswesen in einzelnen Teilbereichen, wie die Ermittlung eines gleichen Periodenergebnisses, ist noch zu prüfen.

---

[101] SCHNEIDER, D., Rechnungswesen, 1997, S. 493 oder mit den Worten von COENENBERG, A. G., Einheitlichkeit, 1995, S. 2081: „Durch Überdotierung könnte ... ein Polster für künftige Gewinnglättung erzeugt werden".

[102] SCHNEIDER, D., Rechnungswesen, 1997, S. 490.

[103] Vgl. SCHNEIDER, D., Rechnungswesen, 1997, S. 490-497.

[104] Vgl. BRUNS, H.-G., Harmonisierung, 1999, S. 593.

4.2.4 Konvergenz interner und externer Ergebnisermittlung

4.2.4.1 Vorbemerkung

Die Ermittlung eines gleichen Periodenergebnisses für die interne und externe Unternehmensrechnung erfordert eine Teilkonvergenz von Gewinn- und Verlustrechnung und der entsprechenden internen Ergebnisrechnung. Während mithilfe der Gewinn- und Verlustrechnung das bilanzielle Ergebnis ermittelt wird, ist das Ziel der internen Ergebnisrechnung ein betriebswirtschaftlich aussagefähiges Ergebnis für die interne Unternehmenskontrolle und -steuerung.[105]

Unternehmen stellen ihre Gewinn- und Verlustrechnung vom produktionsorientierten Gesamtkostenverfahren auf das marktorientierte Umsatzkostenverfahren um, weil sie nicht für jede Periode zwei Ergebnisse auf der Grundlage von zwei Rechnungslegungssystemen ermitteln wollen.[106] Eine Gliederung der Gewinn- und Verlustrechnung nach dem Umsatzkostenverfahren liefert tendenziell mehr Informationen. Nach IAS 1.104 sind zusätzliche Angaben im Anhang über die Art der Aufwendungen, insbesondere planmäßige Abschreibungen sowie Leistungen an Arbeitnehmer, notwendig.[107] Da die Aufstellung der Gewinn- und Verlustrechnung nach dem Umsatzkostenverfahren zu mehr Transparenz führt, ist diese für Konvergenzzwecke eher geeignet als die Aufstellung nach dem Gesamtkostenverfahren.

Als bedeutende Maßnahme zur Ermittlung eines gleichen Periodenergebnisses für die interne und externe Unternehmensrechnung gilt die Abstimmung der Erfolgsspaltung. Das externe Periodenergebnis wird in einzelne Erfolgskomponenten aufgespalten.[108] Die sich ergebenden Größen sind für die interne und externe Unternehmensrechnung entweder gleichermaßen verwendbar oder sie werden für die externe Unternehmensrechnung genutzt und durch Überleitung einiger weniger Positionen in mögliche Komponenten der internen Unternehmensrechnung umgewandelt.

Zu diskutieren ist in den folgenden Gliederungspunkten, ob sich durch die Erstellung von IFRS-Abschlüssen Vorteile bei einer Umstellung der Gewinn- und Verlustrechnung auf das Umsatzkostenverfahren und für die Abstimmung der Erfolgsspaltung zur Verbesserung einer Annäherung des internen an das externe Rechnungswesen ergeben.

---

[105] Vgl. FRANZ, K.-P./WINKLER, C., Unternehmenssteuerung, 2006, S. 81.

[106] Vgl. ZIEGLER, H., Neuorientierung, 1994, S. 177.

[107] Vgl. WAGENHOFER, A., Internationale Rechnungslegungsstandards, 2009, S. 461.

[108] Vgl. SCHAIER, S., Konvergenz, 2007, S. 127.

4.2.4.2 Aufstellung der Gewinn- und Verlustrechnung nach dem Umsatzkostenverfahren

Aus dem Ergebnis der Gewinn- und Verlustrechnung nach dem Umsatzkostenverfahren wird mithilfe einer als eher unkompliziert zu bezeichnenden Übergangsrechnung ein internes operatives Ergebnis abgeleitet.[109] Während die Ertragsgrößen beim Gesamtkostenverfahren an die Aufwendungen der in der Rechnungsperiode produzierten Mengen angepasst werden, werden die Aufwendungen beim Umsatzkostenverfahren an den Umsatz angepasst.[110]

Das Gesamtkostenverfahren wird auch „Produktionserfolgsrechnung"[111] genannt; sämtliche der Produktion zurechenbare Aufwendungen werden nach Aufwandsarten differenziert. Zu einem korrekten Periodenergebnis kommt es nur unter der Fiktion, dass produzierte und abgesetzte Leistungen gleich sind. Die sachliche und zeitliche Abgrenzung entspricht nicht der einer periodengerechten Erfolgsermittlung. Es werden Aufwendungen für Bestandserhöhungen ausgewiesen, deren Erträge erst in späteren Perioden erfolgen.[112]

Das Umsatzkostenverfahren wird im Gegenzug als „Absatzerfolgsrechnung"[113] bezeichnet. Den Umsatzerlösen werden nur diejenigen Aufwendungen gegenübergestellt, die dem Umsatzprozess der entsprechenden Periode zuzuordnen sind. Die Aufwendungen werden auf die verschiedenen Funktionsbereiche des Unternehmens verteilt, was eine differenzierte Beurteilung der Unternehmenstätigkeit ermöglicht. Die Zuordnung der Aufwendungen nach dem Umsatzkostenverfahren ist wesentlich aufwendiger, weil sie häufig nur durch Schlüsselungen erfolgen kann und eine Abgrenzung schwierig ist.[114] Das Periodenergebnis ist grundsätzlich bei beiden Verfahren gleich.[115] Das Umsatzkostenverfahren ist in den angelsächsischen Ländern weit verbreitet.[116]

---

[109] Vgl. ZIEGLER, H., Neuorientierung, 1994, S. 177-180.

[110] Vgl. FÖRSCHLE, G., in: Beck'scher Bilanzkommentar, 2006, § 275 HGB, Rz. 29.

[111] BAETGE, J./KIRSCH, H.-J./THIELE, S., Bilanzen, 2007, S. 621.

[112] Vgl. KIRSCH, H.-J./SIEFKE, K., in: BAETGE, J./KIRSCH, H.-J./THIELE, S., Bilanzrecht, 2002, § 275 HGB, Rz. 25-27; BAETGE, J./KIRSCH, H.-J./THIELE, S., Bilanzen, 2007, S. 621 f.

[113] BAETGE, J./KIRSCH, H.-J./THIELE, S., Bilanzen, 2007, S. 621.

[114] Vgl. KIRSCH, H.-J./SIEFKE, K., in: BAETGE, J./KIRSCH, H.-J./THIELE, S., Bilanzrecht, 2002, § 275 HGB, Rz. 28-30.

[115] Vgl. FÖRSCHLE, G., in: Beck'scher Bilanzkommentar, 2006, § 275 HGB, Rz. 28.

[116] Vgl. KIRSCH, H.-J./SIEFKE, K., in: BAETGE, J./KIRSCH, H.-J./THIELE, S., Bilanzrecht, 2002, § 275 HGB, Rz. 24.

Eine Teilkonvergenz von internem und externem Periodenergebnis kann nur dann zu Kosteneinsparungen führen, wenn im entsprechenden Unternehmen überhaupt ein System interner Unternehmensrechnung existiert. Ohne ein solches ist die Erstellung der Gewinn- und Verlustrechnung nach dem Umsatzkostenverfahren zu aufwendig, weil grundlegende Daten fehlen. Vor allem kleinere Industrie- und Dienstleistungsbetriebe dürften deshalb weiterhin eine Aufstellung der Gewinn- und Verlustrechnung nach dem Gesamtkostenverfahren bevorzugen.[117] Nur für die Unternehmen, die über ein Zweikreissystem verfügen, kann das Umsatzkostenverfahren eine mögliche Alternative sein, um ein bilanzielles Ergebnis zu ermitteln und gleichzeitig eine Basis für ein ökonomisch aussagefähiges Ergebnis zu erhalten. Eine Vorteilhaftigkeit zugunsten der IFRS ist jedoch nicht erkennbar, denn nicht nur nach IAS 1.99, sondern auch nach § 275 Abs. 1 HGB besteht ein Wahlrecht zur Aufstellung der Gewinn- und Verlustrechnung nach dem Gesamt- oder Umsatzkostenverfahren. IAS 1.99 schränkt dieses geringfügig ein. Zu bevorzugen ist die Darstellungsweise, die „verlässliche und relevantere Informationen ermöglicht". Diese Formulierung lässt zu viele Ermessensspielräume offen, als dass sie zu einer definitiven Verpflichtung für das eine oder andere Verfahren führen könnte. Faktisch liegt die Wahl beim Unternehmen.[118] IAS 1.103 stellt fest, dass das Umsatzkostenverfahren „den Adressaten oft relevantere Informationen" liefert,[119] woraus auf eine Bevorzugung des Umsatzkostenverfahrens gegenüber dem Gesamtkostenverfahren geschlossen werden könnte.[120]

Mit dem Bilanzrichtlinien-Gesetz (BiRiLiG)[121] hat der Gesetzgeber im Jahr 1986 handelsrechtlich beide Verfahren für zulässig erklärt, um die internationale Vergleichbarkeit von Unternehmen zu fördern und eine Konvergenz von interner und externer Rechnungslegung zu ermöglichen.[122] Einen Grund zur Umstellung auf IFRS gibt es also nicht.

---

[117] Vgl. MÄNNEL, W., Harmonisierung, 1999, S. 14.

[118] Vgl. BRÜCKS, M./DIEHM, S./KERKHOFF, G., in: THIELE, S./VON KEITZ, I./BRÜCKS, M., Internationales Bilanzrecht, 2008, IAS 1, Rz. 282.

[119] VOLK belegt durch seine Untersuchung, dass diese Aussage oft nicht gilt und nicht verallgemeinert werden kann; vgl. VOLK, G., Information, 1990, S. 152-157: „Es ist zu fragen, ob ein Verfahren gegenüber dem anderen eindeutig überlegen im Sinne von informativer ist. ... Wie die Analyse gezeigt hat, ist kein Gliederungsschema in jedem Fall und unter allen Umständen ... dem anderen Schema überlegen."

[120] Vgl. KÜTING, K./WEBER, C.-P., Bilanzanalyse, 2006, S. 246.

[121] Vgl. Gesetz zur Durchführung der Vierten, Siebten und Achten Richtlinie des Rates der Europäischen Gemeinschaften zur Koordinierung des Gesellschaftsrechts (Bilanzrichtlinien-Gesetz – BiRiLiG) vom 19.12.1985, BGBl I 1985, S. 2355-2433.

[122] Vgl. Beschlußempfehlung und Bericht des Rechtsausschusses (6. Ausschuß) zu dem von der Bundesregierung eingebrachten Entwurf eines Gesetzes zur Durchführung der Vierten Richtlinie des Rates der Europäischen Gemeinschaften zur Koordinierung des Gesellschaftsrechts (Bilanzrichtlinien-Gesetz) – Drucksache 10/317 –, BT-Drucks. 10/4268 vom 18.11.1985, S. 107 f.

4.2.4.3 Abstimmung der Erfolgsspaltung

Ziel der Erfolgsspaltung ist es, durch Zerlegung des Periodenergebnisses nach bestimmten Kriterien einen tiefen Einblick in die Ertragslage des Unternehmens zu bekommen,[123] um dieses in betriebswirtschaftlicher Hinsicht beurteilen zu können.

Die wichtigsten Kriterien der Erfolgsspaltung von Aufwands- und Ertragsgrößen sind die Betriebsbezogenheit, die Dauerhaftigkeit und die Periodenbezogenheit. Hinsichtlich der Betriebsbezogenheit ist entscheidend, ob die Aufwands- und Ertragsgrößen leistungsbezogen und entsprechend dem Betriebsbereich zugehörig sind, aus finanziellen Transaktionen resultieren und entsprechend dem Finanzbereich angehören oder weder dem Betriebs- noch dem Finanzbereich zuzuordnen sind. Bezüglich der Dauerhaftigkeit werden permanente, regelmäßige oder gewöhnliche von transitorischen, unregelmäßigen oder außergewöhnlichen Aufwands- und Ertragsgrößen abgegrenzt. Das Kriterium der Periodenbezogenheit führt zur Unterscheidung von periodenbezogenen und periodenfremden bzw. aperiodischen Aufwendungen und Erträgen.[124]

Daraus ergeben sich die folgenden Komponenten der Erfolgsspaltung:

- ordentliches Betriebsergebnis,
- Finanzergebnis und
- außerordentliches Ergebnis.

Das ordentliche Betriebsergebnis umfasst alle Aufwendungen und Erträge, die sowohl zum Betriebsbereich gehören, als auch permanent und periodenbezogen sind. Zum Finanzergebnis, das oft auch als ordentliches betriebsfremdes Ergebnis bezeichnet wird, zählen die Aufwendungen und Erträge, die ebenfalls permanent und periodenbezogen sind, aber nicht zum Betriebsbereich gehören. Alle periodenfremden und periodenbezogenen, aber transitorischen Aufwendungen und Erträge verbleiben für die Kategorie des außerordentlichen Ergebnisses.[125]

Häufig finden sich in der Literatur die Begriffe Betriebsergebnis, Finanzergebnis, Ergebnis der gewöhnlichen Geschäftstätigkeit, periodenfremdes Ergebnis und außergewöhnliches Ergebnis.[126] Der Begriff Betriebsergebnis ist mit dem des ordentlichen

---

[123] Vgl. KÜTING, K./WEBER, C.-P., Bilanzanalyse, 2006, S. 238.

[124] Siehe zu diesem Abschnitt ausführlich BITZ, M./SCHNEELOCH, D./WITTSTOCK, W., Jahresabschluß, 2003, S. 587 f.

[125] Eine die drei Kategorien darstellende übersichtliche Abbildung findet sich in BITZ, M./SCHNEELOCH, D./WITTSTOCK, W., Jahresabschluß, 2003, S. 588.

[126] Vgl. z. B. FRANZ, K.-P./WINKLER, C., Unternehmenssteuerung, 2006, S. 85.

Betriebsergebnisses gleichzusetzen. Betriebsergebnis und Finanzergebnis werden zum Ergebnis der gewöhnlichen Geschäftstätigkeit zusammengefasst. Periodenfremdes Ergebnis und außergewöhnliches Ergebnis summieren sich zum außerordentlichen Ergebnis. Die Summe aus dem Ergebnis der gewöhnlichen Geschäftstätigkeit und dem außerordentlichen Ergebnis entspricht dem Periodenergebnis.

Das ordentliche Betriebsergebnis wird vom Unternehmen selbst erwirtschaftet, das Finanzergebnis entsteht außerhalb des Betriebsbereichs und kann nur teilweise, nicht aber vollständig, vom Unternehmen beeinflusst werden. Vom Ergebnis der gewöhnlichen Geschäftstätigkeit abzugrenzen ist das außerordentliche Ergebnis, dessen Entstehung und Höhe eher zufällig und somit als „nicht regelmäßig zu erwarten" einzustufen ist.[127]

Zur Ermittlung eines betriebswirtschaftlich aussagefähigen Ergebnisses ist die genannte Drei- bzw. Zweiteilung unabdingbar. Dieser betriebswirtschaftlichen Betrachtungsweise steht die nach den IFRS erstellte Gesamtergebnisrechnung gegenüber, die nur den geringen Anforderungen an die Mindestbestandteile nach IAS 1.82 unterliegt.[128] Die Minimalgliederung der Gesamtergebnisrechnung bzw. Gewinn- und Verlustrechnung besteht neben der Angabe des Periodenergebnisses und den detaillierten Angaben zum sonstigen Ergebnis aus lediglich fünf Positionen, wovon für „wachsende" und „mittlere" Unternehmen zumeist nur die Posten Umsatzerlöse, Finanzierungsaufwendungen und Steueraufwendungen wesentlich sein dürften. Somit reduzieren sich die Mindestbestandteile im Wesentlichen auf drei Positionen. Die fehlenden zwei Positionen betreffen zum einen die Aufgabe von Geschäftsbereichen und zum anderen nur die Unternehmen, die Gewinn- und Verlustanteile an assoziierten Unternehmen und Joint Ventures besitzen. Zusätzliche Posten, Überschriften und Zwischensummen sind nach IAS 1.85 nur dann erforderlich, wenn diese für das Verständnis der Ertragslage des Unternehmens relevant sind. Der Ausweis eines Ergebnisses der gewöhnlichen Geschäftstätigkeit gehört nicht zu den Pflichtangaben.[129]

In IAS 1.87 geht das IASB sogar so weit, dass es ein Verbot zum Ausweis von außerordentlichen Posten in Gewinn- und Verlustrechnung sowie Anhang erlässt.[130] Somit

---

[127] Vgl. MELCHER, W., Konvergenz, 2002, S. 131 f.

[128] FRANZ und WINKLER stellen fest, dass sich eine konvergente Ergebnisrechnung im „Spannungsfeld zwischen der Notwendigkeit einer betriebswirtschaftlich aussagefähigen Erfolgsspaltung und den geringen Anforderungen an die Mindestbestandteile der Gewinn- und Verlustrechnung nach IFRS" bewegt; vgl. FRANZ, K.-P./WINKLER, C., Unternehmenssteuerung, 2006, S. 84.

[129] Vgl. KÜTING, K./WEBER, C.-P., Bilanzanalyse, 2006, S. 247.

[130] Die Unterscheidung von Posten aus der gewöhnlichen Geschäftstätigkeit und außerordentlichen Posten wurde mit der Überarbeitung des IAS 1 zum 01.01.2005 abgeschafft; vgl. Verordnung (EG) Nr. 2238/2004, ABl. L 394 vom 31.12.2004, S. 18; vgl. auch COENENBERG, A. G., Jahresabschluss, 2005, S. 1058; SCHLÜTER, J., in: Beck'sches IFRS-Handbuch, 2006, § 15, Rz. 5; WAGENHOFER, A., Internationale Rechnungslegungsstandards, 2009, S. 460.

ist noch nicht einmal die Abgrenzung des außerordentlichen Ergebnisses möglich. Das IASB begründet diesen Paragraphen damit, dass alle Aufwendungen und Erträge dem gleichen Risiko unterliegen, und untersagt Abstufungen bei der Risikoeinschätzung.[131] Die Hauptkritikpunkte an der Erfolgsspaltung nach IFRS wurden somit dargelegt. Die Gliederung der Gewinn- und Verlustrechnung erweist sich nur ansatzweise als erfolgsspaltungsorientiert. Die Mindestvorschriften sind zu gering. Zwei weitere Kritikpunkte kommen hinzu: Erstens besteht die Gefahr, dass unterschiedliche Darstellungsformen den zwischenbetrieblichen Vergleich (Objektvergleich) beeinträchtigen, wenn Unternehmen ihre Angaben über die Mindestvorschriften hinaus erweitern.[132] Zweitens ist ohne Auswertung der Anhangangaben keine Erfolgsspaltung möglich;[133] selbst dann nicht, wenn das Wahlrecht gemäß IAS 1.97 bis IAS 1.105 dahingehend ausgeübt wird, dass zusätzliche Angaben – soweit möglich – in die Gewinn- und Verlustrechnung aufgenommen werden statt sie im Anhang darzustellen. Zusätzliche Erläuterungen zu einzelnen Posten sind für die Erfolgsspaltung unentbehrlich. Sie stehen in jedem Fall im Anhang. Der Aufwand zur Auswertung des Anhangs ist beträchtlich und das Unternehmen muss bei Erstellung des Abschlusses im Blick haben, dass eine Erfolgsspaltung vorgenommen werden soll, denn die regulären Angaben reichen nicht aus. Zwar fordert IAS 1.97 gesonderte Angaben, wenn Ertrags- oder Aufwandsposten wesentlich sind, die Abgrenzung zwischen wesentlich und unwesentlich liegt jedoch im Ermessen des Bilanzierenden.

Eine Abstimmung der Erfolgsspaltung im Rahmen der Konvergenz von interner und externer Ergebnisermittlung ist in vertikaler und horizontaler Richtung vorzunehmen. Bei der vertikalen Erfolgsspaltung sind dem Ergebnis der gewöhnlichen Geschäftstätigkeit, aufgeteilt in ordentliches Betriebsergebnis und Finanzergebnis, sowie dem außerordentlichen Ergebnis, differenziert nach periodenfremden und außergewöhnlichen Erträgen und Aufwendungen, die entsprechenden Größen des IFRS-Abschlusses gegenüberzustellen. Es wird davon ausgegangen, dass sich ein Unternehmen in seiner Gewinn- und Verlustrechnung zwecks Erfolgsspaltung nicht auf die Mindestgliederung beschränkt, sondern dem Beispiel des IAS 1.102 bzw. IAS 1.103 folgt und entsprechend differenzierter gliedert. Für die Aufstellung der Gewinn- und Verlustrechnung nach dem Umsatzkostenverfahren sind gemäß IAS 1.103 folgende Posten zu

---

[131] Zur Begründung des IASB siehe IAS 1.BC 60 bis IAS 1.BC 64. Die "Basis for Conclusions (BC) on IAS 1" sind nur Bestandteil der englischen Originalausgabe.

[132] Siehe ausführlich zur Kritik an der Erfolgsspaltung nach IFRS KÜTING, K./WEBER, C.-P., Bilanzanalyse, 2006, S. 249 f.

[133] Bei KIRSCH findet sich eine lange Liste unbedingt zu berücksichtigender Anhangangaben; vgl. KIRSCH, H., Jahresabschlussanalyse, 2007, S. 128-130. Diese Aussage belegt auch der Beitrag von COENENBERG, A. G./DEFFNER, M./SCHULTZE, W., Erfolgsspaltung, 2005, S. 435-443.

unterscheiden: Umsatzerlöse, Umsatzkosten, Bruttogewinn, sonstige Erträge, Vertriebskosten, Verwaltungsaufwendungen und andere Aufwendungen.[134] Die Umsatzerlöse abzüglich der Umsatzkosten bilden den Bruttogewinn, der mit dem Ergebnis der gewöhnlichen Geschäftstätigkeit abzustimmen ist. Vertriebs- und Verwaltungsaufwendungen sind ebenfalls einzubeziehen. Während die Möglichkeit zur Ermittlung des ordentlichen Betriebs- wie auch Finanzergebnisses grundsätzlich besteht, dürfte die zutreffende Verteilung der sonstigen Erträge und anderen Aufwendungen zum periodenfremden und außergewöhnlichen Ergebnis schwierig sein.[135] Bislang kann nicht festgestellt werden, dass ein IFRS-Abschluss bezüglich der Erfolgsspaltung als vorteilhaft anzusehen ist.

Die Abstimmung der horizontalen Erfolgsspaltung betrifft das ordentliche Betriebsergebnis. Für eine steuerungskonforme Verwendung der Erfolgsspaltung sind unternehmerische Einheiten, sog. Geschäftssegmente, abzugrenzen.[136] Die organisatorische Einteilung in Geschäftssegmente ist eine unbedingte Voraussetzung für eine effektive und effiziente Steuerung,[137] es sei denn, das Unternehmen ist klein und seine Strukturen sind übersichtlich. Eine solche Abgrenzung ist unproblematisch, wenn das betreffende Unternehmen eine Geschäftssegmentierung nach IFRS 8 vornimmt.[138] Fehlt das Instrument der Geschäftssegmentierung, so ist – vor allem bei „wachsenden" und „mittleren" Unternehmen – davon auszugehen, dass aus dem zusätzlichen Aufwand kein entsprechender Nutzen resultiert. Ein Geschäftssegment im Sinne des IFRS 8 ist nach IFRS 8.5 ein Geschäftsbereich, in dem Erträge erwirtschaftet werden, dessen Betriebsergebnis regelmäßig hinsichtlich der Entscheidungen über die Allokation von Ressourcen überprüft wird und für den einschlägige Finanzinformationen vorliegen. Zur Geschäftssegmentierung verpflichtet sind nach IFRS 8.2 lediglich kapitalmarktorientierte Unternehmen.

Aufgrund der großen zusätzlichen Anforderungen einer Erfolgsspaltung an einen Einzelabschluss nach IFRS kann nicht davon ausgegangen werden, dass Unternehmen diesen Aufwand betreiben, um eine Konvergenz von interner und externer Ergebnisermittlung anzustreben.

---

[134] Eine übersichtliche Abbildung zur Zuordnung findet sich in FRANZ, K.-P./WINKLER, C., Unternehmenssteuerung, 2006, S. 86.

[135] Siehe ausführlich COENENBERG, A. G./DEFFNER, M./SCHULTZE, W., Erfolgsspaltung, 2005, S. 439 f.

[136] Vgl. FRANZ, K.-P./WINKLER, C., Unternehmenssteuerung, 2006, S. 87.

[137] Vgl. HALLER, A., Segmentberichterstattung, 2006, S. 143.

[138] Zur Bedeutung der Segmentierung für die Unternehmenssteuerung und zur Kompatibilität hinsichtlich der Segmentkonzeption, -bildung und -daten siehe MELCHER, W., Konvergenz, 2002, S. 44-53 und S. 149-152 sowie HALLER, A., Segmentberichterstattung, 2006, S. 143-168. Zum Harmonisierungspotenzial des IFRS 8 siehe LORSON, P., Harmonisierung, 2007, S. 308 f.

Als Letztes ist noch das Argument zu prüfen, ob eine Konvergenz von interner und externer Ergebnisermittlung dennoch wünschenswert ist, weil kalkulatorische Kosten aufgrund zunehmender Transparenz des externen Abschlusses durch die IFRS entbehrlich werden und somit Manipulationsspielräume, die zu einer Verzerrung der Ertragslage im Rahmen der Erstellung einer internen Unternehmensrechnung führen, reduziert werden können.

4.2.5 Ersatz kalkulatorischer Kosten durch pagatorische Werte

4.2.5.1 Einführung

Kalkulatorische Kosten sind sog. wertmäßige Kosten[139], denen „keine adäquaten Aufwendungen oder aber zumindest in ihrer Höhe anders veranschlagte Aufwendungen gegenüberstehen"[140]. Kosten, mit denen keine Ausgaben und entsprechend keine Aufwendungen verbunden sind, werden als Zusatzkosten, alle anderen als Anderskosten bezeichnet.[141] Zusatzkosten entstehen z. B. für Eigentümer eines Einzelunternehmens oder einer Personengesellschaft, die für ihre Arbeitsleistung kein entsprechendes Gehalt beziehen, oder für Räumlichkeiten, die ein Unternehmer ohne Mietzahlungen zur Verfügung stellt. Diese gehen als kalkulatorische Unternehmerlöhne und kalkulatorische Eigenmieten in die interne Unternehmensrechnung ein. Bei den Anderskosten ist zwischen „Anderskosten mit Bewertungsdifferenzen" und „Anderskosten mit wertmäßigem Ausgleich im Zeitablauf"[142] zu unterscheiden. Da die Anderskosten mit wertmäßigem Ausgleich im Zeitablauf, zu welchen u. a. kalkulatorische Vor- und Nachlaufkosten sowie kalkulatorische Wagniskosten gehören, im Vergleich zu den Anderskosten mit Bewertungsdifferenzen von untergeordneter Bedeutung sind, wird nur auf die Letztgenannten eingegangen. Zu ihnen zählen kalkulatorische Abschreibungen, kalkulatorische Materialkosten und kalkulatorische Zinsen.

Neben den pagatorischen Kosten[143] werden im internen Rechnungswesen kalkulatorische Größen einbezogen. Kalkulatorische Größen resultieren aus der Theorie des Rechnens mit Opportunitätskosten. Diese sind entscheidungsbezogene wertmäßige Kosten.[144]

---

[139] Zum wertmäßigen Kostenbegriff siehe FANDEL, G., Produktion, 2007, S. 219.

[140] MÄNNEL, W., Harmonisierung, 1999, S. 13.

[141] Siehe ausführlich zur Abgrenzung von Zusatz- und Anderskosten die Ausführungen in Arbeitskreis „Internes Rechnungswesen" der Schmalenbach-Gesellschaft, Unternehmensrechnung, 1999, S. 19-29.

[142] Arbeitskreis „Internes Rechnungswesen" der Schmalenbach-Gesellschaft, Unternehmensrechnung, 1999, S. 19 und ausführlich S. 49-62.

[143] Vgl. KÜPPER, H.-U., Unternehmensplanung, 1995, S. 20.

[144] Vgl. Arbeitskreis „Internes Rechnungswesen" der Schmalenbach-Gesellschaft, Unternehmensrechnung, 1999, S. 83.

Sie werden nicht an tatsächlich gezahlten Preisen gemessen, sondern entsprechen dem Ertrag, der bei alternativer Verwendung des jeweiligen Gutes erzielt werden könnte.[145] So werden bereits am Lager befindliche Rohstoffe mit ihren Wiederbeschaffungspreisen bewertet. Als Verwendungsalternative zum gegenwärtigen Einsatz der Rohstoffe wird der Einsatz in einer zukünftigen Periode unterstellt. Die Opportunitätskosten ergeben sich als Differenz zwischen den Wiederbeschaffungskosten und den Anschaffungs- und Herstellungskosten.[146] Die Theorie des Rechnens mit Opportunitätskosten legitimiert das Umdefinieren von Gewinnelementen in Kostenelemente.[147]

Eine Konvergenz von interner und externer Ergebnisermittlung würde bedeuten, dass kalkulatorische Kosten zukünftig nicht mehr einbezogen werden.[148] Zu prüfen ist in einem ersten Schritt, ob aus betriebswirtschaftlicher Sicht auf kalkulatorische Kosten verzichtet werden kann oder ob wegen bestehenden Manipulationsspielräumen auf diese verzichtet werden sollte. In einem weiteren Schritt ist zu untersuchen, ob die Informationen des internen Rechnungswesens durch Daten des externen Rechnungswesens, basierend auf der IFRS-Rechnungslegung, ersetzt werden können, ohne dass Informationslücken entstehen. Unternehmen, die keine interne Unternehmensrechnung aufstellen, würden von den zusätzlich verfügbaren Informationen durch den IFRS-Abschluss profitieren. Für Unternehmen, die bisher zwei Rechnungslegungssysteme führen, würden sich Aufwand und Kosten reduzieren, ohne dass es zu Informationsverlusten kommt.

4.2.5.2 Verzicht auf kalkulatorische Kosten

Als Begründung für die Entbehrlichkeit von kalkulatorischen Kosten wird in der Literatur angeführt, dass die auf der Kostenrechnung basierende betriebliche Kalkulation ihre Bedeutung als Mittel der Preisbildung verloren hat. Letztlich sind wettbewerbliche Motive für die Preisgestaltung ausschlaggebend.[149]

---

[145] Vgl. EWERT, R./WAGENHOFER, A., Interne Unternehmensrechnung, 2008, S. 114.

[146] Vgl. Arbeitskreis „Internes Rechnungswesen" der Schmalenbach-Gesellschaft, Unternehmensrechnung, 1999, S. 21.

[147] Vgl. MÄNNEL, W., Harmonisierung, 1999, S. 13.

[148] Seit seiner Neuorientierung des internen Rechnungswesens verzichtet Siemens auf die Buchung kalkulatorischer Abschreibungen und Wagnisse, mit Ausnahme der kalkulatorischen Zinsen; vgl. ZIEGLER, H., Neuorientierung, 1994, S. 179 f.

[149] Vgl. Arbeitskreis „Internes Rechnungswesen" der Schmalenbach-Gesellschaft, Unternehmensrechnung, 1999, S. 4. ZIEGLER, H., Neuorientierung, 1994, S. 178 konstatiert diese Aussage entsprechend: „Auf freien Märkten und im globalen Wettbewerb bestimmen im Regelfall nicht die kalkulierten Kosten der einzelnen Anbieter den Preis – sie interessieren den Kunden nicht –, sondern der Preis bestimmt, welche Kosten ein Anbieter haben darf, der sich auf Dauer am Markt behaupten will."

4.2 Konvergenz von internem und externem Rechnungswesen

Historisch betrachtet kann die Ermittlung von kostendeckenden und gewinnwirtschaftlichen Angebotspreisen als Primäraufgabe der Kostenrechnung angesehen werden.[150] Am Anfang des Preisbildungsprozesses stand ursprünglich die Produktkalkulation, am weitesten verbreitet waren Kalkulationsverfahren, wie das der Zuschlags- oder Divisionsrechnung.[151] Abgelöst wurden diese Planungsweisen zunehmend von wettbewerbsorientierten Instrumenten.[152] Eines davon ist das Zielkostenmanagement, dem das Konzept des „Target Costing"[153] zugrunde liegt und in dessen Mittelpunkt die Markt- und Kundenorientierung steht. Den Begriff des „Zielkostenmanagements", statt „Zielkostenrechnung", verwendet PÉTER HORVÁTH, weil es sich beim Target Costing nicht um ein Kostenrechnungsverfahren, sondern um ein umfassendes System der Kostenplanung, -steuerung und -kontrolle handelt.[154] Die Wettbewerbssituation gibt die „vom Markt erlaubten Kosten" vor und macht eine Umorientierung weg von der Frage „Was wird ein Produkt kosten?" hin zu der Frage „Was darf ein Produkt kosten?"[155] erforderlich. Die Kostenplanung beginnt nicht erst zum Zeitpunkt der Kalkulation, sondern bereits mit der Erforschung des Marktes.

Das Konzept des Target Costing orientiert sich am Planungsprozess für ein neues Produkt. Seine spezifische Vorgehensweise beruht auf einem Vier-Phasen-Modell.[156] Das Ergebnis der ersten Phase ist die Festlegung der Gesamtzielkosten, in der zweiten Phase, der Zielkostenspaltung, werden diese in differenzierte Produkt- und Funktions-

---

[150] Vgl. Arbeitskreis „Internes Rechnungswesen" der Schmalenbach-Gesellschaft, Unternehmensrechnung, 1999, S. 34.

[151] Vgl. KÜPPER, H.-U., Internes Rechnungswesen, 1993, S. 610 und zu den einzelnen Kalkulationsverfahren ausführlich COENENBERG, A. G./FISCHER, T. M./GÜNTHER, T., Kostenrechnung, 2007, S. 106-115.

[152] Siehe dazu FRANZ, K.-P./KAJÜTER, P., Kostenmanagement, 2002, S. 582. Das Target Costing wird in 59 % der befragten Unternehmen eingesetzt.

[153] Die Grundidee des Target Costing wurde 1965 von Toyota entwickelt und zuerst in japanischen Unternehmen angewendet. Begründer sind die japanischen Wissenschaftler MICHIHARU SAKURAI, TOSHIRO HIROMOTO und MASAYASU TANAKA. Zu den ersten deutschen Betriebswirten, die sich mit der Zielkostenrechnung auseinandergesetzt haben, gehören HORVÁTH und SEIDENSCHWARZ; vgl. HORVÁTH, P./NIEMAND, S./WOLBOLD, M., Target Costing, 1993, S. 1-27; SEIDENSCHWARZ, W., Target Costing, 1993, S. 1-302. Als weitere Quellen zum Target Costing seien stellvertretend für viele COENENBERG, A. G./FISCHER, T. M./GÜNTHER, T., Kostenrechnung, 2007, S. 527-567 und EWERT, R./WAGENHOFER, A., Interne Unternehmensrechnung, 2008, S. 280-290 genannt.

[154] Vgl. HORVÁTH, P., Controlling, 2009, S. 480.

[155] HORVÁTH, P., Controlling, 2009, S. 479.

[156] Vgl. HORVÁTH, P., Controlling, 2009, S. 482-486. Häufig werden die vier Phasen in einem Drei-Phasen-Modell zusammengefasst: (1) Bestimmung von Zielpreisen und Kostenvorgaben (Zielkosten), (2) Planung von Maßnahmen und Zerlegung der Kostenvorgaben, (3) Operationalisierung der Ergebnisse und Verfolgung der Target Costs; vgl. Arbeitskreis „Internes Rechnungswesen" der Schmalenbach-Gesellschaft, Unternehmensrechnung, 1999, S. 121-123.

komponenten zerlegt. Auf diese Weise wird nach „Stellschrauben" für Kostensenkungen gesucht, um die Soll-Vorgaben der Gesamtzielkosten zu erreichen. Die Umsetzung erfolgt in der dritten Phase. Der Planungs-, Steuerungs- und Kontrollprozess wird durch die vierte Phase der mitlaufenden Kalkulation, z. B. laufende Soll-Ist-Vergleiche der Kosten, begleitet, damit das Unternehmen auch zukünftig konkurrenzfähig bleibt.

Zwar bestätigen diese Ausführungen, dass nicht mehr die betriebliche Kalkulation im herkömmlichen Sinne den Ausschlag für die Preisbildung gibt, dennoch kann nicht davon ausgegangen werden, dass kalkulatorische Kosten für den Kontroll-, Steuerungs- und Planungsprozess entbehrlich sind. Sie sollten bei der Preisbeurteilung unbedingt einbezogen werden.[157] Will ein Unternehmen langfristig existieren, müssen zukünftige Zahlungsüberschüsse dauerhaft hoch genug sein, um nicht nur die Grundkosten, sondern auch die kalkulatorischen Kosten, zumindest die Anderskosten, zu decken. Nur so können Verluste und pagatorische Unterdeckungen verhindert werden. Die Nichtdeckung der Zusatzkosten stellt keine Existenzgefährdung dar. In diesem Fall kann daraus nur die Schlussfolgerung gezogen werden, dass im Unternehmen „Ressourcen eingesetzt werden, für die an anderer Stelle offenbar ein höheres Entgelt geboten wird"[158]. Um Gewinngrößen realistisch einzuschätzen, sind kalkulatorische Kosten unentbehrlich und sollten unbedingt in den Kontroll-, Steuerungs- und Planungsprozess einbezogen werden.

Diese Aussage gilt nur dann nicht, wenn die Manipulationsspielräume bei Ermittlung der kalkulatorischen Kosten zu groß sind und zu erwarten ist, dass die als kalkulatorische Abschreibungen, kalkulatorische Materialkosten und kalkulatorische Zinsen angesetzten Werte nicht mehr als realistisch einzustufen sind. Auf dieses Problem wird im folgenden Gliederungspunkt eingegangen.

4.2.5.3 Manipulationsspielräume bei Ermittlung kalkulatorischer Kosten

Manipulationsspielräume wirken sich zu Lasten der Vergleichbarkeit von Unternehmen aus. Da das interne Rechnungswesen frei gestaltbar ist, können Adressaten unternehmensinterne Entscheidungen oft nicht nachvollziehen. Je größer ein Unternehmen und deren organisatorische Dezentralität, desto eher können Ermessensspielräume zugunsten individueller Ziele genutzt und zu Lasten der Unternehmenszielerreichung

---

[157] Zu kalkulatorischen Kosten bei der Preisbeurteilung siehe Arbeitskreis „Internes Rechnungswesen" der Schmalenbach-Gesellschaft, Unternehmensrechnung, 1999, S. 41-44.

[158] Arbeitskreis „Internes Rechnungswesen" der Schmalenbach-Gesellschaft, Unternehmensrechnung, 1999, S. 40 f.

4.2 Konvergenz von internem und externem Rechnungswesen

missbraucht werden.[159] Die Manipulationsmöglichkeiten bei Ermittlung kalkulatorischer Kosten sind immens. Die folgende Betrachtung soll auf Ermessensspielräume bei den bereits genannten Beispielen für Anderskosten mit Bewertungsdifferenzen beschränkt werden. Zur Veranschaulichung der Problematik reicht das aus. Die Selektion wird dadurch allerdings stark restringiert.[160]

Die Höhe kalkulatorischer Abschreibungen wird vor allem vom gewählten Ausgangsbetrag und durch die Festlegung der Nutzungsdauer bestimmt. Dem Ausgangsbetrag entspricht im internen Rechnungswesen der Wiederbeschaffungswert, die wirtschaftliche Nutzungsdauer orientiert sich an der zu erwartenden Einsatzdauer für die jeweilige Sachanlage. Lassen sich Wiederbeschaffungswerte nicht exakt ermitteln, so werden Näherungswerte verwendet.[161] Die Festlegung der wirtschaftlichen Nutzungsdauer für eine Sachanlage beruht auf einem prognostizierten Wert.[162] Nur selten liegen ex ante so sichere Erfahrungswerte mit vergleichbaren Sachanlagen der Vergangenheit vor, dass die angenommenen Werte letztlich der realen Nutzungsdauer entsprechen.

Die Höhe der kalkulatorischen Materialkosten beruht ebenfalls auf Wiederbeschaffungswerten, die Auswahl der Tages- bzw. Wiederbeschaffungswerte obliegt dem jeweils Verantwortlichen.[163] Nur wenn ein Unternehmen extern entsprechende Bewertungsvereinfachungsverfahren, wie die Lifo-Methode, verwendet und eine feste Regelung erlässt, diese auch für die interne Kalkulation zu verwenden, können über die externe Unternehmensrechnung hinausgehende Ermessensspielräume vermieden werden.[164]

Die Höhe der kalkulatorischen Zinsen richtet sich nach der Bestimmung des betriebsnotwendigen Vermögens, des Abzugskapitals und des Kalkulationszinssatzes.[165] Schon diese wenigen Beispiele zeigen, wie unendlich die Liste der Manipulationsspielräume ist.

---

[159] Vgl. KÜPPER, H.-U., Unternehmensplanung, 1995, S. 24.

[160] Siehe ausführlich KÜPPER, H.-U., Unternehmensplanung, 1995, S. 24-28.

[161] Vgl. Arbeitskreis „Internes Rechnungswesen" der Schmalenbach-Gesellschaft, Unternehmensrechnung, 1999, S. 49.

[162] Vgl. KÜPPER, H.-U., Unternehmensplanung, 1995, S. 30; SCHNEIDER, D., Rechnungswesen, 1997, S. 409-412; Arbeitskreis „Internes Rechnungswesen" der Schmalenbach-Gesellschaft, Unternehmensrechnung, 1999, S. 84.

[163] Vgl. KÜPPER, H.-U., Unternehmensplanung, 1995, S. 26.

[164] Vgl. Arbeitskreis „Internes Rechnungswesen" der Schmalenbach-Gesellschaft, Unternehmensrechnung, 1999, S. 22 und S. 85 f.

[165] Vgl. auch Arbeitskreis „Internes Rechnungswesen" der Schmalenbach-Gesellschaft, Unternehmensrechnung, 1999, S. 86-88.

Die einzige Chance, dass Ermessensspielräume in nicht zu hohem Ausmaß missbraucht werden, liegt darin, dass die betriebliche Kalkulation nicht mehr ihre ursprüngliche Bedeutung als Mittel der Preisbildung hat. Die Motivation, den Preis durch den Ansatz möglichst hoher kalkulatorischer Kosten zu steigern, um eigene Unternehmensgewinne zu erhöhen, ist hinfällig; ein solches Vorgehen lässt der Markt nicht zu. Da die Unternehmen ein großes Interesse haben, dauerhaft am Marktgeschehen zu partizipieren, besteht die Hoffnung, dass sie die Ermessensspielräume nicht überstrapazieren. Eine solche Einschätzung dürfte für „wachsende" Unternehmen realistisch sein, nicht jedoch zwangsläufig für „mittlere", deren organisatorische Dezentralität ausgeprägter ist. Zudem ist die Gefahr umso größer, dass steigende Wiederbeschaffungspreise direkt auf den Preis der Produkte umgelegt werden, je stärker die Marktposition des Unternehmens ist und je näher es einer Monopolstellung – und sei es nur regional – kommt. Die Manipulationsspielräume bei der Bestimmung kalkulatorischer Kosten sind zweifellos sehr groß, weshalb aber nicht auf kalkulatorische Kosten verzichtet werden kann. Dies wäre nur dann möglich, wenn sich adäquate pagatorische Werte als geeignet erweisen würden, die kalkulatorischen Kosten zu ersetzen.

4.2.5.4 Bewertung zum beizulegenden Zeitwert statt Ermittlung kalkulatorischer Kosten

Mit der Vorgabe des Marktes, Preise wettbewerbstauglich zu gestalten, werden sich im internen Rechnungswesen vermehrt Einflüsse der Marktorientierung abzeichnen. Die zunehmende Bewertung von Vermögenswerten und Schulden zum beizulegenden Zeitwert könnte die Impulswirkung des externen Rechnungswesens auf das interne Rechnungswesen verstärken, denn die Bewertung mit beizulegenden Zeitwerten gilt als marktorientiert.[166] Würden beizulegende Zeitwerte auch in der internen Planungsrechnung Verwendung finden, so wäre ein wichtiger Schritt in Richtung Konvergenz von internem und externem Rechnungswesen erreicht.

Der Untersuchung dieses Gliederungspunktes wird der Gedanke eines fortschreitenden Ausmaßes der Bewertung zum beizulegenden Zeitwert bis hin zu einem umfassenden „Fair Value Accounting" zugrunde gelegt.[167] Geprüft wird am Beispiel operativer Entscheidungen, ob es nicht sinnvoll ist, notwendige produkt- oder prozessbezogene Entscheidungen[168] auf der Grundlage von beizulegenden Zeitwerten statt unter Einbeziehung kalkulatorischer Größen zu treffen.

---

[166] Vgl. TROßMANN, E./BAUMEISTER, A., Harmonisierung, 2005, S. 633.
[167] Vgl. BLAUFUS, K., Fair Value Accounting, 2005, S. 1-4; TROßMANN, E./BAUMEISTER, A., Harmonisierung, 2005, S. 631.
[168] Vgl. BRUNS, H.-G., Harmonisierung, 1999, S. 595.

4.2 Konvergenz von internem und externem Rechnungswesen

Operative Entscheidungen müssen kurzfristig getroffen werden. Es werden Maßnahmen benötigt, die unter Berücksichtigung der gegebenen Kapazitäten und Potenziale des Unternehmens zu einer schnellen Lösung führen und eine optimale Anpassung an die aktuellen Bedingungen einer Periode ermöglichen. Entscheidungssituationen erfordern die Bestimmung optimaler Bestellmengen, die Ermittlung kurzfristiger Preisuntergrenzen oder optimaler Absatzpreise etc.[169]

Ein einziges, stark vereinfachtes Beispiel[170] reicht aus, um die Unterschiede aufzuzeigen, die bei Verwendung der vom Markt vorgegebenen beizulegenden Zeitwerte im Vergleich zu auf Grundlage von Daten des internen Rechnungswesens vom Unternehmen selbst ermittelten Kalkulationswerten entstehen. Zu entscheiden ist über die Annahme eines Zusatzauftrages. Bezüglich der Kapazitätsauslastung gibt es keine Probleme, ein Kapazitätsengpass ist nicht zu erwarten.

Werden anstelle von Werten der internen Unternehmensrechnung, unter Einbezug kalkulatorischer Kosten, beizulegende Zeitwerte des externen Rechnungswesens verwendet, so wird das Unternehmen seine variablen Kosten für die Erfüllung des Zusatzauftrages aufrechnen und dem ermittelten beizulegenden Zeitwert für das Endprodukt gegenüberstellen. Bei Ermittlung der variablen Kosten wird von den gegenwärtigen Anschaffungs- und Herstellungskosten der benötigten Rohstoffe ausgegangen. Existiert ein aktiver Markt, so ist der beizulegende Zeitwert leicht zu ermitteln. Nach der Definition der IFRS, siehe z. B. IAS 16.6, entspricht der beizulegende Zeitwert eines Vermögenswertes dem Betrag, den sachverständige, vertragswillige und voneinander unabhängige Geschäftspartner bereit sind, für diesen zu zahlen. Entspricht der Differenzbetrag zwischen dem beizulegenden Zeitwert und den variablen Kosten den Gewinnerwartungen des Unternehmens, wird es den Auftrag annehmen, ansonsten wird es den Auftrag ablehnen.

Verwendet das Unternehmen als Wertgrundlage den beizulegenden Zeitwert, so ist dieser zwar marktorientiert, aber nicht unternehmensspezifisch. Die Beachtung unternehmensspezifischer Umstände kann nur bei Berücksichtigung kalkulatorischer Kosten erfolgen. Bei Ermittlung der variablen Kosten wurde bislang davon ausgegangen, dass die notwendigen Rohstoffe für den Auftrag erworben werden müssen. Das Unternehmen könnte sie jedoch stattdessen auch bereits auf Lager haben. Sind diese zu einem späteren Zeitpunkt zu ergänzen, so sind den kalkulatorischen Kosten die zu erwartenden Wiederbeschaffungskosten zugrunde zu legen. Brauchen die Rohstoffe nicht nachge-

---

[169] Vgl. EWERT, R., Fair Values, 2006, S. 24; EWERT, R./WAGENHOFER, A., Interne Unternehmensrechnung, 2008, S. 56-59.

[170] Als ursprüngliche Quelle des Beispiels siehe EWERT, R., Fair Values, 2006, S. 24 f. Statt von einem Preisbeurteilungsprozess wird dort von einem Preisbildungsprozess ausgegangen.

kauft zu werden, weil es sich um Restbestände handelt oder zukünftig ein Produktionsprogramm ohne diese Rohstoffe geplant ist, gehen die Netto-Kalkulationserlöse in die Kalkulation ein, gegebenenfalls wird unter dieser veränderten Prämissensetzung, die nur im Rahmen kalkulatorischer Kosten berücksichtigt werden kann, ein Auftrag angenommen, der auf Grundlage der beizulegenden Zeitwerte abgelehnt worden wäre.

Die Bewertung zu beizulegenden Zeitwerten kann die Ermittlung von kalkulatorischen Kosten nicht ersetzen. Beizulegende Zeitwerte sind Marktwerte, welche die individuellen Besonderheiten der Unternehmenssituation ausblenden. Sie sind für interne Planungsentscheidungen nicht geeignet.[171] Es ist nicht zu erwarten, dass die Bewertung zu beizulegenden Zeitwerten den Konvergenzprozess von internem und externem Rechnungswesen vorantreibt.[172]

4.2.6 Schlussfolgerungen zur Konvergenz von internem und externem Rechnungswesen

Die Zielsetzungen des internen und externen Rechnungswesens sind für eine sinnvolle Konvergenz zu antagonistisch. Unterschiedliche Rechnungslegungszwecke können nur durch unterschiedliche Rechnungslegungssysteme erfüllt werden.[173] Für die Kontrolle, Steuerung und Planung des Unternehmens werden in jedem Fall weiterhin die Daten des internen Rechnungslegungssystems benötigt.

Die Untersuchung hat gezeigt, dass der IFRS-Rechnungslegung, entgegen der in der Literatur vertretenen Ansicht,[174] keine besondere Eignung für Konvergenzzwecke zukommt. Das entsprechende Theoriegerüst zur Erfüllung der Anforderungskriterien einer steuerungsorientierten Kontrollrechnung fehlt. Eine vollständige Konvergenz von internem und externem Rechnungswesen ist nicht sinnvoll.

Eine Konvergenz von interner und externer Ergebnisermittlung impliziert Aufwands- und Kosteneinsparungspotenziale, bedingt aber zum einen nicht die Umstellung der externen Rechnungslegung auf IFRS und fordert zum anderen eine organisatorische Segmentierung. Kalkulatorische Kosten werden bei einer Konvergenz von interner und

---

[171] Vgl. EWERT, R., Fair Values, 2006, S. 25.

[172] Zu ähnlichen Ergebnissen kommen TROßMANN und BAUMEISTER in ihrer ausführlichen Untersuchung zur Harmonisierung von internem und externem Rechnungswesen durch die Fair-Value-Bewertung. Selbst ein fortschreitendes Ausmaß der Bewertung mit beizulegenden Zeitwerten werde „keinen entscheidenden Durchbruch für eine Harmonisierung von externem und internem Rechnungswesen" mit sich bringen; vgl. TROßMANN, E./BAUMEISTER, A., Harmonisierung, 2005, S. 629-648.

[173] Vgl. KÜPPER, H.-U., Zweckmäßigkeit, 1999, S. 7 und S. 10.

[174] Vgl. Gliederungspunkt 4.2.2.

4.2 Konvergenz von internem und externem Rechnungswesen

externer Ergebnisermittlung nicht länger berücksichtigt. Obwohl offensichtlich ist, dass eine eigenständige interne Unternehmensrechnung allen Konvergenzbestrebungen diesbezüglich überlegen ist, verzichten immer mehr Unternehmen auf intern ermittelte kalkulatorische Kosten, um eine Konvergenz interner und externer Ergebnisermittlung zu forcieren. Konzerne wie Siemens, Bayer, DaimlerChrysler oder Lufthansa, um nur einige Beispiele zu nennen, verwenden inzwischen konvergierte statt differenzierte interne und externe Rechnungslegungssysteme.[175] Sie verzichten zunehmend auf die nützlichen Daten einer internen Unternehmensrechnung. Kalkulatorische Größen werden, trotz des nicht zu leugnenden Bedarfs,[176] vernachlässigt. Eine Ausnahme bilden die kalkulatorischen Zinsen,[177] auf welche die Unternehmen nicht verzichten wollen, weil „Eigenkapital nicht umsonst zur Verfügung steht"[178]. Trotz der Erkenntnis, dass eine eigenständige interne Ergebnisrechnung notwendig ist, wählen die Unternehmen die integrierte Lösung. Grund für dieses „Theorie-Praxis-Paradoxon" als suboptimale Lösung ist u. a., dass die Daten des externen Rechnungswesens quasi „kostenlos" zur Verfügung stehen.[179] Konzerne wählen den Ansatz der „partiellen Integration", d. h., die Konvergenzbestrebungen von interner und externer Ergebnisrechnung richten sich auf die obersten Hierarchieebenen des Unternehmens, operative Produkt- und Prozesssteuerung basieren weiterhin auf eigenständigen internen Unternehmensrechnungen.[180]

Die praktische Umsetzung von Konvergenzen in Konzernen belegt, dass das Argument, ein IFRS-Abschluss würde diese begünstigen, für kleine und mittelgroße Unternehmen nicht zutrifft.

Für Produkt- und Prozessentscheidungen ist die interne Unternehmensrechnung unabdingbar. Die Kostenrechnung wird weiterhin ein eigenständiger Bestandteil bleiben,[181] und das nicht nur, weil sie die Aufgabe der Dokumentation als „Datenlieferant" für das

---

[175] Vgl. WEIẞENBERGER, B. E., Integrierte Rechnungslegung, 2004, S. 72. Zu weiteren Beispielen siehe die Untersuchungen von MELCHER, W., Konvergenz, 2002, S. 164-172 und ausführlich zur Integration von externer und interner Rechnungslegung im Bertelsmann-Konzern ERDMANN, M.-K., Integration, 2008, S. 237-254.

[176] Siehe dazu WEIẞENBERGER, B. E., Integrierte Rechnungslegung, 2004, S. 73, Abbildung 1.

[177] Siehe ausführlich MELCHER, W., Konvergenz, 2002, S. 103-109.

[178] ZIEGLER, H., Neuorientierung, 1994, S. 180.

[179] Vgl. WEIẞENBERGER, B. E., Integrierte Rechnungslegung, 2004, S. 72 und S. 76.

[180] Vgl. WEIẞENBERGER, B. E./ANGELKORT, H., IFRS-Rechnungslegung, 2007, S. 427 und ausführlich zur „partiellen Integration" SIMONS, D./WEIẞENBERGER, B. E., Konvergenz, 2008, S. 137-160.

[181] Vgl. COENENBERG, A. G., Einheitlichkeit, 1995, S. 2079; HALLER, A., Eignung, 1997, S. 273; KÜTING, K./LORSON, P., Konvergenz, 1998, S. 492; BRUNS, H.-G., Harmonisierung, 1999, S. 595. PFAFF antwortet mit seinem Artikel „Zur Notwendigkeit einer eigenständigen Kostenrechnung" auf die durch ZIEGLER ausgelöste Diskussion (siehe Fn. 3 dieses Kapitels) um die Frage, ob „die Kostenrechnung in Theorie und Praxis zukünftig überflüssig" ist; vgl. PFAFF, D., Notwendigkeit, 1994, S. 1065-1084.

externe Rechnungswesen zu erfüllen hat. Je stärker die interne Berichterstattung auf den operativen Bereich des Unternehmens zielt, desto geringer sind die Konvergenzmöglichkeiten,[182] auch dann, wenn der externe Abschluss nach IFRS erstellt wird. Die möglichen Konvergenzpotenziale sind für kleine und mittelgroße Unternehmen zu gering und unbedeutend. Ihr Wunsch nach Zunahme des Nutzens bei gleichzeitiger Reduktion der Kosten wird nur vereinzelt erfüllt.[183] Ist ein IFRS-Abschluss vorhanden, ist die Nutzung der Konvergenzpotenziale[184] unbedingt anzuraten. Ihre Bedeutung reicht jedoch nicht aus, um die Zweckmäßigkeit eines IFRS-Abschlusses für kleine und mittelgroße Unternehmen zu begründen.

Kleine und mittelgroße Unternehmen werden auch zukünftig keine IFRS-Abschlüsse erstellen.[185] Unternehmen, die bisher keinen Bedarf für ein internes Rechnungswesen gesehen haben, werden auch weiterhin keines benötigen, alle anderen Unternehmen werden die Trennung von internem und externem Rechnungswesen aufrechterhalten.

4.3 Beschaffung von Fremd- und Eigenkapital

4.3.1 Einführung

Die Diskussion über die Notwendigkeit von Abschlüssen nach internationalen Rechnungslegungsstandards zu Ratingzwecken begann in der Planungsphase zu den Vorschriften von Basel II. Die Regierungskommission Corporate Governance kommt in ihrem Bericht aus dem Jahr 2001 zu folgendem Schluss:

„Im Hinblick auf die geplanten Regeln zur Eigenkapitalunterlegung von Bankkrediten (Basel II) dürften die Kreditinstitute künftig von mittelständischen Unternehmen eine Rechnungslegung nach IAS häufig auch dann verlangen, wenn nach der gesetzlichen Regelung ausschließlich eine Rechnungslegung nach HGB vorgesehen ist."[186]

---

[182] Vgl. BRUNS, H.-G., Harmonisierung, 1999, S. 595; HEYD, R., Harmonisierung, 2001, S. 208.

[183] Als Beispiel sei die für kalkulatorische Abschreibungen notwendige Ermittlung der wirtschaftlichen Nutzungsdauer genannt. Wird der externe Abschluss nach IFRS erstellt, ist sie nach IAS 16.56 f. für den Bilanzansatz von Sachanlagen zu ermitteln. Bei Konvergenz von internem und externem Rechnungswesen erübrigen sich die kalkulatorischen Abschreibungen; vgl. MANDLER, U., Mittelstand, 2004, S. 82 f.

[184] Zu weiteren Potenzialen siehe LORSON, P., Harmonisierung, 2007, S. 303-323.

[185] Zwar nennen kleine und mittelgroße Unternehmen bei Befragungen als Motiv für einen IFRS-Abschluss die mögliche Konvergenz von internem und externem Rechnungswesen, eine Umsetzung erfolgt jedoch nicht. Das genannte Motiv spiegelt sich nicht im tatsächlichen Annäherungsgrad wider; vgl. dazu die Untersuchungsergebnisse von JAHNKE, H./WIELENBERG, S./SCHUMACHER, H., Integration, 2007, S. 375.

[186] Regierungskommission Corporate Governance, Bericht, 2001, Rz. 268.

4.3 Beschaffung von Fremd- und Eigenkapital

Ausgehend davon, dass Kreditinstitute auf IFRS-Abschlüsse drängen würden, weil sie bei ihren Rating-Berechnungen keine getrennten Auswertungsmodule für zwei verschiedene Rechnungslegungssysteme entwickeln wollen,[187] wurde diese Aussage als faktischer Zwang zur Erstellung von Abschlüssen nach IFRS aufgefasst.[188]

Mit der Verabschiedung der Rahmenvereinbarung des „Baseler Ausschusses für Bankenaufsicht"[189] am 26. Juni 2004 wurde deutlich, dass grundsätzlich keine Pflicht zur Erstellung von IFRS-Abschlüssen besteht. Sie enthält keine Vorgaben bezüglich der Rechnungslegungsvorschriften für ein Unternehmensrating,[190] es ist „bilanzneutral". Basel II beinhaltet keine Legitimation für Kreditinstitute, ausschließlich IFRS-Abschlüsse zu verlangen.[191] Dennoch treffen Kreditinstitute ihre Entscheidung, wie ein zweckentsprechendes Ratingsystem ausgestaltet wird, selbst und verlangen möglicherweise aufgrund der höheren Transparenz, dass ihre Kunden einen IFRS-Abschluss vorlegen,[192] weil sie darin eine Verbesserung der Kreditwürdigkeitsbeurteilung sehen und für die Kunden eine Verbesserung des Ratings.[193] Folglich besteht ein Zwang zur Vorlage eines IFRS-Abschlusses nur, wenn die eigene Hausbank dies fordert.

Die Bedenken, dass kleine und mittelgroße Unternehmen unter den Auswirkungen von Basel II zu leiden hätten und ihre Kreditkosten gravierend steigen würden,[194] wurden mit der Verabschiedung der Rahmenvereinbarung beseitigt.[195] Kredite an kleine und mittelgroße Unternehmen wurden separiert und nicht dem allgemeinen Segment der Unternehmenskredite zugeordnet. Liegt das Umsatzvolumen eines Unternehmens unter

---

[187] Vgl. GUTHOFF, M., Mittelstandsrating, 2006, S. 182.

[188] Vgl. Arbeitskreis „Bilanzrecht der Hochschullehrer Rechtswissenschaft", Fortentwicklung, 2002, S. 2377; PEEMÖLLER, V. H./SPANIER, G./WELLER, H., Internationalisierung, 2002, S. 1800 f.; GUTHOFF, M., Mittelstandsrating, 2006, S. 182.

[189] Vgl. Baseler Ausschuss für Bankenaufsicht, Rahmenvereinbarung, 2004.

[190] Vgl. KÜTING, K./RANKER, D./WOHLGEMUTH, F., Auswirkungen, 2004, S. 100 und S. 102.

[191] Vgl. GUTHOFF, M., Mittelstandsrating, 2006, S. 182.

[192] Vgl. KRUTH, B.-J., Anwendung, 2006, S. 174.

[193] Vgl. OEHLER, R., Auswirkungen, 2006, S. 114.

[194] Vgl. PAUL, S./STEIN, S., Qualitätsampel, 2003, S. 417. GRUNERT et al. stellen auf Grundlage des 1. Konsultationspapiers von 1999 anhand von konkreten Berechnungen fest, dass es sowohl bei bestehenden Kreditbeziehungen als auch bei neu abzuschließenden Krediten zu einer deutlichen Erhöhung der Zinskosten bei kleinen und mittelgroßen Unternehmen kommen würde; vgl. GRUNERT, J. et al., Basel II, 2002, S. 1045-1064.

[195] Vgl. Bundesverband deutscher Banken, Bankinternes Rating, 2005, S. 13. SCHULTE-MATTLER und MANNS zeigen mithilfe konkreter Berechnungen auf Grundlage der verabschiedeten Rahmenbedingungen, dass der Kreditzinssatz für kleine und mittelgroße Unternehmen, wegen der Schaffung der eigenen Mittelstandskomponente, um maximal 0,23 % steigen wird und die Bedenken somit als „Falscher Alarm" zu bezeichnen sind; vgl. SCHULTE-MATTLER, H./MANNS, T., Basel II, 2004, S. 376-380.

50 Mio. € bzw. sein Kreditvolumen unter 1 Mio. €,[196] gehört es dem sog. Retailsegment an. Dies trifft grundsätzlich auf sämtliche kleinen und mittelgroßen Unternehmen zu.[197] In Deutschland gehören ca. 95 % der Unternehmen zum Retailsegment.[198]

Da kleine und mittelgroße Unternehmen zu keinem externen Rating durch eine Ratingagentur verpflichtet sind, sollen die Kreditinstitute selbst Kreditwürdigkeitsprüfungen vornehmen.[199] Sie entwickeln eigene Ratingsysteme. Die meisten Kreditinstitute haben bezüglich des Ratings für kleine und mittelgroße Unternehmen in den letzten Jahren erhebliche Differenzierungen ihrer Systeme vorgenommen, letztendlich auch, um den regulativen Vorgaben von Basel II gerecht zu werden.[200] Sie richten die Kreditvergabe stärker an der Kreditwürdigkeit der Kreditnehmer aus.[201] Kredite an kleine und mittelgroße Unternehmen können im Risikomanagement der Kreditinstitute wie Kredite an Privatkunden behandelt werden.[202]

Hauptziel des Baseler Ausschusses für Bankenaufsicht ist die „Stärkung der Solidität und Stabilität des internationalen Bankensystems"[203]. Zur Erreichung dieser Zielsetzung verfolgt er in seiner Konzeption den „Drei-Säulen-Ansatz". Die erste Säule bilden die Vorschriften zur Bestimmung der Mindesteigenkapitalunterlegung für die Kreditinstitute. Wie schon seit der Verlautbarung zu Basel I müssen Kreditinstitute auch weiterhin über Eigenkapital in Höhe von mindestens 8 % ihrer gewichteten Risikoaktiva verfügen.[204] Die Neuerung durch Basel II besteht darin, dass die Risikogewichtung der Ausfallgefahr von Kunden die Bemessungsgrundlage beeinflusst. Die Ausfallwahrscheinlichkeit ist mit ausschlaggebend für die Höhe des mindestens erforderlichen Eigenkapitals.[205] Die zweite Säule besteht aus den Grundsätzen und Richtlinien zu den aufsichtsrechtlichen Überprüfungsverfahren. Die von den Kreditinstituten

---

[196] Vgl. MANDLER, U., Mittelstand, 2004, S. 84.

[197] Vgl. Gliederungspunkt 2.2.1.1.

[198] Vgl. PAUL, S./STEIN, S., Qualitätsampel, 2003, S. 422; WINKELJOHANN, N./SOLFRIAN, G., Basel II, 2003, S. 90 m. w. N.; Bundesverband deutscher Banken, Bankinternes Rating, 2005, S. 13.

[199] Vgl. KÜTING, K./RANKER, D./WOHLGEMUTH, F., Auswirkungen, 2004, S. 94; MANDLER, U., Mittelstand, 2004, S. 84.

[200] Vgl. GUTHOFF, M., Mittelstandsrating, 2006, S. 181.

[201] Vgl. z. B. PAETZMANN, K., Finanzierung, 2001, S. 493; OEHLER, R., KMU, 2005, S. 147.

[202] Vgl. PAUL, S./STEIN, S., Qualitätsampel, 2003, S. 421; Bundesverband deutscher Banken, Bankinternes Rating, 2005, S. 13.

[203] Baseler Ausschuss für Bankenaufsicht, Rahmenvereinbarung, 2004, Abs. 4. Zur Zielsetzung siehe ausführlich ZEITLER, F.-C., Entwicklungslinien, 2001, S. 1397 f.

[204] Vgl. Baseler Ausschuss für Bankenaufsicht, Rahmenvereinbarung, 2004, Abs. 5.

[205] Vgl. Bundesverband deutscher Banken, Bankinternes Rating, 2005, S. 9.

4.3 Beschaffung von Fremd- und Eigenkapital

angewendeten Kontroll- und Ratinginstrumente sind durch die Bankenaufsicht zu überprüfen. Die dritte Säule dient der Marktdisziplin. Sie beinhaltet detaillierte Offenlegungsvorgaben, um die Marktteilnehmer über Risikoprofil und notwendige Eigenkapitalunterlegung der Kreditinstitute zu informieren.[206] Das Zusammenwirken der drei Säulen ist unbedingte Voraussetzung für einen funktionierenden Finanzmarkt.[207]

Zur Ermittlung des Kreditrisikos der Kreditnehmer stehen der Standardansatz (*standardised approach*) und der interne Ratingansatz (*internal ratings-based approach*)[208] als gleichberechtigte Methoden nebeneinander.[209] Der Standardansatz basiert auf der Verwendung externer Ratings, der interne Ratingansatz, wie der Name deutlich erkennen lässt, auf bankinternen Ratings. Neu seit Basel II ist die Möglichkeit, die Kreditwürdigkeitsprüfung mithilfe von internen statt mit externen Ratingverfahren vorzunehmen.[210]

Gemäß der Kreditwürdigkeitsbeurteilung externer Ratingagenturen werden sämtliche Aktiva und außerbilanzielle Positionen des Kreditnehmers mit Risikogewichten belastet. Diese betragen 20 %, 50 %, 100 % oder 150 %. Da Kreditinstitute über Eigenkapital in Höhe von mindestens 8 % ihrer gewichteten Risikoaktiva verfügen müssen, ergeben sich daraus erforderliche Eigenkapitalunterlegungen zwischen 1,6 % und 12 % des Kreditvolumens.[211] Ohne externes Rating erfolgt eine Einstufung in die Risikokategorie 100 %.

Kleine und mittelgroße Unternehmen werden, aufgrund ihrer Zuordnung zum Retailsegment, bei Anwendung des Standardansatzes begünstigt. Ihre Risikogewichtung liegt bei abgesenkten 75 % statt der vollen 100 %.[212] Die erforderliche Eigenkapitalunterlegung des Kreditinstituts verringert sich folglich von 8 % auf 6 %. Eine weitere

---

[206] Siehe ausführlich zum „Drei-Säulen-Ansatz" Baseler Ausschuss für Bankenaufsicht, Rahmenvereinbarung, 2004, Abs. 40-826 oder in der wissenschaftlichen Literatur z. B. PAUL, S./STEIN, S., Rating, 2002, S. 31-33; WINKELJOHANN, N./SOLFRIAN, G., Basel II, 2003, S. 89 f.; KÜTING, K./RANKER, D./WOHLGEMUTH, F., Auswirkungen, 2004, S. 93-97.

[207] Vgl. Baseler Ausschuss für Bankenaufsicht, Rahmenvereinbarung, 2004, Abs. 4 und Abs. 10 f.

[208] Siehe ausführlich zum Standard- und internen Ratingansatz PAETZMANN, K., Finanzierung, 2001, S. 493 f.; WINKELJOHANN, N./SOLFRIAN, G., Basel II, 2003, S. 89 f.; KÜTING, K./RANKER, D./WOHLGEMUTH, F., Auswirkungen, 2004, S. 94-96; OEHLER, R., Auswirkungen, 2006, S. 113 f.

[209] Vgl. Baseler Ausschuss für Bankenaufsicht, Rahmenvereinbarung, 2004, Abs. 50.

[210] Vgl. PAETZMANN, K., Finanzierung, 2001, S. 493; KÜTING, K./RANKER, D./WOHLGEMUTH, F., Auswirkungen, 2004, S. 94.

[211] Vgl. PAETZMANN, K., Finanzierung, 2001, S. 493; WINKELJOHANN, N./SOLFRIAN, G., Basel II, 2003, S. 89.

[212] Vgl. Baseler Ausschuss für Bankenaufsicht, Rahmenvereinbarung, 2004, Abs. 69-71.

Ausnahmeregelung gilt für kleine und mittelgroße Unternehmen, deren Kreditvolumen 1 Mio. € überschreitet. Diese können nicht mehr dem Retailsegment zugeordnet werden, möglich ist aber ein Abschlag auf die Risikoeinstufung von bis zu 20 %.[213]

Der interne Ratingansatz gestattet Kreditgebern eine Selbsteinschätzung der Kreditwürdigkeit des Kreditnehmers. Die zu schätzenden Risikofaktoren[214] sind die Ausfallwahrscheinlichkeit (*probability of default*), die zu erwartenden Forderungsbeträge bei Kreditausfall (*exposure at default*), die Schwere der Verluste bei Ausfall (*loss given default*) und die effektive Restlaufzeit (*effective maturity*)[215]. Unterschieden wird zwischen dem Basis- und dem fortgeschrittenen Ansatz. Bei Anwendung des Basisansatzes schätzt das Kreditinstitut die Ausfallwahrscheinlichkeit und richtet die anderen drei Risikofaktoren an den bankaufsichtlichen Vorgaben aus. Im Gegensatz dazu ist der fortgeschrittene Ansatz nur dann erlaubt, wenn das Kreditinstitut alle Risikofaktoren selbst einschätzen kann.[216]

Kleine und mittelgroße Unternehmen werden von ihren Kreditinstituten gemäß dem fortgeschrittenen internen Ratingansatz eingeschätzt; der Basisansatz ist ausgeschlossen.[217] Da kreditnehmerspezifische Besonderheiten beim internen Rating besser berücksichtigt werden können als beim externen Rating, fällt die Beurteilung der Kreditkonditionen grundsätzlich günstiger aus. Im Regelfall ist die Einschätzung der ökonomischen Risiken von Kreditengagements realer. Tendenziell ist die erforderliche Eigenkapitalunterlegung der Kreditinstitute, die hauptsächlich Kredite an kleine und mittelgroße Unternehmen vergeben, geringer als beim Standardansatz.[218] Daraus folgt, dass die entsprechenden Kreditinstitute den internen Ratingansatz grundsätzlich dem Standardansatz vorziehen.

Zu unterscheiden ist für die folgende Untersuchung zwischen den vielen Unternehmen, die sich für die Beschaffung von Fremdkapital, und der geringen Zahl von Unternehmen, die sich für die Eigenkapitalbeschaffung durch Private Equity entschei-

---

[213] Vgl. PAUL, S./STEIN, S., Qualitätsampel, 2003, S. 422; WINKELJOHANN, N./SOLFRIAN, G., Basel II, 2003, S. 90.

[214] Vgl. zu den zu schätzenden Risikofaktoren Bundesverband deutscher Banken, Bankinternes Rating, 2005, S. 9 f.

[215] Bezüglich der effektiven Restlaufzeit bestimmt die nationale Bankenaufsicht, ob diese einzubeziehen ist oder nicht; vgl. Baseler Ausschuss für Bankenaufsicht, Rahmenvereinbarung, 2004, Abs. 246 i. V. m. Abs. 318-324 bzw. Abs. 247 i. V. m. Abs. 291.

[216] Vgl. Baseler Ausschuss für Bankenaufsicht, Rahmenvereinbarung, 2004, Abs. 244-251.

[217] Vgl. Baseler Ausschuss für Bankenaufsicht, Rahmenvereinbarung, 2004, Abs. 252.

[218] Vgl. GLEIßNER, W./FÜSER, K., Rating, 2003, S. 67; KÜTING, K./RANKER, D./WOHLGEMUTH, F., Auswirkungen, 2004, S. 95.

4.3 Beschaffung von Fremd- und Eigenkapital

den. Zu beantworten ist die Frage, ob die Vorlage von IFRS-Abschlüssen den Kreditnehmern bzw. Eigenkapitalnehmern Vorteile im Vergleich zu Abschlüssen nach nationalem Bilanzrecht einräumen.

4.3.2 Mögliche Vorteile

Mögliche Vorteile bei Feststellung der Kreditwürdigkeit von Unternehmen mithilfe von IFRS-Abschlüssen wurden bereits angedeutet. Sie sind nur dann von tragender Bedeutung, wenn ihr Nutzen höher ist als der dafür notwendige Aufwand zur Erstellung eines IFRS-Abschlusses. Zu prüfen sind in diesem Zusammenhang die folgenden in der Literatur genannten Vorteile:

- Für Kreditinstitute bestehe ein enormer Vorteil, wenn sie ihre Ratingsysteme ausschließlich auf IFRS-Abschlüsse ausrichten könnten und sich nicht auf zwei unterschiedliche Rechnungslegungssysteme einstellen müssten.[219] Dadurch könnten sie die Kreditwürdigkeit des Kreditnehmers besser einschätzen.

- Befürworter der IFRS argumentieren, dass die Eigenkapitalquote auf der Grundlage von IFRS-Abschlüssen tendenziell höher sei als im HGB-Abschluss, was sich positiv auf das Ratingergebnis und die Kreditkonditionen des Unternehmens auswirke.[220]

- Kleine und mittelgroße Unternehmen, die ihre Abschlüsse nach IFRS erstellen würden, hätten aufgrund verbesserter und vereinfachter Kommunikationsmöglichkeiten[221] bessere Chancen auf eine Private-Equity-Beteiligung.

Bezüglich der IFRS-orientierten internen Ratingsysteme ist die Sicht der Kreditinstitute in Gliederungspunkt 4.3.3 kritisch zu prüfen. Sie sind die Nutznießer, sollten kleine und mittelgroße Unternehmen zur Umstellung der Rechnungslegung auf IFRS gezwungen werden. Verbesserte Ratingergebnisse liegen jedoch sowohl im Interesse der Kreditinstitute, wegen ihrer Mindesteigenkapitalunterlegung, als auch im Interesse der kreditnehmenden kleinen und mittelgroßen Unternehmen. Bei Steigerung der Eigenkapitalquote und Verringerung der Kreditkosten dürften kleine und mittelgroße Unternehmen an IFRS-Abschlüssen interessiert sein. Gliederungspunkt 4.3.4 gilt der

---

[219] Vgl. CARSTENSEN, B./LEIBFRIED, P., Auswirkungen, 2004, S. 866; GUTHOFF, M., Mittelstandsrating, 2006, S. 182.

[220] Vgl. DÜCKER, R., Herausforderungen, 2003, S. 450; JEBENS, C. T., IFRS, 2003, S. 2350; BÖCKING, H.-J./HEROLD, C./MÜßIG, A., IFRS, 2004, S. 669; CARSTENSEN, B./LEIBFRIED, P., Auswirkungen, 2004, S. 866; IDW, Internationalisierung, 2005, S. 25. Zu diesem Argument äußert sich kritisch MANDLER, U., Umstellung, 2007, S. 390.

[221] Vgl. BURKHART, B., Private Equity, 2006, S. 207.

Frage einer freiwilligen Anwendung der IFRS. Kleine und mittelgroße Unternehmen erstellen IFRS-Abschlüsse, wenn sie eine Private-Equity-Beteiligung in Anspruch nehmen wollen. Auf mögliche Erleichterungen bei der Beteiligung von Private Equity bei Vorlage von IFRS-Abschlüssen wird in Gliederungspunkt 4.3.5 eingegangen.

4.3.3 Bevorzugung von IFRS-Abschlüssen bei internen Ratingsystemen

4.3.3.1 Vorbemerkung

Wie bereits festgestellt, favorisieren Kreditinstitute zur Beurteilung der Kreditwürdigkeit ihrer Kreditnehmer den internen Ratingansatz, sofern die Kosten für die Einrichtung eines eigenen Ratingsystems tragbar sind und der Nutzen für sie entsprechend rentabel ist. Zu prüfen bleibt, ob eine Vorteilhaftigkeit für Kreditinstitute definitiv gegeben ist, wenn sie von ihren Kreditgebern IFRS-Abschlüsse verlangen.

Der Baseler Ausschuss für Bankenaufsicht macht keine „bis ins Detail gehende verbindliche Vorgaben"[222] für interne Ratingsysteme von Kreditinstituten. Es ist Aufgabe der nationalen Aufsichtsinstanzen, die zugrunde liegenden Konzeptionen und Verfahren zu prüfen.[223] In Deutschland entscheidet die Bundesanstalt für Finanzdienstleistungsaufsicht (BaFin)[224] über die Akkreditierung. Der Baseler Ausschuss für Bankenaufsicht nennt nur Eignungskriterien für externe Ratings des Standardansatzes. Diese Anforderungen muss jede Ratingagentur erfüllen.[225] Darauf aufbauend hat die Deutsche Bundesbank Validierungsansätze für interne Ratingsysteme entwickelt und in ihrem Monatsbericht im September 2003 veröffentlicht.[226] Validierung beschreibt den Prozess der Überprüfung eines internen Ratingsystems.[227] „Regulatorische Standards für die Validierung sollen einheitliche Rahmenbedingungen für die aufsichtliche Zertifizierung und die laufende Überwachung der eingesetzten Ratingsysteme gewährleisten."[228]

---

[222] Baseler Ausschuss für Bankenaufsicht, Rahmenvereinbarung, 2004, Abs. 389.
[223] Vgl. Baseler Ausschuss für Bankenaufsicht, Rahmenvereinbarung, 2004, Abs. 389 und Abs. 392.
[224] Ehemals das Bundesaufsichtsamt für Kreditwesen; vgl. PAETZMANN, K., Finanzierung, 2001, S. 494. Die BaFin wurde im Mai 2002 gegründet.
[225] Vgl. Baseler Ausschuss für Bankenaufsicht, Rahmenvereinbarung, 2004, Abs. 91.
[226] Vgl. Deutsche Bundesbank, Validierungsansätze, 2003, S. 61-74.
[227] Vgl. auch BLOCHWITZ, S./HOHL, S., Validierung, 2003, S. 263 f.
[228] Deutsche Bundesbank, Validierungsansätze, 2003, S. 61. Vgl. zur Definition der Validierung und der Entwicklung von Validierungsstandards ausführlich DVFA-Kommission Rating Standards, Arbeitskreis 2 „Validierung", Validierungsstandards, 2004, S. 596-601.

4.3 Beschaffung von Fremd- und Eigenkapital

Zur Prüfung, ob eine alleinige Fokussierung interner Ratingsysteme auf IFRS-Abschlüsse für Kreditinstitute sinnvoll ist, werden in einem ersten Schritt die Anforderungskriterien der Deutschen Bundesbank, insbesondere die qualitativen, für die Validierungsansätze eines internen Ratingsystems erläutert. In einem zweiten Schritt wird diskutiert, inwieweit Kreditinstitute die qualitativen Anforderungskriterien für die Validierungsansätze bei Konzentration auf die Rechnungslegung nach IFRS erfüllen. Entscheidend ist, dass nicht nur die internen Ratingsysteme selbst zu beurteilen, sondern auch die Daten, welche die Kreditnehmer liefern, einzubeziehen sind.

4.3.3.2 Anforderungskriterien an interne Ratingsysteme

Der Baseler Ausschuss für Bankenaufsicht nennt die folgenden sechs Anforderungskriterien,[229] die eine Ratingagentur kumulativ erfüllen muss:

- Objektivität,
- Unabhängigkeit,
- Internationaler Zugang bzw. Transparenz,
- Veröffentlichung,
- Ressourcen und
- Glaubwürdigkeit.

Mit dem Kriterium der Objektivität ist die Ratingagentur gefordert, eine systematische Methodik zur Kreditwürdigkeitsbeurteilung zu verwenden und diese streng zu befolgen. Sie unterliegt einem Validierungsverfahren, das auf Erfahrungswerten beruht und fortlaufend überwacht werden muss. Voraussetzung ist die Akkreditierung durch die entsprechende Aufsichtsinstanz. Das Kriterium der Unabhängigkeit fordert die Freiheit von jeglichem politischen und wirtschaftlichen Druck, der das Rating manipulieren könnte. International agierende Ratingagenturen müssen dafür Sorge tragen, dass die Ratings national und international unter gleichen Bedingungen zugänglich und ausreichend transparent sind. Die generelle Methodik einer Ratingagentur sollte öffentlich zugänglich sein, so dass jeder Interessierte sich über die konkreten Beurteilungsmethoden, wie die Definition eines Ausfalls und die Bedeutung des Ratings für die Einstufung in entsprechende Risikoklassen, informieren kann. Zudem sollte jede Ratinga-

---

[229] Zu den genannten Anforderungskriterien und ihren Erläuterungen siehe zum einen Baseler Ausschuss für Bankenaufsicht, Rahmenvereinbarung, 2004, Abs. 91 und zum anderen in der wissenschaftlichen Literatur z. B. HOFMANN, G., Rating, 2004, S. 270-274; KÜTING, K./RANKER, D./WOHLGEMUTH, F., Auswirkungen, 2004, S. 94.

gentur über Ressourcen für qualitativ hochwertige Kreditwürdigkeitsbeurteilungen verfügen. Die Glaubwürdigkeit als letztes Kriterium gilt bei Erfüllung der anderen Kriterien als gesichert.

Die Validierungsansätze der Deutschen Bundesbank basieren auf einer quantitativen und qualitativen Überprüfung interner Ratingsysteme. Der quantitativen Validierung dienen statistische Methoden, die zwar mögliche Fehlentwicklungen aufzeigen, aber keine endgültige Beurteilung der Eignung oder Nichteignung zulassen. Diese Aufgabe verbleibt den qualitativen Kriterien.[230]

Die Hauptkriterien der quantitativen Validierung sind die Trennschärfe, die Stabilität und die Kalibrierung des internen Ratingsystems. Die Trennschärfe betrifft die Fähigkeit, zwischen den charakteristischen Besonderheiten der verschiedenen Kreditnehmer zu unterscheiden; sei es bei den vom Kreditnehmer vorgelegten Daten oder deren branchenspezifischer Situation. Ein stabiles Ratingsystem lässt die Ursache-Wirkung-Beziehung zwischen den Risikofaktoren, die in Gliederungspunkt 4.3.1 genannt wurden, und der Kreditwürdigkeitseinstufung transparent werden und modelliert sie. Die Kalibrierung bezieht sich auf die Zuordnung der Risikofaktorwerte, insbesondere der Ausfallwahrscheinlichkeit, zur Kreditwürdigkeitseinstufung. Geprüft werden z. B. auch die Methoden zur Schätzung der Risikofaktoren.[231]

Die besondere Bedeutung der qualitativen Kriterien führt dazu, dass die qualitative Validierung regulär vor der quantitativen Validierung stattfindet.[232] Sie unterrichtet die Bankenaufsicht über die Funktionsweise, Datengrundlage und interne Verwendung des Ratingsystems.[233] Entsprechend sind die folgenden Kriterien hervorzuheben und besonders sorgfältig zu prüfen:

- das Design,
- die Datenqualität für Entwicklung und Einsatz der Ratings sowie
- die interne Verwendung im Kreditvergabeprozess, dem sog. *use test*.

Die Bedingung eines angemessenen Designs betrifft die Qualitätssicherung und die Transparenz. Daraus folgt, dass den Kreditnehmern ein detaillierter Einblick in den Ablauf des Ratingprozesses zu gewähren ist. Die Einstufungsergebnisse müssen nach-

---

[230] Vgl. Deutsche Bundesbank, Validierungsansätze, 2003, S. 61 f.
[231] Zu den quantitativen Aspekten der Validierung siehe ausführlich Deutsche Bundesbank, Validierungsansätze, 2003, S. 63-68 und GÜTTLER, A./WAHRENBURG, M., Validierung, 2007, S. 752-759.
[232] Vgl. Deutsche Bundesbank, Validierungsansätze, 2003, S. 68.
[233] Vgl. GÜTTLER, A./WAHRENBURG, M., Validierung, 2007, S. 749.

4.3 Beschaffung von Fremd- und Eigenkapital

vollziehbar sein. Das Design überzeugt vor allem bei modellgestützten Systemen. Diese basieren auf historischen Ausfalldaten; mithilfe statistischer Methoden werden die geschätzten Werte für die Risikofaktoren in einer Risikokennzahl, dem sog. Bonitätsscore[234], zusammengefasst.[235] Die Bildung der ermittelten Risikokennzahl ist offenzulegen, um ihre statistische Fundierung nachzuweisen.

Ein hochwertiges Ratingsystem bedingt die Integrität der verwendeten Daten. Die Datenqualität für Entwicklung und Einsatz des Ratings ist umso höher, je fundierter die verwendete Datenbasis ist. Für die zuverlässige Schätzung der Risikoparameter von Kreditgebern sind in der Vergangenheit gesammelte Daten grundsätzlich wertvoll. Ein hochwertiges Ratingsystem setzt aber auch voraus, dass die von den Kreditnehmern bzw. potenziellen Kreditnehmern gelieferten Daten entsprechenden Qualitätsansprüchen gerecht werden. Sie müssen frei von bilanzpolitischen Einflüssen, objektiv und über die Jahre zuverlässig sein, damit sie die Vergleichbarkeit in zeitlicher und, noch bedeutender, objektbezogener Hinsicht gewährleisten. Ohne die Erfüllung dieser Prämissen ist die Qualität des Ratingsystems gefährdet.

Schließlich ist die Ausgestaltung der internen Prozesse des Kreditinstituts zu prüfen, um die interne Verwendung der Ratingergebnisse zu beurteilen. Bei der „prozessorientierten Validierung" ist vor allem festzustellen, welche Strategie bei Kreditentscheidungen und Kreditvergabekompetenzen verfolgt wird. Ausschlaggebend ist, ob die Kreditvergabe nur auf harten Fakten oder auch auf weichen Faktoren beruht, d. h., ob Kredite nur nach statistisch errechneten Zahlenwerten vergeben oder inwieweit individuelle Unternehmenskriterien einbezogen werden. Das interne Ratingsystem muss von anderen Geschäftsbereichen unabhängig sein, damit Entscheidungen nicht zu deren Gunsten oder Ungunsten, sondern neutral getroffen werden.[236]

Der Kriterienkatalog soll noch um die Qualifikation der Mitarbeiter ergänzt werden. Dieser Aspekt ist sehr bedeutend, denn wenn die Kenntnisse der Mitarbeiter nicht ausreichen und keine Akzeptanz für das Verfahren vorhanden ist,[237] leidet die Qualität des internen Ratingsystems in höchstem Maße.

---

[234] Siehe zur Zusammensetzung von Bonitätsscorewerten Bundesverband deutscher Banken, Bankinternes Rating, 2005, S. 15.

[235] Vgl. Deutsche Bundesbank, Validierungsansätze, 2003, S. 63.

[236] Zu den Ausführungen bezüglich der qualitativen Aspekte der Validierung siehe auch Deutsche Bundesbank, Validierungsansätze, 2003, S. 68 f. Die Ausführungen dieses Gliederungspunktes gehen aber zwecks der folgenden Untersuchung in Gliederungspunkt 4.3.3.3 weit darüber hinaus, z. B. wird auf Besonderheiten der von Kreditnehmern bzw. potenziellen Kreditnehmern gelieferten Daten dort nicht eingegangen.

[237] Vgl. Deutsche Bundesbank, Validierungsansätze, 2003, S. 69.

Parallelen zwischen den Anforderungskriterien des Baseler Ausschusses für Bankenaufsicht an externe Ratingsysteme und den qualitativen Validierungskriterien an interne Ratingsysteme sind deutlich erkennbar.

4.3.3.3 Erfüllung der Anforderungskriterien

Im Verlauf des Gliederungspunktes wird auf die qualitativen Kriterien zur Validierung interner Ratingsysteme Bezug genommen. Zu untersuchen ist, ob IFRS-basierte interne Ratingsysteme die genannten Anforderungskriterien erfüllen und nach Akkreditierung langfristig der Validierung standhalten.

Interne Ratings sollten unabhängig vom Rechnungslegungssystem sein. In der Regel werden die Abschlussdaten modifiziert, um zum einen systemspezifische Bilanzeffekte zu „korrigieren" und zum andern die Nutzung bilanzpolitischer Aktionsparameter zu neutralisieren.[238] So wird ein Objektvergleich von Daten möglich, die aus nach verschiedenen Rechnungslegungssystemen erstellten Abschlüssen und aus nach dem gleichen Rechnungslegungssystem erstellten Abschlüssen stammen. Wurde ein Abschluss nach IFRS erstellt, so sind z. B. die aus Anwendung der „Percentage-of-Completion-Methode" resultierenden zusätzlichen Gewinne nach IAS 11 und Bewertungsdifferenzen, die sich durch die Verwendung des beizulegenden Zeitwerts ergeben,[239] aus den Daten herauszurechnen. Eine vollständige Korrektur kann aufgrund der „Komplexität der Materie"[240] nicht gelingen. Als bilanzpolitische Aktionsparameter sind Wahlrechte und Ermessensspielräume zu nennen. Während Wahlrechtalternativen neutralisiert werden können, weil der Anhang Auskunft über deren Ausübung gibt oder die Bilanzpolitik des Unternehmens im Beratungsgespräch deutlich wird, kann der Umgang mit Ermessensspielräumen nicht herausgefiltert werden.

Würde ein Kreditinstitut von seinen Kreditnehmern ausschließlich IFRS-Abschlüsse fordern, ist davon auszugehen, dass die gelieferten Daten „unkorrigiert" verwendet würden. Für eine Filterung systemspezifischer Bilanzeffekte besteht bei Vorlage von Abschlüssen, denen allen das gleiche Rechnungslegungssystem zugrunde liegt, keine Notwendigkeit. Die Feststellung, wie bilanzpolitische Aktionsparameter ausgeübt wurden, ist nur begrenzt möglich, denn die IFRS enthalten vorwiegend Ermessensspielräume. Wird von den Besonderheiten des Rechnungslegungssystems nicht abstrahiert, so beeinflussen sie den Ratingprozess und das -ergebnis.

---

[238] Vgl. GUTHOFF, M., Mittelstandsrating, 2006, S. 183 f. und S. 186.

[239] Zu weiteren Beispielen siehe BAETGE, J./KLAHOLZ, E., IFRS, 2006, S. 42 f.; GUTHOFF, M., Mittelstandsrating, 2006, S. 184 f.

[240] GUTHOFF, M., Mittelstandsrating, 2006, S. 184.

4.3 Beschaffung von Fremd- und Eigenkapital

Im Jahr 2000 gründete die Deutsche Vereinigung für Finanzanalyse und Asset Management (DVFA) eine eigene Validierungskommission, deren Aufgabe es ist, „Standards zu entwickeln, die es ermöglichen sollen, die verschiedenen Ratingverfahren zu evaluieren"[241]. Die Standards zur Validierung von Ratingverfahren wurden als Fragen- und Informationskatalog aufgestellt. Die DVFA beschränkt sich nicht auf die Bewertung von internen Ratingverfahren, sie versteht sich vielmehr als Kommunikationsplattform für die Fachöffentlichkeit. Ihr Ziel ist die Stärkung der Transparenz und Verbesserung der Informationsbasis.[242] Ihr Fragen- und Informationskatalog gliedert sich in drei Abschnitte, die fachliche Validierung, die mathematisch-statistische Validierung und den Validierungsprozess.

Das erstgenannte qualitative Validierungskriterium für ein angemessenes Design bedingt die Nachvollziehbarkeit der Einstufungsergebnisse. Zur Nachvollziehbarkeit, als Teilgebiet der fachlichen Validierung, wurden entsprechende Fragen formuliert:

„1. Kann anhand der gespeicherten Daten eindeutig auf das Ratingergebnis geschlossen werden?

2. Ist das Ratingergebnis reproduzierbar und damit objektiv i. S. v. intersubjektiv nachprüfbar?

3. Werden ähnliche Sachverhalte anwender- und zeitunabhängig gleich bewertet i. S. v. Verlässlichkeit der Ergebnisse?"[243]

Die angesprochenen Fragen sind nur ein kleiner Auszug aus dem gesamten Fragen- und Informationskatalog.[244] Sie reichen aus, um die Probleme von IFRS-basierten internen Ratingsystemen aufzuzeigen.

Schon die Bejahung der ersten Frage ist problematisch. Als Beispiel sei die Aktivierung von selbst geschaffenen immateriellen Vermögenswerten genannt. Die Ansatzkriterien für aktivierungsfähige Entwicklungskosten nach IAS 38.57 enthalten unendlich viele Ermessensspielräume, die je nach Bedeutung selbst geschaffener immaterieller Vermögenswerte für verschiedene Unternehmen zu subjektiv geprägten und

---

[241] DVFA-Kommission Rating Standards, Arbeitskreis 2 „Validierung", Validierungsstandards, 2004, S. 596.

[242] Vgl. DVFA, Rating Standards, 2006, S. 2.

[243] DVFA-Kommission Rating Standards, Arbeitskreis 2 „Validierung", Validierungsstandards, 2004, S. 597 bzw. DVFA, Rating Standards, 2006, S. 27.

[244] Zum gesamten Fragen- und Informationskatalog siehe DVFA-Kommission Rating Standards, Arbeitskreis 2 „Validierung", Validierungsstandards, 2004, S. 597-601 und ausführlicher DVFA, Rating Standards, 2006, S. 1-37.

demzufolge unterschiedlichen Ergebnissen führen. Auch die Ermittlung und Abgrenzung von Forschungs- und Entwicklungskosten nach IAS 38.51 bis IAS 38.53 könnten Verzerrungen verursachen. Eindeutige Rückschlüsse der gespeicherten Daten auf das Ratingergebnis sind nicht möglich. Die objektive Vergleichbarkeit ist nicht gewährleistet.

Zur zweiten Frage ist kritisch anzumerken, dass das Ergebnis bezüglich der gespeicherten Daten zwar stimmig sein kann, aber nicht bis zur Datenbasis nachvollziehbar. Das Ratingergebnis büßt aufgrund fehlender „Korrekturen" seine Objektivität ein. Die Ergebnisse sind „infiziert".

Die dritte Frage, ob ähnliche Sachverhalte anwender- und zeitunabhängig gleich bewertet werden, ist zu verneinen. Verlässlichkeit ist nicht gegeben, denn dass die Daten nicht frei von verzerrenden Einflüssen sind,[245] ist offensichtlich. Die geforderte anwenderunabhängige Bewertung von Sachverhalten ist nicht erfüllt. Eine zeitunabhängig gleiche Bewertung ist auf Grundlage der IFRS fast unmöglich. Das Regelwerk unterliegt, wegen seiner kontinuierlichen Weiterentwicklung, zu häufigen Änderungen. Es ist nicht zu erwarten, dass die andauernden Umwälzungen in absehbarer Zeit zum Stillstand kommen. Daten vergangener Abschlüsse sind für Zeitvergleiche nur eingeschränkt nutzbar.[246]

Solange es keine Überwachungsinstanz für die Anwendung der IFRS gibt, ist eine „interessen-geprägte Interpretation der IFRS"[247] in jeder Hinsicht möglich. Es fehlt ein entsprechendes „enforcement",[248] d. h. eine „Durchsetzungsinfrastruktur"[249] mit entsprechenden Sanktionen. Mit Verabschiedung des Bilanzkontrollgesetzes (BilKoG)[250] wurde die „Deutsche Prüfstelle für Rechnungslegung (DPR)" als privates Gremium – unter staatlicher Aufsicht – mit der Prüfung der Rechnungslegung kapitalmarktorientierter Unternehmen beauftragt.[251] Dieses Gesetz richtet sich jedoch ausschließlich an kapitalmarktorientierte Unternehmen.

---

[245] Zur Definition der Verlässlichkeit siehe Gliederungspunkt 3.7.5.3.

[246] Vgl. KÜTING, K./RANKER, D./WOHLGEMUTH, F., Auswirkungen, 2004, S. 98.

[247] KÜTING, K./RANKER, D./WOHLGEMUTH, F., Auswirkungen, 2004, S. 97.

[248] Vgl. zum Enforcement z. B. KÜTING, K./WOHLGEMUTH, F., Enforcement, 2002, S. 265-276; PELLENS, B. et al., Rechnungslegung, 2008, S. 100-105 m. w. N.; Ruhnke, K., Rechnungslegung, 2008, S. 73 f.; SANIO, J., Enforcementsystem, 2008, 515-528.

[249] RUHNKE, K., Rechnungslegung, 2008, S. 73.

[250] Vgl. Gesetz zur Kontrolle von Unternehmensabschlüssen (Bilanzkontrollgesetz – BilKoG) vom 20.12.2004, BGBl I 2004, S. 3408.

[251] Siehe dazu § 342b HGB.

4.3 Beschaffung von Fremd- und Eigenkapital

Als zweites qualitatives Validierungskriterium wurde die Datenqualität für Entwicklung und Einsatz des Ratings angeführt. Auch hier geht es um die Vergleichbarkeit in objektbezogener und zeitlicher Hinsicht. Wie ungeeignet IFRS-Abschlüsse diesbezüglich als Basis für eine Kreditwürdigkeitsprüfung sind, wurde soeben dargestellt.

Bezüglich der Ausgestaltung der internen Prozesse des Kreditinstituts ist zu berücksichtigen, dass nur bei wenigen Kreditinstituten das Ratingverfahren auf ausschließlich automatisierten Prozessen beruht. Menschliche Urteile, bei denen weiche Faktoren eine Rolle spielen, sind für die Kreditvergabe in hohem Maße ausschlaggebend.[252] Eine Bevorzugung von IFRS-Abschlüssen kann daraus nicht zwangsläufig gefolgert werden. Möglich wäre sie auch nur dann, wenn die Qualifikation der Mitarbeiter ausreicht. Dies darf jedoch bezweifelt werden. Bei Kreditsachbearbeitern für kleine und mittelgroße Unternehmen besteht eine „große Unsicherheit und Unkenntnis im Umgang mit den IFRS"[253].

Zusammenfassend kann festgestellt werden, dass eine unbedingte IFRS-Orientierung die Validierung eines internen Ratingsystems in qualitativer Hinsicht gefährdet. Die Kreditinstitute werden – entgegen der ursprünglichen Erwartung – von ihren Kreditnehmern keine IFRS-Abschlüsse verlangen. Der Bundesverband deutscher Banken nimmt zu der Befürchtung kleiner und mittelgroßer Unternehmen, IFRS-Abschlüsse erstellen zu müssen, wie folgt Stellung: „Die Durchführung des Ratings ist unabhängig vom gewählten Bilanzierungsstandard. Befürchtungen mittelständischer Unternehmen, das Rating werde eine Bilanzierung gemäß IFRS erzwingen ..., sind unbegründet."[254] Verschiedene Bankenverbände, wie der Deutsche Sparkassen- und Giroverband (DSGV) oder der Bundesverband deutscher Banken, haben bekannt gegeben, dass die Umstellung der Rechnungslegung auf IFRS für kleine und mittelgroße Unternehmen von ihnen nicht forciert wird.[255]

---

[252] Vgl. dazu die Befragung von 250 Kreditinstituten im Zeitraum von Januar bis Februar 2005, bei der 30 Fragebögen zurückgesandt und ausgewertet wurden. 26,66 % der Kreditinstitute gaben an, dass menschliche Urteile eine hohe Bedeutung haben, und 66,66 %, dass menschliche Urteile beim Ratingprozess von mittlerer Bedeutung sind; vgl. OEHLER, R., Auswirkungen, 2006, S. 115 und S. 117.

[253] OEHLER, R., Auswirkungen, 2006, S. 119.

[254] Bundesverband deutscher Banken, Bankinternes Rating, 2005, S. 25.

[255] Vgl. GUTHOFF, M., Mittelstandsrating, 2006, S. 182; SCHORR, G./WALTER, K.-F., IFRS, 2006, S. 1093. Zur Bestätigung dieser Aussage siehe z. B. Bundesverband deutscher Banken, Bankinternes Rating, 2005, S. 25 f.; DSGV, Positionspapier IFRS, 2006, S. 1-9.

4.3.4 Verbesserung der Ratingergebnisse durch IFRS-Abschlüsse

4.3.4.1 Vorbemerkung

Aus den Ergebnissen des vorhergehenden Gliederungspunktes ergibt sich die Frage, ob eine „ratinginduzierte Umstellung"[256] auf IFRS-Abschlüsse, wenn überhaupt, zu einer solchen Verbesserung der Ratingergebnisse führt, dass kleine und mittelgroße Unternehmen ihre Rechnungslegung freiwillig auf IFRS umstellen werden. Eine Verbesserung des Ratingergebnisses würde eine bessere Einstufung der Kreditwürdigkeit und eine Verbesserung der Kreditkonditionen implizieren. Der Begriff des „Ratingergebnisses" umfasst beides. Wenn die Kreditwürdigkeitsresultate auf Basis von IFRS-Abschlüssen positiver als auf Grundlage von HGB-Abschlüssen sind, ergeben sich daraus sinkende Kreditkosten.

Zur Prüfung der Zweckmäßigkeit von IFRS-Abschlüssen für kleine und mittelgroße Unternehmen ist zunächst auf die Zielsetzung von Ratingsystemen einzugehen. Zu den wesentlichen Zielsetzungen gehören neben der Beurteilung der Kreditwürdigkeit die Festlegung der Kreditkosten und das Identifizieren hoher Risiken. Bleiben hohe Risiken unerkannt, so wird zum Nachteil der Kreditgeber mit zu geringen Kreditkosten kalkuliert.[257] Werden dem Kreditnehmer Risiken und Schwächen aufgezeigt, so kann er frühzeitig gegensteuern. Eine gute Kreditwürdigkeitsbeurteilung verhilft Unternehmen nicht nur zu niedrigeren Kreditkosten, sondern verschafft ihnen auch Wettbewerbsvorteile.[258] Die Einschätzung des Unternehmens unterstützt die Geschäftsführung bei ihrer „Daueraufgabe", der Verbesserung der Zukunftsfähigkeit.[259]

Dieser Untersuchung soll die vom Baseler Ausschuss für Bankenaufsicht eingeräumte Möglichkeit zugrunde gelegt werden, speziell auf die Bedürfnisse kleiner und mittelgroßer Unternehmen ausgerichtete Ratingsysteme einsetzen zu können. Bei eindeutiger Zuordnung der Kreditnehmer zu bestimmten Branchen oder Marktsegmenten dürfen Kreditinstitute spezifische Ratingsysteme, z. B. eigens auf das Retailsegment abgestimmt, entwickeln.[260]

---

[256] KÜTING, K./RANKER, D./WOHLGEMUTH, F., Auswirkungen, 2004, S. 93.

[257] Vgl. PAETZMANN, K., Finanzierung, 2001, S. 494.

[258] Vgl. Bundesverband deutscher Banken, Bankinternes Rating, 2005, S. 7.

[259] Vgl. Bundesverband deutscher Banken, Bankinternes Rating, 2005, S. 35.

[260] Vgl. Baseler Ausschuss für Bankenaufsicht, Rahmenvereinbarung, 2004, Abs. 395.

4.3 Beschaffung von Fremd- und Eigenkapital   181

Um beurteilen zu können, ob Kreditinstitute die Kreditwürdigkeit mithilfe von IFRS-Abschlüssen definitiv besser einschätzen können und das Ratingergebnis entsprechend positiver ist, sind zunächst die Analysefelder eines internen Ratingsystems darzustellen. Im Anschluss folgt die konkrete Betrachtung der Eigenkapitalquote. Daraus können Rückschlüsse auf eventuelle Auswirkungen auf die Höhe der Kreditkosten gezogen werden. Von nicht unwesentlicher Bedeutung sind auch die qualitativen Ratingkriterien.

4.3.4.2   Analysefelder des Bonitätsratings

„Das Bonitätsrating des Unternehmens ist eine differenzierte Analyse der wichtigsten Erfolgskennzahlen und der wichtigsten Erfolgsfaktoren des Unternehmens."[261] Der Bundesverband deutscher Banken unterscheidet zwischen zwei Ratingdimensionen, dem Bonitätsrating und dem Transaktionsrating. Beide Ratingdimensionen sind getrennt zu analysieren. Das Bonitätsrating konzentriert sich auf den Risikofaktor[262] der Ausfallwahrscheinlichkeit und versucht, sie möglichst genau zu bestimmen. Hierbei wird die Einschätzung ohne Berücksichtigung vorhandener Sicherheiten vorgenommen.[263] Das Transaktionsrating[264] analysiert einzelfallbezogen die Besicherung der jeweiligen Kredite. „Sicherheiten reduzieren grundsätzlich die erwarteten Verluste (*expected loss*), die eine Bank bei einem Ausfall hinnehmen muss."[265] Liegen die Ausfallwahrscheinlichkeit als Ergebnis des Bonitätsratings und die geschätzte Schwere des Verlustes als Ergebnis des Transaktionsratings vor, so ergibt sich aus deren Produkt der erwartete Verlust.[266] Dieser bestimmt das Urteil über die Kreditwürdigkeit des Unternehmens.

Für diese Untersuchung, der Eignung von IFRS-Abschlüssen für interne Ratingsysteme, ist das Transaktionsrating ohne weitere Bedeutung und bleibt im weiteren Verlauf unberücksichtigt. Entscheidend ist die Verfahrensweise mit den Daten der

---

[261] Bundesverband deutscher Banken, Bankinternes Rating, 2005, S. 6 f.

[262] Zu den zu schätzenden Risikofaktoren siehe Gliederungspunkt 4.2.4.1.

[263] Vgl. zu diesem Abschnitt des Weiteren Bundesverband deutscher Banken, Bankinternes Rating, 2005, S. 10 und S. 14.

[264] Siehe ausführlich zum Transaktionsrating Bundesverband deutscher Banken, Bankinternes Rating, 2005, S. 31-35.

[265] Bundesverband deutscher Banken, Bankinternes Rating, 2005, S. 31.

[266] Ausgedrückt in der Formel: EL = PD x LGD. Die Symbole werden in der Literatur allgemein verwenden: EL für die erwarteten Verluste (*expected loss*), PD für die Ausfallwahrscheinlichkeit (*probability of default*) und LGD für die Schwere der Verluste bei Ausfall (*loss given default*).

Abschlüsse beim Bonitätsrating. Ein „idealtypisches"[267] Ratingsystem betrachtet im Rahmen des Bonitätsratings die folgenden Analysefelder:

- das Rating der harten Fakten,
- das Rating der weichen Faktoren,
- das Branchenrating und
- individuelle Ratingkomponenten.

Ziel des Ratings der harten Fakten ist die Beurteilung der Performance, Profitabilität und Stabilität des Unternehmens mithilfe von Bilanzkennzahlen. Für die Performancemessung werden vielfältig Wachstumsraten, z. B. des Umsatzes, der Gesamtkosten und des Jahresüberschusses, errechnet. Zur Beurteilung der Profitabilität sind vor allem die Eigenkapital- und Gesamtkapitalrentabilität sowie die Cashflow-Rendite von Bedeutung. Als dritte Komponente zur Einschätzung der Unternehmensentwicklung ist die Stabilitätsmessung unabdingbar. Ermittelt werden z. B. die Eigenkapitalquote, die Anlagenintensität und die Schuldentilgungsdauer.[268] Die Eigenkapitalquote gilt als besonders wichtiges Kriterium des Ratings.[269] Sie gibt Aufschluss über die Kapitalkraft des Unternehmens. Grundsätzlich gilt: Je höher die Eigenkapitalquote, desto niedriger die Gefahr einer Insolvenz.[270]

Objekt des Ratings der harten Fakten sind alle Komponenten, die sich aus der Bilanz und bzw. oder Gewinn- und Verlustrechnung ableiten lassen,[271] wie sämtliche Kennziffern, die zur Einschätzung der Vermögens-, Ertrags- und Finanzlage sowie des Cashflows des Unternehmens beitragen. Regulär werden vom Kunden die Abschlüsse der letzten drei Jahre, eine unterjährige Berichterstattung des internen Rechnungswesens, soweit vorhanden, sowie Plandaten des laufenden und folgenden Geschäftsjahres verlangt.[272] Die Vergangenheitsdaten werden zur gegenwärtigen Einschätzung des

---

[267] Als „idealtypisch" bezeichnet der Bundesverband deutscher Banken die Aufteilung des Bonitätsratings in die genannten Bestandteile; vgl. Bundesverband deutscher Banken, Bankinternes Rating, 2005, S. 16, Abbildung 3. Als konkretes Beispiel zur Umsetzung siehe die Beschreibung des Bonitätsratings der IKB Deutschen Industriebank AG in Düsseldorf in GUTHOFF, M., Mittelstandsrating, 2006, S. 185-189.

[268] Vgl. zu den genannten Zielen und den beispielhaften Nennungen der Kennzahlen die Rating-checkliste in BRAUN, P., Rating-Leitfaden, 2001, Kapitel 7.2.

[269] Vgl. z. B. JEBENS, C. T., IFRS, 2003, S. 2350.

[270] Vgl. ausführlich PAUL, S./STEIN, S., Rating, 2002, S. 131.

[271] Vgl. Bundesverband deutscher Banken, Bankinternes Rating, 2005, S. 14.

[272] Vgl. PAUL, S./STEIN, S., Rating, 2002, S. 103; Bundesverband deutscher Banken, Bankinternes Rating, 2005, S. 18 f.

4.3 Beschaffung von Fremd- und Eigenkapital

Unternehmens benötigt. Das eigentliche Rating betrifft die Beurteilung der Zukunftsfähigkeit des Unternehmens,[273] die Vergangenheitswerte dienen nur als Grundlage und der Vergleichbarkeit. Als Planungsrechnungen sollten kurzfristig orientierte Liquiditätspläne und langfristig orientierte Finanzpläne vorliegen.[274]

Aus einer stromgrößenorientierten Liquiditätsanalyse gehen Aussagen über die zukünftige Liquidität des Unternehmens hervor. Zentrale Kennzahl ist der Cashflow.[275] Ist die das Rating durchführende Bank schon seit einigen Jahren die Hausbank des Unternehmens, so werden häufig auch die Kontoführungsdaten der letzten Jahre in das Rating einbezogen.[276] Kam es zu häufigen Überziehungen des eingeräumten Kreditlimits, ist die Liquiditätslage des Unternehmens als kritisch einzustufen. Gibt es keine Beanstandungen, ist von einer geordneten Liquiditätsplanung auszugehen.[277]

Das Rating der weichen Faktoren soll die Ergebnisse des Ratings der harten Fakten ergänzen. Neben quantitativen Kennzahlen soll mithilfe qualitativer Faktoren die Zukunftsfähigkeit des Unternehmens beurteilt werden. Gegenstand der Analyse sind die Erfolgspotenziale.[278] Weiche Faktoren entziehen sich der Möglichkeit einer quantitativen Messung. Ihre Beurteilung erfolgt unter Einsatz einer Notenskala zur Skalierung der Daten.[279] Zu untersuchen sind mindestens die Komponenten der Geschäftsführung, der Wertschöpfung und des Unternehmensumfeldes. In einem Ratinggespräch wird ein Unternehmensprofil erarbeitet. Zum Bereich der Geschäftsführung gehört die Feststellung des Qualitätsniveaus der Unternehmensführung, der Informationspolitik und des Controllings. Die Wertschöpfung des Unternehmens ist gesichert, wenn Qualitätssicherung, Anpassungsfähigkeit und Marktanalyse positiv beurteilt werden. Das Unternehmensumfeld wird bestimmt vom Standort und der Infrastruktur, von den Produkten und dem Sortiment sowie dem Absatz und der Beschaffung.[280]

---

[273] Vgl. PAUL, S./STEIN, S., Rating, 2002, S. 103.

[274] Vgl. Bundesverband deutscher Banken, Bankinternes Rating, 2005, S. 19.

[275] Siehe ausführlich zur stromgrößenorientierten Liquiditätsanalyse und Herleitung des Cashflows aus dem Jahresüberschuss z. B. BAETGE, J./KIRSCH, H.-J./THIELE, S., Bilanzanalyse, 2004, S. 271-278; KÜTING, K./WEBER, C.-P., Bilanzanalyse, 2006, S. 153-170; KIRSCH, H., Jahresabschlussanalyse, 2007, S. 112-120; GRÄFER, H., Bilanzanalyse, 2008, S. 93-101.

[276] Vgl. Bundesverband deutscher Banken, Bankinternes Rating, 2005, S. 14 f.

[277] Vgl. KÜTING, K./RANKER, D./WOHLGEMUTH, F., Auswirkungen, 2004, S. 103. Zu Beispielen für Kennziffern im Bereich Kontoführung siehe Bundesverband deutscher Banken, Bankinternes Rating, 2005, S. 25.

[278] Vgl. GLEIßNER, W./FÜSER, K., Rating, 2003, S. 161.

[279] Vgl. Bundesverband deutscher Banken, Bankinternes Rating, 2005, S. 15.

[280] Vgl. GUTHOFF, M., Mittelstandsrating, 2006, S. 188, Abbildung 4.

Damit branchenspezifische Faktoren oder Probleme beim Rating des Unternehmens nicht falsch bewertet werden, ist die Beurteilung der Branchensituation wichtig. Häufig werden die Daten mit denen anderer Unternehmen der gleichen Branche verglichen. Kommen individuelle Risikokomponenten hinzu, z. B. ein Transferrisiko bei Kreditvergaben an Unternehmen in Ländern mit erschwerten Bedingungen des Devisentransfers, so ist ein entsprechend individuelles Rating vorzunehmen.[281] Auf das Branchenrating[282] und die Spezialfälle, bei welchen ein individuelles Rating notwendig ist, soll nicht weiter eingegangen werden.

Zum Abschluss der Darstellung des Bonitätsratings ist noch auf die Bedeutung der jeweiligen Analysefelder für das Bonitätsergebnis hinzuweisen. Die Teilergebnisse des Ratings der harten Fakten bestimmen das Endergebnis bis zu 70 %,[283] die des Ratings der weichen Faktoren bis zu 25 % und die des Branchenratings bis zu 10 %.[284]

Im folgenden Gliederungspunkt ist zu diskutieren, ob es durch die Anwendung der IFRS zu einer Verbesserung der Eigenkapitalquote kommt und ob definitiv eine Verringerung der Kreditkosten zu erwarten ist. Es wird speziell die Eigenkapitalquote betrachtet, weil sie ein wesentliches Kriterium für einen möglichen Ausfall und zur Einschätzung der Ausfallwahrscheinlichkeit darstellt.[285]

4.3.4.3 Verbesserung der Eigenkapitalquote und Verringerung der Kreditkosten

In der Literatur wird die Meinung vertreten, dass viele Unternehmen eine Umstellung auf IFRS befürworten würden, weil eine bessere Darstellung des Eigenkapitals und Steigerung der Eigenkapitalquote ihre Chancen bei der schwieriger werdenden Kapitalbeschaffung steigern.[286] Eine freiwillige Anwendung der IFRS dürfte den betreffen-

---

[281] Vgl. Bundesverband deutscher Banken, Bankinternes Rating, 2005, S. 15.

[282] Siehe zum Branchenrating ausführlich z. B. GLEIßNER, W./FÜSER, K., Rating, 2003, S. 123-139.

[283] Eine Studie von OEHLER, die im Zeitraum von Januar bis Februar 2005 durchgeführt wurde, zeigt, dass die Bedeutung des quantitativen Bonitätsratings teilweise sehr viel niedriger gewichtet wird. Die Ergebnisse der befragten 30 Kreditinstitute ergaben, dass diese bei einigen wenigen sogar bei unter 20 % lag, bei den meisten Kreditinstituten aber im Bereich von 40 % bis 60 %. Zu den Ergebnissen vgl. OEHLER, R., Auswirkungen, 2006, S. 117. Auch GLEIßNER und FÜSER stellen fest, dass die Banken sehr unterschiedliche und heterogene Schwerpunkte setzen; vgl. GLEIßNER, W./FÜSER, K., Rating, 2003, S. 62.

[284] Vgl. GUTHOFF, M., Mittelstandsrating, 2006, S. 187 f.

[285] RUHNKE bezeichnet die Eigenkapitalquote als Indikator für das „Sichern der Verdienstquelle"; vgl. RUHNKE, K., Rechnungslegung, 2008, S. 709.

[286] Vgl. DÜCKER, R., Herausforderungen, 2003, S. 450 f.

4.3 Beschaffung von Fremd- und Eigenkapital

den Unternehmen Vorteile bei der Außendarstellung bringen, denn allein die Bereitschaft „lässt es innovativ und den modernen Managementinstrumenten aufgeschlossen gegenüber erscheinen"[287], so eine weitere Meinung.

Dieser Auffassung wird von anderen widersprochen: „Die Auswirkungen, die ein Rating gemäß Basel II für die Kreditgewährung an den deutschen Mittelstand und auf Form und Inhalt des dafür vorzulegenden Jahresabschlusses des betreffenden Unternehmens langfristig haben wird, werden in der Literatur oftmals überzeichnet."[288] Kritische Gegenstimmen weisen zudem darauf hin, dass sich nur wegen einer höheren Eigenkapitalquote, die in einem Übergang auf IFRS-Abschlüsse begründet liege, keine Veränderung der Realität ergebe.[289] Der Bundesverband deutscher Banken äußert sich wie folgt: „Würde der gleiche wirtschaftliche Sachverhalt, in Abhängigkeit von der Bilanzierung, zu unterschiedlichen Ratingeinstufungen führen, so wäre dies ein ökonomisch unsinniges Ergebnis. Ein solches Ratingsystem würde die wirtschaftliche Lage des Unternehmens verzerrt wiedergeben und damit zu Fehlentscheidungen führen."[290] Fehlentscheidungen der Kreditvergabe sind nachteilig für die Kreditgeber, weil mit zu geringen Kreditkosten kalkuliert wird.

Es bleibt die Frage, wie es überhaupt zu einer Verbesserung der Eigenkapitalquote kommt. Nach HGB gilt das Vorsichtsprinzip. Es impliziert die Bildung stiller Reserven,[291] nach IFRS werden die stillen Reserven aufgedeckt, was zu einer Erhöhung der Eigenkapitalquote führt.[292] Bei der Erstumstellung von HGB auf IFRS kommt hinzu, dass dem Bilanzierenden als Ausnahme vom Grundsatz der retrospektiven Bilanzierung verschiedene Wahlrechte eingeräumt werden,[293] z. B. dürfen Sachanlagen nach IFRS 1.16 mit ihrem beizulegenden Zeitwert neu bewertet werden. Nach IFRS 1.18 gilt dieses Wahlrecht auch für als Finanzinvestition gehaltene Immobilien und immaterielle Vermögenswerte. Das dadurch aufgedeckte Mehrvermögen ist gemäß IFRS 1.11,

---

[287] Vgl. BEHRINGER, S., Umstellung, 2007, S. 1413.

[288] KAHLE, H./DAHLKE, A., IFRS, 2007, S. 315.

[289] Vgl. KÜTING, K./RANKER, D./WOHLGEMUTH, F., Auswirkungen, 2004, S. 101; HAHN, K., Horrorszenario, 2007, S. 203. SCHULZE-OSTERLOH macht darauf aufmerksam, dass die Vermutung, höhere Eigenkapitalquoten würden zu besseren Kreditkonditionen führen, „den wirtschaftlichen Sachverstand kreditgebender Banken" unterschätze; vgl. SCHULZE-OSTERLOH, J., Einzelabschluß, 2004, S. 2569.

[290] Bundesverband deutscher Banken, Bankinternes Rating, 2005, S. 25.

[291] Vgl. Gliederungspunkt 3.7.4.7.

[292] Vgl. DÜCKER, R., Herausforderungen, 2003, S. 450. JEBENS äußert sich dahingehend, „dass das IFRS-Konzept Vermögen sichtbar macht, das unter dem Regime des HGB-Konzepts verdeckt worden ist"; JEBENS, C. T., IFRS, 2003, S. 2345.

[293] Vgl. BURGER, A. et al., Umstellung, 2005, S. 1194 f.

nach Abzug der Steuerlatenzen, erfolgsneutral in der Gewinnrücklage des Eigenkapitals zu erfassen.[294] Diese und weitere Abweichungen in den Ansatz- und Bewertungsregeln zwischen IFRS und HGB führen zu einer möglichen Erhöhung der Eigenkapitalquote.[295] Diese ergibt sich aus dem Quotienten von Eigen- und Gesamtkapital. Nur wenn durch eine Umstellung von HGB auf IFRS das Eigenkapital im Vergleich zum Gesamtkapital überproportional steigt, erhöht sich die Eigenkapitalquote. In der folgenden Untersuchung soll von einer solchen Erhöhung ausgegangen werden, obwohl empirische Studien belegen, dass es zwar regulär, nicht aber zwangsläufig zu einer Erhöhung der Eigenkapitalquote kommt.[296]

Der Betrachtung wird der Vergleich von internen Ratingsystemen zweier Kreditinstitute zugrunde gelegt.[297] Zwar sind die Ratingsysteme in ihrer Konzeption und Ausgestaltung grundsätzlich gleich, unterscheiden sich aber in ihrem Umgang mit den von den Kreditnehmern zur Verfügung gestellten Abschlüssen. Das eine der beiden Kreditinstitute bereinigt die Daten vor der Weiterverarbeitung zu Ratingzwecken von den Besonderheiten des Rechnungslegungssystems, nach dem der Abschluss erstellt wurde. Das andere Kreditinstitut übernimmt die Abschlussdaten, so wie sie sind und gibt sie direkt in das entsprechende EDV-System zur Ermittlung der quantitativen

---

[294] Vgl. HEUSER, P. J./THEILE, C., IFRS Handbuch, 2007, Kapitel F, Rz. 5023.

[295] Zu ausführlichen Darstellungen der Erhöhungen und Verminderungen des Eigenkapitals siehe z. B. JEBENS, C. T., IFRS, 2003, S. 2345-2350; IDW, Internationalisierung, 2005, S. 25; OEHLER, R., KMU, 2005, S. 94-97.

[296] In ihrer Untersuchung von 2003 kamen BURGER, FRÖHLICH und ULBRICH zu dem Ergebnis, dass der Mittelwert der Eigenkapitalquoten, d. h. der Durchschnitt der ermittelbaren Veränderungen aller Gesellschaften bei Umstellung, bei einer Steigerung von 8,07 % lag. Analysiert wurden die Ergebnisse von 82 kapitalmarktorientierten Gesellschaften. Die Volatilität der Veränderungen reichte von einer Absenkung der Eigenkapitalquote von 4,2 % bis zu einer Steigerung von 11,24 %. Zwar kam es bei allen Gesellschaften sowohl zu einer Steigerung des Eigenkapitals (Mittelwert 20,25 %) als auch zu einer Steigerung des Gesamtkapitals (Mittelwert 12,93 %), jedoch stieg der Betrag des Eigenkapitals nicht bei allen Gesellschaften im Vergleich zur Steigerung des Gesamtkapitals überproportional an. Die Werte wurden übernommen aus BURGER, A./FRÖHLICH, J./ULBRICH, P., Kennzahlen, 2004, S. 360, Abbildung 6; zur empirischen Untersuchung siehe den gesamten Beitrag BURGER, A./FRÖHLICH, J./ULBRICH, P., Kennzahlen, 2004, S. 353-366. Bei einer ähnlichen Untersuchung aus dem Jahr 2005 ermittelten BURGER, FELDRAPPE und ULBRICH einen Mittelwert, der eine leichte Absenkung der Eigenkapitalquoten von 1,9 % ausdrückte. Analysiert wurden die Ergebnisse von 23 kapitalmarktorientierten Gesellschaften. Die Volatilität der Veränderung reichte von einer Absenkung der Eigenkapitalquote von 11 % bis zu einer Steigerung von 3,5 %. Im Gegensatz zu der Untersuchung von 2003 ergab sich nicht für alle Gesellschaften eine Steigerung des Eigenkapitals, die Volatilität reichte von einer Absenkung von 8,08 % bis zu einer Steigerung von 21,29 %. Die Werte wurden übernommen aus BURGER, A./FELDRAPPE, T./ULBRICH, P., Kennzahlen, 2006, S. 137, Übersicht 2, S. 138, Übersicht 3 und S. 139; zur empirischen Untersuchung siehe den gesamten Beitrag BURGER, A./FELDRAPPE, T./ULBRICH, P., Kennzahlen, 2006, S. 134-141.

[297] In Anlehnung an KÜTING, K./RANKER, D./WOHLGEMUTH, F., Auswirkungen, 2004, S. 101.

4.3 Beschaffung von Fremd- und Eigenkapital

Ergebnisse ein. Bei beiden Kreditinstituten haben die Kreditnehmer die Wahl, entweder HGB-Abschlüsse oder IFRS-Abschlüsse einzureichen.

Durch die Bereinigung der Daten beim erstgenannten Kreditinstitut werden die Differenzen beseitigt, die sich aus dem unterschiedlichen Umgang mit gleichen Sachverhalten in den verschiedenen Rechnungslegungssystemen ergeben. Folglich ist das Ergebnis der Kreditwürdigkeitseinstufung für den Kreditnehmer gleich, unabhängig davon, ob er einen HGB- oder IFRS-Abschluss vorlegt. Angenommen, das genannte Kreditinstitut würde die Daten nicht „korrigieren", sondern stattdessen über zwei interne Ratingsysteme, eines HGB-basiert und das andere IFRS-basiert, verfügen, so würde es zwei verschiedene Grenzwerte für die Kreditwürdigkeit ermitteln.[298] Der in Abhängigkeit zur Eigenkapitalquote bestimmte Grenzwert, ab welchem Kredite vergeben werden, wäre unter der genannten Prämisse für HGB-Abschlüsse entsprechend niedriger als für IFRS-Abschlüsse. Das zweitgenannte Kreditinstitut lässt Besonderheiten der Rechnungslegungssysteme unberücksichtigt und agiert mit nur einem Grenzwert. Die Entscheidung, ob ein Kredit bewilligt wird oder nicht, ist völlig unabhängig davon, ob ein Kunde einen HGB- oder IFRS-Abschluss vorlegt.

Als Ergebnis dieses konstruierten Beispiels ist festzuhalten: Für die Kunden des erstgenannten Kreditinstituts besteht kein Anreiz zu einer Umstellung der Rechnungslegung auf IFRS. Der Grenzwert wird entsprechend angepasst. Für die Kunden des zweitgenannten Kreditinstituts dürfte sich eine Umstellung rentieren. Folgender Fall ist möglich: Ein Kreditnehmer liegt bei Vorlage eines HGB-Abschlusses unter dem Grenzwert, ab welchem Kredite gewährt werden. Legt der gleiche Kreditnehmer einen IFRS-Abschluss vor, überschreitet er – obwohl seine Ertragserwartungen und auch seine Schuldendeckungsfähigkeit sich nicht verändert haben –[299] den notwendigen Grenzwert der Kreditwürdigkeitsbeurteilung und erhält einen Kredit. Nicht bei allen Unternehmen dürfte die Einstufungsdifferenz solche weitreichenden Folgen haben, aber auch Unternehmen, deren Wert der Kreditwürdigkeitsprüfung weit oberhalb des Grenzwertes liegt, dürften die Vorteile der besseren Krediteinstufung begrüßen.

Die Indifferenz des Kreditinstituts gegenüber HGB- und IFRS-Abschlüssen beim Rating ist für Kreditnehmer nicht unbedingt ein Grund, ihre Rechnungslegung auf IFRS umzustellen, sondern könnte sie auch dazu veranlassen, von ihrer Hausbank zu dem Kreditinstitut zu wechseln, das – wie das zweitgenannte – keine Differenzierung zwischen HGB- und IFRS-Abschlüssen vornimmt. Das Ergebnis des Ratings ist

---

[298] Vgl. OEHLER, R., KMU, 2005, S. 177.
[299] Vgl. OEHLER, R., KMU, 2005, S. 163; OEHLER, R., Auswirkungen, 2006, S. 114; PAUL, S., Finanzierungsstrategien, 2007, S. 327.

jedoch, die Aussage des Bundesverbandes deutscher Banken bestätigend, „ökonomisch unsinnig". Ein Kreditinstitut, das beim Rating nicht zwischen HGB- und IFRS-Abschlüssen unterscheidet, wird disqualifiziert.[300] Ihm wird bei der quantitativen Validierung kein positives Ergebnis attestiert,[301] denn es erfüllt nicht das Kriterium der Trennschärfe. Es unterscheidet nicht zwischen den charakteristischen Besonderheiten verschiedener Kreditnehmer, was in diesem Fall bedeutet, dass die Differenzen verschiedener Rechnungslegungssysteme zu berücksichtigen wären.

Als Ergebnis des Gliederungspunktes 4.3.3.3 wurde festgestellt, dass die Bevorzugung von IFRS-Abschlüssen das positive Ergebnis der qualitativen Validierung gefährdet. Daran anschließend führte obige Betrachtung zu dem Ergebnis, dass eine Nichtdifferenzierung von HGB- und IFRS-Abschlüssen beim internen Rating auch das Ergebnis der quantitativen Validierung massiv beeinträchtigt.

Es ist davon auszugehen, dass die „Kräfte des Marktes"[302] die Kreditinstitute zwingen werden, eine Differenzierung ihrer internen Ratingsysteme zur Auswertung der Unternehmensabschlüsse vorzunehmen. Eine Bevorzugung von IFRS-Abschlüssen und entsprechende Besserstellung beim Rating sowie Bevorteilung bei Festlegung der Kreditkonditionen kann nur ein vorübergehendes Phänomen sein; sofern überhaupt existent. Die Erstellung von IFRS-Abschlüssen rechtfertigt es nicht.

4.3.4.4 Bedeutung des qualitativen Ratings

Die Bevorzugung von IFRS-Abschlüssen wird oft damit begründet, dass die Transparenz der IFRS-Abschlüsse höher sei als die der HGB-Abschlüsse und somit IFRS-Abschlüsse für ein Unternehmensrating besser geeignet seien.[303] Sowohl die Kreditge-

---

[300] Deshalb ist das Ergebnis der Studie von OEHLER, die im Zeitraum von Januar bis Februar 2005 durchgeführt wurde, umso erstaunlicher. 30 Kreditinstitute nahmen an der Umfrage teil. Nur 23 gaben an, dass sie vor Eingabe der Daten in das Ratingsystem Aufbereitungsmaßnahmen durchführen, davon verfügen lediglich 8 über die Möglichkeit getrennter Auswertungssyteme für HGB- und IFRS-Abschlüsse. Die übrigen 7 verwenden die Daten, wie sie sind. Eine Neutralisierung der Bilanzpolitik wurde jedoch vor fast allen Unternehmen konstatiert. Dadurch dürften einige Faktoren, die sowohl in bilanzpolitischer Hinsicht als auch aufgrund des Rechnungslegungssystems zu „korrigieren" sind, eliminiert werden. Zu den Ergebnissen der Studie vgl. OEHLER, R., Auswirkungen, 2006, S. 115-119. Offensichtlich verlassen die Kreditinstitute sich auf die Konservativität ihrer Kreditnehmer und gehen von ausschließlich HGB-basierten Abschlüssen aus.

[301] Vgl. KÜTING, K./RANKER, D./WOHLGEMUTH, F., Auswirkungen, 2004, S. 101.

[302] KÜTING, K./RANKER, D./WOHLGEMUTH, F., Auswirkungen, 2004, S. 102.

[303] Vgl. CARSTENSEN, B./LEIBFRIED, P., Auswirkungen, 2004, S. 866; WEIßENBERGER, B. E./STAHL, A. B./VORSTIUS, S., Umstellung, 2004, S. 7 m. w. N.; OEHLER, R., Auswirkungen, 2006, S. 113; BEHRINGER, S., Umstellung, 2007, S. 397. Zu diesem Argument äußert sich kritisch MANDLER, U., Umstellung, 2007, S. 390.

4.3 Beschaffung von Fremd- und Eigenkapital

ber als auch die Kreditnehmer haben großes Interesse an einer hohen Transparenz der Abschlüsse. Kreditinstitute wollen die Kreditwürdigkeit korrekt einschätzen, angemessene Kreditkosten fordern und Risiken identifizieren. Aufgrund der erforderlichen Eigenkapitalunterlegung ist ihr Eigeninteresse groß. Kreditnehmer wünschen eine günstige Beurteilung und entsprechend günstige Kreditkonditionen. Je höher die Transparenz der Abschlüsse, desto besser sind die Chancen auf eine angemessene Einschätzung. IFRS-Abschlüsse werden vor allem wegen ihrer Zielsetzung, der ausschließlichen Informationsvermittlung, als transparenter angesehen. Die vielfältigen Anhangangaben[304] leisten dazu ihren Beitrag.

Dem Anhang kommt wegen der Informationsorientierung der IFRS eine „herausragende Bedeutung"[305] zu. Als besonders wichtig werden z. B. die Paragraphen IAS 1.122 bis IAS 1.125 angesehen. Sie vermitteln einen Einblick in das Qualitätsniveau der Geschäftsführung und weisen das Unternehmen an, zukunftsbezogene Aussagen über gegenwärtige Schätzungsunsicherheiten, die ein beträchtliches Risiko für das nächste Geschäftsjahr darstellen könnten, niederzuschreiben. Mithilfe dieser Anhangangaben sollen die Kreditinstitute über die Ermessensausübungen der Geschäftsführung bei Anwendung der Ansatz- und Bewertungsmethoden informiert werden und eine Grundlage für die eigene zukunftsbezogene Einschätzung des Unternehmens erhalten.

Die Signifikanz des Anhangs verliert jedoch an Bedeutung, wenn das qualitative Rating in die Diskussion einbezogen wird. Dem Ratinggespräch mit dem Kreditnehmer ist ein „zentraler Stellenwert"[306] beizumessen. Die Bedeutung des persönlichen Gesprächs steigt, je kleiner das Unternehmen ist. Kleine und mittelgroße Unternehmen, die nicht alle für ein hochwertiges quantitatives Rating geforderten Unterlagen liefern können, weil z. B. kein oder nur ein begrenztes internes Rechnungswesen oder keine allzu differenzierte Plandatenrechnung erstellt wird, wären ansonsten benachteiligt.

Das Ratinggespräch wird von den Kreditinstituten ernst genommen und ist wesentlicher Bestandteil des Ratingprozesses.[307] Die für ein Rating ausschlaggebenden Angaben können problemlos im Ratinggespräch erfragt werden; vielleicht sogar gezielter, weil ein persönliches Gespräch die bilanzpolitische Motivation und den entsprechen-

---

[304] Siehe dazu ausführlich HEUSER, P. J./THEILE, C., IFRS Handbuch, 2007, Kapitel E, Rz. 4500-4562; BALLWIESER, W./PAARZ, R., in: EPSTEIN, B. J./JERMAKOWICZ, E. K., Wiley-Kommentar, 2009, Appendix A; Rz. 1-60.
[305] HEUSER, P. J./THEILE, C., IFRS Handbuch, 2007, Kapitel E, Rz. 4500.
[306] Vgl. Bundesverband deutscher Banken, Bankinternes Rating, 2005, S. 35.
[307] Vgl. GLEIßNER, W./FÜSER, K., Rating, 2003, S. 13; OEHLER, R., Auswirkungen, 2006, S. 117.

den Umgang mit bilanzpolitischen Aktionsparametern deutlicher erkennen lässt. Eine Notwendigkeit, HGB-Abschlüsse wegen höherer Transparenz durch IFRS-Abschlüsse zu ersetzen, besteht folglich nicht.

Wäre ein IFRS-Abschluss im Vergleich zu einem HGB-Abschluss von objektiv nachweisbar besserer Informationsqualität, so wäre die Favorisierung von IFRS-Abschlüssen sicherlich sinnvoll. Ein entsprechender Nachweis konnte bislang jedoch nicht erbracht werden.[308] Problemtisch ist vor allem, dass „jedem ‚Mehr' an Zukunftsprognose ein ‚Weniger' an Objektivität entgegensteht"[309].

4.3.5 Erleichterungen bei Private Equity

IFRS-Abschlüsse sind deshalb von Vorteil, weil sie vor Aufnahme einer Private-Equity-Beteiligung die Kommunikation zwischen Private-Equity-Geber und -Nehmer verbessern und während des Beteiligungszeitraums vereinfachen.[310] Die Eigenkapitalgeber fordern internationale Abschlüsse. Für Private-Equity-Nehmer bedeutet dies häufig, dass sie sich zugunsten der Private-Equity-Geber in einem ungewohnten „Verhandlungsterrain" bewegen.[311] „Im europäischen Private-Equity-Markt haben sich mittlerweile branchenweit einheitliche Kennzahlen zur Performance-Messung von Private-Equity- und Venture-Capital-Gesellschaften sowie der von ihnen aufgelegten Fonds etabliert".[312] Aus IFRS-Abschlüssen können die entsprechenden Kennzahlen einfacher generiert werden als aus Abschlüssen nach nationalen Rechnungslegungsstandards.

Dagegen einzuwenden ist, dass Beteiligungsgesellschaften, die national ansässig sind, auch eine entsprechende Auswertung von HGB-Abschlüssen vornehmen können. Dies dürfte z. B. auf die 15 Mittelständischen Beteiligungsgesellschaften (MBG) der verschiedenen Bundesländer in Deutschland zutreffen. Als meistgefragter Beteiligungsfinanzierer in Deutschland investieren diese pro Jahr annähernd 180 Mio. €[313] und damit ca. 5 % des gesamten Private-Equity-Investitionsvolumens.[314] Nur ausländische Private-Equity-Geber fordern gegebenenfalls IFRS-Abschlüsse.

---

[308] Vgl. KÜTING, K./RANKER, D./WOHLGEMUTH, F., Auswirkungen, 2004, S. 97.

[309] KÜTING, K./RANKER, D./WOHLGEMUTH, F., Auswirkungen, 2004, S. 97.

[310] Vgl. BURKHART, B., Private Equity, 2006, S. 207 f.

[311] Vgl. BURKHART, B., Private Equity, 2006, S. 204.

[312] BURKHART, B., Private Equity, 2006, S. 205.

[313] Vgl. BVK, Mittelständische Beteiligungsgesellschaften, 2008, S. 1 f.

[314] Berechnet nach den Angaben in BVK, Fakten, 2008, S. 1.

4.3 Beschaffung von Fremd- und Eigenkapital

Private-Equity-Investitionen fließen den Unternehmen während verschiedener Lebenszyklusphasen zu, während der Frühentwicklungsphase (*early stage*), der Expansionsphase (*later stage*) oder im Rahmen der Unternehmensnachfolge (*buyout*).[315] Bei Existenzgründung liegen noch keine Abschlüsse des Unternehmens vor, erst bei Beteiligungen in der Expansionsphase bzw. bei Unternehmensnachfolge sind diese von Bedeutung. Da vor allem im Rahmen der Unternehmensnachfolge Eigenfinanzierungen durch Private Equity in Anspruch genommen werden, wird der Betrachtungsfokus auf diese Phase und entsprechende Unternehmen gelegt.[316] Vor allem für Einzelunternehmen und Familiengesellschaften kann eine Private-Equity-Finanzierung im Rahmen der Nachfolgeregelung interessant sein.

Dagegen spricht allerdings, dass Einzelunternehmer und Familiengesellschaften nicht bereit sein werden, ihre Alleinherrschaft über das Unternehmen aufzugeben.[317] Wählen sie die Unterstützung durch eine der in Deutschland ansässigen Mittelständischen Beteiligungsgesellschaften, so kann – im Gegensatz zu ausländischen Beteiligungen – ihre Selbstständigkeit erhalten bleiben, denn Mittelständische Beteiligungsgesellschaften „investieren vornehmlich in Form typisch stiller Beteiligungen"[318]. Nur in wenigen geeigneten Fällen engagieren sich Mittelständische Beteiligungsgesellschaften in offenen Beteiligungen, aber auch dann nur als Minderheitsgesellschafter. Da die Beteiligung durch die Mittelständischen Beteiligungsgesellschaften die bevorzugte Variante ist, sind IFRS-Abschlüsse nicht notwendig. Nur in den seltenen Fällen, in welchen ausländische Beteiligungsgesellschaften in Frage kommen, besteht überhaupt eine solche Notwendigkeit.

Die voranstehende Argumentation zeigt, dass – unabhängig von dem vorzulegenden Abschluss – andere Gründe gegen eine Private-Equity-Beteiligung durch ausländische Beteiligungsgesellschaften sprechen. Deren Relevanz ist beträchtlich niedrig, so dass das Argument, IFRS-Abschlüsse könnten im Vergleich zu HGB-Abschlüssen von Vorteil sein, nur in Einzelfällen zutreffen kann.

---

[315] Zu den verschiedenen Lebenszyklusphasen siehe BURKHART, B., Private Equity, 2006, S. 199 f.

[316] Auch die Verteilung der Private-Equity-Investitionen bestätigt diese Schwerpunktsetzung. Im Jahr 2006 flossen 7,3 % aller Private-Equity-Investitionen in Deutschland in die Frühentwicklungsphase von Unternehmen, 21,2 % in die Expansionsphase und 71,5 % in die Sicherung der Unternehmensnachfolge. Gleiches gilt für das Jahr 2007: 8,5 % flossen in die Frühentwicklungsphase, 11,9 % in die Expansionsphase und mit 79,6 % ein noch größerer Anteil in die Sicherung der Unternehmensnachfolge; vgl. BVK, Fakten, 2008, S. 1.

[317] Vgl. SCHNEELOCH, D., IFRS, 2008, S. 547 f.

[318] BVK, Mittelständische Beteiligungsgesellschaften, 2008, S. 1.

4.3.6 Schlussfolgerungen zur Beschaffung von Fremd- und Eigenkapital

Unter Zuhilfenahme der Validierungskriterien wurde gezeigt, dass im Interesse der Kreditinstitute unbedingt davon abzuraten ist, interne Ratingsysteme ausschließlich auf Basis von IFRS-Daten zu betreiben. Diese gefährden die Validierung in qualitativer und quantitativer Hinsicht. Auch ist den IFRS-Abschlüssen keine besondere Eignung zur Beurteilung der Kreditwürdigkeit von Unternehmen zuzusprechen.

Für kleine und mittelgroße Unternehmen ergeben sich aus einem IFRS-Abschluss per se keinerlei Vorteile beim Rating.[319] Eine Verringerung der Kreditkosten ist durch die Umstellung auf IFRS-Abschlüsse nicht möglich.[320]

Zur Zielsetzung der Ratingsysteme gehört auch die Identifikation von Risiken. Mithilfe des Ratings sind die Ausfallwahrscheinlichkeiten der Kreditnehmer zu prognostizieren. Ein HGB-Abschluss ist, aufgrund der Umsetzung des Vorsichtsprinzips, gegebenenfalls sogar besser geeignet als ein IFRS-Abschluss.[321] Gegen das Argument der höheren Transparenz durch IFRS-Abschlüsse ist einzuwenden, dass diese keine Informationen liefern, die nicht auch durch ein qualitatives Ratinggespräch in Erfahrung gebracht werden können. Wegen niedrigerer Eigenkapitalquoten bei kleinen und mittelgroßen im Vergleich zu großen Unternehmen war es schon immer notwendig, Informationen über stille Reserven und Lasten einzuholen, um die Kreditwürdigkeit richtig einzuschätzen. Kreditsachbearbeiter sind in der Regel informiert.[322]

Aufgrund der Eindeutigkeit der Ergebnisse besteht keine Notwendigkeit, die Vorteilhaftigkeit von IFRS-Abschlüssen für kleine und mittelgroße Unternehmen bezüglich des Ratings weiter zu diskutieren. Eine Vorteilhaftigkeit ist nicht nachweisbar, sie existiert nicht.

Für die Eigenfinanzierung durch Private Equity gilt, dass IFRS-Abschlüsse nur dann notwendig sind, wenn ausländische Beteiligungen in Anspruch genommen werden, was nicht allzu häufig der Fall ist.

---

[319] Zu gleichen Ergebnissen kommen der Bundesverband deutscher Banken, Bankinternes Rating, 2005, S. 26, BAETGE, J./KLAHOLZ, E., IFRS, 2006, S. 43 wie auch SCHORR, G./WALTER, K.-F., IFRS, 2006, S. 1093, um nur einige Beispiele zu nennen. Völlig anderer Ansicht ist JEBENS. Er stellt fest, dass die Frage, ob sich eine Umstellung auf einen IFRS-Abschluss für nicht kapitalmarktorientierte kleine und mittelgroße Unternehmen lohnt, „häufig, wenn nicht gar regelmäßig, bejahend zu beantworten" ist; vgl. JEBENS, C. T., IFRS, 2003, S. 2349.

[320] Auch empirische Ergebnisse bestätigen, dass „verminderte Risikoprämien" für die Vorlage von IFRS- statt HGB-Abschlüssen nicht gewährt werden; vgl. OEHLER, R., Auswirkungen, 2006, S. 119.

[321] Eine ähnliche Meinung vertritt OEHLER, R., Auswirkungen, 2006, S. 118 f.

[322] Vgl. SCHORR, G./WALTER, K.-F., IFRS, 2006, S. 1092.

4.4 Zunehmende Internationalisierung

Damit IFRS-Abschlüsse im internationalen Wettbewerb vorteilhaft sein können, müssen kleine und mittelgroße Unternehmen erst einmal international tätig sein. Neben den Unternehmen, die von sich aus auf internationalen Märkten aktiv werden, könnte die Wettbewerbssituation kleine und mittelgroße Unternehmen zur Internationalisierung zwingen. Der Konkurrenzdruck durch ausländische Anbieter auf dem inländischen Markt fordert eine Neuorientierung hin zu internationalen Absatzmärkten und möglicherweise auch hin zu internationalen Beschaffungsmärkten.[323]

Mit dem Grad der Internationalisierung eines kleinen und mittelgroßen Unternehmens wächst die Bedeutung einer IFRS-Anwendung.[324] Kleine und mittelgroße Unternehmen, die auf internationalen Märkten aktiv sind, haben zumeist selbst ein Interesse, Abschlüsse nach internationalen Standards zu erstellen, um Geschäftspartnern ein Instrument zur Beurteilung der Unternehmenslage vorzulegen oder um mit Konkurrenten vergleichbar zu sein.[325] Fraglich ist aber, ob sich aus der Teilnahme an internationalen Beschaffungs- und Absatzmärkten ein faktischer Zwang zur Aufstellung von IFRS-Abschlüssen ergibt.[326]

Angemerkt sei, dass die Vergleichbarkeit mit Konkurrenten auch dann nicht gesichert ist, wenn IFRS-Abschlüsse vorgelegt werden, weil national differente Strukturen und die zahlreichen Ermessensspielräumen der IFRS nur zu scheinbar vergleichbaren Abschlüssen führen.

Um die Bedeutung der Vorteilhaftigkeit von IFRS- im Vergleich zu HGB-Abschlüssen bezüglich der zunehmenden Internationalisierung einschätzen zu können, muss zunächst die Frage beantwortet werden, inwieweit kleine und mittelgroße Unternehmen von der Globalisierung betroffen und auf internationalen Märkten aktiv sind. Dann erst folgt die Frage der Notwendigkeit von IFRS-Abschlüssen.

Genaues Zahlenmaterial zur Import- und Exportbeteiligung kleiner und mittelgroßer Unternehmen in Deutschland ist schwer erhältlich.[327] Gemäß der Umsatzsteuerstatistik des Statistischen Bundesamtes lag die Exportquote kleiner und mittelgroßer Unter-

---

[323] Vgl. KAHLE, H./DAHLKE, A., IFRS, 2007, S. 314 f.

[324] Vgl. OCHS, A./LEIBFRIED, P., IFRS, 2006, S. 185.

[325] Vgl. KÜTING, K./RANKER, D./WOHLGEMUTH, F., Auswirkungen, 2004, S. 102.

[326] Vgl. HAHN, K., Horrorszenario, 2007, S. 204; MANDLER, U., Umstellung, 2007, S. 390.

[327] Vgl. dazu die angegebenen Schätzwerte von BAMBERGER, I./WRONA, T., Internationalisierung, 2006, S. 392.

nehmen im Jahr 2006 bei 20 %.[328] Bei den größeren der mittelgroßen Unternehmen ist die Exportbeteiligung höher einzuschätzen als bei allen anderen Größenkategorien.

Kleine und mittelgroße Unternehmen in Deutschland agieren vorrangig auf dem nationalen Markt, wenngleich Potenziale für eine zunehmende Internationalisierung vorhanden sind. In den Ländern Mittel- und Osteuropas, die durch die Erweiterung der Europäischen Union zunehmend interessant werden, liegen die erwarteten Wachstumsraten bei jährlich 5 %. Hohe Wachstumsraten bei niedrigen Personalkosten bieten optimale Bedingungen für kleine und mittelgroße Unternehmen. Die erwarteten Wachstumsraten im asiatischen Raum liegen bei 8 %,[329] jedoch sind die Bedingungen für eine Beteiligung an diesen Märkten für kleine und mittelgroße Unternehmen zumeist unerfüllbar.[330]

Durch die räumliche Nähe zu den Ländern in Mittel- und Osteuropa dürften diese weitaus interessanter sein. Abbildung 2/1 zeigt jedoch, dass für diese Länder bislang keine Erstellung von IFRS-Abschlüssen notwendig ist. Zwar hat z. B. Bulgarien kleinen und mittelgroßen Unternehmen die Anwendung der IFRS mit befreiender Wirkung gestattet, aber eine Verpflichtung besteht nicht. Als weiteres Beispiel sei Rumänien genannt. Dort kommt IFRS-Abschlüssen nicht der Status von Abschlüssen mit befreiender Wirkung zu, für Informationszwecke können sie zusätzlich zu den nationalen Abschlüssen erstellt werden. So wie bei Aktivitäten in Ländern Mittel- und Osteuropas dürften auch bei anderen Aktivitäten auf internationalen Märkten nicht zwingend IFRS-Abschlüsse erforderlich sein, es sei denn, für öffentliche Ausschreibungen[331] oder sonstige internationale Ausschreibungen von Projekten.[332]

Eine Vorteilhaftigkeit der IFRS bei international aktiven Unternehmen ist gegeben, jedoch ist zu beachten, dass dies nur ausgewählte kleine und mittelgroße Unternehmen betrifft.

---

[328] Die KfW-Bankengruppe behauptet, dass es sich bei den Werten des Statistischen Bundesamtes um eine „systematische Unterschätzung" handelt, insbesondere weil nur Waren- und keine Dienstleistungsexporte erfasst werden. Letztgenannte zählen zu den Inlandsumsätzen bzw. werden gar nicht erfasst. Die im KFW-Mittelstandspanel ermittelte Exportquote für das Jahr 2006 liegt bei 28 %; vgl. LO, V., Mittelstand, 2008, S. 5-10.

[329] Bei den Schätzwerten der relativen Wachstumsraten handelt es sich um Prognosewerte, die vor Beginn der Finanzkrise ermittelt wurden.

[330] Vgl. LO, V., Mittelstand, 2008, S. 1-3.

[331] Vgl. SCHNEELOCH, D., IFRS, 2008, S. 550.

[332] Vgl. HAHN, K., Horrorszenario, 2007, S. 204.

4.5 Zwischenergebnisse

Diskutiert wurden in diesem Kapitel die in der Literatur am häufigsten genannten Argumente für eine Anwendung der IFRS. Die Untersuchungen haben gezeigt, dass es sich bei diesen nur um vermeintliche Vorteile für die Anwendung der IFRS handelt.

Es wurde festgestellt, dass die Vorteilhaftigkeit von IFRS-Abschlüssen im Vergleich zu HGB-Abschlüssen marginal ist und nur wenige Argumente bei spezifischen Charakteristika der Unternehmensaktivitäten zugunsten der IFRS stichhaltig sind. Grundsätzlich ist den IFRS keine Vorteilhaftigkeit zu konstatieren, bezogen auf einzelne Unternehmen kann eine Vorteilhaftigkeit bestehen,[333] z. B. wenn kleine und mittelgroße Unternehmen auf internationalen Märkten aktiv sind.

Als Ergebnis ist festzuhalten, dass seitens der Adressaten grundsätzlich keine Bevorzugung von IFRS-Abschlüssen erkennbar ist, eher gelten ihre Präferenzen weiterhin den HGB-Abschlüssen, weil ihnen diese vertraut sind. Eine Umstellung der Rechnungslegung auf IFRS ist weder erforderlich noch gerechtfertigt.

Im folgenden Kapitel ist zu untersuchen, ob dennoch aus Praktikabilitätserwägungen eine Anwendung der IFRS bzw. des IFRS für KMU empfehlenswert oder ob die Beeinflussung nationaler Rechnungslegungsnormen durch die IFRS wünschenswert ist, wobei deren Grundprinzipien erhalten bleiben. Während in diesem Kapitel Unternehmenssachverhalte, wie die Konvergenz in Unternehmen oder Finanzierung von Unternehmen, als Untersuchungsobjekte betrachtet wurden, werden im folgenden Konzeption und Ausgestaltung ausgewählter Standards, d. h. unter anderem konkrete Abbildungsregeln untersucht.

---

[333] Vgl. zu diesem Ergebnis auch HAHN, K., Horrorszenario, 2007, S. 211 f.

5 Analyse des IFRS für KMU und kritische Würdigung internationaler Einflüsse auf die handelsrechtliche Rechnungslegung

5.1 Einführung und Überblick

Statt der Entwicklung eines von Grund auf neu konzipierten internationalen Rechnungslegungssystems für kleine und mittelgroße Unternehmen bzw. eines, das – anders als die kapitalmarktorientierten IFRS – für alle Unternehmen anwendbar wäre, unternimmt das IASB den Versuch, seinen aus den vollen IFRS abgeleiteten IFRS für KMU als weltweit anwendbaren Standard zu platzieren.

Ziel dieses Kapitels ist eine Antwort auf die Frage, ob das IASB sein Ziel mit dem seit Februar 2007 vorliegenden Entwurf, der als richtungweisend für den zukünftigen Standard gilt, erreichen kann. Der IFRS für KMU stellt die Alternative zur Anwendung der vollen IFRS dar; ob er als sinnvolle Alternative zu beurteilen ist, muss noch geprüft werden. Das Echo aus der Fachpresse tendierte – trotz aller Kritik – zunächst zu der Auffassung, der Entwurf eines IFRS für KMU sei „ein Schritt in die richtige Richtung"[1]. Der deutsche Gesetzgeber bekundete mit seinen Aktivitäten um das BilMoG seine deutliche Ablehnung.[2] Des Weiteren soll in diesem Kapitel ein Beitrag geleistet werden zur Einschätzung der positiven und negativen Auswirkungen internationaler Standards auf die handelsrechtliche Rechnungslegung.

Das bewährte HGB-Bilanzrecht wird beibehalten und Schritt für Schritt modernisiert. Mit dem BilMoG hat es der Gesetzgeber – wie er behauptet – zu einer „im Verhältnis zu den internationalen Rechnungslegungsstandards vollwertigen, aber kostengünstigeren und einfacheren Alternative"[3] weiterentwickelt. Einflüsse der internationalen Rechnungslegung sind beabsichtigt. Der Gesetzgeber hat eine bedeutende Anzahl von Abbildungsregeln übernommen, jedoch nicht, ohne sie – seiner Einschätzung nach – zu vereinfachen.

Das HGB liefert gute, wenn auch keine idealen Ansätze zur Erfüllung der Rechnungslegungszwecke.[4] Es stellt sich die Frage, ob das BilMoG das HGB wie beabsichtigt zum Vorteil oder eher zum Nachteil verändert. Eine abschließende Beurteilung wird erst nach Erfahrungen mit deren Umsetzung möglich sein.

---

[1] IDW, Presseinformation 1/2007 vom 05.03.2007, S. 1; WIEDMANN, H./BEIERSDORF, K./SCHMIDT, M., IFRS im Mittelstand, 2007, S. 333.

[2] Vgl. auch ZÜLCH, H./HOFFMANN, S., Würdigung, 2008, S. 2261.

[3] Entwurf eines Gesetzes zur Modernisierung des Bilanzrechts (Bilanzrechtsmodernisierungsgesetz – BilMoG), BT-Drucks. 16/10067 vom 30.07.2008, S. 1.

[4] Vgl. SCHILDBACH, T., Jahresabschluss, 2008, S. V.

Bevor in Gliederungspunkt 5.3 eine Prüfung des IFRS für KMU im Vergleich zu den vollen IFRS vorgenommen wird und eine Gegenüberstellung mit den Auswirkungen internationaler Rechnungslegungsbestrebungen auf die handelsrechtliche Rechnungslegung erfolgt, wird das Vorgehen und Selbstverständnis des IASB kritisch beleuchtet. Gliederungspunkt 5.2 informiert über weitere Hintergründe und behandelt seine Intention, womit der Grundstein für die dann folgende kritische Analyse gelegt wird.

5.2 Vorgehen und Selbstverständnis des IASB

5.2.1 Ausführungen des IASB zu den Bedürfnissen kleiner und mittelgroßer Unternehmen und deren Adressaten

Das IASB erhebt im Vorwort zum Entwurf des IFRS für KMU den Anspruch, bei der Entwicklung von „hochwertigen, verständlichen und durchsetzbaren globalen Rechnungslegungsstandards" und dem Ziel, „die Nutzung und strenge Anwendung dieser Standards zu fördern", die „besonderen Bedürfnisse von kleinen und mittelgroßen Unternehmen ... zu berücksichtigen". Eine nähere Definition der speziellen Bedürfnisse gibt das IASB jedoch nicht. Auch werden die Adressaten nicht explizit genannt, sondern nur als „andere Adressaten" bezeichnet, die nicht als „Teilnehmer in den Kapitalmärkten der Welt"[5] aktiv sind.

Die zum Entwurf gehörenden Begründungen (*Basis for Conclusions*) zeigen, von welchen Überlegungen das IASB bei der Entwicklung des IFRS für KMU ausgegangen ist:

Aus Sicht der Anwender ist die Einhaltung der Kosten-Nutzen-Relation bedeutend, womit Änderungen gegenüber den vollen IFRS begründet werden. Dieses Kriterium ist auch im Rahmen der qualitativen Merkmale nach E-IFRS-KMU 2.11 zu erfüllen. Die Kosten-Nutzen-Relation ist für jedes Unternehmen individuell und hängt von der Art, der Anzahl und den Informationsbedürfnissen seiner Adressaten ab.[6]

Die Adressaten betreffend räumt das IASB ein, dass diese eventuell ein größeres Interesse an kurzfristigen Cashflow-, Liquiditäts-, Bilanz- und Zins- sowie an historischen Entwicklungen des Unternehmens haben als am Unternehmenswert und an prognostizierten zukünftigen Entwicklungen. Außerdem benötigen die Adressaten andere Informationen als die kapitalmarktorientierter Unternehmen, weil das Kapital bei kleinen und mittelgroßen Unternehmen eher von teilhabenden Gesellschaftern, der Geschäftsführung selbst oder Lieferanten zur Verfügung gestellt wird. Auch ist zu berücksichtigen, dass häufig

---

[5] Zu allen wörtlichen Zitaten dieses Abschnitts siehe IASB, E-IFRS-KMU, 2007, V 2.
[6] Vgl. IASB, Schlussfolgerungen, 2007, GS 25.

5.2 Vorgehen und Selbstverständnis des IASB

persönliche Vermögenswerte der Geschäftsführung für eine Bankfinanzierung verpfändet werden.[7] Bei der Festlegung einzelner Abschnitte des IFRS für KMU berücksichtigt das IASB, nach eigener Aussage, vorrangig die Bedürfnisse der Adressaten.[8]

Fakt ist jedoch, dass das IASB lediglich Mutmaßungen über die Informationsbedürfnisse der Adressaten kleiner und mittelgroßer Unternehmen im Unterschied zu denen von kapitalmarktorientierten Unternehmen aufstellt. Dies wird nur durch die Behauptung konkretisiert, Adressaten von kleinen und mittelgroßen Unternehmen verlangten eher kurzfristige als prognoseorientierte Informationen. Eine wirkliche Orientierung an den speziellen Bedürfnissen des gläubigergeprägten Adressatenkreises ist nicht erkennbar.[9] In der Literatur wird vielfach kritisiert, dass sich das IASB im Vorfeld des Projektes nicht ausreichend mit den Adressaten und ihren Bedürfnissen auseinandergesetzt habe.[10] „Es fehlt an einer klaren Aufgabenstellung ebenso wie an einer überzeugenden Zweck-Mittel-Analyse."[11]

Zu bedenken ist, dass unter der Bezeichnung der kleinen und mittelgroßen Unternehmen auch Kleinstunternehmen fallen. Deren Bedürfnisse betrachtet das IASB nicht differenziert, stattdessen beantwortet es die Frage der Eignung des IFRS für KMU für sog. Mikros damit, dass viele Länder ihre Mikros verpflichten bzw. ihnen erlauben, die vollen IFRS anzuwenden und „wenn die vollen IFRS bislang als für alle Unternehmen geeignet angesehen wurden, dann wird der vorgeschlagene IFRS für KMU sicherlich ebenfalls geeignet sein"[12]. Eine solche Begründung, zumal es sich um eine Implikation handelt, deren Voraussetzung nicht ausreichend verifiziert wurde,[13] ist nicht haltbar.

---

[7] Zu den Bedürfnissen der Adressaten vgl. IASB, Schlussfolgerungen, 2007, GS 24.

[8] Vgl. IASB, Schlussfolgerungen, 2007, GS 23.

[9] Vgl. KÜTING, K., IFRS-Standardentwurf, 2007, S. 1. ROTH bezeichnet die Ausrichtung des IASB an den spezifischen Bedürfnissen der kleinen und mittelgroßen Unternehmen und ihren Adressaten als „rhetorische Hinwendung"; vgl. ROTH, O., Hintergründe, 2007, S. 1454.

[10] Vgl. ZABEL, M./CAIRNS, D., Vereinfachte IFRS, 2005, S. 213; POLL, J., Stand, 2006, S. 85; GÖBEL, S./KORMAIER, B., Adressaten, 2007, S. 528; HALLER, A./BEIERSDORF, K./EIERLE, B., ED-IFRS for SMEs, 2007, S. 544; KIRSCH, H.-J./METH, D., Adressaten, 2007, S. 8; ROTH, O., Hintergründe, 2007, S. 1455.

[11] BALLWIESER, W., IFRS, 2006, S. 29.

[12] IASB, Schlussfolgerungen, 2007, GS 48. Einige Absätze später, in GS 50, bestätigt das IASB seine Auffassung erneut.

[13] Dies zeigt sich sehr deutlich in den Formulierungen des IASB, Schlussfolgerungen, 2007, GS 48: „Wenn die vollen IFRS bislang als für alle Unternehmen geeignet angesehen wurden, dann wird der vorgeschlagene IFRS für KMU *sicherlich* ebenfalls geeignet sein." Oder: „Diese Hinweise könnten einige Transaktionen und Umstände abdecken, auf die Mikro-KMU typischerweise nicht stoßen, aber der Board *glaubte* nicht, dass dies eine Last für Mikro-KMU *darstelle*." (Kursive Hervorhebungen wurden nachträglich vorgenommen.)

Deshalb kann nicht ungeprüft davon ausgegangen werden, dass der vorgeschlagene IFRS für KMU für Mikros geeignet ist. Der logischen Folgerung „wird ... sicherlich ebenfalls geeignet sein" fehlt die Fundierung.

5.2.2 Top-down- statt Bottom-up-Ansatz

Das IASB legt seiner Konzeption den Top-down-Ansatz zugrunde.[14] Hätte es den weit schwierigeren Weg des Bottom-up-Ansatzes gewählt, wäre die logische Konsequenz gewesen, die Bedürfnisse der Anwender und Adressaten weiter zu spezifizieren, um darauf aufbauend die Entwicklung eines IFRS für KMU vorzunehmen. Eine solche Notwendigkeit sieht das IASB nicht. Es begründet sein Vorgehen damit, dass die Bedürfnisse der Adressaten von kleinen und mittelgroßen Unternehmen denen der Adressaten von kapitalmarktorientierten Unternehmen „in vielfältiger Weise ähneln" bzw. mit diesen „hinreichend weit übereinstimmen"[15]. In diesem Sinne ist die Wahl des Top-down-Ansatzes seitens des IASB als konsequent zu bezeichnen.[16]

Ein Bottom-up-Ansatz wäre dem IASB zu „kostspielig und zeitraubend"[17] gewesen. Es bevorzugt den einfacheren und vor allem bequemeren Weg, den IFRS für KMU auf die Zielsetzung und die Grundsätze des bereits bestehenden Rahmenkonzepts der vollen IFRS zu stützen.[18] Es ist leichter zu entscheiden, welche der vorhandenen Standards vollständig, gekürzt oder in modifizierter Weise übernommen werden sollen, als eigene Standards mit komplett neuer Ausrichtung zu entwickeln.

Zunächst sah das IASB überhaupt keine Notwendigkeit für die Entwicklung eines eigenen Standards,[19] was sich vor allem in seinem langen Zögern, das Projekt IFRS für

---

[14] Vgl. HALLER, A./BEIERSDORF, K./EIERLE, B., ED-IFRS for SMEs, 2007, S. 541.

[15] PACTER, P., Interview, 2007, S. 329. Auch KÖHLER kommt zu dem Ergebnis, dass „sich systematische Unterschiede zwischen den Adressatengruppen der Full IFRS einerseits und den künftigen IFRS for SMEs nicht zwingend ableiten" lassen; vgl. KÖHLER, A., IFRS-Standardentwurf, 2007, S. 5 und S. 7. Die Ausführungen des Kapitels 3 widerlegen diese Aussagen.

[16] Vgl. auch ROTH, O., Hintergründe, 2007, S. 1457.

[17] PACTER, P., Interview, 2007, S. 329.

[18] Vgl. IASB, Schlussfolgerungen, 2007, GS 66-68.

[19] Das IASB spricht von einem Dilemma. Einerseits war es der Meinung, die vollen IFRS seien für alle Unternehmen tauglich, andererseits erkannte es, dass eigene Rechnungslegungsstandards für kleine und mittelgroße Unternehmen „sachgerecht" seien; vgl. IASB, Schlussfolgerungen, 2007, GS 26 und PACTER, P., Interview, 2007, S. 329.

KMU voranzubringen, widerspiegelte.[20] Letztendlich beugte es sich dem politischen Druck und handelte „mehr der Nötigung folgend denn dem eigenen Triebe"[21].

5.2.3 Meinungsaustausch und empirische Untersuchungen

Bei der Entwicklung eines IFRS-Standards findet der Meinungsaustausch in erster Linie im Rahmen der erbetenen Stellungnahmen zu Diskussionspapier und Standardentwurf statt. Das IASB und auch die nationalen Standardsetter haben sich zur Auseinandersetzung mit den eingehenden Stellungnahmen verpflichtet,[22] jedoch ist zu bedenken, dass bezüglich der Aufgabe des IASB im Laufe der Jahre ein Paradigmenwechsel stattgefunden hat. Zunächst unternahm das IASB induktive Ermittlungen, um mit den IFRS bzw. IAS eine systematisierte Sammlung ausgewählter Rechnungslegungspraktiken vorzulegen, denen bereits eine gewisse Anerkennung entgegengebracht wurde. Nach der Erstellung der IFRS folgte die Aufgabe, dem Regelwerk zum Durchbruch zu verhelfen.[23] Das IASB sollte den Anwenderkreis erweitern und für mehr Akzeptanz der IFRS sowie Vertrauen in seine Arbeit sorgen. Standen ursprünglich der Meinungsaustausch und die Anerkennung der IFRS im Vordergrund, so wurden diese von dem Leitgedanken der Verbreitung abgelöst.

Um auch die Zielgruppe der kleinen und mittelgroßen Unternehmen zu erreichen, begann das IASB mit der Entwicklung des IFRS für KMU. Es wählte die vollen IFRS als Deduktionsbasis zur Entwicklung des an nicht kapitalmarktorientierte Unternehmen gerichteten spezifischen Standards.[24] Mit der Ergänzung der vollen IFRS um den IFRS für KMU lägen schließlich – so die Sicht des IASB – für alle Unternehmen geeignete IFRS vor. Die aktuelle und seit Jahren nicht abebbende Diskussion zeigt, dass die gewünschte Akzeptanz und das dauerhaft notwendige Vertrauen bisher ausgeblieben sind.

Trotzdem versucht das IASB, sein angefangenes Werk fortzusetzen. Es will den IFRS für KMU unter allen Umständen durchsetzen.[25] In seinem Selbstverständnis als Reformator gibt es die Richtung vor. Der Meinungsaustausch ist zum Werbeinstrument

---

[20] Vgl. LÜDENBACH, N./HOFFMANN, W.-D., Standardentwurf, 2007, S. 544.
[21] LÜDENBACH, N./HOFFMANN, W.-D., Standardentwurf, 2007, S. 544.
[22] Vgl. IASCF, Constitution, 2000, Part A, Section 31 (b).
[23] Vgl. SCHILDBACH, T., IFRS, 2007, S. 11.
[24] Vgl. KÖHLER, A., IFRS-Standardentwurf, 2007, S. 5.
[25] LÜDENBACH und HOFFMANN betrachten dies als die Suche des IASB nach der „Quadratur des Kreises"; vgl. LÜDENBACH, N./HOFFMANN, W.-D., Mittelstand, 2004, S. 614.

geworden.[26] Kritikpunkte eingehender Stellungnahmen werden bevorzugt nur dann berücksichtigt, wenn dadurch die Möglichkeit besteht, den Anwenderkreis zu erweitern – so bei der Diskussion um Unternehmen, die in ihrem Heimatland von besonderer ökonomischer Bedeutung sind. Das IASB betrachtete diese Unternehmen seit jeher als Unternehmen mit öffentlicher Rechenschaftspflicht, die den vollen IFRS verpflichtet sein sollten.[27] Infolge der Stellungnahmen zum Diskussionspapier überlässt es die Entscheidung, ob diese schließlich die vollen IFRS oder den IFRS für KMU anzuwenden haben, dem nationalen Gesetzgeber.[28] Durch die Erweiterung der Entscheidungskompetenz der nationalen Gesetzgeber hofft das IASB, die Akzeptanz des IFRS für KMU zu steigern.

In diesem Zusammenhang ist unbedingt zu untersuchen, wer von den Betroffenen denn überhaupt an der Diskussion um den IFRS für KMU teilgenommen hat. Viele kleine und mittelgroße Unternehmen verfügen nicht über die notwendigen Voraussetzungen, ihnen fehlt das Wissen über die IFRS und darüber hinaus, um die Reichweite dessen, was der Entwurf beinhaltet, abschätzen zu können. Die meisten Unternehmen dürften kein Interesse gehabt haben oder es ist ihnen zu schwergefallen, den Entwurf zu lesen und in der Kürze der vorgegebenen Zeit eine fundierte Stellungnahme abzugeben. Die Teilnahme an der Diskussion verursachte zusätzliche Kosten und Aufwand, hinzu kamen Zweifel, ob dadurch überhaupt eine Einflussnahme möglich sei.[29]

Als Reaktion auf das Diskussionspapier gingen beim IASB 121 Stellungnahmen ein.[30] Stellvertretend für kleine und mittelgroße Unternehmen äußerten sich vor allem Interessenverbände.[31] Aus dem gewollten Meinungsaustausch mit Betroffenen wurde eine Diskussion unter Lobbyisten.[32] Auf Initiative des IASB wurden Unternehmen von den

---

[26] Vgl. SCHILDBACH, T., IFRS, 2007, S. 11.

[27] Vgl. HALLER, A./EIERLE, B., Accounting Standards, 2004, S. 1841.

[28] Vgl. IASB, Schlussfolgerungen, 2007, GS 39 und GS 40.

[29] Vgl. SCHILDBACH, T., IFRS, 2007, S. 11.

[30] Laut PACTER ein Beleg für einen umfangreichen und erfolgreichen *due process* des Projektes; vgl. PACTER, P., Interview, 2007, S. 328. Ein *due process*, das sog. Standardsetzungsverfahren bzw. der sog. Standardsetzungsprozess, ist für ein privates Gremium ohne demokratische Legitimation unabdingbar, um überhaupt akzeptiert zu werden. Er zielt auf die Beteiligung der Öffentlichkeit und die Berücksichtigung kritischer Hinweise bei der Entwicklung der Standards; vgl. HEUSER, P. J./THEILE, C., IFRS Handbuch, 2007, Kapitel A, Rz. 40; PELLENS, B. et al., Rechnungslegung, 2008, S. 66 f.

[31] Um die 10 % der Stellungnahmen stammten (nach eigener Auswertung) von nationalen Standardsettern, ebenfalls wurden ca. 10 % von großen Wirtschaftsprüfungsgesellschaften abgegeben und ca. 3 % von Wissenschaftsvertretern der Universitäten. Die Stellungnahmen von Interessenverbänden waren mit ca. 75 % in der Überzahl, nur vereinzelt äußerten sich potenziell betroffene Unternehmen selbst. Zu den Stellungnahmen siehe IASB, Comment Letter Index, 2004, p. 1-3.

[32] Vgl. auch SCHILDBACH, T., IFRS, 2007, S. 11.

5.2 Vorgehen und Selbstverständnis des IASB

nationalen Standardsettern verschiedentlich aufgefordert, an empirischen Untersuchungen teilzunehmen. Nach Abschluss und Auswertung der Stellungnahmen zum Diskussionspapier folgte eine Umfrage zu Ansatz- und Bewertungsmethoden (*recognition and measurement*),[33] insbesondere deshalb, weil die Ergebnisse der Stellungnahmen bezüglich der Anwenderorientierung für die Initiatoren eher unbefriedigend waren.

Nachdem am 15. Februar 2007 der endgültige Standardentwurf zur Diskussion freigegeben wurde, erhielt das IASB insgesamt 162 Stellungnahmen.[34] Die Anzahl der Stellungnahmen ist im Vergleich zu den potenziell betroffenen Unternehmen gering.

Im Zusammenhang der Diskussion um den IFRS für KMU wurde die Forderung nach sog. *field tests* zur probeweisen Anwendung des Entwurfs in der Praxis an das IASB herangetragen. Im Juni 2007 rief es zur Erstellung solcher Probeabschlüsse auf, „um die Praktikabilität und weltweite Anwendbarkeit"[35] des IFRS für KMU sicherzustellen. Den Probeabschlüssen[36] kommt eine große Bedeutung zu, denn deren Ergebnisse können zu Änderungen des Standardentwurfs vor seiner Verabschiedung zum endgültigen Standard führen.[37] Ein Unternehmen, das an den *field tests* teilnimmt, stellt Hintergrundinformationen zum Unternehmen, den nach nationalen Normen erstellten Abschluss und den nach dem IFRS für KMU erstellten Abschluss bereit. Des Weiteren ist es verpflichtet, spezifische Anwendungsprobleme mitzuteilen.[38]

---

[33] In Deutschland wurde in Zusammenarbeit mit dem BDI und ERNST & YOUNG eine Umfragaktion durchgeführt, die gemäß deren eigenen Angaben zu repräsentativen Ergebnissen geführt hat; siehe dazu die Auswertung der Umfrage in BDI/ERNST & YOUNG, Umbruch, 2005, S. 1-53. Warum die Ergebnisse dieser empirischen Untersuchung repräsentativ sein sollen, ist m. E. nicht nachvollziehbar. Erkennbar ist ein reges Interesse der Unternehmen an der internationalen Rechnungslegung, die Ergebnisse scheinen aber nicht vollkommen suggestionsfrei zu sein. Da als Hauptinitiatoren u. a. eine bedeutende Wirtschaftsprüfungsgesellschaft beteiligt war, ist eine gewisse Skepsis den Ergebnissen gegenüber angemessen, denn Wirtschaftsprüfungsgesellschaften stehen im „Chor der Befürworter einer Übernahme der IFRS für den Mittelstand" in vorderster Reihe; NIEHUS, R. J., Mittelstand, 2006, S. 2534.

[34] Von den teilnehmenden Organisationen hatten (nach eigener Auswertung) ca. 35 % auch eine Stellungnahme zum Diskussionspapier eingereicht. An der Diskussion um den Standardentwurf nahmen Organisationen aus wesentlich mehr Ländern teil.

[35] KLEEKÄMPER, H./KUHLEWIND, A.-M./ALVAREZ, M., in: BAETGE, J. et al., Kommentar, 2003, Teil A, Kapitel I, Rz. 95.

[36] Da nicht alle an den *field tests* teilnehmenden Unternehmen einen vollständigen Probeabschluss erstellen, wird statt des deutschen Begriffs „Probeabschlüsse" im Textverlauf weiterhin der engl. Begriff verwendet.

[37] Vgl. BEIERSDORF, K./MORICH, S., IFRS für KMU, 2009, S. 1.

[38] Vgl. BEIERSDORF, K./MORICH, S., IFRS für KMU, 2009, S. 2.

Insgesamt beteiligten sich an der Field-Tests-Studie 116 Unternehmen aus 20 Ländern. Aus Europa nahmen 2 Unternehmen aus Dänemark, 15 aus Deutschland, 11 aus Frankreich, 25 aus Großbritannien, 2 aus Italien, 1 aus den Niederlanden und 5 aus Polen teil. Nur 5 deutsche Unternehmen erstellten einen vollständigen Probeabschluss, die anderen nahmen nur verbal zu einzelnen Abschnitten des IFRS für KMU Stellung. Das IASB räumt ein, dass die Ergebnisse aufgrund der spezifischen Charaktere der Unternehmen, die an der Studie teilgenommen haben, nicht repräsentativ sind. Trotzdem, so die Behauptung, könnten daraus wertvolle Erkenntnisse bezüglich der Anwendbarkeit gewonnen werden.[39]

Auch die Interpretation dieser Ergebnisse nahm das IASB in seinem Sinne vor. So wurde konstatiert, dass zwischen den von den Unternehmen identifizierten Problembereichen und den nationalen Bilanzierungsregeln einzelner Länder kausale Zusammenhänge bestünden.[40] Diese Darstellung räumt dem IASB die Entscheidungsmöglichkeit ein, inwieweit es Änderungen für notwendig hält oder einfach nationale Gegebenheiten verantwortlich macht und diese als Entschuldigung anführt. Es drängt sich der Verdacht auf, das IASB könnte diese und andere empirische Untersuchungen im Sinne seiner eigenen Legitimation auslegen. Das IASB sieht sich durch die Ergebnisse empirischer Studien in seinem Vorgehen bestätigt. Ein eigenes und inhaltlich spezifisches Fundament für die Rechnungslegung kleiner und mittelgroßer Unternehmen entwickelt es deshalb – nach wie vor – nicht.

5.2.4 Prägung des IASB durch seine Mitglieder

Die derzeitige personelle Zusammensetzung des IASB führt zu einer eher einseitigen Grundausrichtung. Das Denken vieler Mitglieder[41] basiert auf Erfahrungen global tätiger Unternehmen und großer Prüfungsgesellschaften.[42] Aufgrund dessen zweifeln Kritiker an der Eignung des IASB zur Entwicklung eines IFRS für KMU.[43]

Von Bedeutung ist auch die nationale Prägung des IASB.[44] Gegenwärtig sind annähernd die Hälfte der Mitglieder Vertreter der USA und Großbritanniens, so dass kaum Entscheidungen gegen diese getroffen werden können. Deren Statements sind vielfach

---

[39] Vgl. zu diesem Abschnitt BEIERSDORF, K./MORICH, S., IFRS für KMU, 2009, S. 2-5.
[40] Vgl. BEIERSDORF, K./MORICH, S., IFRS für KMU, 2009, S. 7.
[41] Zu den beruflichen Hintergründen der 14 Mitglieder siehe IASB, Members, 2009, S. 1.
[42] Vgl. NIEHUS, R. J., Mittelstand, 2006, S. 2534; SCHILDBACH, T., IFRS, 2007, S. 11.
[43] So z. B. NIEHUS, R. J., Mittelstand, 2006, S. 2534; KAWLATH, A., IFRS versus HGB, 2007, S. 309.
[44] Siehe dazu KLEEKÄMPER, H./KUHLEWIND, A.-M./ALVAREZ, M., in: BAETGE, J. et al., Kommentar, 2003, Teil A, Kapitel I, Rz. 60; BOHL, W., in: Beck'sches IFRS-Handbuch, 2006, § 1, Rz. 9.

5.2 Vorgehen und Selbstverständnis des IASB

geprägt von ihren Erfahrungen, die sie bei der Entwicklung der US-GAAP gesammelt haben.[45] Die Satzung des IASB schreibt ihren Mitgliedern vor, im Interesse der Öffentlichkeit zu handeln[46]. Deren Unabhängigkeit hängt aber letztlich vom Charakter und der Persönlichkeit eines jeden einzelnen ab.[47]

Das IASB kann nur dann als das richtige Gremium zur Entwicklung von Rechnungslegungsstandards für kleine und mittelgroße Unternehmen angesehen werden, wenn auch genügend Repräsentanten dieser Zielgruppe vertreten sind und die Expertise der kleinen und mittelgroßen Unternehmen damit entsprechend gesichert ist.[48] Dies ist nicht der Fall.

Beim IASB handelt es sich um eine gemeinnützige Stiftung,[49] die sich aus Mitgliedsbeiträgen, dem Verkauf von Veröffentlichungen und aus Spendengeldern finanziert. Als Spendengeber sind vor allem große Wirtschaftsprüfungsgesellschaften von Bedeutung.[50]

Trotz aller Kritik wird das IASB den IFRS für KMU verabschieden und versuchen, ihn zu positionieren.[51] Daher ist, trotz aller Zurückhaltung der verschiedenen, insbesondere europäischen Länder, eine Auseinandersetzung mit Konzeption und Ausgestaltung des IFRS für KMU bzw. der vollen IFRS unumgänglich. Selbst bei Ablehnung des IFRS für KMU ist es den Ländern nicht möglich, das Gedankengut der internationalen Rechnungslegung zu umgehen. Auch bildet es die Basis der europäischen Richtlinien zur Rechnungslegung. Die Harmonisierung wird vorangetrieben. Die internationale Rechnungslegung beeinflusst die Entwicklung der nationalen Rechnungslegungssysteme, so auch die der handelsrechtlichen Rechnungslegung.

---

[45] Vgl. SCHILDBACH, T., IFRS, 2007, S. 11.

[46] Vgl. IASCF, Constitution, 2000, Part A, Section 23.

[47] Vgl. BOHL, W., in: Beck'sches IFRS-Handbuch, 2006, § 1, Rz. 12.

[48] Vgl. SCHILDBACH, T., IFRS, 2007, S. 10. Vgl. auch ROTH, O., Hintergründe, 2007, S. 1457, der darüber hinaus kritisiert, dass „auch in der weltweit rekrutierten Arbeitsgruppe beim IASB ... Vertreter börsenunabhängiger Unternehmen nur in einer solchen Zahl vertreten [waren], dass ein Einfluss auf den Entscheidungsprozess von vornherein ausgeschlossen werden konnte."

[49] Ehemals gegründet als Gremium einer privatrechtlichen Organisation, deren rechtlicher Status im Jahr 2001 geändert wurde; vgl. KLEEKÄMPER, H./KUHLEWIND, A.-M./ALVAREZ, M., in: BAETGE, J. et al., Kommentar, 2003, Teil A, Kapitel I, Rz. 75.

[50] Zur Finanzierung des IASB siehe KLEEKÄMPER, H./KUHLEWIND, A.-M./ALVAREZ, M., in: BAETGE, J. et al., Kommentar, 2003, Teil A, Kapitel I, Rz. 76; BOHL, W., in: Beck'sches IFRS-Handbuch, 2006, § 1, Rz. 11; SCHILDBACH, T., IFRS, 2007, S. 12; WAGENHOFER, A., Internationale Rechnungslegungsstandards, 2009, S. 74 f.

[51] BALLWIESER, W., IFRS, 2006, S. 29 stellt fest: „Insgesamt lässt sich ... das SME-Projekt als gescheitert ansehen. ... Das hindert das IASB nicht, das Projekt voranzubringen."

5.3 Prüfung der Konzeption und Ausgestaltung des IFRS für KMU im Vergleich zu den vollen IFRS sowie deren Auswirkungen auf die handelsrechtliche Rechnungslegung

5.3.1 Anforderungskriterien an ein Rechnungslegungssystem internationaler Prägung

5.3.1.1 Forderungen der Anwender und Adressaten

Um den Ansprüchen von Anwendern der Rechnungslegungsstandards und Adressaten der Abschlüsse, die nach dem IFRS für KMU erstellt werden, gerecht zu werden, muss das IASB auf deren Forderungen eingehen.[52] Bei der Diskussion um den Entwurf hat sich gezeigt, dass Anwender und Adressaten mindestens auf die Erfüllung der folgenden Kriterien bestehen:[53]

- Unabhängigkeit von den vollen IFRS
- Regelwerk angemessenen Umfangs
- Prinzipien anstelle von Einzelfallregeln
- Reduktion von Aufwand, Kosten und Komplexität
- Erstellung nur eines Abschlusses

Die Kriterien gelten als notwendige Bedingungen für eine mögliche Akzeptanz des IFRS für KMU und werden im Verlauf dieses Gliederungspunktes 5.3 eingehend geprüft. Sie können auch als die zu überprüfenden Zielsetzungen angesehen werden.

5.3.1.2 Standpunkt des IASB

Die potenziellen Anwender des IFRS für KMU fordern ein eigenständiges Regelwerk (*stand-alone document*). Das IASB hat den IFRS für KMU für Unternehmen bis zu 50 Mitarbeitern als eigenständiges Dokument konzipiert. Trotzdem schließt es nicht aus, dass es „Anlässe"[54] gibt, zu denen die vollen IFRS heranzuziehen sind bzw. für die es diesen Unternehmen gestattet sein wird, nach den vollen IFRS zu bilanzieren. Da für

---

[52] LÜDENBACH und HOFFMANN führen aus, dass das „IASB ... einerseits die Fahne der *full IFRSs* hochhalten und andererseits dem laut vernehmlichen mittelstandsorientierten Begleitkonzert ... Gehör schenken" muss; siehe LÜDENBACH, N./HOFFMANN, W.-D., Standardentwurf, 2007, S. 544.

[53] Vgl. auch LÜDENBACH, N./HOFFMANN, W.-D., Standardentwurf, 2007, S. 544.

[54] IASB, Schlussfolgerungen, 2007, GS 56.

5.3 Prüfung der Konzeption und Ausgestaltung des IFRS für KMU

kleine und mittelgroße Unternehmen jeweils das im IFRS für KMU angeführte „einfachere Wahlrecht"[55] ausreichen dürfte, sieht das IASB kein Problem darin, dass kleine und mittelgroße Unternehmen bei gewünschter Anwendung anderer Wahlrechtalternativen auf die vollen IFRS verwiesen werden. Die Aufrechterhaltung sämtlicher enthaltenen Wahlrechte durch Querverweise auf die vollen IFRS begründet es damit, dass andernfalls die „Vergleichbarkeit zwischen KMU und Unternehmen, die die vollen IFRS anwenden"[56] erschwert würde. Kein KMU ist jedoch verpflichtet, sich mit den Wahlrechtalternativen auseinanderzusetzen. Auch im Fall von Regelungslücken wird kein kleines oder mittelgroßes Unternehmen gezwungen, auf die vollen IFRS zurückzugreifen. Einen „verpflichtenden Rückgriff"[57] gibt es selbst dann nicht.[58]

Anwender und Adressaten fordern ein Regelwerk angemessenen Umfangs. Der derzeitige Entwurf im englischen Original umfasst inkl. Glossar (*Glossary*) und Überleitungstabelle (*Derivation Table*) – ohne Begründungen[59] (*Basis for Conclusions*) und die vorgeschlagenen Umsetzungsleitlinien[60] (*Draft Implementation Guidance*) – 254 Seiten[61] und wird damit als zumutbar erachtet. Bilanzierungsthemen, die laut IASB für „typische"[62] kleine und mittelgroße Unternehmen nicht relevant sind, werden ausgespart. Im Gegensatz zu den vollen IFRS, wo sich viele Definitionen in verschiedenen Standards wiederholen,[63] hängt dem IFRS für KMU ein Glossar an. Bei identischen Inhalten der Abschnitte des IFRS für KMU und der Standards der IFRS wurden im Wesentlichen nur die sog. Black-Letter-Passagen[64], d. h. die fett gedruckten Abschnitte, ohne Erläuterungen und Beispiele, übernommen.

---

[55] IASB, Schlussfolgerungen, 2007, GS 56 (a).
[56] IASB, Schlussfolgerungen, 2007, GS 108.
[57] PACTER, P., Interview, 2007, S. 330.
[58] Vgl. IASB, Schlussfolgerungen, 2007, GS 56 (c).
[59] Veröffentlicht in der Grundlage für Schlussfolgerungen zum Entwurf IFRS für kleine und mittelgroße Unternehmen; vgl. IASB, Schlussfolgerungen, 2007.
[60] Diese enthalten einen Musterabschluss und eine Angabecheckliste; vgl. IASB, Umsetzungsleitlinien, 2007.
[61] Der Umfang entspricht annähernd 10 % des Gesamtumfangs der vollen IFRS, verglichen mit der engl. Originalausgabe des IASB von 2009; siehe IASB, IFRS (engl.), 2009, S. 1-2880.
[62] IASB, Schlussfolgerungen, 2007, GS 56 (b).
[63] Vgl. SCHNEELOCH, D., IFRS, 2008, S. 553.
[64] HALLER, A./BEIERSDORF, K./EIERLE, B., ED-IFRS for SMEs, 2007, S. 541.

Anwender und Adressaten fordern eine prinzipienorientierte Bilanzierung und Bewertung. Konzepte und grundlegende Prinzipien wurden in Abschnitt 2 des IFRS für KMU zusammengestellt.[65]

Voraussetzung für eine mögliche und einheitliche Umsetzung des Standards in kleinen und mittelgroßen Unternehmen ist, dass dieser in einer für alle verständlichen Sprache abgefasst ist. Im Rahmen der Diskussion um die Eignung des IFRS für Kleinstunternehmen behauptet das IASB, dass die „Leitlinien im Entwurf des *IFRS für KMU* ... einfach und unkompliziert"[66] seien.

Aufgrund der speziellen Bedürfnisse von Anwendern und Adressaten kleiner und mittelgroßer Unternehmen sind Erleichterungen bei Ansatz und Bewertung sowie den Anhangangaben unabdingbar. Nach zunächst ablehnender Haltung[67] hat das IASB einige Vorschläge zur Modifikation von in den vollen IFRS bestehenden Ansatz und Bewertungsmethoden unterbreitet. Weitere Vereinfachungen sieht das IASB in der Schaffung einiger spezieller zusätzlicher Wahlrechte. Auch die Angabevorschriften sollen wesentlich verringert werden. Ausgehend davon, dass die Adressaten „eher mehr als weniger Angaben bevorzugen"[68], verspricht das IASB, sich an deren Bedürfnissen zu orientieren. Als Hilfestellung soll eine „Checkliste"[69] zur Verfügung gestellt werden. Da das Ergebnis der Diskussionen um mögliche Vorgaben zu den Anhangangaben noch sehr unsicher ist,[70] werden diese Überlegungen aus der Betrachtung ausgeklammert.[71]

Besonders kleine Unternehmen, die bisher einen Einheitsabschluss erstellt haben, fordern, im Fall der Aufstellung eines IFRS-Abschlusses, nur einen Abschluss erstellen zu müssen. Interessen der Ausschüttungsbemessung und steuerlichen Gewinnermittlung finden jedoch bei der Entwicklung des IFRS für KMU keine Berücksichtigung.[72] Aufgrund der Vielzahl verschiedener nationaler Systeme sei es dem IASB nicht möglich, sich „mit der steuerlichen Gewinnermittlung eines einzelnen Rechtskreises" zu

---

[65] PACTER neigt „zu der Überzeugung, dass der SME-Standard beispielhaft für einen prinzipienorientierten Bilanzierungsstandard steht"; siehe PACTER, P., Interview, 2007, S. 332.

[66] IASB, Schlussfolgerungen, 2007, GS 48.

[67] Siehe dazu die Stellungnahme von PACTER und seine Gründe für sachgerechte Vereinfachungen; vgl. PACTER, P., Interview, 2007, S. 330.

[68] IASB, Schlussfolgerungen, 2007, GS 120.

[69] PACTER, P., Interview, 2007, S. 330.

[70] Vgl. BEIERSDORF, K./MORICH, S., IFRS für KMU, 2009, S. 6, 8 und 10.

[71] Einen ausführlichen Beitrag zur Diskussion liefert ULL, T., IFRS, 2006, S. 1-291.

[72] Vgl. BDI/ERNST & YOUNG, Umbruch, 2005, S. 9; BRUNS, H.-G./BEIERSDORF, K., IASB-Projekt, 2006, S. 55.

befassen. Die Ermittlung des zu versteuernden Gewinns setze die Anwendung nationaler Gesetzesvorschriften voraus. Jedoch sei das nach dem IFRS für KMU ermittelte Ergebnis als mögliche Ausgangsbasis für eine Überleitungsrechnung, „die sich auf nationaler Ebene leicht entwickeln lässt"[73], verwendbar.

Zusammenfassend kann festgestellt werden, dass das IASB davon überzeugt ist, die gestellten Forderungen zu erfüllen und mit dem gewählten Top-down-Ansatz die richtige Entscheidung getroffen zu haben. Durch den Meinungsaustausch mit Betroffenen und den von den nationalen Standardsettern initiierten empirischen Untersuchungen fühlt es sich bestätigt. Aus seiner Perspektive erfüllt das IASB seine Aufgabe sachgerecht und im Sinne der Anwender- und Adressaten.

Die direkt Betroffenen und Kritiker sind nicht nur in einigen wenigen Punkten anderer Ansicht, sondern vertreten eine grundsätzlich andere Auffassung.[74] Sie beurteilen das Vorgehen des IASB als nicht geeignet, anwender- und adressatengerechte Rechnungslegungsstandards zu entwickeln.

Die sich aus den genannten Akzeptanzkriterien ergebenden Fragestellungen bezüglich des IFRS für KMU lauten wie folgt und sind detailliert zu prüfen:

- Ist der IFRS für KMU unabhängig von den vollen IFRS anwendbar?
- Kann der IFRS für KMU als Regelwerk angemessenen Umfangs bezeichnet werden?
- Treten Prinzipien zunehmend an die Stelle von Einzelfallregeln?
- Sind Aufwand, Kosten und Komplexität zur Erstellung eines Abschlusses nach dem IFRS für KMU angemessen?
- Wird ein zusätzlicher Abschluss für steuerliche Zwecke benötigt?

5.3.1.3 HGB und Bilanzrechtsmodernisierung

Die Veränderungen des HGB durch das BilMoG und die damit zunehmenden internationalen Einflüsse werden ebenfalls anhand der genannten Kriterien geprüft. Deshalb gibt dieser Gliederungspunkt einen kurzen Überblick zur bisherigen Beurteilung des HGB hinsichtlich der Anforderungskriterien. Im Anschluss werden Fragen formuliert, welche die Befürchtungen der Anwender und Adressaten bezüglich der Veränderun-

---

[73] Zu beiden wörtlichen Zitaten dieses Abschnitts siehe IASB, Schlussfolgerungen, 2007, GS 30.
[74] BALLWIESER und andere prognostizieren das Scheitern des Projektes; vgl. BALLWIESER, W., IFRS, 2006, S. 29; HOFFMANN, W.-D./LÜDENBACH, N., Diskussionsentwurf, 2006, S. 1908.

gen durch das BilMoG ausdrücken. Sie bilden die Basis der folgenden kritischen Analyse zu den Auswirkungen der internationalen Standards auf die handelsrechtliche Rechnungslegung.

Die handelsrechtliche Rechnungslegung zeichnet sich dadurch aus, dass die Regelungen des HGB von den GoB bestimmt werden. HGB und GoB bilden ein selbstständig anwendbares System und verleihen der handelsrechtlichen Rechnungslegung den Status der Unabhängigkeit.

Trotz der für die Umsetzung einzelner Regelungen notwendigen Kommentarliteratur und der umfangreichen ergänzenden Rechtsprechung gilt das HGB als Regelwerk angemessenen Umfangs. Die durch das HGB vorgegebene Systematik wird in der Kommentarliteratur fortgesetzt und verhilft zur Orientierung bei Zweifelsfragen.[75] Der Meinung, dass das HGB ein Regelwerk angemessenen Umfangs sei, ist ein hinzukommender Gewohnheitseffekt nicht abzusprechen. Wer die gewachsenen Strukturen der handelsrechtlichen Rechnungslegung nicht kennt, dürfte zu einem anderen Ergebnis kommen. Dennoch erweisen sich der „stringente modulare Aufbau"[76] des HGB und seine Prinzipienorientierung auch dann als hilfreich. Diese bewirkt ein noch vertretbares Ausmaß an Komplexität, das dazu beiträgt, Aufwand und Kosten zur Erstellung von Abschlüssen auf das notwendig Maß zu begrenzen.

Durch das BilMoG wurden die grundlegenden Ansatz- und Bewertungsmethoden nach §§ 246 bis 256 HGB verändert und teilweise den IFRS angepasst;[77] besonders hervorzuheben sind die Wertansätze der Vermögensgegenstände und Schulden nach § 253 HGB wie auch die Definition der Anschaffungs- und Herstellungskosten nach § 255 HGB.[78]

Bisherige Unternehmenspraxis war die Erstellung eines Einheitsabschlusses für handels- und steuerrechtliche Zwecke. Die Maßgeblichkeit wurde beibehalten. Trotzdem ist kritisch zu prüfen, ob Unternehmen weiterhin einen Einheitsabschluss erstellen können.

Anwender und Adressaten stellen zum gegenwärtigen Reformprozess die folgenden kritischen Fragen:

---

[75] Vgl. z. B. WINNEFELD, R., Bilanz-Handbuch, 2006, S. VII; SCHILDBACH, T., Jahresabschluss, 2008, S. V.

[76] LÜDENBACH, N./HOFFMANN, W.-D., Gliederung, 2008, S. 2205.

[77] Zu den Änderungen siehe ausführlich KÜTING, K., Bewertungsvereinfachungsverfahren, 2009, S. 115-118; KÜTING, K., Bilanzansatzwahlrechte, 2009, S. 83-100; KÜTING, K./TESCHE, T., Stetigkeitsgrundsatz, 2009, S. 41-55; ZÜNDORF, H., Bewertungswahlrechte, 2009, S. 101-114.

[78] Vgl. KÜTING, K., Herstellungskosten, 2009, S. 159-181.

5.3 Prüfung der Konzeption und Ausgestaltung des IFRS für KMU

- Gefährdet die Bilanzrechtsmodernisierung die Unabhängigkeit des HGB durch Anlehnung an die IFRS?
- Behält das HGB seinen stringenten modularen Aufbau?
- Wird die Prinzipienorientierung durch zunehmende Einzelfallregeln unterlaufen?
- Werden Erleichterungen bei Ansatz und Bewertung geschaffen oder führen veränderte Regelungen zu mehr Komplexität?
- Gefährdet die Aufhebung der umgekehrten Maßgeblichkeit die Einheitsbilanz?

In der folgenden Untersuchung wird der Versuch unternommen, auf alle diese Fragen Antworten zu finden, wenngleich noch keine Erfahrungswerte zur Anwendung des BilMoG vorliegen.

5.3.1.4 Methodik der Untersuchung

5.3.1.4.1 Prüfung auf Praktikabilität

Ein Rechnungslegungssystem wird nur dann erfolgreich angenommen, wenn die genannten Akzeptanzkriterien erfüllt sind und es für die entsprechende Zielgruppe praktikabel ist. Praktikabilität ist gegeben, wenn das eingesetzte Mittel zur Erreichung der angestrebten Zwecke geeignet ist. Rechnungslegungsstandards bzw. Gesetzesnormen sind dann praktikabel, wenn sie die Kriterien der

- Eignung,
- Zweckmäßigkeit und
- Anwendbarkeit

erfüllen. Eine Abgrenzung der Begriffe ist nur eingeschränkt möglich, die Übergänge sind fließend. In der Literatur sind ausführliche Definitionen des Praktikabilitätsbegriffs rar, wenngleich dieser häufig verwendet wird.[79] Zum Verständnis des Begriffs und der Zusammenhänge mit den drei genannten Kriterien soll ein Vergleich mit dem Steuerrecht und den steuerrechtlichen Verwaltungsvorschriften herangezogen werden.

---

[79] Vgl. z. B. HALLER, A., Eignung, 1997, S. 270; HALLER, A., Szenario, 2003, S. 419. DANNE, WIELENBERG und REUTHER verwenden den Begriff Praktikabilität i. S. v. Anwendbarkeit. Sie unterscheiden deutlich zwischen den Bedeutungsinhalten von Zweckmäßigkeit und Praktikabilität; vgl. DANNE, M./WIELENBERG, S./REUTHER, F., Familiengesellschaften, 2007, S. 585. SCHNEELOCH untersucht unter dem Begriff Praktikabilität im Rahmen seines Vergleichs der IFRS mit der traditionellen deutschen Rechnungslegung den Vorteil einfacher und klarer Regelungen, den Schwierigkeitsgrad bei der Anwendung einzelner Normen bzw. Regeln sowie deren Übersichtlichkeit und Klarheit; vgl. BITZ, M./SCHNEELOCH, D./WITTSTOCK, W., Jahresabschluß, 2003, S. 804-808. Im Rahmen des Gliederungspunktes 4.2.3.3 wurde der Begriff, zunächst noch ohne umfassende Definition, verwendet.

Denn so wie steuerrechtliche Verwaltungsvorschriften eine differente Auslegung und Anwendung von steuerrechtlichen Normen verhindern sollen, sind auch Rechnungslegungsstandards nur geeignet, wenn eine einheitliche Handhabung gewährleistet ist. Ermessensspielräume schaffen Interpretationsspielräume und verhindern eine einheitliche Anwendung.

Die Zweckmäßigkeit setzt voraus, dass die zu erfüllenden Zwecke klar definiert sind. Nur dann kann eine Entscheidung, ob Zweckmäßigkeit gegeben ist oder nicht, getroffen werden.

Verwaltungsvorschriften sollen Erleichterungen bei der Anwendung von steuerrechtlichen Regelungen schaffen und die Anwendung in wirtschaftlich tragbarer Weise sichern.[80] Das Kriterium der Vereinfachung betrifft die Komplexität, das der Anwendbarkeit die Einhaltung der Kosten-Nutzen-Relation.

Es ist zu prüfen, ob die Frage der Praktikabilität beim IFRS für KMU bzw. HGB nach Umsetzung des BilMoG positiv beantwortet werden kann. Aus den genannten Kriterien ergeben sich die folgenden Praktikabilitätsbedingungen:

- Praktikabilität ist gegeben, wenn keine Ermessensspielräume bzw. in nur überschaubarem Maße vorhanden sind.

- Praktikabilität ist gegeben, wenn Konzeption und Ausgestaltung zur Erreichung der angestrebten Zielsetzung geeignet sind.

- Praktikabilität ist gegeben, wenn eine einfache Anwendung der Regelungen möglich ist, d. h., wenn die Komplexität begrenzt bleibt.

- Praktikabilität ist gegeben, wenn die Kosten-Nutzen-Relation erfüllt ist.

Trotz der Formulierung dieser Praktikabilitätsanforderungen erweist sich deren Verwendung als Prüfungskriterien als problematisch. Zum Beispiel bleiben die folgenden Fragen offen: Was bedeutet Ermessen in überschaubarem Maße? Wann ist Komplexität begrenzt? Um aber im Rahmen der Untersuchung zu konkreten Aussagen zu gelangen, werden zu jedem Akzeptanzkriterium bzw. den sich daraus ergebenden Fragestellungen bezüglich des IFRS für KMU und des HGB Prämissen aufgestellt, unter welchen die Praktikabilität und die Forderung selbst als erfüllt gelten.

Eine Erfüllung unter Praktikabilitätsgesichtspunkten ist bei ausreichender Eignung, Zweckmäßigkeit und bzw. oder Anwendbarkeit gegeben.

---

[80] Zu den Zwecken der steuerrechtlichen Verwaltungsvorschriften und Praktikabilität siehe ARNDT, H.-W., Praktikabilität, 1983, S. 18 f.

5.3.1.4.2 Tabellarischer Überblick zu den folgenden Gliederungspunkten

In der nachfolgenden Tabelle, die gleichzeitig einen Überblick über die Inhalte der folgenden Gliederungspunkte gibt, werden die genannten Akzeptanzkriterien, die auch als Zielsetzungen fungieren, mit den entsprechenden Maßnahmen zur Zielerreichung und dabei auftretenden Problemen übersichtlich dargestellt. In der letzten Spalte sind die zu prüfenden Sachverhalte für den Vergleich des IFRS für KMU mit den vollen IFRS bzw. die Untersuchung der internationalen Einflüsse auf die handelsrechtliche Rechnungslegung aufgeführt.

Unabhängigkeit von den vollen IFRS (Gliederungspunkt 5.3.2)	
Der IFRS für KMU als eigenständiges Regelwerk	
Maßnahmen und Probleme	**Zu prüfende Sachverhalte**
Ausschluss nicht relevanter Sachgebiete	• Hochinflation (E-IFRS-KMU 29 mit Verweis auf IAS 29) • Anteilsbasierte Vergütungen mit Ausgleich durch Eigenkapitalinstrumente (E-IFRS-KMU 25 mit Verweis auf IFRS 2) • Bilanzierung von Finanzierungsleasingverhältnissen beim Leasinggeber (E-IFRS-KMU 19 mit Verweis auf IAS 17) • Landwirtschaft (E-IFRS-KMU 35 mit Verweis auf IAS 41) • Zwischenberichterstattung (E-IFRS-KMU 37 mit Verweis auf IAS 34) • Ergebnis je Aktie (E-IFRS-KMU 34 mit Verweis auf IAS 33) • Segmentberichterstattung (E-IFRS-KMU 31 mit Verweis auf IFRS 8)
Querverweise bei Wahlrechten	• Folgebewertung von als Finanzinvestition gehaltenen Immobilien mit dem beizulegenden Zeitwert (E-IFRS-KMU 15.5 mit Verweis auf IAS 40.33-55) • Folgebewertung von Sachanlagen nach der Neubewertungsmethode (E-IFRS-KMU 16.13 mit Verweis auf IAS 16.31-42) • Folgebewertung von immateriellen Vermögenswerten nach der Neubewertungsmethode (E-IFRS-KMU 17.23 mit Verweis auf IAS 38.75-87) • Bilanzierung von Fremdkapitalkosten nach der Aktivierungsmethode (E-IFRS-KMU 24.4 mit Verweis auf IAS 23) • Darstellung von Cashflows aus betrieblicher Tätigkeit nach der direkten Methode (E-IFRS-KMU 7.9 mit Verweis auf IAS 7.18-20) • Bilanzierung von Zuwendungen der öffentlichen Hand nach den zulässigen Methoden des IAS 20 (E-IFRS-KMU 23.3 (b) mit Verweis auf IAS 20)
Vorgehen bei Regelungslücken	• E-IFRS-KMU 10.4 ohne Rückgriff auf die vollen IFRS

Gefährdung der Eigenständigkeit des HGB und der GoB durch Einflüsse der IFRS	
Maßnahmen und Probleme	Zu prüfende Sachverhalte
IFRS als Auslegungshilfe der GoB	• Saldierung von Vermögensgegenständen und Schulden bezogen auf Pensionsverpflichtungen u. ä. Verpflichtungen (§ 246 Abs. 2 Satz 2 HGB mit Verweis auf § 253 Abs. 1 Satz 3 HGB) • Aktivierung selbst geschaffener immaterieller Vermögensgegenstände und Abgrenzung von Forschungs- und Entwicklungskosten (§ 248 Abs. 2 HGB und § 255 Abs. 2a HGB) • Reduktion der Rechnungsabgrenzungsposten (Aufhebung von § 250 Abs. 1 Satz 2 HGB) • Bewertung von Verbindlichkeiten, Rückstellungen und Pensionsrückstellungen (§ 253 Abs. 1 und Abs. 2 HGB) • Ansatz latenter Steuern (§ 274 HGB)

Regelwerk angemessenen Umfangs (Gliederungspunkt 5.3.3)	
Umfang des IFRS für KMU	
Maßnahmen und Probleme	Zu prüfende Sachverhalte
Erstellung eines Glossars statt redundanter Definitionen	• Glossar im Anhang des IFRS für KMU im Vergleich zu den in den Standards genannten Definitionen der vollen IFRS
Verringerung des Textvolumens durch Kürzungen	• Fallbetrachtung: E-IFRS-KMU 12 im Vergleich zu IAS 2: Vorräte • Fallbetrachtung: E-IFRS-KMU 22 im Vergleich zu IAS 18 und IAS 11: Erlöse und Fertigungsaufträge
Beeinträchtigung der Gliederungsstruktur des HGB durch das BilMoG	
Maßnahmen und Probleme	Zu prüfende Sachverhalte
Verfolgung des stringenten modularen Aufbaus des HGB	• Detailbetrachtung: Verweis auf § 266 Abs. 2 A.III.5 HGB im Zusammenhang mit den Altersversorgungspflichten in § 253 Abs. 1 Satz 3 HGB

5.3 Prüfung der Konzeption und Ausgestaltung des IFRS für KMU 215

Prinzipien anstelle von Einzelfallregeln (Gliederungspunkt 5.3.4)	
Prinzipienorientierung des IFRS für KMU	
Maßnahmen und Probleme	Zu prüfende Sachverhalte
Regelungsprozess auf Basis allgemein verbindlicher Prinzipien	• Bedeutung des E-IFRS-KMU 2 im Vergleich zum Rahmenkonzept
Regelungsgehalt der Konzepte und grundlegenden Prinzipien	• Anwendung des E-IFRS-KMU 2 bei Regelungslücken nach E-IFRS-KMU 10.2 und 10.3 • Umsetzbarkeit einzelner Konzepte und grundlegender Prinzipien des E-IFRS-KMU 2
Abweichung von Einzelfallregeln zugunsten übergeordneter Prinzipien bei Regelungsanwendung	• Übergeordnete Prinzipien des IFRS für KMU • Priorität der „wirtschaftlichen Betrachtungsweise" und Notwendigkeit von „fachkundigem Urteilsvermögen"
Gefährdung der Prinzipienorientierung des HGB durch Einflüsse der IFRS	
Maßnahmen und Probleme	Zu prüfende Sachverhalte
Veränderung der Prinzipienorientierung auf allen drei Ebenen: Regelungsprozess, Regelungsgehalt und Regelungsanwendung	• Durchbrechung des Realisationsprinzips • Einschränkung des Imparitätsprinzips • Verstoß gegen das Vorsichtprinzip

Reduktion von Aufwand, Kosten und Komplexität (Gliederungspunkt 5.3.5)	
Erleichterungen bei Ansatz und Bewertung im IFRS für KMU	
Maßnahmen und Probleme	Zu prüfende Sachverhalte
Vereinfachungen durch Modifikation einzelner Standards und Bilanzierungssachverhalte	Analyse der Vereinfachungen bei • Finanzinstrumenten (E-IFRS-KMU 11 im Vergleich zu IAS 32, IAS 39 und IFRS 7) • Ertragsteuern (E-IFRS-KMU 28 im Vergleich zu IAS 12) • Wertminderung des Geschäfts- oder Firmenwerts (E-IFRS-KMU 18 im Vergleich zu IFRS 3 mit Verweis auf IAS 36) • Bewertung von biologischen Vermögenswerten (E-IFRS-KMU 35.1 im Vergleich zu IAS 41.30-32) • Erfassung versicherungsmathematischer Gewinne und Verluste aus leistungsorientierten Plänen (E-IFRS-KMU 27.14 im Vergleich zu IAS 19.92-95) • Bewertung von anteilsbasierten Vergütungstransaktionen mit Ausgleich durch Eigenkapitalinstrumente E-IFRS-KMU 25.4 im Vergleich zu IFRS 2.10-29) • Erstbewertung von Gegenständen des Finanzierungsleasings beim Leasingnehmer (E-IFRS-KMU 19.8 im Vergleich zu IAS 17.20) • Bilanzierungswahlrecht für Entwicklungskosten (E-IFRS-KMU 17.14-16 im Vergleich zu IAS 38.51-67)

Schaffung einer „einfacheren und kostengünstigeren Alternative" durch das BilMoG	
Maßnahmen und Probleme	**Zu prüfende Sachverhalte**
Modifikation von Ansatz- und Bewertungsnormen sowie Annäherung an die IFRS	• Neuregelung der Abbildung von latenten Steuern (§ 274 HGB) • Neuregelung von Ansatz und Bewertung des derivativen Geschäfts- oder Firmenwerts (§ 246 Abs. 1 Satz 4 HGB i. V. m. §§ 253 Abs. 3, 253 Abs. 5 Satz 2 und 285 Nr. 13 HGB) • Neuregelung von Ansatz und Bewertung der Pensionsrückstellungen (§ 253 Abs. 1 Satz 2 HGB i. V. m. § 253 Abs. 2 HGB) • Neuregelung von Ansatz und Bewertung der selbst geschaffenen immateriellen Vermögensgegenstände (§ 248 Abs. 2 HGB i. V. m. § 255 Abs. 2a HGB)

Erstellung nur eines Abschlusses (Gliederungspunkt 5.3.6)	
Zahlungsbemessung und steuerliche Gewinnermittlung	
Maßnahmen und Probleme	**Zu prüfende Sachverhalte**
Ausschüttungsbemessung und IFRS	• Solvenztest statt bilanzielle Kapitalerhaltung • Überleitungsrechnung ohne Solvenztest
Steuerliche Gewinnermittlung	• Europäische Harmonisierungsbestrebungen für eine „Gemeinsame konsolidierte Körperschaftsteuer-Bemessungsgrundlage – GKKB"

Ausschüttungsbemessung und Gefährdung der Einheitsbilanz	
Maßnahmen und Probleme	**Zu prüfende Sachverhalte**
Ausschüttungsbemessung und Bilanzrechtsmodernisierung	• Verlagerung der Kapitalerhaltung von der Gewinnermittlung auf die Gewinnverwendung durch Ausschüttungssperren
Maßgeblichkeit und Bilanzrechtsmodernisierung	• Fortbestand des Maßgeblichkeitsprinzips • Aufhebung der umgekehrten Maßgeblichkeit • Erstellung einer Einheitsbilanz

Abbildung 5/1: Tabellarischer Überblick zur Untersuchung der Akzeptanzkriterien

5.3.2 Unabhängigkeit von den vollen IFRS

5.3.2.1 Der IFRS für KMU als eigenständiges Regelwerk

Die potenziellen Anwender des IFRS für KMU fordern ein eigenständiges Regelwerk. Die Aufstellung eines Abschlusses nach diesem Standard soll möglich sein, ohne dass Kenntnisse der vollen IFRS vorausgesetzt werden oder erforderlich sind. Die Eigenständigkeit des Standards ist für deren Akzeptanz von großer Bedeutung.[81] Ziel des IASB ist es, diese Vorgabe für „typische" kleine und mittelgroße Unternehmen zu erfüllen.[82] Als Hilfestellung, welche Art von Transaktionen, Ereignissen und Bedingungen im Standard zu behandeln bzw. auszuklammern sind, geht es von „typischen" Unternehmen mit bis zu 50 Mitarbeitern aus, wohlgemerkt als Leitlinie[83] und nicht als festgelegte Norm. In Deutschland wären – Kleinstunternehmen ausgeklammert – lediglich 257.998 (15,4 %) und europaweit 1.477.172 (23,4 %) Einzelabschlüsse betroffen.[84] Nur für diese erhebt das IASB den Anspruch, dass der IFRS für KMU als von den vollen IFRS unabhängiges Regelwerk angewendet werden kann. Die geforderte Eigenständigkeit der Anwender und Adressaten bezieht sich aber auf alle potenziellen Unternehmen, die den IFRS für KMU anwenden sollen.

5.3.2.2 Vorschläge des IASB zur Zielerreichung

5.3.2.2.1 Überblick

Zu prüfen ist, ob die im Folgenden aufgeführten Maßnahmen des IASB tatsächlich zu einem unabhängigen Regelwerk führen:

- Grundsätzlicher Ausschluss nicht relevanter Sachgebiete, aber Querverweise auf die vollen IFRS, falls doch nicht entbehrlich,
- Eliminierung der Wahlrechte, aber Aufrechterhaltung durch Querverweise auf die vollen IFRS, falls Anwendung gewünscht und
- Schließung von Regelungslücken innerhalb des IFRS für KMU, aber Rückgriff auf volle IFRS, wenn nicht anders möglich.

---

[81] Vgl. BDI/DIHK/DRSC/UR, Ergebnisse, 2007, S. 18; DRSC, Comment Letter, 14 December 2007, p. 9.
[82] Vgl. IASB, Schlussfolgerungen, 2007, GS 45.
[83] In IASB, Schlussfolgerungen, 2007, GS 45 verwendet das IASB den Begriff „50-Mitarbeiter-Richtschnur"; vgl. BEIERSDORF, K./DAVIS, A., Rechtswirkung, 2006, S. 989.
[84] Vgl. Abbildung 2/4.

Sie erfüllen die Forderung der Anwender nur unter den folgend genannten Prämissen:

- Die ausgeschlossenen Sachgebiete sind für kleine und mittelgroße Unternehmen definitiv ohne Bedeutung.

- Die Bilanzierungs- und Bewertungsmethoden des IFRS für KMU führen ohne Nutzung der Wahlrechte, weshalb die entsprechenden Querverweise entbehrlich sind, zu zweckmäßigen Abschlüssen.

- Im Fall von Regelungslücken ist ein Rückgriff auf die vollen IFRS definitiv nicht erforderlich.

Es folgt eine kritische Auseinandersetzung mit den genannten Sachverhalten und der Erfüllbarkeit der Prämissen.

5.3.2.2.2 Ausschluss nicht relevanter Sachgebiete

Das IASB geht davon aus, dass „typische" Unternehmen nicht mit Geschäftsvorfällen der abgegrenzten Art in Berührung kommen. Sollte dies doch einmal der Fall sein, sind sie verpflichtet, den entsprechenden Standard der vollen IFRS anzuwenden.[85] Der IASB bleibt bei seiner Ansicht, dass der IFRS für KMU ein eigenständiges Regelwerk ist, obwohl seine Eigenständigkeit in strengem Sinne durchbrochen wird.

Die folgenden Sachgebiete wurden ausgegrenzt[86] und nicht in den IFRS für KMU aufgenommen. Ihnen wurde jeweils ein eigener Abschnitt gewidmet, der jedoch nur kurze Erläuterungen und den Querverweis auf den Standard der vollen IFRS enthält:

- Hochinflation (E-IFRS-KMU 29 mit Verweis auf IAS 29)

- Anteilsbasierte Vergütungen mit Ausgleich durch Eigenkapitalinstrumente (E-IFRS-KMU 25 mit Verweis auf IFRS 2)

- Bilanzierung von Finanzierungsleasingverhältnissen beim Leasinggeber (E-IFRS-KMU 19 mit Verweis auf IAS 17)

- Landwirtschaft (E-IFRS-KMU 35 mit Verweis auf IAS 41)

- Zwischenberichterstattung (E-IFRS-KMU 37 mit Verweis auf IAS 34)

- Ergebnis je Aktie (E-IFRS-KMU 34 mit Verweis auf IAS 33)

- Segmentberichterstattung (E-IFRS-KMU 31 mit Verweis auf IFRS 8)

---

[85] Vgl. IASB, Schlussfolgerungen, 2007, GS 56 (b) und GS 57.
[86] Vgl. ausführlich IASB, Schlussfolgerungen, 2007, GS 58 bis GS 65.

5.3 Prüfung der Konzeption und Ausgestaltung des IFRS für KMU

In den Diskussionen um diese Sachgebiete wird deutlich, dass die vom IASB vorgegebene Auswahl umstritten ist. Beispielsweise vertritt die European Financial Reporting Advisory Group (EFRAG), ein Beratungsgremium der EU-Kommission,[87] die Auffassung, dass eine Regelung bei Hochinflation in den Standard übernommen werden sollte, weil es sich hier um eine Frage des Standortes handelt. Es ist sehr wahrscheinlich, dass kleine und mittelgroße Unternehmen damit konfrontiert werden.[88]

Grundsätzlich bestätigen empirische Untersuchungen, dass anteilsbasierte Vergütungen mit Ausgleich durch Eigenkapitalinstrumente und kleine und mittelgroße Unternehmen als Leasinggeber nur geringe Bedeutung haben.[89]

Die Landwirtschaft betreffend räumt das IASB ein, dass zwar viele landwirtschaftlich tätige Unternehmen der Kategorie der kleinen und mittelgroßen Unternehmen angehören, aber dennoch nicht zum Rückgriff auf die vollen IFRS verpflichtet sein werden.[90] IAS 41.10 bis IAS 41.29 ist nach E-IFRS-KMU 35.1 (a) nur für die „biologischen Vermögenswerte anzuwenden, deren beizulegender Zeitwert leicht und mit vertretbaren Kosten und Anstrengungen bestimmbar ist". Diese Vorgabe enthält unendliche Ermessensspielräume, sie gleicht einem faktischen Wahlrecht.

Für die Zwischenberichterstattung besteht nach E-IFRS-KMU 37.1 ein Wahlrecht für Zwischenberichte, die mit dem IFRS für KMU vereinbar sind. Solche Zwischenberichte sind entweder nach den Vorschriften des IFRS für KMU oder nach IAS 34 aufzustellen. Darüber hinaus ist IAS 34 nach E-IFRS-KMU 37.2 verpflichtend für alle Zwischenberichte, die nicht als übereinstimmend mit dem IFRS für KMU angesehen werden können.

---

[87] Die EFRAG ist eine Expertengruppe, welche die EU-Kommission in Fragen der Rechnungslegung berät. Sie wurde am 31.03.2001 mit dem Ziel, die europäischen Interessen gegenüber dem IASB zu vertreten und die Arbeit der Standardsetter zu koordinieren, gegründet. Einige Jahre später, im Jahr 2005, folgte ein vergleichbares Gremium, das für den asiatischen Raum verantwortlich ist, die Asia-Pacific Financial Reporting Advisory Group (APFRAG); vgl. ausführlich PELLENS, B. et al., Rechnungslegung, 2008, S. 97 und S. 960.

[88] Vgl. EFRAG, Comment Letter, 7 February 2008, p. 7.

[89] Siehe z. B. die Ergebnisse der in Kooperation mit dem BDI, der DIHK und dem Lehrstuhl „Financial Accounting and Auditing" an der Universität Regensburg durchgeführten Befragung mittelständischer Unternehmen zur „Häufigkeit spezifischer bilanzierungsrelevanter Sachverhalte bei SME". Ausgewertet wurden 410 Fragebögen. Der Anteil der Unternehmen, die der anteilsbasierten Vergütungen mit Ausgleich durch Eigenkapitalinstrumente Bedeutung zumaß, lag bei 5 %. Nur 3 % der Unternehmen gaben an, häufig bis sehr häufig als Leasinggeber aufzutreten. Aufgrund der Tatsache, dass nur Unternehmen mit mehr als 8 Mio. € Jahresumsatz befragt wurden, beziehen sich die hier genannten prozentualen Anteile auf mittelgroße und kleine Unternehmen, die nicht weit davon entfernt sind, als mittelgroß eingestuft zu werden; vgl. BDI/DIHK/DRSC/UR, Ergebnisse, 2007, S. 4-6 und 18-26; EIERLE, B./BEIERSDORF, K./HALLER, A., ED-IFRS for SMEs, 2008, S. 159.

[90] Vgl. IASB, Schlussfolgerungen, 2007, GS 60.

Für die beiden letztgenannten Themen existiert ebenfalls ein Wahlrecht. Ein kleines oder mittelgroßes Unternehmen ist nach E-IFRS-KMU 34.1 nicht verpflichtet, die Beträge für das Ergebnis je Aktie darzustellen. Wenn es sich dazu entschließt, muss es IAS 33 anwenden. Ebenso ist es nach E-IFRS-KMU 31.1 nicht zur Segmentberichterstattung verpflichtet; nur wenn es Segmentinformationen im Abschluss angeben will, hat es die Vorschriften des IFRS 8 zu befolgen. Zur Reduzierung der Komplexität schlägt der Deutsche Standardisierungsrat (DSR)[91] die Streichung der Wahlrechte bezüglich der Zwischenberichterstattung, der Darstellung der Beträge je Aktie und der Segmentberichterstattung vor.

Der DSR stimmt dem IASB in der Auswahl der ausgegrenzten Sachgebiete zu, plädiert jedoch für die Streichung sämtlicher genannter Querverweise, um die Eigenständigkeit des Standards zu sichern.[92]

5.3.2.2.3 Querverweise bei Wahlrechten

Trotz der vorherrschenden Meinung, dass die Beibehaltung der im vollen IFRS enthaltenen Wahlrechte für kleine und mittelgroße Unternehmen nicht zweckmäßig sei,[93] entschied das IASB bislang, diese aufrecht zu erhalten. Zwar neigte es zunächst selbst dazu, die Wahlrechte zu streichen, weil dies zur Vereinfachung des IFRS für KMU beitragen würde und die Vergleichbarkeit von Abschlüssen kleiner und mittelgroßer Unternehmen untereinander verbessern würde, entschied aber schließlich zugunsten der Vergleichbarkeit zwischen Abschlüssen von kleinen und mittelgroßen Unternehmen mit Abschlüssen von Unternehmen, welche die vollen IFRS anwenden.[94] Daraufhin wurde eine Kompromisslösung gesucht. Ausgehend davon, dass kleine und mittelgroße Unternehmen eher das in den IFRS für KMU übernommene „einfachere Wahlrecht" befolgen, wurde die Nutzung möglicher Wahlrechtalternativen durch Querverweise auf die vollen IFRS aufrechterhalten.[95] Den nationalen Gesetzgebern ist gestattet, diese Wahlrechtalternativen für ihren Wirkungskreis außer Kraft zu setzen.[96]

---

[91] Der DSR ist neben dem Rechnungslegungs Interpretations Committee (RIC) ein vom DRSC gewähltes Gremium mit bis zu neun Mitgliedern, das den DSRC bei der Erreichung seiner Ziele unterstützt; vgl. PELLENS, B. et al., Rechnungslegung, 2008, S. 48.

[92] Vgl. DRSC, Comment Letter, 14 December 2007, p. 9.

[93] Zusammen mit dem DRSC fordert der DSR zugunsten der Eigenständigkeit und Komplexitätsreduktion des IFRS für KMU deren Streichung; vgl. DRSC, Comment Letter, 14 December 2007, p. 10 f.

[94] Vgl. IASB, Schlussfolgerungen, 2007, GS 108.

[95] Vgl. IASB, Schlussfolgerungen, 2007, GS 109.

[96] Nähere Ausführungen seitens des IASB erfolgen nicht, lediglich eine Klarstellung in der Überschrift, in welcher es heißt: „Rechtskreise können Wahlrechte streichen". Sie steht dem IASB, Schlussfolgerungen, 2007, GS 108 voran.

5.3 Prüfung der Konzeption und Ausgestaltung des IFRS für KMU

Konkret handelt es sich um Wahlrechtalternativen

- zur Anschaffungskostenmethode[97] bei der Folgebewertung von als Finanzinvestition gehaltenen Immobilien mit dem beizulegenden Zeitwert (E-IFRS-KMU 15.5 mit Verweis auf IAS 40.33-55),

- zur Anschaffungskostenmethode bei der Folgebewertung von Sachanlagen nach der Neubewertungsmethode (E-IFRS-KMU 16.13 mit Verweis auf IAS 16.31-42),

- zur Anschaffungskostenmethode bei der Folgebewertung von immateriellen Vermögenswerten nach der Neubewertungsmethode (E-IFRS-KMU 17.23 mit Verweis auf IAS 38.75-87),

- zur Aufwandsmethode bei der Bilanzierung von Fremdkapitalkosten nach der Aktivierungsmethode (E-IFRS-KMU 24.4 mit Verweis auf IAS 23),

- zur indirekten Methode bei der Darstellung von Cashflows aus betrieblicher Tätigkeit in der Kapitalflussrechnung nach der direkten Methode (E-IFRS-KMU 7.9 mit Verweis auf IAS 7.18-20) und

- zur „IFRS-für-KMU-Methode" bei der Bilanzierung von Zuwendungen der öffentlichen Hand nach den zulässigen Methoden des IAS 20 (E-IFRS-KMU 23.3 (b) mit Verweis auf IAS 20).

Bei Ausübung der Wahlrechtalternativen sind auch die Vorschriften für Anhangangaben nach den vollen IFRS zu befolgen.

Sowohl bei der Folgebewertung von als Finanzinvestition gehaltenen Immobilien als auch bei Sachanlagen und immateriellen Vermögenswerten wird die Wahlrechtalternative von der Ermittlung des beizulegenden Zeitwerts (*fair value*) bestimmt, d. h. von dem „Betrag, zu dem ein Vermögenswert zwischen sachverständigen, vertragswilligen Geschäftspartnern unter marktüblichen Bedingungen getauscht"[98] werden könnte. Nicht nur Kritiker, sondern auch Befürworter des beizulegenden Zeitwerts, erkennen inzwischen, wie unterschiedlich die Anforderungen für eine solche Bewertung, aufgrund verschiedener realer Bedingungskonstellationen, sind.[99] Dies zeigt sich in der Frage nach der Identifizierbarkeit eines einheitlichen Preises. Ideal sind die Bedingungen eines vollständigen und vollkommenen Marktes, denn dann entspricht der beizulegende Zeitwert dem unternehmensunabhängigen Marktwert. Diese Bedingungen sind

---

[97] In der Grundlage für Schlussfolgerungen wird statt des Begriffs „Anschaffungskostenmethode" der Begriff „Kosten-Abschreibungs-Wertminderungsmodell" verwendet; siehe IASB, Schlussfolgerungen, 2007, GS 110, 111 oder 112.

[98] ED-IFRS-KMU, Glossar, „Beizulegender Zeitwert".

[99] Vgl. BALLWIESER, W./KÜTING, K./SCHILDBACH, T., Fair value, 2004, S. 530.

in der Realität jedoch selten anzutreffen, weshalb weitere Ermittlungsmethoden festgelegt werden müssen.[100] In den Wahlrechtalternativen der vollen IFRS werden verschiedene Stufenmodelle[101] zur Bestimmung des beizulegenden Zeitwerts vorgegeben.

Der Ermittlung eines beizulegenden Zeitwerts von als Finanzinvestition gehaltenen Immobilien, Sachanlagen und immateriellen Vermögenswerten ist auf der ersten Prüfstufe gemein, dass nach IAS 40.45, IAS 16.32 bzw. IAS 38.75 der Marktpreis ausschlaggebend ist. Ist jedoch kein aktiver Markt vorhanden,[102] so differieren die Ermittlungsmethoden. Bei als Finanzinvestitionen gehaltenen Immobilien ist ein Schätzwert anzusetzen, der nach IAS 40.46 bis IAS 40.48 als der verlässlichste Wert verschiedener Quellen ausgewählt wird. Eine hierarchische Abstufung der Quellen existiert nicht. Bei Sachanlagen darf das Neubewertungsmodell nach IAS 16.31 nur bei verlässlicher Ermittelbarkeit des beizulegenden Zeitwerts angewendet werden. Existiert kein aktiver Markt, so ist der beizulegende Zeitwert nach IAS 16.33 durch Anwendung eines Ertragswertverfahrens oder der fortgeführten Wiederbeschaffungskosten zu schätzen. Für immaterielle Vermögenswerte sind in einem solchen Fall nach IAS 38.81 grundsätzlich die fortgeführten Anschaffungs- oder Herstellungskosten anzusetzen.

Die angeführten Verfahrensweisen verdeutlichen, dass bei Bestimmung des beizulegenden Zeitwerts durch verschiedene Unternehmen kein einheitliches Ergebnis zu erwarten ist. Die Beurteilung der Umstände und folglich die Ermittlung des beizulegenden Zeitwerts hängen vom Ermessen des Bilanzierenden ab[103] und sind für die Adressaten oftmals nicht überprüfbar. Die Verlässlichkeit von beizulegenden Zeitwerten ist anzuzweifeln, denn sie wird durch große Schätzunsicherheiten beeinträchtigt.[104] Das Kriterium der Praktikabilität ist nicht erfüllt.

Bezüglich der Bilanzierung von Fremdkapitalkosten bleibt abzuwarten, wie das IASB entscheidet, nachdem IAS 23 neu überarbeitet und verabschiedet wurde.[105] Aus dem

---

[100] Vgl. BALLWIESER, W./KÜTING, K./SCHILDBACH, T., Fair value, 2004, S. 532.

[101] Zu den Stufenmodellen und den Problemen bei der Ermittlung von beizulegenden Zeitwerten siehe ausführlich BAETGE, J./ZÜLCH, H., Fair Value-Accounting, 2001, S. 545-547; BALLWIESER, W./KÜTING, K./SCHILDBACH, T., Fair value, 2004, S. 531-543; HITZ, J.-M., Rechnungslegung, 2005, S. 92-102; THEILE, C., Systematik, 2007, S. 1-8.

[102] Die „Saarbrücker Initiative" vermutet, dass sich für mehr als 95 % aller Vermögenswerte kein objektiver Marktwert ermitteln lässt; vgl. BIEG, H. et al., Saarbrücker Initiative gegen Fair Value, 2008, S. 2549 und S. 2552.

[103] Vgl. STREIM, H./BIEKER, M./ESSER, M., Vermittlung, 2003, S. 458; BALLWIESER, W./KÜTING, K./SCHILDBACH, T., Fair value, 2004, S. 534.

[104] Vgl. WAGENHOFER, A., Fair Value-Bewertung, 2008, S. 187.

[105] Am 10.12.2008 wurde das Endorsement-Verfahren abgeschlossen; vgl. Verordnung (EG) Nr. 1260/2008, ABl. L 338 vom 17.12.2008, S. 10-16.

5.3 Prüfung der Konzeption und Ausgestaltung des IFRS für KMU

Wahlrecht, nach dem Fremdkapitalkosten, die direkt dem Erwerb, dem Bau oder der Herstellung eines qualifizierten Vermögenswertes angehören, als Anschaffungs- oder Herstellungskosten aktiviert werden durften, ist ein Aktivierungsgebot geworden.

Für die Darstellung der Cashflows aus betrieblicher Tätigkeit enthält der IFRS für KMU eine mittelbare Empfehlung für die indirekte Methode. Das IASB beurteilt beide Methoden als gleich geeignet. Da sich die Mehrheit der Kreditgeber und anderer Adressaten für die Darstellung nach der indirekten Methode ausgesprochen hat, ist die Entscheidung zu ihren Gunsten ausgefallen.[106] Im Gegensatz dazu wird den Unternehmen im Rahmen der vollen IFRS nach IAS 7.19 die Darstellung der Cashflows aus betrieblicher Tätigkeit nach der direkten Methode nahegelegt. Die direkte Methode erleichtert im Vergleich zur indirekten Methode die Abschätzung künftiger Cashflows.[107]

Diese Präferenzverschiebung wirkt wie ein Widerspruch, ist jedoch bei Berücksichtigung der Auffassung des IASB zu den Interessen der Adressaten von Abschlüssen nach dem IFRS für KMU stimmig. Die Cashflows aus betrieblicher Tätigkeit nach der indirekten Methode werden retrograd ermittelt, was ausreicht, wenn retrospektive Informationen ohne Prognoseorientierung gefragt sind. Die indirekte Methode liefert Näherungswerte, ohne Auskünfte darüber zu geben, wie die finanziellen Mittel erwirtschaftet werden und welche Kausalzusammenhänge bestehen.[108]

Wenn sich die Vermutung bewahrheitet, dass kleine und mittelgroße Unternehmen eher das in den IFRS für KMU übernommene Wahlrecht ausüben, werden sie die Anwendung der direkten Methode aussparen. Die Praxis von Abschlüssen kleiner und mittelgroßer Unternehmen bestätigt schon jetzt, dass die direkte Methode zu aufwendig ist und die Cashflows aus betrieblicher Tätigkeit zumeist nach der indirekten Methode ermittelt werden.[109] Der Aufwand und die Kosten bei der Darstellung der Cashflows nach der indirekten Methode sind wesentlich geringer.[110] Letztlich dürfte das Argument der Aufwandsreduktion den Ausschlag geben.

---

[106] Vgl. IASB, Schlussfolgerungen, 2007, GS 114.

[107] Zum Vergleich beider Darstellungsmethoden siehe ADLER, H./DÜRING, W./SCHMALTZ, K., Rechnungslegung international, 2002, Abschnitt 23, Rz. 41-52; VON WYSOCKI, K., in: BAETGE, J. et al., Kommentar, 2003, Teil B, IAS 7, Rz. 81-106; OSTMEIER, V., Informationspotenzial, 2004, S. 49-54; LÖW, E., Kapitalflussrechnung, 2005, S. 239-252; FREIBERG, J., in: Haufe IFRS-Kommentar, 2009, § 3, Rz. 41-60.

[108] Vgl. AMEN, M., Kapitalflußrechnung, 1995, S. 500 f.

[109] Vgl. ULL, T., Abschlusselemente, 2006, S. 371.

[110] Vgl. ADLER, H./DÜRING, W./SCHMALTZ, K., Rechnungslegung international, 2002, Abschnitt 23, Rz. 52.

Viele Argumente sprechen dafür, dass die indirekte Methode ausreicht.[111] Der Informationsgehalt beider Methoden ist nicht vergleichbar,[112] so dass das Argument der besseren Vergleichbarkeit von Abschlüssen nach IFRS für KMU und den vollen IFRS nicht trägt. Das Wahlrecht ist überflüssig.

Als letzte zu untersuchende Wahlrechtalternative wird in E-IFRS-KMU 23.3 (b) auf die Bilanzierung von Zuwendungen der öffentlichen Hand nach IAS 20 verwiesen. Nach IAS 20 können diese im Eigenkapital (*capital approach*) verbucht werden. Die Alternativmöglichkeit zur erfolgswirksamen Behandlung (*income approach*) soll kleinen und mittelgroßen Unternehmen nicht verwehrt bleiben. Zu beachten ist jedoch, dass das Wahlrecht nur auf Zuwendungen der öffentlichen Hand angewendet werden darf, die mit erfolgswirksam zum beizulegenden Zeitwert bewerteten Vermögenswerten im Zusammenhang stehen. Gründe für die erstgenannte Methode werden in IAS 20.14 und für die zweitgenannte in IAS 20.15 aufgeführt.[113] Eine Notwendigkeit für die Aufrechterhaltung beider Methoden für kleine und mittelgroße Unternehmen ist nicht erkennbar.

Zusammenfassend kann festgestellt werden, dass dem nationalen Gesetzgeber die Streichung der Wahlrechte unbedingt zu empfehlen ist, um ein unnötiges Maß an Komplexität zu verhindern. Außerdem sei darauf hingewiesen, dass Wahlrechte und erst recht die durch diese zusätzlich geschaffenen Ermessensspielräume die Vergleichbarkeit von Abschlüssen verschlechtern, so dass die Begründung des IASB für die Aufrechterhaltung der genannten Wahlrechte nicht plausibel ist.

5.3.2.2.4 Vorgehen bei Regelungslücken

Eine Regelungslücke liegt im Fall einer „planwidrigen Unvollständigkeit" vor, d. h., wenn „eigentlich" – sofern dies überhaupt möglich ist – die Vollständigkeit eines Regelungssystems beabsichtigt war und nicht gegeben ist.[114] Mit seiner Zielsetzung nach hochwertigen, verständlichen und weltweit durchsetzbaren Rechnungslegungs-

---

[111] Zumal, trotz der Empfehlung des IASB für die direkte Methode auch Unternehmen, welche die vollen IFRS anwenden, in der Regel aus Praktikabilitätsgründen die indirekte Methode wählen; vgl. ADLER, H./DÜRING, W./SCHMALTZ, K., Rechnungslegung international, 2002, Abschnitt 23, Rz. 52; VON KEITZ, I., Praxis, 2005, S. 224; PFUHL, J., Kapitalflussrechnung, 2008, S. 199.

[112] Wenngleich das Ergebnis bei korrekter Anwendung beider Methoden gleich ist; vgl. ADLER, H./DÜRING, W./SCHMALTZ, K., Rechnungslegung international, 2002, Abschnitt 23, Rz. 51; HEUSER, P: J./THEILE, C., IFRS Handbuch, 2007, Kapitel E, Rz. 4421.

[113] Vgl. PFITZER, N./WIRTH, M./STAß, A., in: BAETGE, J. et al., Kommentar, 2003, Teil B, IAS 20, Rz. 30-32.

[114] Vgl. CANARIS, C.-W., Lücken im Gesetz, 1983, S. 16.

5.3 Prüfung der Konzeption und Ausgestaltung des IFRS für KMU

standards, die zu Abschlüssen mit entscheidungsnützlichen Informationen führen sollen, bekundet das IASB seine Vollständigkeitsabsicht.[115]

Zur Schließung von Regelungslücken ist im IFRS für KMU ein dreistufiges Hierarchiemodell vorgesehen.[116] Es folgt der in der Jurisprudenz üblichen Methodik des Analogieschlusses.[117] Das IASB räumt ein, dass der Anwender eine Ermessensentscheidung zu treffen hat, und erinnert in E-IFRS-KMU 10.2 zunächst an die Zielsetzung von Abschlüssen sowie die Einhaltung der qualitativen Kriterien. Die Bilanzierungs- und Bewertungsmethoden sind so zu wählen, dass die Grundsätze der Relevanz, Verlässlichkeit, Neutralität, Vorsicht und Wesentlichkeit gewahrt bleiben.

Auf der ersten Hierarchiestufe hat der Anwender nach E-IFRS-KMU 10.3 (a) zu prüfen, ob der Standard Vorschriften und Leitlinien enthält, die anwendbar sind, weil sie ähnliche oder nahe stehende Sachverhalte behandeln. Ist dies nicht der Fall, so folgt die Prüfung auf der zweiten Hierarchiestufe nach E-IFRS-KMU 10.3 (b). Zu berücksichtigen sind die allgemeinen Ansatzkriterien und Bewertungskonzepte für Vermögenswerte, Schulden, Erträge und Aufwendungen sowie die in Abschnitt 2 enthaltenen Konzepte und grundlegenden Prinzipien. Die Frage nach der Zweckmäßigkeit dieses Vorgehens bzw. der in Abschnitt 2 niedergelegten Prinzipien ist nicht Gegenstand dieses, sondern erst eines späteren Gliederungspunktes.[118]

In diesem Gliederungspunkt ist zu untersuchen, ob auf der dann folgenden dritten Hierarchiestufe nach E-IFRS-KMU 10.4 auf den Rückgriff der vollen IFRS verzichtet werden kann. Ausschlaggebend für den IFRS für KMU als eigenständiges Regelwerk ist dieser mögliche Verzicht. E-IFRS-KMU 10.4 enthält keinen verpflichtenden Rückgriff auf die vollen IFRS, sondern in der Formulierung ein Wahlrecht.[119] Beispiele, die trotzdem einen unbedingten Rückgriff fordern bzw. sinnvoll erscheinen lassen, sind leicht zu finden. So z. B. der Abschluss eines Leasingvertrages durch ein kleines oder mittelgroßes Unternehmen über die Nutzung eines Grundstücks mit Betriebsge-

---

[115] Vgl. RUHNKE, K./NERLICH, C., Regelungslücken, 2004, S. 390.

[116] Im Rahmen des Diskussionspapiers wurde ursprünglich ein „verpflichtender Rückgriff" *(madatory fallback)* auf den entsprechenden Standard der vollen IFRS diskutiert; siehe dazu ZABEL, M./CAIRNS, D., Vereinfachte IFRS, 2005, S. 212.

[117] Vgl. CANARIS, C.-W., Lücken im Gesetz, 1983, S. 24-26; RUHNKE, K./NERLICH, C., Regelungslücken, 2004, S. 391 und S. 393 f.

[118] Vgl. dazu Gliederungspunkt 5.3.4.3.3.

[119] Dort heißt es, dass das Unternehmen die Vorschriften und Leitlinien der vollen IFRS, die ähnliche verwandte Sachverhalte behandeln, anwenden *kann*, aber folglich nicht muss; siehe ebenso IASB, Schlussfolgerungen, 2007, GS 56 (c).

bäude.[120] IAS 17.14 ff. regelt, wie bei der Klassifizierung eines solchen „gemischten Leasingvertrages"[121] über Grundstück und Gebäude vorzugehen ist. Nicht immer ist eine einheitliche Qualifizierung als Finanzierungs- oder Operating-Leasing vorzunehmen,[122] nach IAS 17.15 ist unter bestimmten Bedingungen eine differenzierte Bilanzierung von Grund und Boden als Operating-Leasing einerseits und dem Gebäude als Finanzierungsleasing andererseits möglich.[123] Der IFRS für KMU macht dazu keine Angaben; es liegt eine Regelungslücke vor. Die Prüfung der ersten Hierarchiestufe führt zu keiner Lösung, die Kriterien der zweiten – ohne Berücksichtigung der dritten – könnten zu einer eher willkürlichen Lösung führen, weil möglichen Interpretationen keine Grenzen gesetzt sind. Denkbar wäre also eine Lösung, die nicht kompatibel mit den Vorgaben des IAS 17 ist. Eine solche Lösung dürfte aber im Sinne der IFRS nicht sachgerecht sein.

So liegt letztlich die Vermutung nahe, dass „ohne Rückgriff auf die full IFRSs ... kein SME ... auskommen"[124] kann. Es besteht ein faktischer Zwang für die Anwender des IFRS für KMU, die vollständigen IFRS zu kennen und im Zweifelsfall zu befolgen.[125]

Nach der Formulierung des E-IFRS-KMU 10.4 ist stattdessen ein Rückgriff auf Verlautbarungen anderer Standardsetter, deren Rahmenkonzept ähnlich ist,[126] erlaubt. Als Möglichkeit bietet sich hier ein Rückgriff auf die US-GAAP an,[127] jedoch wären dafür ausgeprägte Fachkenntnisse dieses Regelwerks notwendig. Die Verwendung der US-GAAP als Alternative zu den vollen IFRS löst nicht das Hauptproblem, dass die Anwender sich mit viel Aufwand ausgeprägte Kenntnisse eines weiteren Regelwerks erarbeiten müssen.

---

[120] Vgl. zu diesem und weiteren Beispielen HOFFMANN, W.-D./LÜDENBACH, N., Diskussionsentwurf, 2006, S. 1906 f.; LÜDENBACH, N./HOFFMANN, W.-D., Standardentwurf, 2007, S. 547.

[121] KÜMPEL, T./BECKER, M., Leasing, 2006, S. 385 f.

[122] Im Gegensatz dazu sind Grund und Boden sowie Gebäude nach handels- und steuerrechtlicher Regelung einheitlich beim Leasinggeber oder Leasingnehmer zu bilanzieren; vgl. BdF-Schreiben vom 23.12.1991, IV B 2 – S 2170 – 115/91, BStBl 1992 I, S. 13-15.

[123] Siehe ausführlich zu dieser Problematik KÜMPEL, T./BECKER, M., Immobilien-Leasingverhältnisse, 2006, S. 81-86; KÜMPEL, T./BECKER, M., Leasing, 2006, S. 385-387 oder LÜDENBACH, N./FREIBERG, J., in: Haufe IFRS-Kommentar, 2009, § 15, Rz. 72-82.

[124] LÜDENBACH, N./HOFFMANN, W.-D., Standardentwurf, 2007, S. 548.

[125] Vgl. HALLER, A./BEIERSDORF, K./EIERLE, B., ED-IFRS for SMEs, 2007, S. 551; LÜDENBACH, N./HOFFMANN, W.-D., Standardentwurf, 2007, S. 548 f.; WIEDMANN, H./BEIERSDORF, K./SCHMIDT, M., IFRS im Mittelstand, 2007, S. 334.

[126] Zur Entwicklung eines gemeinsamen Rahmenkonzepts des IASB und FASB siehe LÜDENBACH, N./HOFFMANN, W.-D., in: Haufe IFRS-Kommentar, 2009, § 1, Rz. 125.

[127] KÖSTER vertritt die Auffassung, dass auch die Deutschen Rechnungslegungs Standards (DRS) zur Füllung von Regelungslücken herangezogen werden können. Als vergleichbares Rahmenkonzept sieht er das „Rahmenkonzept des HGB" an; vgl. KÖSTER, O., in: THIELE, S./VON KEITZ, I./BRÜCKS, M., Internationales Bilanzrecht, 2008, IAS 8, Rz. 121.

5.3.2.3 Schlussfolgerungen und Ausblick zum IFRS für KMU als eigenständiges Regelwerk

Der IFRS für KMU ist zwar als eigenständiges Regelwerk konzipiert, erfüllt diesen Anspruch jedoch real nicht. Ein faktischer Rückgriff auf die vollen IFRS ist unvermeidbar. Um das Ziel der Unabhängigkeit von den vollen IFRS zu erreichen, müsste er von Grund auf neu konzipiert werden.

Für die im IFRS für KMU ausgeschlossenen Sachgebiete sind keine Querverweise notwendig, weil sie grundsätzlich nicht relevant sind. Sollte dies doch einmal der Fall sein, so könnte hier dem Vorgehen bei Regelungslücken auf der dritten Hierarchiestufe nach E-IFRS-KMU 10.4 gefolgt werden. Eine Streichung der Wahlrechte ist aus Vereinfachungsgründen sinnvoll. Eine solche Lösung würde die Unabhängigkeit des IFRS für KMU verbessern, wenngleich nicht vollständig herstellen, denn Regelungslücken können durch den Rückgriff auf die vollen IFRS am besten gefüllt werden. Ein Verzicht auf die vollen IFRS ist grundsätzlich unmöglich.

Für eine Differenzierung im Sinne des IASB, dass der IFRS für KMU nur für kleine – und nicht für mittelgroße – Unternehmen als eigenständiges Regelwerk anwendbar ist, fehlt die Grundlage. Zwar könnten die nicht relevanten Sachgebiete für kleine Unternehmen materiell ausgeschlossen und die Wahlrechte für alle Unternehmen gestrichen werden, aber dennoch bleibt die Notwendigkeit des Rückgriffs bei Regelungslücken; ohne die vollen IFRS kann kein sachgerechter Abschluss gewährleistet werden.

Die vom IASB bisher bekannt gegebenen Änderungsvorhaben für den finalen Standard zeigen, dass sich an den aufgezeigten Missständen materiell wenig ändern wird. Es handelt sich mehr um formelle Änderungen. Die Verweise auf die vollen IFRS, d. h. sowohl bezüglich des Ausschlusses nicht relevanter Sachgebiete als auch der Querverweise bei Wahlrechten, sollen eliminiert werden. Die anscheinend doch nicht relevanten Sachgebiete, wie z. B. die Zwischenberichterstattung nach E-IFRS-KMU 37 und die Segmentberichterstattung nach E-IFRS-KMU 31, werden gestrichen, andere, z. B. die Bilanzierung von Finanzierungsleasingverhältnissen nach E-IFRS-KMU 19, direkt in den Standard übernommen. Nach aktuellem Stand ist immer noch die Beibehaltung aller Wahlrechte vorgesehen. Komplizierte Sachverhalte sollen, um einen Rückgriff auf die vollen IFRS zu ersparen, in einem separaten Anhang beschrieben werden. Das dreistufige Hierarchiemodell wird in den finalen Standard übernommen. Lediglich bezüglich der Möglichkeit, sich alternativ auf Verlautbarungen anderer Standardsetter zu stützen und diese anzuwenden, ist eine Streichung vorgesehen.[128]

---

[128] Vgl. zu diesem Abschnitt BEIERSDORF, K./MORICH, S., IFRS für KMU, 2009, S. 8.

Eine endgültige Entscheidung bezüglich der Bewertung zum beizulegenden Zeitwert ist noch nicht gefallen. Tendenziell soll sie aufrechterhalten werden, gegebenenfalls mit Erleichterungen. Es bleibt abzuwarten, ob Änderungsentscheidungen diesbezüglich ebenfalls nur zu sprachlichen Umformierungen oder tatsächlichen materiellen Änderungen führen werden.

Vielleicht werden die Diskussionen um die Fair-Value-Konzeption im Zusammenhang mit der Finanzmarktkrise noch Veränderungen bewirken. Sie wird mit verantwortlich gemacht, die Finanzmarktkrise verstärkt und beschleunigt zu haben.[129] Das IASB hat bereits reagiert; für bestimmte Finanzinstrumente kann die Fair-Value-Konzeption in Krisenzeiten ausgesetzt werden. Die EU-Kommission war eine der Initiatoren dieser Maßnahme und hat die Neuregelung prompt übernommen.[130] Zwar ist sie hauptsächlich für Kreditinstitute interessant, die Diskussion um die Fair-Value-Konzeption geht aber weit über diese Zielgruppe hinaus.[131]

5.3.2.4 Gefährdung der Eigenständigkeit des HGB und der GoB durch Einflüsse der IFRS

ADOLF MOXTER stellt kritisch die Frage, ob eine Annäherung des HGB an die IFRS dazu führen könnte, dass die IFRS zukünftig als Auslegungshilfe für handelsrechtliche GoB fungieren. Er betrachtet mögliche Einflüsse sowohl bezüglich der Informations- als auch der Zahlungsbemessungsfunktion.[132] Darüber hinaus ist zu prüfen, inwieweit Kenntnisse der IFRS für Anwender und Adressaten bei der Anwendung von Einzelnormen des HGB zukünftig notwendig bzw. hilfreich sein können.

Bezüglich der Informationsfunktion ist die Frage zu beantworten, ob die IFRS als Auslegungshilfe für die handelsrechtlichen Informations-GoB in Frage kommen. Es liegt in der „Natur der Sache"[133], dass die Informations-GoB[134] im Wesentlichen mit den Grundsätzen der IFRS übereinstimmen. Es sei darauf hingewiesen, dass die Informations-GoB

---

[129] Vgl. BIEG, H. et al., Saarbrücker Initiative gegen Fair Value, 2008, S. 2551.

[130] Vgl. Verordnung (EG) Nr. 1004/2008, ABl. L 275 vom 16.10.2008, S. 37-41 und zu weiteren Ausführungen BIEKER, M., Finanzmarktkrise, 2008, S. 394-399.

[131] Das zeigt z. B. die Diskussion um die Bewertung von zu Handelszwecken erworbenen Finanzinstrumenten im Vorfeld der Verabschiedung des Bilanzrechtsmodernisierungsgesetzes, konkret §§ 253 Abs. 1 Satz 3 und 340e Abs. 3 HGB-RegE; vgl. SCHARPF, P./SCHABER, M., Banken und Nicht-Banken, 2008, S. 2552-2558.

[132] Vgl. MOXTER, A., Auslegungshilfe, 2009, S. 7-12.

[133] MOXTER, A., Auslegungshilfe, 2009, S. 8.

[134] Vgl. BALLWIESER, W., in: BAETGE, J./KIRSCH, H.-J./THIELE, S., Bilanzrecht, 2002, § 264 HGB, Rz. 81-118; BALLWIESER, W., Informations-GoB, 2002, S. 115-121.

5.3 Prüfung der Konzeption und Ausgestaltung des IFRS für KMU

kein Vorsichts-, Realisations- und Imparitätsprinzip kennen und damit nicht den in Gliederungspunkt 3.7.6.3 aufgestellten Grundsätzen zum Zweck der Informationsvermittlung für kleine und mittelgroße Unternehmen entsprechen. ADOLF MOXTER kommt zu dem Ergebnis, dass die IFRS den Informations-GoB nicht zur Bestimmtheit verhelfen können, weil sie dafür selbst ein zu unbestimmtes Regelwerk bilden.[135]

Sein Urteil in Hinblick auf die Zahlungsbemessungsfunktion ist noch schneller gefällt: Da die Gewinnanspruchsbemessung den IFRS als Rechnungslegungsaufgabe fremd ist, „muss es verwegen erscheinen, IFRS als Auslegungshilfe für handelsrechtliche Gewinnermittlungs-GoB heranziehen zu wollen"[136]. Somit ist die Eigenständigkeit der GoB als nicht gefährdet einzustufen.

Einzelne Normen des HGB werden den Regelungen der IFRS angenähert. Fraglich ist, ob der Anwender diese problemlos umsetzen kann, ohne die entsprechenden Regelungen der IFRS zu kennen. Bei genauer Betrachtung der geplanten Änderungen zeigt sich, dass nicht nur eine Annäherung an die IFRS, sondern, bis auf einige Ausnahmen, auch an die steuerlichen Regelungen stattfindet.[137] Entsprechen die neuen Regelungen denen des Steuerrechts, so dürfte deren Anwendung nicht problembehafteter sein als die bisherige steuerrechtliche Umsetzung. Andernfalls stellt sich die Frage eines Rückgriffs auf die IFRS.

Zu untersuchen sind entsprechend:

- die Saldierung von Vermögensgegenständen und Schulden bezogen auf Pensionsverpflichtungen und ähnliche Verpflichtungen (§ 246 Abs. 2 Satz 2 HGB i. V. m. § 253 Abs. 1 Satz 3 HGB),

- die Aktivierung selbst geschaffener immaterieller Vermögensgegenstände und Abgrenzung von Forschungs- und Entwicklungskosten (§ 248 Abs. 2 HGB und § 255 Abs. 2a HGB),

- die Reduktion der Rechnungsabgrenzungsposten (Aufhebung des § 250 Abs. 1 Satz 2 HGB),

---

[135] Vgl. MOXTER, A., Auslegungshilfe, 2009, S. 9 m. w. N.

[136] MOXTER, A., Auslegungshilfe, 2009, S. 10.

[137] Detaillierte Übersichten mit jeweiliger Wertung der Neuregelungen hinsichtlich ihrer Übereinstimmung mit der steuerlichen Rechtslage finden sich bei PETERSEN, K./ZWIRNER, C., Umbruch RegE, 2008, S. 27 f. Die im Folgenden zu untersuchenden Regelungen, die eine Annäherung an die IFRS, aber keine Annäherung an die steuerlichen Regelungen, verfolgen, wurden aus diesem Übersichten eruiert. Zur synoptischen Gegenüberstellung von HGB, HGB-RegE und IFRS siehe HAYN, S./GRAF WALDERSEE, G., IFRS/HGB/HGB-BilMoG, 2008, S. 1-383. Die genannte Literatur bezieht sich auf den Regierungsentwurf, letzte Änderungen vor Verabschiedung des Bilanzrechtsmodernisierungsgesetzes wurden berücksichtigt.

- die Bewertung von Verbindlichkeiten, Rückstellungen und Pensionsrückstellungen (§ 253 Abs. 1 und Abs. 2 HGB) und
- latente Steuern (§ 274 HGB).

Das Saldierungsgebot gilt nur für „Vermögensgegenstände, die dem Zugriff aller übrigen Gläubiger entzogen sind und ausschließlich der Erfüllung von Schulden aus Altersversorgungsverpflichtungen" oder ähnlichen Verpflichtungen dienen.[138] Es handelt sich bei der Saldierungsregel um eine Anwendung des *overriding principle* zur Erhöhung des Informationsgehalts.[139] Zwar geht damit eine Anpassung an die Regelungen der IFRS einher, jedoch müssen diese zur Umsetzung nicht bekannt sein. Darüber hinaus wäre außerdem zu ermitteln, inwieweit kleine und mittelgroße Unternehmen überhaupt betroffen sind.

Selbst geschaffene immaterielle Vermögensgegenstände dürfen, mit Ausnahme von Marken, Drucktiteln, Verlagsrechten, Kundenlisten oder vergleichbaren immateriellen Vermögensgegenständen des Anlagevermögens, aktiviert werden. Im Gesetzesentwurf war noch eine Aktivierungspflicht vorgesehen,[140] die aber bei genauer Betrachtung faktisch einem Wahlrecht gleichkam.[141] Kenntnisse des IAS 38 sind wenig hilfreich, denn ein dem IAS 38.57 vergleichbarer Kriterienkatalog mit zu erfüllenden Aktivierungsbedingungen – der abgesehen davon ebenso Ermessensspielräume enthält – ist nicht vorgesehen. Während Entwicklungskosten nach IFRS dann angesetzt werden, wenn alle Voraussetzungen als erfüllbar nachgewiesen werden können, lässt das BilMoG bezüglich des Aktivierungszeitpunkts und des Umfangs der zu aktivierenden Entwicklungskosten große Interpretationsspielräume.[142] Aktivierungszeitpunkt und -beträge stimmen nach HGB und IFRS nicht zwingend überein.[143]

---

[138] Zur Begründung siehe Entwurf eines Gesetzes zur Modernisierung des Bilanzrechts (Bilanzrechtsmodernisierungsgesetz – BilMoG), BT-Drucks. 16/10067 vom 30.07.2008, S. 48 f. Zu weiteren Ausführungen siehe z. B. KÜTING, K./KESSLER, H./KEßLER, M., Pensionsverpflichtungen, 2009, S. 354 f.

[139] Zum *overriding principle* siehe Gliederungspunkt 2.1.1.2.

[140] Vgl. Entwurf eines Gesetzes zur Modernisierung des Bilanzrechts (Bilanzrechtsmodernisierungsgesetz – BilMoG), BT-Drucks. 16/10067 vom 30.07.2008, § 255 Abs. 2a HGB-RegE, S. 7.

[141] Vgl. DOBLER, M./KURZ, G., Aktivierungspflicht, 2008, S. 493.

[142] Vgl. KÜTING, K./ELLMANN, D., Immaterielles Vermögen, 2009, S. 271-276.

[143] Vgl. DOBLER, M./KURZ, G., Aktivierungspflicht, 2008, S. 489. HOFFMANN und LÜDENBACH bezweifeln, dass es sinnvoll ist, durch eine HGB-interne Interpretation zu anderen Ergebnissen zu gelangen, nur um Eigenständigkeit zu belegen. Sie unterstellen auch den Standardsettern, dass sie ihren Überlegungen zwar die grundsätzliche Eigenständigkeit der HGB-Auslegung voranstellen, aber nur, „um sich dann vorsichtig in den Regelungsbereich des IAS 38 vorzutasten"; vgl. HOFFMANN, W.-D./LÜDENBACH, N., Schwerpunkte, 2008, S. 54 f.

5.3 Prüfung der Konzeption und Ausgestaltung des IFRS für KMU 231

Für die Reduktion der Rechnungsabgrenzungsposten sind ebenfalls keine Kenntnisse der IFRS erforderlich. Auf Vorräte entfallende Zölle und Verbrauchsteuern sowie Umsatzsteuer auf erhaltene Anzahlungen dürfen nicht mehr abgegrenzt werden. Steuerrechtlich bleibt die Aktivierungspflicht nach § 5 Abs. 5 Satz 2 EStG bestehen. Es kommt zu einer definitiven Abweichung zwischen Handels- und Steuerbilanz sowie einer aktiven latenten Steuerabgrenzung.[144]

Statt einer Annäherung an die steuerlichen Abzinsungssätze zur Bewertung von Verbindlichkeiten nach § 6 Abs. 1 Nr. 3 EStG, Rückstellungen nach § 6 Abs. 1 Nr. 3a EStG und Pensionsrückstellungen nach § 6a EStG sind diese zukünftig mit Marktzinssätzen abzuzinsen. Verbindlichkeiten und Rückstellungen sind mit ihren Erfüllungsstatt Rückzahlungsbeträgen zu bilanzieren. Der Gesetzgeber sieht darin lediglich eine Klarstellung.[145] Ein Rückgriff auf die IFRS ist auch dafür nicht notwendig.

Eine der wesentlichen Neuregelungen des BilMoG ist die Neufassung des § 274 HGB zur Steuerabgrenzung. Ansatz und Bewertung latenter Steuern werden damit dem international üblichen bilanzorientierten (*temporary*) Konzept angepasst.[146] Wer dieses durch seine Erfahrungen mit den IFRS kennt, ist klar im Vorteil.[147] Die Pflicht zum Ansatz passiver latenter Steuern und das Wahlrecht zum Ansatz aktiver latenter Steuern bleiben bestehen.

IFRS-Kenntnisse sind nicht unmittelbar notwendig. Es wäre zu erwarten gewesen, dass sie hilfreich für Ansatz und Bewertung selbst geschaffener immaterieller Vermögensgegenstände sind, was aber wegen der unbestimmten Regelungen in IAS 38 nicht bestätigt wurde. Hilfreich bzw. ein großer Gewinn sind sie für die Abgrenzung latenter Steuern. Es erfolgt eine Anpassung der Rechtsnormen an die IFRS ohne notwendigen Rückgriff. Die Eigenständigkeit des HGB ist vorerst nicht gefährdet.[148] Es ist jedoch nicht unwahrscheinlich, dass sich das BilMoG als „Zwischenstopp auf dem langen Marsch zu den IFRS"[149], der ein Heranziehen dieser dauerhaft erforderlich macht, enthüllt.

---

[144] Vgl. PFIRRMANN, A./SCHÄFER, R., Steuerliche Implikationen, 2009, S. 133.

[145] Vgl. Entwurf eines Gesetzes zur Modernisierung des Bilanzrechts (Bilanzrechtsmodernisierungsgesetz – BilMoG), BT-Drucks. 16/10067 vom 30.07.2008, S. 52.

[146] Siehe ausführlich zu den latenten Steuern Entwurf eines Gesetzes zur Modernisierung des Bilanzrechts (Bilanzrechtsmodernisierungsgesetz – BilMoG), BT-Drucks. 16/10067 vom 30.07.2008, S. 67 f. und in der Fachliteratur z. B. PETERSEN, K./ZWIRNER, C., Umbruch RegE, 2008, S. 16 f.; KÜTING, K./SEEL, C., Latente Steuern, 2009, S. 499-535.

[147] HOFFMANN und LÜDENBACH bezeichnen den IAS 12 als „Auslegungsgrundlage" für den § 274 HGB. Sie beziehen sich auf den Regierungsentwurf; vgl. HOFFMANN, W.-D./LÜDENBACH, N., Schwerpunkte, 2008, S. 63.

[148] Sehr viel kritischer äußern sich FÜLBIER und GASSEN zum Referentenentwurf des Bilanzrechtsmodernisierungsgesetzes; vgl. FÜLBIER, R. U./GASSEN, J., BilMoG, 2007, S. 2612.

[149] HOFFMANN, W.-D., Zwischenstopp, 2007, S. 844.

5.3.2.5 Zwischenergebnisse

Nach den bisherigen Ausführungen mit ihrem eindeutigen Ergebnis, dass der Entwurf des IFRS für KMU kein eigenständiges und von den vollen IFRS unabhängiges Regelwerk ist und wohl auch der finale Standard keines werden wird, fällt es nicht schwer, das HGB als das geeignete Rechnungslegungssystem zu präferieren.

Das BilMoG ändert nichts daran, dass HGB und GoB zusammen ein eigenständiges und miteinander gut funktionierendes System von Rechtsnormen bilden. Eine Gefährdung der Eigenständigkeit besteht – bislang – nicht; aber das BilMoG wird sicherlich nicht das letzte Gesetz auf dem Weg zur Internationalisierung der Rechnungslegung bleiben.

5.3.3 Regelwerk angemessenen Umfangs

5.3.3.1 Umfang des IFRS für KMU

Anwender und Adressaten wollen nur ein Regelwerk akzeptieren, dass von ihnen angemessene und nicht zu umfangreiche Kenntnisse fordert. Eine quantitative Begrenzung ist von elementarer Bedeutung. Ein Hauptargument gegen die Anwendung der vollen IFRS gründet sich auf deren Umfang.[150] Mit dem IFRS für KMU liegt ein Regelwerk vor, das mit 254 Seiten grundsätzlich innerhalb des akzeptablen Rahmens liegt. Zu prüfen ist, ob die dort enthaltenen Informationen für Anwender und Adressaten ausreichen oder ob über die im IFRS für KMU enthaltenen Vorschriften hinaus zusätzliche Kenntnisse notwendig sind, die als faktische Seitenumfänge hinzugerechnet werden müssen. Die Auseinandersetzung mit den „nur" 254 Seiten reicht dann nicht aus. Zu beurteilen ist der „faktisch zusätzliche Umfang" des IFRS für KMU.

Nach neusten Überlegungen wird das finale Regelwerk schon deshalb mehr als 254 Seiten umfassen, weil auch Inhalte der Interpretationen zu Anwendungs- und Auslegungsfragen des International Financial Reporting Interpretations Committees (IFRIC) aufgenommen werden sollen.[151] Diese erweitern den Kanon des Regelwerks. Gemessen daran, dass der Umfang aller Interpretationsstandards in den vollen IFRS nur ca. 6 % des Seitenumfangs betragen, dürfte es zu keiner wesentlichen Erhöhung kommen.

---

[150] Vgl. LÜDENBACH, N./HOFFMANN, W.-D., Standardentwurf, 2007, S. 545.
[151] Vgl. BEIERSDORF, K./MORICH, S., IFRS für KMU, 2009, S. 11.

Mit dem faktisch zusätzlichen Umfang ist keine weiterführende Kommentarliteratur gemeint. Die Wissenserweiterung durch Kommentarliteratur ist – egal um welches Rechnungslegungswerk es sich handelt – stets sinnvoll, denn viele Sachverhalte haben einen zu individuellen Charakter, als dass sie in einem Regelwerk erfasst werden könnten. Jedoch sollten Kommentatoren detaillierte Ausführungen machen und konkrete Hinweise geben, sich aber nicht an die Stelle des Regelgebers setzen und z. B. Ermessensspielräume in eindeutige Vorschriften umdeuten. Dann würden diese dem Anwender eventuell zu Unrecht genommen. Wenn der Regelgeber das beabsichtigt hätte, wäre er selbst in der Lage gewesen, solche Vorschriften zu erlassen.[152] Zusätzliche Kommentarliteratur kann nicht an die Stelle der IFRS treten, sondern nur Hilfestellung bei Auslegungsfragen bieten.

5.3.3.2 Vorschläge des IASB zur Zielerreichung

5.3.3.2.1 Überblick

Zu prüfen ist, ob die vom IASB vorgenommenen Maßnahmen zur Verringerung des Textvolumens tatsächlich eine sinnvolle Reduktion des Umfangs bewirken oder der faktisch notwendige Umfang des IFRS für KMU doch annähernd dem der vollen IFRS entspricht. Die folgenden Maßnahmen

- Querverweise statt Übernahme der vollständigen Texte,
- Zusammenfassung der Definitionen in einem zugehörigen Glossar statt Mehrfachnennungen in Einzelstandards und
- Kürzungen auf wesentliche Vorschriften ohne detaillierte Ausführungen und Beispiele

müssen die entsprechenden Bedingungen erfüllen:

- Die Anwendung der in den Querverweisen genannten Paragraphen ist nicht erforderlich.
- Die im Glossar aufgeführten Definitionen sind verständlich.
- Die Vorschriften sind auch ohne detaillierte Ausführungen und Beispiele anwendbar.

---

[152] Vgl. zu dieser Auffassung LÜDENBACH, N./HOFFMANN, W.-D., in: Haufe IFRS-Kommentar, 2009, § 1, Rz. 82.

In Gliederungspunkt 5.3.2.2.3 wurde bereits ausführlich auf die Querverweise des IFRS für KMU und deren mögliche Streichungen eingegangen, so dass der ersten Bedingung an dieser Stelle nicht weiter nachgegangen werden muss. Würden die Paragraphen der vollen IFRS, auf die im Entwurf wegen der Wahlrechte verwiesen wurde, in den Standardtext aufgenommen und andere in einem zusätzlichen Anhang stehen – wie vom IASB derzeit beabsichtigt –, wäre der finale Standard sehr viel umfangreicher als der Entwurf. In den folgenden Gliederungspunkten wird auf die weiteren Maßnahmen und die entsprechenden Bedingungen eingegangen.

5.3.3.2.2 Erstellung eines Glossars statt redundanter Definitionen

Jedem Standard der vollen IFRS werden die wichtigsten Definitionen, ohne Rücksicht auf Redundanzen, vorangestellt.[153] Es ist keine Seltenheit, dass eine Definition vier Mal und öfter vorkommt.[154] Manchmal wird der Wortlaut dem Inhalt des Standards entsprechend angepasst, bleibt aber vom Aussagegehalt gleich.[155] Als Extremfall soll hier die Definition des beizulegenden Zeitwerts angeführt werden, die in ähnlichem Wortlaut in insgesamt siebzehn Standards der vollen IFRS steht.[156]

Die Erstellung eines Glossars im IFRS für KMU ist eine „generell sinnvolle Straffung"[157]. Sie trägt dazu bei, dass Anwender und Adressaten eine Systematik erkennen, die ihnen den Einstieg in die IFRS, die ansonsten „ein kaum überschaubares Konglomerat von Anweisungen"[158] beinhalten, erleichtert. Das Glossar dient nicht nur der quantitativen Einschränkung des Umfangs, es steigert gleichzeitig die Prinzipienorientierung[159] und Anwenderfreundlichkeit[160]. Es ist eine deutliche Verbesserung gegenüber den vollen IFRS und in jeder Hinsicht zu begrüßen.

---

[153] Vgl. SCHNEELOCH, D., IFRS, 2008, S. 553.

[154] Vgl. z. B. die Definition für „Nutzungsdauer" bzw. „wirtschaftliche Nutzungsdauer" in IAS 16.6, IAS 17.4, IAS 36.6 und IAS 38.8.

[155] Vgl. z. B. die Definition für „Beherrschung" in IAS 24.9, IAS 27.4, IAS 28.2, IAS 31.3 und IFRS 3 Anhang 1 oder die Definition für „Buchwert" in IAS 16.6, IAS 36.6, IAS 38.8 und IAS 40.5.

[156] Siehe in IAS 2.6, IAS 16.6, IAS 17.4, IAS 18.7, IAS 19.7, IAS 20.3, IAS 21.8, IAS 32.11, IAS 36.6, IAS 38.8, IAS 39,9, IAS 40.5, IFRS 1 Anhang A, IFRS 2 Anhang A, IFRS 3 Anhang A, IFRS 4 Anhang A und IFRS 5 Anhang A.

[157] LÜDENBACH, N./HOFFMANN, W.-D., Standardentwurf, 2007, S. 545.

[158] SCHNEELOCH, D., IFRS, 2008, S. 562.

[159] Zur Prinzipienorientierung vgl. Gliederungspunkt 5.3.4.

[160] Vgl. PRASSE, S., in: BAETGE, J. et al., Kommentar, 2003, Teil A, Kapitel V, Rz. 31.

5.3.3.2.3 Verringerung des Textvolumens durch Kürzungen

5.3.3.2.3.1 Untersuchung ausgewählter Abschnitte

In diesem Gliederungspunkt soll an ausgewählten Abschnitten des IFRS für KMU im Vergleich mit den zugehörigen Standards der vollen IFRS untersucht werden, ob auf detaillierte Ausführungen und Beispiele verzichtet werden kann. Den quantitativen Kürzungen ist zuzustimmen, wenn sie weder das Verständnis noch das Ergebnis beeinträchtigen. Zu inhaltlichen Differenzen in den aufgestellten Abschlüssen darf es nicht kommen. In der Literatur wird festgestellt, dass bei gleichen Inhalten im Wesentlichen die fett gedruckten Passagen, die sog. Black-Letter-Passagen,[161] in den Abschnitt des IFRS für KMU übernommen werden. Bei genauer Betrachtung kommt dem Begriff „im Wesentlichen" eine weitreichende Bedeutung zu.[162]

Verglichen werden gezielt Abschnitte und Standards, die zu identischen Ergebnissen führen sollen,[163] nicht aber solche, die spezielle Vereinfachungen enthalten. Es folgt ein Vergleich des Abschnitts 12 zur Bilanzierung und Bewertung von Vorräten mit IAS 2 und des Abschnitts 22 zu den Erlösen und Fertigungsaufträgen mit IAS 11 und IAS 18.

5.3.3.2.3.2 Analyse des Abschnitts 12 im Vergleich zu IAS 2: Vorräte

Am Beispiel des Abschnitts 12 soll geprüft werden, ob sein Umfang dem faktisch notwendigen entspricht und deren Anwendbarkeit ohne Kenntnis des IAS 2 möglich ist. Im Gegensatz zu Abschnitt 12, der 21 Unterabschnitte umfasst, besteht IAS 2 aus 42 Paragraphen. Die Zielsetzung, der Zeitpunkt des Inkrafttretens und die Rücknahme von anderen Verlautbarungen, welche in IAS 2 insgesamt 4 Paragraphen umfassen, wurden eingespart.

Abschnitt 12 beginnt in Unterabschnitt 1 mit der Definition der Vorräte, die wortwörtlich aus IAS 2.6 übernommen wurde. Im Glossar des IFRS für KMU ist sie ebenfalls enthalten. Die weiteren Definitionen des IAS 2.6 zum beizulegenden Zeitwert und

---

[161] Vgl. Gliederungspunkt 5.3.1.2.

[162] Bei genauerer Untersuchung des Abschnitts 22 im Vergleich zu IAS 11 zeigt sich, dass zumeist weitere Paragraphen und oftmals nicht alle im Standard der vollen IFRS fett gedruckten Passagen übernommen wurden, z. B. wurden weder IAS 11.3, noch IAS 11.10, IAS 11.11, IAS 11.16, IAS 11.23, IAS 11.24 und IAS 11.35 in den Abschnitt 22 übernommen. Für die Aussage, dass „im Wesentlichen" die fett gedruckten Passagen integriert werden, fehlen m. E. zu viele.

[163] Neben den im Folgenden untersuchten Abschnitten 12 und 22 sind auch die Abschnitte 4, 5, 7, 8, 10, 20, 25, 30, 32, 33 und 36 des IFRS für KMU ohne wesentliche inhaltliche Abweichungen zu den vollen IFRS; vgl. PRASSE, S., in: BAETGE, J. et al., Kommentar, 2003, Teil A, Kapitel V, Rz. 129.

Nettoveräußerungswert wurden nicht übernommen. Die Definition des beizulegenden Zeitwerts findet sich im Glossar.

Der Begriff Nettoveräußerungswert[164] wird im Rahmen des IFRS für KMU nicht verwendet, stattdessen steht eine Umschreibung als „beizulegender Zeitwert abzüglich Veräußerungskosten" oder als „Verkaufserlös abzüglich der Kosten bis zur Fertigstellung und Veräußerung".

Obwohl in IAS 2.7 ausdrücklich darauf hingewiesen wird, dass der Nettoveräußerungswert von Vorräten von dem „beizulegenden Zeitwert abzüglich Veräußerungskosten" abweichen kann, wird diese Umschreibung in E-IFRS-KMU 12.2 synonym verwendet. Der Nettoveräußerungswert ist im Gegensatz zum beizulegenden Zeitwert ein unternehmensspezifischer Wert. Dieser gilt als objektiver Marktwert und kann entsprechend different sein. In IAS 2.3 werden Vorräte von Erzeugern land- und forstwirtschaftlicher Erzeugnisse sowie von Warenmaklern und -händlern, die nach dem Nettoveräußerungswert bewertet werden, vom IAS 2 ausgeschlossen. In E-IFRS-KMU 12.2 wird – bei gleichem Inhalt und in sonst ähnlicher Formulierung – vom „beizulegenden Zeitwert abzüglich Veräußerungskosten" gesprochen. Die verwendete Umschreibung scheint sprachlich treffender. Es drängt sich der Verdacht auf, als würde das IASB die Neuschreibung des IFRS für KMU zur Korrektur bzw. Verbesserung des ursprünglichen Standards nutzen.[165]

Da der Begriff Nettoveräußerungswert nicht im IFRS für KMU verwendet wird, verwundert es nicht, dass die Paragraphen IAS 2.28 bis IAS 2.33, die weitere Erläuterungen zum Nettoveräußerungswert enthalten, nicht im IFRS für KMU stehen. Unterstützende Hinweise, wie in IAS 2.31, dass bei Schätzungen des Nettoveräußerungswerts unbedingt der Zweck, zu dem die zu bewertenden Vorräte gehalten werden, zu berücksichtigen ist, wurden anderweitig umgesetzt: In E-IFRS-KMU 12.3 wird gar nicht erst erwähnt, dass von geschätzten Werten auszugehen ist, sondern vom „Verkaufserlös abzüglich der Kosten bis zur Fertigstellung und Veräußerung". Daraus folgt selbstverständlich, dass der Zweck ausschlaggebend ist, sofern die zu erwartenden Verkaufs-

---

[164] Siehe zur Begriffsdefinition beispielsweise ADLER, H./DÜRING, W./SCHMALTZ, K., Rechnungslegung international, 2002, Abschnitt 15, Rz. 123-125; JACOBS, O. H., in: BAETGE, J. et al., Kommentar, 2003, Teil B, IAS 2, Rz. 8; RIESE, J., in: Beck'sches IFRS-Handbuch, 2006, § 8, Rz. 91-103; PELLENS, B. et al., Rechnungslegung, 2008, S. 378-380; WAGENHOFER, A., Internationale Rechnungslegungsstandards, 2009, S. 188 f.

[165] Gleiches stellt SCHWEEN für Abschnitt 28 „Ertragsteuern" fest. In diesem Abschnitt wird bereits umgesetzt, was im Rahmen des Konvergenzprojektes zwischen dem IASB und FASB zu IAS 12 diskutiert wurde. Im IFRS für KMU werden zukünftige Regelungen vorweggenommen. SCHWEEN geht davon aus, dass IAS 12 dem Abschnitt 28 langfristig angepasst werden wird; vgl. SCHWEEN, C., Latente Steuern, 2007, S. 18.

5.3 Prüfung der Konzeption und Ausgestaltung des IFRS für KMU

preise bei zu verschiedenen Zwecken gehaltenen Vorräten different sind. Dies trifft dann zu, wenn ein Unternehmen für am Bilanzstichtag noch lagernde Vorräte bereits einen Festpreisvertrag abgeschlossen hat und der Marktpreis inzwischen gestiegen ist. Der für die zur Erfüllung des Festpreisvertrages gelagerten Vorräte ermittelte Veräußerungserlös ist dann ein anderer als für Vorräte, welche voraussichtlich zum Marktpreis abgesetzt werden können.[166] Zu bewerten sind die Vorräte nach E-IFRS-KMU 12.3 mit dem niedrigeren Wert aus Anschaffungs- oder Herstellungskosten und Verkaufserlös abzüglich der Kosten bis zur Fertigstellung und Veräußerung.

Grundsätzlich ist festzustellen, dass die Halbierung der 42 Paragraphen des IAS 2 auf 21 Unterabschnitte des Abschnitts 12, über die bisher genannten Änderungen hinaus, durch Streichungen von Beispielen und zusätzlichen Erläuterungen erreicht wird.

Das in IAS 2.22 genannte Beispiel des Einzelhandels für die Bewertung von Vorräten nach der retrograden Methode entfällt im IFRS für KMU. Die Erläuterung der Methode wird übernommen und der Vorschrift zur Bemessung der Anschaffungs- und Herstellungskosten des E-IFRS-KMU 12.15 angefügt. Die Nennung von Beispielen, wie sie in den Standards der vollen IFRS üblich ist, entfällt grundsätzlich. Aus Beispielen können keine allgemein anwendbaren Regelungen hergeleitet werden. Es ist deshalb sinnvoll, auf Beispiele zu verzichten. Kommentare bieten Orientierungshilfe und können Beispiele ausführlich behandeln, so dass die Anwendung von Regelungen deutlich wird und auf andere Sachverhalte übertragbar ist. Die Ansätze des IFRS für KMU sind in diesem Sinne positiv zu bewerten.

In den auf IAS 2.25 folgenden Paragraphen stehen zusätzliche Erläuterungen zu den verwendbaren Zuordnungsverfahren, dem FIFO-Verfahren und der Durchschnittsmethode. Im E-IFRS-KMU 12.17 hingegen steht nur die Vorschrift, methodische Hinweise fehlen. Es wird erwartet, dass der Anwender sich auskennt. Ein Vergleich mit der handelsrechtlichen Rechnungslegung zeigt, dass notwendiges Grundlagenwissen über die Bewertungsvereinfachungsverfahren zur korrekten Anwendung des § 256 HGB ebenso vorausgesetzt wird.

Bei genauer Betrachtung der Paragraphen des IAS 2 und Unterabschnitte des Abschnitts 12 fällt außerdem auf, dass buchhalterische Anweisungen, z. B. zur Erfassung von Wertminderungen oder Behandlung von Wertaufholungen wie in IAS 2.34, fehlen. Diese wurden nicht komplett gestrichen, sondern aufgrund ihrer inhaltlichen Zugehörigkeit, in den Abschnitt 26 zur Wertminderung nicht finanzieller Vermögenswerte als Unterabschnitte 2 bis 4 integriert. Auch diese Änderungen sind positiv zu bewerten.

---

[166] Vgl. zu diesem Beispiel ausführlich KIRSCH, H., IFRS-Rechnungslegung, 2007, S. 81 f.

Als Ergebnis der Untersuchung des Abschnitts 12 im Vergleich zum IAS 2 ist festzustellen, dass die Kürzungen angemessen sind. Beispiele stehen nicht im Standard. Sie sollen in zusätzlichen Interpretationen und der Kommentarliteratur zu finden sein. Bei den weggelassenen Erläuterungen handelt es sich um Grundlagenkenntnisse, die bei mit der Rechnungslegung eines Unternehmens betrauten Personen vorausgesetzt werden können. Es wäre ratsam, den IAS 2 bei nächster Änderung der Gestaltung des Abschnitts 12 anzunähern. So könnte sein quantitativer Umfang ohne qualitative Einschränkungen reduziert werden.

5.3.3.2.3.3 Analyse des Abschnitts 22 im Vergleich zu IAS 18 und IAS 11: Erlöse und Fertigungsaufträge

Als Gegenbeispiel soll auf die Zusammenfassung des IAS 18 und IAS 11 der vollen IFRS in Abschnitt 22 des IFRS für KMU eingegangen werden. Die Analyse der Unterabschnitte, die aus IAS 18 hervorgegangen sind, führt zu ähnlichen Ergebnissen wie bei Abschnitt 12; anders verhält es sich bei den Unterabschnitten, die auf IAS 11 beruhen.

IAS 18 umfasst 37 Paragraphen und IAS 11 besteht aus 46 Paragraphen, Abschnitt 22 hingegen nur aus 31 Unterabschnitten. Ihm folgt ein zugehöriger Anhang mit ergänzenden Beispielen, der aus 35 Unterabschnitten besteht; Bestandteil des Abschnitts 22 ist er jedoch nicht. Auf Zielsetzung, Zeitpunkt des Inkrafttretens und die Rücknahme von vorhergehenden Verlautbarungen entfallen von den insgesamt 83 Paragraphen jeweils 2 auf IAS 18 und IAS 11. Die Zählung der Paragraphen beginnt bei beiden Standards erst nach der allgemeinen Zielsetzung, so wie es bei Standards, die bis 1993 vom IASB verabschiedet wurden,[167] allgemein üblich war.

Abschnitt 22 behandelt in den Unterabschnitten 1 bis 16 zuerst die Inhalte des IAS 18 zu den Erlösen und in den Unterabschnitten 17 bis 27 die des IAS 11 zu den Fertigungsaufträgen; die verbleibenden Unterabschnitte 28 bis 31 sind maßgeblich für die Anhangangaben. Darauf soll nicht eingegangen werden.

Abschnitt 22 im Vergleich zu IAS 18

E-IFRS-KMU 22.1 und E-IFRS-KMU 22.2 entsprechen fast wörtlich IAS 18.1 und IAS 18.6, nämlich der Aufzählung von Geschäftsvorfällen und Ereignissen, auf welche die Bilanzierung von Erlösen folgt sowie der Aufzählung von Erlösen, die nicht unter

---

[167] Vgl. WOLLMERT, P./ACHLEITNER, A.-K., in: BAETGE, J. et al., Kommentar, 2003, Teil A, Kapitel II, Rz. 14 (vor Überarbeitung des Kapitels II mit Erscheinen der 5. Ergänzungslieferung im Dezember 2007).

die Regelungen des IAS 18 fallen. Zu bilanzieren sind Erlöse aus dem Verkauf von Gütern, der Erbringung von Dienstleistungen und der Nutzung von Vermögenswerten des Unternehmens durch Dritte gegen Zinsen, Nutzungsentgelte und Dividenden. IAS 18.3 bis IAS 18.5 konkretisieren die genannten Geschäftsvorfälle und Ereignisse.

IAS 18.3 definiert den Begriff der Güter. Diese Definition findet sich in E-IFRS-KMU 22.1 (a) als ergänzende Klammer. Die in IAS 18.3 genannten – sehr allgemein gehaltenen – Beispiele der von einem Einzelhändler gekauften Handelswaren oder der Grundstücke und anderen Sachanlagen, die für den Weiterverkauf bestimmt sind, werden im Anhang des Abschnitts 22 durch 12 Beispielkategorien zum Verkauf von Gütern ersetzt. Die genannten Beispiele für die Ertragserfassung sind sehr viel anschaulicher als die in IAS 18,[168] allerdings enthält auch der Beispielkatalog zu Abschnitt 22 nur einen Teil der eigentlich notwendigen Beispiele.

IAS 18.4 geht auf die Erbringung von Dienstleistungen ein und verweist für Verträge, die mit langfristigen Fertigungsaufträgen verbunden sind, auf IAS 11. Die Erklärung, dass die Erbringung von Dienstleistungen typischerweise die Ausführung vertraglich vereinbarter Aufgaben über einen vereinbarten Zeitraum umfasst, ist zwar hilfreich, enthält jedoch keine weiteren Regelungen, so dass ihr Fehlen keine bedeutende Lücke darstellt. Ein Hinweis, wie der auf IAS 11, erübrigt sich in Abschnitt 22. Der Anhang des Abschnitts 22 enthält zur Erbringung von Dienstleistungen sieben Beispielkategorien.

IAS 18.5 definiert die Begriffe Zinsen, Nutzungsentgelte und Dividenden. Diese Definitionen sind nicht im Glossar des IFRS für KMU zu finden, wo der Anwender sie vermutlich am ehesten suchen würde, sondern wurden wie auch die genannten Beispiele für Nutzungsentgelte in den Beispielkatalog des Anhangs, genauer in E-IFRS-KMU 22 A.33, integriert. Die Begriffserläuterungen für Zinsen und Dividenden fehlen im IFRS für KMU, allerdings gehören die Definitionen zum betriebswirtschaftlichen Grundwissen.

Abschnitt 22 verzichtet auf die in IAS 18.7 angeführten Definitionen für Erlöse und den beizulegenden Zeitwert. Diese sind im Glossar des IFRS für KMU enthalten, wobei in der deutschsprachigen Ausgabe der Eindruck entsteht, dass die Begriffe Erträge und Erlöse, im Gegensatz zu den vollen IFRS, synonym verwendet werden. Das Rahmenkonzept erfasst unter dem Begriff Erträge (*income*) zum einen Erlöse (*revenue*), die nach Paragraph 74 im Rahmen der gewöhnlichen Geschäftstätigkeit

---

[168] Siehe z. B. die Kategorie 2 in E-IFRS-KMU 22 A.4 zu Gütern, deren Auslieferung an die Bedingungen Montage und Endkontrolle geknüpft ist, oder die Kategorie 5 in E-IFRS-KMU 22 A.7 zu Gütern, die bei Auslieferung bezahlt werden, wie auch die Kategorie 9 in E-IFRS-KMU 22 A.11 zu Gütern, die an Handelsintermediäre zum Zwecke des Weiterverkaufs veräußert werden.

anfallen und als Umsatzerlöse, Dienstleistungsentgelte, Zinsen, Mieten, Dividenden oder Lizenzerträge zu verbuchen sind, und zum anderen Erträge (*gains*), die nach Paragraph 75 alle weiteren Posten umfassen, welche die Ertragsdefinition erfüllen.[169] Diese können ebenfalls, müssen aber nicht, aus der gewöhnlichen Geschäftstätigkeit des Unternehmens hervorgehen.[170] Abschnitt 22 bzw. IAS 18 behandelt nur die Erlöse (*revenue*),[171] wenngleich in IAS 18.7 der Begriff „Ertrag" verwendet wird. Schon in der deutschen Übersetzung der vollen IFRS wurde in IAS 18 eigentlich der falsche Begriff verwendet,[172] im englischen Original wird die Begriffsunterscheidung durch die Differenzierung in *income*, *revenue* und *gains* im *IFRS for SMEs*, wie auch in den *full IFRS*, deutlicher.

Bei genauer Betrachtung der weiteren Paragraphen des IAS 18 fällt auf, dass sich einige Erläuterungen in mehreren Paragraphen wortwörtlich oder in ähnlicher Formulierung wiederholen, z. B. die Betonung, dass Erlöse nur dann erfasst werden dürfen, wenn ein wirtschaftlicher Nutzenzufluss hinreichend wahrscheinlich ist. Die Inhalte des IAS 18.18, des IAS 18.22 und IAS 18.34 sind redundant, denn diese Bedingung wird bereits in IAS 18.14 für den Verkauf von Gütern, in IAS 18.20 für die Erbringung von Dienstleistungen sowie in IAS 18.29 für Zinsen, Nutzungsentgelte und Dividenden genannt, zumal sie zu den allgemeinen Ansatzkriterien gehört, die bereits im Rahmenkonzept in Paragraph 83 dargestellt werden. Im IFRS für KMU wird dieses Erfassungskriterium in E-IFRS-KMU 2.24 im Rahmen der Konzepte und grundlegenden Prinzipien angeführt. Bestätigt wird diese Bedingung in E-IFRS-KMU 22.8 (d) für den Verkauf von Gütern, in E-IFRS-KMU 22.12 (b) für die Erbringung von Dienstleistungen und in E-IFRS-KMU 22.15 (a) für Zinsen, Nutzungsentgelte und Dividenden. Diese Konkretisierung ist sinnvoll, weitere Wiederholungen wären überflüssig.

Ähnlich redundant sind die erklärenden Inhalte des IAS 18.19 und IAS 18.21 zum Grundsatz der sachlichen Abgrenzung (*matching principle*)[173]. Dieser ist infolge des IAS 18.14 (e) für den Verkauf von Gütern und IAS 18.20 (d) für die Erbringung von

---

[169] Vgl. Gliederungspunkt 3.7.5.6.

[170] Vgl. ausführlich ADLER, H./DÜRING, W./SCHMALTZ, K., Rechnungslegung international, 2002, Abschnitt 4, Rz. 7 i. V. m. Abschnitt 1, Rz. 188; HEUSER, P. J./THEILE, C., IFRS Handbuch, 2007, Kapitel B, Rz. 600-602.

[171] Vgl. HAYN, S./MATENA, S, in: EPSTEIN, B. J./JERMAKOWICZ, E. K., Wiley-Kommentar, 2009, Abschnitt 7, Rz. 13 f. i. V. m. WEBER, C.-P., in: EPSTEIN, B. J./JERMAKOWICZ, E. K., Wiley-Kommentar, 2009, Abschnitt 3, Rz. 22 f.

[172] Zu weiteren Übersetzungsfehlern siehe NIEHUS, R. J., IFRS auf Deutsch, 2005, S. 2477-2483.

[173] Vgl. zur Befolgung des Grundsatzes der sachlichen Abgrenzung im Zusammenhang mit IAS 18 bzw. IAS 11 ZÜLCH, H., GuV, 2006, S. 285.

5.3 Prüfung der Konzeption und Ausgestaltung des IFRS für KMU

Dienstleistungen und parallel dazu im IFRS für KMU nach E-IFRS-KMU 22.8 (e) und E-IFRS-KMU 22.12 (d) anzuwenden. Die zusätzlichen Erklärungen wurden nicht in den IFRS für KMU übernommen und sollten aufgrund des zu großen Umfangs der vollen IFRS auch für den IAS 18 eher in einem IFRS-Kommentar als im Regelwerk selbst zu finden sein.

Die weiteren wesentlichen Vorschriften zur Bemessung der Erlöse, zur Abgrenzung von Geschäftsvorfällen, zum Verkauf von Gütern, zur Erbringung von Dienstleistungen und zu den Zinsen, Nutzungsentgelten und Dividenden des IAS 18 wurden in Abschnitt 22 übernommen. Aufgrund der vielen Redundanzen in IAS 18 ist es nicht weiter erstaunlich, dass eine Straffung der Inhalte und somit Reduktion der Paragraphen in Abschnitt 22 gelungen ist. Das Fehlen wesentlicher Inhalte ist nicht feststellbar. Der mit dem Anhang des Abschnitts 22 angefügte Beispielkatalog ist sehr hilfreich.[174]

Durch die Zusammenfassung der beiden Standards in Abschnitt 22 werden auch die Überschneidungen des IAS 11 mit IAS 18 durch die verschiedene Zuordnung von Dienstleistungsverträgen[175] beseitigt, z. B. wiederholen sich die Methoden zur Bestimmung des Fertigstellungsgrades aus IAS 11.30 in IAS 18.24, während sie im Rahmen des IFRS für KMU in E-IFRS-KMU 22.22 nur einmal angeführt werden.

Abschnitt 22 im Vergleich zu IAS 11

Veränderungen und Probleme bei der Anwendung des IFRS für KMU im Vergleich zu den vollen IFRS ergeben sich jedoch aufgrund fehlender Inhalte bei der Übernahme des IAS 11 in die Unterabschnitte 17 bis 27.

In IAS 11.3 wird zwischen den Vertragsarten Festpreis- und Kostenzuschlagsvertrag unterschieden, um dem Anwender die Umsetzung des Standards zu den Fertigungsaufträgen zu erleichtern. Als Festpreisvertrag wird ein Fertigungsauftrag bezeichnet, für den der Auftragnehmer einen festen Preis bzw. einen festgelegten Preis pro Outputeinheit vereinbart. Im Gegensatz dazu bekommt der Auftragnehmer bei einem Kostenzuschlagsvertrag abrechenbare oder anderweitig festgelegte Kosten vergütet,

---

[174] Eine ähnliche Einteilung in Beispielkategorien mit sehr ausführlichen Darstellungen zur Erfassung und Bewertung von Erlösen zu IAS 18 findet sich bei ADLER, H./DÜRING, W./SCHMALTZ, K., Rechnungslegung international, 2002, Abschnitt 4, Rz. 107-158.

[175] Grundsätzlich sind Dienstleistungsverträge nach IAS 18.20 f. dann als Fertigungsaufträge nach der im Folgenden beschriebenen Percentage-of-Completion-Methode zu bilanzieren, wenn deren Ergebnis zuverlässig geschätzt werden kann; vgl. SOLFRIAN, G., Fertigungsaufträge, 2006, S. 209. Bisweilen können Abgrenzungsprobleme auftreten; bei der Erlöserfassung dürften aber – egal ob nach IAS 18 oder IAS 11 – keine grundsätzlichen Unterschiede zu erwarten sein; vgl. ADLER, H./DÜRING, W./SCHMALTZ, K., Rechnungslegung international, 2002, Abschnitt 4, Rz. 191.

zuzüglich eines vereinbarten Prozentsatzes dieser Kosten oder eines festen Entgelts. Weitere Unterscheidungshilfen zu den Vertragsarten stehen in IAS 11.4 bis IAS 11.6. In Abschnitt 22 wird nicht zwischen den verschiedenen Vertragsarten unterschieden.

IAS 11.7 bis IAS 11.9 zur Zusammenfassung und Segmentierung von Fertigungsaufträgen wurden als E-IFRS-KMU 22.18 bis E-IFRS-KMU 22.20 übernommen.

Ein Folgeauftrag ist nach IAS 11.10 als separater Vertrag zu behandeln. Die Umsetzung dieser Vorschrift dürfte den Anwendern des IFRS für KMU schwerfallen, weil Abschnitt 22 keine Definition und auch keine Vorschrift für die Behandlung von Folgeaufträgen beinhaltet. Zu Folgeaufträgen gehören u. a. auch Erweiterungen von ursprünglichen Verträgen.[176] Kommt es bei einem kleinen oder mittelgroßen Unternehmen zu einer solchen Erweiterung eines Auftrages mit eigenen Preisverhandlungen, die losgelöst von den ursprünglichen Verhandlungen geführt werden, so könnte das Unternehmen diese, aufgrund fehlender Kenntnisse der vollen IFRS, anders – und damit im Sinne der IFRS unsachgerecht – behandeln als in IAS 11 vorgesehen.

In Abschnitt 22 fehlen die Definitionen der Auftragserlöse des IAS 11.11 bis IAS 11.15 und der Auftragskosten des IAS 11.16 bis IAS 11.21, obwohl diese Begriffe für Abschnitt 22 von ähnlicher Relevanz sind. Als Beispiel seien hier die nach IAS 11.16 (b) indirekten bzw. allgemein der Vertragserfüllung zurechenbaren Kosten genannt, wozu nach IAS 11.18 auch die Fertigungsgemeinkosten, z. B. Kosten für die Lohnabrechnung der Beschäftigten im Fertigungsbereich, gehören. Ohne Kenntnisse der vollen IFRS, insbesondere des IAS 11.18, ist dies dem Anwender des IFRS für KMU nicht zwangsläufig bekannt.

IAS 11.22 befasst sich mit der Erfassung von Auftragserlösen und -kosten entsprechend der Percentage-of-Completion-Methode. Voraussetzung ist eine verlässliche Schätzung des Ergebnisses. IAS 11.23 und IAS 11.24 nennen verschiedene Kriterien für einerseits Festpreisverträge und andererseits Kostenzuschlagsverträge, deren Erfüllung je nach Vertragsart zu prüfen ist. Nach IAS 11.6 müssen die Kriterien kumulativ erfüllt sein, wenn Fertigungsaufträge sowohl Merkmale von Festpreis- wie auch von Kostenzuschlagsverträgen aufweisen.

Als Prämissen für die Percentage-of-Completion-Methode nennt E-IFRS-KMU 22.17 die verlässliche Schätzung der Auftragserlöse und des Fertigstellungsgrades, der zukünftigen Kosten bis zur Fertigstellung des Auftrages sowie der Einbringlichkeit der Rechnungen, weil Verluste nach E-IFRS-KMU 22.26 sofort als Aufwand zu verbu-

---

[176] Vgl. PATZAK, K./KERSCHER-PREIS, B., in: BAETGE, J. et al., Kommentar, 2003, Teil B, IAS 11, Rz. 29-31.

5.3 Prüfung der Konzeption und Ausgestaltung des IFRS für KMU

chen sind. Die nach IAS 11.23 und IAS 11.24 noch fehlende Prämisse der eindeutigen Bestimmbarkeit und Bewertung der dem Vertrag zurechenbaren Kosten zum Vergleich mit früheren Schätzungen ergibt sich aus E-IFRS-KMU 22.21. Sämtliche Prämissen des IAS 11 sind auch für Abschnitt 22 verbindlich, dort aber weniger übersichtlich dargestellt. E-IFRS-KMU 22.25, wie auch IAS 11.32, bestimmen, dass bei nicht verlässlicher Schätzbarkeit von Auftragserlösen die Completed-Contract-Methode anzuwenden ist.

Ab IAS 11.25 bis IAS 11.35 folgen weitere Ausführungen zur Erfassung von Auftragserlösen und -kosten und zu deren verlässlichen Schätzbarkeit. Nur einzelne dieser Paragraphen finden sich in Abschnitt 22 wieder, z. B. IAS 11.30 zur Feststellung des Fertigstellungsgrades in E-IFRS-KMU 22.22. Alle anderen Paragraphen wurden nicht übernommen, so auch IAS 11.26 zum Grundsatz der sachlichen Abgrenzung oder IAS 11.35 zum Wechsel von der Completed-Contract-Methode zur Percentage-of-Completion-Methode, die weiterführende Erklärungen enthalten. Für einen geübten Anwender der IFRS dürften diese Erklärungen nicht unbedingt notwendig sein, fraglich ist aber, ob dies auch auf die Ersteller von Abschlüssen für kleine und mittelgroße Unternehmen zutrifft und somit tatsächlich alle Erläuterungen entbehrlich sind.

Die häufigen Hinweise in IAS 11 auf den IAS 11.36, der besagt, dass erwartete Verluste sofort als Aufwand zu erfassen sind, sind eher überflüssig. Im IFRS für KMU wird dieses Problem durch E-IFRS-KMU 22.26 bzw. E-IFRS-KMU 22.27 gelöst, die zum Abschluss des Abschnitts 22 vor den Vorschriften zu den Anhangangaben stehen.

Ursprünglich hatte das IASB für die Erlösrealisation bei Fertigungsaufträgen Vereinfachungen durch Streichung der Completed-Contract-Methode geplant, weil diese nach Ansicht von Adressaten weniger nützliche Informationen liefert als die Percentage-of-Completion-Methode. Eine Begründung dafür, warum diese Methode letztlich doch beibehalten wurde, nennt das IASB nicht; der plausibelste Grund ist, dass eine realistische Festsetzung von Auftragserlösen und -kosten bei nicht verlässlicher Ergebnisschätzung infolge eines nicht ermittelbaren Fertigstellungsgrades zu aufwendig bzw. unmöglich ist. In diesem Zusammenhang macht das IASB darauf aufmerksam, dass viele Unternehmen, für welche die Erlösrealisation bei Fertigungsaufträgen relevant ist, der Kategorie der kleinen und mittelgroßen Unternehmen angehören.[177]

Die Analyse der Unterabschnitte 17 bis 27 des Abschnitts 22 im Vergleich zum IAS 11 hat gezeigt, dass die im IFRS für KMU vorgenommenen Kürzungen – eigentlich unveränderter Inhalte der vollen IFRS – oft nicht angemessen sind. Ohne die Kenntnisse

---

[177] Vgl. IASB, Schlussfolgerungen, 2007, GS 99.

des IAS 11 ist Abschnitts 22 nicht anwendbar. Nur geübten Anwendern der IFRS dürften die Regelungen des Abschnitts 22 genügen, aber der IFRS für KMU soll ja gerade für kleine und mittelgroße Unternehmen, deren Abschlussersteller die vollen IFRS nicht kennen, als eigenständiges Regelwerk anwendbar und in seinem Umfang ausreichend sein.

5.3.3.3 Schlussfolgerungen zum Umfang des IFRS für KMU

Als Ergebnis kann festgestellt werden, dass ein Regelwerk im Umfang des IFRS für KMU wünschenswert wäre; sein faktisch notwendiger Umfang aber sehr viel größer ist. Querverweise sind entbehrlich, wurden aber beibehalten. Die Erstellung des Glossars statt redundanter Definitionen ist ein zu begrüßender und gelungener Schritt. Zu inhaltlichen Beeinträchtigungen kommt es nicht.

Die Neuschreibung einzelner Standards in verkürzter Form ist sehr sinnvoll. Redundante Inhalte entfallen, Beispiele stehen gesondert und übersichtlich im Anhang. Die Straffung der Inhalte trägt zur Verständlichkeit bei. Warum die Kürzungen und verbesserte Struktur jedoch im Rahmen der Entwicklung des IFRS für KMU und nicht in den vollen IFRS selbst vorgenommen werden, ist unverständlich.

Hinsichtlich der Kürzungen sind nicht alle Abschnitte positiv zu bewerten. Bei vielen fehlen wichtige Detailregelungen, deren Unkenntnis ihre Anwendung im Sinne der IFRS gefährden. Die Zuhilfenahme der vollen IFRS ist obligatorisch. Der Umfang des IFRS für KMU ist für eine sachgerechte Anwendung im Sinne der IFRS nicht ausreichend.

5.3.3.4 Beeinträchtigung der Gliederungsstruktur des HGB durch das BilMoG

Der von den Anwendern des HGB zu beachtende Kanon von Regelungen zur Erstellung eines Abschlusses ist im Vergleich zu den IFRS deutlich geringer. Das Dritte Buch des HGB gibt eine klare Gliederungsstruktur vor.[178] Der Umfang der anzuwendenden Rechnungslegungsnormen ist je nach Rechtsform und Größe des Unternehmens unterschiedlich und hängt außerdem davon ab, ob ein Einzel- oder Konzernabschluss erstellt wird.

Der erste Abschnitt des HGB enthält Vorschriften für alle Kaufleute, zu beachten sind die §§ 238 bis 263 HGB, im zweiten Abschnitt folgen ergänzende Vorschriften für haftungsbeschränkte Rechtsformen, zum einen Kapitalgesellschaften und zum anderen

---

[178] Zum Aufbau des Dritten Buches des HGB siehe ausführlich BITZ, M./SCHNEELOCH, D./WITTSTOCK, W., Jahresabschluß, 2003, S. 105-112; SCHULZE-OSTERLOH, J., in: HdJ, 1984/2008, Abt. I/1, Rn. 1-146.

bestimmte, in § 264a HGB benannte Personenhandelsgesellschaften. Der zweite Abschnitt umfasst die §§ 264 bis 335 HGB, nur der erste Unterabschnitt, bis § 289 HGB, betrifft den Einzelabschluss, der zweite Unterabschnitt den Konzernabschluss. Danach folgen weitere ergänzende Vorschriften für Genossenschaften und Unternehmen bestimmter Geschäftszweige, auf die nur der Vollständigkeit halber hingewiesen wird. Die Regelungen für den Einzelabschluss sind im Vergleich zu denen für Konzernabschlüsse weit eingeschränkter. Nur diese sind für die weitere Untersuchung von Bedeutung.

Das BilMoG hat den Umfang des HGB in formeller Hinsicht nur geringfügig verändert, die Anzahl der Paragraphen ist annähernd gleich geblieben. Einzelne Paragraphen haben sich jedoch, wie § 285 HGB zu den Anhangangaben,[179] um ein Vielfaches verlängert. Fraglich ist, ob dem stringenten modularen Aufbau weiterhin gefolgt wird und Anwender und Adressaten sich wie bisher auf „ihren" Paragraphenkanon verlassen können. Durchbrechungen führen zu Verunsicherungen.

So dürfte z. B. die Regelung des § 253 Abs. 1 Satz 3 HGB zu den Altersversorgungspflichten bei den Kaufleuten, die in der Kategorie „alle Kaufleute" nur den Kanon der §§ 238 bis 263 HGB zu beachten haben, für Verwirrung sorgen. Sie lautet: „Soweit sich die Höhe von Altersversorgungsverpflichtungen ausschließlich nach dem beizulegenden Zeitwert von Wertpapieren im Sinn des § 266 Abs. 2 A.III.5 HGB bestimmt, sind Rückstellungen ..." Die Gliederungsstruktur des Dritten Buches des HGB wurde vom Gesetzgeber offensichtlich missachtet. Der Verweis auf § 266 HGB stört seinen stringenten modularen Aufbau. Die Gliederungsvorschrift für die Bilanz gehört nicht zum Kanon der Paragraphen, die für alle Kaufleute verbindlich sind.[180]

5.3.3.5 Zwischenergebnisse

Während der IFRS für KMU im Vergleich zu den vollen IFRS übersichtlich wirkt, täuschen die 254 Seiten nur über einen faktisch weit größeren Umfang hinweg. Der finale Standard wird mehr als 254 Seiten haben und faktisch ebenso wenig ausreichen.

Das HGB ist klar strukturiert. Es zeichnet sich grundsätzlich dadurch aus, dass nicht jeder Anwender alle Paragraphen, sondern nur den entsprechend anzuwendenden Kanon kennen muss. Die aufgezeigte Durchbrechung des streng modularen Aufbaus

---

[179] Statt 19 Nummern, wie § 285 HGB a. F., hat dieser nun 29 Nummern.
[180] LÜDENBACH und HOFFMANN identifizierten im Regierungsentwurf noch andere Störungen, die jedoch vor Verabschiedung des BilMoG weitgehend beseitigt wurden. Dies betraf die §§ 246 Abs. 1 Satz 1 HGB-RegE, 253 Abs. 2 Satz 4 HGB-RegE und 285 Nr. 27 HGB-RegE. Zu detaillierten Ausführungen siehe LÜDENBACH, N./HOFFMANN, W.-D., Gliederung, 2008, S. 2205 f.

ist unverständlich. Der Gesetzgeber hätte sie vermeiden sollen, denn sie wäre durchaus vermeidbar gewesen.

5.3.4 Prinzipien anstelle von Einzelfallregeln

5.3.4.1 Prinzipienorientierung der IFRS und des HGB

Unter Prinzipienorientierung wird im Rahmen der IFRS die „Priorität des Gebots zur informativen Gestaltung des Jahresabschlusses über die sklavische Befolgung der Regeln"[181] verstanden. Bei Anwendung der Einzelfallregeln ist dem *overriding principle* eine übergeordnete Priorität einzuräumen. Prinzipien enthalten konzeptionelle Hinweise, deren Befolgung im Rahmen eines gewissen Auslegungsspielraums gewährleistet werden kann.[182]

Dieses Begriffsverständnis ist jedoch weit von dem entfernt, was kontinentaleuropäische Rechnungslegungssysteme unter Prinzipienorientierung verstehen. Das gesamte handelsrechtliche Rechnungslegungssystem beruht auf einem sorgfältig entwickelten und bilanztheoretisch fundierten Konzept von Prinzipien, den GoB. Sie bilden ein „wohldurchdachtes geschlossenes System von Grundsätzen ordnungsmäßiger Buchführung und Bilanzierung"[183]. Die GoB enthalten neben übergeordneten eine Fülle konkretisierender Grundsätze und letztendlich Regeln, die Einzelfälle der Rechnungslegung normieren.[184] Eine vergleichbare theoretische Basis fehlt den IFRS.[185]

5.3.4.2 Prinzipien- und regelorientierte Rechnungslegungssysteme

Prinzipien und Einzelfallregeln bilden die beiden Pole eines Kontinuums. Sie sind nicht als Alternativen anzusehen,[186] sondern prägen die verschiedenen Rechnungslegungssysteme in unterschiedlichem Maße. Diese werden nach der jeweiligen Intensität ihrer Prägung entweder als stärker prinzipienorientiert, und entsprechend kontinentaleuropäisch, oder als stärker regelorientiert, und entsprechend angloamerikanisch, charakterisiert. Die Übergänge sind fließend. Abbildung 5/2 verdeutlicht dies.

---

[181] SCHILDBACH, T., Prinzipienorientierung, 2003, S. 248.
[182] Vgl. WATRIN, C./STROHM, C., Paradigmenwechsel, 2006, S. 124.
[183] SCHNEELOCH, D., IFRS, 2008, S. 553.
[184] Vgl. LANG, J., in: Handwörterbuch Bilanzrecht, 1986, S. 222.
[185] Vgl. MOXTER, A., Meinungen, 2003, S. 488; SCHILDBACH, T., Prinzipienorientierung, 2003, S. 257; BALLWIESER, W., Konzeptionslosigkeit, 2005, S. 729.
[186] Vgl. SCHILDBACH, T., Prinzipienorientierung, 2003, S. 263; LÜDENBACH, N./HOFFMANN, W.-D., in: Haufe IFRS-Kommentar, 2009, § 1, Rz. 51.

5.3 Prüfung der Konzeption und Ausgestaltung des IFRS für KMU

Das HGB und die US-GAAP sind den entsprechenden Polen zuzuordnen, die IFRS sind in ihrer Prägung eher einzelfallbezogen, jedoch nicht in dem Ausmaß wie die US-GAAP. Die IFRS sind ebenfalls prinzipienorientiert, im Vergleich zum HGB aber mit vielen Einzelfallregelungen untermauert. Die Regelorientierung der IFRS ist sehr viel stärker als ihre Prinzipienorientierung.

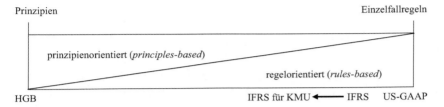

Abbildung 5/2: Das Kontinuum prinzipien- und regelorientierter Rechnungslegungssysteme[187]

- Das HGB ist geprägt von geringer Regel- und hoher Prinzipienorientierung.
- Die US-GAAP sind geprägt von hoher Regel- und geringer Prinzipienorientierung.
- Die Prägung der IFRS ist mehr regel- als prinzipienorientiert, weshalb die IFRS in der Abbildung näher am Pol der Einzelfallregeln eingetragen wurden als am Pol der Prinzipien. Genaue Intensitäten können nicht bestimmt werden.
- Die Prinzipienorientierung des IFRS für KMU soll im Vergleich zu den vollen IFRS gesteigert werden, was in der Abbildung durch den Pfeil dargestellt wird und bedeutet, dass sich der IFRS für KMU weiter vom Pol der Einzelfallregeln entfernen und gleichzeitig auf den Pol der Prinzipien zubewegen soll.

Um herauszufinden, ob Prinzipien- oder Regelorientierung ein Rechnungslegungssystem bestimmen, ist die Bedeutung von Prinzipien und Einzelfallregeln auf den folgenden drei Ebenen zu prüfen:

---

[187] Ein ähnliches Kontinuum findet sich bei WAGENHOFER, jedoch werden nicht die Prinzipien- und Regelorientierung als Charakteristika verwendet, sondern die Notwendigkeit von Kommentierungen und autoritativen Verlautbarungen gegenübergestellt. Die Systeme der Rechnungslegung, HGB, IFRS und US-GAAP, stehen dann an ähnlicher Stelle, denn für prinzipienorientierte Standards sind Kommentierungen und Auslegungen (Kaufmannsbrauch) unentbehrlich, während in angloamerikanischen Rechnungslegungssystemen stattdessen autoritative Verlautbarungen, insbesondere ausführliche Standards und IFRICs bzw. SICs stehen; vgl. WAGENHOFER, A., Internationale Rechnungslegungsstandards, 2009, S. 88.

1. Regelungsprozess (Regelsetzungsprozess)[188]
2. Regelungsgehalt (Regelgehalt)
3. Regelungsanwendung (Regelanwendung)

Im Rahmen des Regelungsprozesses verabschiedet der Gesetzgeber bzw. Standardsetter eines prinzipienorientierten Rechnungslegungssystems neue Regelungen auf Basis allgemein verbindlicher Prinzipien. Gefolgt wird der Devise „(Einzelfall-)Regeln nach Prinzipien", unsystematische Einzelentscheidungen sollen u. a. durch die Abschaffung von Ausnahmen, wie auch Wahlrechten, vermieden oder zumindest reduziert werden.

Der Regelungsgehalt sollte weniger kasuistischer Natur als vielmehr von hoher Konsistenz sein. In der Umsetzung heißt dies, dass statt Einzelfallregeln mehr Prinzipien zugrunde gelegt werden sollen, entsprechend der Forderung „Mehr Prinzipien, weniger (Einzelfall-)Regeln". Problematisch ist in diesem Zusammenhang ihr unverbindlicher Charakter, der allerdings unvermeidbar ist. Wie bereits festgestellt, gibt es kein operationalisierbares Maß an Detaillierung von Prinzipien und Einzelfallregeln. Erläuterungen, die dazu dienen, Prinzipien zu konkretisieren, sind unentbehrlich.[189]

Bei der Regelungsanwendung sind weniger die Buchstabentreue als vielmehr übergeordnete Prinzipien für Ansatz und Bewertung ausschlaggebend oder in anderer Formulierung: „Geist und Absicht" der Rechnungslegung ist eine höhere Priorität beizumessen als der Einhaltung spezieller Regeln. Von diesen darf zugunsten übergeordneter Prinzipien abgewichen werden. „Prinzipien vor (Einzelfall-)Regeln" lautet der Grundsatz. Seine Umsetzung stellt an das fachkundige Urteilsvermögen (*professional judgement*) der Bilanzierenden höhere Ansprüche als bei alleiniger Regelorientierung.[190]

---

[188] LÜDENBACH und HOFFMANN verwenden bei Entwicklung ihres Stufenmodells originär die in Klammern stehenden Begriffe, vgl. LÜDENBACH, N./HOFFMANN, W.-D., Objektive-oriented Accounting, 2003, S. 390 f. In später veröffentlichter Literatur stehen die erstgenannten Begriffe; vgl. LÜDENBACH, N./HOFFMANN, W.-D., in: Haufe IFRS-Kommentar, 2009, § 1, Rz. 45, Abbildung 2. Um Missverständnisse zu vermeiden, wird diesem Sprachgebrauch gefolgt, damit sprachlich eine deutliche Differenzierung zwischen „Regel" (i. S. v. regelorientiert) und „Regelung" (i. S. v. prinzipienorientiert) erkennbar ist.

[189] LÜDENBACH und HOFFMANN erläutern das Problem auf ihre Weise am Beispiel der Notwendigkeit von Ober-, Mittel- und Untersätzen für Verbote des Zusammenlebens. Obersätzen, d. h. Prinzipien, wie „Schädige und gefährde keinen anderen", müssen weitere Erläuterungen folgen. Es gibt Mittelsätze, die keiner weiteren Konkretisierung bedürfen, wie das Verbot „Du sollst nicht stehlen". Für andere Mittelsätze jedoch, z. B. „Du sollst beim Autofahren nicht rasen", ist eine Umsetzung ohne detailliertere Regeln, wie die Beschränkung auf 50 km/h in der Ortschaft, nicht haltbar. Zu regeln sind außerdem Einzelfälle, wie mit Blaulicht fahrende Krankenwagen oder Feuerwehr; vgl. LÜDENBACH, N./HOFFMANN, W.-D., in: Haufe IFRS-Kommentar, 2009, § 1, Rz. 49 f.

[190] Vgl. RUHNKE, K., Rechnungslegung, 2008, S. 54.

5.3 Prüfung der Konzeption und Ausgestaltung des IFRS für KMU

Als abschließende Zusammenfassung und Grundlage der folgenden Gliederungspunkte soll die Abbildung von NORBERT LÜDENBACH und WOLF-DIETER HOFFMANN[191] dienen, die dieses Stufenmodell entworfen haben. Die Abbildung wurde in Anbetracht der hier dargestellten Inhalte modifiziert.

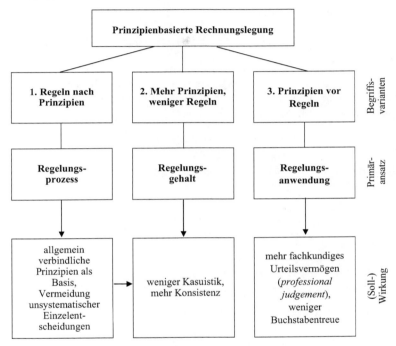

Abbildung 5/3: Prinzipienbasierte Rechnungslegung[192]

---

[191] Vgl. LÜDENBACH, N./HOFFMANN, W.-D., Objektive-oriented Accounting, 2003, S. 391 und S. 390-398 sowie LÜDENBACH, N./HOFFMANN, W.-D., in: Haufe IFRS-Kommentar, 2009, § 1, Rz. 46-54 zu den vorhergehenden beschreibenden Texten.

[192] LÜDENBACH und HOFFMANN zeigen einen weiteren Strang, Begriffsvariante „Prinzipien statt Regeln", der ebenfalls dem Primäransatz des Regelungsgehalts zuzuordnen ist. Im Rahmen der IFRS ist eine solche Lösung abzulehnen, weil sie nicht praktikabel ist, denn sie würde vom Vorsichtsprinzip – und daraus folgend, wie bei der handelsrechtlichen Rechnungslegung, vom Imparitätsprinzip – bestimmt. In dem hier fokussierten Zusammenhang würde dieser Strang zu keinen zusätzlichen Erkenntnissen führen und wurde folglich weggelassen; vgl. dazu LÜDENBACH, N./HOFFMANN, W.-D., in: Haufe IFRS-Kommentar, 2009, § 1, Rz. 47.

Die Prinzipienorientierung ist dann erfüllt, wenn die Prinzipien auf allen drei Ebenen oberste Priorität haben. Die Prinzipienorientierung setzt also nicht erst auf der Ebene der Regelungsanwendung an, wie bei den vollen IFRS, sondern bestimmt den Regelungsprozess, den Regelungsgehalt und die Regelungsanwendung.

5.3.4.3 Paradigmenwechsel im IFRS für KMU

5.3.4.3.1 Überblick

Anwender und Adressaten fordern prinzipienorientierte Standards mit eindeutiger Zielsetzung und zielführenden Erklärungen, ohne die Notwendigkeit vieler differenzierter kasuistischer Regeln.[193] Die Prinzipienorientierung des IFRS für KMU soll im Vergleich zu den vollen IFRS gesteigert werden.

Die bisherigen Untersuchungen haben gezeigt, dass die Erstellung eines Glossars im IFRS für KMU statt der redundanten Definitionen in den vollen IFRS[194] sowie die Auslassung von Erläuterungen und Beispielen[195] einen ersten Schritt zur Steigerung der Prinzipienorientierung darstellen. Für eine Steigerung der Prinzipienorientierung im Sinne der Anwender, die sich am HGB orientieren, reichen diese Maßnahmen bei Weitem nicht aus.

Zur Steigerung der Prinzipienorientierung des IFRS für KMU gegenüber der vollen IFRS müssten die Prinzipien im Vergleich zu den Einzelfallregeln auf allen drei Ebenen von deutlich größerer Bedeutung sein. Das IASB glaubt, dieses Ziel mit den folgenden Maßnahmen zu erreichen:

- Aufhebung der Sonderstellung des Rahmenkonzepts durch Integration in den Standard,
- Verringerung der Kasuistik und Verbesserung der Konsistenz durch Einbindung der Konzepte und grundlegenden Prinzipien und
- Abweichung von Einzelfallregeln bei Impraktikabilität zugunsten der Adressaten und ihrer Bedürfnisse oder zugunsten der wirtschaftlichen Betrachtungsweise (*substance over form*), um die Zielsetzung der IFRS besser zu erreichen (*overriding principle*).

---

[193] Vgl. PEEMÖLLER, V., in: EPSTEIN, B. J./JERMAKOWICZ, E. K., Wiley-Kommentar, 2009, Abschnitt 1, Rz. 74.
[194] Vgl. Gliederungspunkt 5.3.3.2.2.
[195] Vgl. Gliederungspunkt 5.3.3.2.3.2.

5.3 Prüfung der Konzeption und Ausgestaltung des IFRS für KMU

Erfüllt sein müssen jedoch auch die folgenden Bedingungen:

- Eine Steigerung der Prinzipienorientierung auf der Ebene des Regelungsprozesses muss deutlich erkennbar sein.

- Eine Übernahme der Konzepte und grundlegenden Prinzipien allein reicht nicht aus, ihr Stellenwert auf der Ebene des Regelungsgehalts ist entscheidend. Ergänzende Erklärungen zur Anwendung sind unbedingt erforderlich, weil deren Durchsetzungsvermögen sonst nicht messbar ist.

- Die hierarchisch übergeordneten Prinzipien sind auf der Ebene der Regelungsanwendung von materieller Bedeutung.

Zum besseren Verständnis wird in den folgenden Gliederungspunkten zumeist erst auf die vollen IFRS eingegangen, um die Erfüllung der Bedingungen im anschließenden Vergleich mit dem IFRS für KMU zu beurteilen.

5.3.4.3.2 Regelungsprozess auf Basis allgemein verbindlicher Prinzipien

Dem Paragraphen 2 des Rahmenkonzepts ist zu entnehmen, dass dieses keine Grundsätze für Fragen der Bewertung formuliert. Die Inhalte der Standards sind vorrangig, das Rahmenkonzept gilt nicht als Standard und ist in seiner Bedeutung subsidiär.[196]

In Paragraph 3 des Rahmenkonzepts ist zu lesen, dass sich das IASB bei der Ausarbeitung künftiger Standards sowie bei der Überprüfung bestehender am Rahmenkonzept, d. h. an seinen Prinzipien, orientiert. Es fungiert als konzeptionelle Grundlage für die Entwicklung neuer Standards.[197] Das Rahmenkonzept wurde im Jahr 1989 zur Veröffentlichung freigegeben,[198] so dass nach aktuellem Stand kaum noch Konflikte zwischen Rahmenkonzept und einzelnen Standards bestehen dürften, denn – mit Ausnahme des IAS 20 und IAS 26 – traten sämtliche Standards in ihrer aktuell gültigen Fassung erst nach 1989 in Kraft.

Die im Rahmenkonzept aufgestellten Prinzipien bilden die allgemein verbindlichen Prinzipien für den Regelungsprozess,[199] jedoch lediglich als Ausgangsbasis und nicht als

---

[196] Vgl. WAGENHOFER, A., Internationale Rechnungslegungsstandards, 2009, S. 125.
[197] Vgl. WOLLMERT, P./ACHLEITNER, A.-K., Konzeptionelle Grundlagen, 1997, S. 209 f.; ADLER, H./DÜRING, W./SCHMALTZ, K., Rechnungslegung international, 2002, Abschnitt 1, Rz. 19; LÜDENBACH, N./HOFFMANN, W.-D., in: Haufe IFRS-Kommentar, 2009, § 1, Rz. 1-3, vergleichbar der Bedeutung des *conceptual framework* für die US-GAAP; vgl. ADLER, H./DÜRING, W./SCHMALTZ, K., Rechnungslegung international, 2002, Abschnitt 1, Rz. 27.
[198] Vgl. EU-Kommission, Kommentare zu bestimmten Artikeln der Verordnung (EG) Nr. 1606/2002, Anhang.
[199] Vgl. WAGENHOFER, A., Internationale Rechnungslegungsstandards, 2009, S. 125.

bereits verbindlich zu befolgende Grundsätze.[200] Verpflichtend sind seine Grundsätze, wie die qualitativen Kriterien (*qualitative characteristics*), der Grundsatz der Vermittlung eines den tatsächlichen Verhältnissen entsprechenden Bildes der Vermögens-, Finanz- und Ertragslage (*fair presentation*) oder der Grundsatz der Periodenabgrenzung (*accrual basis*), nur dann, wenn sie im Rahmen eines Standards bestätigt werden. Als Beispiel seien genannt: IAS 1.7[201] für das qualitative Kriterium der Wesentlichkeit (*materiality*), IAS 8.10 (b) (ii) und IAS 17.10[202] für die wirtschaftliche Betrachtungsweise (*substance over form*), IAS 1.15 bis IAS 1.24[203] für den Grundsatz der Vermittlung eines den tatsächlichen Verhältnissen entsprechenden Bildes der Vermögens-, Finanz- und Ertragslage oder IAS 18.30 (b)[204] zum Grundsatz der Periodenabgrenzung.[205]

Darin unterscheidet sich der IFRS für KMU von den vollen IFRS. Der Verbindlichkeitsgrad der genannten und anderer Prinzipien des Rahmenkonzepts ist für kleine und mittelgroße Unternehmen höher, denn sie sind im Wesentlichen Bestandteile des Abschnitts 2.[206] Abschnitt 2 nimmt keine dem Rahmenkonzept ähnliche Sonderstellung ein.

Als Ergebnis ist festzuhalten, dass die Konzepte und grundlegenden Prinzipien im Rahmen des IFRS für KMU in höherem Maße verbindlich sind.[207] Die durch die Sonderstellung des Rahmenkonzepts verbleibende Subsidiarität wurde aufgehoben. Eine Steigerung der Prinzipienorientierung im Vergleich zu den vollen IFRS ist gegeben. Konkretisiert werden die Konzepte und grundlegenden Prinzipien im Rahmen des folgenden Gliederungspunktes.

Für die Vermeidung unsystematischer Einzelentscheidungen, die z. B. durch Abschaffung von Wahlrechten erreicht werden könnten, trifft das Ergebnis der Verbesserung der Prinzipienorientierung nicht zu. Die vom IASB verteidigte Beibehaltung der Wahlrechte ist auch auf diesem Hintergrund völlig unverständlich.

---

[200] Vgl. BOHL, W., in: Beck'sches IFRS-Handbuch, 2006, § 1, Rz. 14.

[201] Vgl. IAS 1.7 mit den Paragraphen 29 und 30 des Rahmenkonzepts.

[202] Vgl. IAS 8.10 (b) (ii) und IAS 17.10 mit dem Paragraphen 35 des Rahmenkonzepts.

[203] Vgl. IAS 1.15 bis IAS 1.24 mit den Paragraphen 15 bis 20 des Rahmenkonzepts.

[204] Vgl. IAS 18.30 (b) mit dem Paragraphen 22 des Rahmenkonzepts.

[205] Die hier genannten Beispiele stehen stellvertretend für viele; vgl. auch ADLER, H./DÜRING, W./SCHMALTZ, K., Rechnungslegung international, 2002, Abschnitt 1, Rz. 20; PREIßLER, G., Prinzipienbasierung, 2002, S. 2390.

[206] Siehe zu den qualitativen Kriterien E-IFRS-KMU 2.2 bis E-IFRS-KMU 2.11, zum Grundsatz der Vermittlung eines den tatsächlichen Verhältnissen entsprechenden Bildes der Vermögens-, Finanz- und Ertragslage E-IFRS-KMU 3.1 i. V. m. Abschnitt 2 und zum Grundsatz der Periodenabgrenzung E-IFRS-KMU 2.33.

[207] Vgl. HALLER, A./BEIERSDORF, K./EIERLE, B., ED-IFRS for SMEs, 2007, S. 544.

5.3.4.3.3 Regelungsgehalt der Konzepte und grundlegenden Prinzipien

Der IFRS für KMU und die vollen IFRS basieren auf den gleichen Konzepten und grundlegenden Prinzipien. Die Inhalte des Rahmenkonzepts wurden nicht als gesondertes Rahmenkonzept, sondern direkt in die Abschnitte des IFRS für KMU integriert, insbesondere in den Abschnitt 2. Sie gelten unmittelbar als Grundsätze der Bilanzierung und Bewertung. Aufgrund ihrer besonderen Bedeutung bei der Behandlung von Regelungslücken wird darauf zuerst eingegangen. Im Anschluss werden einzelne Prinzipien auf ihre Anwendbarkeit hin überprüft.

Das bei Regelungslücken zu befolgende dreistufige Hierarchiemodell wurde bereits dargestellt.[208] Auf seine Zweckmäßigkeit, die im Rahmen dieses Gliederungspunktes zu hinterfragen ist, wurde dort noch nicht eingegangen. Ähnlich dem IAS 8.10 stellt das IASB auch den Anweisungen für das Vorgehen bei Regelungslücken im IFRS für KMU den Hinweis zur Beachtung der qualitativen Kriterien in E-IFRS-KMU 10.2 voran. Durch die Sonderstellung des Rahmenkonzepts ist die Bestätigung der qualitativen Kriterien in den Standards notwendig, nicht jedoch im IFRS für KMU. Durch ihre Aufnahme in Abschnitt 2 wurde ihnen der Status von Grundsätzen der Bilanzierung und Bewertung verliehen. Entweder will das IASB die Bedeutung der Kriterien besonders hervorheben, oder die Überlegungen zu deren Bedeutungswandel blieben unberücksichtigt.

Der gleiche Eindruck drängt sich bei E-IFRS-KMU 10.3 auf. Auf der ersten Hierarchiestufe sind Vorschriften und Leitlinien zu beachten, die ähnliche und verwandte Sachverhalte behandeln. Erst auf der zweiten Hierarchiestufe wird auf die Inhalte des Abschnitts 2 verwiesen.[209] Die Anwendung anderer Einzelfallregeln wird den Prinzipien damit vorangestellt. Es wird eine Rangfolge der Abschnitte festgelegt. Die grundlegenden Prinzipien stehen am Ende der Rangfolge statt, wie für ein prinzipienorientiertes Rechnungslegungssystem zu erwarten wäre, am Anfang. Ihre Bedeutung wird somit abgeschwächt. Eine Verschiebung hin zu „Mehr Prinzipien, weniger (Einzelfall-)Regeln" bleibt aus.

Zur Verbesserung der Prinzipienorientierung wäre es sinnvoller gewesen, die Inhalte des Abschnitts 10 zu den Bilanzierungs- und Bewertungsmethoden – wie auch die Inhalte einiger anderer Abschnitte, z. B. die Behandlung von Wertminderungen in Abschnitt 26 – mit denen des Abschnitts 2 als Konzepte und grundlegenden Prinzipien

---

[208] Vgl. Gliederungspunkt 5.3.2.2.4.

[209] Vgl. IASB, Schlussfolgerungen, 2007, GS 56 (c).

zusammenzufassen.[210] Das IASB folgt primär der Gliederung der vollen IFRS, statt die Prinzipienorientierung zu steigern.

Die Abschnitte stehen in ähnlicher Reihenfolge wie die Standards. Die Standards der vollen IFRS werden nach der Reihenfolge ihrer Verabschiedung nummeriert. Prinzipienorientierte Rechnungslegungssysteme besitzen grundsätzlich eine sachliche Ordnung. Eine thematische Gestaltung des IFRS für KMU wurde beabsichtigt, jedoch nicht umgesetzt.

Bei einem Vergleich der Erklärungen und Einzelfallregeln zu den Prinzipien im IFRS für KMU mit den vollen IFRS ist festzustellen, dass die Anwendung der Prinzipien durch fehlende Erläuterungen eher noch erschwert wird. Als nachweisliches Beispiel dieser Behauptung soll die grundlegende Definition des E-IFRS-KMU 2.12 (a) zum Vermögenswert, die aus Paragraph 49 (a) des Rahmenkonzepts übernommen wurde, auf seine Anwendbarkeit hin überprüft werden.

Eine Ressource ist dann als Vermögenswert anzusehen, wenn sie in der Verfügungsmacht des Unternehmens steht, generell unabhängig von Erwerb und zivilrechtlichem Eigentum. Zwei weitere Prämissen müssen erfüllt sein, nämlich die, dass die Ressource ein Ergebnis von Ereignissen in der Vergangenheit darstellt und dass dem Unternehmen ein aus der Ressource resultierender künftiger wirtschaftlicher Nutzen zufließen wird.[211] Zur Erläuterung eines künftigen wirtschaftlichen Nutzens dient E-IFRS-KMU 2.26. Die Beispiele für die Art und Weise, in der dem Unternehmen ein künftiger wirtschaftlicher Nutzen zufließen kann, die in Paragraph 55 des Rahmenkonzepts stehen, fehlen. Ebenso fehlen Erläuterungen zum Ergebnis von Ereignissen der Vergangenheit. In Paragraph 58 des Rahmenkonzepts wird darüber hinaus ausgeführt, dass auch Geschäftsvorfälle ohne Kauf oder Produktion, z. B. der Erhalt von Grundstücken und Bauten vom Staat als Teil eines Förderprogramms, zu Ressourcen führen können, die ein Ergebnis von Ereignissen der Vergangenheit sind.

Wäre der IFRS für KMU ein wirklich prinzipienorientierter Standard mit fundierter theoretischer Basis, würden die Ausführungen im IFRS für KMU genügen. Da dies aber nicht der Fall ist, sind detaillierte Regeln – wie in den vollen IFRS – notwendig. Die Ausführungen im Rahmenkonzept sind, wenngleich sehr viel umfangreicher, wesentlich

---

[210] Diesen Vorschlag machen HALLER, A./BEIERSDORF, K./EIERLE, B., ED-IFRS for SMEs, 2007, S. 54.

[211] Vgl. ausführlich zu den einen Vermögenswert charakterisierenden Kriterien z. B. ADLER, H./DÜRING, W./SCHMALTZ, K., Rechnungslegung international, 2002, Abschnitt 1, Rz. 145-148; BAETGE, J. et al., in: BAETGE, J. et al., Kommentar, 2003, Teil A, Kapitel II, Rz. 70-74; BAETGE, J./KIRSCH, H.-J./THIELE, S., Bilanzen, 2007, S. 184 f.; HEUSER, P. J./THEILE, C., IFRS Handbuch, 2007, Kapitel B, Rz. 301-304.

verständlicher. Der IFRS für KMU ist in seinem Wesen nicht prinzipienorientiert und als regelorientiertes Rechnungslegungssystem nicht ausreichend, um von einem kleinen oder mittelgroßen Unternehmen sachgerecht angewendet werden zu können.

5.3.4.3.4 Abweichung von Einzelfallregeln zugunsten übergeordneter Prinzipien bei Regelungsanwendung

Bei Aufstellung des Abschlusses nach IFRS ist eine Abweichung von Einzelfallregeln zugunsten übergeordneter Prinzipien (*overriding principles*) nach IAS 1.19 bzw. E-IFRS-KMU 3.3 nur in äußert seltenen Fällen (*extremely rare circumstances*) gestattet. Wann ein solch seltener Fall vorliegt, bestimmt die Geschäftsführung. Das Vorhandensein eines, wenn auch beschränkten Ermessensspielraums ist bei Befolgung dieses Paragraphen bzw. Unterabschnitts nicht zu leugnen. Als übergeordnete Prinzipien gelten dabei der Grundsatz der Wesentlichkeit, der Kosten-Nutzen-Aspekt, die Zeitnähe bei Abwägung der Kriterien Relevanz und Verlässlichkeit und vor allem die Befolgung der Zielsetzung, die Vermittlung eines den tatsächlichen Verhältnissen entsprechenden Bildes.[212] Zu betrachten ist auch der Grundsatz der wirtschaftlichen Betrachtungsweise, wenngleich diesem nicht der Status eines Prinzips zukommt.

Zum Grundsatz der Wesentlichkeit in E-IFRS-KMU 2.4 wurden die Ausführungen des Paragraphen 30 des Rahmenkonzepts und des IAS 8.8 zusammengefasst. Es fehlt jedoch der Hinweis des IAS 8.8, dass spezielle Regeln nicht angewendet werden müssen, wenn die Auswirkung ihrer Anwendung unwesentlich ist.[213] Demnach soll der Wesentlichkeitsgrundsatz als übergeordnetes Prinzip bei den Anwendern des IFRS für KMU keine besondere Beachtung finden.

Um den Anwendern die Einhaltung der Kosten-Nutzen-Relation zu ermöglichen, finden sich im IFRS für KMU sog. Impraktikabilitätsklauseln.[214] Diese besagen, dass eine spezifische Norm nicht erfüllt werden muss, sofern sie „nicht praktikabel, nicht mit vertretbarem Aufwand bestimmbar"[215] (*impracticable to do*) ist. Im Glossar findet sich die Umschreibung: „Die Anwendung einer Vorschrift gilt dann als undurchführ-

---

[212] Vgl. ausführlich LÜDENBACH, N./HOFFMANN, W.-D., in: Haufe IFRS-Kommentar, 2009, § 1, Rz. 64-78.

[213] Bis 2002 enthielt jeder Standard einen einleitenden Hinweis, dass dieser „nicht auf unwesentliche Sachverhalte angewendet zu werden" brauche; vgl. LÜDENBACH, N./HOFFMANN, W.-D., in: Haufe IFRS-Kommentar, 2009, § 1, Rz. 67.

[214] Vgl. HALLER, A./BEIERSDORF, K./EIERLE, B., ED-IFRS for SMEs, 2007, S. 541.

[215] Diese Übersetzung findet sich bei BISCHOF, S./MOLZAHN, S., in: BAETGE, J. et al., Kommentar, 2003, Teil C, Anhang III. HALLER, BEIERSDORF und EIERLE übersetzen „sofern nicht durchführbar oder wirtschaftlich nicht vertretbar"; vgl. HALLER, A./BEIERSDORF, K./EIERLE, B., ED-IFRS for SMEs, 2007, S. 541, Fn. 17.

bar, wenn sie trotz aller vernünftigen Anstrengungen des Unternehmens nicht angewendet werden kann." Wenngleich Impraktikabilitätsklauseln im IFRS für KMU deutlich öfter zu finden sind als in den vollen IFRS, ist ihre Bedeutung doch gering, so z. B. die Angabe der Auswirkungen von Schätzungen auf zukünftige Perioden nach E-IFRS-KMU 10.16 f.[216] Es werden zwar Vereinfachungen geschaffen, aber zumeist wenig bedeutende. Bestimmt werden Ausnahmefälle, eine grundsätzliche Anwendung, wie für Prinzipien angemessen, ist nicht vorgesehen.

Zum Kriterium der Zeitnähe und der anstehenden Entscheidung des Bilanzierenden über den Vorzug von Relevanz oder Verlässlichkeit wurde die Forderung des Paragraphen 43 des Rahmenkonzepts, dass als übergeordnete Überlegung die Bedürfnisse der Adressaten im Hinblick auf für sie notwendige entscheidungsnützliche Informationen ausschlaggebend sind, in E-IFRS-KMU 2.10 übernommen. Dass eine solche Entscheidung letztendlich der fachkundigen Beurteilung (*professional judgement*) bedarf und damit im Ermessen des Bilanzierenden liegt, wie in Paragraph 45 des Rahmenkonzepts nachzulesen ist, wird im IFRS für KMU nicht erwähnt.

Zur Befolgung der in E-IFRS-KMU 3.1 geforderten Vermittlung eines den tatsächlichen Verhältnissen entsprechenden Bildes wurden die entsprechenden Paragraphen 16 bis 24 des IAS 1 in E-IFRS-KMU 3.2 bis E-IFRS-KMU 3.6, unter Auslassung einiger zusätzlicher Erklärungen, übernommen. Die Aussage des E-IFRS-KMU 3.2 lautet, wie auch im Zusammenhang der vollen IFRS, in übertragenem Sinne: Der Abschluss steht nur dann im Einklang mit dem IFRS für KMU, wenn er alle Einzelfallregeln befolgt, d. h. sämtliche Anforderungen dieses Standards erfüllt. Daraus folgt, dass das *overriding principle* von eher konzeptioneller als praktischer Bedeutung ist.[217]

Die wirtschaftliche Betrachtungsweise (*substance over form*)[218] hat oberste Priorität. Die aus Paragraph 35 des Rahmenkonzepts in E-IFRS-KMU 2.6 übernommene Definition kann im Rahmen der Regelungsanwendung wie folgt übertragen werden: Bei Bilanzierung und Bewertung von Geschäftsvorfällen ist deren wirtschaftlicher Gehalt

---

[216] Weitere Beispiele finden sich in E-IFRS-KMU 3.10 f., E-IFRS-KMU 9.11 und E-IFRS-KMU 9.22, E-IFRS-KMU 10.10, E-IFRS-KMU 10.11 (d), E-IFRS-KMU 10.12 (e), E-IFRS-KMU 10.21 f., E-IFRS-KMU 10.23 (d), E-IFRS-KMU 18.23 (i) f., E-IFRS-KMU 20.15 f., E-IFRS-KMU 26.3, E-IFRS-KMU 36.3, E-IFRS-KMU 37.2 und E-IFRS-KMU 38.9.

[217] Vgl. WAGENHOFER, A., Internationale Rechnungslegungsstandards, 2009, S. 143 und ähnlich LÜDENBACH, N./HOFFMANN, W.-D., in: Haufe IFRS-Kommentar, 2009, § 1, Rz. 73-76.

[218] Vgl. ausführlich zum Grundsatz der wirtschaftlichen Betrachtungsweise z. B. ADLER, H./DÜRING, W./SCHMALTZ, K., Rechnungslegung international, 2002, Abschnitt 1, Rz. 74 f.; BAETGE, J. et al., in: BAETGE, J. et al., Kommentar, 2003, Teil A, Kapitel II, Rz. 53 f.; BOHL, W./MANGLIERS, O., in: Beck'sches IFRS-Handbuch, 2006, § 2, Rz. 17.

5.3 Prüfung der Konzeption und Ausgestaltung des IFRS für KMU

zu prüfen und höher zu bewerten als die Buchstabentreue zu speziellen Regeln. Eine Steigerung der Prinzipienorientierung nach dem Grundsatz „Prinzipien vor (Einzelfall-)Regeln" in einem eher regel- als prinzipienorientierten Rechnungslegungssystem könnte vom Bilanzierenden zur Umgehung von Einzelfallregeln ausgenutzt werden.[219] Die Vorgabe, im Sinne der Prinzipienorientierung und zugunsten der wirtschaftlichen Betrachtungsweise in Ausnahmefällen gegen die Einzelfallregeln zu entscheiden, setzt voraus, dass den Bilanzierenden und Prüfenden das Vertrauen entgegengebracht wird, mit Ermessensspielräumen in angemessener Weise umzugehen. Ohne ein hohes Maß an fachkundigem Urteilsvermögen ist dies nicht möglich.[220]

Weder der Grundsatz der wirtschaftlichen Betrachtungsweise noch das notwendige fachkundige Urteilsvermögen sind als eigenständige und übergeordnete Prinzipien anzusehen. Sie unterstützen den Bilanzierenden lediglich bei der zweckmäßigen Umsetzung von Paragraphen, wenn verschiedene Anwendungsmöglichkeiten bestehen.[221]

Die Untersuchung hat gezeigt, dass eine Abweichung von Einzelfallregeln zugunsten übergeordneter Prinzipien im IFRS für KMU den gleichen Stellenwert hat wie innerhalb der vollen IFRS und so gut wie nicht zum Tragen kommt. Eine Steigerung der Prinzipienorientierung im Vergleich zu den vollen IFRS ist nicht gegeben.

5.3.4.4 Schlussfolgerungen zur Prinzipienorientierung des IFRS für KMU

Im Vergleich zu den vollen IFRS sind im IFRS für KMU einige positive Entwicklungen einer Steigerung der Prinzipienorientierung erkennbar, die aber keine grundsätzlichen Veränderungen bewirken. Die Sonderstellung des Rahmenkonzepts wurde aufgehoben, indem Konzepte und grundlegende Prinzipien in den Standard integriert wurden, eine positive Entwicklung im Rahmen des Regelungsprozesses. Bei genauerer Untersuchung des Bedeutungsrangs und Regelungsgehalts der Konzepte und grundlegenden Prinzipien im Gesamtzusammenhang des IFRS für KMU ist festzustellen, dass eine Steigerung der Prinzipienorientierung nicht stattgefunden hat. Die Forderung nach weniger Kasuistik und mehr Konsistenz wurde nicht erfüllt. Auch Abweichungen von Einzelfallregeln zugunsten übergeordneter Prinzipien bei Regelungsanwendung kommen so gut wie nicht vor. Trotz der Absicht des IASB, die Prinzipienorientierung zu steigern,[222] steht

---

[219] Vgl. SCHILDBACH, T., Prinzipienorientierung, 2003, S. 247 und S. 252.

[220] Vgl. LÜDENBACH, N./HOFFMANN, W.-D., Objektive-oriented Accounting, 2003, S. 392-396; LÜDENBACH, N./HOFFMANN, W.-D., in: Haufe IFRS-Kommentar, 2009, § 1, Rz. 54.

[221] Vgl. KUHNER, C., Prinzipienbasierung, 2004, S. 268.

[222] Der Entwurf des IFRS für KMU selbst ist lt. WÜSTEMANN und KIERZEK der Beweis dafür, dass Bemühungen allein, „legt man wissenschaftliche Maßstäbe an", nicht ausreichen; vgl. WÜSTEMANN, J./KIERZEK, S., Bilanztheoretische Erkenntnisse, 2007, S. 371.

die Regelorientierung – wie auch bei den vollen IFRS – weiterhin im Vordergrund.[223] Eine Loslösung von der Regelorientierung und Verbesserung der Prinzipienorientierung ist nicht im Mindesten gelungen.[224]

Bereits in Gliederungspunkt 5.3.3.2.3.2 im Rahmen der Analyse des Abschnitts 12 im Vergleich zu IAS 2 wurde festgestellt, dass das IASB mit der Entwicklung des IFRS für KMU Verbesserungen, die eigentlich den vollen IFRS gelten sollten, umsetzt. Die Gestaltung des IFRS für KMU enthält für eine Steigerung der Prinzipienorientierung sinnvolle Ansätze, die jedoch nur dann zu einer wirklichen Prinzipienorientierung führen, wenn diese konsequent weiterverfolgt würden. Als Vorschlag sei empfohlen, die gegenwärtige Konzeption der IFRS und damit auch des IFRS für KMU grundsätzlich zu durchdenken. Angenommen das IASB würde das Problem der fehlenden theoretischen Basis lösen, könnte ein dem IFRS für KMU ähnliches Werk als prinzipienorientiertes Rechnungslegungssystem aufgestellt werden. Die weiteren Erläuterungen und Beispiele, wie sie in den vollen IFRS enthalten sind, wären dann Inhalte zusätzlicher Kommentarliteratur der IFRS. Eine theoretische Basis könnten beispielsweise allgemeine „Grundsätze internationaler Rechnungslegung" sein.

5.3.4.5 Gefährdung der Prinzipienorientierung des HGB durch Einflüsse der IFRS

Durch das BilMoG hat sich die Prinzipienorientierung des HGB verändert, betroffen sind alle drei Ebenen: Regelungsprozess, Regelungsgehalt und Regelungsanwendung.

Gefolgt wird weiterhin der Devise „Regeln nach Prinzipien". Die grundlegenden Prinzipien des HGB, insbesondere Realisations-, Imparitäts- und Vorsichtsprinzip, wurden beibehalten. Damit scheint die Ebene des Regelungsprozesses gesichert.

Durch die Abschaffung der Wahlrechte entsteht zunächst der Eindruck, als würde die Prinzipienorientierung verbessert. Der Schein trügt, denn an die Stelle der Wahlrechte treten Ermessensspielräume. Interpretations- und Handlungsspielräume nehmen deutlich zu.[225] Während die Ausübung der Wahlrechte offensichtlich war, weil sie im Anhang anzugeben waren, bleibt die Ausnutzung von Ermessensspielräumen den Adressaten häufig verborgen.

---

[223] Vgl. PELLENS, B. et al., Rechnungslegung, 2008, S. 981.

[224] Vgl. auch WÜSTEMANN, J./KIERZEK, S., Bilanztheoretische Erkenntnisse, 2007, S. 359.

[225] Vgl. GÖLLERT, K., Auswirkungen, 2008, S. 1165.

5.3 Prüfung der Konzeption und Ausgestaltung des IFRS für KMU

Die Konsistenz des Systems, seine Treue zu den Prinzipien, ist gefährdet. Die Ebene des Regelungsgehalts wird sich stark verändern. Das Realisationsprinzip wird mit der generellen Abzinsungspflicht für Rückstellungen durchbrochen.[226] Das Imparitätsprinzip wird eingeschränkt, es wird keine Rückstellungen für unterlassene Instandhaltungsaufwendungen mehr geben.[227] Das Fundament des Vorsichtsprinzips wird vehement beschädigt, wenn selbst geschaffene immaterielle Vermögensgegenstände in der Bilanz angesetzt werden.[228]

Begründet werden diese Neuerungen mit der Verbesserung der Informationsvermittlung als übergeordnete Funktion, die unter allen Umständen zu befolgen sei. Auf der Ebene der Regelungsanwendung wird eine Hinwendung zu einer den tatsächlichen Verhältnissen entsprechenden Darstellung der Vermögens-, Ertrags- und Finanzlage, im Sinne des *overriding principle*, vollzogen.

Mit der Aktivierung von selbst geschaffenen immateriellen Vermögensgegenständen will der Gesetzgeber eine „Anhebung des Informationsniveaus"[229] erreichen. Es ist jedoch nicht erkennbar, wie durch eine Aktivierung selbst geschaffener immaterieller Vermögensgegenstände des Anlagevermögens „die ‚Informationsfunktion' der handelsrechtlichen Abschlüsse ‚gestärkt' werden könnte"[230]. In seiner Begründung räumt der Gesetzgeber ein, dass es aufgrund der Unkörperlichkeit und der nicht eindeutig zurechenbaren Herstellungskosten schwierig ist, einen objektivierten Wert für selbst geschaffene immaterielle Vermögensgegenstände zu finden. Gleichzeitig erklärt er, dass das Ziel der Information von den Adressaten auch über Anhangangaben erreicht werden könne. Begründet wird die trotzdem freigegebene Aktivierung damit, dass sie die Vergleichbarkeit von Abschlüssen verbessere.[231] Es stellt sich die Frage, ob das *overriding principle* ursächlich ist oder ob der Gesetzgeber andere Gründe hat, weshalb er die Erschütterung der „Grundfeste der bisherigen HGB-Bilanzierung"[232] in Betracht zieht. Offenbar fühlt er sich gefordert, auf die zunehmende Bedeutung der

---

[226] Vgl. Gliederungspunkt 3.7.4.6.

[227] Vgl. Gliederungspunkt 3.7.4.7.

[228] Vgl. FÜLBIER, R. U./GASSEN, J., BilMoG, 2007, S. 2609 und Gliederungspunkt 3.7.4.7.

[229] Vgl. Entwurf eines Gesetzes zur Modernisierung des Bilanzrechts (Bilanzrechtsmodernisierungsgesetz – BilMoG), BT-Drucks. 16/10067 vom 30.07.2008, S. 50.

[230] MOXTER, A., Aktivierungspflicht, 2008, S. 1516.

[231] Vgl. Entwurf eines Gesetzes zur Modernisierung des Bilanzrechts (Bilanzrechtsmodernisierungsgesetz – BilMoG), BT-Drucks. 16/10067 vom 30.07.2008, S. 49 f. und zur Kritik auch MOXTER, A., Aktivierungspflicht, 2008, S. 1514-1517. Dieser Teil der Gesetzesbegründung gilt für ein Wahlrecht wie für eine angedachte Aktivierungspflicht gleichermaßen.

[232] FÜLBIER, R. U./GASSEN, J., BilMoG, 2007, S. 2605.

immateriellen Vermögensgegenstände im Wirtschaftsleben[233] und den im Rahmen der IFRS verpflichtenden bzw. möglichen Bilanzansatz zu reagieren. Schließlich soll das HGB durch das BilMoG zu einer „vollwertigen" Alternative werden.

5.3.4.6 Zwischenergebnisse

Die gewünschte Steigerung der Prinzipienorientierung im IFRS für KMU ist weitgehend misslungen. Ebenso wie bei den vollen IFRS handelt es sich um einen Rechnungslegungsstandard, der als regelorientiert zu bezeichnen ist.

Durch die Anpassung des HGB an die internationale Rechnungslegung ist deren Prinzipienorientierung gefährdet. Zwar sollen die Grundprinzipien, Realisations-, Imparitäts- und Vorsichtsprinzip, erhalten bleiben, aber zu viele Einzelregeln stören die Einheit von HGB und GoB.

5.3.5 Reduktion von Aufwand, Kosten und Komplexität

5.3.5.1 Erleichterungen bei Ansatz und Bewertung im IFRS für KMU

Mit der Veröffentlichung des Diskussionspapiers im Juni 2004 unterbreitete das IASB seine Absicht, dass keine Änderungen (*modifications*) bei Ansatz und Bewertung im Vergleich zu den vollen IFRS – weil grundsätzlich nicht notwendig – vorgesehen seien.[234] In vielen Stellungnahmen wurde dieser Ansicht widersprochen und die Notwendigkeit von Erleichterungen bei Ansatz und Bewertung unterstrichen.[235] Konkrete Vorschläge unterblieben weitgehend. Das IASB lud zu Diskussionsrunden ein, veranlasste Fragebogenaktionen und empirische Untersuchungen[236] und sammelte Empfehlungen, um entsprechende Sachverhalte, für die Ansatz- und Bewertungsvereinfachungen sinnvoll sind, zu ermitteln. Umgesetzt wurden die Ergebnisse im aktuellen Entwurf des IFRS für KMU. Eine Liste weiterer Vereinfachungen, die erwogen, aber letztendlich nicht übernommen wurden, findet sich in der Grundlage für Schlussfolgerungen.[237]

---

[233] Vgl. Entwurf eines Gesetzes zur Modernisierung des Bilanzrechts (Bilanzrechtsmodernisierungsgesetz – BilMoG), BT-Drucks. 16/10067 vom 30.07.2008, S. 49.

[234] Vgl. IASB, DP-SME, Question 7c und Tz. 68.

[235] Siehe stellvertretend für viele die Stellungnahme vom IDW, Stellungnahme Discussion Paper, 2004, S. 1156 zu *Question 7c* des Diskussionspapiers: „Do you agree that, in developing standards for SMEs, the Board should presume that no modification would be made to the recognition or measurement principles in IFRSs, though that presumption could be overcome on the basis of user needs and a cost benefit analysis?"

[236] Zu den Ergebnissen einer Umfrage des BDI in Zusammenarbeit mit ERNST & YOUNG siehe BDI/ERNST & YOUNG, Umbruch, 2005, S. 45-48.

[237] Vgl. IASB, Schlussfolgerungen, 2007, GS 94-107.

5.3 Prüfung der Konzeption und Ausgestaltung des IFRS für KMU

Die Hauptargumente der Adressaten für Erleichterungen gegenüber den vollen IFRS basieren auf den Unterschieden der Informationsbedürfnisse von Adressaten der Abschlüsse kleiner und mittelgroßer Unternehmen zu denen von Adressaten der Abschlüsse kapitalmarktorientierter Unternehmen.[238] Die Gründe der Anwender und Adressaten sind unbedingt notwendige Reduktionen von Aufwand und Kosten. Dabei fällt vor allem die notwendige Qualifikation zur Aufstellung eines IFRS-Abschlusses ins Gewicht. Kleine und mittelgroße Unternehmen müssen oft professionelle externe Hilfe in Anspruch nehmen, die nicht unbedeutende Kosten verursacht.[239] Aufgrund der bisherigen Untersuchungen wird deutlich, dass Erleichterungen im IFRS für KMU auch als Begleiterscheinung der geforderten Eigenständigkeit, wegen des zu großen faktischen Umfangs und der gewünschten Prinzipienorientierung, unumgänglich sind.

Es stellt sich die Frage, woran Anwender und Adressaten Erleichterungen messen. Sie fordern die Reduktion des Aufwands bei Erstellung des jährlichen Abschlusses. Die Beurteilung des Aufwands impliziert die Beachtung der Kosten-Nutzen-Relation und die Notwendigkeit der Komplexitätsreduktion. Reduktion des Aufwands bedeutet, dass die Kosten gesenkt werden sollen, ohne den Nutzen zu reduzieren. Bei Abwägung von Kosten und Nutzen besteht das Problem, dass deren Schätzungen im Wesentlichen auf subjektivem Ermessen beruhen. Dementsprechend ist das Kriterium der Kosten-Nutzen-Relation nur begrenzt verwendbar.[240] Zu beachten ist außerdem, dass die Nutzenauffassung zu einzelnen Sachverhalten bei kleinen und mittelgroßen Unternehmen aufgrund differenzierter Anwender- und Adressatenbedürfnisse eine gänzlich andere sein kann als bei kapitalmarktorientierten Unternehmen. Fehlt eine gemeinsame Basis, sind keine zweckkonformen Vergleiche möglich.

Auch das IASB betrachtet, wie dem E-IFRS-KMU 2.11 zu entnehmen ist, die Einhaltung der Kosten-Nutzen-Relation als unbedingt erstrebenswertes Ziel. Der genannte Unterabschnitt ist dem Paragraphen 44 des Rahmenkonzepts entnommen. Während im IFRS für KMU nur die Unternehmen, also die Anwender, direkt angesprochen werden, richtet sich Paragraph 44 an Standardsetter, Anwender und Adressaten.[241] Dort räumt das IASB ein, dass es, unabhängig vom Sachverhalt, schwierig ist, einen Kosten-Nutzen-Test durchzuführen. Zwar sind Kosten grundsätzlich quantifizierbar, jedoch ist deren konkrete Ermittlung für die Erstellung eines Abschlusses und Zuordnung zu

---

[238] Vgl. ZABEL, M./CAIRNS, D., Vereinfachte IFRS, 2005, S. 213; BOHL, W./SENGER, T., in: Beck'sches IFRS-Handbuch, 2006, § 45, Rz. 16.

[239] Vgl. PACTER, P., Interview, 2007, S. 330.

[240] Vgl. auch ROTH, O., Hintergründe, 2007, S. 1456.

[241] Vgl. KIRSCH, H., IFRS-Rechnungslegung, 2007, S. 14.

einzelnen Sachverhalten aufwendig. Die notwendigen Kosten für Datensammlung und -aufbereitung sowie Beratungs- und Prüfungsleistungen müssen für die Ausführung detaillierter Sachverhalte aufgeschlüsselt werden. Einzubeziehen und zu differenzieren sind auch die entsprechenden Lohn- und Gehaltskosten sowie Anschaffungskosten für zur Aufstellung des Abschlusses notwendige Vermögenswerte.[242] Der Ermittlungsaufwand ist immens. Selbst wenn die Kosten messbar sind, scheitert ein Kosten-Nutzen-Test häufig an dem weitgehend nicht quantifizierbaren Nutzen.[243]

Die Kosten-Nutzen-Relation soll, trotz der engen Grenzen ihrer Aussagefähigkeit, zur Prüfung von Vereinfachungen herangezogen werden, ohne absolute oder relative Werte zu quantifizieren. Als Ergebnis sollen tendenzielle Einschätzungen im Vergleich zu den vollen IFRS getroffen werden. Im Rahmen einer qualitativen Betrachtung dürften Tendenzaussagen unproblematisch sein.

5.3.5.2 Vorschläge des IASB zur Zielerreichung

5.3.5.2.1 Überblick

Eine Reduktion des zu erbringenden Aufwands und der damit verbundenen Kosten kann durch Komplexitätsreduktion erreicht werden. Maßnahmen zur Komplexitätsreduktion sind vielschichtig. Das IASB nennt vor allem zwei Maßnahmentypen, die zu Erleichterungen bei Ansatz und Bewertung führen sollen:

- Modifikationen ausgewählter Standards bzw. Bilanzierungssachverhalte und
- die Gewährung von zusätzlichen Wahlrechten.

Zu prüfen ist, ob die entsprechenden Maßnahmen die folgenden Bedingungen erfüllen:

- Sie führen de facto zu Komplexitätsreduktionen, die Aufwands- und Kostenminderungen implizieren. Die Komplexitätsreduktion ist als notwendiges, nicht aber hinreichendes Kriterium anzusehen.

- Des Weiteren muss die Verständlichkeit erhalten bleiben. Die Forderung nach Erleichterung ist nur erfüllt, wenn die Abschnitte trotz Vereinfachungen verständ-

---

[242] Vgl. KÖHLER, A., Kosten-Nutzen-Aspekte, 2008, S. 7 f., die im Rahmen ihrer Betrachtung zum Abbau der Bürokratiekosten im Zusammenhang mit der 4. EG-Richtlinie auf das EU-Standardkosten-Modell (EU-SKM) und deren Umsetzung auf deutscher Ebene durch das vom Statistischen Bundesamt spezialisierte Standardkosten-Modell (SKM) eingeht. Dieses basiert u. a. auf den oben genannten Kostenkategorien; vgl. zum SKM Statistisches Bundesamt, Methodenhandbuch, 2006, S. 1-85.

[243] Vgl. ausführlich zur Ermittlung des Nutzens BALLWIESER, W., Begründbarkeit, 1982, S. 780-793; vgl. auch KIRSCH, H.-J./METH, D., Adressaten, 2007, S. 8 m. w. N.

5.3 Prüfung der Konzeption und Ausgestaltung des IFRS für KMU

lich und leicht umsetzbar sind. Dies ist nicht gegeben, wenn zur Erfüllung der betreffenden Rechnungslegungsnormen zusätzlicher Aufwand notwendig wird, der die durch Komplexitätsreduktion erzielten Minderungen kompensiert.

Anhand konkreter Beispiele und Standards sollen vom IASB beabsichtigte Vereinfachungen in den folgenden Gliederungspunkten dargestellt und kritisch analysiert werden.

Seit jeher gelten die Standards zu den Finanzinstrumenten, neben IAS 32 vor allem IAS 39, als die umstrittensten Punkte im Regelwerk der IFRS. Bis Ende 2004 blieben sie die einzigen, die von der EU-Kommission nicht als europäisches Recht bestätigt wurden.[244] Zunächst gab es eine spezielle europäische Version; erst mit der Verordnung (EG) Nr. 1864/2005 vom 15. November 2005[245] wurde eine neu gefasste allgemeine Version *endorsed*.[246] Seitens des IASB wurden bei der Konzeption des Abschnitts 11 zu den finanziellen Vermögenswerten und finanziellen Verbindlichkeiten größte Anstrengungen unternommen, die spezifischen Transaktionen von kleinen und mittelgroßen Unternehmen zu berücksichtigen.[247] Aus diesem Grund und wegen seiner ausgeprägten Komplexität wird der Abschnitt zu den Finanzinstrumenten in Gliederungspunkt 5.3.5.2.2 besonders ausführlich betrachtet.

Da latente Steuern im Rahmen der Bilanzierung nach internationalen Rechnungslegungsstandards von besonderer Bedeutung sind und auch diese zu den komplexesten Bereichen der Bilanzierung gehören,[248] fällt die Betrachtung des Abschnitts 28 im Vergleich zu IAS 12 in Gliederungspunkt 5.3.5.2.3 ebenfalls sehr ausführlich aus. Erstellt ein deutsches Unternehmen seinen Abschluss nach den Vorgaben der IFRS, so ergeben sich große Differenzen zwischen den Wertansätzen nach IFRS und den steuerlichen Wertansätzen. Der Anteil der latenten Steuern an der Bilanzsumme ist oftmals beträchtlich und ihr Einfluss von entsprechender Relevanz.[249]

In den dann folgenden Gliederungspunkten 5.3.5.2.4 bis 5.3.5.2.9 werden einzelne vereinfachte Bilanzierungssachverhalte untersucht. Deren Auswahl richtet sich nach dem vom IASB selbst aufgestellten Katalog der Ansatz- und Bewertungsvereinfachungen:[250]

---

[244] Vgl. PELLENS, B./JÖDICKE, D./JÖDICKE, R., Anwendbarkeit, 2007, S. 2506.
[245] Vgl. Verordnung (EG) Nr. 1864/2005, ABl. L 299 vom 16.11.2005, S. 45-57.
[246] Zur Historie der Standards zu den Finanzinstrumenten siehe ausführlich SCHWARZ, C., Derivative Finanzinstrumente, 2006, S. 114-122; KÜMPEL, T., Ansatz von Finanzinstrumenten, 2007, S. 309-311.
[247] Vgl. HALLER, A./BEIERSDORF, K./EIERLE, B., ED-IFRS for SMEs, 2007, S. 547.
[248] Vgl. KÜTING, K./ZWIRNER, C., Bedeutung latenter Steuern, 2005, S. 1553.
[249] Vgl. APP, J. G., Latente Steuern, 2003, S. 209; KÜTING, K./ZWIRNER, C., Latente Steuern, 2003, S. 301.
[250] Vgl. HALLER, A./BEIERSDORF, K./EIERLE, B., ED-IFRS for SMEs, 2007, S. 542; IASB, Schlussfolgerungen, 2007, GS 70-92.

- Wertminderung des Geschäfts- oder Firmenwerts
- Bewertung von biologischen Vermögenswerten
- Erfassung versicherungsmathematischer Gewinne und Verluste aus leistungsorientierten Plänen
- Bewertung von anteilsbasierten Vergütungstransaktionen mit Ausgleich durch Eigenkapitalinstrumente
- Erstbewertung von Gegenständen des Finanzierungsleasings beim Leasingnehmer
- Bilanzierungswahlrecht für Entwicklungskosten
- Bewertungswahlrecht für Anteile an assoziierten Unternehmen und Joint Ventures im Konzernabschluss

Das Bewertungswahlrecht für Anteile an assoziierten Unternehmen und Joint Ventures wurde nur der Vollständigkeit halber genannt. Es wird aus der folgenden Untersuchung ausgeklammert, weil es ausschließlich Konzernabschlüsse betrifft.

5.3.5.2.2 Finanzinstrumente

5.3.5.2.2.1 Wahlrecht zur Ansatz- und Bewertungsmethode, Definition und Anwendungsbereich

Zur Analyse der Finanzinstrumente sind die Inhalte des Abschnitts 11 mit denen des IAS 39 zu vergleichen. Mit dem in E-IFRS-KMU 11.1 eingeräumten Wahlrecht fällt die Behandlung von Finanzinstrumenten im Vergleich zu anderen Abschnitten aus dem Rahmen.[251] Jedem Unternehmen wird freigestellt, ob es den IAS 39 oder die Bestimmungen des IFRS für KMU anwenden möchte. Ein vergleichbar selektiver Rückgriff für alle Standards wurde im Rahmen des Diskussionspapiers ausführlich diskutiert[252] und schließlich als nicht sinnvoll erachtet. Mit der Gewährung des Wahlrechts in E-IFRS-KMU 11.1 unterläuft das IASB den getroffenen Beschluss,[253] dass ein Unternehmen entweder die vollen IFRS oder den IFRS für KMU vollumfänglich anzuwenden hat.[254] Es folgt stattdessen dem Ziel, dass sämtliche Wahlrechte der vol-

---

[251] Eine ähnliche Ausnahme bildet auch das Wahlrecht in Abschnitt 37.1 zur Zwischenberichterstattung. Veröffentlicht ein Unternehmen einen Zwischenbericht, hat es entweder IAS 34 oder alle Anforderungen des IFRS für KMU zu befolgen.

[252] Vgl. IASB, DP-SME, Tz. 57 f. und zur Diskussion ausführlich HALLER, A./EIERLE, B., Accounting Standards, 2004, S. 1842.

[253] Vgl. SCHIEBEL, A., Standardentwurf, 2008, S. 12.

[254] Vgl. IASB, Schlussfolgerungen, 2007, GS 118.

5.3 Prüfung der Konzeption und Ausgestaltung des IFRS für KMU

len IFRS auch für Anwender des IFRS für KMU verfügbar sein sollen. Die Vereinfachungen in Abschnitt 11 bedingen den Ausschluss einiger nach IAS 39 bestehender Wahlrechte. Entscheidet sich ein Unternehmen für den IAS 39, kann es diese weiterhin anwenden. Das Ziel der Aufrechterhaltung aller Wahlrechte der vollen IFRS ist somit erfüllt.[255] Mit seiner vorgeschlagenen Lösung, die unter Kosten-Nutzen-Aspekten als misslungener Kompromiss zu bewerten ist, leistet das IASB keinen Beitrag zur Komplexitätsreduktion und auch nicht zur Vergleichbarkeit der Unternehmen. Durch die wahlweise Anwendung von Abschnitt 11 und IAS 39 wird sie stark beeinträchtigt.

Die Definition der Finanzinstrumente in E-IFRS-KMU 11.2 entspricht weitgehend der des IAS 32.11 i. V. m. IAS 39.8. Finanzinstrumente sind Verträge zweier Parteien, die bei dem einen Unternehmen zu einem finanziellen Vermögenswert und bei dem anderen zu einer finanziellen Verbindlichkeit[256] oder einem Eigenkapitalinstrument führen.

Die Abgrenzung des Anwendungsbereichs, sowohl des Abschnitts 14 als auch des IAS 39, erweist sich als kompliziert. Die Definition eines Derivats nach IAS 39.9 wurde nicht in den IFRS für KMU übernommen.[257] Derivate[258] sind keine eigenständigen Anlageinstrumente, sondern Kontrakte, deren Werte sich z. B. infolge von Schwankungen eines Wertpapierkurses, eines Zinssatzes, eines Devisenkurses, des Preises oder eines anderen zugrunde liegenden Basisinstruments ändern. Eine anfängliche Anschaffungsauszahlung für ein Derivat ist gering, soweit überhaupt notwendig. Es hat eine begrenzte Laufzeit.[259] Zur Veranschaulichung soll beispielhaft von einem Unternehmen ausgegangen werden, das in qualitativer Hinsicht zu den „mittleren" gehört und nach quantitativer Zuordnung zu den mittelgroßen. Es ist international tätig und hat die Absicht, weiter zu expandieren. Ein solches Unternehmen hält mit großer Wahrschein-

---

[255] Vgl. IASB, Schlussfolgerungen, 2007, GS 78. Die ausgeschlossenen Wahlrechte werden unter GS 78 (a) aufgelistet.

[256] Zur Definition der Begriffe „finanzieller Vermögenswert" und „finanzielle Verbindlichkeit" siehe ausführlich KUHN, S./FRIEDRICH M. C., Komplexitätsreduktion, 2007, S. 926; KÜMPEL, T., Ansatz von Finanzinstrumenten, 2007, S. 311; LÜDENBACH, N., in: Haufe IFRS-Kommentar, 2009, § 28, Rz. 6 f.

[257] Im gesamten Entwurf des IFRS für KMU wird der Begriff nur zweimal verwendet, und zwar in Anhang B.12 und B.13 des Abschnitts 11 bei der Bestimmung des beizulegenden Zeitwerts, ohne dass ein aktiver Markt vorhanden ist. Zwar werden Beispiele für Derivate genannt, eine Begriffsdefinition fehlt aber.

[258] Zur Begriffsherleitung siehe PATEK, G. A., Derivative Finanzprodukte, 2002, S. 7 f.

[259] Zur Systematisierung und Definition von Derivaten siehe z. B. PATEK, G. A., Derivative Finanzprodukte, 2002, S. 10-20; BARCKOW, A., Sicherungsbeziehungen, 2004, S. 11-16; FLINTROP, B., in: Beck'sches IFRS-Handbuch, 2006, § 23, Rz. 1-28; KUHN, S./SCHARPF, P., Financial Instruments, 2006, Kapitel 4, Rz. 60-373; BAETGE, J./KIRSCH, H.-J./THIELE, S., Bilanzen, 2007, S. 707 f.; SCHMIDT, M./PITTROFF, E./KLINGELS, B., Finanzinstrumente, 2007, S. 7-15; LÜDENBACH, N., in: Haufe IFRS-Kommentar, 2009, § 28, Rz. 9 f.

lichkeit verschiedene Derivate, um sich gegen Risiken aus seiner operativen Geschäftstätigkeit abzusichern.[260] Es dürfte sich dabei nicht um zu spekulativen Zwecken gehaltene Finanzinstrumente handeln, die zwingend nach IAS 39 abzubilden sind, bei kleinen und mittelgroßen Unternehmen aber nur selten vorkommen,[261] sondern um Verträge, die abgeschlossen werden, um den eigenen zukünftigen Einkaufs-, Verkaufs- oder Nutzungsbedarf zu decken (*sog. own-use contracts*), wie Warenterminkontrakte[262]. Diese werden in E-IFRS-KMU 11.5 in Anlehnung an IAS 39.5 von der Anwendung des Abschnitts 11 bzw. IAS 39 ausgeschlossen. Zu prüfen ist, ob eine Drohverlustrückstellung nach Abschnitt 20 bzw. IAS 37 in Frage kommt.[263]

Auch in E-IFRS-KMU 11.3 und E-IFRS-KMU 11.4 werden analog zur Vorgehensweise in IAS 39 weitere Finanzinstrumente von der Anwendung des Abschnitts 11 ausgeschlossen. Dadurch kommt es aus sachlogischer Perspektive zu nicht unbedeutenden Regelungswidersprüchen. Als Beispiel zur Belegung dieser Aussage sollen die Ausnahmen des E-IFRS-KMU 11.3 (a) näher betrachtet werden. Übt ein Unternehmen einen beherrschenden Einfluss auf ein Tochterunternehmen aus, sind die Regelungen des Abschnitts 9 zu Konzern- und separaten Einzelabschlüssen zu befolgen. Bei maßgeblichem Einfluss sind die Regelungen des Abschnitts 13 für Anteile an assoziierten Unternehmen verbindlich, bei gemeinsamer Beherrschung liegt ein Joint Venture i. S. d. Abschnitts 14 vor. Nur wenn weniger als ein maßgeblicher Einfluss auf das Beteiligungsunternehmen ausgeübt wird, ist dieses als Finanzinstrument nach Abschnitt 11 zu behandeln. Dies führt dazu, dass Beteiligungsunternehmen, die einem höheren Grad an Beeinflussung unterliegen, zu Anschaffungskosten bilanziert werden können, während sie bei nur geringfügiger Beeinflussung nach E-IFRS-KMU 11.8 grundsätzlich erfolgswirksam zum beizulegenden Zeitwert zu bilanzieren sind. Sachlogisch wäre eine Bewertung zu Anschaffungskosten hier angemessener.[264]

Als Ergebnis ist festzuhalten, dass E-IFRS-KMU 11.3 bis E-IFRS-KMU 11.5 besondere Rechnungslegungskenntnisse fordern. Sie wurden aus IAS 39.2 bis IAS 39.7 abgeleitet. Bezüglich der Frage, welcher Abschnitt in welchem Fall anzuwenden ist, dürften die Regelungen des Abschnitts 11 eine kaum weniger „schwere Last für KMU"[265] darstellen

---

[260] Vgl. HEINTGES, S./HÄRLE, P., Anwendung, 2005, S. 173 f.

[261] Vgl. LORENZ, K., Finanzinstrumente, 2007, S. 13.

[262] Vgl. zu Warenterminkontrakten PELLENS, B. et al., Rechnungslegung, 2008, S. 538 f.

[263] Vgl. SCHMIDT, M./PITTROFF, E./KLINGELS, B., Finanzinstrumente, 2007, S. 15 f.; LÜDENBACH, N., in: Haufe IFRS-Kommentar, 2009, § 28, Rz. 28-30.

[264] Vgl. VESPER, A., Finanzinstrumente, 2007, S. 8. Zu weiteren Ausführungen der in IAS 11.3 ausgegrenzten Sachverhalte im Vergleich zu IAS 39 siehe LORENZ, K., Finanzinstrumente, 2007, S. 13 f.

[265] Vgl. IASB, Schlussfolgerungen, 2007, GS 71.

als die Regelungen des IAS 39 selbst. Stattdessen wäre eine sachlogische Neugestaltung ohne die nun bestehenden Regelungswidersprüche wünschenswert gewesen.

5.3.5.2.2.2 Ansatz und Bewertung

Im Gegensatz zu den vollen IFRS ist der Zeitpunkt des Erstansatzes der Finanzinstrumente nach E-IFRS-KMU 11.6 auf den Handelstag (*trade day*) festgelegt. Ein finanzieller Vermögenswert oder eine finanzielle Schuld ist dann anzusetzen, „wenn das Unternehmen Vertragspartei" wird. Nach IAS 39.38 besteht alternativ ein Wahlrecht,[266] den Erstansatz zum Erfüllungstag (*settlement day*) vorzunehmen.

Zur Erstbewertung ist in Abschnitt 11 keine Regelung zu finden. Hier liegt eine Regelungslücke vor, die nach E-IFRS-KMU 10.3 mithilfe der grundlegenden Prinzipien geschlossen werden kann. Nach E-IFRS-KMU 2.40 sind Vermögenswerte und Schulden, also auch Finanzinstrumente, beim erstmaligen Ansatz mit ihren historischen Anschaffungs- oder Herstellungskosten zu bewerten. Für die Einbeziehung der Transaktionskosten ist die Folgebewertung des betreffenden Finanzinstruments ausschlaggebend. Wird das Finanzinstrument, ob finanzieller Vermögenswert oder Verbindlichkeit, zu seinen fortgeführten Anschaffungskosten fortbewertet, sind die Transaktionskosten einzubeziehen; bei seiner erfolgswirksamen Folgebewertung zum beizulegenden Zeitwert sind die Transaktionskosten nach E-IFRS-KMU 11.8 bzw. E-IFRS-KMU 11.16 unmittelbar in der Gewinn- und Verlustrechnung zu erfassen.[267] Eine Definition der Transaktionskosten fehlt im IFRS für KMU, IAS 39.9 definiert diese als zusätzlich anfallende Kosten, die ohne den Erwerb, die Emission oder Veräußerung des Finanzinstruments nicht entstanden wären.[268]

Für die Folgebewertung von Finanzinstrumenten gibt es nach dem IFRS für KMU nur die beiden genannten Möglichkeiten. Bereits im Rahmen der grundlegenden Prinzipien wird in E-IFRS-KMU 2.41 die Folgebewertung von finanziellen Vermögenswerten und finanziellen Verbindlichkeiten festgeschrieben, es sei denn, andere Abschnitte erlauben bzw. verlangen eine andere Bewertungsmethode. E-IFRS-KMU 11.7 i. V. m. E-IFRS-KMU 11.9 klassifiziert die Finanzinstrumente, die mit ihren Anschaffungskosten bzw. fortgeführten Anschaffungskosten abzüglich Wertminderungen zu bewerten sind.[269] Gängige Beispiele sind Forderungen und Verbindlichkeiten aus Lieferun-

---

[266] Siehe ausführlich zu diesem Wahlrecht KÜMPEL, T., Bewertung von Finanzinstrumenten, 2007, S. 350.

[267] Vgl. zu diesem Abschnitt KUHN, S./FRIEDRICH M. C., Komplexitätsreduktion, 2007, S. 927.

[268] Vgl. ausführlich zur Definition der Transaktionskosten KÜMPEL, T., Bewertung von Finanzinstrumenten, 2007, S. 351.

[269] Vgl. ausführlich zu den in E-IFRS-KMU 11.9 genannten Bedingungen LORENZ, K., Finanzinstrumente, 2007, S. 15 und das in diesem Gliederungspunkt folgende Beispiel.

gen und Leistungen, Wechselforderungen und -verbindlichkeiten, Darlehen von Banken oder Optionen für zu kaufende Eigenkapitalinstrumente, deren beizulegende Zeitwerte nicht verlässlich bestimmt werden können; weitere Beispiele nennt E-IFRS-KMU 11.10. Alle anderen Finanzinstrumente sind nach E-IFRS-KMU 11.8 an jedem Berichtsstichtag zum beizulegenden Zeitwert zu bewerten.[270] Änderungen des beizulegenden Zeitwerts sind erfolgswirksam zu erfassen. Zu diesen Finanzinstrumenten gehören z. B. Zinsswaps[271] oder ewig laufende Schuldinstrumente ohne Fälligkeit; weitere Beispiele nennt E-IFRS-KMU 11.11. Die Folgebewertung eines Finanzinstruments darf nach E-IFRS-KMU 11.12 nicht geändert werden, solange sie gehalten werden oder ausstehend sind.

Im Gegensatz zum IFRS für KMU sind nach IAS 39.43 alle Finanzinstrumente beim erstmaligen Ansatz zum beizulegenden Zeitwert anzusetzen und für die Folgebewertung einer der vier Kategorien nach IAS 39.9 zuzuordnen. Die erste Kategorie umfasst Kredite und Forderungen (*loans and receivables*), die zweite bis zur Endfälligkeit zu haltende finanzielle Vermögenswerte (*held-to-maturity investments*), die dritte bezieht sich auf erfolgswirksam zum beizulegenden Zeitwert bewertetes Finanzvermögen (*financial asset at fair value through profit or loss*), wozu z. B. zu Handelszwecken gehaltene (*held for trading*) finanzielle Vermögenswerte zählen, und die vierte zur Veräußerung verfügbare finanzielle Vermögenswerte (*available-for-sale financial assets*).[272]

Die Modifikation der Regelungen des IAS 39 haben für Anwender des IFRS für KMU den deutlichen Vorteil, dass sie die komplexen Detailregelungen zur Kategorisierung der Finanzinstrumente nach IAS 39 nicht beherrschen müssen und ihnen die dabei auftretenden Schwierigkeiten der Abgrenzung erspart bleiben.[273] Auch ist keine gesonderte Kategorisierung für finanzielle Verbindlichkeiten vorzunehmen. Grundsätzlich kann als Ergebnis festgestellt werden, dass durch die Modifikation der Regelungen die

---

[270] Zur Ermittlung des beizulegenden Zeitwerts siehe Anhang B, 11 B.1 bis 11 B.14, der integraler Bestandteil des Abschnitts 11 und somit des IFRS für KMU ist. Zu weiteren Erläuterungen des Anhangs B siehe KUHN, S./FRIEDRICH M. C., Komplexitätsreduktion, 2007, S. 930.

[271] Zur Definition siehe den folgenden Gliederungspunkt 5.3.5.2.2.4.

[272] Vgl. ausführlich zu den vier Kategorien z. B. PELLENS, B. et al., Rechnungslegung, 2008, S. 542-553; SCHWARZ, C., Derivative Finanzinstrumente, 2006, S. 126-134; WAWRZINEK, W., in: Beck'sches IFRS-Handbuch, 2006, § 3, Rz. 28-44; HEUSER, P. J./THEILE, C., IFRS Handbuch, 2007, Kapitel C, Rz. 1820-1842; SCHMIDT, M./PITTROFF, E./KLINGELS, B., Finanzinstrumente, 2007, S. 24-37.

[273] Wie prekär die Zuordnung der Finanzinstrumente zu den einzelnen Kategorien ist, zeigen LÖW, E./LORENZ, K., Finanzinstrumente, 2005, S. 475-498 oder KÜMPEL, T., Bewertung von Finanzinstrumenten, 2007, S. 346-349. Zu den hier getroffenen Aussagen vgl. LORENZ, K., Finanzinstrumente, 2007, S. 15.

5.3 Prüfung der Konzeption und Ausgestaltung des IFRS für KMU

von kleinen und mittelgroßen Unternehmen gekauften bzw. ausgegebenen Fremdkapitalinstrumente zu fortgeführten Anschaffungskosten und die erworbenen Eigenkapitalinstrumente erfolgswirksam zum beizulegenden Zeitwert zu bewerten sind.[274] Abschnitt 11 bietet kleinen und mittelgroßen Unternehmen zuträgliche Vereinfachungsregelungen bei erstmaligem Ansatz und Bewertung.

An dem einfachen Beispiel einer Anleihe[275] soll demonstriert werden, welche Veränderungen die Modifikationen bei der Folgebewertung nach Abschnitt 11 im Vergleich zu IAS 39 bewirken können. Eine Anleihe bezeichnet ein langfristiges, festverzinsliches Darlehen, das nicht nur von der öffentlichen Hand oder einem Kreditinstitut, sondern auch von einem Unternehmen durch die Ausgabe von Schuldverschreibungen[276] aufgenommen werden kann.[277] Eine Anleihe dürfte in der Regel die in E-IFRS-KMU 11.9 geforderten Bedingungen für ein zu fortgeführten Anschaffungskosten zu bewertendes Finanzinstrument kumulativ erfüllen. Ein solches Finanzinstrument zeichnet sich durch folgende Charakteristika aus:

(a) Das Finanzinstrument hat einen festen Fälligkeitstermin oder wird auf Verlangen fällig; grundsätzlich wird der gesamte Betrag zurückgezahlt.

(b) Die Rendite für den Inhaber hat einen festen Betrag, die Verzinsung ist über die gesamte Laufzeit des Finanzinstruments fest oder variabel; möglich ist auch eine Kombination aus fester und variabler Verzinsung.

(c) Es gibt keine vertragliche Vereinbarung, die einen Verlust des Kapitalbetrags und der Zinsen herbeiführen kann.

(d) Durch vertragliche Bestimmungen können Emittent oder Inhaber den Vertrag vorzeitig beenden, vorausgesetzt eine getroffene Vereinbarung sieht bei vorzeitiger Rückzahlung bzw. Rückgabe eine zusätzliche Zahlung vor und eine solche Entschädigungszahlung ist als fester Betrag, als anteilige oder an der Zinsentwicklung orientierte Größe bereits festgelegt. Die vertraglichen Bestimmungen hängen nicht von zukünftigen Ereignissen ab.

(e) Es bestehen keine weiteren bedingten Rückflüsse oder Rückzahlungsbestimmungen.

---

[274] Vgl. SCHIEBEL, A., Standardentwurf, 2008, S. 12. Dies gilt nach E-IFRS-KMU 11.7 (c) für Eigenkapitalinstrumente dann nicht mehr, wenn deren beizulegender Zeitwert nicht verlässlich ermittelbar ist; vgl. HALLER, A./BEIERSDORF, K./EIERLE, B., ED-IFRS for SMEs, 2007, S. 548.

[275] Die Idee dieses Beispiels wurde von LORENZ übernommen und weiter ausgeführt; vgl. LORENZ, K., Finanzinstrumente, 2007, S. 15.

[276] Siehe ausführlich zu Schuldverschreibungen PERRIDON, L./STEINER, M., Finanzwirtschaft, 2007, S. 387; BITZ, M./STARK, G., Finanzdienstleistungen, 2008, S. 158 f.

[277] Vgl. BITZ, M./STARK, G., Finanzdienstleistungen, 2008, Glossar „Anleihe", S. 575.

Anleihen sind entsprechend nach E-IFRS-KMU 11.7 (a) mit ihren fortgeführten Anschaffungskosten, unter Verwendung der Effektivzinsmethode, abzüglich Wertminderungen zu bewerten. Was die Ermittlung von Wertminderungen betrifft, so kommen kleine und mittelgroße Unternehmen nicht in den Genuss von Vereinfachungen.[278] Bei Vorliegen objektiver Hinweise für eine Wertminderung gemäß E-IFRS-KMU 11.19 ist für zu fortgeführten Anschaffungskosten bilanzierte finanzielle Vermögenswerte ein Wertminderungstest (*impairment*) durchzuführen.[279]

Nach den vollen IFRS erfüllen Anleihen, die auf aktiven Märkten notiert sind, nur selten die Bedingungen der Kategorie der zu Handelszwecken gehaltenen finanziellen Vermögenswerte, die dann gegebenenfalls erfolgswirksam zum beizulegenden Zeitwert zu bilanzieren sind. Dafür muss nach IAS 39.9 die Absicht vorhanden sein, dass sie dem Unternehmen nur kurzfristig dienen. Zumeist sind Anleihen der Kategorie der zur Veräußerung verfügbaren finanziellen Vermögenswerte zuzuordnen und damit erfolgsneutral zum beizulegenden Zeitwert zu bewerten.[280]

Der Ansatz zu fortgeführten Anschaffungskosten dürfte sich für kleine und mittelgroße Unternehmen aus Praktikabilitäts- und Vereinfachungsgründen grundsätzlich als Vorteil erweisen. Eine Beeinträchtigung der Vorteilhaftigkeit könnte sich aus der Beibehaltung der oftmals mit großem Aufwand verbundenen Effektivzinsmethode ergeben. Diese wurde, wie das Verfahren des Wertminderungstests auch, ohne Vereinfachungen übernommen.[281]

Der Anhang A des Abschnitts 11 enthält Leitlinien zur Anwendung der Effektivzinsmethode, ist aber nicht Bestandteil des Abschnitts selbst; faktisch sind Leitlinien nach E-IFRS-KMU 10.3 (a) jedoch ebenso verbindlich. Die Leitlinien zur Effektivzinsmethode entsprechen den Paragraphen IAS 39.AG 5 bis IAS 39.AG 8, die wiederum Bestandteil des IAS 39 sind. Bei der Effektivzinsmethode wird die Amortisation eines finanziellen Vermögenswertes bzw. einer finanziellen Verbindlichkeit mittels des Effektivzinssatzes bestimmt.[282] Der Effektivzinssatz ist der interne Zinsfuß einer

---

[278] Vgl. LORENZ, K., Finanzinstrumente, 2007, S. 16.

[279] Vgl. zur Ermittlung von Wertminderungen z. B. LÖW, E./LORENZ, K., Finanzinstrumente, 2005, S. 528-533; KUHN, S./FRIEDRICH M. C., Komplexitätsreduktion, 2007, S. 929; KÜMPEL, T., Bewertung von Finanzinstrumenten, 2007, S. 355-357; PELLENS, B. et al., Rechnungslegung, 2008, S. 556-562; WAGENHOFER, A., Internationale Rechnungslegungsstandards, 2009, S. 254-257.

[280] Vgl. LORENZ, K., Finanzinstrumente, 2007, S. 15.

[281] Vgl. VESPER, A., Finanzinstrumente, 2007, S. 9.

[282] Vgl. LÖW, E./LORENZ, K., Finanzinstrumente, 2005, S. 501.

5.3 Prüfung der Konzeption und Ausgestaltung des IFRS für KMU

Investition[283] oder im Sprachgebrauch der IFRS in IAS 39.9 bzw. im Glossar des IFRS für KMU der Zinssatz, mit dem die geschätzten Zahlungsüberschüsse über die Laufzeit des Finanzinstruments oder eine kürzere Periode, sofern zutreffend, exakt auf den Nettobuchwert des entsprechenden Finanzinstruments abgezinst werden.

Der Effektivzinssatz r wird durch Auflösung der folgenden Formel bestimmt:[284]

$$AK = \sum_{i=1}^{T} \frac{Z_t}{(1+r)^t} + \frac{R_T}{(1+r)^T}$$

Beim erstmaligen Ansatz werden die Finanzinstrumente mit ihren historischen Anschaffungs- oder Herstellungskosten AK bewertet, nach E-IFRS-KMU 11 A.1 inklusive aller Gebühren, gezahlten oder erhaltenen Entgelte, Transaktionskosten und anderen Agien oder Disagien. Z_t steht für die kumulierten Zahlungsüberschüsse zum Zeitpunkt t, t ist der Laufzeitindex und T umfasst die Gesamtlänge der Laufzeit. Daraus folgt, dass der Rückzahlungsbetrag zum Zeitpunkt R_T in die Zahlungsüberschüsse einzubeziehen ist. Mithilfe von Iterationsverfahren lässt sich der Effektivzinssatz auf diese Weise bestimmen.[285] Bei variabel verzinslichen Finanzinstrumenten entspricht dieser dem Nominalzins bei Erwerb des Vermögenswertes.[286]

Statt der komplexen Effektivzinsmethode, und umso mehr bei der Ermittlung von Wertminderungen, wären vereinfachte Verfahren wünschenswert gewesen. Während sich Effektivzinssätze mithilfe von gängigen Tabellenkalkulationsprogrammen berechnen lassen,[287] ist die Feststellung von Wertminderungen oftmals nur mithilfe von Expertenwissen möglich. Zwar gibt E-IFRS-KMU 11.19 bzw. IAS 39.59 objektive Hinweise, infolge welcher zu prüfen ist, ob eine Wertminderung vorliegt, aber dennoch

---

[283] Vgl. KUHN, S./SCHARPF, P., Financial Instruments, 2006, Kapitel 4, Rz. 590; HEUSER, P. J./THEILE, C., IFRS Handbuch, 2007, Kapitel C, Rz. 1869 und zum internen Zinsfuß ausführlich BITZ, M./EWERT, J./TERSTEGE, U., Investition, 2002, S. 121-140; HERING, T., Investitionstheorie, 2008, S. 97-121.

[284] Vgl. LÖW, E./LORENZ, K., Finanzinstrumente, 2005, S. 501; SCHMIDT, M./PITTROFF, E./KLINGELS, B., Finanzinstrumente, 2007, S. 48 f. Zu konkreten Rechenbeispielen siehe HEUSER, P. J./THEILE, C., IFRS Handbuch, 2007, Kapitel C, Rz. 1871; KÜMPEL, T., Bewertung von Finanzinstrumenten, 2007, S. 353 f.; SCHMIDT, M./PITTROFF, E./KLINGELS, B., Finanzinstrumente, 2007, S. 49 f. in Anlehnung an WAGENHOFER, A., Internationale Rechnungslegungsstandards, 2009, S. 249 oder auch PELLENS, B. et al., Rechnungslegung, 2008, S. 553-556.

[285] Vgl. KRUSCHWITZ, L., Finanzierung, 2007, S. 59-61.

[286] Vgl. HEUSER, P. J./THEILE, C., IFRS Handbuch, 2007, Kapitel C, Rz. 1870.

[287] Vgl. HEUSER, P. J./THEILE, C., IFRS Handbuch, 2007, Kapitel C, Rz. 1871; RUHNKE, K., Rechnungslegung, 2008, S. 409.

verbleiben nicht zu unterschätzende Ermessensspielräume.[288] Der in der Bilanz anzusetzende Wert ergibt sich aus dem Wertansatz gemäß Erstbewertung abzüglich geleisteter Tilgungen, kumulierter Amortisationen, die durch die Effektivzinsmethode ermittelt werden, und gegebenenfalls abzüglich außerplanmäßiger Abschreibungen, die sich aus ermittelten Wertminderungen ableiten.[289] Möglich ist der Ansatz eines eher subjektiven statt objektiven Werts.

5.3.5.2.2.3 Ausbuchung finanzieller Vermögenswerte und Verbindlichkeiten

Der IFRS für KMU enthält im Vergleich zum IAS 39 vereinfachte Prinzipien zur Ausbuchung von finanziellen Vermögenswerten.[290] Er sieht drei Prüfungskriterien vor,[291] nach IAS 39.15 ff. ist eine Prüfung in sieben Schritten[292] erforderlich. Ein finanzieller Vermögenswert ist nach E-IFRS-KMU 11.24 auszubuchen, wenn eines der folgenden Kriterien erfüllt ist:

(a) Die vertraglichen Rechte auf Zahlungszuflüsse aus dem finanziellen Vermögenswert erlöschen oder sind erfüllt.

(b) Das Unternehmen überträgt alle wesentlichen Risiken und Chancen in Bezug auf den finanziellen Vermögenswert auf eine andere Partei.

(c) Das Unternehmen überträgt die Verfügungsmacht über den finanziellen Vermögenswert einer anderen Partei, wenngleich es einige wesentliche Risiken und Chancen zurückbehält. Entscheidend ist, dass die andere Partei die tatsächliche Fähigkeit zur Veräußerung des finanziellen Vermögenswertes in seiner Gesamtheit an einen außenstehenden Dritten besitzt und von dieser Fähigkeit selbstständig Gebrauch machen kann. Der finanzielle Vermögenswert ist auszubuchen, die zurückbehaltenen Rechte und Pflichten sind gesondert anzusetzen.

Die Ausbuchungsregelung nach dem IFRS für KMU ist klar formuliert, bei ihrer Umsetzung dürften nur wenige Zweifelsfälle offenbleiben. Das Verfahren nach IAS 39 hingegen ist sehr komplex.

---

[288] Vgl. PELLENS, B. et al., Rechnungslegung, 2008, S. 556.

[289] Vgl. LÖW, E./LORENZ, K., Finanzinstrumente, 2005, S. 500.

[290] Vgl. IASB, Schlussfolgerungen, 2007, GS 73 (b).

[291] Ein anschauliches Prüfschema findet sich bei KUHN, S./FRIEDRICH M. C., Komplexitätsreduktion, 2007, S. 926.

[292] Eine übersichtliche Darstellung des 7-Stufen-Modells findet sich in IAS 39.AG 36. Zu ausführlichen Darstellungen siehe HEINTGES, S./HÄRLE, P., Anwendung, 2005, S. 179; LÖW, E./LORENZ, K., Finanzinstrumente, 2005, S. 451-456; KÜMPEL, T., Ausbuchung von Finanzinstrumenten, 2007, S. 393-396; SCHMIDT, M./PITTROFF, E./KLINGELS, B., Finanzinstrumente, 2007, S. 66-73. Ein Beispiel zu möglichen Komplikationen bei der Ausbuchung nach IAS 39 findet sich bei PELLENS, B. et al., Rechnungslegung, 2008, S. 563-568.

5.3 Prüfung der Konzeption und Ausgestaltung des IFRS für KMU 273

Da Einzelabschlüsse im Betrachtungsfokus dieser Arbeit stehen, kann die Anweisung des IAS 39.15, dass zuerst alle Tochterunternehmen zu konsolidieren sind, vernachlässigt werden. Nach IAS 39.16 ist im ersten Schritt zu unterscheiden, ob ein finanzieller Vermögenswert in seiner Gesamtheit oder nur anteilig auszubuchen ist. Eine anteilige Ausbuchung unterliegt strikten Bedingungen. Bei Erfüllung ist der finanzielle Vermögenswert nach IAS 39.20 (c) (ii) i. V. m. IAS 39.30 ff. im Umfang seines anhaltenden Engagements (*continuing involvement*) weiter zu erfassen. Die Möglichkeit der anteiligen Ausbuchung besteht für kleine und mittelgroße Unternehmen nicht.[293] Der zweite Prüfungsschritt entspricht dem ersten Prüfungskriterium des IFRS für KMU. Im dritten ist festzustellen, ob der finanzielle Vermögenswert auf eine andere Partei übertragen worden ist. Diese Bedingung ist nach IAS 39.18 (a) erfüllt, wenn die Rechte an den vertraglichen Cashflows vom Unternehmen abgegeben wurden. Diese Bedingung ist nach IAS 39.18 (b), wie im vierten Schritt zu prüfen ist, auch dann erfüllt, wenn die Rechte behalten wurden und eine vertragliche Verpflichtung zur Zahlung der Cashflows an andere besteht, eine sog. Durchleitungsvereinbarung (*pass-through arrangement*). Für diesen Fall nennt IAS 39.19 einige Bedingungen, unter welchen der finanzielle Vermögenswert auszubuchen ist. Der fünfte Prüfungsschritt nach IAS 39.20 (a) entspricht dem zweiten Prüfungskriterium des IFRS für KMU. Der finanzielle Vermögenswert ist auszubuchen, wenn im Wesentlichen alle Risiken und Chancen auf eine andere Partei übertragen wurden, und andernfalls gemäß dem sechsten Prüfungsschritt nach IAS 39.20 (b) weiterhin zu bilanzieren. Der siebte Prüfungsschritt nach IAS 39.20 (c) (i) entspricht dem dritten Prüfungskriterium.[294]

Das aufwendige und komplexe Verfahren des IAS 39 wurde in angemessener Weise verkürzt, ohne dass sich im Ergebnis wesentliche Änderungen ergeben. Eine Regelungslücke besteht für den Anwender des IFRS für KMU nur dann, wenn nicht deutlich zu eruieren ist, ob die übertragenen Chancen und Risiken als wesentlich anzusehen sind. Zur Abgrenzung liefern IAS 39.21 bis IAS 39.23 weitere Erläuterungen. Bevor jedoch im Rahmen der Ausbuchung nach Abschnitt 11 auf den IAS 39 zurückgegriffen wird, sollte das dritte Prüfungskriterium untersucht werden. In vielen Fällen dürfte dann die Frage der Ausbuchung geklärt sein.[295] Die Vereinfachung des Verfahrens zur Ausbuchung finanzieller Vermögenswerte ist gelungen.

Die Regelungen zur Ausbuchung finanzieller Verbindlichkeiten in E-IFRS-KMU 11.27 und E-IFRS-KMU 11.28 sowie IAS 39.39 bis IAS 39.41 entsprechen einander.

---

[293] Vgl. IASB, Schlussfolgerungen, 2007, GS 73 (b); HALLER, A./BEIERSDORF, K./EIERLE, B., ED-IFRS for SMEs, 2007, S. 548.
[294] Vgl. zu den obigen Ausführungen LORENZ, K., Finanzinstrumente, 2007, S. 16.
[295] Vgl. auch HEINTGES, S./HÄRLE, P., Anwendung, 2005, S. 178.

Ihre Umsetzung ist im Vergleich zu der für finanzielle Vermögenswerte nach IAS 39 unkompliziert.

5.3.5.2.2.4 Bilanzierung von Sicherungsbeziehungen

Der Grund, warum im Rahmen der Rechnungslegung überhaupt Regelungen zu Sicherungsbeziehungen (*hedge accounting*) erlassen werden, ist eine ansonsten verzerrte Darstellung der Ertragslage. Ohne die Abbildung von Sicherungszusammenhängen würde es zu nicht begründbaren Ergebnisschwankungen kommen, die sich aus der Nichtbilanzierung des Grundgeschäfts, und dem Ansatz eines Sicherungsinstruments ergeben. Als Beispiel für ein Grundgeschäft sei das Zinsänderungsrisiko eines zu fortgeführten Anschaffungskosten bewerteten festverzinslichen Schuldinstruments genannt und für ein Sicherungsinstrument ein Zinsswap. Zu fortgeführten Anschaffungskosten bewertete Schuldinstrumente werden in der Abschlussbilanz mit ihrem Buchwert angesetzt, Änderungen der Marktzinssätze sind nicht erkennbar. Zinsswaps dagegen sind erfolgswirksam zum beizulegenden Zeitwert anzusetzen, Änderungen der Marktzinssätze werden als Erträge bzw. Aufwendungen erfolgswirksam in der Gewinn- und Verlustrechnung verbucht.[296] Bei einem Zinsswap begleichen beide Vertragspartner ihre Schulden in gleicher Währung, der eine zahlt an vertraglich fixierten zukünftigen Zeitpunkten feste und der andere in Anlehnung an einen vereinbarten Referenzzinssatz[297] variable Zinsbeträge.[298] Nach IAS 39.85 dient die Bilanzierung von Sicherungsbeziehungen dazu, den kompensatorischen Effekt von Änderungen des beizulegenden Zeitwerts des Sicherungsinstruments (*hedging instrument*) und des Grundgeschäfts (*hedge item*)[299] in der Gewinn- und Verlustrechnung auszugleichen. Durch die Abbildung des Sicherungszusammenhangs erfolgt „eine zinsinduzierte Buchwertanpassung des Grundgeschäfts"[300].

Im IFRS für KMU ist die Erfassung von Sicherungsbeziehungen in zwei verschiedenen Kategorien vorzunehmen. Das genannte Beispiel ist der Kategorie der „Absicherung von Festzinsrisiken eines bilanzierten Finanzinstruments oder von Preisrisiken

---

[296] Vgl. LORENZ, K., Finanzinstrumente, 2007, S. 16 f.

[297] Gewählt werden kann beispielsweise der LIBOR, der Londoner Interbankenzinssatz oder der EURIBOR, der Europäische Interbankenzinssatz; vgl. z. B. CLEMM, H./NONNENMACHER, R., Swapgeschäfte, 1988, S. 66; KUHN, S./SCHARPF, P., Financial Instruments, 2006, Kapitel 4, Rz. 371.

[298] Vgl. BARCKOW, A., Sicherungsbeziehungen, 2004, S. 39 f.; FRANKE, G./HAX, H., Finanzwirtschaft, 2004, S. 373 f.; KUHN, S./SCHARPF, P., Financial Instruments, 2006, Kapitel 4, Rz. 371.

[299] Zu den Komponenten Grundgeschäft und Sicherungsinstrument siehe ausführlich SCHWARZ, C., Derivative Finanzinstrumente, 2006, S. 217-229; SCHMIDT, M./PITTROFF, E./KLINGELS, B., Finanzinstrumente, 2007, S. 75-90; WAGENHOFER, A., Internationale Rechnungslegungsstandards, 2009, S. 349 f.

[300] LORENZ, K., Finanzinstrumente, 2007, S. 17.

der im Bestand befindlichen Waren" zuzuordnen. E-IFRS-KMU 11.33 gibt zur Absicherung eines Festzinsrisikos eines zu fortgeführten Anschaffungskosten bewerteten festverzinslichen Schuldinstruments vor, dass

(a) das Sicherungsinstrument als Vermögenswert oder Schuld anzusetzen und die Änderung des beizulegenden Zeitwerts erfolgswirksam zu erfassen ist und

(b) die Änderung des beizulegenden Zeitwerts des Grundgeschäfts, die sich aus dem gesicherten Risiko ergibt, erfolgswirksam und als Anpassung des Buchwerts des Grundgeschäfts zu erfassen ist.

Der zweiten Kategorie sind Sicherungsgeschäfte zur „Absicherung des variablen Zinsrisikos eines bilanzierten Finanzinstruments, von Währungs- oder Preisrisiken eines schwebenden Geschäfts oder einer erwarteten und mit hoher Wahrscheinlichkeit eintretenden Transaktion oder einer Nettoinvestition in einen ausländischen Geschäftsbetrieb" zuzuordnen. Ein schwebendes Geschäft i. S. d. IFRS für KMU ist „eine bindende Vereinbarung über den Austausch einer bestimmten Menge Ressourcen zu einem bestimmten Preis und zu (einem) bestimmten Zeitpunkt oder Zeitpunkten".

Als Beispiel für nach der zweiten Kategorie zu erfassende Sicherungsgeschäfte soll von einem deutschen Unternehmen ausgegangen werden, das Geschäfte in den USA tätigen will. Die mit hoher Wahrscheinlichkeit daraus resultierenden Umsätze werden in US-$ gezahlt. Gegen das anstehende Währungsrisiko sichert sich das Unternehmen mit Devisentermingeschäften ab.[301] Es liegt ein abgesichertes Währungsrisiko i. S. d. E-IFRS-KMU 11.37 (b) vor; die in US-$ zur erwartenden Umsätze wurden eindeutig als gesichertes Grundgeschäft und das Devisentermingeschäft als Sicherungsinstrument bestimmt. Gegenstand eines Devisentermingeschäfts „ist eine vertragliche Vereinbarung über den Austausch zweier Währungsbeträge zu einem bei Vertragsabschluss festgelegten Wechselkurs"[302]. Es handelt sich um eine Sicherungsbeziehung der zweiten Kategorie, bei der das Unternehmen den Teil, der zur Kompensation der Änderungen des beizulegenden Zeitwerts oder der zu erwartenden Cashflows des gesicherten Grundgeschäfts dient, erfolgsneutral im Eigenkapital zu erfassen hat. Führt das Devisentermingeschäft darüber hinaus zu einem Überschuss, so ist dieser erfolgswirksam zu erfassen.

Die Abbildung von Sicherungsbeziehungen nach dem IFRS für KMU im Vergleich zum IAS 39 unterscheidet sich vor allem dadurch, dass die Regelungen von Siche-

---

[301] Zu diesem Beispiel vgl. VESPER, A., Finanzinstrumente, 2007, S. 9.
[302] BARCKOW, A., Sicherungsbeziehungen, 2004, S. 40.

rungsbeziehungen nach E-IFRS-KMU 11.31[303] auf die folgenden Risiken[304] beschränkt sind:

(a) Zinsänderungsrisiken von zu fortgeführten Anschaffungskosten bewerteten fest- oder variabel verzinslichen Schuldinstrumenten;

(b) Währungsrisiken von schwebenden Geschäften oder erwarteten und mit hoher Wahrscheinlichkeit eintreffenden Transaktionen;

(c) Preisrisiken von im Bestand befindlichen Waren, von schwebenden Geschäften oder von erwarteten und mit hoher Wahrscheinlichkeit eintreffenden Transaktionen; oder

(d) Wechselkursrisiken von Nettoinvestitionen in ausländische Geschäftsbetriebe.

Zinsänderungsrisiken festverzinslicher Schuldinstrumente sind nach der ersten, Zinsänderungsrisiken variabel verzinslicher Schuldinstrumente nach der zweiten im IFRS für KMU genannten Kategorie von Sicherungsbeziehungen zu erfassen. Preisrisiken von im Bestand befindlichen Waren sind ebenfalls nach der ersten, alle weiteren als gesicherte Grundgeschäfte anzusetzenden Preisrisiken nach der zweiten Kategorie zu bilanzieren. Alle anderen unter (b) und (d) genannten Risiken sind der zweiten Kategorie zuzuordnen.

Das IASB abstrahiert im IFRS für KMU solche Sicherungsbeziehungen, die nach seinem Ermessen nicht zu den „typischen" Absicherungsstrategien kleiner und mittelgroßer Unternehmen gehören. So dürfen keine Sicherungsbeziehungen bilanziert werden, wenn Eigen- oder Fremdkapitalinstrumente als Sicherungsinstrumente eingesetzt werden, während dies bei Absicherung von Fremdwährungsrisiken nach IAS 39.72 erlaubt ist. Optionsgeschäfte[305] dürfen definitionsgemäß nicht als Sicherungsinstrumente designiert werden. Das IASB geht davon aus, dass kleine und mittelgroße Unternehmen aus Kostengründen grundsätzlich keine Optionsgeschäfte verwenden. Auch ist eine Bilanzierung von Sicherungsbeziehungen für Portfolien[306] nicht erlaubt, weil das IASB deren Bilanzierungskomplexität als für kleine und mittelgroße Unternehmen zu

---

[303] Vgl. IASB, Schlussfolgerungen, 2007, GS 73 (c).

[304] Zur Definition des Risikos im finanzwirtschaftlichen Sinne und zu den Risikoarten siehe BARCKOW, A., Sicherungsbeziehungen, 2004, S. 18-24.

[305] Zur Definition von Optionsgeschäften siehe BARCKOW, A., Sicherungsbeziehungen, 2004, S. 33 f. und S. 46-51.

[306] Zur Begriffsdefinition von Portfolio-Hedges und zu einem Überblick in der Literatur verwendeter Begriffsabgrenzungen siehe SCHWARZ, C., Derivative Finanzinstrumente, 2006, S. 31-37; zur Bilanzierung in der Praxis siehe ausführlich ARNOLD, R./LEOPOLD, T., Portfolio Fair Value Hedge Accounting, 2005, S. 22-38.

5.3 Prüfung der Konzeption und Ausgestaltung des IFRS für KMU

hoch einschätzt.[307] Zumindest bezüglich der Optionsgeschäfte kann dem IASB aus deutscher Sicht widersprochen werden, denn diese gehören zunehmend zum Repertoire kleiner und mittelgroßer Unternehmen.[308]

Die in E-IFRS-KMU 11.30 genannten Voraussetzungen für die Bilanzierung von Sicherungsbeziehungen wurden in Anlehnung an IAS 39.88 zusammengestellt. Zur Erfüllung sind eine Dokumentation des Sicherungszusammenhangs und ein Nachweis über die Effektivität der Sicherungsbeziehung erforderlich. In seiner Dokumentation hat das Unternehmen sowohl das abzusichernde Risiko als auch das Grundgeschäft und Sicherungsinstrument zu benennen sowie die Wirksamkeit des Sicherungsinstruments auf das zu sichernde Risiko und seine Kompensationswirkung darzustellen.[309] Bedingung ist eine ausreichend vorhandene Effektivität. Erst ab einem bestimmten Kompensationsgrad kann die Sicherungsbeziehung als in hohem Maße wirksam angenommen werden. Detaillierte Ausführungen fehlen im IFRS für KMU. Kleine und mittelgroße Unternehmen werden folglich Probleme haben, die Effektivität von Sicherungsbeziehungen zu beurteilen.

Besitzt der Anwender Kenntnisse der vollen IFRS, weiß er, dass Anhang A.AG 105 bis A.AG 113 genaue Auskünfte über den Kompensationsgrad geben. IAS 39.88 (b) verweist auf diese Paragraphen; Anhang A ist Bestandteil des IAS 39. Eine Sicherungsbeziehung ist dann in hohem Maße wirksam, wenn ihr Kompensationsgrad zwischen 80 % und 125 % liegt. Wird die risikoinduzierte Wertschwankung des Grundgeschäfts zu 100 % durch eine gegenläufige Wertentwicklung des Sicherungsinstruments kompensiert, liegt eine „perfekte" bzw. „vollständige"[310] Absicherung vor. Um als in hohem Maße wirksam eingestuft zu werden, muss durch das Sicherungsinstrument keine vollständige Absicherung gegeben sein. Es genügen 80 %; auch eine leichte Überkompensation von bis zu 125 % liegt nach IAS 39.AG 105 (b) im Rahmen der Akzeptanzgrenzen. Eine bestimmte Methode zur Effektivitätsmessung schreibt IAS 39 nicht

---

[307] Zu diesen Unterschieden gegenüber IAS 39 vgl. IASB, Schlussfolgerungen, 2007, GS 76.

[308] Vgl. KUHN, S./FRIEDRICH M. C., Komplexitätsreduktion, 2007, S. 931. Dies belegt auch eine empirische Studie von GEISELER aus dem Jahr 1995, bei der 1511 kleine und mittelgroße Unternehmen befragt wurden. Von den im Jahr 1995 befragten Unternehmen wurden 31 % von ihren Banken Optionsgeschäfte angeboten, wovon 24 % der Angebote in Anspruch genommen wurden. Von erheblicher Bedeutung sind Optionsgeschäfte für Unternehmen einer Größenklasse von über 200 Mitarbeitern. Zu der genannten Studie vgl. die gesamte Dissertation von GEISELER, C., Finanzierungsverhalten, 1999 und zu den genannten Ergebnissen S. 217-219.

[309] Vgl. ausführlich zur Dokumentation von Sicherungsgeschäften bei mittelständischen Unternehmen SCHNEIDER, J., Dokumentation, 2006, S. 168-174 und – auch zur Effektivität – LÜDENBACH, N., in: Haufe IFRS-Kommentar, 2009, § 28, Rz. 48-51.

[310] Vgl. PELLENS, B. et al., Rechnungslegung, 2008, S. 591.

vor, jedoch sind alle in Frage kommenden methodischen Verfahren sehr aufwendig.[311] Ohne dieses Wissen kann ein Unternehmen keine realistische Einschätzung hinsichtlich der Kompensationswirkung des designierten gesicherten Risikos vornehmen.

Zwischenzeitlich wurden bezüglich der Effektivität Überlegungen angestellt, den IFRS für KMU in diesem Punkt der sog. Abkürzungsmethode (*short-cut method*) gemäß den US-GAAP nach SFAS 133 anzugleichen[312] und den Effektivitätstest einzuschränken. Die Effektivität würde dann als erfüllt angenommen, ohne sie genau zu quantifizieren. Das IASB kam aber zu dem Schluss, dass das Grundprinzip der Effektivitätsmessung nach IAS 39 unbedingt beizubehalten ist.[313] Im Gegensatz zum IAS 39 ist ein Effektivitätstest jedoch nicht fortlaufend, sondern „nur" zum jeweiligen Bilanzstichtag durchzuführen.[314] Das IASB glaubt damit kleinen und mittelgroßen Unternehmen gerecht zu werden, welche die Vorgabe des fortlaufenden Effektivitätstest mit sofortiger Beendigung der Bilanzierung von entsprechenden Sicherungsbeziehungen bei zu geringer Effektivität „für belastend halten"[315]. Dem ist entgegenzuhalten, dass kleine und mittelgroße Unternehmen von diesem scheinbaren Vorteil nur erfahren, wenn sie in der Grundlage für Schlussfolgerungen nachlesen; dem Abschnitt 11 des IFRS für KMU ist diese Regelung nicht zu entnehmen. Da der Effektivitätstest an sich zu aufwendig ist, kann eine solche Erleichterung nur als viel zu gering eingestuft werden.

Letztendlich hat sich das IASB bei der Gestaltung des Abschnitts 11 am IAS 39 orientiert, was auch bei der Bilanzierung von Sicherungsbeziehungen deutlich wird. Das bilanzielle Vorgehen bei der ersten Kategorie zur „Absicherung von Festzinsrisiken eines bilanzierten Finanzinstruments" entspricht weitgehend dem Typus der „Absicherung des beizulegenden Zeitwerts" (*fair value hedge*) nach IAS 39.86 (a) i. V. m. IAS 39.89 bis IAS 39.94. Das bilanzielle Vorgehen bei der zweiten Kategorie beispielsweise zur „Absicherung einer erwarteten und mit hoher Wahrscheinlichkeit eintretenden Transaktion" entspricht weitgehend dem Typus der „Absicherung von Zahlungsströmen" (*cash flow hedge*) nach IAS 39.86 (b) i. V. m. IAS 39.95 bis IAS 39.101. Die „Absicherung einer Nettoinvestition in einen ausländischen Geschäftsbetrieb" (*hedge of a net investment in a foreign operation*) ist im Rahmen des Abschnitts 11 der zweiten Kategorie zuzuordnen, während diese nach IAS 39.86 (c) i. V. m. IAS 39.102 einen

---

[311] Vgl. zur Effektivitätsmessung ausführlich SCHARPF, P., Hedge Accounting, 2004, S. 1-22; LÖW, E./LORENZ, K., Finanzinstrumente, 2005, S. 567-570; SCHMIDT, M./PITTROFF, E./KLINGELS, B., Finanzinstrumente, 2007, S. 95-111.

[312] Vgl. BARCKOW, A., Sicherungsbeziehungen, 2004, S. 154-156.

[313] Vgl. IASB, Schlussfolgerungen, 2007, GS 75 (a).

[314] Vgl. SCHIEBEL, A., Standardentwurf, 2008, S. 13.

[315] IASB, Schlussfolgerungen, 2007, GS 74.

dritten Typus bildet.³¹⁶ Die Ausführungen zur Effektivitätsmessung sind nicht nur eine erneute Bestätigung, dass der IFRS für KMU nicht als eigenständiges Regelwerk anwendbar ist, sondern auch dafür, dass die Erleichterungen für kleine und mittelgroße Unternehmen bei Ansatz und Bewertung von Finanzinstrumenten nicht weit genug gehen.

Beim Vergleich der Bilanzierung von Sicherungsbeziehungen nach Abschnitt 11 mit den vollen IFRS ist offensichtlich, dass die Regelungen des IAS 39 leichter verständlich sind. Einer ausführlichen Darlegung der Grundlagen zu Sicherungsinstrumenten und Grundgeschäften in IAS 39.72 bis IAS 39.84 folgt eine allgemeine Erläuterung in IAS 39.85, warum die Bilanzierung von Sicherungsbeziehungen sinnvoll ist. Erst dann werden die drei Arten von Sicherungsbeziehungen und die damit verknüpften differenzierten Vorgehensweisen bei deren Bilanzierung unterschieden. Die Regelungen sind sprachlich gut verständlich, wenngleich das deren Umsetzung nicht erleichtert. Im IFRS für KMU fehlt eine solche Einführung. Grundlegende Kenntnisse zu den Sicherungsbeziehungen werden in einem wesentlich höheren Maße vorausgesetzt, ebenso wie das Wissen um die Effektivität.³¹⁷ Dem Anwender des Abschnitts 11 entsteht zur Erfüllung der Regelungen zusätzlicher Aufwand, da weit über den Abschnitt 11 hinausgehende Kenntnisse erforderlich sind. Dieser Aufwand kompensiert die erzielte Komplexitätsreduktion.

5.3.5.2.3 Ertragsteuern

5.3.5.2.3.1 Steuerabgrenzungen

Zur Analyse der Ertragsteuern sind die Inhalte des Abschnitts 28 mit denen des IAS 12 zu vergleichen. Ertragsteuern (*income taxes*) umfassen i. S. v. E-IFRS-KMU 28.1 bzw. IAS 12.2 alle in- und ausländischen Steuern auf Grundlage des steuerpflichtigen Gewinns sowie die Quellensteuern, die von einem Tochterunternehmen, einem assoziierten Unternehmen oder einem Joint Venture aufgrund von Ausschüttungen an das berichtende Unternehmen fällig werden.³¹⁸ Im Rahmen des Abschnitts 28 und IAS 12

---

[316] Vgl. ausführlich zur Abgrenzung und Bilanzierung der drei Arten von Sicherungsbeziehungen nach IAS 39.86 SCHWARZ, C., Derivative Finanzinstrumente, 2006, S. 212-216; SCHMIDT, M./PITTROFF, E./KLINGELS, B., Finanzinstrumente, 2007, S. 91-94 und S. 111-138; PELLENS, B. et al., Rechnungslegung, 2008, S. 565 f. und 595-610; LÜDENBACH, N., in: Haufe IFRS-Kommentar, 2009, § 28, Rz. 239-244.

[317] Das IASB nennt die Bilanzierung von Sicherungsbeziehungen u. a. als Grund für die Notwendigkeit des Wahlrechts zur Anwendung des IAS 39; vgl. IASB, Schlussfolgerungen, 2007, GS 78 (a) (iv).

[318] Zur Abgrenzung der Ertragsteuern nach IAS 12 siehe ausführlich ADLER, H./DÜRING, W./SCHMALTZ, K., Rechnungslegung international, 2002, Abschnitt 20, Rz. 2; COENENBERG, A. G./HILLE, K., in: BAETGE, J. et al., Kommentar, 2003, Teil B, IAS 12, Rz. 3 f.; PELLENS, B. et al., Rechnungslegung, 2008, S. 214 f.

wird bei Ansatz und Bewertung zwischen tatsächlichen Steuerschulden und -ansprüchen (*current taxes payable and current taxes recoverable*) und latenten Steuerschulden und -ansprüchen (*deferred tax liabilities and deferred tax assets*) unterschieden. Die bilanzielle Behandlung tatsächlicher Steuern ist im Vergleich zu den latenten Steuern einfach. Tatsächliche Steuern resultieren aus dem zu versteuernden Einkommen bzw. steuerlichen Verlust der Periode und sind grundsätzlich sofort aufwandswirksam zu erfassen. Ihr Betrag entspricht der Höhe der geschuldeten bzw. erstattungsfähigen Ertragsteuern. Für nicht entrichtete tatsächliche Steuern aus laufenden und früheren Perioden hat ein Unternehmen nach E-IFRS-KMU 28.13 f. bzw. IAS 12.12 f. eine Schuld anzusetzen. Übersteigt der entrichtete Betrag den für die entsprechende Periode geschuldeten Betrag, hat das Unternehmen einen Vermögenswert in Höhe des Überschusses anzusetzen; ebenso bei Erstattung tatsächlicher Ertragsteuern aufgrund eines Verlustrücktrags in Höhe des Erstattungsanspruchs.[319]

Latente Steuern sind deshalb bedeutsam, weil ihre Auswirkungen auf Vermögens- und Ertragslage beachtlich sind.[320] Ohne deren Berücksichtigung würden in manchen Jahren zu hohe bzw. in anderen Jahren zu niedrige Steuerquoten ausgewiesen.[321] Mit der Bilanzierung von latenten Steuern im IFRS-Abschluss werden die Unterschiede zwischen den steuerlichen Wertansätzen und den Wertansätzen nach IFRS abgebildet.[322] Die großen Differenzen der Ansatz- und Bewertungsregeln nach IFRS gegenüber denen des Steuerrechts beeinflussen den Abschluss in erheblichem Maße.[323] Eine latente Steuerschuld, d. h. ein passiver Unterschiedsbetrag, liegt vor, wenn Vermögenswerte in der IFRS-Bilanz mit einem höheren Wert als in der Steuerbilanz bzw. wenn Schulden in der IFRS-Bilanz mit einem niedrigeren Wert angesetzt werden. Ein latenter Steueranspruch, d. h. ein aktiver Unterschiedsbetrag, entsteht grundsätzlich dann, wenn der Wertansatz eines Vermögenswertes in der IFRS-Bilanz geringer ist als der desselben Vermögenswertes in der Steuerbilanz bzw. wenn der Wertansatz einer

---

[319] Zu den tatsächlichen Ertragsteuern siehe ausführlich ADLER, H./DÜRING, W./SCHMALTZ, K., Rechnungslegung international, 2002, Abschnitt 20, Rz. 13-44; WALTER, A., Ertragsteuern, 2005, S. 847 f.; SCHULZ-DANSO, M., in: Beck'sches IFRS-Handbuch, 2006, § 25, Rz. 11-32; PELLENS, B. et al., Rechnungslegung, 2008, S. 215 f.

[320] Dies belegen u. a. die empirischen Erhebungen von KÜTING, K./ZWIRNER, C., Latente Steuern, 2003, S. 301-316 und die Analyse zur Bilanzierung latenter Steuern bei DAX- und MDAX-Unternehmen von BAETGE, J./LIENAU, A., Praxis, 2007, S. 15-22.

[321] Vgl. KÜTING, K./ZWIRNER, C., Latente Steuern, 2003, S. 301.

[322] Vgl. ADLER, H./DÜRING, W./SCHMALTZ, K., Rechnungslegung international, 2002, Abschnitt 20, Rz. 45; KÜTING, K./ZWIRNER, C., IFRS-Rechnungslegung, 2007, S. 93; PELLENS, B. et al., Rechnungslegung, 2008, S. 216 f.

[323] Vgl. APP, J. G., Latente Steuern, 2003, S. 209 und S. 213.

5.3 Prüfung der Konzeption und Ausgestaltung des IFRS für KMU

Schuld in der IFRS-Bilanz höher ist als der derselben Schuld in der Steuerbilanz.[324] Zu Steueransprüchen kommt es nach IAS 12.34 bis IAS 12.36 auch bei steuerlich vortragsfähigen Verlusten.[325] Beispiele für latente Steuern nach dem IFRS für KMU werden im folgenden Gliederungspunkt genannt.

Anwender und Adressaten haben im Verlauf des Entwicklungsprozesses des IFRS für KMU das Anliegen an das IASB herangetragen, die Bilanzierung von Ertragsteuern auf die „tatsächlich zu zahlende[n] Steuern"[326] zu beschränken (*taxes payable method*) und die latenten Steuern unerfasst zu lassen. Andere Adressaten gaben zu bedenken, dass es sich um zu bedeutende Ab- bzw. Zuflüsse von Zahlungsmitteln handeln könne und diese dann wenigstens ausführlich im Anhang darzustellen seien. Das IASB kam zu dem Ergebnis, dass der Aufwand für die Nachverfolgungs- und Berechnungsbemühungen, die zur Darstellung im Anhang notwendig seien, dem für eine Abbildung in der Bilanz gleichkomme und auch Kosten-Nutzen-Überlegungen eine Entscheidung, kleinen und mittelgroßen Unternehmen den Bilanzansatz der latenten Steuern zu erlassen, nicht rechtfertigen würden.[327] Eine Beschränkung auf die tatsächlichen Ertragsteuern lehnte es ab.[328] Latente Steuern müssen angesetzt werden.

Stattdessen schlug das IASB als Erleichterung für KMU den Zeitliche-Differenzen-Plus-Ansatz (*timing difference plus approach*) als Vereinfachung des nach IAS 12 anzuwendenden Temporäre-Differenzen-Ansatzes[329] (*temporary difference approach*) vor. Es betont, dass diese Methode, fokussiert auf die zeitlichen Differenzen, „nicht als Belastung für KMU angesehen werden"[330] dürfe, und ist von der Vereinfachung der Verfahrensweise für latente Steuern für kleine und mittelgroße Unternehmen überzeugt.

---

[324] Vgl. ADLER, H./DÜRING, W./SCHMALTZ, K., Rechnungslegung international, 2002, Abschnitt 20, Rz. 45; RUHNKE, K., Rechnungslegung, 2008, S. 416 f.

[325] Vgl. ADLER, H./DÜRING, W./SCHMALTZ, K., Rechnungslegung international, 2002, Abschnitt 20, Rz. 5; HAYN, S./GRAF WALDERSEE, G., IFRS/HGB/HGB-BilMoG, 2008, S. 250 f.; PELLENS, B. et al., Rechnungslegung, 2008, S. 223 f.

[326] IASB, Schlussfolgerungen, 2007, GS 84. Im Rahmen der Diskussionen um die Ergebnisse der *field tests* wurde dieses Thema wieder aufgegriffen. Erneut wurde dieser „Extremvorschlag" vom IASB abgelehnt; vgl. BEIERSDORF, K./MORICH, S., IFRS für KMU, 2009, S. 10.

[327] Vgl. IASB, Schlussfolgerungen, 2007, GS 102.

[328] Vgl. IASB, Schlussfolgerungen, 2007, GS 85. Erneut diskutierte das IASB eine solche Beschränkung im Herbst 2008, erneut lehnte er diesen „Extremvorschlag" ab; vgl. BEIERSDORF, K./MORICH, S., IFRS für KMU, 2009, S. 10.

[329] Zu beiden Ansätzen siehe ausführlich den später folgenden Gliederungspunkt 5.3.5.2.3.4.

[330] IASB, Schlussfolgerungen, 2007, GS 85.

Um die aus Sicht des IASB zugelassenen Vereinfachungen des Abschnitts 28 im Vergleich zu IAS 12 für die Behandlung der latenten Steuern zu verdeutlichen, sind zunächst die Begrifflichkeiten der „zeitlich (begrenzten) Differenzen" (*timing differences*) und der „temporären Differenzen"[331] (*temporary differences*) sowie deren Unterschiede zu klären.

5.3.5.2.3.2 Zeitlich begrenzte und temporäre Differenzen

Während den zeitlich begrenzten Differenzen nur die erfolgswirksamen Steuerlatenzen zuzurechnen sind, gehören zu den temporären Differenzen zusätzlich die erfolgsneutralen Steuerlatenzen.[332] Jede zeitlich begrenzte Differenz ist gleichzeitig eine temporäre, jedoch ist nicht jede temporäre Differenz auch eine zeitlich begrenzte.[333]

Zeitlich begrenzte Differenzen umfassen die Bilanzierungs- und Bewertungsunterschiede, „die sich sowohl bei ihrer Entstehung als auch bei ihrer Umkehrung in der GuV niederschlagen"[334]. Der Definition des E-IFRS-KMU 28.6 ist zu entnehmen, dass die erfolgswirksamen Komponenten zwar sowohl im IFRS- als auch im steuerrechtlichen Abschluss erfasst werden, jedoch in verschiedenen Perioden. Zeitlich begrenzte Differenzen gleichen sich in späteren Perioden aus.[335] Beispiele nennen E-IFRS-KMU 28.7 und E-IFRS-KMU 28.8. Diese werden in „vier typische Fälle"[336] unterteilt:

1. Aufwendungen sind steuerlich erst später abzugsfähig, während sie im gegenwärtigen IFRS-Abschluss erfasst werden, z. B. Aufwendungen für zweifelhafte Forderungen, die steuerlich erst abzugsfähig sind, wenn ein Kunde Insolvenz anmeldet.

2. Erträge sind früher zu versteuern, als sie im IFRS-Abschluss zu erfassen sind, z. B. Vorauszahlungen, die bei Zufluss besteuert werden müssen aber erst später als Ertrag zu verbuchen sind.

---

[331] Im IFRS für KMU wird der Begriff „zeitliche Differenzen" verwendet; vgl. z. B. E-IFRS-KMU 28.7. Zur deutlicheren Abgrenzung von den „zeitlich unbegrenzten Differenzen" ist der hier verwendete Begriff „zeitlich begrenzte Differenzen" treffender; vgl. dazu RUHNKE, K., Rechnungslegung, 2008, S. 414 f. Den deutschen wie englischen Begriffen („zeitlich Differenzen" und „temporäre Differenzen" oder *timing differences* und *temporary differences)* fehlt m. E. die eigentlich notwendige Begriffsantonymie.

[332] Vgl. HOFFMANN, W.-D., in: Haufe IFRS-Kommentar, 2009, § 26, Rz. 14.

[333] Vgl. WALTER, A., Ertragsteuern, 2005, S. 848 f.; HOFFMANN, W.-D., in: Haufe IFRS-Kommentar, 2009, § 26, Rz. 16.

[334] COENENBERG, A. G./HILLE, K., in: BAETGE, J. et al., Kommentar, 2003, Teil B, IAS 12, Rz. 17.

[335] Vgl. z. B. APP, J. G., Latente Steuern, 2003, S. 209 f.; BAETGE, J./KIRSCH, H.-J./THIELE, S., Bilanzen, 2007, S. 549; RUHNKE, K., Rechnungslegung, 2008, S. 414.

[336] COENENBERG, A. G./HILLE, K., in: BAETGE, J. et al., Kommentar, 2003, Teil B, IAS 12, Rz. 21.

5.3 Prüfung der Konzeption und Ausgestaltung des IFRS für KMU 283

3. Erträge werden später versteuert, während sie im gegenwärtigen IFRS-Abschluss vereinnahmt werden, z. B. Erträge infolge von einer Erhöhung des beizulegenden Zeitwerts eines Vermögenswertes. Besteuert wird die Erhöhung erst, wenn der Vermögenswert verkauft wird.

4. Aufwendungen sind steuerlich früher abzugsfähig, als sie sich im IFRS-Abschluss auswirken, z. B. wenn Vermögenswerte steuerlich schneller abgeschrieben werden als im IFRS-Abschluss.

Die beiden erstgenannten Fälle führen zu einem latenten Steueranspruch (= aktive Steuerabgrenzung), die beiden letztgenannten zu einer latenten Steuerschuld (= passive Steuerabgrenzung).[337] Bei den genannten Beispielen ist zu beachten, dass sie nicht für alle Rechtskreise zutreffen.

Der IFRS für KMU geht nicht auf zeitlich unbegrenzte Differenzen (*permanent differences*) ein. Diese unterscheiden sich von den zeitlich begrenzten dadurch, dass die Abweichungen zwischen steuerlicher Behandlung und Beeinflussung des IFRS-Abschluss dauerhaft bestehen bleiben. Latente Steuern entstehen folglich nicht. Abschnitt 28 thematisiert auch nicht ausdrücklich quasi zeitlich unbegrenzte Differenzen[338], deren Auflösung an eine unternehmerische Disposition, wie den Verkauf des Vermögensgegenstandes oder die Liquidation des Unternehmens, geknüpft ist.[339] Ein Beispiel ist eine außerplanmäßige Abschreibung auf Grund und Boden, die steuerlich nicht anerkannt wird.

Weitere Bilanzierungs- und Bewertungsunterschiede, die zu den temporären, nicht aber zu den zeitlich begrenzten Differenzen gehören und als erfolgsneutrale Steuerlatenzen zu berücksichtigen sind, können nur bei Betrachtung der Bilanz, nicht aber der Gewinn- und Verlustrechnung, ermittelt werden. E-IFRS-KMU 28.9 typisiert solche Differenzen gemäß ihrer Kausalität. Temporäre Differenzen, die keine zeitlich begrenzten Differenzen darstellen, können entstehen:

---

[337] Vgl. zu den „vier typischen Fällen" die übersichtliche Darstellung des „Timing-Konzepts" bei COENENBERG, A. G., Jahresabschluss, 2005, S. 434.

[338] Siehe ausführlich zu (quasi) zeitlich unbegrenzten Differenzen APP, J. G., Latente Steuern, 2003, S. 210; COENENBERG, A. G./HILLE, K., in: BAETGE, J. et al., Kommentar, 2003, Teil B, IAS 12, Rz. 18 und Rz. 22 f.; SCHULZ-DANSO, M., in: Beck'sches IFRS-Handbuch, 2006, § 25, Rz. 41; PELLENS, B. et al., Rechnungslegung, 2008, S. 219 f.

[339] Vgl. COENENBERG, A. G., Jahresabschluss, 2005, S. 433; BAETGE, J./KIRSCH, H.-J./THIELE, S., Bilanzen, 2007, S. 548.

(a) wenn Gewinne und Verluste periodenfremd erfasst werden und die steuerliche Erfassung in einer davon abweichenden Periode vorzunehmen ist. Als Beispiel sei die direkt im Eigenkapital zu verbuchende Neubewertungsrücklage bei der Neubewertung von Anlagevermögen nach E-IFRS-KMU 16.13 genannt.[340]

(b) beim Erstansatz von Vermögenswerten und Schulden im Rahmen eines Unternehmenszusammenschlusses, die nach E-IFRS-KMU 28.10 mit dem Geschäfts- oder Firmenwert zu verrechnen sind, oder außerhalb, wenn z. B. bei Anschaffung einer Maschine Subventionen die für die Abschreibung zugrunde gelegten Kosten mindern, während steuerlich auf den vollen Anschaffungskostenbetrag abgeschrieben wird.

(c) bei Veränderungen des Steuerwerts eines Vermögenswertes oder einer Schuld, die sich nicht auf das zu versteuernde Ergebnis auswirken. Als Beispiel sei die Steuerfreistellung von Sachanlagen genannt, die zuvor steuerpflichtig waren.[341] Der Steuerwert eines Vermögenswertes oder einer Schuld entspricht nach E-IFRS-KMU 28.3 dem für steuerliche Zwecke beizulegenden Betrag.[342]

IAS 12.5 definiert nur den Begriff der temporären Differenzen, ohne zeitliche Differenzen abzugrenzen. Temporäre Differenzen entsprechen den Unterschiedsbeträgen zwischen dem Buchwert eines Vermögenswertes oder einer Schuld in der IFRS-Bilanz und seinem Steuerwert. Temporäre Differenzen können entweder zu versteuern oder abzugsfähig sein. Die Begriffsdefinition entspricht der in E-IFRS-KMU 28.5.

5.3.5.2.3.3 Ansatz und Bewertung

Da sich Ansatz und Bewertung der Ertragsteuern nach dem IFRS für KMU, wie die Regelungen des E-IFRS-KMU 28.13 bis E-IFRS-KMU 28.26 im Vergleich mit IAS 12.12 bis IAS 12.78 zeigen, grundsätzlich nicht von den vollen IFRS unterschei-

---

[340] SCHILDBACH bezeichnet solche Differenzen als zeitlich unbegrenzt, für die grundsätzlich keine latenten Steuern gebildet werden. Er betrachtet passive latente Steuern auf solche zeitlich unbegrenzten Differenzen als „reine Willkür"; vgl. SCHILDBACH, T., Latente Steuern, 1998, S. 942 f.: „Die erfolgsneutrale Bildung der passiven latenten Steuern verfälscht ... insbesondere das Bild dahingehend, daß der Steueraufwand auf den Scheingewinn weggezaubert wird. Da die passive latente Steuer erfolgsneutral gebildet wird, entsteht im Jahr der Bildung kein Aufwand, obwohl etwas entstanden ist, was in der Bilanz unter ‚liabilities' ausgewiesen wird."

[341] Vgl. ausführlich SCHWEEN, C., Latente Steuern, 2007, S. 20 und S. 22. Zu weiteren Beispielen für temporäre Differenzen, die keine zeitlichen Differenzen darstellen; siehe KIRSCH, H., IFRS-Rechnungslegung, 2007, S. 130 f.; WAGENHOFER, A., Internationale Rechnungslegungsstandards, 2009, S. 333 f.

[342] Siehe ausführlich zur Ermittlung des Steuerwerts ADLER, H./DÜRING, W./SCHMALTZ, K., Rechnungslegung international, 2002, Abschnitt 20, Rz. 64-80; COENENBERG, A. G./HILLE, K., in: BAETGE, J. et al., Kommentar, 2003, Teil B, IAS 12, Rz. 44-54. Beispiele finden sich bei WALTER, A., Ertragsteuern, 2005, S. 857-859.

5.3 Prüfung der Konzeption und Ausgestaltung des IFRS für KMU

den,[343] sollen die Ausführungen dieser Untersuchung auf einige mögliche Differenzen in den Abschlüssen beschränkt werden.

Zu Unterschieden bei Ansatz und Bewertung kann es vor allem dadurch kommen, dass die Paragraphen des IAS 12 nicht in den Abschnitt 28 übernommen wurden. Als wichtigster Sachbestand sei hier die Frage der Saldierung tatsächlicher wie latenter Steuern angeführt. IAS 12.71 bis IAS 12.76 regeln, unter welchen Voraussetzungen Saldierungen vorzunehmen sind,[344] in Abschnitt 28 fehlen vergleichbare Ausführungen. Folglich hat der Anwender des IFRS für KMU bei einer solchen Regelungslücke nach E-IFRS-KMU 10.3 (b) die Konzepte und grundlegenden Prinzipien zu berücksichtigen. E-IFRS-KMU 2.45 enthält ein generelles Saldierungsverbot. Eine Saldierung ist i. S. d. IFRS für KMU weder für tatsächliche Steuern noch für latente Steuern zulässig.[345]

Aber auch im Rahmen von Unternehmenszusammenschlüssen kommt es durch fehlende Paragraphen zu Regelungslücken. Es bleibt offen, wie ein Erwerber mit einem eigenen latenten Steueranspruch aus Verlustvorträgen zu verfahren hat, den er wegen zunächst fehlender zukünftig erwarteter Gewinne vor Unternehmenszusammenschluss nicht angesetzt hat, wenn er die Realisierung dieses Steueranspruchs für wahrscheinlich hält.[346] IAS 12.67 f. regelt diesen Sachverhalt und nennt zur Verdeutlichung ein Beispiel. Im Rahmen des Vorgehens bei Regelungslücken nach E-IFRS-KMU 10.4 ist zu erwarten, dass sich der Anwender des IFRS für KMU mit den Regelungen des IAS 12 auseinandersetzen wird.

---

[343] Zu Ansatz und Bewertung nach IAS 12 siehe ausführlich ADLER, H./DÜRING, W./SCHMALTZ, K., Rechnungslegung international, 2002, Abschnitt 20, Rz. 57-213; COENENBERG, A. G./HILLE, K., in: BAETGE, J. et al., Kommentar, 2003, Teil B, IAS 12, Rz. 56-110; HOYOS, M./FISCHER, N., in: Beck'scher Bilanzkommentar, 2006, § 274 HGB, Rz. 88-93; SCHULZ-DANSO, M., in: Beck'sches IFRS-Handbuch, 2006, § 25, Rz. 44-145; SOLFRIAN, G., Steuerabgrenzung, 2006, S. 239-244; BAETGE, J./KIRSCH, H.-J./THIELE, S., Bilanzen, 2007, S. 577-586; HEUSER, P. J./THIELE, C., IFRS Handbuch, 2007, Kapitel C, Rz. 2615-2670; HAYN, S./GRAF WALDERSEE, G., IFRS/HGB/HGB-BilMoG, 2008, S. 267 f.; PELLENS, B. et al., Rechnungslegung, 2008, S. 220-229; BALLWIESER, W./KURZ, G., in: EPSTEIN, B. J./JERMAKOWICZ, E. K., Wiley-Kommentar, 2009, Abschnitt 15, Rz. 21-86; HOFFMANN, W.-D., in: Haufe IFRS-Kommentar, 2009, § 26, Rz. 41-121.

[344] Zur Saldierung siehe ausführlich ADLER, H./DÜRING, W./SCHMALTZ, K., Rechnungslegung international, 2002, Abschnitt 20, Rz. 216 f.; COENENBERG, A. G./HILLE, K., in: BAETGE, J. et al., Kommentar, 2003, Teil B, IAS 12, Rz. 111 f.; SENGER, T./DIERSCH, U., in: Beck'sches IFRS-Handbuch, 2006, § 33, Rz. 255-257; HEUSER, P. J./THIELE, C., IFRS Handbuch, 2007, Kapitel C, Rz. 2680-2685; BALLWIESER, W./ KURZ, G., in: EPSTEIN, B. J./JERMAKOWICZ, E. K., Wiley-Kommentar, 2009, Abschnitt 15, Rz. 89 f.

[345] Vgl. SCHWEEN, C., Latente Steuern, 2007, S. 20 f.

[346] Vgl. SCHWEEN, C., Latente Steuern, 2007, S. 20.

Beide Fälle zeigen, dass die vom IASB vorgeschlagene Maßnahme zur Komplexitätsreduktion – wie schon bei anderen beabsichtigten Vereinfachungen festgestellt – zu zusätzlichem Aufwand bzw. – was die Saldierung betrifft – zu eventuell nicht gewünschten Differenzen zwischen IFRS für KMU und den vollen IFRS führt. Die Regelungen des Abschnitts 28 reichen nicht aus. Die gewünschte Komplexitätsreduktion wird durch den zusätzlich notwendigen Aufwand kompensiert. Verständlichkeit und Umsetzbarkeit sind nicht garantiert.

5.3.5.2.3.4 Zeitliche-Differenzen-Plus-Ansatz versus Temporäre-Differenzen-Ansatz

Auffallend ist, dass im Rahmen des Ansatzes und der Bewertung von latenten Steuerschulden und -ansprüchen des Abschnitts 28 nicht mehr zwischen zeitlich begrenzten und temporären Differenzen unterschieden wird. Verwendet wird stets der Begriff der temporären Differenzen, obwohl im IFRS für KMU der Zeitliche-Differenzen-Plus-Ansatz (*timing difference plus approach*) im Vordergrund stehen soll.

Der Zeitliche-Differenzen-Plus-Ansatz baut auf dem Zeitliche-Differenzen-Ansatz (*timing difference approach*) auf. Bei Ermittlung latenter Steuern nach dem Zeitliche-Differenzen-Ansatz, der auch nach dem HGB a. F. anzuwenden war,[347] sind die Effekte aus den Ergebnisabweichungen nach der Gewinn- und Verlustrechnung zu berücksichtigen. Nach dem Zeitliche-Differenzen-Plus-Ansatz sind darüber hinaus die vorhandenen temporären Differenzen, die keine zeitlich begrenzten Differenzen darstellen und nur aus der Bilanz abgelesen werden können, zu identifizieren.[348] Beide Ansätze unterscheiden sich durch die im zweitgenannten zu berücksichtigenden quasi zeitlich unbegrenzten Differenzen. Die Berücksichtigung dieser hat der Zeitliche-Differenzen-Plus-Ansatz mit dem Temporäre-Differenzen-Ansatz[349] (*temporary difference approach*) gemein. Der Temporäre-Differenzen-Ansatz ist ausschließlich bilanzorientiert. Mit dem BilMoG wurde er in das HGB übernommen. Damit nähert es sich den IFRS an, ohne dass die Frage gestellt wird, ob der Ansatz latenter Steuern auf diesem Hintergrund für mittel-

---

[347] Zum Zeitliche-Differenzen-Ansatz nach HGB a. F. siehe ADLER, H./DÜRING, W./SCHMALTZ, K., Rechnungslegung, 1997, § 274 HGB, Rz. 19-22; APP, J. G., Latente Steuern, 2003, S. 210 f.; COENENBERG, A. G., Jahresabschluss, 2005, S. 446-458; HOYOS, M./FISCHER, N., in: Beck'scher Bilanzkommentar, 2006, § 274 HGB, Rz. 5 f.; BAETGE, J./KIRSCH, H.-J./THIELE, S., Bilanzen, 2007, S. 547-550.

[348] Vgl. SCHWEEN, C., Latente Steuern, 2007, S. 19.

[349] Zum Tempöräre-Differenzen-Ansatz siehe ADLER, H./DÜRING, W./SCHMALTZ, K., Rechnungslegung international, 2002, Abschnitt 20, Rz. 50-53; APP, J. G., Latente Steuern, 2003, S. 210 f.; COENENBERG, A. G., Jahresabschluss, 2005, S. 459-466; HOYOS, M./FISCHER, N., in: Beck'scher Bilanzkommentar, 2006, § 274 HGB, Rz. 7 f.; BAETGE, J./KIRSCH, H.-J./THIELE, S., Bilanzen, 2007, S. 550-552.

5.3 Prüfung der Konzeption und Ausgestaltung des IFRS für KMU

große Kapitalgesellschaften zu komplex sein könnte. Kleine Kapitalgesellschaften sind nach § 274a Nr. 5 HGB von der Anwendung des § 274 HGB befreit.

Im Gegensatz zum Zeitliche-Differenzen-Ansatz, der als dynamisch zu bezeichnen ist, liegt dem Temporäre-Differenzen-Ansatz ein statisches Konzept zugrunde.[350] Somit bestehen inhaltliche und konzeptionelle Unterschiede. Im Gegensatz dazu unterscheiden sich der Zeitliche-Differenzen-Plus-Ansatz und der Temporäre-Differenzen-Ansatz nur in konzeptioneller Hinsicht. Im Ergebnis werden die gleichen latenten Steuern ausgewiesen. Die quasi zeitlich unbegrenzten Differenzen sind bei beiden Ansätzen, beim Zeitliche-Differenzen-Plus-Ansatz nach E-IFRS-KMU 28.15 i. V. m. E-IFRS-KMU 28.18 und beim Temporäre-Differenzen-Ansatz nach IAS 12.15, in die Steuerabgrenzung einzubeziehen. Sämtliche temporären Differenzen sind, unabhängig vom Zeitpunkt ihrer Auflösung, zu berücksichtigen.[351] Zu prüfen ist, ob der Übergang zum Zeitliche-Differenzen-Plus-Ansatz zu den gewünschten Erleichterungen für kleine und mittelgroße Unternehmen führt.

Dies wäre dann der Fall, wenn bei kleinen und mittelgroßen Unternehmen über die zeitlich begrenzten Differenzen hinaus keine temporären Differenzen, die nicht zu den zeitlich begrenzten Differenzen gehören, vorhanden wären. Dann würde die Betrachtung der Gewinn- und Verlustrechnung eines IFRS-Abschlusses genügen. Den kleinen und mittelgroßen Unternehmen blieben die darüber hinaus aufwendige Ermittlung von weiteren, nur in der Bilanz erkennbaren Differenzen erspart.

Temporäre Differenzen, die nicht zu den zeitlich begrenzten Differenzen gehören, werden grundsätzlich infolge einer erfolgsneutral zum beizulegenden Zeitwert vorgenommenen Bewertung in der Gesamtergebnisrechnung erfasst. Dies ist z. B. bei Wahl der Neubewertungsmethode und Bildung einer entsprechenden Neubewertungsrücklage zur Bewertung von Sachanlagevermögen der Fall oder bei Zuordnung von Finanzinstrumenten zur Kategorie der zur Veräußerung verfügbaren finanziellen Vermögenswerte und entsprechender erfolgsneutraler Folgebewertung zum beizulegenden Zeitwert. Beide Beispiele sind für kleine und mittelgroße Unternehmen fast nicht relevant. Grundsätzlich dürfte ein Unternehmen, das seinen Abschluss nach dem IFRS für KMU erstellt, von der Anwendung der Neubewertungsmethode absehen. Die Kategorie der Finanzinstrumente ist nur dann von Bedeutung, wenn sich das Unternehmen infolge des Wahlrechts für die Anwendung des IAS 39 anstatt des Abschnitts 11 für

---

[350] Vgl. HOFFMANN, W.-D., in: Haufe IFRS-Kommentar, 2009, § 26, Rz. 10 f.

[351] Vgl. COENENBERG, A. G., Jahresabschluss, 2005, S. 438; SCHULZ-DANSO, M., in: Beck'sches IFRS-Handbuch, 2006, § 25, Rz. 39.

Finanzinstrumente entscheidet. Die Anzahl der nach Abzug der zeitlich begrenzten Differenzen verbleibenden temporären Differenzen ist eher gering.[352]

Zwar impliziert der Zeitliche-Differenzen-Plus-Ansatz geringfügige Vereinfachungen im Vergleich zum Temporäre-Differenzen-Ansatz, jedoch sind diese, auch aufgrund der Ansatz- und Bewertungsregelungen, die im Sprachgebrauch nicht an den Zeitliche-Differenzen-Plus-Ansatz angepasst wurden, von unwesentlicher Bedeutung.[353]

Grundsätzlich weicht das IASB bei der Ausgestaltung von Abschnitt 28, abgesehen von den soeben beschriebenen unterschiedlichen Ansatzmethoden, nur dann von IAS 12 ab, wenn es damit Regelungen des gemeinsamen Konvergenzprojektes zwischen FASB und IASB zur Eliminierung der noch bestehenden Unterschiede zwischen IAS 12 und FAS 109 vorwegnimmt.[354] IAS 12 soll in naher Zukunft dahingehend überarbeitet werden.[355] Dies zeigt, dass das IASB kein wirkliches Interesse hat, die Bilanzierung von Ertragsteuern für kleine und mittelgroße Unternehmen zu vereinfachen. Als einzige Vereinfachung ist eine klare Strukturierung des Abschnitts 28 im Vergleich zum IAS 12 festzustellen. Wichtig wäre jedoch eine deutliche Reduktion der Komplexität und Kosten gewesen. Eine solche ist nicht im Geringsten erkennbar.

5.3.5.2.4 Wertminderung des Geschäfts- oder Firmenwerts

Bei der Folgebewertung des Geschäfts- oder Firmenwerts (*goodwill*) ist eine planmäßige Abschreibung untersagt,[356] stattdessen ist nach E-IFRS-KMU 18.21 ein Wertminderungstest (*impairment-only approach*) durchzuführen. Außerplanmäßige Abschreibungen sind vorzunehmen, wenn der Geschäfts- oder Firmenwert nach erstmaliger Aktivierung an Wert verloren hat.[357]

---

[352] Vgl. SCHWEEN, C., Latente Steuern, 2007, S. 19.

[353] SCHWEEN, C., Latente Steuern, 2007, S. 20 kommt zu folgendem Ergebnis: „Den Timing Differences Plus Approach als ‚significant simplification' anzupreisen ..., erscheint ... tendenziell irreführend." SCHIEBEL, A., Standardentwurf, 2008, S. 15 stellt fest: „Im Grunde hat sich nichts an der Systematik der Bilanzierung latenter Steuern geändert."

[354] Vgl. SCHWEEN, C., Latente Steuern, 2007, S. 23.

[355] Der Standardentwurf zur Änderung des IAS 12 liegt seit dem 31.03.2009 vor, die Kommentierungsfrist endet am 31.07.2009; vgl. DRSC, IASB/IFRIC-Projekte, 2009, Projektnummer 4.

[356] Vgl. LÜDENBACH, N., in: Haufe IFRS-Kommentar, 2009, § 31, Rz. 134 f. Die Verteidigung des IASB, warum es dem Verlangen der Anwender und Adressaten nach einer planmäßigen Abschreibung des Geschäfts- oder Firmenwerts nicht nachgibt, deutet bereits darauf hin, dass dies ein umstrittenes Thema im IFRS für KMU bleiben wird; vgl. IASB, Schlussfolgerungen, 2007, GS 80. Zu weiteren Entwicklungen der Diskussion siehe Gliederungspunkt 5.3.5.3.

[357] Vgl. BUCHHOLZ, R., Internationale Rechnungslegung, 2008, S. 136.

5.3 Prüfung der Konzeption und Ausgestaltung des IFRS für KMU

Im Einzelabschluss entsteht ein Geschäfts- oder Firmenwert, wenn ein Unternehmen ein anderes erwirbt, d. h., das erwerbende Unternehmen kauft die Vermögenswerte und übernimmt die Schulden des anderen, wobei der Kaufpreis den Zeitwert des Eigenkapitals übersteigt. Kauft ein Unternehmen alle Anteile eines anderen Unternehmens und bleibt dieses bestehen, entsteht ein Konzern, und ein Geschäfts- oder Firmenwert ist im Konzernabschluss zu bilanzieren.[358] Nach E-IFRS-KMU 18.20 ist ein Geschäfts- oder Firmenwert bei Unternehmenszusammenschluss unbedingt als Vermögenswert anzusetzen und mit seinen Anschaffungskosten zu bewerten; dieses Aktivierungsgebot basiert auf IFRS 3.51.[359] Im Gegensatz zu den vollen IFRS ist der Wertminderungstest jedoch nicht jährlich durchzuführen,[360] sondern nach E-IFRS-KMU 26.21 nur dann, wenn am Bilanzstichtag ein Anhaltspunkt für eine mögliche Wertminderung des Geschäfts- oder Firmenwerts vorliegt. E-IFRS-KMU 26.6 enthält einen Kriterienkatalog zum Aufspüren von gegebenenfalls vorhandenen Anhaltspunkten; dieser entspricht dem des IAS 36.12.[361] Darüber hinaus hat das Unternehmen gemäß den Vorgaben nach E-IFRS-KMU 26.21 zu prüfen, ob

(a) die Leistung des erworbenen Unternehmens, auf das sich der Geschäfts- oder Firmenwert bezieht, den Erwartungen entspricht oder entsprechend schlechter ausfällt,

(b) die Zweckbestimmung des erworbenen Unternehmens sich verändert hat und das Unternehmen restrukturiert, zur Veräußerung gehalten oder aufgegeben wird oder

(c) bedeutende Wertberichtigungen auf Vermögenswerte erfasst worden sind, die sich auf den Geschäfts- oder Firmenwert des erworbenen Unternehmens auswirken.

Sind ein oder mehrere Wertminderungsindikatoren vorhanden, so hat das Unternehmen dem zweistufigen Prozess[362] nach E-IFRS-KMU 26.22 zu folgen, um zu bestimmen, ob eine Wertminderung zu erfassen ist.

Auf der ersten Prozessstufe ist der Geschäfts- oder Firmenwert zunächst dem Bestandteil oder den Bestandteilen des Unternehmens (*components of the entity*) zuzuordnen, die von ihm profitieren. Im Glossar des IFRS für KMU werden als Bestand-

---

[358] Vgl. COENENBERG, A. G., Jahresabschluss, 2005, S. 150 und S. 616.

[359] Gemäß der neusten Fassung des IFRS 3 geht dies aus IFRS 3.32 hervor; vgl. Verordnung (EG) Nr. 495/2009, ABl. L 149 vom 12.06.2009, S. 28.

[360] Das IASB reagierte damit auf die Forderungen der Anwender; vgl. IASB, Schlussfolgerungen, 2007, GS 79.

[361] Siehe ausführlich ADLER, H./DÜRING, W./SCHMALTZ, K., Rechnungslegung international, 2002, Abschnitt 9, Rz. 103-109.

[362] Ein ausführliches Beispiel zu diesem zweistufigen Prozess findet sich bei KIRSCH, H., IFRS-Rechnungslegung, 2007, S. 144-148.

teile eines Unternehmens die „Tätigkeiten und Cashflows, die sich operativ und für Zwecke der Finanzberichterstattung deutlich vom Rest des Unternehmen unterscheiden lassen" bezeichnet.

Als Nächstes ist der beizulegende Zeitwert eines jeden Bestandteils zuzüglich des entsprechenden Geschäfts- oder Firmenwerts festzustellen und mit dessen Buchwert zu vergleichen. Entspricht oder übersteigt der beizulegende Zeitwert den Buchwert des gleichen Bestandteils, so ist der Prüfungsprozess an dieser Stelle zu beenden, weil keine Wertminderung vorliegt. Ist der beizulegende Zeitwert geringer, so ist die Differenz auf der zweiten Prozessstufe als Wertberichtigung zu erfassen. Der Betrag der Differenz zwischen Buchwert und beizulegendem Zeitwert ist in voller Höhe als Wertminderungsaufwand (*impairment loss*) anzusetzen und vom Geschäfts- oder Firmenwert abzuziehen. Ist dieser Betrag höher als der dem entsprechenden Bestandteil zugeordnete Geschäfts- oder Firmenwert, so ist der übersteigende Betrag erfolgswirksam zu erfassen und auf die identifizierbaren nicht zahlungswirksamen Vermögenswerte und Schulden einschließlich Eventualschulden des Unternehmensteils auf Grundlage ihrer relativen beizulegenden Zeitwerte zu verteilen.[363] Zuschreibungsberechtigt ist das Unternehmen bezüglich eines einmal wertgeminderten Geschäfts- oder Firmenwerts in späteren Perioden nicht. Dies gilt nach E-IFRS-KMU 26.24 wie auch nach IAS 36.124.

Das Wertminderungstestverfahren nach den vollen IFRS ist wesentlich komplexer[364] als der beschriebene Indikatoransatz des IFRS für KMU. Nach IAS 36.80 ist der Geschäfts- oder Firmenwert den zahlungsmittelgenerierenden Einheiten (*cash-generating units*) bzw. den Gruppen von zahlungsmittelgenerierenden Einheiten zuzuordnen. IAS 36.6 definiert eine zahlungsmittelgenerierende Einheit[365] als „die kleinste identifizierbare Gruppe von Vermögenswerten, die Mittelzuflüsse erzeugen, die weitestgehend unabhängig von den Mittelzuflüssen anderer Vermögenswerte oder anderer

---

[363] SCHIEBEL kommt daher und wegen der Abgrenzung der Bestandteile des Unternehmens, die vom Geschäfts- oder Firmenwert profitieren, zu dem Ergebnis, dass der Standardentwurf bei Wertminderung von derivativen Geschäfts- oder Firmenwerten als „bedenklich" einzustufen sei; vgl. SCHIEBEL, A., Standardentwurf, 2008, S. 14 f. Er zweifelt an der Umsetzbarkeit dieser Regelungen.

[364] Vgl. ausführlich BARTELS, P./JONAS, M., in: Beck'sches IFRS-Handbuch, 2006, § 27, Rz. 5-15; HINZ, M., Konzernabschluss, 2006, S. 344-346; PELLENS, B. et al., Rechnungslegung, 2008, S. 722-729; HOFFMANN, W.-D., in: Haufe IFRS-Kommentar, 2009, § 11, Rz. 49-77; zu Anwendungsbeispielen siehe BARTELS, P./JONAS, M., in: Beck'sches IFRS-Handbuch, 2006, § 27, Rz. 72-80.

[365] Siehe zur Abgrenzung der zahlungsmittelgenerierenden Einheiten und Zuordnung des Geschäfts- oder Firmenwerts z. B. BARTELS, P./JONAS, M., in: Beck'sches IFRS-Handbuch, 2006, § 27, Rz. 60-70; HEUSER, P. J./THEILE, C., IFRS Handbuch, 2007, Kapitel C, Rz. 1518-1538; PELLENS, B. et al., Rechnungslegung, 2008, S. 266-269; HOFFMANN, W.-D., in: Haufe IFRS-Kommentar, 2009, § 11, Rz. 31-45.

5.3 Prüfung der Konzeption und Ausgestaltung des IFRS für KMU

Gruppen von Vermögenswerten sind". Wodurch sich die im IFRS für KMU benannten Bestandteile des Unternehmens von den zahlungsmittelgenerierenden Einheiten unterscheiden, bleibt unklar, sofern es bei Zuordnung des Geschäfts- oder Firmenwerts überhaupt Unterschiede gibt.[366] Bei kleinen und mittelgroßen Unternehmen, deren Geschäftsfeld sich im Wesentlichen auf ein Segment beschränkt, wird der Geschäfts- oder Firmenwert dem Gesamtunternehmen zugeordnet.[367]

Der bei Unternehmenszusammenschluss erfasste Geschäfts- oder Firmenwert ist nach IAS 36.90 jährlich und bei vorliegenden Wertminderungsindikatoren sogar öfter auf Wertminderungen hin zu untersuchen. Als Vergleichswert ist der erzielbare Betrag (*recoverable amount*) zu ermitteln. Dieser ist der höhere Wert der beiden Beträge aus beizulegendem Zeitwert (*fair value less costs to sell*) und Nutzungswert[368] (*value in use*). Der Nutzungswert ergibt sich, wie der Definition des IAS 36.6 zu entnehmen ist, als Barwert zukünftig voraussichtlich erzielbarer Cashflows.[369] Dem Anwender des IFRS für KMU bleibt die aufwendige Ermittlung des Nutzungswerts nach IAS 36.30 bis IAS 36.57 erspart.[370] Es ist durchaus sinnvoll, den Aufwand für kleine und mittelgroße Unternehmen auf die Ermittlung des beizulegenden Zeitwerts zu begrenzen, denn bereits der Aufwand zur Ermittlung dieses Werts ist immens, obgleich die in E-IFRS-KMU 26.8 f. enthaltenen Anweisungen zur Bestimmung des „beizulegenden Zeitwerts abzüglich Veräußerungskosten" im Vergleich zu IAS 36.25 bis IAS 36.29 stark vereinfacht wurden.[371]

---

[366] Vgl. BIEKER, M., Überblick, 2007, S. 1210; HALLER, A./BEIERSDORF, K./EIERLE, B., ED-IFRS for SMEs, 2007, S. 547, Fn. 73. LÜDENBACH und HOFFMANN mutmaßen, dass der Begriff der zahlungsmittelgenerierenden Einheit „wohl für den mittelständischen Bereich mit den avisierten 50 Beschäftigten zu hochtrabend" sei; vgl. LÜDENBACH, N./HOFFMANN, W.-D., Standardentwurf, 2007, S. 546.

[367] Vgl. PAWELZIK, K. U., IFRS-Abschlüsse, 2006, S. 794; LÜDENBACH, N./HOFFMANN, W.-D., IFRS-Rechnungslegung, 2005, S. 885.

[368] Siehe ausführlich zur Bestimmung des Nutzungswerts z. B. ADLER, H./DÜRING, W./SCHMALTZ, K., Rechnungslegung international, 2002, Abschnitt 9, Rz. 125-135; BARTELS, P./JONAS, M., in: Beck'sches IFRS-Handbuch, 2006, § 27, Rz. 37-59; HEUSER, P. J./THEILE, C., IFRS Handbuch, 2007, Kapitel C, Rz. 1557-1566; HOFFMANN, W.-D., in: Haufe IFRS-Kommentar, 2009, § 11, Rz. 22-29.

[369] Vgl. ADLER, H./DÜRING, W./SCHMALTZ, K., Rechnungslegung international, 2002, Abschnitt 9, Rz. 125.

[370] Dementsprechend sollte der Begriff „Nutzungswert" im Entwurf des IFRS für KMU auch nicht verwendet werden, zumal eine entsprechende Definition fehlt. Sicherlich handelt es sich in E-IFRS-KMU 26.6 (c) um ein Versehen, denn dieser bezieht sich auf den „Abzinsungssatz, der für die Berechnung des Nutzungswerts herangezogen wird".

[371] Vgl. LÜDENBACH, N./HOFFMANN, W.-D., Standardentwurf, 2007, S. 546. Eine ausführliche Darstellung zur Ermittlung des beizulegenden Zeitwerts abzüglich Veräußerungskosten nach den vollen IFRS findet sich z. B. bei BARTELS, P./JONAS, M., in: Beck'sches IFRS-Handbuch, 2006, § 27, Rz. 23-36.

Zusammenfassend kann festgestellt werden, dass die Vorschriften des Entwurfs eines IFRS für KMU bezüglich der Wertminderungen des Geschäfts- oder Firmenwerts nennenswerte Erleichterungen im Vergleich zu den vollen IFRS liefern.[372] Trotz der Komplexitätsreduktion und vielfacher Kürzungen ist es dem IASB gelungen, die sprachliche Verständlichkeit und Umsetzbarkeit zu erhalten. Bei den Unternehmen dürfte es je nach Umfang zu entsprechenden Aufwands- und Kostenminimierungen kommen.

5.3.5.2.5 Bewertung von biologischen Vermögenswerten

Den biologischen Vermögenswerten sind alle lebenden Tiere und Pflanzen zuzuordnen. Die Früchte der biologischen Vermögenswerte werden unter dem Begriff der landwirtschaftlichen Erzeugnisse zusammengefasst.[373]

Beim Ansatz biologischer Vermögenswerte wurden im IFRS für KMU dahingehend Erleichterungen geschaffen, dass diese zwar nach E-IFRS-KMU 35.1 grundsätzlich zum beizulegenden Zeitwert zu bewerten sind, jedoch ersatzweise dann mit ihren Anschaffungskosten abzüglich kumulierter Abschreibungen und kumulierter Wertminderungsaufwendungen angesetzt werden dürfen, wenn der beizulegende Zeitwert nicht „leicht und mit vertretbaren Kosten und Anstrengungen ermittelbar ist". Mit dieser Relativierung stimmt das IASB den Kritikern des IAS 41.30 und IAS 41.32 zu.[374] In diesen Paragraphen wird davon ausgegangen, dass es stets möglich ist, den beizulegenden Zeitwert von biologischen Vermögenswerten und landwirtschaftlichen Erzeugnissen zum Zeitpunkt der Ernte verlässlich zu bestimmen.

Während bei biologischen Vermögenswerten nach IAS 41.30 nur dann von der Bewertung zum beizulegenden Zeitwert nach IAS 41.12 zugunsten der Anschaffungskostenbewertung abgewichen werden darf, wenn dieser definitiv nicht verlässlich bestimmt werden kann,[375] besteht im Rahmen des IFRS für KMU ein Ermessensspielraum, der einem Wahlrecht gleichkommt.

Für jeden einzelnen biologischen Vermögenswert ist eine Analyse von Aufwand und Kosten durchzuführen,[376] um individuell über die Möglichkeit der Bewertung zum beizulegenden Zeitwert zu entscheiden. Es ist gut möglich – und sehr wahrscheinlich –,

---

[372] Zu gleichem Ergebnis kommen LÜDENBACH, N./HOFFMANN, W.-D., Standardentwurf, 2007, S. 546.

[373] Vgl. zu diesen Definitionen das Glossar des IFRS für KMU und zu weiteren Ausführungen KÜMPEL, T., IAS 41, 2006, S. 551.

[374] Vgl. IASB, Schlussfolgerungen, 2007, GS 86.

[375] Siehe ausführlich KÜMPEL, T., IAS 41, 2006, S. 552-554 und darauf aufbauend JANZE, C., Umsetzungsempfehlungen, 2007, S. 130-142.

[376] Vgl. SCHIEBEL, A., Standardentwurf, 2008, S. 16.

dass viele kleine und mittelgroße Unternehmen dieser Anweisung aufgrund des bestehenden Ermessensspielraums aus Praktikabilitätsgründen nicht folgen, sondern eine grundsätzliche Entscheidung treffen, wie biologische Vermögenswerte in ihrem Unternehmen zu bewerten sind. Begründen können sie ein solches Vorgehen jederzeit mit dem Argument des nicht ausgeglichenen Kosten-Nutzen-Verhältnisses, mit dem sich „alles und nichts begründen lässt"[377]. Die vom IASB geschaffenen Erleichterungen führen faktisch zur Wahl einer der beiden Bewertungsalternativen. Diese faktische Wahlmöglichkeit wirft die Frage auf, warum für kleine und mittelgroße Unternehmen nicht auf die Anschaffungskostenmethode übergegangen wurde. Möglicherweise hätte dies aus Sicht des IASB eine zu große Loslösung von den vollen IFRS bedeutet, auch wenn es sich als Begründung auf Stimmen stützt, welche die Aussagekraft verrechneter Kosten in Frage stellen.[378]

Die Bewertungserleichterungen für biologische Vermögenswerte können in ihren Auswirkungen in keiner Weise als gelungen bezeichnet werden, weil sie willkürliche Entscheidungen bei der Wahl der Bewertungsmethode begünstigen.

5.3.5.2.6 Erfassung versicherungsmathematischer Gewinne und Verluste aus leistungsorientierten Plänen

Zu den Leistungen an Arbeitnehmer (*employee benefits*) gehören nach E-IFRS-KMU 27.1 „alle Formen der Vergütung, die ein Unternehmen im Austausch für die von Arbeitnehmern ... erbrachte Arbeitsleistung gewährt"; dazu gehören auch die Leistungen nach Beendigung des Arbeitsverhältnisses[379] (*post-employment benefits*) und anteilsbasierte Vergütungen, auf welche im folgenden Gliederungspunkt 5.3.5.2.7 eingegangen wird. Bei Leistungen nach Beendigung des Arbeitsverhältnisses handelt es sich um Versorgungsleistungen.[380] In Abhängigkeit von ihrem wirtschaftlichen Gehalt, der sich aus den Leistungsbedingungen und -voraussetzungen ergibt, sind sie zum einen als beitragsorientierte und zum anderen als leistungsorientierte Pläne zu klassifizieren. Für beitragsorientierte Pläne hat ein Unternehmen festgelegte Beiträge an eine eigenständige Einheit zu entrichten und ist zu keinen weiteren Beiträgen verpflichtet; alle anderen Pläne sind leistungsorientiert.[381]

---

[377] BIEKER, M., Überblick, 2007, S. 1207.
[378] Vgl. IASB, Schlussfolgerungen, 2007, GS 103.
[379] Zur Auflistung sämtlicher „Leistungen an Arbeitnehmer" siehe den vollständigen Unterabschnitt E-IFRS-KMU 27.1. Eine Übersicht der Regelungsbereiche des IAS 19 und IFRS 2 findet sich bei HEUSER, P. J./THEILE, C., IFRS Handbuch, 2007, Kapitel C, Rz. 2400.
[380] Siehe ausführlich HEUSER, P. J./THEILE, C., IFRS Handbuch, 2007, Kapitel C, Rz. 2410-2414.
[381] Vgl. zu diesen Definitionen das Glossar des IFRS für KMU bzw. IAS 19.7 und ausführlich z. B. SEEMANN, T., in: Beck'sches IFRS-Handbuch, 2006, § 26, Rz. 17-19 und 26.

E-IFRS-KMU 27.3 enthält den allgemeinen Erfassungsgrundsatz zum Umgang mit Leistungen an Arbeitnehmer. E-IFRS-KMU 27.13 bestätigt und konkretisiert diesen Grundsatz für beitragsorientierte und E-IFRS-KMU 27.14 für versicherungsmathematische Gewinne und Verluste aus leistungsorientierten Plänen.

Bezüglich der leistungsorientierten Pläne hat das IASB, zugunsten der Erleichterungen im IFRS für KMU, seinen Grundsatz, dass alle Ansatz- und Bewertungswahlrechte der vollen IFRS übernommen werden,[382] gebrochen. Versicherungsmathematische Gewinne und Verluste sind stets vollständig erfolgswirksam zu erfassen.[383] Die sog. Korridormethode (*corridor approach*) nach IAS 19.92, bei der sich versicherungsmathematische Gewinne und Verluste erst ab einer bestimmten Größenordnung auf die Gewinn- und Verlustrechnung auswirken, wurde ausgeschlossen. Auch die Anwendung anderer systematischer Verfahren nach IAS 19.93, die zu einer schnelleren Erfassung führen, ist nicht vorgesehen. Das nach IAS 19.159C erstmals für Abschlüsse des Jahres 2005 erlaubte zusätzliche Wahlrecht zur erfolgsneutralen Verrechnung mit dem Eigenkapital nach IAS 19.93A bis IAS 19.93D,[384] das eine gesonderte „Aufstellung der erfassten Erträge und Aufwendungen" erfordert, wurde ebenfalls als zu komplex angesehen. Die daraus resultierenden bilanzpolitischen Spielräume[385] zur Ergebnisglättung[386] bestehen im IFRS für KMU nicht.

Nach eigenen Angaben hat das IASB die Regelungen zur Bilanzierung von leistungsorientierten Plänen nur deshalb in den IFRS für KMU aufgenommen, weil in einigen Ländern gesetzliche Verpflichtungen für kleine und mittelgroße Unternehmen bestehen, solche Pläne aufzustellen.[387] Sie sollten vereinfacht werden, jedoch wurde die aufwendige versicherungsmathematische Bewertungsmethode der laufenden Einmalprämien (*projected unit credit method*)[388], auch als Anwartschaftsansammlungsverfahren oder Anwartschaftsbarwertverfahren bekannt, beibehalten. Nach E-IFRS-KMU 27.18 bzw. IAS 19.64 darf sie als einzig mögliche Methode angewendet werden.

---

[382] Vgl. IASB, Schlussfolgerungen, 2007, GS 56 (a).

[383] Vgl. die Ausführungen in IASB, Schlussfolgerungen, 2007, GS 88 und GS 89.

[384] Siehe ausführlich z. B. ZIMMERMANN, J./SCHILLING, S., Änderungen IAS 19, 2004, S. 485-491; RHIEL, R., Pensionsverpflichtungen, 2005, S. 293 f.

[385] Siehe ausführlich HEUSER, P. J./THEILE, C., IFRS Handbuch, 2007, Kapitel C, Rz. 2449-2451 und zu den Auswirkungen auf die Abschlüsse deutscher Unternehmen ZIMMERMANN, J./SCHILLING, S., Änderungen IAS 19, 2004, S. 489-491.

[386] Siehe ausführlich PELLENS, B. et al., Rechnungslegung, 2008, S. 455-459.

[387] Vgl. IASB, Schlussfolgerungen, 2007, GS 87.

[388] Zu weiteren Ausführungen mit Rechenbeispiel siehe WAGENHOFER, A., Internationale Rechnungslegungsstandards, 2009, S. 311 f.

Die Methode selbst wird im IFRS für KMU nicht beschrieben, sondern ist nur mit Kenntnis des IAS 19 anwendbar. Oftmals reicht aber auch dies nicht aus. Ohne einen Berater, der versicherungsmathematische Unterstützung leisten kann, ist die Anwendung der genannten Methode und die korrekte Bilanzierung von leistungsorientierten Plänen kaum möglich.[389] Dem Ziel, dass Aufwand und Kosten in einem angemessenen Verhältnis stehen sollen, wird nicht entsprochen. Weitere Vereinfachungen sind unbedingt notwendig.

5.3.5.2.7 Bewertung von anteilsbasierten Vergütungstransaktionen mit Ausgleich durch Eigenkapitalinstrumente

Bezüglich der Bewertung von anteilsbasierten Vergütungstransaktionen (*share-based payment transactions*) mit Ausgleich durch Eigenkapitalinstrumente macht das IASB sich nicht die Mühe, eigene Regelungen zu formulieren. Es verweist stattdessen in E-IFRS-KMU 25.4 auf die Anwendung des IFRS 2, weil dieser aus Sicht des IASB bereits sachgerechte Vereinfachungen bietet.[390] Von dem Bilanzierenden nach IFRS für KMU wird erwartet, dass er Kenntnisse des IFRS 2 besitzt bzw. sich diese aneignet.

Erhält ein Mitarbeiter anteilsbasierte Vergütungen mit Ausgleich durch Eigenkapitalinstrumente, so sind die gewährten Eigenkapitalinstrumente zum beizulegenden Zeitwert anzusetzen. IFRS 2.24 räumt ein, dass ein Unternehmen in den „seltenen Fällen" (*in rare cases*), in welchen es nicht in der Lage ist, den beizulegenden Zeitwert verlässlich zu schätzen, den inneren Wert (*intrinsic value*) anzusetzen hat. Der innere Wert ist gemäß Glossar des IFRS für KMU „die Differenz zwischen dem beizulegenden Zeitwert der Aktien, zu deren Zeichnung oder Erhalt die Gegenpartei ... berechtigt ist, und ... dem Preis, zu dessen Zahlung die Gegenpartei für die Aktien verpflichtet ist oder werden wird". Die einzige Erleichterung im IFRS für KMU liegt darin, dass die Betonung der seltenen Fälle wegfällt und der innere Wert grundsätzlich zu verwenden ist, wenn der beizulegende Zeitwert nicht verlässlich schätzbar ist.

Die vom IASB in den Katalog der Erleichterungen aufgenommene Relativierung bezüglich der Bewertung von anteilsbasierten Vergütungstransaktionen mit Ausgleich durch Eigenkapitalinstrumente zum beizulegenden Zeitwert ist in zweierlei Hinsicht kaum erwähnenswert. Zum einen, weil entsprechende Vergütungen bei kleinen und

---

[389] Siehe ausführlich zur Bilanzierung von leistungsorientierten Plänen SEEMANN, T., in: Beck'sches IFRS-Handbuch, 2006, § 26, Rz. 27-99; HEUSER, P. J./THEILE, C., IFRS Handbuch, 2007, Kapitel C, Rz. 2420-2477; SCHRUFF, L./ZEIMES, M., in: EPSTEIN, B. J./JERMAKOWICZ, E. K., Wiley-Kommentar, 2009, Abschnitt 16, Rz. 49-108.

[390] Vgl. IASB, Schlussfolgerungen, 2007, GS 91.

mittelgroßen Unternehmen kaum von praktischer Relevanz sind[391] und zum anderen, weil eine dem IFRS 2.24 ähnliche Einschränkung auf nur seltene Ausnahmefälle nicht praktikabel ist.

5.3.5.2.8 Erstbewertung von Gegenständen des Finanzierungsleasings beim Leasingnehmer

Nach E-IFRS-KMU 19.8 sind Leasinggegenstände bei ihrem erstmaligen Ansatz mit dem zu Beginn des Finanzierungsleasingverhältnisses festgestellten beizulegenden Zeitwert zu bewerten. Nach IAS 17.20 hingegen ist neben dem beizulegenden Zeitwert unbedingt auch der Barwert der Mindestleasingzahlungen zu ermitteln. Der niedrigere dieser beiden Werte ist letztlich anzusetzen. Ein typisches Kriterium von Finanzierungsleasingverhältnissen ist nach IAS 17.10 (d), dass sich Barwert der Mindestleasingzahlungen und beizulegender Zeitwert annähernd entsprechen.

Die Erstbewertung beim Leasingnehmer soll diesem bei Anwendung des IFRS für KMU dadurch erleichtert werden, dass nur noch der beizulegende Zeitwert bestimmt werden muss.[392] Ob sich diese Einschränkung in der Praxis tatsächlich als Vereinfachung herausstellen wird, darf jedoch bezweifelt werden.[393] Die Ermittlung des Barwerts der Mindestleasingzahlungen erfordert neben den genauen Werten der Mindestleasingzahlungen, die nach IAS 17.4 zu ermitteln sind, die Kenntnis des dem Leasingverhältnis zugrunde liegenden Zinssatzes.[394] Dies setzt die vollkommene Information nicht nur des Leasinggebers, der den Zinssatz jederzeit ermitteln kann, sondern auch des Leasingnehmers voraus.[395] Andernfalls verwendet der Leasingnehmer seinen Grenzfremdkapitalzinssatz zur Ermittlung des Barwerts der Mindestleasingzahlungen, den Zinssatz, zu welchem er Fremdmittel für die gleiche Laufzeit bei gleicher Sicherheit für den Kauf des Vermögenswertes aufnehmen könnte. Die Ermittlung des Barwerts der Mindestleasingzahlungen dürfte dem Leasingnehmer grundsätzlich leichter fallen als die verlässliche Ermittlung des beizulegenden Zeitwerts, weil Leasingnehmer bei kleinen und mittelgroßen Unternehmen die dafür notwendigen Informationen zumeist einfacher beschaffen können.

---

[391] Vgl. LÜDENBACH, N./HOFFMANN, W.-D., Standardentwurf, 2007, S. 547. Dies bestätigt auch die empirische Untersuchung zum Entwurf eines IFRS für KMU; vgl. BDI/DIHK/DRSC/UR, Ergebnisse, 2007, S. 53.

[392] Vgl. IASB, Schlussfolgerungen, 2007, GS 92.

[393] Gleicher Ansicht – jedoch ohne eine Begründung zu nennen – sind HALLER, A./BEIERSDORF, K./EIERLE, B., ED-IFRS for SMEs, 2007, S. 547.

[394] Siehe dazu ausführlich ADLER, H./DÜRING, W./SCHMALTZ, K., Rechnungslegung international, 2002, Abschnitt 12, Rz. 61-94.

[395] Vgl. EIKEN, J., Leasing, 2006, S. 224.

Wie schon bei vorhergehenden Bilanzierungssachverhalten festgestellt, führen die vom IASB vorgenommenen Vereinfachungen nicht zu bedeutenden Erleichterungen für kleine und mittelgroße Unternehmen.

5.3.5.2.9 Bilanzierungswahlrecht für Entwicklungskosten

Nach E-IFRS-KMU 17.14 besteht bei Bilanzierung und Bewertung von selbst geschaffenen immateriellen Vermögenswerten ein Wahlrecht, entweder das Aufwandsmodell (*expense model*) nach E-IFRS-KMU 17.15 oder das aus den vollen IFRS bekannte Aktivierungsmodell (*capitalisation model*) anzuwenden.[396] Da das IASB davon ausgeht, dass kleine und mittelgroße Unternehmen von dem einfacheren, speziell ihnen zur Verfügung stehenden Aufwandsmodell Gebrauch machen werden, verweist E-IFRS-KMU 17.16 bei Anwendung des Aktivierungsmodells auf die Vorschriften der vollen IFRS in IAS 38.51 bis IAS 38.67.

Ansatz und Bewertung selbst geschaffener immaterieller Vermögenswerte bereiten allgemein Probleme. Um besser beurteilen zu können, ob ein selbst geschaffener immaterieller Vermögenswert die Ansatzkriterien erfüllt, ist die Erzeugungsphase nach IAS 38.52 in eine Forschungs- und eine Entwicklungsphase zu unterteilen. Die Forschungskosten sind nach IAS 38.54 in der Periode als Aufwand zu erfassen, in der sie anfallen. Die Entwicklungskosten sind zu aktivieren, wenn sie die entsprechenden, in IAS 38.57[397] genannten Voraussetzungen kumuliert erfüllen, d. h., wenn ein Unternehmen die folgenden Nachweise erbringen kann:

(a) über die technische Realisierbarkeit, den immateriellen Vermögenswert fertig zu stellen, damit er intern genutzt oder verkauft werden kann,

(b) über die Absicht, den immateriellen Vermögenswert fertigzustellen, um ihn zu nutzen oder zu verkaufen,

(c) über die Fähigkeit, den immateriellen Vermögenswert zu nutzen oder zu verkaufen,

(d) Darlegung des voraussichtlich künftigen Nutzens, wobei u. a. die Existenz eines Marktes für die Produkte des immateriellen Vermögenswertes oder diesen selbst bzw., bei interner Verwendung, der zukünftige Nutzen aufzuzeigen ist,

(e) über die Verfügbarkeit entsprechender technischer, finanzieller und sonstiger Ressourcen, um die Entwicklung abzuschließen und den immateriellen Vermögenswert zu nutzen oder zu verkaufen und

---

[396] Zur Begründung des IASB für dieses Wahlrecht siehe IASB, Schlussfolgerungen, 2007, GS 81 f.

[397] Beispiele nennen HOFFMANN, W.-D., in: Haufe IFRS-Kommentar, 2009, § 13, Rz. 30 und WAGENHOFER, A., Internationale Rechnungslegungsstandards, 2009, S. 220-222.

(f) über die Fähigkeit, die dem immateriellen Vermögenswert zurechenbaren Ausgaben der Entwicklungsphase verlässlich zu messen.

Können nicht alle Nachweise erbracht werden, so sind die Entwicklungskosten als Aufwand zu behandeln, wie in Fällen des IAS 38.53, wenn Forschungs- und Entwicklungsphase nicht unterschieden werden können. Die Anzahl der zu erbringenden Nachweise führt dazu, dass aus dem Aktivierungsgebot faktisch ein Wahlrecht wird.[398] Es dürfte den Unternehmen, die dies beabsichtigen, nicht schwerfallen, eine der sechs Voraussetzungen nicht zu erfüllen. Mit der Wahlmöglichkeit im IFRS für KMU, neben den Forschungskosten auch die Entwicklungskosten stets als Aufwand behandeln zu dürfen, bestätigt das IASB den bereits als Ermessensspielraum genutzten bilanzpolitischen Freiraum. Den Unternehmen bleiben die zu erbringenden Nachweise und die Differenzierung der Kosten nach Forschung und Entwicklung erspart.

Statt einer solchen Maßnahme, die im Abschluss eines Unternehmens kaum zu Veränderungen führen dürfte, wäre eine Reduktion der bestehenden Ermessensspielräume sinnvoller gewesen. Der Adressat bekommt bei Anwendung des Aufwandsmodells keine Informationen über selbst erstellte immaterielle Vermögenswerte, der Informationsgehalt des Abschlusses kommt dem bei einem Aktivierungsverbot selbst erstellter immaterieller Vermögenswerte gleich.

5.3.5.3 Schlussfolgerungen und Ausblick zu den Erleichterungen bei Ansatz und Bewertung im IFRS für KMU

Die Untersuchung des Abschnitts 11 im Vergleich zum IAS 39 hat gezeigt, dass einige Modifikationen bezüglich der Finanzinstrumente sinnvoll sind und zu Komplexitätsreduktionen führen, andere hingegen nicht. Vor allem die Änderungen des Prüfungsverfahrens bei Ausbuchung finanzieller Vermögenswerte und Verbindlichkeiten sind zu begrüßen. Es gibt jedoch keine Gründe, dieses vereinfachte Verfahren nicht für alle Unternehmen einzuführen. Bei den weiteren Vereinfachungen, wie dem Verzicht auf Ausführungen zu Derivaten und der Straffung bei der Bilanzierung von Sicherungsbeziehungen, muss jedes Unternehmen individuell entscheiden, ob ihm die Ausführungen des IFRS für KMU genügen oder ob es aufgrund zahlreicher Regelungslücken das Wahlrecht in Anspruch nimmt und den kompletten IAS 39 anwendet. Dann allerdings muss es auch die komplexe Kategorisierung der Finanzinstrumente für die Folgewertung vornehmen. Deutlich wurde, dass vor allem für Unternehmen, die Sicherungsbe-

---

[398] Vgl. BITZ, M./SCHNEELOCH, D./WITTSTOCK, W., Jahresabschluß, 2003, S. 790 f.; LITTKEMANN, J./SCHULTE, K./KRAFT, S., Bilanzierungssachverhalte, 2005, S. 334; HOFFMANN, W.-D., in: Haufe IFRS-Kommentar, 2009, § 13, Rz. 29; WAGENHOFER, A., Internationale Rechnungslegungsstandards, 2009, S. 221.

5.3 Prüfung der Konzeption und Ausgestaltung des IFRS für KMU 299

ziehungen bilanzieren wollen, faktisch nur IAS 39 in Frage kommt, weil die Kenntnisse der Effektivitätsprüfung unabdingbar sind.

Als Lösungsvorschlag sollte das IASB darüber nachdenken, im Rahmen eines gemeinsamen Regelwerks für alle Unternehmen bei der Kategorisierung und damit bei der Bewertung von Finanzinstrumenten für Unternehmen bis zu einer bestimmten Größenklasse Erleichterungen zu schaffen. Die Ausbuchungsmodalitäten sollten generell vereinfacht und für die Bilanzierung von Sicherungsbeziehungen sollte eher IAS 39 gefolgt werden. So wären Verständlichkeit und die durch das Wahlrecht verhinderte Vergleichbarkeit von Abschlüssen verschiedener Unternehmen gesichert. Die zu den Sicherungsbeziehungen vorgeschlagenen Vereinfachungen fallen kaum ins Gewicht. Die im Entwurf vorgeschlagene Lösung des Abschnitts 11 einerseits und IAS 39 andererseits ist nicht zielführend. Aufwands- und Kostenminimierungen sind zu gering und die Verständlichkeit obendrein gefährdet.

Die Diskussion um die endgültige Gestaltung des Abschnitts 11 seitens des IASB hält an. Es wurde eine Umstrukturierung beschlossen, jedoch werden die Änderungen nur formeller und nicht materieller Art sein.[399]

Die Untersuchung des Abschnitts 28 im Vergleich zum IAS 12 hat gezeigt, dass mit den vorgenommenen Modifikationen real keine Vereinfachungen für kleine und mittelgroße Unternehmen hinsichtlich der Bilanzierung von Ertragsteuern geschaffen wurden, nur die konzeptionellen Ansätze sind different. Komplexitätsreduktionen, Aufwands- und Kostenminimierungen sind nicht zu erwarten. Das IASB hat vielmehr das Konvergenzprojekt bezüglich der latenten Steuern zwischen FASB und IASB im Visier.

Zu anderen Ergebnissen führt die Untersuchung bezüglich der Wertminderungen des Geschäfts- oder Firmenwerts. Im Vergleich zu den vollen IFRS wurden die anzuwendenden Rechnungslegungsnormen deutlich vereinfacht. In der Zwischenzeit hat beim IASB jedoch ein Umdenken stattgefunden. Mit großer Wahrscheinlichkeit wird doch der Nutzungswert als Vergleichsmaßstab für den Werthaltigkeitstest zur Bestimmung des erzielbaren Betrags herangezogen. Eine bedeutende Vereinfachung wird somit konterkariert. Statt der Zuordnung des Geschäfts- oder Firmenwerts zu den Bestandteilen des Unternehmens soll der Begriff der zahlungsmittelgenerierenden Einheiten verwendet werden.[400] Diese Änderung ist nur eine sprachliche Umformierung, materielle Unterschiede sind nicht erkennbar. Es bleibt der Unterschied, dass der Wertminderungstest nicht jährlich durchzuführen ist.

---

[399] Vgl. BEIERSDORF, K./MORICH, S., IFRS für KMU, 2009, S. 9.

[400] Vgl. BEIERSDORF, K./MORICH, S., IFRS für KMU, 2009, S. 9.

Nach neusten Überlegungen des IASB sollen für Geschäfts- oder Firmenwerte sowie immaterielle Vermögenswerte mit unbegrenzter Nutzungsdauer planmäßige Abschreibungen vorgenommen werden. Die fiktive Nutzungsdauer soll maximal 10 Jahre betragen.[401] Es bleibt abzuwarten, ob das IASB doch noch im Sinne der Anwender und Adressaten, welche diese Lösung unter Kosten-Nutzen-Aspekten begrüßen würden, entscheidet.

Die angedachten Erleichterungen bei Wertminderungen des Geschäfts- oder Firmenwerts stellen im Vergleich zu den weiteren vom IASB initiierten Modifikationen eine Ausnahme dar. Weder die Vereinfachungen bei Erfassung versicherungsmathematischer Gewinne und Verluste aus leistungsorientierten Plänen, bei Bewertung von anteilsbasierten Vergütungstransaktionen mit Ausgleich durch Eigenkapitalinstrumente noch bei Erstbewertung von Gegenständen des Finanzierungsleasings beim Leasingnehmer können als weitreichend, bedeutend oder zweckmäßig angesehen werden. Sie sind eher als obsolet zu bezeichnen.

Mit dem speziellen Wahlrecht für kleine und mittelgroße Unternehmen, nicht nur die Forschungs-, sondern auch die Entwicklungskosten als Aufwand anzusetzen, wird aus einem Ermessensspielraum ein Wahlrecht. Die Erleichterung besteht darin, dass Unternehmen, die den IFRS für KMU anwenden, gar nicht erst darüber nachdenken müssen, wie sie Forschungs- und Entwicklungskosten unterscheiden. Dennoch besteht für innovative Unternehmen, deren selbst geschaffenen immateriellen Vermögenswerte von besonderer Bedeutung sind, die Möglichkeit, diese zu aktivieren.

Nach neusten Überlegungen erwägt das IASB, dieses Wahlrecht zu streichen.[402] Unternehmen, die den IFRS für KMU anwenden, hätten nicht mehr die Möglichkeit, Potenziale in der Bilanz erkennbar zu machen. Ausgaben für Forschung und Entwicklung, die während der Berichtsperiode als Aufwand erfasst wurden, stehen gemäß E-IFRS-KMU 17.34 dann nur noch im Anhang.

5.3.5.4 Schaffung einer „einfacheren und kostengünstigeren Alternative" durch das BilMoG

Zur Prüfung, ob das HGB durch das BilMoG zu einer „einfacheren und kostengünstigeren Alternative" zu den IFRS wird, sollen weitgehend die gleichen Sachverhalte betrachtet werden. Die meisten sind auch im Rahmen des BilMoG von besonderer Bedeutung, wie die Diskussionen um Ansatz und Bewertung der latenten Steuern, des

---

[401] Vgl. DRSC, IASB/IFRIC-Projekte, 2009, Projektnummer 17.

[402] Vgl. DRSC, IASB/IFRIC-Projekte, 2009, Projektnummer 17.

Geschäfts- oder Firmenwerts, der Pensionsrückstellungen und der selbst geschaffenen immateriellen Vermögensgegenstände zeigen. Für die darüber hinaus im Zusammenhang mit dem IFRS für KMU geprüften Sachverhalte sind im BilMoG keine gravierenden Änderungen geplant.

Da die Verknüpfung zwischen Handels- und Steuerbilanz mit der Abschaffung der umgekehrten Maßgeblichkeit gelockert wird, nimmt die Bedeutung latenter Steuern zu.[403] Aufgrund der Stärkung der Informationsfunktion ist die Abbildung latenter Steuern auch für den Einzelabschluss wesentlich. „Der Zweck der Bilanzierung latenter Steuern liegt nicht in der periodengerechten Erfolgsermittlung, sondern in der zutreffenden Darstellung der Vermögenslage."[404]

Der deutsche Gesetzgeber führt durch die Umstellung des Zeitliche-Differenzen-Ansatzes auf den Temporäre-Differenzen-Ansatz in praktischer Konsequenz einen Mehraufwand herbei. Zwar behauptet die Bundesregierung in ihrer Begründung zum Regierungsentwurf des BilMoG, dass grundsätzlich kein zusätzlicher Aufwand entstehe, weil auch bisher aktiv und passiv abzugrenzende Steuern zu ermitteln gewesen seien.[405] Dieser Auffassung kann jedoch nicht zugestimmt werden. Zukünftig müssen Unternehmen einen vollständigen Vergleich jedes Bilanzpostens der HGB-Bilanz mit der Steuerbilanz vornehmen. Vorher war nur die Feststellung der Differenz zwischen dem handels- und steuerrechtlichen Ergebnis notwendig. Der Ermittlungsaufwand wird durch die Umstellung erheblich erhöht.[406]

Entgegen dem ursprünglichen Vorschlag im Gesetzesentwurf, ein Aktivierungsgebot für aktive latente Steuern zu erlassen,[407] wurde das Wahlrecht beibehalten. Es ist jedoch keine Bilanzierungshilfe mehr zu bilden, sondern die aktiven latenten Steuern stehen nach § 266 Abs. 2 D HGB als gesonderter Posten in der Bilanz. Passive latente Steuern sind nach § 266 Abs. 3 E HGB ebenfalls direkt in der Bilanz anzusetzen. Kleine Kapitalgesellschaften sind nach § 274a Nr. 5 HGB von der Steuerabgrenzung befreit.

---

[403] Vgl. z. B. OSER, P. et al., Eckpunkte des Regierungsentwurfs, 2008, S. 678 f.; KÜTING, K./SEEL, C., Latente Steuern, 2009, S. 501.

[404] KÜTING, K./SEEL, C., Latente Steuern, 2009, S. 502.

[405] Vgl. Entwurf eines Gesetzes zur Modernisierung des Bilanzrechts (Bilanzrechtsmodernisierungsgesetz – BilMoG), BT-Drucks. 16/10067 vom 30.07.2008, S. 67.

[406] Vgl. LOITZ, R., Nachbesserungen, 2008, S. 1390; vgl. auch HOFFMANN, W.-D./LÜDENBACH, N., Schwerpunkte, 2008, S. 63 f.

[407] Vgl. zur Modifikation in ein Wahlrecht die Stellungnahme des Bundesrates in Entwurf eines Gesetzes zur Modernisierung des Bilanzrechts (Bilanzrechtsmodernisierungsgesetz – BilMoG), BT-Drucks. 16/10067 vom 30.07.2008, Anlage 3, S. 118 f.

Mit der Modifikation des § 274 HGB durch das BilMoG entstehen aktive latente Steuern auch bei steuerlich vortragsfähigen Verlusten. Nach § 274 HGB a. F., so die herrschende Meinung, bestand ein Verbot zur Bildung aktiver latenter Steuern für steuerliche Verlustvorträge im Einzelabschluss.[408]

Das Ziel, eine „einfachere und kostengünstigere Alternative" zu schaffen, ist für die latenten Steuern nicht erfüllt.[409]

Unzeitgemäße Wahlrechte wurden gestrichen. Dies betrifft auch den Ansatz und die Bewertung des derivativen Geschäfts- oder Firmenwerts. Statt des bisherigen Ansatzwahlrechts werden dem Geschäfts- oder Firmenwert mit § 246 Abs. 1 Satz 4 HGB die Eigenschaften eines zeitlich begrenzt nutzbaren Vermögensgegenstandes zugesprochen, worauf ein Aktivierungsgebot folgt. Die drei bestehenden Möglichkeiten der Folgebewertung existieren nicht mehr. Nach § 253 Abs. 3 HGB ist ein Geschäfts- oder Firmenwert als abnutzbarer Vermögensgegenstand planmäßig über seine geschätzte Nutzungsdauer abzuschreiben. Eine feste Nutzungsdauer gibt der Gesetzgeber nicht vor. Geht ein Unternehmen von mehr als fünf Jahren aus, so hat es die Gründe nach § 285 Nr. 13 HGB im Anhang anzugeben. Für Vermögenswerte des Anlagevermögens sind bei voraussichtlich dauernder Wertminderung zusätzlich außerplanmäßige Abschreibungen vorzunehmen. Am Abschlussstichtag steht eine entsprechende Prüfung an. Wurde eine außerplanmäßige Abschreibung durchgeführt, so ist sie, auch wenn die Gründe dafür nicht mehr bestehen, nach § 253 Abs. 5 Satz 2 HGB beizubehalten. Es besteht ein Wertaufholungsverbot.[410]

Der Gesetzgeber trifft eine für Handels- und Steuerbilanz differente Einschätzung der Nutzungsdauer. Während er in § 7 Abs. 1 Satz 3 EStG eine steuerliche Nutzungsdauer von fünfzehn Jahren festlegt, geht er handelsrechtlich von eher fünf Jahren aus und

---

[408] Vgl. ADLER, H./DÜRING, W./SCHMALTZ, K., Rechnungslegung, 1997, § 274 HGB, Rz. 28; MARTEN, K.-U./WEISER, F./KÖHLER, A., Aktive latente Steuern, 2003, S. 2335-2341; WALTER, A., Ertragsteuern, 2005, S. 855; HOYOS, M./FISCHER, N., in: Beck'scher Bilanzkommentar, 2006, § 274 HGB, Rz. 18; KÜTING, K./SEEL, C., Latente Steuern, 2009, S. 508. Für die Behandlung latenter Steuern im handelsrechtlichen Konzernabschluss war der DRS 10 „Latente Steuern im Konzernabschluss" anzuwenden, der in DRS 10.11 ein Aktivierungsgebot für aus Verlustvorträgen resultierende latente Steuern beinhaltete; vgl. zum DRS 10 ADLER, H./DÜRING, W./SCHMALTZ, K., Rechnungslegung international, 2002, Abschnitt 20, Rz. 264-268; APP, J. G., Latente Steuern, 2003, S. 211; KÜTING, K./ZWIRNER, C., Latente Steuern, 2003, S. 305 f.

[409] Zu diesem Ergebnis kommen auch HERZIG, N./VOSSEL, S., Paradigmenwechsel, 2009, S. 1174-1178 und KÜTING, K./SEEL, C., Latente Steuern, 2009, S. 532.

[410] Zur Behandlung von Geschäfts- oder Firmenwerten im Sinne des Bilanzrechtsmodernisierungsgesetzes siehe ausführlich z. B. PETERSEN, K./ZWIRNER, C., Umbruch RegE, 2008, S. 7 f.; OSER, P./REICHART, S./WIRTH, J., Kapitalkonsolidierung, 2009, S. 428-430.

gefährdet den Einheitsabschluss.[411] Der Gesetzgeber geht davon aus, dass die Informationsfunktion so am besten erfüllt werden kann.[412] Eine planmäßige Abschreibung des Geschäfts- oder Firmenwerts ist in diesem Sinne jedoch als kritisch anzusehen, weil er einen „äußerst heterogenen Posten repräsentiert"[413], der ohne Rücksichtnahme normiert wird. Je nachdem, wie sich das IASB entscheidet, kann keine Vorteilhaftigkeit gegenüber dem IFRS für KMU festgestellt werden. Aufwand, Kosten und Komplexität sind im Vergleich zum bisherigen Wahlrecht des HGB auf jeden Fall höher.

Pensionsrückstellungen sind nach § 253 Abs. 1 Satz 2 HGB mit dem nach vernünftiger kaufmännischer Beurteilung notwendigen Erfüllungsbetrag anzusetzen. Ein bestimmtes versicherungsmathematisches Verfahren wird – anders als in IAS 19 – nicht vorgeschrieben. Unternehmen können ihr bisheriges Bewertungsverfahren für Pensionsrückstellungen grundsätzlich beibehalten.[414] Aufwand, Kosten und Komplexität bleiben – zumindest was die direkte Bewertung betrifft – gleich. Aus der Abzinsungspflicht nach § 253 Abs. 2 HGB ergeben sich jedoch Differenzen zur steuerlichen Bewertung, die bislang nicht vorhanden waren.[415]

Im Sinne der Informationsfunktion scheint der Ansatz selbst geschaffener immaterieller Vermögensgegenstände in der Bilanz unabdingbar. Deshalb ist es umso erstaunlicher, dass das IASB – nach aktuellem Stand – die Ansatzmöglichkeit im IFRS für KMU unterbinden will. Mit dem BilMoG wurde ein Aktivierungswahlrecht erlassen. Nur mit einem Wahlrecht kann der Anspruch einer „einfacheren und kostengünstigeren Alternative" gesichert werden. Eine verlässliche Unterscheidung von Forschungs- und Entwicklungskosten ist mit erhöhten Aufzeichnungs-, Darlegungs- und Nachweispflichten verbunden. Innovative Unternehmen müssen den erhöhten Aufwand betreiben, was aber aufgrund der Bedeutung selbst geschaffener immaterieller Vermögensgegenstände für sie gerechtfertigt scheint. Unternehmen, bei welchen selbst geschaffene immaterielle Vermögensgegenstände des Anlagevermögens von untergeordneter Bedeutung sind, bleibt diese Pflicht erspart. Das Wahlrecht ermöglicht eine weiterhin gleichlaufende Behandlung in Handels- und Steuerbilanz, in der selbst geschaffene immaterielle Vermögensgegenstände nach § 5 Abs. 2 EStG nicht aktiviert werden dürfen.[416]

---

[411] Siehe ausführlich OSER, P. et al., Eckpunkte des Regierungsentwurfs, 2008, S. 677.
[412] Vgl. Entwurf eines Gesetzes zur Modernisierung des Bilanzrechts (Bilanzrechtsmodernisierungsgesetz – BilMoG), BT-Drucks. 16/10067 vom 30.07.2008, S. 48.
[413] OSER, P./REICHART, S./WIRTH, J., Kapitalkonsolidierung, 2009, S. 430.
[414] Vgl. HAYN, S./GRAF WALDERSEE, G., IFRS/HGB/HGB-BilMoG, 2008, S. 230 f.; OSER, P. et al., Eckpunkte des Regierungsentwurfs, 2008, S. 682.
[415] Vgl. HAYN, S./GRAF WALDERSEE, G., IFRS/HGB/HGB-BilMoG, 2008, S. 231.
[416] Vgl. zur Begründung des Bundesrates im Entwurf eines Gesetzes zur Modernisierung des Bilanzrechts (Bilanzrechtsmodernisierungsgesetz – BilMoG), BT-Drucks. 16/10067 vom 30.07.2008, Anlage 3, S. 118.

5.3.5.5 Zwischenergebnisse

Im Vergleich zu den vollen IFRS wurden Ansatz und Bewertung einzelner Sachverhalte im IFRS für KMU vereinfacht. Zu einer grundsätzlich gewinnbringenden Reduktion von Aufwand, Kosten und Komplexität kommt es jedoch nicht. Weder das notwendige Kriterium der Komplexitätsreduktion ist erfüllt, noch sind Verständlichkeit und Erleichterungen bei der Umsetzung garantiert.

Die Ansatz- und Bewertungsmethoden des HGB nach Änderung durch das BilMoG sind nicht immer als einfacher und kostengünstiger einzustufen. Dies gilt vor allem für die latenten Steuern, aber auch für die Ansatzpflicht des derivativen Geschäfts- oder Firmenwerts.

Kleine und mittelgroße Unternehmen zahlen einen hohen Preis für die Verbesserung der Informationsfunktion, die sich der Gesetzgeber zum Ziel gesetzt hat. Die Konsequenzen sind für sie die Erhöhung des Aufwands, der Kosten und Komplexität bei Erstellung des jährlichen Abschlusses. Inwiefern weiterhin die Erstellung eines Einheitsabschlusses möglich ist, ist u. a. Gegenstand des folgenden Gliederungspunktes 5.3.6.

5.3.6 Erstellung nur eines Abschlusses

5.3.6.1 Zahlungsbemessung und steuerliche Gewinnermittlung

Im Betrachtungsfokus steht der Einzelabschluss kleiner und mittelgroßer Unternehmen. Unter den Funktionen des Abschlusses kommt der Zahlungsbemessung die erste Priorität zu, gefolgt von der steuerlichen Gewinnermittlung und der Information. Unternehmen, die bislang einen Einheitsabschluss erstellt haben, ist diese Möglichkeit auch zukünftig wichtig. Unternehmen, die differente handels- und steuerrechtliche Abschlüsse erstellen, werden nicht bereit sein, einen weiteren Abschluss zu Informationszwecken zu akzeptieren. Deshalb ist zu prüfen, inwieweit ein Abschluss nach IFRS bzw. dem IFRS für KMU für Zwecke der Zahlungsbemessung und steuerlichen Gewinnermittlung verwendbar ist.

Zuerst soll auf die Zahlungsbemessungsfunktion eingegangen werden. Sie umfasst einerseits die Aufgabe der Ausschüttungssperre und andererseits der Ausschüttungssicherung.[417]

Ausschüttungssperren dienen dem Schutz der Gläubiger haftungsbeschränkter Unternehmen. Sie haften nur mit ihrem Unternehmensvermögen, eine Privathaftung der Gesellschafter ist ausgeschlossen. Für die Gläubiger besteht das Risiko, „daß das die Haftungsmasse ausmachende Unternehmensvermögen durch Ausschüttungen an die

---

[417] Vgl. Gliederungspunkt 3.2.

5.3 Prüfung der Konzeption und Ausgestaltung des IFRS für KMU

Gesellschafter in einem solchen Ausmaß reduziert wird, daß die Erfüllung ihrer Ansprüche in Gefahr gerät"[418]. Dies verhindern konkrete gesellschaftsrechtliche Regelungen, wie die Begrenzung der Ausschüttungsmöglichkeiten durch § 30 Abs. 1 GmbHG zum Schutz der Gläubiger einer GmbH. Das zur Erhaltung des Stammkapitals erforderliche Vermögen der Gesellschaft darf nicht an die Gesellschafter ausgezahlt werden.[419] Führen Zahlungen an die Gesellschafter zur Zahlungsunfähigkeit des Unternehmens, so unterliegt die Geschäftsführung nach § 64 Satz 3 GmbHG[420] einer Ersatzpflicht. Des Gläubigerschutzes bedürfen bei kleinen und mittelgroßen Unternehmen vor allem die Kreditgeber, aber auch andere externe Adressaten, wie Arbeitnehmer und Lieferanten.

Die Ausschüttungssicherung dient der gerechten Gewinnverteilung. Die Interessen der Gesellschafter und sonstigen Eigenkapitalgeber, aber gegebenenfalls auch der Arbeitnehmer, wenn sie am Erfolg des Unternehmens beteiligt sind, oder der Inhaber von Finanzinstrumenten, deren Zins- und Rückzahlungsbeträge an Erfolgsgrößen des Unternehmens gekoppelt wurden, gelten in besonderem Maße dem Gewinn. Dieser bildet die Ausschüttungsbemessungsgrundlage der Periode. Entscheidend ist die Gewinndefinition. Die dem Rechnungslegungssystem zugrunde liegenden Kapitalerhaltungsgrundsätze bzw. -konzepte prägen den Gewinnbegriff, z. B. entscheiden sie darüber, ob unrealisierte Gewinne enthalten sein sollen oder nicht.

Das Instrument der steuerlichen Gewinnermittlung ist die Steuerbilanz. Sie beruht auf dem Grundsatz der Maßgeblichkeit nach § 5 Abs. 1 Satz 1 EStG der Handels- für die Steuerbilanz. Die GoB sind somit auch für die Steuerbilanz verbindlich. Kleine und mittelgroße Unternehmen sowie grundsätzlich auch Personengesellschaften haben bislang überwiegend nur einen Abschluss erstellt, die Einheitsbilanz.[421] Handels- und Steuerbilanz sind dann identisch. Vorrangiger Zweck der Steuerbilanz ist die Gewinnermitt-

---

[418] BITZ, M./SCHNEELOCH, D./WITTSTOCK, W., Jahresabschluß, 2003, S. 41.

[419] Zu detaillierten Ausführungen bezüglich der Beschränkungen von Ausschüttungs- und Entnahmemöglichkeiten für Kommanditisten, Genossen und bei Aktiengesellschaften siehe BITZ, M./SCHNEELOCH, D./WITTSTOCK, W., Jahresabschluß, 2003, S. 41 f. und Arbeitskreis „Bilanzrecht der Hochschullehrer Rechtswissenschaft", Fortentwicklung, 2002, S. 2373 (ohne Genossenschaften). Zum Kapitalschutz bei Aktiengesellschaften siehe auch PELLENS, B./JÖDICKE, D./RICHARD, M., Solvenztests, 2005, S. 1393 f.

[420] Geändert durch das Gesetz zur Modernisierung des GmbH-Rechts und zur Bekämpfung von Missbräuchen (MoMiG) vom 23.10.2008, BGBl I 2008, Artikel 1 Nr. 43, S. 2031; siehe hierzu BÄUML, S. O., GmbH-Recht, 2008, S. 674.

[421] Siehe z. B. die Ergebnisse der in Kooperation mit dem BDI, der DIHK und dem Lehrstuhl „Financial Accounting and Auditing" an der Universität Regensburg durchgeführten Befragung mittelständischer Unternehmen zur Erstellung einer Einheitsbilanz. 79 % der Unternehmen gaben an, eine Einheitsbilanz zu erstellen; vgl. BDI/DIHK/DRSC/UR, Ergebnisse, 2007, S. 12.

lung, Hauptzweck der Handelsbilanz ebenfalls.[422] Bilanziert und bewertet wird nach steuerrechtlichen Grundsätzen.[423] Bisher galt das umgekehrte Maßgeblichkeitsprinzip nach § 5 Abs. 1 Satz 2 EStG a. F., steuerrechtliche Wahlrechte wurden in Übereinstimmung mit dem handelsrechtlichen Abschluss ausgeübt. Der Maßgeblichkeitsgrundsatz sowie die umgekehrte Maßgeblichkeit,[424] die nunmehr durch das BilMoG aufgehoben wurde,[425] sind für kleine und mittelgroße Unternehmen von immenser Bedeutung.[426]

Ein Grund für die Erstellung einer Einheitsbilanz ist der reduzierte Aufwand für nur einen statt zwei Abschlüsse.[427] Es gibt jedoch noch einen weiteren triftigen Grund, der auch den Adressaten zugute kommt. Eine mit der Steuerbilanz übereinstimmende Handelsbilanz ist besser geeignet, die Zwecke der Handelsbilanz zu erfüllen. Durch unterbewertete Vermögensgegenstände und überbewertete Schulden bzw. Rückstellungen[428] können handelsrechtlich stille Reserven gebildet werden, steuerrechtlich jedoch nicht. Die Steuerbilanz kommt dem Ziel, den Adressaten ein den tatsächlichen Verhältnissen entsprechendes Bild der Vermögens-, Ertrags- und Finanzlage zu vermitteln, näher als eine „gepolsterte Handelsbilanz"[429].

Im allgemeinen Teil der Begründung zum Gesetzesentwurf des Bilanzrechtsreformgesetzes vom 24. Juni 2004 stellte die Bundesregierung fest, dass ein Abschluss nach internationalen Rechnungslegungsstandards aufgrund seiner konsequenten Verfolgung des Informationszwecks und der starken Betonung des „Fair-Value-Gedankens" nicht zur Ausschüttungsbemessung geeignet sei. Sie begründete dies damit, dass die Bewertung zum beizulegenden Zeitwert dazu führe, dass unrealisierte Gewinne erfasst würden.[430]

---

[422] Vgl. DÖLLERER, G., Steuerbilanz, 1983, S. 161-169.

[423] Vgl. z. B. DÖLLERER, G., Steuerbilanz, 1983, S. 159 f.; SCHNEELOCH, D., Besteuerung, 2008, S. 203 und S. 315.

[424] In der Literatur finden sich stattdessen häufig die Begriffe der materiellen und formellen Maßgeblichkeit, so z. B. bei SCHÖN, W., Maßgeblichkeit, 2005, S. 212-237; HERZIG, N./BRIESEMEISTER, S., Einheitsbilanz, 2009, S. 1 f.

[425] Vgl. Gesetz zur Modernisierung des Bilanzrechts (Bilanzrechtsmodernisierungsgesetz – BilMoG) vom 25.05.2009, BGBl I 2009, S. 1120.

[426] Vgl. z. B. MANDLER, U., Ergebnisse, 2003, S. 143; BALLWIESER, W., Mittelstand, 2004, S. 15.

[427] Vgl. z. B. Arbeitskreis „Steuern und Revision" im Bund der Wirtschaftsakademiker, Maßgeblichkeit, 2004, S. 34.

[428] Vgl. Gliederungspunkt 3.7.4.7.

[429] DÖLLERER, G., Steuerbilanz, 1983, S. 160. KÜBLER merkt an, dass amerikanische Beobachter diese als „Kissen" bezeichnen, „das im Fall unternehmerischen Scheiterns vor hartem Aufprall bewahren soll"; KÜBLER, F., Vorsichtsprinzip, 1995, S. 363.

[430] Vgl. Entwurf eines Gesetzes zur Einführung internationaler Rechnungslegungsstandards und zur Sicherung der Qualität der Abschlussprüfung (Bilanzrechtsreformgesetz – BilReG), BT-Drucks. 15/3419 vom 24.06.2004, S. 23.

5.3 Prüfung der Konzeption und Ausgestaltung des IFRS für KMU

Mit der gleichen Begründung lehnte der Gesetzgeber auch die internationalen Standards als Grundlage für die Besteuerung ab. Hinzu kommt, dass das IASB ein privates Gremium ist. Der nationale Gesetzgeber fasst es als Beschneidung seiner „Gesetzgebungskompetenz" auf, würde er dem IASB eine solche Einflussnahme auf die Ermittlung der Steuerbemessungsgrundlage zugestehen. Daneben führte er die Schwankungen in den Abschlüssen verschiedener Jahre an, die infolge häufiger Änderungen und der Bewertungsgrundlagen der IFRS an sich auftreten. Die Bundesregierung fürchtet um die Planungssicherheit für Unternehmen und Fiskus.[431]

5.3.6.2 Ausschüttungsbemessung und IFRS

5.3.6.2.1 Überblick

Ein Rechnungslegungssystem eignet sich nur dann zur Ermittlung der Ausschüttungsbemessungsgrundlage, wenn diesem Grundsätze wie das Objektivierungsgebot, Realisations-, Imparitäts- und Vorsichtsprinzip zugrunde liegen. Ein Objektivierungsgebot greift nur dann, wenn die Rechnungslegung Ansatz- und Bewertungsgebote sowie -verbote präzise festlegt und damit Missbrauchspotenziale einengt.[432]

Folglich kommt ein IFRS-Abschluss, der zahlreiche Schätzwerte und Ermessensspielräume beinhaltet, für die Ermittlung der Ausschüttungsbemessungsgrundlage nicht in Frage. Das Gläubigerschutzkonzept der bilanziellen Kapitalerhaltung des HGB beinhaltet zum einen die beschriebene vorsichtige und objektivierte Gewinnermittlung und schreibt zum anderen ein gesetzliches Mindestkapital vor.[433] Im Gegensatz zum von bilanziellen Kapitalerhaltungsregeln geprägten institutionellen Gläubigerschutz des HGB ermöglicht ein IFRS-Abschluss den Gläubigern einen informationellen Gläubigerschutz.[434]

Auf der Ebene der Europäischen Union ist seit einigen Jahren die Entwicklung eines neuen informationellen Kapitalschutzsystems in der Diskussion, welches das Fortbe-

---

[431] Vgl. Entwurf eines Gesetzes zur Einführung internationaler Rechnungslegungsstandards und zur Sicherung der Qualität der Abschlussprüfung (Bilanzrechtsreformgesetz – BilReG), BT-Drucks. 15/3419 vom 24.06.2004, S. 23.

[432] Vgl. MOXTER, A., Bilanztheorie, 1984, S. 104 f.

[433] Vgl. z. B. COENENBERG, A., Solvenztest, 2007, S. 275; LIENAU, A., Gläubigerschutz, 2008, S. 79.

[434] Vgl. KÜBLER, F., Gläubigerschutz, 1995, S. 560.

stehen der Gesellschaft durch einen liquiditätsorientierten Solvenztest[435] sichern soll.[436] Am 21. Mai 2003 legte die EU-Kommission einen Aktionsplan zur „Modernisierung des Gesellschaftsrechts und Verbesserung der Corporate Governance in der Europäischen Union"[437] vor. Darin regt sie die Änderung der Zweiten Richtlinie über die Gründung von Aktiengesellschaften sowie die Erhaltung und Änderung ihres Kapitals[438] an. Dem Gläubigerschutzkonzept der bilanziellen Kapitalerhaltung soll wahlweise ein alternatives, grundlegend differentes System gegenübergestellt werden.[439] Sollte sich die Europäische Union für eine solche Lösung aussprechen, ist davon auszugehen, dass diese auch für alle anderen gläubigerschutzbedürftigen Gesellschaftsrechtsformen, die keine Aktiengesellschaften sind, in Erwägung gezogen wird.[440] Den europäischen Mitgliedstaaten würde gegebenenfalls ein Wahlrecht eingeräumt, sich für die Systemalternative zu entscheiden oder den bisherigen institutionellen Gläubigerschutz beizubehalten.[441]

Diskutiert werden sollen hier die Eignung, Zweckmäßigkeit und Anwendbarkeit von IFRS-Abschlüssen zur Ausschüttungsbemessung, wenn diese entweder durch einen Solvenztest oder durch eine Überleitungsrechnung modifiziert werden. Es stellt sich die Frage, ob ein Solvenztest einen zur Ausschüttungsbemessung notwendigen HGB-Abschluss ersetzen kann[442] oder ob eine Überleitungsrechnung mithilfe von Ausschüt-

---

[435] Die von der EU-Kommission eingesetzte Expertenkommission ("High Level Group of Company Law Experts"), die sog. Winter-Gruppe, legte im November 2002 ihre Ergebnisse vor. In den darauf folgenden Jahren präsentierten weitere Kommissionen ihre Reformvorschläge, z. B. die aus der Initiative des IASB hervorgehende britische Kommission, die sog. Rickford-Kommission, und Arbeitskreise wie der in Deutschland agierende Arbeitskreis „Kapital in Europa", die sog. Lutter-Gruppe; vgl. ausführlich z. B. COENENBERG, A., Solvenztest, 2007, S. 276 f. m. w. N.; FUCHS, M./STIBI, B., Reform, 2007, S. 94-97 m. w. N.; LANFERMANN, G./RÖHRICHT, V., Kapitalerhaltung, 2007, S. 10-12 m. w. N.; GROTTKE, M., Kapitalerhaltung, 2009, S. 263-265 und zu den Überlegungen des Arbeitskreises „Kapital in Europa" primär LUTTER, M., Kapital, 2006, S. 1-14.

[436] Vgl. KÄMPFER, G., Solvenztest, 2007, S. 1.

[437] Vgl. KOM(2003) 284 endgültig vom 21.05.2003, S. 1-33.

[438] Zweite Richtlinie 77/91/EWG des Rates vom 13. Dezember 1976, ABl. L 026 vom 31.01.1977, S. 1-13.

[439] Vgl. KOM(2003) 284 endgültig vom 21.05.2003, S. 20 f.

[440] Dass die Diskussion um den Kapitalschutz auch andere Rechtsformen betrifft, zeigen die vielfachen Diskussionsbeiträge zum Thema im Zusammenhang mit dem GmbH-Reform durch das von der Bundesregierung verabschiedete Gesetz zur Modernisierung des GmbH-Rechts und zur Bekämpfung von Missbräuchen (MoMiG) vom 23.10.2008, BGBl I 2008, S. 2026-2047; vgl. z. B. KLEINDIEK, D., Perspektiven, 2007, S. 2-7. Die GmbH steht im Wettbewerb zu anderen europäischen Gesellschaftsformen wie der Limited. Zum Vergleich der Limited mit der GmbH siehe z. B. SCHNEELOCH, D., Vorteilsvergleich, 2007, S. 197-216.

[441] Vgl. KOM(2003) 284 endgültig vom 21.05.2003, S. 21.

[442] „Die Entwicklung eines neuen Kapitalschutzsystems würde den HGB-Einzelabschluss überflüssig machen"; COENENBERG, A., Solvenztest, 2007, S. 276.

tungssperren, wie in Großbritannien,[443] vorzuziehen ist. Ein HGB-Abschluss wäre dann ebenfalls nicht mehr notwendig.

5.3.6.2.2 Solvenztest statt bilanzieller Kapitalerhaltung

In der Literatur wird der Solvenztest als vorteilhaft beurteilt, wenn außer einem IFRS-Abschluss kein weiterer Abschluss zu erstellen ist. Im Vergleich zur bilanziellen Kapitalerhaltung nach HGB wird der Solvenztest als Erleichterung angesehen.[444]

Das Konzept der bilanziellen Kapitalerhaltung mit seinen Kapitalaufbringungs- und -erhaltungsregeln zum Mindestkapital wird zunehmend kritisiert,[445] weil es ausschließlich auf Vergangenheitsdaten basiert und zukünftige Entwicklungen des Unternehmens unberücksichtigt lässt.[446] Eine Beurteilung der Liquidität des Unternehmens fehlt.[447] Trotz Einhaltung aller Vorgaben der bilanziellen Kapitalerhaltung kann das Unternehmen durch eine Ausschüttung insolvent werden.[448]

Die Untersuchungen in Kapitel 3[449] haben gezeigt, dass die Gläubiger kleiner und mittelgroßer Unternehmen ein besonderes Interesse am Fortbestand des Unternehmens haben. Somit ist zunächst zu vermuten, dass prognoseorientierte Informationen zur Liquidität für sie sehr wertvoll sein könnten. Mithilfe eines Solvenztests muss vor jeder Ausschüttung geprüft werden, ob diese eine Zahlungsunfähigkeit auslösen kann oder ob das Unternehmen trotz Ausschüttung über genügend liquide Mittel verfügt,

---

[443] Vgl. z. B. EIERLE, B., Unternehmensberichterstattung, 2004, S. 360-364; WÜSTEMANN, J./BISCHOF, J./KIERZEK, S., Gläubigerschutzkonzeptionen, 2007, S. 16; LANFERMANN, G./RICHARD, M., Ausschüttungen, 2008, S. 1929 f.

[444] Vgl. LIENAU, A., Gläubigerschutz, 2008, S. 84.

[445] Ausführliche Darstellungen zur Kritik am deutschen Gläubigerschutz und eine Untersuchung der Kritikpunkte mithilfe einer Gegenüberstellung der Regelungen des HGB und der IFRS finden sich bei POTTGIEßER, G., Einflüsse, 2006, S. 145-168.

[446] Zu weiteren Kritikpunkten siehe PELLENS, B./JÖDICKE, D./RICHARD, M., Solvenztests, 2005, S. 1394 m. w. N.; COENENBERG, A., Solvenztest, 2007, S. 275 f.; KUHNER, C., Zukunft, 2007, S. 60 f.; HENNRICHS, J., Kapitalerhaltung, 2008, S. 43. Da viele Kritikpunkte jedoch im Zusammenhang mit Konzernabschlüssen und Einzelabschlüssen konzernverbundener Unternehmen stehen und für kleine und mittelgroße Unternehmen weniger bzw. nicht bedeutend sind, bleiben sie unberücksichtigt.

[447] Vgl. IDW, Kapitalerhaltung, 2006, S. 677; COENENBERG, A., Solvenztest, 2007, S. 275. HENNRICHS widerlegt diese These, indem er bereits de lege lata geltende liquiditätsorientierte Schutzmechanismen aufzeigt; vgl. HENNRICHS, J., Kapitalerhaltung, 2008, S. 44-46.

[448] Vgl. SIEBLER, U., Internationalisierung, 2008, S. 374 und die Ausführungen von LUTTER, M., Kapital, 2006, S. 2 f. LUTTER stellt fest, dass die Aussage der Kritiker bilanzieller Kapitalerhaltung trivial ist: „... niemand hat je behauptet, das Kapital könne die Insolvenz verhindern und die Gläubiger endgültig schützen."

[449] Vgl. insbesondere Gliederungspunkt 3.4.5.

um potenzielle Zahlungsverpflichtungen erfüllen zu können.[450] Für den entsprechenden Prognosezeitraum sind Einzahlungs- und Auszahlungspotenziale zu ermitteln und gegenüberzustellen.[451] Problematisch sind dabei zum einen die Länge des Prognosezeitraums und zum anderen die Frage, woran zu messen ist, ob eine Ausschüttung noch vertretbar ist oder nicht mehr vorgenommen werden sollte.[452]

Regulär – und maximal – liegt der Prognosezeitraum bei zwei Jahren, beginnend am Abschlussstichtag. Würde das Unternehmen diesen auf ein Jahr verkürzen, so lägen den Adressaten zum Verfügbarkeitsdatum des Abschlusses nicht einmal Daten für noch ein weiteres Jahr vor. Solche Prognosen wären wenig sinnvoll.[453] Längerfristige Prognosen sind zu ungenau, wobei schon die Verlässlichkeit der zweijährigen anzuzweifeln ist.[454] Generell gilt für die Erstellung von Prognosen, dass bezüglich der Daten zugunsten der Relevanz und zuungunsten der Verlässlichkeit entschieden wird. Die Prognosen müssen bis zum Bilanzstichtag vorliegen. Es kann nicht gewartet werden, bis sich Daten als verlässlich erweisen. Für die Adressaten kleiner und mittelgroßer Unternehmen ist dieses Vorgehen nicht angemessen, denn sie wollen den Bestand des Unternehmens langfristig gesichert wissen. Mehr Sicherheit erhalten sie, wenn die Daten nach den Kriterien der Verlässlichkeit – oder zumindest hoher Wahrscheinlichkeit – und weniger nach dem Kriterium der Relevanz selektiert würden.

Zum Problem der konkreten Ausgestaltung eines Solvenztests[455] reichen schon einige grundsätzliche Überlegungen aus, um Grenzen aufzuzeigen. Unbedingt notwendig ist die Erstellung eines Finanzplans,[456] in welchem erwartete Einnahmen und erwartete Ausgaben gegenübergestellt werden. Da der Solvenztest auf einem Abschluss nach IFRS basiert, ist es nahe liegend, dass ein solcher, schon wegen der bestehenden Zielharmonie,[457] aus der Kapitalflussrechnung hergeleitet wird.[458] Fest steht, dass ein Sol-

---

[450] Vgl. z. B. KÄMPFER, G., Solvenztest, 2007, S. 1; KLEINDIEK, D., Perspektiven, 2007, S. 5; LIENAU, A., Gläubigerschutz, 2008, S. 80.

[451] Vgl. FUCHS, M./STIBI, B., Solvenztests, 2007, S. 22; HENNRICHS, J., Kapitalerhaltung, 2008, S. 47.

[452] Eine ausführliche Problemdiskussion findet sich bei PELLENS, B./CRASSELT, N./SELLHORN, T., Solvenztest, 2007, S. 268-272.

[453] Vgl. LIENAU, A., Gläubigerschutz, 2008, S. 86.

[454] Zur Diskussion um die Länge des Solvenzprognosezeitraums siehe insbesondere FUCHS, M./STIBI, B., Solvenztests, 2007, S. 22.

[455] Ermittlungen zur Prämissensetzung und konkrete Vorschläge finden sich bei PELLENS, B./JÖDICKE, D./RICHARD, M., Solvenztests, 2005, S. 1398-1401. Zu Fragen, die vorab zu klären sind; siehe z. B. FUCHS, M./STIBI, B., Reform, 2007, S. 97 f. und HENNRICHS, J., Kapitalerhaltung, 2008, S. 47.

[456] Vgl. KUHNER, C., Zukunft, 2007, S. 63.

[457] Vgl. LIENAU, A., Gläubigerschutz, 2008, S. 85.

[458] Vgl. PELLENS, B./JÖDICKE, D./RICHARD, M., Solvenztests, 2005, S. 1400.

5.3 Prüfung der Konzeption und Ausgestaltung des IFRS für KMU

venztest stets auf Prognosewerten beruht und somit die eigentlich notwendige Objektivität fehlt. Prognosewerte basieren auf subjektiven Einschätzungen und unterliegen dem Ermessen desjenigen, der die Werte ermittelt.[459] Zur Absicherung der Gläubiger bestehen Überlegungen, dass der Solvenztest durch einen Wirtschaftsprüfer geprüft[460] und der Geschäftsführung eine zusätzliche Haftung auferlegt[461] werden soll. Beide Vorschläge sind als äußerst kritisch einzustufen. Ein Wirtschaftsprüfer kann zwar einen Solvenztest auf Sachlichkeit und Plausibilität prüfen, nicht aber beurteilen, ob die Liquidität des Unternehmens für den entsprechenden Prognosezeitraum tatsächlich gesichert ist.[462] Hinzu kommt, dass externe Faktoren zu nicht beeinflussbaren Veränderungen führen können.[463]

Die Geschäftsführung soll vor jeder Ausschüttung eine Solvenzerklärung abgeben, für welche sie haftbar gemacht werden kann. Sollte eine Solvenzprognose nicht eintreffen, müsste jedoch feststellbar sein, ob die Angaben der Geschäftsführung falsch waren oder sich Änderungen externer Faktoren ergeben haben. Eine Abgrenzung dürfte nicht immer möglich sein, entsprechend können in solchen Fällen keine Sanktionen erlassen werden. Rechtsstreitigkeiten verursachen hohe Kosten. Letztendlich sind es die Gläubiger, die das verbleibende Risiko tragen.[464] Die Kritik an der bilanziellen Kapitalerhaltung, dass das Unternehmen, trotz Einhaltung aller Vorgaben, insolvent werden könnte, gilt ebenso für den informationellen Gläubigerschutz durch den Solvenztest.

Hat das Unternehmen den Aufwand betrieben, einen Finanzplan zu erstellen, so besteht dennoch das Problem, festzulegen, wann eine Ausschüttung besser unterbleiben sollte. Als Lösungsmöglichkeiten zur Einbeziehung verschiedener Unsicherheitsfaktoren finden sich in der Literatur die Ermittlung von Erwartungswerten oder auch Szenario- oder Sensitivitätsanalysen sowie Risikosimulationen.[465] Nicht alle Lösungs-

---

[459] Um Ermessensspielräume zu verringern, schlägt LIENAU konkrete Vorgaben zur Normierung des Solvenztests vor; vgl. LIENAU, A., Gläubigerschutz, 2008, S. 85 f. Trotz Normierung dürften noch viele Spielräume, die negativ ins Gewicht fallen können, bestehen bleiben. FUCHS und STIBI entwickeln „Grundsätze ordnungsmäßiger Solvenztests" die einer jeden konkreten Ausgestaltung zugrunde liegen sollten; vgl. FUCHS, M./STIBI, B., Solvenztests, 2007, S. 20 f. Diese stimmen jedoch weitgehend mit den qualitativen Kriterien des Rahmenkonzepts der IFRS überein und reduzieren das Problem der mangelnden Objektivität nur marginal.

[460] Dies fordert von den in Fn. 435 genannten Gruppen nur die „Lutter-Gruppe".

[461] Dies fordern sämtliche der in Fn. 435 genannten Gruppen; vgl. COENENBERG, A., Solvenztest, 2007, S. 277, Übersicht 2.

[462] Vgl. IDW, Kapitalerhaltung, 2006, S. 679; NAUMANN, K.-P., Kapitalerhaltung, 2007, S. 440; HEUSER, P. J., Kapitalerhaltung, 2008, S. 178.

[463] Vgl. PELLENS, B./CRASSELT, N./SELLHORN, T., Solvenztest, 2007, S. 272.

[464] Vgl. COENENBERG, A., Solvenztest, 2007, S. 278 f.

[465] Vgl. PELLENS, B./CRASSELT, N./SELLHORN, T., Solvenztest, 2007, S. 272-279.

vorschläge sind zielführend. Für kleine und mittelgroße Unternehmen dürften die meisten, wenn nicht alle Verfahren zu aufwendig sein. Egal, welche Maßstäbe festgesetzt werden, wenn nicht ganz eindeutige Warnsignale anzeigen, dass Zahlungsunfähigkeit droht, sind diese nicht willkürfrei und objektiv. Die Gefahr, dass Ausschüttungen zu spät verboten werden, bleibt.[466]

Sind die Ergebnisse eines Solvenztests zum Bilanzstichtag negativ und wird folglich keine Ausschüttung vorgenommen, so kann es schon zu spät sein, um Zahlungsschwierigkeiten noch abzuwenden. Die Wirkung eines Solvenztests setzt erst in dem Moment ein, wenn die Ergebnisse vorliegen, eine dem bilanziellen Gläubigerschutz ähnliche „Vorsorge" besteht nicht. Vor allem für kleine und mittelgroße Unternehmen, bei welchen unvorhergesehene Ereignisse in größerem Maße existenzbedrohend sind, weil außerplanmäßige Aufwendungen zu – relativ gesehen – höheren Beträgen führen als bei entsprechend größeren Unternehmen, ist eine Vorsorge durch einbehaltenes Mindestkapital umso wichtiger. Ein ausschließlicher Schutz durch informationelle Gläubigerschutzmaßnahmen ist nicht ausreichend.[467]

Die Adressaten kleiner und mittelgroßer Unternehmen haben Interesse am Fortbestand des Unternehmens, das weit über den Zeitraum eines möglichen Solvenztests ex ante hinausgeht. Das Konzept des informationellen Gläubigerschutzes ist wenig verlässlich, Objektivität ist nicht gegeben. Die Erstellung von Finanzplänen zum Zweck des Gläubigerschutzes und darüber hinaus für Unternehmensanalysen ist trotz Kapitalflussrechnung für kleine und mittelgroße Unternehmen zu aufwendig. Ein Ersatz des bilanziellen Gläubigerschutzes durch den informationellen Gläubigerschutz ist nicht praktikabel. Auch das IDW äußert sich dahingehend, dass ein liquiditätsorientierter Solvenztest nicht die Abschaffung der bilanziellen Kapitalerhaltung rechtfertigt, weil im Fokus der Gläubigerinteressen die langfristigen Vermögensgegenstände und Verbindlichkeiten stehen.[468] Das Konzept der bilanziellen Kapitalerhaltung ist für die Ausschüttungsbegrenzung unverzichtbar.[469]

5.3.6.2.3 Überleitungsrechnung ohne Solvenztest

Der als erwirtschafteter Gewinn ermittelte Betrag eines IFRS-Abschlusses enthält unrealisierte Gewinne. Würde dieser unbereinigt zu Ausschüttungszwecken verwen-

---

[466] Vgl. LIENAU, A., Gläubigerschutz, 2008, S. 86.
[467] Gleicher Ansicht ist LIENAU, A., Gläubigerschutz, 2008, S. 81; vgl. auch POTTGIEBER, G., Einflüsse, 2006, S. 167.
[468] Vgl. IDW, Kapitalerhaltung, 2006, S. 678.
[469] Vgl. HENNRICHS, J., Kapitalerhaltung, 2008, S. 48 m. w. N.

5.3 Prüfung der Konzeption und Ausgestaltung des IFRS für KMU

det, so würden unrealisierte – nur als wahrscheinliche Ertragserwartungen vorhandene – Gewinnanteile verteilt. Können diese, entgegen den ursprünglichen Erwartungen, zukünftig nicht realisiert werden, führen sie zu Verlusten.[470] Die Nichteignung des IFRS-Abschlusses als Ausschüttungsbemessungsgrundlage ist offensichtlich.[471]

Um die gesellschaftsrechtlichen Regelungen zur Ausschüttungsbemessung dennoch durch einen IFRS-Abschluss ohne Solvenztest zu ersetzen, müssten spezielle Ausschüttungssperren für den IFRS-Einzelabschluss erlassen werden.[472] Der erwirtschaftete Gewinn würde dann um nicht ausschüttbare Beträge, die genau zu definieren wären, bereinigt und als dem Unternehmen entziehbarer Gewinn entsprechend verteilt.[473] Sowohl nicht realisierte Gewinne als auch nicht realisierte Verluste müssten durch Ausschüttungssperren eliminiert werden.

Da es nicht möglich ist, eine generelle Ausschüttungssperre zu formulieren, weil nahezu jeder Posten des Abschlusses betroffen ist, wäre eine differenzierte Nebenrechnung[474] notwendig. Eine solche Nebenrechnung müsste fortlaufend erstellt werden. Erst nach Aufstellung des Abschlusses mit der Erstellung der Überleitungsrechnung zu beginnen wäre zu spät. Es könnte jederzeit – auch Jahre später noch – notwendig sein, Ansatz- oder Bewertungsdifferenzen aus früheren Jahren zu korrigieren.[475] Zusätzlich eine fortlaufende Nebenrechnung zu führen wäre für Geschäftsführer, Gesellschafter und Gläubiger eine neue Herausforderung. Dieses Unterfangen dürfte jedoch ähnlich aufwendig sein, wie die Erstellung eines gesonderten HGB-

---

[470] Vgl. HENNRICHS, J., Kapitalerhaltung, 2008, S. 49.

[471] Vgl. z. B. Arbeitskreis „Bilanzrecht der Hochschullehrer Rechtswissenschaft", Fortentwicklung, 2002, S. 2373 f.; KIRSCH, H.-J., Umsetzung, 2003, S. 276; BRINKMANN, J., Zweckadäquanz, 2006, S. 221 f.; WÜSTEMANN, J./BISCHOF, J./KIERZEK, S., Gläubigerschutzkonzeptionen, 2007, S. 16-18.

[472] Vgl. BALLWIESER, W., Anforderungen, 2001, S. 163; Arbeitskreis „Bilanzrecht der Hochschullehrer Rechtswissenschaft", Fortentwicklung, 2002, S. 2376; PELLENS, B./SELLHORN, T., Zukunft, 2006, S. 469; KUHNER, C., Zukunft, 2007, S. 68; LANFERMANN, G./RICHARD, M., Ausschüttungen, 2008, S. 1930.

[473] Vgl. KAHLE, H./DAHLKE, A., IFRS, 2007, S. 313.

[474] SIEBLER geht konkret darauf ein, wie umfangreich die erforderlichen Einzelkorrekturen sein müssten und kommt zu dem Ergebnis, dass die bilanzielle Kapitalerhaltung gemäß HGB beibehalten werden sollte, weil diese den Gläubigerschutz besser erfüllt; vgl. SIEBLER, U., Internationalisierung, 2008, S. 367-375.

[475] Vgl. Arbeitskreis „Bilanzrecht der Hochschullehrer Rechtswissenschaft", Fortentwicklung, 2002, S. 2376.

Abschlusses.[476] Durch den Wegfall des HGB-Abschlusses eingesparte Kosten würden kompensiert oder sogar überkompensiert.[477] Welchen Vorteil der Tausch einer Nebenrechnung gegen einen HGB-Abschluss haben soll, ist nicht ersichtlich.

Die Schar der Befürworter bilanzieller Kapitalerhaltungskonzepte ist auch in anderen Ländern so groß, dass eine Ersetzung der nationalen Rechnungslegungsabschlüsse durch IFRS-Abschlüsse auch für viele andere – zumindest europäische – Länder nicht in Frage kommt.[478]

5.3.6.3 Steuerliche Gewinnermittlung

Die Europäische Union bemüht sich seit einigen Jahren um eine Harmonisierung der steuerlichen Bemessungsgrundlage in Europa. Diese Bestrebungen stehen im Zusammenhang mit den aktuellen Reformprozessen des europäischen Bilanzrechts. Den Grundstein dafür legte die EU-Kommission im Jahr 2000 mit ihrer Mitteilung zur „Rechnungslegungsstrategie der EU: Künftiges Vorgehen"[479]. Eine konkrete Strategie beschloss sie im Jahr 2001,[480] die in den folgenden Jahren weiterentwickelt wurde.[481] Eine Arbeitsgruppe „Gemeinsame konsolidierte Körperschaftsteuer-Bemessungsgrundlage – GKKB" (*Common Consolidated Corporate Tax Base – CCCTB*) wurde ins Leben gerufen und tagte am 23. November 2004 zum ersten Mal. Die Fokussierung auf eine europaweite Körperschaftsteuer-Bemessungsgrundlage schließt Personenunternehmen aus. Dies wirft besonders in Deutschland Probleme auf, weil deren Stellenwert alles andere als unbedeutend ist. „Die Begrenzung auf Körperschaften entspricht nicht der deutschen Realität"[482]. Basis für die inhaltliche Ausgestaltung wer-

---

[476] Vgl. Arbeitskreis „Bilanzrecht der Hochschullehrer Rechtswissenschaft", Fortentwicklung, 2002, S. 2376. Zu ähnlichen Ergebnissen kommt BÖRSTLER, C., Zukunft, 2006, S. 174: „Insgesamt dürfte der notwendige Aufwand für die bilanzierenden Unternehmen und den Gesetzgeber so groß sein, dass grundsätzlich zu hinterfragen ist, ob eine Verlagerung der Zahlungsmessungsfunktion nicht praktikabler erscheint als ein aufwendig und permanent zu modifizierender Einzeljahresabschluss auf Basis der IFRS." Vgl. auch POTTGIEßER, G., Einflüsse, 2006, S. 195 f.

[477] Vgl. LANFERMANN, G./RICHARD, M., Ausschüttungen, 2008, S. 1930.

[478] Die Tradition der bilanziellen Kapitalerhaltungskonzepte hat sich in den europäischen und anderen Ländern fest etabliert; vgl. LUTTER, M., Kapital, 2006, S. 3. Als Beispiele sei auf Ausführungen zur bilanziellen Kapitalerhaltung in Frankreich und Spanien verwiesen; vgl. URBAIN-PARLEANI, I., Frankreich, 2006, S. 575-611; IRUJO, J. M. E., Spanish Company Law, 2006, S. 679-693.

[479] Vgl. KOM(2000) 359 endgültig vom 13.06.2000, S. 1-12. Siehe dazu ausführlich HERZIG, N., Steuerliche Gewinnermittlung, 2004, S. 3 f.

[480] Vgl. KOM(2001) 582 endgültig vom 23.10.2001, S. 1-30.

[481] Vgl. KOM(2003) 726 endgültig vom 24.11.2003, S. 1-31; KOM(2006) 157 endgültig vom 05.04.2006, S. 1-19; KOM(2007) 223 endgültig vom 02.05.2007, S. 1-11.

[482] HERZIG, N., Harmonisierung, 2006, S. 88.

den die IFRS sein, da sie die „einzige EU-weit anerkannte Rechnungslegungskonvention"[483] bilden. NORBERT HERZIG beurteilt das Ziel einer einheitlich konsolidierten Bemessungsgrundlage als außerordentlich ambitioniert.[484]

Das Interesse kleiner und mittelgroßer Unternehmen an diesem Projekt ist als gering einzuschätzen. Größer ist ihr Interesse an dem gleichzeitig von der EU-Kommission aufgelegten Konzept der „Sitzlandbesteuerung" (*Home State Taxation*) für KMU. Dieses sieht vor, dass kleine und mittelgroße Unternehmen die aus Aktivitäten in anderen EU-Staaten zu versteuernden Unternehmensgewinne im Land ihrer Muttergesellschaft bzw. ihres Verwaltungssitzes versteuern können.[485]

Die Durchsetzung einer einheitlichen steuerlichen Bemessungsgrundlage würde das Ende der Maßgeblichkeit bedeuten.[486] Die Zwecke der Rechnungslegung nach IFRS und der steuerlichen Gewinnermittlung driften weit auseinander. Die Steuerbilanz hat nur einen Adressaten, den Fiskus, und stellt keine entscheidungsnützlichen Informationen bereit.[487] Vorsichts- und Realisationsprinzip sind seine tragenden „Eckpfeiler". Aus ökonomischer Sicht ist die Entscheidungsneutralität die wichtigste Anforderung, begleitet von den Postulaten der Investitions- und Finanzierungsneutralität.[488] Die IFRS sind als Basis der steuerlichen Gewinnermittlung nicht geeignet.[489] Eine grund-

---

[483] HERZIG, N., Harmonisierung, 2006, S. 81. Die EU-Kommission selbst stellt fest; vgl. KOM(2003) 726 endgültig vom 24.11.2003, S. 22: „Die IFRS bzw. IFRS-konforme Abschlüsse bilden einen neutralen Ausgangspunkt für die Überlegungen über die einheitliche Steuerbemessungsgrundlage."

[484] Vgl. HERZIG, N., Harmonisierung, 2006, S. 87.

[485] Vgl. KOM(2003) 284 endgültig vom 21.05.2003, S. 13-15; KOM(2005) 702 endgültig vom 23.12.2005, S. 1-27. HERZIG, N., Harmonisierung, 2006, S. 76.

[486] Vgl. z. B. HERZIG, N./BÄR, M., Zukunft, 2003, S. 5; HERZIG, N., IAS/IFRS, 2005, S. 211 f. und S. 235; FÜLBIER, U., Systemtauglichkeit, 2006, S. 229-233; KAHLE, H., Steuerliche Gewinnermittlung, 2006, S. 89 f.; KAHLE, H./DAHLKE, A., IFRS, 2007, S. 313 f.; LANFERMANN, G./RICHARD, M., Ausschüttungen, 2008, S. 1926.

[487] Vgl. Arbeitskreis „Bilanzrecht der Hochschullehrer Rechtswissenschaft", Fortentwicklung, 2002, S. 2379.

[488] Vgl. BREITHECKER, V./KLAPDOR, R./ROKITTA, M., Grundlage, 2007, S. 145.

[489] Zu diesem Ergebnis kommt auch FÜLBIER in seiner ausführlichen Untersuchung zur Systemtauglichkeit der IFRS im Hinblick auf ihre funktionale Ausrichtung und ihren institutionellen Rahmen. Wegen der hohen Veränderungsgeschwindigkeit der IFRS prüft er die Eignung des IFRS-Systems nicht anhand konkreter Regeln, sondern legt seiner Analyse langfristig stabile Systemcharakteristika zugrunde. So gelangt er zu Ergebnissen, die mehr sind als eine gegenwärtige Momentaufnahme; vgl. FÜLBIER, U., Systemtauglichkeit, 2006, S. 228-242. Als weitere fundierte Auseinandersetzung mit der Eignung der IFRS für die steuerliche Gewinnermittlung siehe BREITHECKER, V./KLAPDOR, R./ROKITTA, M., Grundlage, 2007, S. 145-160; ebenso HERZIG, N., IAS/IFRS, 2005, S. 235.

sätzliche Trennung von Handels- und Steuerbilanz würde zu erheblicher Mehrarbeit[490] und damit zu enormen Kostensteigerungen im Bereich der Rechnungslegung der Unternehmen führen.

5.3.6.4 Schlussfolgerungen zur Ausschüttungsbemessung nach IFRS und zur steuerlichen Gewinnermittlung

Da das Konzept der bilanziellen Kapitalerhaltung unverzichtbar ist, kann ein Solvenztest einen HGB-Abschluss nicht ersetzen. Vor allem wegen der mangelnden Verlässlichkeit stellt er für kleine und mittelgroße Unternehmen keine Alternative dar. Der Solvenztest beruht auf Prognose- und Schätzwerten. Der Grundsatz der Objektivität wird nicht eingehalten. Der Aufwand zur Durchführung ist immens, das notwendige Mindestmaß an Praktikabilität nicht gegeben.

Eine mögliche Alternative zum HGB-Abschluss wäre die Ergänzung des IFRS-Abschlusses um eine fortlaufende Nebenrechnung. Diese müsste aber so detailliert sein, dass der notwendige Schaffensaufwand dem zur Erstellung eines gesonderten HGB-Abschlusses gleichkommt. Eine Vorteilhaftigkeit besteht nicht.

Die Ersetzung des von der bilanziellen Kapitalerhaltung geprägten institutionellen Gläubigerschutzes durch ein informationelles Kapitalschutzsystem ist nicht sinnvoll. Auch die Zweckmäßigkeit von IFRS-Abschlüssen als Ausgangsbasis für die steuerliche Gewinnermittlung ist, bei Betrachtung des nationalen Hintergrundes, äußert zweifelhaft.

5.3.6.5 Ausschüttungsbemessung und Bilanzrechtsmodernisierung

Mit dem BilMoG findet ein Richtungswechsel statt. Der Informationsfunktion soll eine stärkere Gewichtung zukommen, wenngleich der HGB-Abschluss als Grundlage der Ausschüttungsbemessung und steuerlichen Gewinnermittlung erhalten bleibt.[491]

Mit der Umsetzung des BilMoG wird die Ausschüttungsbemessung zugunsten der Information zurückgedrängt. Die Schwerpunktverlagerung bewirkt zwangsläufig eine Lockerung des Vorsichtsprinzips, was der Gesetzgeber durch ergänzende Gewinnverwendungsbeschränkungen zu kompensieren versucht.[492] Während sich das Vorsichtsprinzip bereits bei der Gewinnermittlung beschränkend auswirkt, sind Ausschüttungs-

---

[490] Vgl. SCHNEELOCH, D., IFRS, 2008, S. 550.

[491] Vgl. Entwurf eines Gesetzes zur Modernisierung des Bilanzrechts (Bilanzrechtsmodernisierungsgesetz – BilMoG), BT-Drucks. 16/10067 vom 30.07.2008, S. 1.

[492] Vgl. RAMMERT, S./THIES, A., Kapitalerhaltung und Besteuerung, 2009, S. 36.

5.3 Prüfung der Konzeption und Ausgestaltung des IFRS für KMU

sperren erst bei der Gewinnverwendung von Bedeutung.[493] Mit dem BilMoG geht eine „Verlagerung der Kapitalerhaltung von der Gewinnermittlung auf die Gewinnverwendung"[494] einher. Die Aktivierung von selbst geschaffenen immateriellen Vermögensgegenständen des Anlagevermögens und latenten Steuern sowie die Bewertung mit beizulegenden Zeitwerten durchbrechen das Vorsichtsprinzip. Es wird bis zur Unkenntlichkeit verwässert, die Kapitalerhaltung geschädigt.

§ 268 Abs. 8 HGB verbietet die Ausschüttung von aus den genannten Aktivierungssachverhalten resultierenden Beträgen für Kapitalgesellschaften und andere haftungsbeschränkte Rechtsformen. Betroffen sind alle Beträge, denen eine Unsicherheit anhaftet, die eine Ausschüttung unter dem Aspekt des Gläubigerschutzes nicht rechtfertigt,[495] konkret die folgenden Posten des § 266 HGB: Abs. 2 A.I.1 „Selbst geschaffene gewerbliche Schutzrechte und ähnliche Rechte und Werte" (infolge der Ausübung des Wahlrechts des § 248 Abs. 2 HGB), Abs. 2 D. „Aktive latente Steuern" (infolge des § 274 Abs. 1 HGB) i. V. m. Abs. 3 E. „Passive latente Steuern" und Abs. 2 E. „Aktiver Unterschiedsbetrag aus der Vermögensverrechnung" (infolge des § 246 Abs. 2 Satz 3 HGB).

Die Ausschüttungssperre bildet einen Kompromiss, um sowohl der Informationsfunktion als auch dem Gläubigerschutz gerecht zu werden.[496] Nach § 285 Nr. 28 HGB ist der Gesamtbetrag der ausschüttungsgesperrten Beträge im Sinn des § 268 Abs. 8 HGB im Anhang anzugeben und entsprechend aufzugliedern. Für Personengesellschaften und alle Rechtsformen, deren Gesellschafter persönlich haften, gibt es keine solchen Beschränkungen.

In der Literatur wird die Ungleichbehandlung von selbst geschaffenen immateriellen Vermögensgegenständen des Anlagevermögens und entgeltlich erworbenen Geschäfts- oder Firmenwerten kritisiert.[497] Letztgenannte werden qua Fiktion zu Vermögenswerten ernannt, eine Ausschüttungssperre existiert nicht. Ihnen wird offensichtlich eine größere Werthaltigkeit beigemessen als den selbst geschaffenen immateriellen Vermögensgegenständen.[498] Die Lösung erscheint nicht angemessen, auch bezüglich der Geschäfts- oder Firmenwerte sollten Vorsichtsmaßnahmen getroffen werden.

---

[493] Vgl. KÜBLER, F., Vorsichtsprinzip, 1995, S. 363 f.

[494] RAMMERT, S./THIES, A., Kapitalerhaltung und Besteuerung, 2009, S. 36.

[495] Vgl. Entwurf eines Gesetzes zur Modernisierung des Bilanzrechts (Bilanzrechtsmodernisierungsgesetz – BilMoG), BT-Drucks. 16/10067 vom 30.07.2008, S. 64.

[496] Vgl. KÜTING, K./PFIRMANN, A./ELLMANN, D., Bilanzierung, 2008, S. 695.

[497] Vgl. MOXTER, A., Aktivierungspflicht, 2008, S. 1517; THEILE, C., BilMoG, 2008, S. 101.

[498] THEILE schlägt vor, ganz auf die Ausschüttungssperre zu verzichten, um ein Signal an Bilanzersteller und Abschlussprüfer zu senden. Sie müssten die Bilanz dann mit besonderer Sorgfalt erstellen; vgl. THEILE, C., BilMoG, 2008, S. 101.

Die Festlegung der Ausschüttungssperre konterkariert den Informationswert dahingehend, dass den bilanzierten Werten ein Unsicherheitsfaktor beigemessen wird. Sie signalisiert den Adressaten, dass ihre Werthaltigkeitsbeurteilung mit angemessener Skepsis getroffen werden sollte.[499] Die Ausschüttungssperre nach § 268 Abs. 8 HGB entspricht weder dem Gedanken eines von Vorsicht geprägten Gläubigerschutzes noch wird sie der Informationsfunktion gerecht. Auch gilt sie nicht für alle Rechtsformen gleichermaßen. Sie ist das Ergebnis eines Zielkonflikts, der nicht zufriedenstellend gelöst wurde.

Zielkonflikte gibt es ebenso bezüglich der Imparität. Während die Kapitalerhaltung die Berücksichtigung des Imparitätsprinzips fordert, ist es bei der Bereitstellung von entscheidungsnützlichen Informationen hinderlich.[500] Die zukünftige Einschränkung des Imparitätsprinzips beeinträchtigt die Ausschüttungssicherung. Durch die Einbeziehung unrealisierter Gewinne bei der Gewinnermittlung wächst die Gefahr einer Überschätzung des Ausschüttungspotenzials eines Unternehmens.[501]

Durch das BilMoG ist die Kapitalerhaltung gefährdet. Es kann möglicherweise zu erhöhten Ausschüttungen kommen. Die mit dem Gläubigerschutz verbundene Sicherheit und die mit der Gewinnermittlung einhergehende Verlässlichkeit sind nicht mehr gewährleistet.

5.3.6.6 Maßgeblichkeit und Bilanzrechtsmodernisierung

Zur Aufhebung der umgekehrten Maßgeblichkeit und zur Frage nach dem dauerhaften Bestand der Maßgeblichkeit nimmt die Bundesregierung in ihrer Begründung zum BilMoG wie folgt Stellung:

> „Die Funktion des handelsrechtlichen Jahresabschlusses als Grundlage der Gewinnausschüttung und seine Maßgeblichkeit für die steuerliche Gewinnermittlung – die mittelstandsfreundlichen Eckpfeiler der handelsrechtlichen Bilanzierungsvorschriften – bleiben gewahrt.
>
> Die im Verhältnis zu den IFRS geschaffene Gleichwertigkeit des handelsrechtlichen Jahresabschlusses bedingt, den im Einkommensteuergesetz niedergelegten Grundsatz der umgekehrten Maßgeblichkeit (§ 5 Abs. 1 Satz 2 EStG) aufzuheben. Auf der anderen Seite ist zu überprüfen, ob dieser Jahresabschluss seine bisherige Funktion, aufgrund des Maßgeblichkeitsgrund-

---

[499] Vgl. auch RAMMERT, S./THIES, A., Kapitalerhaltung und Besteuerung, 2009, S. 36.

[500] Vgl. BALLWIESER, W., 2005, in: Beck'sches HdR, B 105, Rz. 73.

[501] Vgl. RAMMERT, S./THIES, A., Kapitalerhaltung und Besteuerung, 2009, S. 36.

satzes die steuerliche Leistungsfähigkeit des bilanzierenden Kaufmanns abzubilden, weiterhin erfüllen kann. Die Informationsfunktion der Handelsbilanz tritt in den Vordergrund und das Realisationsprinzip als Gradmesser der steuerlichen Leistungsfähigkeit wird punktuell modifiziert. Daher wird zu analysieren sein, ob zur Wahrung einer nach der individuellen Leistungsfähigkeit ausgerichteten Besteuerung und auch im Hinblick auf die Bestrebungen zur Schaffung einer einheitlichen konsolidierten körperschaftsteuerlichen Bemessungsgrundlage auf EU-Ebene eine eigenständige steuerliche Gewinnermittlung notwendig ist und erforderlichenfalls wie sie zu konzipieren ist."[502]

Zu prüfen sind die drei wesentlichen Themenbereiche, die dieser Stellungnahme zugrunde liegen. Es ergeben sich folgende Fragen:

1. Bleibt die Maßgeblichkeit für die steuerliche Gewinnermittlung gewahrt?
2. Ist die Aufhebung der umgekehrten Maßgeblichkeit sinnvoll?
3. Ist die Erstellung einer Einheitsbilanz unter diesen Umständen weiterhin möglich?

Maßgeblichkeit und umgekehrte Maßgeblichkeit sowie die Erstellung einer Einheitsbilanz sind seit jeher umstritten.[503] Mit den Diskussionen um das BilMoG wird diese Diskussion fortgeführt.

Zu 1. Erhalt der Maßgeblichkeit

Die Frage, ob eine Anknüpfung an den handelsrechtlichen Gewinn zur Abbildung der steuerlichen Leistungsfähigkeit sachgerecht ist, wurde nie einstimmig bejaht.[504] Entscheidend sind die Zwecksetzungen der Handels- und Steuerbilanz. Der Maßgeblichkeitsgrundsatz ist geeignet, wenn die Zwecke „gleichgerichtet dasselbe Ziel verfolgen"[505].

Die Diskussion wird von zwei differenten Grundauffassungen bestimmt: Kritiker beurteilen den Maßgeblichkeitsgrundsatz als unbrauchbar, weil die Zielsetzungen von Handels- und Steuerbilanz different sind.[506] Befürworter stellen eine grundsätzliche

---

[502] Entwurf eines Gesetzes zur Modernisierung des Bilanzrechts (Bilanzrechtsmodernisierungsgesetz – BilMoG), BT-Drucks. 16/10067 vom 30.07.2008, S. 34.

[503] Zur Vertiefung der Diskussion siehe insbesondere STREIM, H., Plädoyer, 1990, S. 527-545; SÖFFING, G., Maßgeblichkeitsgrundsatz, 1995, S. 635-673; SCHÖN, W., Maßgeblichkeit, 2005, S. 1-872.

[504] Vgl. HEY, J., in: TIPKE, K./LANG, J., Steuerrecht, 2008, § 17, Rz. 44.

[505] HEY, J., in: TIPKE, K./LANG, J., Steuerrecht, 2008, § 17, Rz. 44.

[506] Vgl. WEBER-GRELLET, H., Zielsetzung der Steuerbilanz, 1994, S. 288-291; WEBER-GRELLET, H., Maßgeblichkeitsgrundsatz, 1999, S. 2659-2666; HENNRICHS, J., Maßgeblichkeitsgrundsatz, 1999, S. 151 f.

Übereinstimmung der Bilanzzwecke fest und plädieren für die Beibehaltung des Maßgeblichkeitsgrundsatzes.[507] Die Maßgeblichkeit fordert in § 5 Abs. 1 Satz 1 EStG die Einhaltung der handelsrechtlichen GoB. Die Entwicklung der steuerrechtlichen Vorschriften hat jedoch dazu geführt, dass konkret anwendbare Regelungen erlassen wurden, die den Maßgeblichkeitsgrundsatz durchbrechen,[508] so z. B. bezüglich der Drohverlustrückstellungen, die ein Ausdruck des Imparitätsprinzips sind.[509] Handelsrechtlich gilt § 249 Abs. 1 HGB; nach § 5 Abs. 4a EStG, der im Jahr 1997 mit dem „Gesetz zur Fortsetzung der Unternehmensteuerreform"[510] eingefügt wurde, dürfen Rückstellungen für drohende Verluste aus schwebenden Geschäften steuerrechtlich nicht gebildet werden.[511] Diese Regelung entspricht nicht den GoB und schränkt die Maßgeblichkeit ein.

Im Rahmen der Begründung zum „Steuerentlastungsgesetz 1999/2000/2002"[512] stellte der Gesetzgeber den Maßgeblichkeitsgrundsatz erstmalig in Frage.[513] In seiner Begründung zum BilMoG kam er erneut auf den Prüfstand. Eine Abschaffung des Maßgeblichkeitsgrundsatzes ist damit aber noch nicht in Sicht.

Des Weiteren ist zu bedenken, dass im Fall eines eigenständigen Steuerbilanzrechts die alleinige Berufung auf das Leistungsfähigkeitsprinzip[514] keinen hinreichend verlässlichen Maßstab bietet. In diesem Fall sind weitere Prinzipien zur Sicherung der

---

[507] Vgl. DÖLLERER, G., Steuerbilanz, 1983, S. 157-177; BALLWIESER, W., Maßgeblichkeitsprinzip, 1990, S. 477 und S. 494 f.; MOXTER, A., Verhältnis, 1997, S. 195; Arbeitskreis „Bilanzrecht der Hochschullehrer Rechtswissenschaft", Fortentwicklung, 2002, S. 2380.

[508] Zur Entwicklung und Aushöhlung des Maßgeblichkeitsgrundsatzes siehe z. B. Arbeitskreis „Steuern und Revision" im Bund der Wirtschaftsakademiker, Maßgeblichkeit, 2004, S. 3-10.

[509] Vgl. Gliederungspunkt 3.7.4.7.

[510] Vgl. Gesetz zur Fortsetzung der Unternehmenssteuerreform vom 29.10.1997, BGBl I 1997, S. 2590.

[511] Vgl. Arbeitskreis „Steuern und Revision" im Bund der Wirtschaftsakademiker, Maßgeblichkeit, 2004, S. 7 f.; SCHNEELOCH, D., Besteuerung, 2008, S. 233.

[512] Vgl. Steuerentlastungsgesetz 1999/2000/2002 vom 24.03.1999, S. 402-496.

[513] Vgl. Arbeitskreis „Steuern und Revision" im Bund der Wirtschaftsakademiker, Maßgeblichkeit, 2004, S. 6 und zum Wortlaut der Begründung zu § 6 EStG Entwurf eines Steuerentlastungsgesetzes 1999/2000/2002, BT-Drucks. 14/23 vom 09.11.1998, S. 170: „Daher wird die steuerliche Gewinnermittlung im Zuge der Steuerreform objektiviert. Die Bindung an die Handelsbilanz (Maßgeblichkeit) wird insoweit aufgegeben. Die Bildung von stillen Reserven wird beschränkt, damit die betroffenen Steuerpflichtigen – ähnlich wie Arbeitnehmer – nach ihrer tatsächlichen Leistungsfähigkeit besteuert werden."

[514] Siehe ausführlich zum Leistungsfähigkeitsprinzip LANG, J., in: TIPKE, K./LANG, J., Steuerrecht, 2008, § 4, Rz. 80-123.

Objektivierung notwendig. Das Steuerbilanzrecht wird „mit den traditionellen Prinzipien der Realisation, der Imparität und der Vorsicht nicht vollständig brechen"[515].

Zu 2. Aufhebung der umgekehrten Maßgeblichkeit

Die Aufhebung des Grundsatzes der umgekehrten Maßgeblichkeit wird in der Literatur positiv beurteilt.[516] Er wird als nicht mehr zeitgemäß angesehen.[517] Er beeinträchtigte sowohl die Zahlungsbemessungs- als auch die Informationsfunktion.[518] Durch die umgekehrte Maßgeblichkeit führten steuerliche Subventionsregeln, wie z. B. Sonderabschreibungen und steuerfreie Rücklagen, die nicht mit den GoB vereinbar sind, zu Minderbeträgen in handelsrechtlichen Abschlüssen.[519] Bezüglich der Informationsfunktion wurde der umgekehrten Maßgeblichkeit eine informationsverzerrende Wirkung vorgeworfen.[520]

Infolge der Aufhebung wurden auch § 247 Abs. 3 HGB a. F. und § 273 HGB a. F. zur Bildung steuerlicher Sonderposten mit Rücklageanteil sowie § 254 HGB a. F. zu den steuerrechtlichen Abschreibungen gestrichen bzw. durch andere ersetzt.[521] Mit der Streichung des Grundsatzes der umgekehrten Maßgeblichkeit ergibt sich eine weitere Entkoppelung der Steuerbilanz von der Handelsbilanz, welche eine von der Handelsbilanz unabhängige Steuerpolitik ermöglicht.[522] Bei Ausübung steuerbilanzpolitischer Maßnahmen muss keine Rücksicht mehr auf handelsrechtliche Auswirkungen genommen werden. Als positive Folgewirkungen auf die handelsrechtliche Rechnungslegung sind, aus Sicht des Gesetzgebers, deren Vereinfachung und eine Anhebung des Informationsniveaus zu nennen.[523]

Im handelsrechtlichen Abschluss ist nicht mehr erkennbar, ob die Ausübung von steuerlichen Wahlrechten vom handelsrechtlichen Umgang abweicht oder nicht. Mit der Neufassung des § 5 Abs. 1 EStG sind Unternehmen bei Ausübung steuerlicher Wahlrechte, die

---

[515] HEY, J., in: TIPKE, K./LANG, J., Steuerrecht, 2008, § 17, Rz. 54.

[516] Vgl. LÜHN, M., Weiterentwicklung, 2007, S. 931; IDW, Referentenentwurf, 2008, S. 11; SCHULZE-OSTERLOH, J., Ausgewählte Änderungen, 2008, S. 63.

[517] Siehe ausführlich zu den Gründen für die Abschaffung der umgekehrten Maßgeblichkeit Arbeitskreis „Bilanzrecht der Hochschullehrer Rechtswissenschaft", Plädoyer, 2008, S. 1057-1060.

[518] Vgl. ausführlich SITTEL, T. C., Umgekehrte Maßgeblichkeit, 2003, S. 124-167.

[519] Vgl. Arbeitskreis „Bilanzrecht der Hochschullehrer Rechtswissenschaft", Grundkonzept, 2008, S. 153.

[520] Vgl. z. B. LÜHN, M., Weiterentwicklung, 2007, S. 931; Arbeitskreis „Bilanzrecht der Hochschullehrer Rechtswissenschaft", Plädoyer, 2008, S. 1057; GÖLLERT, K., Auswirkungen, 2008, S. 1167.

[521] Vgl. PETERSEN, K./ZWIRNER, C., Umbruch RegE, 2008, S. 8 und S. 13.

[522] Vgl. RAMMERT, S./THIES, A., Kapitalerhaltung und Besteuerung, 2009, S. 42.

[523] Vgl. Entwurf eines Gesetzes zur Modernisierung des Bilanzrechts (Bilanzrechtsmodernisierungsgesetz – BilMoG), BT-Drucks. 16/10067 vom 30.07.2008, S. 35.

im Vergleich zu den handelsrechtlichen zu differenten Werten führen, dazu verpflichtet, ergänzend ein laufendes Verzeichnis aufzustellen. Dieses hat den Tag der Anschaffung oder Herstellung, die Anschaffungs- oder Herstellungskosten der Wirtschaftsgüter, die genaue Ausübung des Wahlrechts und die vorgenommenen Abschreibungen zu enthalten. Unter Praktikabilitätsgesichtspunkten ist dies keine gelungene Lösung.

Zu 3. Erstellung einer Einheitsbilanz

Das unbedingte Anliegen kleiner und mittelgroßer Unternehmen ist aus Praktikabilitätsgründen die Erstellung einer Einheitsbilanz. Mit der Abschaffung der umgekehrten Maßgeblichkeit ist den kleinen und mittelgroßen Unternehmen die Möglichkeit zur Erstellung von Einheitsbilanzen – in bewährter Weise – zukünftig verwehrt.[524] Wenngleich ihre Beibehaltung vielstimmig gefordert und sogar aus Regierungskreisen konstatiert wird, dass die Einheitsbilanz erhalten bleibt, ist deren Realisierbarkeit und Zulässigkeit auf dem Hintergrund der Bilanzrechtsmodernisierung nicht mehr gegeben.[525]

Der Nationale Normenkontrollrat, der den Gesetzesentwurf auf Bürokratiekosten geprüft hat, äußert Kritik im Sinne der kleinen und mittelgroßen Unternehmen. Zum obigen Prüfauftrag stellt er fest:

„Die mit einer eigenständigen steuerlichen Gewinnermittlung verbundene Aufgabe des Grundsatzes der Maßgeblichkeit würde dazu führen, dass Unternehmen neben der handelsrechtlichen Bilanz eine Steuerbilanz führen müssten, die Grundlage der steuerlichen Gewinnermittlung wäre. Damit würde eine zusätzliche Belastung der deutschen Wirtschaft einhergehen, die die bisherigen Abbauerfolge der Bundesregierung voraussichtlich konterkarieren würde."[526]

Die Entscheidung ist gefallen. Kleine und mittelgroße Unternehmen stehen dem BilMoG bislang eher skeptisch und ablehnend gegenüber. Es bleibt abzuwarten, wie ihre ersten Erfahrungen sein werden.

Die Entscheidung war für den Gesetzgeber nicht leicht. Mit der Aufhebung der umgekehrten Maßgeblichkeit hat er eine bedeutende „Kehrtwende" herbeigeführt. Möglicherweise folgt langfristig die Abschaffung der Maßgeblichkeit. Hätte er von dieser

---

[524] Vgl. Arbeitskreis „Bilanzrecht der Hochschullehrer Rechtswissenschaft", Grundkonzept, 2008, S. 154; Arbeitskreis „Bilanzrecht der Hochschullehrer Rechtswissenschaft", Plädoyer, 2008, S. 1057. Auch HERZIG und BRIESEMEISTER sehen mit dem Bilanzrechtsmodernisierungsgesetz das „Ende der Einheitsbilanz" als gekommen; vgl. HERZIG, N./BRIESEMEISTER, S., Einheitsbilanz, 2009, S. 1-11.

[525] Vgl. BREITHECKER, V., BilMoG, 2008, S. 2 und S. 19.

[526] Entwurf eines Gesetzes zur Modernisierung des Bilanzrechts (Bilanzrechtsmodernisierungsgesetz – BilMoG), BT-Drucks. 16/10067 vom 30.07.2008, S. 115.

Maßnahme abgesehen, hätte er von vornherein auf die „Anerkennung der deutschen Bilanzrechtsprinzipien im internationalen Bereich"[527] verzichtet. Dieses Dilemma hat nun ein Ende gefunden.

5.3.6.7 Zwischenergebnisse

Eine angemessene Alternative zum HGB-Abschluss für Zwecke der Ausschüttungsbemessung ist – entgegen den Erwartungen vor einigen Jahren[528] – nicht in Sicht.[529] Auch für Zwecke der steuerlichen Gewinnermittlung wird der HGB-Abschluss weiterhin benötigt. Es ist zu erwarten, dass auf der Ebene der Europäischen Union die Harmonisierung der steuerlichen Bemessungsgrundlage fortgesetzt und zu einem Ergebnis führen werden. Ob es ein gutes und wünschenswertes Ergebnis sein wird, ist zum jetzigen Zeitpunkt noch ungewiss.

Der Gesetzgeber hat zugunsten der Maßgeblichkeit und gegen die umgekehrte Maßgeblichkeit entschieden. Die Erstellung von Einheitsbilanzen im bisherigen Sinne ist nicht mehr möglich. Für alle, die davon bislang Gebrauch gemacht haben, ist dies von Nachteil, der Aufwand für differente handels- und steuerrechtliche Abschlüsse ist um einiges höher.

Da das HGB nicht nur einer Hinwendung zu den IFRS, sondern auch einer Annäherung an steuerliche Regelungen unterzogen wurde, sollte der Gesetzgeber es als dringendes Anliegen sehen, ein Konzept für eine Überleitungsrechnung, ausgehend vom handelsrechtlichen hin zum steuerlichen Abschluss, zu entwickeln. Eine solche Überleitungsrechnung könnte die Nachteile der fehlenden Einheitsbilanz wenigstens ein wenig kompensieren.

5.4 Ergebnisse der Analyse

Der IFRS für KMU hat nur wenige Vorzüge und enthält nur geringfügige Erleichterungen, die zu Komplexitätsreduktionen führen und unter Praktikabilitätsgesichtspunkten Verbesserungen schaffen. Die Kritik an Komplexität und Unübersichtlichkeit gilt nicht nur für die vollen IFRS, sondern auch für den IFRS für KMU.

Als spezielles Regelwerk für den Einzelabschluss kleiner und mittelgroßer Unternehmen ist der IFRS für KMU nicht geeignet. Die genannten Akzeptanzkriterien sind

---

[527] Arbeitskreis „Bilanzrecht der Hochschullehrer Rechtswissenschaft", Plädoyer, 2008, S. 1058.

[528] Der Arbeitskreis „Steuern und Revision" im Bund der Wirtschaftsakademiker bekundete 2004, dass er „mittelfristig von einer generellen Übernahme" der IFRS ausgeht; vgl. Arbeitskreis „Steuern und Revision" im Bund der Wirtschaftsakademiker, Maßgeblichkeit, 2004, S. 3.

[529] KÜTING und ZWIRNER dementierten Anfang 2006 die Mutmaßungen, dass das HGB als Auslaufmodell einzustufen sei; vgl. KÜTING, K./ZWIRNER, C., Auslaufmodell, 2006, S. 1-8.

nicht erfüllt. Der IFRS für kleine und mittelgroße Unternehmen stellt keine Alternative für seine Zielgruppe dar.

Zwar wurde der Entwurf des IFRS für KMU zunächst als Schritt in die richtige Richtung begrüßt, aber schnell folgte die Kritik. Dem Schritt in die richtige Richtung müssten andere Schritte folgen, hieß es.[530] Inzwischen hat sich erwiesen, dass nicht die richtigen Schritte gefolgt sind. Es reicht nicht aus, dass „weitere" Schritte gefolgt sind und folgen werden, es hätten Schritte „in eine andere Richtung" sein müssen. Es ist zu erwarten, dass der IFRS für KMU auch nach seiner Verabschiedung durch das IASB auf die gleiche Ablehnung treffen wird. Nur in den Ländern, die bereits den Entwurf befürwortet haben, wird der finale Standard eine Chance haben.

Mit dem BilMoG beginnt eine neue Ära der nationalen Rechnungslegung internationaler Prägung. Der Gesetzgeber hat die Zielgruppe der kleinen und mittelgroßen Unternehmen berücksichtigt und teilweise zu ihren Gunsten entschieden, z. B. mit der Einfügung des § 241a HGB und Befreiung kleiner Einzelkaufleute von der Buchführung. Längst überfällige Wahlrechte wurden abgeschafft. Das BilMoG bringt aber nicht nur Vorteile. Statt die bewährte Eigenständigkeit von HGB und GoB aufrechtzuerhalten, die Gliederungsstruktur weiterhin streng zu befolgen, die Konsistenz zu sichern, eine andere Lösung zur Stärkung der Informationsfunktion, wo notwendig, zu suchen und das bewährte System der Ausschüttungsbemessung und Verwendung eines einheitlich erstellten Abschlusses für handels- und steuerrechtliche Zwecke fortzuführen, toleriert der Gesetzgeber deren Beeinträchtigungen und führt sie selbst herbei.

Noch liegen keine Erfahrungswerte vor, der Konflikt zwischen Zahlungsbemessungs- und Informationsfunktion wird im folgenden Kapitel vertieft. Der Gesetzgeber sollte die Reform der Rechnungslegung nicht als beendet ansehen, sondern fortführen. Die ideale Lösung ist noch zu finden.

---

[530] Vgl. IDW, Presseinformation 1/2007 vom 05.03.2007, S. 1.

6 Empfehlungen zur Ausgestaltung eines adäquaten Rechnungslegungssystems für kleine und mittelgroße Unternehmen

6.1 Erfüllung der Zahlungsbemessungs- und Informationszwecke

Die Untersuchungen der Kapitel 4 und 5 haben gezeigt, dass weder die IFRS noch der IFRS für KMU zur Erfüllung der Rechnungslegungsbedürfnisse kleiner und mittelgroßer Unternehmen geeignet sind. Selbst als Rechnungslegungssystem, das nur die Informations- und nicht die Zahlungsbemessungsinteressen erfüllen soll, ist ein IFRS-basiertes Rechnungslegungssystem nicht empfehlenswert, ihm fehlt die notwendige Praktikabilität.

Zum Adressatenkreis, für welchen die IFRS gedacht sind, gehören nicht die „kleinen", „wachsenden" und nur eingeschränkt die „mittleren" Unternehmen.[1] Die IFRS wurden für „Kapitalmarktakteure"[2] konzipiert. Die Bedürfnisse und Interessen kleiner und mittelgroßer Unternehmen wurden offensichtlich verfehlt. Für die genannten Adressatengruppen ist der Abschluss als Informationsquelle von untergeordneter Bedeutung.[3] „Kleine", „wachsende" und die meisten „mittleren" Unternehmen sind nicht auf den Bedarf einer auf Entscheidungsnützlichkeit zugeschnittenen Rechnungslegung ausgerichtet.[4]

Der HGB-Abschluss ist pluralistisch, er dient sowohl der Zahlungsbemessung als auch der Information.[5] Mit der neuen Zielsetzung für die handelsrechtliche Rechnungslegung kommt es zu einer deutlichen Funktionsverschiebung. Stand bisher der Zweck der Gewinnermittlung,[6] und damit die Zahlungsbemessungsfunktion, im Vordergrund, so kann die Informationsfunktion nun nicht mehr als dieser nachgeordnet angesehen

---

[1] Vgl. Gliederungspunkt 3.5.
[2] HENNRICHS, J., Kapitalerhaltung, 2008, S. 49; vgl. auch EWERT, R., Rechnungslegung, 1999, S. 39.
[3] Vgl. MANDLER, U., Mittelstand, 2004, S. 79.
[4] Vgl. MANDLER, U., Mittelstand, 2004, S. 41. Verschiedene empirische Studien bestätigen diesen mangelnden Bedarf; vgl. zusammenfassend NIEHUS, R. J., IFRS für KMUs, 2008, S. 882 und im Einzelnen OCHS, A./LEIBFRIED, P., IFRS, 2006, S. 186 f.; BDI/DIHK/DRSC/UR, Ergebnisse, 2007, S. 15; KAJÜTER, P. et al., Rechnungslegung, 2007, S. 1877-1884. SCHILDBACH, T., Rechnungslegungsstandards, 2002, S. 276 kommt bei Untersuchung der Frage, ob die „IAS als Rechnungslegungsstandards für alle" Unternehmen eingeführt werden sollten, zu folgendem Fazit: „Ein flächendeckender Übergang zu IAS würde dem Mittelstand ein Informationsinstrument bescheren, das trotz des für ihn unverhältnismäßig hohen Aufwands nicht auf seine Bedürfnisse paßt."
[5] Vgl. BEISSE, H., Bilanzrechtssystem, 1994, S. 15.
[6] Vgl. Gliederungspunkt 2.1.1.2.

werden. Mit dem Ziel der Stärkung der Informationsfunktion unter Beibehaltung der Zahlungsbemessungsfunktion sollen beide Funktionen gleichermaßen erfüllt werden.[7] Der Gesetzgeber versucht genau das, was als nicht realisierbar gilt.[8]

Kritikpunkte am BilMoG wurden bereits ausgeführt, hervorzuheben sind insbesondere die bereitwilligen Verstöße gegen fest verankerte Prinzipien der GoB zugunsten der Informationsfunktion und zuungunsten der Zahlungsbemessungsfunktion. Die bewährte Prinzipienorientierung des HGB ist gefährdet. Zur Erfüllung der Zahlungsbemessungsfunktion wäre es besser, diese beizubehalten.[9] Da die Änderungen durch das BilMoG zu keiner grundsätzlich einfacheren und kostengünstigeren Lösung führen, ist genau zu prüfen, welche Änderungen sinnvoll und welche nur das Ergebnis des auf dem nationalen Gesetzgeber lastenden Drucks zur Internationalisierung der Rechnungslegung sind.

Ein Rechnungslegungssystem für kleine und mittelgroße Unternehmen sollte primär die Zahlungsbemessungsinteressen der Adressaten erfüllen und sekundär deren darüber hinausgehenden Informationsinteressen. Die Basiswerte des Abschlusses sollten dem Realisations-, Imparitäts- und Vorsichtsprinzip entsprechen. Die Informationsfunktion könnte durch Anhangangaben, zusätzliche Nebenrechnungen oder zusätzliche Werte in der Bilanz erfüllt werden. Neben den nach dem Anschaffungskostenprinzip ermittelten Basiswerten könnten solche angegeben werden, die eine Einschätzung der stillen Reserven ermöglichen.

Im weiteren Verlauf dieses Kapitels sollen das Bilanzrechtsmodernisierungsgesetz und ausgewählte Modelle von ADOLF MOXTER und EDMUND HEINEN zur Aufstellung von Mehrzweckabschlüssen kritisch gewürdigt sowie der Vorschlag einer Zwei-Werte-Bilanz näher ausgeführt werden. Die Abkopplungsthese von ADOLF MOXTER und die ergänzte Mehrzweckbilanz von EDMUND HEINEN haben beide als Ergebnisse ihrer langjährigen bilanztheoretischen Untersuchungen aufgestellt.

---

[7] Zum bestehenden Konfliktpotenzial siehe z. B. die kritische Äußerung von HEINEN, E., Handelsbilanzen, 1986, S. 104, der feststellt: „Jeder Bilanzzweck erfordert eine entsprechende Gestaltung von Inhalt und Aufbau der Bilanz. Einige Bilanzzwecke stehen in Konflikt zueinander. Die Erfüllung des einen Zweckes kann unter Umständen nur über die Senkung des Realisierungsgrades des anderen Zweckes verbessert werden."

[8] Eine gründliche Untersuchung zu Erfüllbarkeit dieser dualistischen Zielsetzung findet sich bei VELTE, P., Auswirkungen, 2008, S. 61-73. Dieser kommt zu dem Ergebnis, dass die vom Gesetzgeber verfolgte Zielsetzung teilweise „ins Leere läuft".

[9] Vgl. Gliederungspunkt 3.7.6.2.

6.2 Kritische Würdigung von Mehrzweckabschlüssen

6.2.1 Bilanzrechtsmodernisierungsgesetz

Ausgewählte Änderungen, wie die Ergänzung und Modifikation des Stetigkeitsgrundsatzes[10] oder die Aufhebung der Rückstellungsmöglichkeit für nachzuholende unterlassene Instandhaltungsaufwendungen,[11] sind zu begrüßen.

Weitere Angleichungen an die steuerrechtliche Handhabung, wie die Angleichung der Herstellungskosten, die Aufhebung des Abschreibungswahlrechts nach § 255 Abs. 2 Satz 3 HGB a. F. bei nicht dauerhafter Wertminderung des Anlagevermögens, die Aufhebung des Abschreibungswahlrechts zur Vorwegnahme künftiger Wertschwankungen des Umlaufvermögens nach § 253 Abs. 3 Satz 3 HGB a. F. und die Aufhebung des Abschreibungswahlrechts im Rahmen vernünftiger kaufmännischer Beurteilung nach § 253 Abs. 4 HGB a. F. sind ebenfalls positiv zu werten.

Die Herstellungskostenuntergrenze wurde mit § 255 Abs. 2 HGB angehoben. Nicht mehr nur die Einzelkosten, sondern auch angemessene Teile der Materialgemeinkosten, der Fertigungsgemeinkosten und des Werteverzehrs des Anlagevermögens sind zu aktivieren. Mit dieser Erhöhung wird eine Angleichung an die gegenwärtige Bilanzierungspraxis vorgenommen.[12] Zu Differenzen bei der Aktivierung von Herstellungskosten in Handels- und Steuerbilanz kann es nur noch kommen, weil dem Grundgedanken der Einheitsbilanz nicht länger gefolgt wird.[13]

Mit den anderen genannten Wahlrechten wurden diejenigen beseitigt, welche ebenso für Differenzen zwischen Handels- und Steuerbilanz verantwortlich waren.[14] Mit den letzten Änderungen seit dem Regierungsentwurf wurden neue Ansatzwahlrechte geschaffen, wie das für selbst geschaffene immaterielle Vermögensgegenstände. Diese können zu neuen Abweichungen zwischen Handels- und Steuerbilanz führen. Für selbst geschaffene immaterielle Vermögensgegenstände besteht steuerrechtlich, im Umkehrschluss zu § 5 Abs. 2 EStG, ein Ansatzverbot.

---

[10] Vgl. Gliederungspunkt 3.7.4.3.
[11] Vgl. Gliederungspunkt 3.7.4.7 und 4.2.3.3.3.
[12] Vgl. KÜTING, K., Herstellungskosten, 2009, S. 162 f.
[13] Vgl. HERZIG, N./BRIESEMEISTER, S., Einheitsbilanz, 2009, S. 6.
[14] Vgl. THIELE, S./PRIGGE, C., in: BAETGE, J./KIRSCH, H.-J./THIELE, S., Bilanzrecht, 2002, § 253 HGB, Rz. 318-322, Rz. 450 und Rz. 469. ENGEL-CIRIC beurteilt das Bilanzrechtsmodernisierungsgesetz, wenn auch nach dem Stand des Referentenentwurfs, in ENGEL-CIRIC, D., Kopernikanische Wende, 2008, S. 30 als „BilMoGel-Gesetz: Mag auch vereinzelt eine sinnvolle Weiterentwicklung des geltenden Bilanzrechts erkennbar sein, so werden im Großen und Ganzen doch nur offene Wahlrecht des HGB aufgehoben und durch verdeckte Wahlrechte ersetzt."

Problematisch sind vor allem die Änderungen, welche die GoB zugunsten der Informationsfunktion durchbrechen. Die Aufweichungen der GoB führen nicht nur zu Verwirrungen, sondern vor allem zu Problemen bei der Lösung von Konflikten zwischen Informations- und Zahlungsbemessungsfunktion. Sie müssen sowohl zugunsten der Informations- als auch der Zahlungsbemessungsfunktion gelöst werden. Die eindeutige Vorgabe, welcher Funktion der Vorzug zu geben ist, wird, im Vergleich zum HGB vor der Beeinträchtigung durch das BilMoG, verwässert. Der zu befolgende Kompromiss, nach welchem bei divergierenden Anforderungen zu entscheiden[15] und welcher durch die Eindeutigkeit der Zielsetzungen des HGB bzw. der GoB festgelegt war, wurde aufgehoben. In Zweifelsfällen bleibt die Frage offen, ob der Informationsfunktion unter Aufweichung von Realisations-, Vorsichts- und Imparitätsprinzip oder der Zahlungsbemessungsfunktion unter Beibehaltung der genannten Prinzipien gefolgt werden soll. Die duale Zielsetzung, die zu einer Gleichwertigkeit der Funktionen führen soll, steht der bislang eindeutigen Zielsetzung der handelsrechtlichen Rechnungslegung entgegen.

Die Erfüllung der in Gliederungspunkt 2.3.3.2 genannten Ziele des BilMoG und die gleichzeitige Aufhebung der Widersprüchlichkeiten sind unmöglich. Zur Erinnerung werden die Gegensätze in den Zielsetzungen nach STEFAN RAMMERT und ANGELIKA THIES noch einmal genannt:

„1. Herstellung von Vollwertigkeit des HGB-Bilanzrechts zu den IFRS ohne Aufgabe seiner Wirtschaftlichkeit und Einfachheit,

2. Stärkung der Informationsfunktion der HGB-Bilanz ohne Aufgabe ihrer Ausschüttungs- und indirekten Steuerbemessungsfunktion und

3. Annäherung des HGB-Bilanzrechts an die IFRS ohne Aufgabe des bestehenden GoB-Systems."[16]

Ohne die Beibehaltung sämtlicher Prinzipien der GoB sowie die Berücksichtigung von Praktikabilität sämtlicher Vorschriften ist eine Erreichung der Ziele nicht möglich.

Nach ersten Erfahrungen mit dem BilMoG sollte der Gesetzgeber, anstatt antagonistische Ziele weiterzuverfolgen, zunächst über den Erhalt der handelsrechtlichen Rahmenbedingungen entscheiden und auf diesem Hintergrund eine Neuorientierung anstreben. Zielsetzungen müssen eindeutig und stringent sein.

---

[15] Vgl. HEINEN, E., Handelsbilanzen, 1986, S. 101.

[16] RAMMERT, S./THIES, A., Kapitalerhaltung und Besteuerung, 2009, S. 34.

6.2.2 Abkopplungsthese von Adolf Moxter

Zur Umsetzung der Generalnorm des HGB[17] hat ADOLF MOXTER die sog. Abkopplungsthese aufgestellt. Notwendige Voraussetzung ist die „Einheitsthese", die Einheit von Bilanz, Gewinn- und Verlustrechnung und Anhang,[18] so wie in § 264 Abs. 1 HGB gefordert. Dem Anhang kommt die Aufgabe der Entlastung, Erläuterung, Ergänzung und Korrektur von Bilanz sowie Gewinn- und Verlustrechnung zu. Darüber hinaus soll er deren Interpretation unterstützen.[19]

Zur Entlastung können bestimmte Posten in Bilanz sowie Gewinn- und Verlustrechnung nach § 265 Abs. 7 Nr. 2 HGB summiert ausgewiesen und stattdessen im Anhang aufgeschlüsselt werden. § 284 HGB macht genaue Angaben zu notwendigen Erläuterungen, vor allem fordert § 284 Abs. 1 HGB Auskünfte zur Ausübung von Wahlrechten und § 284 Abs. 2 Nr. 1 HGB zu den angewandten Bilanzierungs- und Bewertungsmethoden. § 285 HGB schreibt sonstige Pflichtangaben vor, die ergänzend zu machen sind, weil sie in Bilanz oder Gewinn- und Verlustrechnung zweckwidrig wären, z. B. eine Aufgliederung der Umsatzerlöse nach Tätigkeitsbereichen oder die Angabe der durchschnittlichen Zahl der während des Geschäftsjahres beschäftigen Arbeitnehmer getrennt nach Gruppen. Korrekturen sind nach § 264 Abs. 2 Satz 2 HGB gegebenenfalls notwendig, wenn aufgrund besonderer Umstände ein den tatsächlichen Verhältnissen entsprechendes Bild nicht vermittelt werden kann.[20] Interpretativ unterstützende Elemente helfen, Missverständnisse zu vermeiden.

§ 264 Abs. 2 HGB fordert die Darstellung eines den tatsächlichen Verhältnissen entsprechenden Bildes der Vermögens-, Ertrags- und Finanzlage der Kapitalgesellschaft. Diese Generalnorm ist als gleichrangige Zielnorm neben dem Ausweis der von Vorsichts-, Realisations- und Imparitätsprinzip geprägten Werte in Bilanz und Gewinn- und Verlustrechnung anzusehen. Die Einheitsthese ermöglicht die von ADOLF MOXTER aufgestellte Abkopplungsthese:

„Bilanz und Gewinn- und Verlustrechnung müssen also nicht, für sich genommen, bereits ein ‚den tatsächlichen Verhältnissen entsprechendes Bild' gewähren; nur zusammen mit den im ‚Anhang' enthaltenen Ergänzungen bzw. Erläuterungen müssen die ‚tatsächlichen Verhältnisse' erkennbar sein."[21]

---

[17] Vgl. Gliederungspunkt 2.1.1.2.
[18] Vgl. BALLWIESER, W., in: BAETGE, J./KIRSCH, H.-J./THIELE, S., Bilanzrecht, 2002, § 264 HGB, Rz. 23.
[19] Vgl. BITZ, M./SCHNEELOCH, D./WITTSTOCK, W., Jahresabschluß, 2003, S. 330; ULL, T., IFRS, 2006, S. 154; BAETGE, J./KIRSCH, H.-J./THIELE, S., Bilanzen, 2007, S. 36.
[20] Vgl. BALLWIESER, W., in: BAETGE, J./KIRSCH, H.-J./THIELE, S., Bilanzrecht, 2002, § 264 HGB, Rz. 21.
[21] MOXTER, A., Jahresabschlußaufgaben, 1979, S. 141 f.

Somit besteht die Möglichkeit, bei Ansatz und Bewertung in Bilanz sowie Gewinn- und Verlustrechnung mit der notwendigen Vorsicht vorzugehen und entstehende Informationsbeeinträchtigungen im Anhang auszugleichen.[22] Die Erfüllung der Informationsfunktion wird in den Anhang verlagert. Primäraufgabe von Ansatz- und Bewertungsvorschriften ist, auch für Kapitalgesellschaften, die Erfüllung der Zahlungsbemessungsfunktion „unter Beachtung der Grundsätze ordnungsmäßiger Buchführung". Auf diese Weise ist eine Erfüllung beider Rechnungslegungszwecke in nur einem Abschluss möglich.[23] WOLFGANG BALLWIESER weist darauf hin, dass sich die Annahme eines höheren Informationsgehalts durch die Generalklausel als „irrige Erwartung" entpuppe, denn die Ausrichtung auf die Zahlungsbemessungsfunktion, durch Vorsichts- und Imparitätsprinzip, setze der Informationsfunktion deutliche Grenzen.[24]

Die Abkopplungsthese von ADOLF MOXTER ist in der Literatur nicht unumstritten.[25] Trotz Kritik ist sie als geeignete Lösung anzusehen. Sie stellt einen Kompromiss für das eigentlich Unmögliche dar, wenngleich – oder gerade weil – die Zahlungsbemessungsfunktion vorrangig behandelt wird. Zahlungsbemessungs- und Informationsinteressen werden mit nur einem Abschluss befriedigt. Da aber nur Kapitalgesellschaften und andere haftungsbeschränkte Rechtsformen und nicht alle Unternehmen einen Anhang zu erstellen haben, ist damit keine allgemeingültige Lösung gefunden. Eine Anhangpflicht ist nicht allen Unternehmen zumutbar und eine Notwendigkeit dafür bei „kleinen" und zumeist auch bei „wachsenden" Unternehmen nicht erkennbar.

Für Unternehmensvergleiche, insbesondere für die internationale Vergleichbarkeit von Abschlüssen, dürfte die Anhanglösung wenig hilfreich sein. Für kleine und mittelgroße Unternehmen, die international tätig sind, muss eine andere Lösung gefunden werden. Anhangangaben dürften keine Berücksichtigung finden, vor allem deshalb nicht, weil der Anhang zumeist in deutscher Sprache abgefasst wird.

6.2.3 Ergänzte Mehrzweckbilanz von Edmund Heinen

Ziel der Theorie einer „ergänzten Mehrzweckbilanz"[26] ist die Entwicklung eines bilanziellen Grundmodells, das den verschiedenen Anforderungen unterschiedlicher Zweck-

---

[22] Vgl. MOXTER, A., Jahresabschlußaufgaben, 1979, S. 142 und S. 145.

[23] Vgl. MOXTER, A., Bilanzrecht, 1986, S. 67.

[24] Vgl. BALLWIESER, W., Generalklausel, 1985, S. 1036 und S. 1043.

[25] GROßFELD kommt zu dem Ergebnis, dass der Anhang nicht „als geeignete Korrekturstelle" für Versäumnisse angesehen werden darf; vgl. GROßFELD, B., in: Handwörterbuch Bilanzrecht, 1986, S. 203 f.

[26] Gemeint ist nicht die Bilanz als Abschlussbestandteil, der Begriff „Bilanz" steht hier für den gesamten Abschluss.

6.2 Kritische Würdigung von Mehrzweckabschlüssen

setzungen gerecht wird. Das Grundmodell soll durch Ergänzungen bzw. Modifikationen weitere Informationen, die auf die jeweiligen Anforderungen zugeschnitten sind, liefern können.[27] Als Grundmodell ist vom handelsrechtlichen Abschluss auszugehen.

Dieser kann nach EDMUND HEINEN zu Informationszwecken durch den Ausweis zusätzlicher Bilanzpositionen oder durch eine erweiterte Berichterstattung im Anhang ergänzt werden.[28] Zusätzliche Bilanzpositionen bzw. deren Detaillierung dürften vor allem in Abschlüssen der Unternehmen, die im Gegensatz zu Kapitalgesellschaften oder anderen haftungsbeschränkten Rechtsformen keinen Gliederungsvorschriften für Bilanz und Gewinn- und Verlustrechnung unterliegen, zu einem angemessenen Maß an Mehrinformation führen. Eine Erweiterung des Anhangs könnte den Adressaten z. B. zur Erfüllung ihrer Informationszwecke im Sinne der Abkopplungsthese dienen.

Wird der handelsrechtliche Abschluss von Adressaten als unzureichende Entscheidungsgrundlage verworfen, so können Nebenrechnungen ihn ergänzen. Bedarf besteht vor allem für die Einschätzung der Finanzlage des Unternehmens, weil der handelsrechtliche Abschluss retrospektive und keine prospektiven Daten liefert; Finanzpläne wurden bereits angesprochen.[29] Als ergänzende Nebenrechnung[30] ist auf die Kapitalflussrechnung, die „dritte Jahresrechnung der Unternehmung"[31], einzugehen. Zu jedem vollständigen IFRS-Abschluss gehört eine Kapitalflussrechnung, Bestandteil des handelsrechtlichen Einzelabschlusses ist sie jedoch nicht.[32]

Um zu beurteilen, ob eine Kapitalflussrechnung die bestehende Lücke schließen kann, ist ihr Nutzen zu diskutieren. Für die Mehrzahl der Adressaten kleiner und mittelgroßer – bzw. zumindest „kleiner" und „wachsender" Unternehmen – gilt, dass sie die retrospektiven Daten mit ihren Erfahrungswerten verknüpfen und auf dieser Grundlage ihre Zukunftsentscheidungen treffen.[33] Dennoch könnte die Kapitalflussrechnung eine hilfreiche Ergänzung sein. Die Bilanz ist ein statisches Instrument des Abschlusses, die den Bestand an Vermögensgegenständen und Schulden zu einem bestimmten Zeitpunkt abbildet. Die Kapitalflussrechnung hingegen hat einen dynamischen Charakter und entspricht einer Zeitraumbetrachtung über die in der Periode geflossenen Zahlungsmittel.[34]

---

[27] Vgl. HEINEN, E., Handelsbilanzen, 1986, S. 105.
[28] Vgl. HEINEN, E., Handelsbilanzen, 1986, S. 106.
[29] Vgl. Gliederungspunkt 3.6.4.
[30] Vgl. HEINEN, E., Handelsbilanzen, 1986, S. 107-111.
[31] KÄFER, K., Kapitalflußrechnungen, 1984, Titel des Buches.
[32] Vgl. Gliederungspunkt 2.1.1.1.
[33] Vgl. Gliederungspunkt 3.7.7.
[34] Vgl. OSTMEIER, V., Informationspotenzial, 2004, S. 31 f.; LITTKEMANN, J./KRAFT, S., Kapitalflussrechnung, 2006, S. 553 f.

Die Kapitalflussrechnung umfasst die Dokumentation der Investitions- und Finanzierungstätigkeit, die Ermittlung des Finanzbedarfs, die Darstellung der Innen- und Außenfinanzierung sowie den Ausweis der Liquiditätsveränderungen.[35] Ohne sie fehlen detaillierte Informationen. Der in der Kapitalflussrechnung ausgewiesene Cashflow ist für die Unternehmensanalyse und -bewertung wesentlich.[36] Ihre Zielsetzung und die Ermittlung des Cashflows begründen ihre Notwendigkeit für den Konzernabschluss, der Bedarf als Ergänzung des Einzelabschlusses ist individuell. Kosten und Nutzen müssen in angemessenem Verhältnis stehen.

Als weiteren Ergänzungsvorschlag nennt EDMUND HEINEN die Mehrfachbilanzierung.[37] Ein ergänzter Mehrzweckabschluss besteht in diesem Fall aus mehreren Einzelabschlüssen. Soll z. B. neben dem handelsrechtlichen Abschluss, der auf dem Prinzip der nominellen Kapitalerhaltung beruht, ein Abschluss erstellt werden, der dem Prinzip der substanziellen Kapitalerhaltung im Sinne der organischen Bilanz von FRITZ SCHMIDT[38] gerecht wird, so ist ein zusätzlicher Tageswertabschluss zu erstellen. Möglich ist auch die Ergänzung durch eine Planbilanz, die aufgrund ihrer prospektiven Daten wichtige Anhaltspunkte für Anlage- und Kreditentscheidungen geben kann.[39]

ULRICH LEFFSON diskutiert einen ähnlichen Vorschlag, die „Drei-Spalten-Bilanz". Neben einer ersten Spalte, welche die Werte nach HGB und GoB enthält, steht eine zweite Spalte mit Zeitwerten im Sinne der organischen Tageswertbilanz und schließlich eine dritte mit geschätzten Liquidationswerten.[40] Die dritte Spalte beruht auf dem Gedanken, dass sich die Eigentümer für Liquidationswerte interessieren. ULRICH LEFFSON räumt ein, dass die Ermittlung von geschätzten Liquidationswerten nicht praktikabel ist, weil es keine normierten Prämissen gibt, die zugrunde gelegt werden könnten. Diese sind stets subjektiv. Die Ermittlung von Schuldendeckungspotenzialen ist nicht möglich.[41] Die Ermittlung von Zeitwerten betrachtet er ebenfalls skeptisch, weil zu viele Ermessensspielräume vorhanden sind, welche die notwendige Einheitlichkeit gefährden.[42]

---

[35] Vgl. PFUHL, J., Kapitalflussrechnung, 2008, S. 196.
[36] Vgl. PFUHL, J., Kapitalflussrechnung, 2008, S. 197.
[37] Vgl. HEINEN, E., Handelsbilanzen, 1986, S. 112.
[38] Vgl. SCHMIDT, F., Tageswertbilanz, 1929, S. 1-396.
[39] Vgl. HEINEN, E., Handelsbilanzen, 1986, S. 112.
[40] Vgl. LEFFSON, U., Bilanzanalyse, 1984, Rz. 35.
[41] Vgl. Gliederungspunkt 3.6.2.
[42] Vgl. LEFFSON, U., Bilanzanalyse, 1984, Rz. 35.

6.3 Betrachtung de lege ferenda

6.3.1 Vorschlag einer Zwei-Werte-Bilanz

Es lässt sich keine Lösung für kleine und mittelgroße Unternehmen finden, die nicht zusätzlichen Aufwand verursacht. Deshalb sollte der Gesetzgeber danach trachten, dass sich Aufwand und Kosten zumindest in Grenzen halten. In diesem Sinne wird er differenzieren müssen, für welche Unternehmensgruppen die Informationsfunktion überhaupt eine solche Bedeutung hat, dass ihre Erfüllung zusätzlichen Aufwand rechtfertigt. Im Sinne der quantitativen Abgrenzung sind kleine Unternehmen auszuschließen, gemäß der qualitativen Abgrenzung ist eine Lösung für „wachsende" und „mittlere" Unternehmen zu diskutieren.

Der Gesetzgeber sollte de lege ferenda die handelsrechtliche Rechnungslegung langfristig beibehalten, ebenso die als positiv erachteten Modifikationen durch das BilMoG, allerdings alle verwerfen, die – aufgrund der Hinwendung zur Informationsfunktion – zu einer Schädigung der Zahlungsbemessungsprinzipien führen.

Die Erstellung einer Zwei-Werte-Bilanz könnte zu einem neuen Lösungsansatz führen. Stille Reserven sollten aufgedeckt werden, damit Adressaten das Potenzial des Unternehmens besser einschätzen können, gleichzeitig sollte die Vorsicht oberstes Prinzip bleiben. Die Bilanz ist um Zweitwerte zu ergänzen, z. B. sollten selbst geschaffene immaterielle Vermögensgegenstände weiterhin ohne Ansatz bleiben und stattdessen als zusätzliche Informationswerte angezeigt werden. Für Adressaten werden Erfolgspotenziale auf diese Weise sichtbar, ohne dass Gefahr besteht, nicht realisierte Gewinne könnten ausgeschüttet werden. Innovativen Unternehmen, bei welchen selbst geschaffene immaterielle Vermögenswerte von großer Bedeutung sind, käme diese Lösung zugute. Für Vermögensgegenstände des Anlagevermögens könnten als Zweitwerte deren beizulegende Zeitwerte angegeben werden. Dies würde auch Auswirkungen auf die Gewinn- und Verlustrechnung haben. Sinnvoll wäre eine Ergänzung dieser um eine Zusatzrechnung, in welcher die über die Basiswerte hinausgehenden Erträge bzw. Ertragspotenziale und gegebenenfalls Aufwendungen erfasst würden. Die Darstellung würde letztendlich der Gesamtergebnisrechnung angenähert, vorausgesetzt, dass Gewinn- und Verlustrechnung und die ergänzende Überleitungsrechnung mit den erfolgsneutralen Beträgen gesondert (als *two statements approach*) dargestellt werden. Den Adressaten würden somit Informationen über weitere Wertzuwächse bzw. Wertzuwachspotenziale vermittelt.

Ähnliches Gedankengut, wie das auf dem die Zwei-Werte-Bilanz basiert, liegt den Ansätzen zur betriebswirtschaftlichen Gewinnermittlung von ERNST WALB und HERBERT HAX zugrunde. ERNST WALB unterscheidet zwischen „Unternehmergewinn" und „Unternehmungsgewinn". Der Unternehmergewinn ist der ausschüttbare Gewinn, der nach dem Vorsichtsprinzip ermittelt wird.[43] Die Ermittlung des Unternehmungsgewinns stellt ab auf eine genaue periodische Abgrenzung und die Vermeidung stiller Reserven.[44] Sie verstößt gegen das Realisationsprinzip. HERBERT HAX unterscheidet zwischen dem „ausschüttbaren Betrag" und dem „Erfolgsmaßstab" und äußert sich wie folgt: „Ermittlung eines ausschüttbaren Betrages und Berechnung eines Erfolgsmaßstabes sind zwei verschiedene Rechnungszwecke"[45], die nicht miteinander vereinbar sind. Erfolgsmaßstab definiert er als „Veränderung des Gesamtwertes der Unternehmung"[46]. Während die Ermittlung des ausschüttbaren Betrages dem Vorsichtsprinzip unterliegt, ist es bei der Berechnung des Erfolgsmaßstabes hinderlich.

6.3.2 Konzeptionelle Grundlagen der Zwei-Werte-Bilanz

Beizulegenden Zeitwerten fehlt die notwendige Verlässlichkeit, weshalb sie nur als ergänzende Werte sinnvoll sein können. Von einem „*full fair value accounting*"[47] ist dringend abzuraten. Nur wenn ein aktiver Markt vorhanden ist, sind die Werte intersubjektiv nachprüfbar. Im Rahmen der IFRS wird zunehmend auf Bewertungsverfahren abgestellt, die von Schätzungen abhängig sind; die IFRS entfernen sich damit von einem objektivierten Bilanzbild.[48] Beizulegende Zeitwerte vermitteln nur begrenzt entscheidungsnützliche Informationen.[49] Damit sie nutzbringend für Adressaten sind, müssen die Grenzen transparent werden.[50]

Nur durch eine Zwei-Werte-Bilanz könnte eine Verbesserung der Informationsfunktion unter Beibehaltung der Zahlungsbemessungsfunktion erreicht werden. Der Abschluss würde dadurch transparent, stille Reserven aufgezeigt. Er würde einen Einblick in die „gläsernen, aber verschlossenen Taschen"[51] des Unternehmens gewähren.

---

[43] Vgl. WALB, E., Erfolgsrechnung, 1926, S. 366.
[44] Vgl. WALB, E., Finanzwirtschaftliche Bilanz, 1966, S. 76.
[45] HAX, H., Erfolgsmaßstab, 1964, S. 646.
[46] HAX, H., Erfolgsmaßstab, 1964, S. 648.
[47] BALLWIESER, W./KÜTING, K./SCHILDBACH, T., Fair value, 2004, S. 548.
[48] Vgl. BALLWIESER, W./KÜTING, K./SCHILDBACH, T., Fair value, 2004, S. 547.
[49] Siehe dazu ausführlich THIELE, S., Zeitbewertung, 2007, S. 625-644; WAGENHOFER, A., Fair Value-Bewertung, 2008, S. 185-194.
[50] Vgl. BALLWIESER, W./KÜTING, K./SCHILDBACH, T., Fair value, 2004, S. 548.
[51] Vgl. KRONSTEIN, H./CLAUSSEN, C. P., Gewinnverteilung, 1960, S. 136; ESTERER, F., Gläserne, aber verschlossene Taschen, 2008, S. 173; RAMMERT, S./THIES, A., Kapitalerhaltung und Besteuerung, 2009, S. 46. Geprägt wurde diese Wendung von STÜTZEL, der ihren Inhalt diskutiert in STÜTZEL, W., Stille von Reserven, 1959, S. 460 f.

6.3 Betrachtung de lege ferenda

Eine Zwei-Werte-Bilanz dürfte weniger für die Adressaten von „wachsenden", aber umso mehr für die „mittlerer" Unternehmen von Interesse sein. Der Gesetzgeber sollte eine Pflicht für „mittlere" bzw. mittelgroße Unternehmen aussprechen und den „mittleren" bzw. kleinen Unternehmen freistellen, ob sie den Aufwand für eine ergänzende Zwei-Werte-Bilanz akzeptieren.

Die internationale Vergleichbarkeit von Abschlüssen könnte durch die Angabe von ergänzenden Informationswerten verbessert werden. Sinnvoll wäre eine solche Lösung vor allem für international tätige Unternehmen, die den Abschlüssen nach IFRS nicht nachstehen wollen. Wenn auch andere Länder ihre Abschlüsse im Sinne einer Zwei-Werte-Bilanz gestalten würden und es internationale Richtlinien für Ansatz und Bewertung der als Zweitwerte anzugebenden Werte gäbe, wären Abschlüsse besser vergleichbar. Eine absolute Vereinheitlichung würde dadurch jedoch genauso wenig erreicht, wie durch für alle Unternehmen weltweit verbindliche IFRS-Abschlüsse. Die nationalen Gegebenheiten sind zu unterschiedlich.

Einer Zwei-Werte-Bilanz sind zur Ermittlung der Basiswerte die Grundsätze für Zwecke der Zahlungsbemessung, d. h. die GoB, und zur Ermittlung der Zweitwerte die in Gliederungspunkt 3.7.6.3 aufgezeigten Grundsätze für Zwecke der Informationsvermittlung für kleine und mittelgroße Unternehmen zugrunde zu legen.

Im Interesse der Adressaten kleiner und mittelgroßer Unternehmen sei angemerkt, dass die Basiswerte vor allem verlässlich und objektiv sein sollten, bei Bestimmung der Zweitwerte sollte im Zweifel das Relevanzkriterium den Ausschlag zur Wertfestlegung geben.

7 Zusammenfassung

Ziel der Untersuchung war es, die Zweckadäquanz internationaler Rechnungslegungsstandards sowie die sinnvolle Ausgestaltung eines Rechnungslegungssystems für kleine und mittelgroße Unternehmen zu diskutieren und Empfehlungen für eine Fortentwicklung zu geben. Daraus ergab sich die Notwendigkeit, kleine und mittelgroße Unternehmen von den großen abzugrenzen, wobei die Definition der Europäischen Union als Richtlinie diente. Kleinstunternehmen wurden aus der Betrachtung ausgeschlossen. Zur besseren Verdeutlichung von Partialbetrachtungen, z. B. zur Differenzierung der Unternehmen bei Untersuchung der Konvergenz von internem und externem Rechnungswesen, bot sich eine ergänzende Abgrenzung in qualitativer Hinsicht an. Unterschieden wurde zwischen „kleinen", „wachsenden" und „mittleren" Unternehmen. Die „kleinen" Unternehmen gehören in quantitativer Hinsicht zumeist zu den Kleinstunternehmen.

Ohne grundlegende Ermittlung der Rechnungslegungszwecke, der Adressaten und ihrer Interessen an den Abschlüssen kleiner und mittelgroßer Unternehmen fehlt das Fundament für die Analyse eines zweckmäßigen Rechnungslegungssystems. Das Aufzeigen der Zusammenhänge zwischen den Rechnungslegungszwecken und den verschiedenen Adressatenkategorien mit ihren spezifischen Interessen führte zu ersten Zwischenergebnissen. Das eigentliche Interesse der Adressaten gilt der Zahlungsbemessungsfunktion. Darüber hinaus sind die Rechenschaft, Selbstinformation, Schuldendeckungskontrolle sowie die Unternehmenskontrolle und -steuerung von Bedeutung; auf sie wurde ausführlich eingegangen. Die Aufmerksamkeit der Geschäftsführung „wachsender" Unternehmen gilt der Selbstinformation und, wie die der Kreditgeber, auch der Schuldendeckungskontrolle. Für die nicht an der Geschäftsführung beteiligten Gesellschafter und Kreditgeber ist die Rechenschaftsfunktion wesentlich, bei den „mittleren" Unternehmen auch die Schuldendeckungskontrolle. Die Bedeutung von Rechenschaft und Schuldendeckungskontrolle für die externen Adressaten wachsen mit zunehmender Größe des Unternehmens.

Die Rechenschaftsfunktion gilt als erfüllt, wenn der Abschluss entscheidungsnützliche Informationen über die Vermögens-, Ertrags- und Finanzlage vermittelt. Von besonderer Bedeutung ist dabei die Darstellung der Ertragslage. Sie liefert retrospektive Informationen über die Erfolgsentwicklung, hilft bei der Erforschung der Ursachen und bei der prospektiven Einschätzung. Eine prospektive Unternehmenseinschätzung erfordert grundsätzlich Informationen, die über die Daten des Abschlusses hinausgehen. Prognoseorientierte Abschlussdaten, wie sie ein IFRS-Abschluss liefert, sollten nicht idealisiert werden, denn sie sind nicht verlässlich. Wesentlich wertvoller sind die Erfahrungswerte der Adressaten. Die zur Schuldendeckungskontrolle vermittelten Informationen sind sehr eingeschränkt, lediglich die Darstellung der Finanzlage kann Hinweise geben. Die Darstellung der Vermögenslage ist wenig hilfreich. Sie gibt keine Auskünfte zum Liquidationswert, auch ihr sonstiger Informationsnutzen ist gering.

Zur Erfüllung der Rechnungslegungszwecke sind, ausgehend von einem prinzipienorientierten System, übergeordnete Grundsätze erforderlich. Das System der IFRS ist regelbasiert. Für Zwecke der Zahlungsbemessung haben sich die GoB als außerordentlich geeignet erwiesen. Das Realisations-, Imparitäts- und Vorsichtsprinzip sorgen für die Kapitalerhaltung des Unternehmens. Die Formulierung allgemeingültiger Grundsätze für Zwecke der Informationsvermittlung ist nicht möglich, weil diese adressatenspezifisch sein müssen. De lege ferenda wurden normative Grundsätze für kleine und mittelgroße Unternehmen entwickelt. Sie unterscheiden sich von den Grundsätzen der IFRS vor allem durch die besondere Bedeutung der Verlässlichkeit und Objektivität der Daten und von den GoB durch die Neuinterpretation des Realisations-, Imparitäts- und Vorsichtsprinzips.

Eine Entscheidung für oder gegen die IFRS konnte auf dieser Grundlage noch nicht getroffen werden. Doch schon nach diesen ersten Überlegungen zu den Grundsätzen eines adäquaten Rechnungslegungssystems erwies es sich als zweifelhaft, dass eine Neuorientierung hin zur Informationsfunktion auf Kosten der Zahlungsbemessungsfunktion empfehlenswert ist.

Im Rahmen der Vorteilhaftigkeitsuntersuchung von IFRS- gegenüber HGB-Abschlüssen wurden die folgenden Thesen aufgestellt und geprüft. Die Untersuchungen führten zu den untenstehenden Ergebnissen. Die 1. bis 3. These beziehen sich auf die Konvergenz von internem und externem Rechnungswesen, die 4. bis 6. auf die Beschaffung von Fremd- und Eigenkapital und die 7. These auf die Internationalisierung.

1. These:

Den IFRS wird eine besondere Eignung für interne Berichtszwecke nachgesagt, weil ihre Steuerungsqualität im Gegensatz zur handelsrechtlichen Rechnungslegung als sehr viel höher eingeschätzt wird. Die qualitativen Kriterien korrespondieren mit den Anforderungskriterien an eine interne steuerungsorientierte Kontrollrechnung, weshalb die Verwendung der Daten des IFRS-Abschlusses für das interne Rechnungswesen problemlos möglich ist. Im Gegensatz zur handelsrechtlichen zeichnet sich die IFRS-Rechnungslegung durch die Dominanz des Periodisierungsgrundsatzes und die Nachrangigkeit des Vorsichtsprinzips aus.

Die Untersuchung hat gezeigt, dass den IFRS, trotz der weitgehenden Affinität zwischen den qualitativen Kriterien und den Anforderungskriterien an eine steuerungsorientierte Kontrollrechnung, keine Empfehlung für eine Konvergenz ausgesprochen werden kann. Die grundsätzliche Eignung allein genügt nicht. Die IFRS erfüllen nicht die qualitativen und damit auch nicht die Anforderungskriterien. Zu diesem Ergebnis führte die Untersuchung der Fertigungsaufträge und der Rückstellungsbildung für ungewisse Verbindlichkeiten und drohende Verluste.

7 Zusammenfassung

2. These:

Die Darstellung der Gewinn- und Verlustrechnung nach dem marktorientierten Umsatzkostenverfahren ist transparenter und für Konvergenzzwecke eher geeignet als die nach dem produktionsorientierten Gesamtkostenverfahren. Das externe Periodenergebnis wird in einzelne Erfolgskomponenten aufgespalten, damit es für die interne Unternehmensrechnung ebenso verwendbar ist. Auf diese Weise könnte der Ausweis von differenten Ergebnisgrößen des internen und externen Rechnungswesens vermieden werden.

Eine Umstellung vom Gesamt- auf das Umsatzkostenverfahren ist nur für die Unternehmen interessant, die eine interne Unternehmensrechnung erstellen. Einen Grund zur Umstellung auf IFRS gibt es nicht, denn eine Anwendung des Umsatzkostenverfahrens ist auch nach HGB möglich. Die Untersuchung hat gezeigt, dass der Aufwand für eine Erfolgsspaltung nach IFRS zu groß ist, als dass er für kleine und mittelgroße Unternehmen rentabel wäre.

3. These:

Eine Konvergenz von interner und externer Ergebnisermittlung auf Grundlage der IFRS könnte dennoch wünschenswert sein, weil die mit Manipulationsspielräumen behafteten kalkulatorischen Kosten des internen Rechnungswesens dann entbehrlich wären.

Die Untersuchung hat gezeigt, dass auf kalkulatorische Kosten nicht verzichtet werden kann. Zukünftige Zahlungsüberschüsse müssen dauerhaft hoch genug sein, um neben den Grundkosten auch die kalkulatorischen Kosten des Unternehmens zu decken. Auch ein Ersatz kalkulatorischer Kosten durch pagatorische Werte, deren Ermittlung auf der Bewertung zu beizulegenden Zeitwerten beruht, ist nicht sinnvoll.

Als weiteres Ergebnis der Konvergenzbetrachtung ist festzuhalten, dass kleinen und mittelgroßen Unternehmen statt Kosteneinsparungen ein enormer zusätzlicher Kostenaufwand entstehen würde, wenn sie eine Konvergenz auf Grundlage eines IFRS-Einzelabschlusses anstreben wollten.

4. These:

Aus Sicht der Kreditinstitute zeichnet sich eine Vorteilhaftigkeit ab, wenn sie ihre internen Ratingsysteme ausschließlich auf IFRS-Abschlüsse der Kreditnehmer ausrichten können.

Die Untersuchung hat gezeigt, dass IFRS-basierte interne Ratingsysteme nicht vorteilhaft sind, sondern Kreditinstitute damit Gefahr laufen würden, einer qualitativen Validierung nicht zu entsprechen. Entgegen den ursprünglichen Befürchtungen erwarten Kreditinstitute keine IFRS-Abschlüsse. Ihnen fehlt häufig selbst das Know-how, um diese auszuwerten.

5. These:

Eine hohe Eigenkapitalquote wirkt sich positiv auf das Ratingergebnis und die Kreditkonditionen des Kreditnehmers aus. Den IFRS-Abschlüssen ist eine Vorteilhaftigkeit zu konstatieren, wenn ihre Kreditwürdigkeitsresultate besser als bei HGB-Abschlüssen sind. Die Kreditkosten wären dann geringer.

Ratingsysteme müssen vom Rechnungslegungssystem, nach dem die Abschlüsse erstellt wurden, unabhängig sein. Kreditinstitute werden auch zukünftig verpflichtet, die Daten der Kreditnehmer zu „korrigieren" und zu neutralisieren. Sie müssen differenzierte Auswertungen der Abschlüsse vornehmen. Eine Nichtdifferenzierung würde die quantitative Validierung des internen Ratingsystems negativ beeinträchtigen.

6. These:

IFRS-Abschlüssen werden Verbesserung und Vereinfachung der Kommunikation zwischen Private-Equity-Gebern und -Nehmern zugesprochen, sofern Interesse an einer Private-Equity-Finanzierung besteht.

Die These trifft zu, wenn Beteiligungsgesellschaften nicht national ansässig sind. Der Anteil der Unternehmen, die eine ausländische Beteiligungsgesellschaft einer inländischen vorziehen, ist jedoch gering. Zumal die Chancen der Unternehmen, ihre Selbstständigkeit zu erhalten, größer sind, wenn z. B. die Mittelständischen Beteiligungsgesellschaften der Bundesländer (MBG) als stille Teilhaber aufgenommen werden.

7. These:

Kleine und mittelgroße Unternehmen, die auf internationalen Märkten, ob Beschaffungs- oder Absatzmärkten, aktiv sind, gelten als konkurrenzfähig, wenn sie IFRS-Abschlüsse vorlegen.

Die Aussage kann nicht verallgemeinert werden, dürfte aber zutreffen. Kleine und mittelgroße Unternehmen haben selbst ein Interesse, Abschlüsse nach internationalen Standards zu erstellen, wenn ihnen diese zur Geschäftsfähigkeit auf internationalen Märkten verhelfen. Jedes Unternehmen muss für sich entscheiden, ob eine Notwendigkeit besteht.

Als Fazit ist festzuhalten, dass eine generelle Vorteilhaftigkeit von IFRS- gegenüber HGB-Abschlüssen nicht besteht, in Einzelfällen aber möglich ist. Diese rechtfertigen nicht die weitere Fokussierung auf die IFRS.

7 Zusammenfassung

Mithilfe des Kriteriums der Praktikabilität war zu entscheiden, ob es dennoch eine Chance gibt, dass kleine und mittelgroße Unternehmen die IFRS anwenden, wenn der finale IFRS für KMU verfügbar ist. Da sich der deutsche Gesetzgeber bereits gegen den Standard entschieden hat, wurde die Gegenüberstellung des IFRS für KMU mit den vollen IFRS um eine Betrachtung der Bilanzrechtsmodernisierung des HGB ergänzt. Als Untersuchungskriterien dienten die Forderungen der Anwender und Adressaten an ein adäquates Rechnungslegungssystem internationaler Prägung. Die Ergebnisse zu den Akzeptanzkriterien werden im Folgenden zusammengetragen:

1. Kriterium: Unabhängigkeit von den vollen IFRS

Um die Unabhängigkeit von den vollen IFRS zu gewährleisten, hat das IASB die folgenden Maßnahmen im Visier: grundsätzlicher Ausschluss nicht relevanter Sachgebiete, Eliminierung der Wahlrechte und Schließung von Regelungslücken innerhalb des IFRS für KMU.

Mit Querverweisen, welche die Möglichkeit einräumen, die Standards der vollen IFRS für ausgeschlossene Sachgebiete wie auch für eliminierte Wahlrechte dennoch anzuwenden, untergräbt das IASB seine eigenen Zielsetzungen. Die Untersuchung hat gezeigt, dass die Schließung von Regelungslücken ohne den Rückgriff auf die vollen IFRS zu nicht sachgerechten Ergebnissen führen kann. Die Voraussetzungen für eine alleinige Anwendung des IFRS für KMU sind nicht erfüllt. Das IASB verspricht, diesbezüglich Änderungen vorzunehmen, bevor es den finalen Standard verabschieden wird. Es ist jedoch enttäuschend, dass diese überwiegend formeller und nicht materieller Art sein sollen. Sie schwächen zwar die Aushöhlung der Zielsetzungen ab, grundsätzlich sind die Ergebnisse dieser Untersuchung aber weiterhin zutreffend.

Die Prüfung der Unabhängigkeit von den vollen IFRS legt die Prüfung des HGB und der GoB auf Eigenständigkeit nahe. Internationale Einflüsse sind gewollt, eine Abhängigkeit von den IFRS ist unerwünscht. HGB und GoB bilden ein geschlossenes System von Rechtsnormen. Das BilMoG ändert daran nichts, aber möglicherweise werden weitere Gesetze, die zu einer Aufweichung führen, folgen.

2. Kriterium: Regelwerk angemessenen Umfangs

Die angestrebten Maßnahmen, Querverweise statt Übernahme vollständiger Texte, Glossar statt Mehrfachnennungen von Definitionen und Kürzungen statt detaillierter Ausführungen, sind bei Weitem nicht ausreichend und verfehlen teilweise die eigentliche Zielsetzung. Auf die erstgenannte Maßnahme wurde bereits im Rahmen der Untersuchung des ersten Kriteriums eingegangen. Ein Glossar ist überaus wünschenswert. Zusammenfassungen von Paragraphen und die Reduktion von Redundanzen sind sinnvoll, aber nicht spezifisch für einen IFRS für KMU, sondern generell empfehlenswert. Die Kürzungen verfehlen ihr eigentliches Ziel und führen dazu, dass der faktische Umfang des IFRS für KMU weit höher ist als sein eigentlicher und beabsichtigter Umfang. Die ursprüngliche Zielsetzung, dass Anwender des IFRS für KMU sich nicht mit dem vollständigen Regelwerk der IFRS auseinandersetzen müssen, läuft ins Leere.

Die Lösung des HGB ist nicht die Einschränkung des Umfangs an sich, sondern liegt in seinem stringenten modularen Aufbau. Je nach Rechtsform und Größe des Unternehmens ist nur ein Teil des Gesamtkanons der Paragraphen des Dritten Buches des HGB anzuwenden. Die Vorschriften für den Einzelabschluss sind weit weniger umfangreich als für den Konzernabschluss. Die Untersuchung hat gezeigt, dass einzelne Regelungen des BilMoG zu Durchbrechungen der Struktur führen. Der Gesetzgeber sollte unbedingt nachbessern, um die lang bewährte Gliederungsstruktur auch weiterhin aufrechtzuerhalten.

3. Kriterium: Prinzipien anstelle von Einzelfallregeln

Um herauszufinden, ob Prinzipien oder Einzelfallregeln ein Rechnungslegungssystem bestimmen, ist dieses auf den drei Ebenen des Regelungsprozesses, des Regelungsgehalts und der Regelungsanwendung zu prüfen.

Bei einem prinzipienorientierten Rechnungslegungssystem wird der Regelungsprozess von allgemein verbindlichen Prinzipien bestimmt. Der Regelungsgehalt der Konzepte und grundlegenden Prinzipien ist so überzeugend, dass diese das Fundament bilden. Bei Regelungsanwendung darf von Einzelfallregeln zugunsten übergeordneter Prinzipien abgewichen werden.

Der IFRS für KMU ist nicht prinzipienorientiert. Einzelfallregeln statt Prinzipien bestimmen den Regelungsprozess; der Regelungsgehalt ist kasuistisch. Die Einzelfallregeln sind den Prinzipien vorgelagert. Nur wenn diese zu keiner sachgerechten Lösung eines Ansatz- oder Bewertungsproblems führen, kommt den Konzepten und grundlegenden Prinzipien diese Aufgabe zu. Ein Abweichen von den Einzelfallregeln ist theoretisch, z. B. aufgrund der Impraktikabilitätsklauseln, möglich, in praxi stellt sich heraus, dass ihre Bedeutung lediglich konzeptioneller Art ist. Eigenständige und übergeordnete Prinzipien fehlen.

Das BilMoG zeigt, dass der Gesetzgeber notfalls bereit ist, die „Grundfeste der bisherigen HGB-Bilanzierung" aufzugeben, wenngleich er die größten Bedrohungen, wie die Bewertung der zu Handelszwecken erworbenen Finanzinstrumente mit dem beizulegenden Zeitwert für alle Unternehmen, vor Verabschiedung zurückgezogen hat. Seine Begründungen, das Ansatzverbot selbst geschaffener immaterieller Vermögensgegenstände aufzuheben, erweisen sich bei kritischer Prüfung als unstimmig. Es scheinen Zweifel an der Entscheidung zu bestehen; sie wirkt, als wäre sie gefallen, weil die Bundesregierung dauerhaft keine Chance sieht, dem internationalen Druck zu entgehen. Der Preis, die Gefährdung der Konsistenz des HGB durch Verstöße gegen die Prinzipien, ist hoch, aber für ein „Entkommen" vor den IFRS" ihres Ermessens akzeptabel. Von der Prinzipienorientierung des HGB und der GoB bleibt trotz der Gefährdung jederzeit mehr erhalten, als bei den IFRS überhaupt vorhanden ist.

4. Kriterium: Reduktion von Aufwand, Kosten und Komplexität

Die gewünschten Reduktionen von Aufwand, Kosten und Komplexität bei Erstellung eines Abschlusses nach dem IFRS für KMU sind ausgeblieben. Zwar sind Vereinfachungen erkennbar, die aber nicht weit genug gehen. Komplexitätsreduktionen, die eine Aufwands- und Kostenminimierung bewirken könnten, werden durch mangelnde Verständlichkeit konterkariert. Erleichterungen bei der Umsetzung sind kaum gegeben. Geprüft wurden die vom IASB selbst genannten Ansatz- und Bewertungsvereinfachungen, wie die Neugestaltung der Abbildung von Finanzinstrumenten und latenten Steuern sowie anderer Bilanzierungssachverhalte. Die Behauptung, die nur relativen Erleichterungen trügen in bedeutendem Maße dazu bei, dass der Weg des IFRS für KMU in die Sackgasse führe, dürfte nicht übertrieben sein.

Ziel des BilMoG war es, eine „einfachere und kostengünstigere Alternative" zu den IFRS zu schaffen. Eine Hinwendung zur Informationsfunktion und Annäherung an die IFRS ist erfolgt. Belegt werden konnte diese Aussage durch die Prüfung konkreter Modifikationen der Rechtsnormen zu den latenten Steuern, zum derivativen Geschäfts- und Firmenwert, zu den Pensionsrückstellungen und den selbst geschaffenen immateriellen Vermögensgegenständen. Im Vergleich zu den IFRS bzw. zum IFRS für KMU ist die Erstellung eines Abschlusses nach dem HGB und den GoB trotz der Anpassungen einfacher und kostengünstiger; im Vergleich zum HGB in alter Fassung jedoch nicht. Als „erzwungener" Kompromiss zwischen internationaler Rechnungslegung und dem bewährten Konzept der handelsrechtlichen Rechnungslegung sind die Entwicklungen durch das BilMoG wenig erfreulich.

5. Kriterium: Erstellung nur eines Abschlusses

Ob IFRS für KMU oder die vollen IFRS, fest steht, dass sich ein Abschluss nach internationalen Standards wegen seiner konsequenten Verfolgung des Informationszwecks nicht zur Ausschüttungsbemessung im Sinne eines institutionell geprägten Gläubigerschutzsystems eignet. An seine Stelle könnte ein informationelles Gläubigerschutzsystem treten, welches das Fortbestehen des Unternehmens durch einen liquiditätsorientierten Solvenztest sichert. Das Problem, auf diese Weise den Zeitpunkt zu bestimmen, wann eine Ausschüttung besser unterbleiben sollte, ist nicht zu unterschätzen. Wird eine Ausschüttung aufgrund eines negativen Ergebnisses gestoppt, kann die Existenzgefährdung für ein Weiterbestehen des Unternehmens schon zu groß sein. Ein liquiditätsorientierter Solvenztest rechtfertigt nicht die Abschaffung des institutionellen Gläubigerschutzes. Ein bilanzielles Kapitalerhaltungskonzept ist unentbehrlich.

Ebenso ungeeignet sind internationale Rechnungslegungsstandards für die steuerliche Gewinnermittlung, worum sich das IASB auch gar nicht bemüht. Nationale Systeme sind zu unterschiedlich. Es bleibt abzuwarten, ob es stattdessen eine gemeinsame europäische Lösung geben wird.

Der HGB-Abschluss ist für Zwecke der Zahlungsbemessung unentbehrlich. Mit der Pflicht, statt einer Einheitsbilanz zukünftig zwei Abschlüsse für die handels- und steuerrechtliche Gewinnermittlung erstellen zu müssen, wird den kleinen und mittelgroßen Unternehmen eine ihrer wertvollsten Quellen zur Kostenminimierung genommen. Die Abschaffung der umgekehrten Maßgeblichkeit führt zu zusätzlichen wirtschaftlichen Belastungen, es sei denn, der Gesetzgeber findet eine Alternativlösung.

Der IFRS für KMU erfüllt die genannten Akzeptanzkriterien nicht. Die Praktikabilitätssteigerungen des IFRS für KMU im Vergleich zu den vollen IFRS sind gering.

Durch die mit der Bilanzrechtsmodernisierung verankerten internationalen Einflüsse hat das HGB, zusammen mit den GoB, Praktikabilitätsverschlechterungen erfahren. Es bildet einen Spagat zwischen der Kapitalerhaltung des HGB und der Transparenzverbesserung nach internationalen Maßstäben.[1] Der Kompromiss scheint für kleine und mittelgroße Unternehmen nicht überzeugend.

Mit dem Ziel, eine Stärkung der Informations- unter Beibehaltung der Zahlungsbemessungszwecke zu erreichen, versucht der Gesetzgeber, das Unmögliche möglich zu machen. Ob er die daraus resultierenden Konflikte bedacht hat oder als Konsequenz spätere Änderungen vornehmen wird, bleibt abzuwarten. Aus Sicht kleiner und mittelgroßer Unternehmen und deren Adressaten sollten die Funktionen deutlich hierarchisch behandelt werden, ihre Zahlungsbemessungsinteressen gehen denen der Information vor.

In der Untersuchung wurde, nach kritischer Diskussion der Abkopplungsthese und der ergänzten Mehrzweckbilanz, mit der Zwei-Werte-Bilanz ein eigener Lösungsvorschlag erarbeitet. Die Basiswerte dienen der Zahlungsbemessung, die ergänzenden Zweit-

---

[1] Vgl. ESTERER, F., Gläserne, aber verschlossene Taschen, 2008, S. 175. In der Literatur gibt es Stimmen, die behaupten, dass der Spagat „gelungen" sei; vgl. CLAUSSEN, C. P., BilMoG, 2008, S. 172.

werte der Information. Sie basieren auf den zuvor erarbeiteten adäquaten Grundsätzen. Ein zusätzlicher Aufwand, zur Ermittlung ergänzender Zweitwerte, lässt sich nicht vermeiden. Die Kosten-Nutzen-Relation muss gewahrt bleiben. Auf der Grundlage von Bedarfsanalysen und Kosteneinschätzung ist zu entscheiden, ob und von welchen Unternehmen überhaupt Zweitwerte zu ermitteln sind und ob verpflichtend oder freiwillig. Es ist zu erwarten, dass sich ein Bedarf bei „mittleren" bzw. mittelgroßen Unternehmen abzeichnen wird. Eine internationale oder zumindest europaweite Vereinheitlichung von ergänzenden Zweitwerten wäre möglich.

Trotz aller Harmonisierungsbestrebungen sollten die Freiräume der nationalen Gesetzgeber, die Rechnungslegung den länderspezifischen Gegebenheiten anzupassen, bestehen bleiben. Die Entwicklung einer einheitlichen Rechnungslegungssprache für alle Nationen hat ihre Grenzen. Eine weltweite Integration der IFRS – für sämtliche Einzelabschlüsse – wird scheitern. Die IFRS sind und bleiben das Rechnungslegungssystem für den Kapitalmarkt. Der Gesetzgeber sollte sich dem internationalen Druck nicht zu sehr beugen.

Literaturverzeichnis

Adler, Hans/Düring, Walter/Schmaltz, Kurt, Rechnungslegung, 1997:
Rechnungslegung und Prüfung der Unternehmen, Kommentar zum HGB, AktG, GmbHG, PublG nach den Vorschriften des Bilanzrichtlinien-Gesetzes, 6. Auflage, Teilband 5, Stuttgart 1997.

Adler, Hans/Düring, Walter/Schmaltz, Kurt, Rechnungslegung international, 2002:
Rechnungslegung nach Internationalen Standards, Kommentar, bearbeitet von Hans-Friedrich Gelhausen, Jochen Pape, Joachim Schindler und Wienand Schruff, Stuttgart 2002, Loseblattausgabe, Stand: Dezember 2007.

Amen, Matthias, Kapitalflußrechnung, 1995:
Die Kapitalflußrechnung als Rechnung zur Finanzlage – Eine kritische Betrachtung der Stellungnahme HFA 1/1995: „Die Kapitalflußrechnung als Ergänzung des Jahres- und Konzernabschlusses" –, in: WPg 1995, S. 498-509.

App, Jürgen G., Latente Steuern, 2003:
Latente Steuern nach IAS, US-GAAP und HGB, in: KoR 2003, S. 209-213.

Arbeitskreis „Steuern und Revision" im Bund der Wirtschaftsakademiker (BWA) e. V., Maßgeblichkeit, 2004:
Maßgeblichkeit im Wandel der Rechnungslegung – Die Maßgeblichkeit im System internationaler Steuerbemessungsgrundlagen vor dem Hintergrund aktueller Herausforderungen – Stellungnahme des Arbeitskreises „Steuern und Revision" im Bund der Wirtschaftsakademiker (BWA) e. V. vom 28.02.2004, http://www.wirtschaftsakademiker.de/download/Massgeblichkeit%202004.pdf, Abruf am 15.06.2009.

Arbeitskreis „Bilanzrecht der Hochschullehrer Rechtswissenschaft", Fortentwicklung, 2002:
Zur Fortentwicklung des deutschen Bilanzrechts, in: BB 2002, S. 2372-2381.

Arbeitskreis „Bilanzrecht der Hochschullehrer Rechtswissenschaft", Grundkonzept, 2008:
Stellungnahme zu dem Entwurf eines BilMoG: Grundkonzept und Aktivierungsfragen, in: BB 2008, S. 152-158.

Arbeitskreis „Bilanzrecht der Hochschullehrer Rechtswissenschaft", Plädoyer, 2008:
Nochmals: Plädoyer für eine Abschaffung der „umgekehrten Maßgeblichkeit"!, in: DStR 2008, S. 1057-1060.

Arbeitskreis „Immaterielle Werte im Rechnungswesen" der Schmalenbach-Gesellschaft für Betriebswirtschaft e. V., Leitlinien, 2008:
Leitlinien zur Bilanzierung selbstgeschaffener immaterieller Vermögensgegenstände des Anlagevermögens nach dem Regierungsentwurf des BilMoG, in: DB 2008, S. 1813-1821.

Arbeitskreis "Internes Rechnungswesen" der Schmalenbach-Gesellschaft, Unternehmensrechnung, 1999:
Interne Unternehmensrechnung: aufwandsorientiert oder kalkulatorisch?, hrsg. von Marcell Schweitzer und Ulrich Ziolkowski, zfbf-Sonderheft 42, Düsseldorf/Frankfurt a. M. 1999.

Arndt, Hans-Wolfgang, Praktikabilität, 1983:
Praktikabilität und Effizienz – Zur Problematik gesetzesvereinfachenden Verwaltungsvollzuges und der "Effektuierung" subjektiver Rechte, Köln 1983.

Arnoldi, Roman/Leopold, Tobias, Portfolio Fair Value Hedge Accounting, 2005:
Portfolio Fair Value Hedge Accounting: Entwicklung IAS-konformer und praxistauglicher Buchungsregeln, in: KoR 2005, S. 22-38.

Baetge, Jörg, Objektivierung, 1970:
Möglichkeiten der Objektivierung des Jahreserfolges, Düsseldorf 1970.

Baetge, Jörg, Rechnungslegungszwecke, 1976:
Rechnungslegungszwecke des aktienrechtlichen Jahresabschlusses, in: Bilanzfragen, Festschrift zum 65. Geburtstag von Prof. Dr. Ulrich Leffson, hrsg. von Jörg Baetge, Adolf Moxter und Dieter Schneider, Düsseldorf 1976, S. 11-30.

Baetge, Jörg/Kirsch, Hans-Jürgen/Thiele, Stefan, Bilanzrecht, 2002:
Bilanzrecht, Handelsrecht mit Steuerrecht und den Regelungen des IASB, Kommentar, Bonn/Berlin 2002, Loseblattausgabe, Stand: Mai 2009.

Baetge, Jörg/Kirsch, Hans-Jürgen/Thiele, Stefan, Bilanzanalyse, 2004:
Bilanzanalyse, 2. Auflage, Düsseldorf 2004.

Baetge, Jörg/Kirsch, Hans-Jürgen/Thiele, Stefan, Bilanzen, 2007:
Bilanzen, 9. Auflage, Düsseldorf 2007.

Baetge, Jörg/Klaholz, Eva, IFRS, 2006:
IFRS und Mittelstand, in: IFRS für den Mittelstand, Perspektiven – Anwendung – Praxisberichte, hrsg. von Norbert Winkeljohann und Norbert Herzig, Stuttgart 2006, S. 31-44.

Baetge, Jörg/Lienau, Achim, Praxis, 2007:
Praxis der Bilanzierung latenter Steuern im Konzernabschluss nach IFRS im DAX und MDAX, in: WPg 2007, S. 15-22.

Baetge, Jörg/Wollmert, Peter/Kirsch, Hans-Jürgen/Oser, Peter/Bischof, Stefan (Hrsg.), Kommentar, 2003:
Rechnungslegung nach IFRS, Kommentar auf der Grundlage des deutschen Bilanzrechts, 2. Auflage, Stuttgart 2003, Loseblattausgabe, Stand: Dezember 2008.

Baetge, Jörg/Zülch, Henning, Fair Value-Accounting, 2001:
Fair Value-Accounting, in: BFuP 2001, S. 543-562.

Ballwieser, Wolfgang, Begründbarkeit, 1982:
Zur Begründbarkeit informationsorientierter Jahresabschlußverbesserungen, in: zfbf 1982, S. 772-793.

Ballwieser, Wolfgang, Generalklausel, 1985:
Sind mit der neuen Generalklausel zur Rechnungslegung auch neue Prüfungspflichten verbunden?, in: BB 1985, S. 1034-1044.

Ballwieser, Wolfgang, Maßgeblichkeitsprinzip, 1990:
Ist das Maßgeblichkeitsprinzip überholt?, in: BFuP 1990, S. 477-498.

Ballwieser, Wolfgang, Frage, 1995:
Zur Frage der Rechtsform-, Konzern- und Branchenunabhängigkeit der Grundsätze ordnungsmäßiger Buchführung, in: Rechenschaftslegung im Wandel, Festschrift für Wolfgang Dieter Budde, hrsg. von Gerhart Förschle, Klaus Kaiser und Adolf Moxter, München 1995, S. 43-66.

Ballwieser, Wolfgang, Anforderungen, 2001:
Anforderungen des Kapitalmarkts an Bilanzansatz- und Bilanzbewertungsregeln, in: KoR 2001, S. 160-164.

Ballwieser, Wolfgang, Informations-GoB, 2002:
Informations-GoB – auch im Lichte von IAS und US-GAAP, in: KoR 2002, S. 115-121.

Ballwieser, Wolfgang, Mittelstand, 2004:
Schaden IAS dem Mittelstand?, in: Herausforderungen und Chancen durch weltweite Rechnungslegungsstandards – Kapitalmarktorientierte Rechnungslegung und integrierte Unternehmenssteuerung, hrsg. von Karlheinz Küting, Norbert Pfitzer und Claus-Peter Weber, Stuttgart 2004, S. 11-27.

Ballwieser, Wolfgang, Konzeptionslosigkeit, 2005:
Die Konzeptionslosigkeit des International Accounting Standards Board (IASB), in: Gesellschaftsrecht, Rechnungslegung, Sportrecht, Festschrift für Volker Röhricht zum 65. Geburtstag, hrsg. von Georg Crezelius, Heribert Hirte und Klaus Vieweg, Köln 2005, S. 727-745.

Ballwieser, Wolfgang, IFRS, 2006:
IFRS für nicht kapitalmarktorientierte Unternehmen?, in: IRZ 2006, S. 23-30.

Ballwieser, Wolfgang, IFRS-Rechnungslegung, 2006:
IFRS-Rechnungslegung – Konzept, Regeln und Wirkungen, München 2006.

Ballwieser, Wolfgang/Hettich, Silvia, IASB-Projekt, 2004:
Das IASB-Projekt „Reporting Comprehensive Income": Bedeutung für das Controlling, in: ZfCM-Sonderheft 2/2004, S. 79-88.

Ballwieser, Wolfgang/Küting, Karlheinz/Schildbach, Thomas, Fair value, 2004:
Fair value – erstrebenswerter Wertansatz im Rahmen einer Reform der handelsrechtlichen Rechnungslegung?, in: BFuP 2004, S. 529-549.

Bamberger, Ingolf/Wrona, Thomas, Internationalisierung, 2006:
Internationalisierung, in: Betriebswirtschaftslehre der Mittel- und Kleinbetriebe – Größenspezifische Probleme und Möglichkeiten zu ihrer Lösung, hrsg. von Hans-Christian Pfohl, 4. Auflage, Berlin 2006, S. 391-437.

Barckow, Andreas, Sicherungsbeziehungen, 2004:
Die Bilanzierung von derivativen Finanzinstrumenten und Sicherungsbeziehungen – Eine Gegenüberstellung des deutschen Bilanzrechts mit SFAS 133 und IAS 32/39, Düsseldorf 2004.

Baseler Ausschuss für Bankenaufsicht, Rahmenvereinbarung, 2004:
Internationale Konvergenz der Kapitalmessung und Eigenkapitalanforderungen – Überarbeitete Rahmenvereinbarung, Basel 2004.

Bäuml, Swen O., GmbH-Recht, 2008:
Reform des GmbH-Rechts: Neuerungen des MoMiG und seine Auswirkungen auf die Beratungspraxis, in: StuB 2008, S. 667-674.

BDI/DIHK/DRSC/UR, Ergebnisse, 2007:
Ergebnisse der Befragung deutscher mittelständischer Unternehmen zum Entwurf eines internationalen Standards zur Bilanzierung von Small and Medium-sized Entities (ED-IFRS for SMEs) – Internetversion –, Stand: Dezember 2007, http://www.standardsetter.de/drsc/docs/press_releases/sme_befragung_final_2809-07.pdf, Abruf am 15.06.2009.

BDI/ERNST & YOUNG, Umbruch, 2005:
Rechnungslegung im Umbruch – Ergebnisse einer repräsentativen Umfrage bei der deutschen Industrie, BDI-Drucksache Nr. 369, Berlin 2005.

Bea, Franz Xaver/Göbel, Elisabeth, Organisation, 2006:
Organisation, Theorie und Gestaltung, 3. Auflage, Stuttgart 2006.

Beck'scher Bilanzkommentar, 2006:
Beck'scher Bilanzkommentar, Handels- und Steuerbilanz, hrsg. von Helmut Ellrott, Gerhart Förschle, Martin Hoyos und Norbert Winkeljohann, 6. Auflage, München 2006.

Beck'sches Handbuch der Rechnungslegung:
Beck'sches Handbuch der Rechnungslegung – HGB und IFRS –, hrsg. von Edgar Castan et al., München, Loseblattausgabe, Stand: Januar 2009.

Beck'sches IFRS-Handbuch, 2. Auflage, München 2006:
Kommentierung der IFRS/IAS, hrsg. von Werner Bohl, Joachim Ries und Jörg Schlüter, 2. Auflage, München 2006.

Behringer, Stefan, Umstellung, 2007:
Freiwillige Umstellung der Rechnungslegung auf IFRS – Vorteile und Einflussgrößen der Bilanzkennzahlen, in: BBK 2007 (Fach 26, S. 1409-1416), S. 393-400.

Beiersdorf, Kati, IASB-Projekt, 2005:
IASB-Projekt – Accounting Standards for Small and Medium-sized Entities (SME), in: StuB 2005, S. 762-764.

Beiersdorf, Kati, Zeittafel, 2006:
Zeittafel, Entwicklung eines International Financial Reporting Standard for Small and Medium-sized Entities (IFRS for SMEs), in: BB-Special 6/2007, S. 24.

Beiersdorf, Kati/Bogajewskaja, Janina, Endorsement, 2005:
Due Process und Endorsement – Von der Entwicklung der IFRS bis zur Übernahme in europäisches Recht, in: Accounting 10/2005, S. 5-9.

Beiersdorf, Kati/Davis, Annette, Rechtswirkung, 2006:
IASB-Standard for Small and Medium-sized Entities: keine unmittelbare Rechtswirkung in Europa, in: BB 2006, S. 987-990.

Beiersdorf, Kati/Morich, Sven, IFRS für KMU, 2009:
IFRS für kleine und mittelgroße Unternehmen – Aktuelle Entwicklungen vor dem Hintergrund der Ergebnisse der weltweiten Probeabschlüsse –, in: KoR 2009, S. 1-13.

Beiersdorf, Kati/Zeimes, Markus, Relevanz, 2005:
IFRS – Relevanz für den Mittelstand, in: Neue Entwicklungen im Rechnungswesen, hrsg. von Ulrich Brecht, Wiesbaden 2005, S. 113-133.

Beisse, Heinrich, Generalnorm, 1988:
Die Generalnorm des neuen Bilanzrechts, in: Handelsrecht und Steuerrecht, Festschrift für Dr. Dr. h. c. Georg Döllerer, hrsg. von Brigitte Knobbe-Keuk, Frank Klein und Adolf Moxter, Düsseldorf 1988, S. 25-44.

Beisse, Heinrich, Bilanzrechtssystem, 1994:
Zum neuen Bild des Bilanzrechtssystems, in: Bilanzrecht und Kapitalmarkt, Festschrift zum 65. Geburtstag von Prof. Dr. Dr. h. c. Dr. h. c. Adolf Moxter, hrsg. von Wolfgang Ballwieser, Hans-Joachim Böcking, Jochen Drukarczyk und Reinhard H. Schmidt, Düsseldorf 1994, S. 3-31.

Bernet, Beat/Denk, Christoph L., Finanzierungsmodelle, 2000:
Finanzierungsmodelle für KMU, Bern/Stuttgart/Wien 2000.

Biebel, Reinhard, Rechnungslegung, 2008:
Rechnungslegung aus europäischer Sicht, in: IRZ 2008, S. 79-83.

Bieg, Hartmut et al., Saarbrücker Initiative gegen Fair Value, 2008:
Die Saarbrücker Initiative gegen den Fair Value, in: DB 2008, S. 2549-2552.

Bieker, Marcus, Überblick, 2007:
IFRS für kleine und mittlere Unternehmen – Überblick über die zentralen Inhalte des Standardentwurfs für die Rechnungslegung nicht kapitalmarktorientierter Unternehmen nach IFRS, in: DB 2007, S. 1206-1211.

Bieker, Marcus, Finanzmarktkrise, 2008:
Der fair value im Karriere-Knick? – Auswirkungen der Finanzmarktkrise auf die fair value-Bewertung von Finanzinstrumenten nach IFRS, in: PiR 2008, S. 394-399.

Bischof, Stefan, Anwendbarkeit, 1998:
Anwendbarkeit der percentage of completion-Methode nach IAS und US-GAAP im internen Rechnungswesen, in: krp 1998, S. 8-15.

Bitz, Michael/Ewert, Jürgen/Terstege, Udo, Investition, 2002:
Investition – Multimediale Einführung in finanzmathematische Entscheidungskonzepte, Wiesbaden 2002.

Bitz, Michael/Schneeloch, Dieter/Wittstock, Wilfried, Der Jahresabschluß, 2003:
Der Jahresabschluß, 4. Auflage, München 2003.

Bitz, Michael/Stark, Gunnar, Finanzdienstleistungen, 2008:
Finanzdienstleistungen – Darstellung, Analyse, Kritik, 8. Auflage, München/Wien 2008.

Blaufus, Kay, Fair Value Accounting, 2005:
Fair Value Accounting, Zweckmäßigkeitsanalyse und konzeptioneller Rahmen, Wiesbaden 2005.

Blochwitz, Stefan/Hohl, Stefan, Validierung, 2003:
Validierung bankinterner Ratingverfahren, in: Handbuch MaK: Organisation – Risikoklassifizierung – Kreditbepreisung, hrsg. von Roland Eller, Stuttgart 2003, S. 261-284.

Böcking, Hans-Joachim, IAS, 2001:
IAS für Konzern- und Einzelabschluss?, in: WPg 2001, S. 1433-1440.

Böcking, Hans-Joachim/Herold, Christian/Müßig, Anke, IFRS, 2004:
IFRS für nicht kapitalmarktorientierte Unternehmen – unter besonderer Berücksichtigung mittelständischer Belange –, in: Der Konzern 2004, S. 664-672.

Born, Karl, Rechnungslegung, 2007:
Rechnungslegung international, IAS/IFRS im Vergleich mit HGB und US-GAAP, 5. Auflage, Stuttgart 2007.

Börstler, Christian, Zukunft, 2006:
Zur Zukunft der externen Rechnungslegung in Deutschland – Eine kritische Analyse der Internationalisierung aus Sicht nicht kapitalmarktorientierter Unternehmen –, Wiesbaden 2006.

Braun, Peter (Hrsg.), Rating-Leitfaden, 2001:
Rating-Leitfaden für den Mittelstand: der Weg zur optimalen Kreditwürdigkeit, Augsburg 2001, Loseblattausgabe, Stand: September 2002.

Breithecker, Volker, BilMoG, 2008:
BilMoG – Überblick über die Änderungen einzelabschlussrelevanter Vorschriften und Auflistung der Durchbrechungen des Maßgeblichkeitsprinzips, in: Steuerliche Gewinnermittlung nach dem Bilanzrechtsmodernisierungsgesetz, hrsg. von Ute Schmiel und Volker Breithecker, Berlin 2008, S. 1-30.

Breithecker, Volker/Klapdor, Ralf/Rokitta, Miriam, Grundlage, 2007:
Stellen die IFRS die richtige Grundlage für eine gemeinsame steuerliche Bemessungsgrundlage in der EU dar?, in: StuW 2007, S. 145-160.

Brinkmann, Jürgen, Zweckadäquanz, 2006:
Zweckadäquanz der Rechnungslegung nach IFRS – Eine Untersuchung aus deutscher Sicht –, Berlin 2006.

Bruns, Hans-Georg, Harmonisierung, 1999:
Harmonisierung des externen und internen Rechnungswesens auf Basis internationaler Bilanzierungsvorschriften, in: Internationale Rechnungslegung, Festschrift für Prof. Dr. Claus-Peter Weber zum 60. Geburtstag, hrsg. von Karlheinz Küting und Günther Langenbucher, Stuttgart 1999, S. 585-603.

Bruns, Hans-Georg/Beiersdorf, Kati, IASB-Projekt, 2006:
Das IASB-Projekt zur Entwicklung von Accounting Standards for Small and Medium-sized Entities (IFRS for SMEs), in: IFRS für den Mittelstand, Perspektiven – Anwendung – Praxisberichte, hrsg. von Norbert Winkeljohann und Norbert Herzig, Stuttgart 2006, S. 45-70.

Buchholz, Rainer, Internationale Rechnungslegung, 2008:
Internationale Rechnungslegung – Die wesentlichen Vorschriften nach IFRS und reformiertem HGB – mit Aufgaben und Lösungen, 7. Auflage, Berlin 2008.

Bundesregierung, 10-Punkte-Programm – Maßnahmenkatalog, 2003:
Maßnahmenkatalog der Bundesregierung zur Stärkung der Unternehmensintegrität und des Anlegerschutzes, abgedruckt in: Übergang der Rechnungslegung vom HGB zu den IFRS, Vorträge und Diskussionen zum 19. Münsterischen Tagesgespräch des Münsteraner Gesprächskreises Rechnungslegung und Prüfung e. V. am 22. Mai 2003, hrsg. von Jörg Baetge, Düsseldorf 2004, S. 167-174.

Bundesverband deutscher Banken, Mittelstandsfinanzierung, 2005:
Mittelstandsfinanzierung – Partnerschaftliche Zusammenarbeit von Unternehmen und Banken, Berlin 2005.

Bundesverband deutscher Banken, Rating, 2005:
Bankinternes Rating mittelständischer Kreditnehmer im Zuge von Basel II – Daten, Fakten, Argumente, Berlin 2005.

Burger, Anton/Feldrappe, Tobias/Ulbrich, Philipp R., Kennzahlen, 2006:
Auswirkungen der Umstellung von HGB auf IFRS auf zentrale Kennzahlen des Jahresabschlusses, in: PiR 2006, S. 134-141.

Burger, Anton/Fröhlich, Jürgen/Ulbrich, Philipp R., Kennzahlen, 2004:
Auswirkungen der Umstellung von HGB auf IFRS auf wesentliche Kennzahlen der externen Unternehmensrechnung, in: KoR 2004, S. 353-366.

Burger, Anton/Fröhlich, Jürgen/Ulbrich, Philipp R., Kapitalmarktorientierung, 2006:
Kapitalmarktorientierung in Deutschland, in: KoR 2006, S. 113-122.

Burger, Anton/Schäfer, Stefanie/Ulbrich, Philipp/Zeimes, Markus, Umstellung, 2005:
Die Umstellung der Rechnungslegung nach IFRS 1 – Empirische Analyse und Bewertung der Neuregelungen zur Erstanwendung der IFRS –, in: WPg 2005, S. 1193-1200.

Burkel, Peter, Aufgaben, 1985:
Arten, Aufgaben und Aussagekraft externer Bilanzen, in: BB 1985, S. 838-846.

Burkhart, Beate, Private Equity, 2006:
Rechnungslegung nach IFRS bei mittelständischen Unternehmen als Erleichterung bei der Beteiligung von Private Equity, in: IFRS für den Mittelstand, Perspektiven – Anwendung – Praxisberichte, hrsg. von Norbert Winkeljohann und Norbert Herzig, Stuttgart 2006, S. 195-209.

Busse von Colbe, Walther, Paradigmawechsel, 2002:
Die deutsche Rechnungslegung vor einem Paradigmawechsel, in: zfbf 2002, S. 159-172.

BVK, Fakten, 2008:
Fakten und Zahlen zum deutschen Beteiligungsmarkt, Stand: 28.02.2008, http://www.bvkev.de/media/file/4.Hintergrundinformation_facts&figures2005-2006.pdf, Abruf am 15.06.2009.

BVK, Mittelständische Beteiligungsgesellschaften, 2008:
Teilstatistik – Aktivitäten der Mittelständischen Beteiligungsgesellschaften 2007, BVK Statistik vom 09.05.2008, http://www.bvkap.de/media/file/172.BVK_Teilstatistik_MBG2007_090509.pdf, Abruf am 15.06.2009.

BVK, Private Equity, 2008:
Private Equity in Europa 2007, BVK Special vom 21.07.2008, http://www.bvk-ev.de/media/file/175.Special_Europa_2007.pdf, Abruf am 15.06.2009.

Canaris, Claus-Wilhelm, Lücken im Gesetz, 1983:
Die Feststellung von Lücken im Gesetz – Eine methodologische Studie über Voraussetzungen und Grenzen der richterlichen Rechtsfortbildung praeter legem, 2. Auflage, Berlin 1983.

Carstensen, Britta/Leibfried, Peter, Auswirkungen, 2004:
Auswirkungen von IAS/IFRS auf mittelständische GmbH und GmbH & Co. KG, in: GmbHR 2004, S. 864-869.

Claussen, Carsten P., BilMoG, 2008:
Das BilMoG sollte schnell in Kraft treten!, in: SR 2008, S. 172-173.

Clemm, Hermann/Nonnenmacher, Rolf, Swapgeschäfte, 1988:
Überlegungen zur Bilanzierung von Swapgeschäften, in: Handelsrecht und Steuerrecht, Festschrift für Dr. Dr. h. c. Georg Döllerer, hrsg. von Brigitte Knobbe-Keuk, Frank Klein und Adolf Moxter, Düsseldorf 1988, S. 65-79.

Coenenberg, Adolf G., Einheitlichkeit, 1995:
Einheitlichkeit oder Differenzierung von internem und externem Rechnungswesen: Die Anforderungen der internen Steuerung, in: DB 1995, S. 2077-2083.

Coenenberg, Adolf G., Jahresabschluss, 2005:
Jahresabschluss und Jahresabschlussanalyse. Betriebswirtschaftliche, handelsrechtliche, steuerrechtliche und internationale Grundsätze – HGB, IFRS und US-GAAP, 20. Auflage, Stuttgart 2005.

Coenenberg, Adolf G./Deffner, Manuel/Schultze, Wolfgang, Erfolgsspaltung, 2005:
Erfolgsspaltung im Rahmen der erfolgswirtschaftlichen Analyse von IFRS-Abschlüssen, in: KoR 2005, S. 435-443.

Coenenberg, Adolf G./Fischer, Thomas M./Günther, Thomas, Kostenrechnung, 2007:
Kostenrechnung und Kostenanalyse, 6. Auflage, Stuttgart 2007.

Coenenberg, Alexandra, Solvenztest, 2007:
Solvenztest statt Mindestkapital – Zukunft des bilanziellen Kapitalschutzes, in: PiR 2007, S. 275-280.

Cyert, Richard M./March, James G., Theory of the Firm, 1992:
A Behavioral Theory of the Firm, 2nd edition, Cambridge 1992.

Dallmann, Holger/Ull, Thomas, IFRS-Rechnungslegung, 2004:
IFRS-Rechnungslegung für kleine und mittlere Unternehmen – Das Diskussionspapier des IASB, in: KoR 2004, S. 321-331.

Danne, Marc/Wielenberg, Stefan/Reuther, Frank: Familiengesellschaften, 2007:
Entsprechen die IFRS den Anforderungen von großen Familiengesellschaften?, in: KoR 2007, S. 581-587.

Deutsche Bundesbank, Validierungsansätze, 2003:
Validierungsansätze für interne Ratingsysteme, in: Monatsbericht September 2003, http://www.bundesbank.de/download/volkswirtschaft/monatsberichte/2003/100209 mb.pdf, Abruf am 15.06.2009, S. 61-74.

Dobler, Michael/Kurz, Gerhard, Aktivierungspflicht, 2008:
Aktivierungspflicht für immaterielle Vermögensgegenstände in der Entstehung nach dem RegE eines BilMoG, in: KoR 2008, S. 485-493.

Döllerer, Georg, Zweck, 1958:
Zweck der aktienrechtlichen Publizität, in: BB 1958, S. 1281-1284.

Döllerer, Georg, GoB, 1959:
Grundsätze ordnungsmäßiger Bilanzierung, deren Entstehung und Ermittlung, in: BB 1959, S. 1217-1221.

Döllerer, Georg, Steuerbilanz, 1983:
Handelsbilanz ist gleich Steuerbilanz, in: Der Jahresabschluß im Widerstreit der Interessen – Eine Vortragsreihe, hrsg. von Jörg Baetge, Düsseldorf 1983, S. 156-177.

DRSC, Comment Letter, 14 December 2007:
Comment Letter on ED-IFRS for SMEs, 14 December 2007, http://www.iasb. org/Current+Projects/IASB+Projects/Small+and+Medium-sized+Entities/Exposure +Drafts+for+Small+Meidu-sized+Entities/Comment+Letters.htm, CL 160, Abruf am 15.06.2009.

DRSC, IASB/IFRIC-Projekte, 2009:
IASB/IFRIC-Projekte, Projektnummer 4, Stand der Information: 28.05.2009, http://www.standardsetter.de/drsc/projects_drsc/index.php, Abruf am 15.06.2009.

DRSC, IASB/IFRIC-Projekte, 2009:
IASB/IFRIC-Projekte, Projektnummer 17, Stand der Information: 01.04.2009, http://www.standardsetter.de/drsc/projects_drsc/index.php, Abruf am 15.06.2009.

DSGV, Positionspapier IFRS, 2006:
IFRS für den Mittelstand – Mittelständische Unternehmen keinesfalls auf IFRS verpflichten –, Positionspapier des Deutschen Sparkassen- und Giroverbandes von Oktober 2006, http://presse.dsgv.de/owx_media15/1539.pdf oder http://www.arbeitsgemeinschaft-mittelstand.de/download/PositionspapierRNS.pdf, Abruf am 15.06.2009.

DSR, Vorschläge, 2005:
Vorschläge des DSR zum Bilanzrechtsmodernisierungsgesetz, 03.05.2005, http://www.standardsetter.de/drsc/docs/press_releases/Vorschlag%20BilMoG_DSR.pdf, Abruf am 15.06.2009.

Dücker, Reinhard, Herausforderungen, 2003:
Internationale Rechnungslegung: Herausforderungen und Chancen für den Mittelstand, in: StuB 2003, S. 448-452.

DVFA, Rating Standards, 2006:
DVFA-Rating Standards und DVFA-Validierungsstandards, DVFA-Finanzschriften Nr. 04/06, Dreieich 2006.

DVFA-Kommission Rating Standards, Arbeitskreis 2 „Validierung", Validierungsstandards, 2004:
DVFA-Validierungsstandards, in: FB 2004, S. 596-601.

EFRAG, Comment Letter, 7 February 2008:
EFRAG Comment Letter on ED IFRS for SMEs, 7 February 2008, http://www.iasb.org/Current+Projects/IASB+Projects/Small+and+Medium-sized+Entities/Exposure+Drafts+for+Small+Meidu-sized+Entities/Comment+Letters.htm, CL 161, Abruf am 15.06.2009.

Egner, Henning, Bilanzen, 1974:
Bilanzen, München 1974.

Eierle, Brigitte, Unternehmensberichterstattung, 2004:
Die Entwicklung der Differenzierung der Unternehmensberichterstattung in Deutschland und Großbritannien – Ansatzpunkte für die Diskussion der zukünftigen Gestaltung der Abschlusserstellung nicht kapitalmarktorientierter Unternehmen in Deutschland, Frankfurt a. M. et al. 2004.

Eierle, Brigitte/Beiersdorf, Kati/Haller, Axel, ED-IFRS for SMEs, 2008:
Wie beurteilen deutsche nicht-kapitalmarktorientierte Unternehmen den ED-IFRS for SMEs?, – Ergebnisse einer Befragung zum IASB-Entwurf eines internationalen Rechnungslegungsstandards für kleine und mittelgroße Unternehmen –, in: KoR 2008, S. 152-164.

Eiken, Jana, Leasing, 2006:
Leasing, in: Rechnungslegung nach IFRS – Ein Handbuch für mittelständische Unternehmen, hrsg. von Norbert Winkeljohann, 2. Auflage, Herne/Berlin 2006, S. 219-237.

Engel-Ciric, Dejan, Kopernikanische Wende, 2008:
Bilanzrechtsmodernisierungsgesetz: Die kopernikanische Wende in der deutschen Rechnungslegung, in: Bilanzbuchhalter und Controller 2008, S. 25-30.

Epstein, Barry J./Jermakowicz, Eva K., Wiley-Kommentar, 2009:
Wiley-Kommentar zur internationalen Rechnungslegung nach IFRS 2009, hrsg. und überarbeitet von Wolfgang Ballwieser, Frank Beine, Sven Hayn, Volker H. Peemöller, Lothar Schruff und Claus-Peter Weber, 5. Auflage, Weinheim 2009.

Erchinger, Holger/Melcher, Winfried, Konvergenz, 2007:
Stand der Konvergenz zwischen US-GAAP und IFRS: Anerkennung der IFRS durch die SEC – Eine kritische Bestandsaufnahme –, in: KoR 2007, S. 245-254.

Erdmann, Mark-Ken, Integration, 2008:
Integration von externer und interner Rechnungslegung im Bertelsmann Konzern, in: Bilanz als Informations- und Kontrollinstrument – Kapitalmarktorientierte Rechnungslegung und integrierte Unternehmenssteuerung, hrsg. von Karlheinz Küting, Norbert Pfitzer und Claus-Peter Weber, Stuttgart 2008, S. 237-254.

Ernst, Christoph, Gesetzgebungsreport, 2003:
BB-Gesetzgebungsreport: Auswirkungen des 10-Punkte-Programms „Unternehmensintegrität und Anlegerschutz" auf das Bilanzrecht, in: BB 2003, S. 1487-1491.

Esser, Martin/Brendle, Martin, Gesamtergebnis, 2009:
Die Darstellung des Gesamtergebnisses nach IAS 1 (rev. 2007), in: IRZ 2009, S. 143-145.

Esterer, Fritz, Gläserne, aber verschlossene Taschen, 2008:
Gläserne, aber verschlossene Taschen für kapitalmarktorientierte Unternehmen: „IFRS plus Solvenztest" statt Handelsbilanz, in: SR 2008, S. 175.

EU-Kommission, Mittelstand, 2008:
Vorrang für den Mittelstand. Europa ist gut für KMU – KMU sind gut für Europa, Brüssel 2008.

Euler, Roland, Bilanzrechtstheorie, 1997:
Bilanzrechtstheorie und internationale Rechnungslegung, in: Handelsbilanzen und Steuerbilanzen, Festschrift zum 70. Geburtstag von Prof. Dr. h. c. Heinrich Beisse, hrsg. von Wolfgang Dieter Budde, Adolf Moxter und Klaus Offerhaus, Düsseldorf 1997, S. 171-188.

European Commission, Facts and figures, 2009:
Facts and figures – SMEs in Europe, Stand: 2005, http://ec.europa.eu/enterprise/entrepreneurship/facts_figures.htm, Abruf am 15.06.2009.

European Commission, Implementation, 2008:
Implementation of the IAS Regulation (1606/2002) in the EU and EEA, 25.02.2008, http://ec.europa.eu/internal_market/accouting/docs/ias/ias-use-of-options_en.pdf, Abruf am 15.06.2009.

Ewert, Ralf, Rechnungslegung, 1999:
Rechnungslegung, Globalisierung und Kapitalkosten, in: krp-Sonderheft 3/1999, S. 39-46.

Ewert, Ralf, Fair Values, 2006:
Fair Values und deren Verwendung im Controlling, in: Controlling und IFRS-Rechnungslegung – Konzepte, Schnittstellen, Umsetzung, hrsg. von Alfred Wagenhofer, Berlin 2006, S. 21-47.

Ewert, Ralf/Wagenhofer, Alfred, Interne Unternehmensrechnung, 2008:
Interne Unternehmensrechnung, 7. Auflage, Berlin et al. 2008.

Fandel, Günter, Produktion, 2007:
Produktion I, Produktions- und Kostentheorie, 7. Auflage, Berlin et al. 2007.

Franke, Günter/Hax, Herbert, Finanzwirtschaft, 2004:
Finanzwirtschaft des Unternehmens und Kapitalmarkt, 5. Auflage, Berlin et al. 2004.

Franz, Klaus-Peter/Kajüter, Peter, Kostenmanagement, 2002:
Kostenmanagement in Deutschland – Empirische Befunde zur Praxis des Kostenmanagements in deutschen Unternehmen, in: Kostenmanagement – Wertsteigerung durch systematische Kostensteuerung, hrsg. von Klaus-Peter Franz, 2. Auflage, Stuttgart 2002, S. 569-586.

Franz, Klaus-Peter/Winkler, Carsten, Unternehmenssteuerung, 2006:
Unternehmenssteuerung und IFRS – Grundlagen und Praxisbeispiele, München 2006.

Fuchs, Markus/Stibi, Bernd, IOSCO, 2000:
IOSCO – SEC – EU-Kommission – Entscheidende Schritte auf dem Weg zu einer international anerkannten Rechnungslegung?, in: KoR 2000, S. 1-9.

Fuchs, Markus/Stibi, Bernd, Reform, 2007:
Reform des Gläubigerschutzes durch Kapitalerhaltung? Problembereiche eines Systemwandels der Ausschüttungsbemessung, in: BB 2007, S. 93-98.

Fuchs, Markus/Stibi, Bernd, Solvenztests, 2007:
Solvenztests als Grundlage der Ausschüttungsbemessung – Anforderungen und betriebswirtschaftliche Gestaltungsmöglichkeiten, in: BB-Special 5/2007, S. 19-24.

Fülbier, Rolf Uwe, Systemtauglichkeit, 2006:
Systemtauglichkeit der International Financial Reporting Standards für Zwecke der steuerlichen Gewinnermittlung, in: StuW 2006, S. 228-242.

Fülbier, Rolf Uwe/Gassen, Joachim, BilMoG, 2007:
Das Bilanzrechtsmodernisierungsgesetz (BilMoG): Handelsrechtliche GoB vor der Neuinterpretation, in: DB 2007, S. 2605-2612.

Gassen, Joachim/Fischkin, Michael/Hill, Verena, Rahmenkonzept-Projekt, 2008:
Das Rahmenkonzept-Projekt des IASB und der FASB: Eine normendeskriptive Analyse des aktuellen Stands, in: WPg 2008, S. 874-882.

Geiseler, Christoph, Finanzierungsverhalten, 1999:
Das Finanzierungsverhalten kleiner und mittlerer Unternehmen: eine empirische Untersuchung, Wiesbaden 1999.

Gleißner, Werner/Füser, Karsten, Rating, 2003:
Leitfaden Rating, Basel II: Rating-Strategien für den Mittelstand, 2. Auflage, München 2003.

Göbel, Stefan/Kormaier, Benedikt, Adressaten, 2007:
Adressaten und deren Anforderungen an die externe Berichterstattung nicht kapitalmarktorientierter Unternehmen – Ergebnisse ausgewählter Studien –, in: KoR 2007, S. 519-532.

Goerdeler, Reinhard, True an Fair View, 1973:
„A True and Fair View – or Compliance with the Law and the Company Statutes", in: WPg 1973, S. 517-525.

Göllert, Kurt, Auswirkungen, 2008:
Auswirkungen des Bilanzrechtsmodernisierungsgesetzes (BilMoG) auf die Bilanzpolitik, in: DB 2008, S. 1165-1171.

Gräfer, Horst, Bilanzanalyse, 2008:
Bilanzanalyse – Traditionelle Kennzahlenanalyse des Einzeljahresabschlusses, kapitalmarktorientierte Konzernjahresabschlussanalyse, mit Aufgaben und Lösungen, 10. Auflage, Herne/Berlin 2008.

Grottke, Markus, Kapitalerhaltung, 2009:
Kritik an der Kapitalerhaltung und synoptische Darstellung des aktuellen Stands der Reformvorschläge – Gläubigerschutz durch Ausschüttungsbemessung I –, in: KoR 2009, S. 261-278.

Grunert, Jens/Kleff, Volker/Norden, Lars/Weber, Martin, Basel II, 2002:
Mittelstand und Basel II: Der Einfluss der neuen Eigenkapitalvereinbarung für Banken auf die Kalkulation von Kreditzinsen, in: ZfB 2002, S. 1045-1064.

Günterberg, Brigitte/Kayser, Gunter, SMEs in Germany, 2004:
SMEs in Germany – Facts and Figures 2004, IfM-Materialien Nr. 161, hrsg. vom IfM Bonn, Bonn 2004.

Günterberg, Brigitte/Wolter, Hans-Jürgen, Mittelstand, 2002:
Mittelstand in der Gesamtwirtschaft – Anstelle einer Definition, in: Unternehmensgrößenstatistik 2001/2002 – Daten und Fakten, IfM-Materialien Nr. 156, hrsg. vom IfM Bonn, Bonn 2002, S. 1-22.

Guthoff, Markus, Mittelstandsrating, 2006:
IFRS und Mittelstandsrating der Banken – Erhöhen IFRS-Abschlüsse die Qualität der Bilanz- und Finanzanalyse?, in: IFRS für den Mittelstand, Perspektiven – Anwendung – Praxisberichte, hrsg. von Norbert Winkeljohann und Norbert Herzig, Stuttgart 2006, S. 179-194.

Güttler, André/Wahrenburg, Mark, Validierung, 2007:
Validierung von Ratingsystemen, in: Handbuch Rating, hrsg. von Hans E. Büschgen, 2. Auflage, Wiesbaden 2007, S. 747-765.

Haaker, Andreas, Wertorientiertes Controlling, 2005:
IFRS und wertorientiertes Controlling – Geprüfte bereichsbezogene Unternehmenswerte als „Service" der IFRS für die wertorientierte Unternehmenssteuerung, in: KoR 2005, S. 351-357.

Haaker, Andreas, Erneutes Plädoyer, 2006:
Da capo: Zur Eignung des value in use einer cash generating unit gemäß IAS 36 als Basis einer wertorientierten Bereichssteuerung – Replik zum Beitrag von Klingelhöfer, KoR 2006, S. 590 und zugleich erneutes Plädoyer für eine Nutzung des Goodwill-Impairment-Tests nach IFRS im internen Rechnungswesen –, in: KoR 2006, S. 687-695.

Haaker, Andreas, Replik, 2006:
Der Value in Use einer Cash Generating Unit als adäquate Basis einer wertorientierten Bereichssteuerung, – Replik zur Erwiderung von Michael Olbrich, KoR 2006, S. 43 und zugleich Plädoyer für eine auf den Daten des Goodwill-Impairment-Tests nach IFRS basierende Bereichssteuerung –, in: KoR 2006, S. 44-47.

Haaker, Andreas, Fair value, 2009:
Fair value-Bewertung im „modernisierten" HGB?, in: PiR 2009, S. 50.

Hahn, Klaus, Horrorszenario, 2007:
Anwendung der IFRS im Mittelstand – Chance oder Horrorszenario?, in: IFRS-Management, hrsg. von Reinhard Heyd und Isabel von Keitz, München 2007, S. 197-214.

Haller, Axel, Grundlagen, 1994:
Die Grundlagen der externen Rechnungslegung in den USA unter besonderer Berücksichtigung der rechtlichen, institutionellen und theoretischen Rahmenbedingungen, 4. Auflage, Stuttgart 1994.

Haller, Axel, Eignung, 1997:
Zur Eignung der US-GAAP für Zwecke des internen Rechnungswesens, in: Controlling 1997, S. 270-276.

Haller, Axel, Szenario, 2003:
IFRS für alle Unternehmen – ein realisierbares Szenario in der Europäischen Union?, in: KoR 2003, S. 413-424.

Haller, Axel, Segmentberichterstattung, 2006:
Segmentberichterstattung – Schnittstelle zwischen Controlling und Rechnungslegung, in: Controlling und IFRS-Rechnungslegung – Konzepte, Schnittstellen, Umsetzung, hrsg. von Alfred Wagenhofer, Berlin 2006, S. 143-168.

Haller, Axel/Beiersdorf, Kati/Eierle, Brigitte, ED-IFRS for SMEs, 2007:
ED-IFRS for SMEs – Entwurf eines internationalen Rechnungslegungsstandards für kleine und mittelgroße Unternehmen, in: BB 2007, S. 540-551.

Haller, Axel/Eierle, Brigitte, Accounting Standards, 2004:
Accounting Standards for Small and Medium-sized Entities – erste Weichenstellungen durch das IASB, in: BB 2004, S. 1838-1845.

Haller, Axel/Ernstberger, Jürgen/Buchhauser, Anita, Performance Reporting, 2008:
Performance Reporting nach International Financial Reporting Standards – Empirische Untersuchung der Unternehmen des HDAX, in: KoR 2008, S. 314-325.

Handwörterbuch Bilanzrecht, 1986:
Handwörterbuch unbestimmter Rechtsbegriffe im Bilanzrecht des HGB, hrsg. von Ulrich Leffson, Dieter Rückle und Bernhard Großfeld, Köln 1986.

Handwörterbuch der Betriebswirtschaftslehre, 1993:
Enzyklopädie der Betriebswirtschaftslehre Band 1, hrsg. von Waldemar Wittmann et al., 5. Auflage, Stuttgart 1993.

Handwörterbuch der Betriebswirtschaftslehre, 2007:
Enzyklopädie der Betriebswirtschaftslehre Band 1, hrsg. von Richard Köhler, Hans-Ulrich Küpper und Andreas Pfingsten, 6. Auflage, Stuttgart 2007.

Haring, Nikolai/Prantner, Renate, Konvergenz, 2005:
Konvergenz des Rechnungswesens – State-of-the-Art in Deutschland und Österreich, in: Controlling 2005, S. 147-154.

Haufe IFRS-Kommentar, 2007:
Haufe IFRS-Kommentar, hrsg. von Norbert Lüdenbach und Wolf-Dieter Hoffmann, 5. Auflage, Freiburg i. Br. et al. 2007.

Haufe IFRS-Kommentar, 2009:
Haufe IFRS-Kommentar, hrsg. von Norbert Lüdenbach und Wolf-Dieter Hoffmann, 7. Auflage, Freiburg i. Br. et al. 2009.

Hax, Herbert, Erfolgsmaßstab, 1964:
Der Bilanzgewinn als Erfolgsmaßstab, in: ZfB 1964, S. 642-651.

Hayn, Sven, IAS, 1994:
Die International Accounting Standards, Teil I und Teil II – Ihre grundlegende Bedeutung für die internationale Harmonisierung der Rechnungslegung sowie eine Darstellung wesentlicher Unterschiede zu den einzelgesellschaftlichen Normen des HGB –, in: WPg 1994, S. 713-721 und S. 749-755.

Hayn, Sven/ Graf Waldersee, Georg, IFRS/HGB/HGB-BilMoG, 2008:
IFRS/HGB/HGB-BilMoG im Vergleich – Synoptische Darstellung mit Bilanzrechtsmodernisierungsgesetz, 7. Auflage, Stuttgart 2008.

HdJ – Handbuch des Jahresabschlusses, 1984/2008:
Rechnungslegung nach HGB und internationalen Standards, hrsg. von Klaus von Wysocki und Joachim Schulze-Osterloh, Köln 1984/2008, Loseblattausgabe, Stand: März 2008.

Heinen, Edmund, Handelsbilanzen, 1986:
Handelsbilanzen, 12. Auflage, Wiesbaden 1986.

Heintges, Sebastian/Härle, Philipp, Anwendung, 2005:
Probleme der Anwendung von IFRS im Mittelstand – Eine Analyse anhand der Vorschriften zur Bilanzierung von Finanzinstrumenten –, in: DB 2005, S. 173-181.

Hennrichs, Joachim, Maßgeblichkeitsgrundsatz, 1999:
Der steuerrechtliche sog. Maßgeblichkeitsgrundsatz gem. § 5 EStG – Stand und Perspektiven –, in: StuW 1999, S. 138-153.

Hennrichs, Joachim, Kapitalerhaltung, 2008:
Zur Zukunft der Kapitalerhaltung: Bilanztest – Solvenztest – oder beides?, in: Der Konzern 2008, S. 42-50.

Hering, Thomas, Unternehmensbewertung, 2006:
Unternehmensbewertung, 2. Auflage, München/Wien 2006.

Hering, Thomas, Investitionstheorie, 2008:
Investitionstheorie, 3. Auflage, München 2008.

Herzig, Norbert, Steuerliche Gewinnermittlung, 2004:
IAS/IFRS und steuerliche Gewinnermittlung – Eigenständige Steuerbilanz und modifizierte Überschussrechnung, Gutachten für das Bundesfinanzministerium, Düsseldorf 2004.

Herzig, Norbert, IAS/IFRS, 2005:
IAS/IFRS und steuerliche Gewinnermittlung, in: WPg 2005, S. 211-235.

Herzig, Norbert, Harmonisierung, 2006:
Internationale Rechnungslegung und Harmonisierung der steuerlichen Gewinnermittlung in Europa, in: IFRS für den Mittelstand, Perspektiven – Anwendung – Praxisberichte, hrsg. von Norbert Winkeljohann und Norbert Herzig, Stuttgart 2006, S. 71-92.

Herzig, Norbert, Modernisierung, 2008:
Modernisierung des Bilanzrechts und Besteuerung, in: DB 2008, S. 1-10.

Herzig, Norbert/Bär, Michaela, Zukunft, 2003:
Die Zukunft der steuerlichen Gewinnermittlung im Licht des europäischen Bilanzrechts, in: DB 2003, S. 1-8.

Herzig, Norbert/Briesemeister, Simone, Einheitsbilanz, 2009:
Das Ende der Einheitsbilanz – Abweichungen zwischen Handels- und Steuerbilanz nach BilMoG-RegE –, in: DB 2009, S. 1-11.

Herzig, Norbert/Vossel, Stephan, Paradigmenwechsel, 2009:
Paradigmenwechsel bei latenten Steuern nach dem BilMoG, in: BB 2009, S. 1174-1178.

Heuser, Paul J., Kapitalerhaltung, 2008:
Kapitalerhaltung aus Sicht des Abschlussprüfers – Solvenztest versus Überleitungsrechnung, in: SR 2008, S. 176-178.

Heuser, Paul J./Theile, Carsten, IFRS-Handbuch, 2007:
IFRS-Handbuch – Einzel- und Konzernabschluss, 3. Auflage, Köln 2007.

Heyd, Reinhard, Harmonisierung, 2001:
Zur Harmonisierung von internem und externem Rechnungswesen nach US-GAAP – Die Sichtweise deutscher Konzernunternehmen, in: Schweizer Treuhänder 2001, S. 201-214.

Hinz, Michael, Konzernabschluss, 2002:
Der Konzernabschluss als Instrument zur Informationsvermittlung und Ausschüttungsbemessung, Wiesbaden 2002.

Hinz, Michael, Rechnungslegung, 2005:
Rechnungslegung nach IFRS – Konzept, Grundlagen und erstmalige Anwendung, München 2005.

Hinz, Michael, Konzernabschluss, 2006:
Der Konzernabschluss, in: Rechnungslegung nach IFRS – Ein Handbuch für mittelständische Unternehmen, hrsg. von Norbert Winkeljohann, 2. Auflage, Herne/Berlin 2006, S. 319-362.

Hitz, Jörg-Markus, Rechnungslegung, 2005:
Rechnungslegung zum fair value – Konzeption und Entscheidungsnützlichkeit, Frankfurt a. M. et al. 2005.

Hofbauer, Max A./Kupsch, Peter, Bonner Handbuch, 1994:
Bonner Handbuch Rechnungslegung – Textsammlung, Einführung, Kommentierung, hrsg. von Max A. Hofbauer, Wolfgang Grewe, Werner Albrecht, Peter Kupsch und Gerhard Scherrer, 2. Auflage, Bonn/Berlin 1994, Loseblattausgabe, Stand: April 2009.

Hoffmann, Wolf-Dieter, Zwischenstopp, 2007:
Zwischenstopp auf dem langen Marsch zu den IFRS, in: StuB 2007, S. 844-845.

Hoffmann, Wolf-Dieter/Lüdenbach, Norbert, Diskussionsentwurf, 2006:
Der Diskussionsentwurf des IASB-Mitarbeiterstabes zum SME-Projekt, in: DStR 2006, S. 1903-1908.

Hoffmann, Wolf-Dieter/Lüdenbach, Norbert, Schwerpunkte, 2008:
Inhaltliche Schwerpunkte des BilMoG-Regierungsentwurfs, in: DStR 2008, Beihefter zu Heft 30, S. 49-68.

Hofmann, Gerhard, Rating, 2004:
Externes versus internes Rating, in: Herausforderungen und Chancen durch weltweite Rechnungslegungsstandards – Kapitalmarktorientierte Rechnungslegung und integrierte Unternehmenssteuerung, hrsg. von Karlheinz Küting, Norbert Pfitzer und Claus-Peter Weber, Stuttgart 2004, S. 263-280.

Hommel, Michael/Wüstemann, Jens, Synopse, 2006:
Synopse der Rechnungslegung nach HGB und IFRS – Eine qualitative Gegenüberstellung –, München 2006.

Horváth, Péter, Controlling, 2009:
Controlling, 11. Auflage, München 2009.

Horváth, Péter/Arnaout, Ali, Einheit, 1997:
Internationale Rechnungslegung und Einheit des Rechnungswesens – State-of-the-Art und Implementierung in der deutschen Praxis, in: Controlling 1997, S. 254-269.

Horváth, Péter/Niemand, Stefan/Wolbold, Markus, Target Costing, 1993:
Target Costing – State of the Art, in: Target Costing – Marktorientierte Zielkosten in der deutschen Praxis, hrsg. von Péter Horváth, Stuttgart 1993, S. 1-27.

IASB, Comment Letter Index, 2004:
Comment Letter Index – Discussion Paper Preliminary Views on Accounting Standards for Small an Medium-sized Entities (issued for comment 24 June 2004), http://www.iasb.org/NR/rdonlyres/0D83B328-3278-4223-BSF2-BA69367C8E94/0/SMECommentLetterIndex.pdf, Abruf am 15.06.2009.

IASB, DP-SME, 2004:
Discussion Paper – Preliminary Views on Accounting Standards for Small and Medium-sized Entities, June 2004, http://www.iasb.org/NR/rdonlyres/40DFAE7D-3BSF-4764-AF05-0E2F0252F7E7/0/DPonSMEs.pdf, Abruf am 15.06.2009.

IASB, ED-IFRS-KMU, 2007:
Entwurf eines vorgeschlagenen IFRS für kleine und mittelgroße Unternehmen, Übersetzung in Zusammenarbeit mit Deloitte, München 2007.

IASB, Schlussfolgerungen, 2007:
Grundlage für Schlussfolgerungen zum Entwurf IFRS für kleine und mittelgroße Unternehmen, Übersetzung in Zusammenarbeit mit Deloitte, München 2007.

IASB, Umsetzungsleitlinien, 2007:
Entwurf der Umsetzungsleitlinien IFRS für kleine und mittelgroße Unternehmen, Musterabschluss und Angabecheckliste, Übersetzung in Zusammenarbeit mit Deloitte, München 2007.

IASB, IFRS, 2009:
International Financial Reporting Standards IFRS einschließlich International Accounting Standards IAS und Interpretationen. Die amtlichen EU-Texte Englisch-Deutsch 2009, hrsg. vom Institut der Wirtschaftsprüfer in Deutschland e. V., 5. Auflage, Düsseldorf 2009.

IASB, IFRS (engl.), 2009:
International Financial Reporting Standards IFRS – official pronouncements as issued at 1 January 2009, London 2009.

IASB, Members, 2009:
Members of the International Accounting Standards Board, 2009, http://www.iasb.org/About+Us/About+the+IASB/IASB+members.htm, Abruf am 15.06.2009.

IASCF, Constitution, 2000:
IASC Foundation Constitution, in: IASB, International Financial Reporting Standards (IFRSs) 2008, London 2008, p. 13-24.

IDW, Stellungnahme Discussion Paper, 2004:
IDW Stellungnahme: Discussion Paper – Preliminary Views on Accounting Standards for Small and Medium-sized Entities, in: WPg 2004, S. 1153-1157.

IDW (Hrsg.), Bilanzrechtsreformgesetz (BilReG), 2005:
Bilanzrechtsreformgesetz (BilReG), Bilanzkontrollgesetz (BilKoG), IDW-Textausgabe, Düsseldorf 2005.

IDW, Internationalisierung, 2005:
Internationalisierung der Rechnungslegung im Mittelstand – Wirtschaftsprüfer begleiten mittelständische Unternehmen bei der Umstellung auf IFRS, Düsseldorf 2005.

IDW, Kapitalerhaltung, 2006:
Vorschläge des IDW zur Neukonzeption der Kapitalerhaltung und zur Ausschüttungsbemessung, Pressemitteilung, in: IDW-FN Nr. 11/2006, S. 677-679.

IDW, Presseinformation 1/2007 vom 05.03.2007:
Internationaler Rechnungslegungsstandard für den Mittelstand – Konkurrenz für das Handelsgesetzbuch?, 05.03.2007, http://www.idw.de/idw/portal/d417044/index.jsp, Abruf am 15.06.2009.

IDW, Referentenentwurf, 2008:
IDW zum Referentenentwurf des Bilanzrechtsmodernisierungsgesetzes, in: IDW-FN Nr. 1-2/2008, S. 9-21.

Internal Market and Services Directorate General (DG MARKT), Study, 2007:
Study on administrative costs of the EU company Law Acquis, Final report, July 2007, http://ec.europa.eu/internal_market/company/docs/simplification/final_report_company_law_administrative_costs_en.pdf, Abruf am 15.06.2009.

Irujo, José Miguel Embid, Spanish Company Law, 2006:
Capital Protection in Spanish Company Law, in: ZGR-Sonderheft 17, 2006, S. 679-693.

Jacobs, Otto H., Realisationsprinzip, 1972:
Stellen die aktienrechtlichen Gewinnermittlungsvorschriften einen Verstoß gegen das Realisationsprinzip dar?, in: WPg 1972, S. 173-178.

Jahnke, Hermann/Wielenberg, Stefan/Schumacher, Heinrich, Integration, 2007:
Ist die Integration des Rechnungswesens tatsächlich ein Motiv für die Einführung der IFRS in mittelständischen Unternehmen?, in: KoR 2007, S. 365-376.

Janze, Christian, Umsetzungsempfehlungen, 2007:
Umsetzungsempfehlungen des IAS 41 für einzelne Gruppen biologischer Vermögenswerte, in: KoR 2007, S. 130-142.

Jebens, Carsten Thomas, IFRS, 2003:
Was bringen die IFRS oder IAS dem Mittelstand?, in: DB 2003, S. 2345-2350.

Jensen, Michael C./Meckling, William H., Theory, 1976:
Theory of the firm: Managerial behavior, agency costs and ownership structure, in: Journal of Financial Economics, Volume 3, Issue 4, p. 303-360.

Käfer, Karl, Kapitalflußrechnungen, 1984:
Kapitalflußrechnungen: Statement of changes in financial position, Liquiditätsnachweis, Bewegungsbilanz als 3. Jahresrechnung der Unternehmung, 2. Auflage, Stuttgart 1984.

Kahle, Holger, Unternehmenssteuerung, 2003:
Unternehmenssteuerung auf Basis internationaler Rechnungslegungsstandards?, in: zfbf 2003, S. 773-789.

Kahle, Holger, Steuerliche Gewinnermittlung, 2006:
Steuerliche Gewinnermittlung unter dem Einfluss der IAS/IFRS, in: IRZ 2006, S. 87-94.

Kahle, Holger/Dahlke, Andreas, IFRS, 2007:
IFRS für mittelständische Unternehmen?, in: DStR 2007, S. 313-318.

Kahle, Holger/Günter, Simone, Vermögensgegenstand, 2008:
Vermögensgegenstand und Wirtschaftsgut – Veränderung der Aktivierungskriterien durch das BilMoG?, in: Steuerliche Gewinnermittlung nach dem Bilanzrechtsmodernisierungsgesetz, hrsg. von Ute Schmiel und Volker Breithecker, Berlin 2008, S. 69-101.

Kajüter, Peter/Barth, Daniela/Dickmann, Tobias/Zapp, Pierre, Rechnungslegung, 2007:
Rechnungslegung nach IFRS im deutschen Mittelstand?, in: DB 2007, S. 1877-1884.

Kajüter, Peter/Schoberth, Joerg/Zapp, Pierre/Lübbig, Maike, Beurteilung, 2008:
IFRS im Mittelstand – Eine Beurteilung des ED IFRS for SMEs aus Sicht von sechs europäischen Ländern, in: KoR 2008, S. 589-601.

Kämpfer, Georg, Solvenztest, 2007:
Solvenztest statt Mindestkapital – Was wird dann geprüft?, in: BB-Special 5/2007, S. 1.

Kampmann, Helga/Schwedler, Kristina, Rahmenkonzept, 2006:
Zum Entwurf eines gemeinsamen Rahmenkonzepts von FASB und IASB – Rechnungslegungsziele und qualitative Anforderungen –, in: KoR 2006, S. 521-530.

Kawlath, Arnold, IFRS versus HGB, 2007:
IFRS versus HGB – Polemik eines Betroffenen, in: Rechnungslegung und Wirtschaftsprüfung, Festschrift zum 70. Geburtstag von Jörg Baetge, hrsg. von Hans-Jürgen Kirsch und Stefan Thiele, Düsseldorf 2007, S. 303-319.

Kayser, Gunter, Mittelstand, 2006:
Daten und Fakten – Wie ist der Mittelstand strukturiert?, in: Praxishandbuch des Mittelstands – Leitfaden für das Management mittelständischer Unternehmen, hrsg. von Wolfgang Krüger, Gerhard Klippstein, Richard Merk und Volker Wittberg, Wiesbaden 2006, S. 33-48.

Kirsch, Hanno, IFRS-Rechnungslegung, 2007:
IFRS-Rechnungslegung für kleine und mittlere Unternehmen – Der Standardentwurf, Herne/Berlin 2007.

Kirsch, Hanno, Jahresabschlussanalyse, 2007:
Finanz- und erfolgswirtschaftliche Jahresabschlussanalyse nach IFRS – Aussagefähigkeit und Einfluss der IFRS-Rechnungslegung, 2. Auflage, München 2007.

Kirsch, Hans-Jürgen, Umsetzung, 2003:
Zur Frage der Umsetzung der Mitgliedstaatenwahlrechte der EU-Verordnung zur Anwendung der IAS/IFRS, in: WPg 2003, S. 275-278.

Kirsch, Hans-Jürgen/Meth, Dirk, Adressaten, 2007:
Adressaten einer IFRS-Rechnungslegung für mittelständische Unternehmen, in: BB-Special 6/2007, S. 7-12.

Klein, Georg A., Konvergenz, 1999:
Konvergenz von internem und externem Rechnungswesen auf der Basis der International Accounting Standards (IAS), in: krp-Sonderheft 3/1999, S. 67-77.

Klein, Georg A., Unternehmenssteuerung, 1999:
Unternehmenssteuerung auf Basis der International Accounting Standards – Ein Beitrag zur Konvergenz von internem und externem Rechnungswesen, München 1999.

Klein, Thomas, Insolvenzverfahren, 2004:
Handelsrechtliche Rechnungslegung im Insolvenzverfahren, Düsseldorf 2004.

Kleindiek, Detlef, Perspektiven, 2007:
Perspektiven des Kapitalschutzes – Themen und Meinungen in der nationalen Diskussion, in: BB-Special 5/2007, S. 2-7.

Kless, Sascha/Veldhues, Bernhard, Ausgewählte Ergebnisse, 2008:
Ausgewählte Ergebnisse für kleine und mittlere Unternehmen in Deutschland 2005, in: Wirtschaft und Statistik 3/2008, hrsg. vom Statistischen Bundesamt, Wiesbaden 2008, S. 225-241.

Klingelhöfer, Heinz Eckart, Stellungnahme, 2006:
Wertorientiertes Controlling auf der Grundlage von Werten nach IAS 36? – Das Konzept zahlungsmittelgenerierender Einheiten und ihrer Nutzungswerte nach IAS 36 aus Sicht des wertorientierten Controllings, zugleich Stellungsnahme zu den Beiträgen von Andreas Haaker, KoR 2005, S. 351, KoR 2006, S. 44 und Michael Olbrich, KoR 2006, S. 43 –, in: KoR 2006, S. 590-597.

Knorr, Liesel, Bilanzrechtsreform, 2008:
Expertenkommentar Bilanzrechtsreform: Von Deregulierung über Beibehaltung der Einheitsbilanz zur Stärkung der Aussagekraft, in: IRZ 2008, S. 65 f.

Knorr, Liesel/Beiersdorf, Kati/Schmidt, Martin, EU-Vorschlag, 2007:
EU-Vorschlag zur Vereinfachung des Unternehmensumfelds – insbesondere für KMU, in: BB 2007, S. 2111-2117.

Knorr, Liesel/Zeimes, Markus, IASB-Projekt, 2005:
IASB-Projekt zu Accounting Standards for Non-Publicly Accountable Entities: Status der Diskussion, in: BB-Beilage 3/2005, S. 20-26.

Köhler, Annette, IFRS-Standardentwurf, 2007:
IFRS-Standardentwurf für den Mittelstand – Ausgangssituation in Europa und Entwicklungsperspektiven, in: BB-Special 6/2007, S. 2-7.

Köhler, Annette, Kosten-Nutzen-Aspekte, 2008:
Kosten-Nutzen-Aspekte der Vereinfachungsvorschläge der EU-Kommission in den Bereichen Rechnungslegung und Wirtschaftsprüfung, in: WPg 2008, S. 5-12.

Krey, Antje/Lorson, Peter, Gestaltungsempfehlungen, 2007:
Controlling in KMU – Gestaltungsempfehlungen für eine Kombination aus internem und externem Controlling, in: BB 2007, S. 1717-1723.

Kronstein, Heinrich/Claussen, Carsten Peter, Gewinnverteilung, 1960:
Publizität und Gewinnverteilung im neuen Aktienrecht – Rechtsvergleichende Untersuchung unter Berücksichtigung des amerikanischen Rechts, Frankfurt a. M. 1960.

Kruschwitz, Lutz, Finanzierung, 2007:
Finanzierung und Investition, 5. Auflage, München/Wien 2007.

Kruth, Bernd-Joachim, Anwendung, 2006:
Freiwillige Anwendung der IFRS im Mittelstand: Vorteile bei der Ansprache von Kapitalgebern?, in: IFRS für den Mittelstand, Perspektiven – Anwendung – Praxisberichte, hrsg. von Norbert Winkeljohann und Norbert Herzig, Stuttgart 2006, S. 167-178.

Kubin, Konrad W., Shareholder Value, 1998:
Der Aktionär als Aktienkunde – Anmerkungen zum Shareholder Value, zur Wiedervereinigung der internen und externen Rechnungslegung und zur globalen Verbesserung der Berichterstattung, in: Rechnungswesen als Instrument für Führungsentscheidungen, Festschrift für Prof. Dr. Dr. h. c. Adolf G. Coenenberg zum 60. Geburtstag, hrsg. von Hans Peter Möller und Franz Schmidt, Stuttgart 1998, S. 525-560.

Kübler, Friedrich, Gläubigerschutz, 1995:
Institutioneller Gläubigerschutz oder Kapitalmarkttransparenz?, in: ZHR 1995, S. 550-566.

Kübler, Friedrich, Vorsichtsprinzip, 1995:
Vorsichtsprinzip versus Kapitalmarktinformation – Bilanzprobleme aus der Perspektive der Gesellschaftsrechtsvergleichung –, in: Rechenschaftslegung im Wandel, Festschrift für Wolfgang Dieter Budde, hrsg. von Gerhart Förschle, Klaus Kaiser und Adolf Moxter, München 1995, S. 361-375.

Kuhn, Steffen/Friedrich, Michèle C., Komplexitätsreduktion, 2007:
Exposure Draft IFRS for Small and Medium-sized Entities: Komplexitätsreduktion durch die neuen Vorschriften zur Bilanzierung von Finanzinstrumenten?, in: DB 2007, S. 925-932.

Kuhn, Steffen/Scharpf, Paul, Financial Instruments, 2006:
Rechnungslegung von Financial Instruments nach IFRS, IAS 32, IAS 39 und IFRS 7, 3. Auflage, Stuttgart 2006.

Kuhner, Christoph, Prinzipienbasierung, 2004:
Auf dem Weg zur Prinzipienbasierung der kapitalmarktorientierten Rechnungslegung? – Einige Anmerkungen zum aktuellen Diskussionsstand –, in: WPg 2004, S. 261-271.

Kuhner, Christoph, Zukunft, 2007:
Die Zukunft des Einzelabschlusses nach IFRS vor dem Hintergrund von Gläubigerschutz, Kapitalerhaltung und Solvency Test, in: IFRS-Management, hrsg. von Reinhard Heyd und Isabel von Keitz, München 2007, S. 53-74.

Kümpel, Thomas, Integration, 2002:
Integration von internem und externem Rechnungswesen bei der Bewertung erfolgsversprechender langfristiger Fertigungsaufträge, in: DB 2002, S. 905-910.

Kümpel, Thomas, IAS 41, 2006:
IAS 41 als spezielle Bewertungsvorschrift für die Landwirtschaft, in: KoR 2006, S. 550-558.

Kümpel, Thomas, Ansatz von Finanzinstrumenten, 2007:
Ansatz von Finanzinstrumenten nach IAS 32 und IAS 39, in: b&b 2007, S. 309-314.

Kümpel, Thomas, Ausbuchung von Finanzinstrumenten, 2007:
Abgang und Ausbuchung von Finanzinstrumenten nach IAS 32 und IAS 39, in: b&b 2007, S. 393-399.

Kümpel, Thomas, Bewertung von Finanzinstrumenten, 2007:
Bewertung von Finanzinstrumenten nach IAS 32 und IAS 39, in: b&b 2007, S. 346-359.

Kümpel, Thomas/Becker, Michael, Immobilien-Leasingverhältnisse, 2006:
Besonderheiten bei der Klassifizierung von Immobilien-Leasingverhältnissen im IFRS-Regelwerk, in: PIR 2006, S. 81-86.

Kümpel, Thomas/Becker, Michael, Leasing, 2006:
Leasing im IFRS-Regelwerk, in: b&b 2006, S. 352-359 und 384-399.

Küpper, Hans-Ulrich, Internes Rechnungswesen, 1993:
Internes Rechnungswesen, in: Ergebnisse empirischer betriebswirtschaftlicher Forschung: Zu einer Realtheorie der Unternehmung, Festschrift für Eberhard Witte, hrsg. von Jürgen Hauschildt und Oskar Grün, Stuttgart 1993, S. 601-631.

Küpper, Hans-Ulrich, Unternehmensplanung, 1995:
Unternehmensplanung und -steuerung mit pagatorischen oder kalkulatorischen Erfolgsrechnungen?, in: zfbf-Sonderheft 34, 1995, S. 19-50.

Küpper, Hans-Ulrich, Zweckmäßigkeit, 1999:
Zweckmäßigkeit, Grenzen und Ansatzpunkte einer Integration der Unternehmensrechnung, in: krp-Sonderheft 3/1999, S. 5-11.

Kußmaul, Heinz/Henkes, Jörg, IFRS, 2006:
IFRS für den Mittelstand: Anwender- und Adressatenkreis im Kontext der neuesten Entwicklungen beim SME-Projekt des IASB, in: BB 2006, S. 2235-2240.

Kußmaul, Heinz/Meyering, Stephan, § 241a HGB-E, 2008:
BilMoG-Regierungsentwurf: Wen entlastet § 241a HGB-E?, in: DB 2008, S. 1445-1447.

Küting, Karlheinz, Rechnungslegung in Deutschland, 2000:
Die Rechnungslegung in Deutschland an der Schwelle zu einem neuen Jahrtausend – Bestandsaufnahme und Ausblick –, in: DStR 2000, S. 38-44.

Küting, Karlheinz, IFRS-Standardentwurf, 2007:
IFRS-Standardentwurf für den Mittelstand: Der Preis einer Umstellung ist zu hoch!, in: BB-Special 6/2007, S. 1.

Küting, Karlheinz, Bewertungsvereinfachungsverfahren, 2009:
Bewertungsvereinfachungsverfahren, in: Das neue deutsche Bilanzrecht – Handbuch zur Anwendung des Bilanzrechtsmodernisierungsgesetzes (BilMoG), hrsg. von Karlheinz Küting, Norbert Pfitzer und Claus-Peter Weber, 2. Auflage, Stuttgart 2009, S. 115-118.

Küting, Karlheinz, Bilanzansatzwahlrechte, 2009:
Bilanzansatzwahlrechte, in: Das neue deutsche Bilanzrecht – Handbuch zur Anwendung des Bilanzrechtsmodernisierungsgesetzes (BilMoG), hrsg. von Karlheinz Küting, Norbert Pfitzer und Claus-Peter Weber, 2. Auflage, Stuttgart 2009, S. 83-100.

Küting, Karlheinz, Herstellungskosten, 2009:
Herstellungskosten, in: Das neue deutsche Bilanzrecht – Handbuch zur Anwendung des Bilanzrechtsmodernisierungsgesetzes (BilMoG), hrsg. von Karlheinz Küting, Norbert Pfitzer und Claus-Peter Weber, 2. Auflage, Stuttgart 2009, S. 159-181.

Küting, Karlheinz/Ellmann, David, Immaterielles Vermögen, 2009:
Immaterielles Vermögen, in: Das neue deutsche Bilanzrecht – Handbuch zur Anwendung des Bilanzrechtsmodernisierungsgesetzes (BilMoG), hrsg. von Karlheinz Küting, Norbert Pfitzer und Claus-Peter Weber, 2. Auflage, Stuttgart 2009, S. 263-292.

Küting, Karlheinz/Kessler, Harald/Keßler, Marco, Pensionsverpflichtungen, 2009:
Bilanzierung von Pensionsverpflichtungen, in: Das neue deutsche Bilanzrecht – Handbuch zur Anwendung des Bilanzrechtsmodernisierungsgesetzes (BilMoG), hrsg. von Karlheinz Küting, Norbert Pfitzer und Claus-Peter Weber, 2. Auflage, Stuttgart 2009, S. 339-374.

Küting, Karlheinz/Lorson, Peter, Grundsätze, 1998:
Grundsätze eines Konzernsteuerungskonzepts auf „externer" Basis – Ein Beitrag zur Konvergenz von internem und externem Rechnungswesen, in: BB 1998, S. 2251-2258 und S. 2303-2309.

Küting, Karlheinz/Lorson, Peter, Konvergenz, 1998:
Konvergenz von internem und externem Rechnungswesen: Anmerkungen zu Strategien und Konfliktfeldern, in: WPg 1998, S. 483-493.

Küting, Karlheinz/Lorson, Peter, Spannungsfeld, 1998:
Anmerkungen zum Spannungsfeld zwischen externen Zielgrößen und internen Steuerungsinstrumenten, in: BB 1998, S. 469-475.

Küting, Karlheinz/Lorson, Peter, Harmonisierung, 1999:
Harmonisierung des Rechnungswesens aus Sicht der externen Rechnungslegung, in: krp-Sonderheft 3/1999, S. 47-57.

Küting, Karlheinz/Pfirmann, Armin/Ellmann, David, Bilanzierung, 2008:
Die Bilanzierung von selbsterstellten immateriellen Vermögensgegenständen nach dem RegE des BilMoG, in: KoR 2008, S. 689-697.

Küting, Karlheinz/Ranker, Daniel/Wohlgemuth, Frank, Auswirkungen, 2004:
Auswirkungen von Basel II auf die Praxis der Rechnungslegung, in: FB 2004, S. 93-104.

Küting, Karlheinz/Reuter, Michael, Bilanzierung, 2004:
Bilanzierung im Spannungsfeld unterschiedlicher Adressaten, in: DSWR 2004, S. 230-233.

Küting, Karlheinz/Reuter, Michael, Eigenkapitalkomponenten, 2009:
Erfolgswirksame versus erfolgsneutrale Eigenkapitalkomponenten im IFRS-Abschluss, in: PiR 2009, S. 44-49.

Küting, Karlheinz/Seel, Christoph, Latente Steuern, 2009:
Latente Steuern, in: Das neue deutsche Bilanzrecht – Handbuch zur Anwendung des Bilanzrechtsmodernisierungsgesetzes (BilMoG), hrsg. von Karlheinz Küting, Norbert Pfitzer und Claus-Peter Weber, 2. Auflage, Stuttgart 2009, S. 499-535.

Küting, Karlheinz/Tesche, Thomas, Stetigkeitsgrundsatz, 2009:
Stetigkeitsgrundsatz, in: Das neue deutsche Bilanzrecht – Handbuch zur Anwendung des Bilanzrechtsmodernisierungsgesetzes (BilMoG), hrsg. von Karlheinz Küting, Norbert Pfitzer und Claus-Peter Weber, 2. Auflage, Stuttgart 2009, S. 41-55.

Küting, Karlheinz/Weber, Claus-Peter, HdR, 1995:
Handbuch der Rechnungslegung: Kommentar zur Bilanzierung und Prüfung, 4. Auflage, Stuttgart 1995, Loseblattausgabe, Stand: August 2008.

Küting, Karlheinz/Weber, Claus-Peter, Bilanzanalyse, 2006:
Die Bilanzanalyse – Beurteilung von Abschlüssen nach HGB und IFRS, 8. Auflage, Stuttgart 2006.

Küting, Karlheinz/Wohlgemuth, Frank, Enforcement, 2002:
Internationales Enforcement – Bestandsaufnahmen und Entwicklungstendenzen –, in: KoR 2002, S. 265-276.

Küting, Karlheinz/Zwirner, Christian, Latente Steuern, 2003:
Latente Steuern in der Unternehmenspraxis: Bedeutung für Bilanzpolitik und Unternehmensanalyse – Grundlagen sowie empirischer Befund in 300 Konzernabschlüssen von in Deutschland börsennotierten Unternehmen –, in: WPg 2003, S. 301-316.

Küting, Karlheinz/Zwirner, Christian, Bedeutung latenter Steuern, 2005:
Zunehmende Bedeutung und Indikationsfunktion latenter Steuern in der Unternehmenspraxis, in: BB 2005, S. 1553-1562.

Küting, Karlheinz/Zwirner, Christian, Auslaufmodell, 2006:
Rechnungslegung nach HGB: Abnehmende Tendenz, aber (immer noch) kein Auslaufmodell! – Entwicklung, Status Quo und Zukunft der Internationalisierung der Rechnungslegung in Deutschland –, in: StuB 2006, S. 1-8.

Küting, Karlheinz/Zwirner, Christian, IFRS-Rechnungslegung, 2007:
Quantitative Auswirkungen der IFRS-Rechnungslegung auf das Bilanzbild in Deutschland, in: KoR 2007, S. 92-102.

Lanfermann, Georg/Richard, Marc, Ausschüttungen, 2008:
Ausschüttungen auf Basis von IFRS: Bleibt die deutsche Bundesregierung zu zögerlich?, in: DB 2008, S. 1925-1932.

Lanfermann, Georg/Röhricht, Victoria, Kapitalerhaltung, 2007:
Stand der europäischen Diskussion zur Kapitalerhaltung, in: BB-Special 5/2007, S. 8-13.

Leffson, Ulrich, Bilanzanalyse, 1984:
Bilanzanalyse, 3. Auflage, Stuttgart 1984.

Leffson, Ulrich, GoB, 1987:
Die Grundsätze ordnungsmäßiger Buchführung, 7. Auflage, Düsseldorf 1987.

Leu, Philipp/Teitler-Feinberg, Evelyn, IOSCO, 2007:
IOSCO als globale Promotorin von IFRS, in: Schweizer Treuhänder 2007, S. 546-550.

Lewis, Richard/Pendrill, David, Accounting, 2004:
Advanced Financial Accounting, 7th edition, Harlow 2004.

Lienau, Achim, Gläubigerschutz, 2008:
Gläubigerschutz durch Solvency Tests auf der Basis eines IFRS-Abschlusses, in: KoR 2008, S. 79-88.

Littkemann, Jörn/Kraft, Silke, Kapitalflussrechnung, 2006:
Beurteilung der Finanzlage mithilfe der Kapitalflussrechnung nach IAS/IFRS, in: BBK 2006 (Fach 20, S. 2141-2152), S. 553-564.

Littkemann, Jörn/Schulte, Klaus/Kraft, Silke, Bilanzierungssachverhalte, 2005:
Internationale Rechnungslegung für Einzelabschlüsse am Beispiel ausgewählter Bilanzierungssachverhalte, in: StuB 2005, S. 333-340.

Littkemann, Jörn/Schulte, Klaus/Kraft, Silke, Umstellung, 2005:
Freiwillige Umstellung auf die internationale Rechnungslegung in Einzelabschlüssen: Pro und Contra, in: StuB 2005, S. 285-292.

Lo, Vivien, Mittelstand, 2008:
Wie international ist der deutsche Mittelstand?, KfW-Research Nr. 34, April 2008, Frankfurt a. M. 2008.

Loitz, Rüdiger, Nachbesserungen, 2008:
Latente Steuern nach dem Bilanzrechtsmodernisierungsgesetz (BilMoG) – Nachbesserungen als Verbesserungen?, in: DB 2008, S. 1389-1395.

Lorenz, Karsten, Finanzinstrumente, 2007:
Ansatz und Bewertung von Finanzinstrumenten im IFRS-Standardentwurf für den Mittelstand, in: BB-Special 6/2007, S. 12-18.

Lorson, Peter, Harmonisierung, 2007:
Harmonisierung von interner und externer Unternehmensrechnung bei Anwendung von IFRS, in: IFRS-Management, hrsg. von Reinhard Heyd und Isabel von Keitz, München 2007, S. 303-323.

Löw, Edgar, Kapitalflussrechnung, 2005:
Kapitalflussrechnung, in: Rechnungslegung für Banken nach IFRS – Praxisorientierte Einzeldarstellungen, hrsg. von Edgar Löw, 2. Auflage, Wiesbaden 2005, S. 221-306.

Löw, Edgar/Lorenz, Karsten, Finanzinstrumente, 2005:
Ansatz und Bewertung von Finanzinstrumenten, in: Rechnungslegung für Banken nach IFRS – Praxisorientierte Einzeldarstellungen, hrsg. von Edgar Löw, 2. Auflage, Wiesbaden 2005, S. 415-604.

Lüdenbach, Norbert/Hoffmann, Wolf-Dieter, Enron, 2002:
Enron und die Umkehrung der Kausalität bei der Rechnungslegung, in: DB 2002, S. 169-1175.

Lüdenbach, Norbert/Hoffmann, Wolf-Dieter, Objektive-oriented Accounting, 2003:
Vom Principle-based zum Objektive-oriented Accounting, in: KoR 2003, S. 387-398.

Lüdenbach, Norbert/Hoffmann, Wolf-Dieter, Mittelstand, 2004:
IFRS für den Mittelstand?, in: BFuP 2004, S. 596-614.

Lüdenbach, Norbert/Hoffmann, Wolf-Dieter, IFRS-Rechnungslegung, 2005:
Die „komplizierte" IFRS-Rechnungslegung für mittelständische Unternehmen – Systematik und Fallstudie –, in: DStR 2005, S. 884-890.

Lüdenbach, Norbert/Hoffmann, Wolf-Dieter, Schatten, 2007:
Die langen Schatten der IFRS über der HGB-Rechnungslegung, in: DStR 2007, Beihefter zu Heft 50, S. 1-20.

Lüdenbach, Norbert/Hoffmann, Wolf-Dieter, Standardentwurf, 2007:
Der Standardentwurf des IASB für den Mittelstand, in: DStR 2007, S. 544-549.

Lüdenbach, Norbert/Hoffmann, Wolf-Dieter, Gliederung, 2008:
„Lost in confusion" – Wie der BilMoG-Regierungsentwurf die Gliederung des HGB auf den Kopf stellt, in: DB 2008, S. 2205-2206.

Lühn, Michael, Weiterentwicklung, 2007:
Weiterentwicklung des handelsrechtlichen Einzelabschlusses, in: StuB 2007, S. 928-934.

Lutter, Marcus, Kapital, 2006:
Das (feste Grund-)Kapital der Aktiengesellschaft in Europa – Zusammenfassung und Überlegungen des Arbeitskreises „Kapital in Europa", in: ZGR-Sonderheft 17, 2006, S. 1-14.

Mandler, Udo, Argumente, 2003:
Argumente für und gegen IAS/IFRS im Mittelstand, in: StuB 2003, S. 680-687.

Mandler, Udo, Ergebnisse, 2003:
IAS/IFRS für mittelständische Unternehmen: Ergebnisse einer Unternehmensbefragung, in: KoR 2003, S. 143-149.

Mandler, Udo, Mittelstand, 2004:
Der deutsche Mittelstand vor der IAS-Umstellung 2005 – Konzepte und empirische Befunde zur Umsetzung der IAS-Verordnung, Herne/Berlin 2004.

Mandler, Udo, Umstellung, 2007:
IFRS im Mittelstand: Argumente gegen eine Umstellung – Diskussionsstand vor dem Hintergrund des Entwurfs IFRS for SMEs, in: BBK 2007 (Fach 20, S. 2189-2194), S. 387-392.

Männel, Wolfgang, Harmonisierung, 1999:
Harmonisierung des Rechnungswesens für ein integriertes Ergebniscontrolling, in: krp-Sonderheft 3/1999, S. 13-29.

Maret, Johannes/Wepler, Lothar, Internationalisierung, 1999:
Internationalisierung der Rechnungslegung – Die Kapitalmarkt- und Analystenperspektive, in: Internationale Rechnungslegung, Festschrift für Prof. Dr. Claus-Peter Weber zum 60. Geburtstag, hrsg. von Karlheinz Küting und Günther Langenbucher, Stuttgart 1999, S. 37-44.

Marten, Kai-Uwe/Weiser, Felix/Köhler, Annette, Aktive latente Steuern, 2003:
Aktive latente Steuern auf steuerliche Verlustvorträge: zunehmende Tendenz zur Aktivierung, in: BB 2003, S. 2335-2341.

Massenberg, Hans-Joachim/Borchardt, Anke, Rating, 2007:
Rating und Rechnungslegung im Mittelstand, in: BFuP 2007, S. 346-357.

Melcher, Winfried, Konvergenz, 2002:
Konvergenz von internem und externem Rechnungswesen, Umstellung des traditionellen Rechnungswesens und Einführung eines abgestimmten vertikalen und horizontalen Erfolgsspaltungskonzepts, Hamburg 2002.

Menn, Bernd-Joachim, Auswirkungen, 1999:
Auswirkungen der internationalen Bilanzierungspraxis auf Unternehmensrechnung und Controlling, in: Internationale Rechnungslegung, Festschrift für Prof. Dr. Claus-Peter Weber zum 60. Geburtstag, hrsg. von Karlheinz Küting und Günther Langenbucher, Stuttgart 1999, S. 631-647.

Merschmeyer, Marc, Kapitalschutzfunktion, 2005:
Die Kapitalschutzfunktion des Jahresabschlusses und Übernahme der IAS/IFRS für die Einzelbilanz, Frankfurt a. M. et al. 2005.

Meth, Dirk, IFRS, 2007:
Die IFRS als Grundlage der Rechnungslegung mittelständischer Unternehmen – Eine Analyse der Eignung der IFRS für mittelständische Unternehmen unter Berücksichtigung des IASB-Projektes „Accounting Standards for Small and Medium-sized Entities", Lohmar/Köln 2007.

Moxter, Adolf, Grundsätze ordnungsmäßiger Bilanzierung, 1966:
Die Grundsätze ordnungsmäßiger Bilanzierung und der Stand der Bilanztheorie, in: zfbf 1966, S. 28-59.

Moxter, Adolf, Fundamentalgrundsätze, 1976:
Fundamentalgrundsätze ordnungsmäßiger Rechenschaft, in: Bilanzfragen, Festschrift zum 65. Geburtstag von Prof. Dr. Ulrich Leffson, hrsg. von Jörg Baetge, Adolf Moxter und Dieter Schneider, Düsseldorf 1976, S. 89-100.

Moxter, Adolf, Jahresabschlußaufgaben, 1979:
Die Jahresabschlußaufgaben nach der EG-Bilanzrichtlinie: Zur Auslegung von Art. 2 EG-Bilanzrichtlinie, in: Die Aktiengesellschaft 1979, S. 141-146.

Moxter, Adolf, Unternehmenszusammenbruch, 1980:
Ist bei drohendem Unternehmenszusammenbruch das bilanzrechtliche Prinzip der Unternehmensfortführung aufzugeben?, in: WPg 1980, S. 345-351.

Moxter, Adolf, Gewinnermittlung, 1982:
Betriebswirtschaftliche Gewinnermittlung, Tübingen 1982.

Moxter, Adolf, Bilanzsteuerrecht, 1983:
Wirtschaftliche Gewinnermittlung und Bilanzsteuerrecht, in: StuW 1983, S. 300-307.

Moxter, Adolf, Bilanzlehre I, 1984:
Bilanzlehre, Band I, Einführung in die Bilanztheorie, 3. Auflage, Wiesbaden 1984.

Moxter, Adolf, Bilanzlehre II, 1986:
Bilanzlehre, Band II, Einführung in das neue Bilanzrecht, 3. Auflage, Wiesbaden 1986.

Moxter, Adolf, Sinn, 1987:
Zum Sinn und Zweck des handelsrechtlichen Jahresabschlusses nach neuem Recht, in: Bilanz- und Konzernrecht, Festschrift zum 65. Geburtstag von Dr. Dr. h. c. Reinhard Goerdeler, hrsg. von Hans Havermann, Düsseldorf 1987, S. 361-374.

Moxter, Adolf, Verhältnis, 1997:
Zum Verhältnis von Handelsbilanz und Steuerbilanz, in: BB 1997, S. 195-199.

Moxter, Adolf, Grundsätze ordnungsgemäßer Rechnungslegung, 2003:
Grundsätze ordnungsgemäßer Rechnungslegung, Düsseldorf 2003.

Moxter, Adolf, Meinungen, 2003:
Meinungen zum Thema: Neue Vermögensdarstellung in der Bilanz, in: BFuP 2003, S. 480-490.

Moxter, Adolf, Wertaufhellungsverständnis, 2003:
Unterschiede im Wertaufhellungsverständnis zwischen den handelsrechtlichen GoB und den IAS/IFRS, in: BB 2003, S. 2559-2564.

Moxter, Adolf, Gewinnkonzeption, 2004:
Objektivierte Gewinnkonzeption nach International Accounting Standards?, in: Wertorientierte Unternehmenssteuerung, Festschrift für Helmut Laux, hrsg. von Robert M. Gillenkirch et al., Berlin et al. 2004, S. 181-192.

Moxter, Adolf, Aktivierungspflicht, 2008:
Aktivierungspflicht für selbsterstellte immaterielle Anlagewerte?, in: DB 2008, S. 1514-1517.

Moxter, Adolf, Auslegungshilfe, 2009:
IFRS als Auslegungshilfe für handelsrechtliche GoB?, in: WPg 2009, S. 7-12.

Mugler, Josef, Grundlagen, 2008:
Grundlagen der BWL der Klein- und Mittelbetriebe, 2. Auflage, Wien 2008.

Naumann, Klaus-Peter, Kapitalerhaltung, 2007:
Neukonzeption der Kapitalerhaltung und IFRS-Anwendung im Jahresabschluss?, in: Rechnungslegung und Wirtschaftsprüfung, Festschrift zum 70. Geburtstag von Jörg Baetge, hrsg. von Hans-Jürgen Kirsch und Stefan Thiele, Düsseldorf 2007, S. 419-445.

Niehus, Rudolf J., True and Fair View, 1979:
„True and Fair View" – in Zukunft auch ein Bestandteil der deutschen Rechnungslegung?, in: DB 1979, S. 221-225.

Niehus, Rudolf, Spur, 2003:
„Es kam die Spur von meinen Erdentagen ..." – Zum 100. Geburtstag von Dr. Wilhelm Elmendorff –, in: WPg 2003, S. 965-968.

Niehus, Rudolf J., IFRS auf Deutsch, 2005:
Die IFRS auf Deutsch – Fehler und Unzulänglichkeiten der Übersetzung, in: DB 2005, S. 2477-2483.

Niehus, Rudolf J., Mittelstand, 2006:
IFRS für den Mittelstand? Warum eigentlich?, in: DB 2006, S. 2529-2536.

Niehus, Rudolf J., IFRS für KMUs, 2008:
IFRS für KMUs?, in: DB 2008, S. 881-886.

Nobach, Kai/Zirkler, Bernd, Bedeutung, 2006:
Bedeutung der IFRS für das Controlling, in: KoR 2006, S. 737-748.

Oberbrinkmann, Frank, Interpretation, 1990:
Statische und dynamische Interpretation der Handelsbilanz – Eine Untersuchung der historischen Entwicklung, insbesondere der Bilanzrechtsaufgabe und der Bilanzrechtskonzeption, Düsseldorf 1990.

Ochs, Andreas/Leibfried, Peter, IFRS, 2006:
IFRS für den deutschen Mittelstand?, in: PiR 2006, S. 183-189.

Oehler, Ralph, KMU, 2005:
Auswirkungen einer IAS/IFRS-Umstellung bei KMU, München 2005.

Oehler, Ralph, Auswirkungen, 2006:
Auswirkungen einer IFRS-Umstellung auf das Kreditrating mittelständischer Unternehmen, in: DB 2006, S. 113-119.

Olbrich, Michael, Erwiderung, 2006:
Wertorientiertes Controlling auf Basis des IAS 36? – Erwiderung zum Beitrag von Andreas Haaker, KoR 2005, S. 351 und kritische Würdigung des Standards in der neuen Fassung –, in: KoR 2006, S. 43 f.

Olbrich, Michael, Fragwürdigkeit, 2006:
Nochmals: Zur Fragwürdigkeit eines wertorientierten Controllings auf Basis des IAS 36 – Stellungnahme zu den Beiträgen von Andreas Haaker, KoR 2006, S. 44-47 und Heinz Eckhart Klingelhöfer, KoR 2006, S. 590-597, in: KoR 2006, S. 685-687.

Oser, Peter/Reichart, Susanne/Wirth, Johannes, Kapitalkonsolidierung, 2009:
Kapitalkonsolidierung, in: Das neue deutsche Bilanzrecht – Handbuch zur Anwendung des Bilanzrechtsmodernisierungsgesetzes (BilMoG), hrsg. von Karlheinz Küting, Norbert Pfitzer und Claus-Peter Weber, 2. Auflage, Stuttgart 2009, S. 415-439.

Oser, Peter/Roß, Norbert/Wader, Dominic/Drögemüller, Steffen, Eckpunkte des Regierungsentwurfs, 2008:
Eckpunkte des Regierungsentwurfs zum Bilanzrechtsmodernisierungsgesetz (BilMoG), in: WPg 2008, S. 675-694.

Ostmeier, Veit, Informationspotenzial, 2004:
Das Informationspotenzial neuerer Rechnungslegungsinstrumente in International Financial Reporting Standards (IAS/IFRS) basierten Jahresabschlüssen und seine Nutzung für die Abschlussanalyse, Frankfurt a. M. et al. 2004.

Oversberg, Thomas, Endorsement-Prozess, 2007:
Übernahme der IFRS in Europa: Der Endorsement-Prozess – Status quo und Aussicht, in: DB 2007, S. 1597-1602.

Pacter, Paul, Interview, 2007:
IFRS für kleine und mittelgroße Unternehmen? – Interview mit Paul Pacter, in: WPg 2007, S. 327-332.

Paetzmann, Karsten, Finanzierung, 2001:
Finanzierung mittelständischer Unternehmen nach „Basel II" – Neue „Spielregeln" durch bankinterne Ratings, in: DB 2001, S. 493-497.

Pape, Jochen/Fey, Gerd, Konvergenz, 2008:
IFRS im Zeichen der Konvergenz – Chancen und Herausforderungen für die internationale Rechnungslegung, in: Globale Finanzberichterstattung/Global Financial Reporting – Entwicklung, Anwendung und Durchsetzung von IFRS/Development, application and enforcement of IFRS, Festschrift für Liesel Knorr, hrsg. von Hans-Georg Bruns, Robert H. Herz, Heinz-Joachim Neubürger und Davie Tweedie, Stuttgart 2008, S. 29-53.

Patek, Guido Andreas, Derivative Finanzprodukte, 2002:
Abbildung derivativer Finanzprodukte im handelsrechtlichen Jahresabschluß, Lohmar/Köln 2002.

Paul, Stephan, Finanzierungsstrategien, 2007:
Auswirkungen der IFRS auf die Finanzierungsstrategien von Unternehmen, in: IFRS-Management, hrsg. von Reinhard Heyd und Isabel von Keitz, München 2007, S. 325-345.

Paul, Stephan/Stein, Stefan, Rating, 2002:
Rating, Basel II und die Unternehmensfinanzierung, Köln 2002.

Paul, Stephan/Stein, Stefan, Qualitätsampel, 2003:
Auf der Bremsspur: Für den Mittelstand und seine Banken zeigt die Qualitätsampel gelb-rot, in: FB 2003, S. 417-431.

Pawelzik, Kai Udo, IFRS-Abschlüsse, 2006:
IFRS-Abschlüsse im Mittelstand – Warum eigentlich nicht?, in: DB 2006, S. 793-797.

Peemöller, Volker H./Spanier, Günter/Weller, Heino, Internationalisierung, 2002:
Internationalisierung der externen Rechnungslegung: Auswirkungen auf nicht kapitalmarktorientierte Unternehmen, in: BB 2002, S. 1799-1803.

Pelger, Christoph, Framework-Projekt, 2009:
Entscheidungsnützlichkeit in neuem Gewand: Der Exposure Draft zur Phase A des Conceptual Framework-Projekts, in: KoR 2009, S. 156-163.

Pellens, Bernhard/Brandt, Eva/Neuhaus, Stefan, Ergebnisneutrale Erfolgsbestandteile, 2007:
Ergebnisneutrale Erfolgsbestandteile in der IFRS-Rechnungslegung, in: Rechnungslegung und Wirtschaftsprüfung, Festschrift zum 70. Geburtstag von Jörg Baetge, hrsg. von Hans-Jürgen Kirsch und Stefan Thiele, Düsseldorf 2007, S. 447-477.

Pellens, Bernhard/Crasselt, Nils/Sellhorn, Thorsten, Solvenztest, 2007:
Solvenztest zur Ausschüttungsbemessung – Berücksichtigung unsicherer Zukunftserwartungen, in: zfbf 2007, S. 264-283.

Pellens, Bernhard/Fülbier, Rolf Uwe/Gassen, Joachim/Sellhorn, Thorsten, Rechnungslegung, 2008:
Internationale Rechnungslegung – IFRS 1 bis 8, IAS 1 bis 41, IFRIC-Interpretationen, Standardentwürfe – Mit Beispielen, Aufgaben und Fallstudie, 7. Auflage, Stuttgart 2008.

Pellens, Bernhard/Jödicke, Dirk/Jödicke, Ralf, Anwendbarkeit, 2007:
Anwendbarkeit nicht freigegebener IFRS innerhalb der EU, in: BB 2007, S. 2503-2507.

Pellens, Bernhard/Jödicke, Dirk/Richard, Marc, Solvenztests, 2005:
Solvenztests als Alternative zur bilanziellen Kapitalerhaltung?, in: DB 2005, S. 1393-1401.

Pellens, Bernhard/Sellhorn, Thorsten, US-Goodwillbilanzierung, 2002:
Neue US-Goodwillbilanzierung steht deutschen Unternehmen nun offen, in: KoR 2002, S. 113-114.

Pellens, Bernhard/Sellhorn, Thorsten, Zukunft, 2006:
Zukunft des bilanziellen Kapitalschutzes, in: ZGR-Sonderheft 17, 2006, S. 451-487.

Perridon, Louis/Steiner, Manfred, Finanzwirtschaft, 2007:
Finanzwirtschaft der Unternehmung, 14. Auflage, München 2007.

Petersen, Karl/Zwirner, Christian, Umbruch RegE, 2008:
Die deutsche Rechnungslegung und Prüfung im Umbruch – Veränderte Rahmenbedingungen durch die geplanten Reformen des Bilanzrechtsmodernisierungsgesetzes (BilMoG) gemäß dem Gesetzentwurf der Bundesregierung vom 21.05.2008 –, in: KoR 2008, Beilage 3 zu Heft 7/8, S. 1-36.

Pfaff, Dieter, Notwendigkeit, 1994:
Zur Notwendigkeit einer eigenständigen Kostenrechnung, in: zfbf 1994, S. 1065-1084.

Pfaff, Dieter, Kosteninformationen, 1995:
Der Wert von Kosteninformationen für die Verhaltenssteuerung in Unternehmen, in: zfbf-Sonderheft 34, 1995, S. 119-156.

Pfirmann, Armin/Schäfer, René, Steuerliche Implikationen, 2009:
Steuerliche Implikationen, in: Das neue deutsche Bilanzrecht – Handbuch zur Anwendung des Bilanzrechtsmodernisierungsgesetzes (BilMoG), hrsg. von Karlheinz Küting, Norbert Pfitzer und Claus-Peter Weber, 2. Auflage, Stuttgart 2009, S. 119-157.

Pfohl, Hans-Christian, Abgrenzung, 2006:
Abgrenzung der Klein- und Mittelbetriebe von Großbetrieben, in: Betriebswirtschaftslehre der Mittel- und Kleinbetriebe – Größenspezifische Probleme und Möglichkeiten zu ihrer Lösung, hrsg. von Hans-Christian Pfohl, 4. Auflage, Berlin 2006.

Pfuhl, Jörg, Kapitalflussrechnung, 2008:
Kapitalflussrechnung – Brücke zwischen HGB, US-GAAP und IFRS, in: Bilanz als Informations- und Kontrollinstrument – Kapitalmarktorientierte Rechnungslegung und integrierte Unternehmenssteuerung, hrsg. von Karlheinz Küting, Norbert Pfitzer und Claus-Peter Weber, Stuttgart 2008, S. 195-208.

Picot, Arnold, Theorien, 1991:
Ökonomische Theorien der Organisation – Ein Überblick über neuere Ansätze und deren betriebswirtschaftliches Anwendungspotential, in: Betriebswirtschaftslehre und ökonomische Theorie, hrsg. von Dieter Ordelheide, Bernd Rudolph und Elke Büsselmann, Stuttgart 1991, S. 143-170.

Poll, Jens, Stand, 2006:
Zum Stand des Projekts IFRS for SMEs, in: IRZ 2006, S. 83-86.

Popper, Karl, Forschung, 2005:
Logik der Forschung – Gesammelte Werke in deutscher Sprache, Band 3, hrsg. von Herbert Keuth, 11. Auflage, Tübingen 2005.

Pottgießer, Gaby, Einflüsse, 2006:
Einflüsse internationaler Standards auf die handelsrechtliche Rechnungslegung und die steuerrechtliche Gewinnermittlung – Kritische Analyse der Entwicklung des deutschen Bilanzierungssystems unter Berücksichtigung mittelständischer Unternehmen, Wiesbaden 2006.

Pottgießer, Gaby/Velte, Patrick/Weber, Stefan, Auftragsfertigung, 2005:
Die langfristige Auftragsfertigung nach IAS 11 – Ausgewählte bilanzpolitische Gestaltungsspielräume, Auswirkungen auf den Grundsatz der Verlässlichkeit nach IAS/IFRS und Berücksichtigung des aktuellen Arbeitsprojekts des IASB/FASB zur Ertragsrealisation (Revenue Recognition) –, in: KoR 2005, S. 310-318.

Preißler, Gerald, Prinzipienbasierung, 2002:
„Prinzipienbasierung" der IAS?, in: DB 2002, S. 2389-2395.

Rammert, Stefan/Thies, Angelika, Kapitalerhaltung und Besteuerung, 2009:
Mit dem Bilanzrechtsmodernisierungsgesetz zurück in die Zukunft – was wird aus Kapitalerhaltung und Besteuerung?, in: WPg 2009, S. 34-45.

Regierungskommission Corporate Governance, Bericht, 2001:
Bericht der Regierungskommission Corporate Governance: Unternehmensführung, Unternehmenskontrolle, Modernisierung des Aktienrechts, hrsg. von Theodor Baums, Köln 2001.

Rhiel, Raimund, Pensionsverpflichtungen, 2005:
Pensionsverpflichtungen im IFRS-Abschluss – Die Neuerungen in IAS 19 vom Dezember 2004, in: DB 2005, S. 293-297.

Rohlfing, Martina/Funck, Dirk, KMU, 2002:
Kleine und mittlere Unternehmen (KMU) – Kritische Diskussion quantitativer und qualitativer Definitionsansätze, IMS-Forschungsberichte Nr. 7, Göttingen 2002.

Roth, Oliver, Hintergründe, 2007:
IFRS für KMU – Hintergründe und Kritik zum ED-IFRS, in: DStR 2007, S. 1454-1458.

Ruhnke, Klaus, Rechnungslegung, 2008:
Rechnungslegung nach IFRS und HGB – Lehrbuch zur Theorie und Praxis der Unternehmenspublizität mit Beispielen und Übungen, 2. Auflage, Stuttgart 2008.

Ruhnke, Klaus/Nerlich, Christoph, Regelungslücken, 2004:
Behandlung von Regelungslücken innerhalb der IFRS, in: DB 2004, S. 389-395.

Sanio, Jochen, Enforcementsystem, 2008:
Das deutsche Enforcementsystem – Erfahrungen und Perspektiven für die Zukunft, in: Globale Finanzberichterstattung/Global Financial Reporting – Entwicklung, Anwendung und Durchsetzung von IFRS/Development, application and enforcement of IFRS, Festschrift für Liesel Knorr, hrsg. von Hans-Georg Bruns, Robert H. Herz, Heinz-Joachim Neubürger und Davie Tweedie, Stuttgart 2008, S. 515-528.

Sasse, Alexander/Riedrich, Timo, Kostensteuerung, 2004:
Kostensteuerung bei langlaufenden Projekten und langfristiger Fertigung, in: BBK 2004 (Fach 26, S. 1233-1240), S. 559-566.

Schaier, Sven, Konvergenz, 2007:
Konvergenz von internem und externem Rechnungswesen – Bedarf für eine Neustrukturierung des Rechnungswesens?, Wiesbaden 2007.

Scharpf, Paul, Hedge Accounting, 2004:
Hedge Accounting nach IAS 39: Ermittlung und bilanzielle Behandlung der Hedge (In)-Effektivität, in: KoR 2004, Beilage 1/2004, S. 3-22.

Scharpf, Paul/Schaber, Mathias, Banken und Nicht-Banken, 2008:
Handelsbestände an Finanzinstrumenten bei Banken und bei Nicht-Banken nach dem BilMoG, in: DB 2008, S. 2552-2558.

Scheffler, Eberhard, Wesentlichkeit, 2007:
Der Grundsatz der Wesentlichkeit bei Rechnungslegung und Bilanzkontrolle, in: Rechnungslegung und Wirtschaftsprüfung, Festschrift zum 70. Geburtstag von Jörg Baetge, hrsg. von Hans-Jürgen Kirsch und Stefan Thiele, Düsseldorf 2007, S. 505-530.

Schiebel, Alexander, Standardentwurf, 2008:
Der Standardentwurf „IFRS for SMEs" des IASB zur Entwicklung einer Rechnungslegung für den Mittelstand, in: IRZ 2008, S. 9-17.

Schierenbeck, Henner/Wöhle, Claudia B., Betriebswirtschaftslehre, 2008:
Grundzüge der Betriebswirtschaftslehre, 17. Auflage, München 2008.

Schildbach, Thomas, Auswirkungen, 1979:
Die Auswirkungen der Generalklausel des Artikel 2 der 4. EG-Richtlinie auf die Rechnungslegung der Aktiengesellschaften – Eine Analyse vor dem Hintergrund der Einzelvorschriften der 4. EG-Richtlinie –, in: WPg 1979, S. 277-286.

Schildbach, Thomas, Generalklausel, 1987:
Die neue Generalklausel für den Jahresabschluß von Kapitalgesellschaften – zur Interpretation des Paragraphen 264 Abs. 2 HGB, in: BFuP 1987, S. 1-15.

Schildbach, Thomas, Latente Steuern, 1998:
Latente Steuern auf permanente Differenzen und andere Kuriositäten – Ein Blick in das gelobte Land jenseits der Maßgeblichkeit, in: WPg 1998, S. 939-947.

Schildbach, Thomas, Rechnungslegungsstandards, 2002:
IAS als Rechnungslegungsstandards für alle, in: BFuP 2002, S. 263-278.

Schildbach, Thomas, Prinzipienorientierung, 2003:
Prinzipienorientierung – wirksamer Schutz gegen Enronitis?, in: BFuP 2003, S. 247-266.

Schildbach, Thomas, IFRS, 2007:
IFRS – Irre Führendes Rechnungslegungs-System, Teil 1 und Teil 2, in: IRZ 2007, S. 9-16 und S. 91-97.

Schildbach, Thomas, Jahresabschluss, 2008:
Der handelsrechtliche Jahresabschluss, 8. Auflage, Herne/Berlin 2008.

Schmalenbach, Eugen, GoB, 1933:
Grundsätze ordnungsmäßiger Bilanzierung, in: ZfhF 1933, S. 225-233.

Schmalenbach, Eugen, Bilanz, 1962:
Dynamische Bilanz, 13. Auflage, Köln/Opladen 1962.

Schmalenbach, Eugen, Kostenrechnung, 1963:
Kostenrechnung und Preispolitik, 8. Auflage, Köln/Opladen 1963.

Schmidt, Fritz, Die organische Bilanz, 1921:
Die organische Bilanz im Rahmen der Wirtschaft, Faksimile-Druck nach dem Original von 1921, Leipzig 1921 (Wiesbaden 1979).

Schmidt, Fritz, Tageswertbilanz, 1929:
Die organische Tageswertbilanz, 3. Auflage, Wiesbaden 1929.

Schmidt, Matthias/Pittroff, Esther/Klingels, Bernd, Finanzinstrumente, 2007:
Finanzinstrumente nach IFRS, München 2007.

Schneeloch, Dieter, Vorteilsvergleich, 2007:
Ltd. anstelle einer GmbH? – Ein Vorteilsvergleich, in: BFuP 2007, S. 197-216.

Schneeloch, Dieter, Besteuerung, 2008:
Betriebswirtschaftliche Steuerlehre, Band 1: Besteuerung, 5. Auflage, München 2008.

Schneeloch, Dieter, IFRS, 2008:
IFRS für alle Unternehmen?, in: Finanzierung, Investition und Entscheidung. Einzelwirtschaftliche Analysen zur Bank- und Finanzwirtschaft, Festschrift für Michael Bitz, hrsg. von Andreas Oehler und Udo Terstege, Wien 2008, S. 542-567.

Schneider, Dieter, Allgemeine Betriebswirtschaftslehre, 1987:
Allgemeine Betriebswirtschaftslehre, 3. Auflage, München/Wien 1987.

Schneider, Dieter, Rechnungswesen, 1997:
Betriebswirtschaftslehre, Band 2: Rechnungswesen, 2. Auflage, München/Wien 1997.

Schneider, Jürgen, Dokumentation, 2006:
Zur Dokumentation von Sicherungsgeschäften bei mittelständischen Unternehmen, in: PiR 2006, S. 168-174.

Schoenfeld, Armin, Bilanzierungsverhalten, 1988:
Das Bilanzierungsverhalten mittelständischer Unternehmen in der Rechtsform der GmbH – Eine empirische Untersuchung –, Ulm 1988.

Schön, Wolfgang, Maßgeblichkeit, 2005:
Steuerliche Maßgeblichkeit in Deutschland und Europa, Köln 2005.

Schorr, Gerhard/Walter, Karl-Friedrich, IFRS, 2006:
IFRS für den deutschen Mittelstand und Kreditfinanzierung, in: ZfgK 2006, S. 1090-1093.

Schruff, Lothar/Haaker, Andreas, Wahrscheinlichkeiten, 2007:
Zur zweckadäquaten Berücksichtigung von Wahrscheinlichkeiten im Rahmen der Rückstellungsbilanzierung nach IFRS, in: Rechnungslegung und Wirtschaftsprüfung, Festschrift zum 70. Geburtstag von Jörg Baetge, hrsg. von Hans-Jürgen Kirsch und Stefan Thiele, Düsseldorf 2007, S. 531-557.

Schulte-Mattler, Hermann/Manns, Thorsten, Basel II, 2004:
Basel II: Falscher Alarm für die Kreditkosten des Mittelstandes, in: Die Bank 2004, S. 376-380.

Schulze-Osterloh, Joachim, Einzelabschluß, 2004:
HGB-Reform: Der Einzelabschluß nicht kapitalmarktorientierter Unternehmen unter dem Einfluß von IAS/IFRS, in: BB 2004, S. 2567-2570.

Schulze-Osterloh, Joachim, Ausgewählte Änderungen, 2008:
Ausgewählte Änderungen des Jahresabschlusses nach dem Referentenentwurf eines Bilanzrechtsmodernisierungsgesetzes, in: DStR 2008, S. 63-73.

Schwarz, Christian, Derivative Finanzinstrumente, 2006:
Derivative Finanzinstrumente und hedge accounting – Bilanzierung nach HGB und IAS 39, Berlin 2006.

Schween, Carsten, Latente Steuern, 2007:
Tatsächliche und latente Steuern im IFRS-Standardentwurf für den Mittelstand, in: BB-Special 6/2007, S. 18-23.

Seicht, Gerhard, Bilanztheorien, 1982:
Bilanztheorien, Würzburg/Wien 1982.

Seidenschwarz, Werner, Target Costing, 1993:
Target Costing – Marktorientiertes Zielkostenmanagement, München 1993.

Senger, Thomas, Begleitung, 2007:
Begleitung mittelständischer Unternehmen bei der Umstellung der Rechnungslegung auf IFRS, in: WPg 2007, S. 412-422.

Sieben, Günter/Haase, Klaus Dittmar, Jahresabschlußrechnung, 1971:
Die Jahresabschlußrechnung als Informations- und Entscheidungsrechnung, in: WPg 1971, S. 53-57.

Siebler, Ute, Internationalisierung, 2008:
Internationalisierung der Rechnungslegung und deren Auswirkungen auf Handels- und Steuerbilanz nicht auf den geregelten Kapitalmarkt ausgerichteter Unternehmen, Berlin 2008.

Simon, Herman Veit, Die Bilanzen der Aktiengesellschaften, 1899:
Die Bilanzen der Aktiengesellschaften, 3. Auflage, Berlin 1899.

Simons, Dirk/Weißenberger, Barbara E., Konvergenz, 2008:
Die Konvergenz von externem und internem Rechnungswesen – Kritische Faktoren für die Entwicklung einer partiell integrierten Rechnungslegung aus theoretischer Sicht, in: BFuP 2008, S. 137-160.

Sittel, Thomas Christoph, Umgekehrte Maßgeblichkeit, 2003:
Der Grundsatz der umgekehrten Maßgeblichkeit – Beurteilung der Verbindung von Handels- und Steuerbilanz unter besonderer Berücksichtigung einer Internationalisierung der Rechnungslegung, Frankfurt a. M. et al. 2003.

Söffing, Günter, Maßgeblichkeitsgrundsatz, 1995:
Für und Wider den Maßgeblichkeitsgrundsatz, in: Rechenschaftslegung im Wandel, Festschrift für Wolfgang Dieter Budde, hrsg. von Gerhart Förschle, Klaus Kaiser und Adolf Moxter, München 1995, S. 635-673.

Solfrian, Gregor, Fertigungsaufträge, 2006:
Fertigungsaufträge, in: Rechnungslegung nach IFRS – Ein Handbuch für mittelständische Unternehmen, hrsg. von Norbert Winkeljohann, 2. Auflage, Herne/Berlin 2006, S. 208-218.

Solfrian, Gregor, Steuerabgrenzung, 2006:
Steuerabgrenzung, in: Rechnungslegung nach IFRS – Ein Handbuch für mittelständische Unternehmen, hrsg. von Norbert Winkeljohann, 2. Auflage, Herne/Berlin 2006, S. 237-245.

Stahl, Hans-Werner, Unternehmensergebnisse, 1999:
Unternehmensergebnisse im geschlossenen Rechenkreis, in: krp-Sonderheft 3/1999, S. 31-38.

Statistisches Bundesamt (Hrsg.), Methodenhandbuch, 2006:
Einführung des Standardkosten-Modells, Methodenhandbuch der Bundesregierung, Wiesbaden 2006.

Statistisches Bundesamt (Hrsg.), Statistisches Jahrbuch, 2008:
Statistisches Jahrbuch 2008 für die Bundesrepublik Deutschland, Wiesbaden 2008.

Streim, Hannes, Bilanzierung, 1988:
Grundzüge der handels- und steuerrechtlichen Bilanzierung, Stuttgart et al. 1988.

Streim, Hannes, Plädoyer, 1990:
Ein Plädoyer für die Einheitsbilanz, in: BFuP 1990, S. 527-545.

Streim, Hannes, Gerneralnorm, 1994:
Die Generalnorm des § 264 Abs. 2 HGB – Eine kritische Analyse, in: Bilanzrecht und Kapitalmarkt: Festschrift zum 65. Geburtstag von Prof. Dr. Dr. h. c. Dr. h. c. Adolf Moxter, hrsg. von Wolfgang Ballwieser, Hans-Joachim Böcking, Jochen Drukarczyk und Reinhard H. Schmidt, Düsseldorf 1994, S. 391-406.

Streim, Hannes/Bieker, Marcus/Esser, Maik, Vermittlung, 2003:
Vermittlung entscheidungsnützlicher Informationen durch Fair Values – Sackgasse oder Licht am Horizont?, in: BFuP 2003, S. 457-479.

Stützel, Wolfgang, Stille von Reserven, 1959:
Lob der Stille von Reserven?, in: ZfgK 1959, S. 460-461.

Stützel, Wolfgang, Bilanztheorie, 1967:
Bemerkungen zur Bilanztheorie, in: ZfB 1967, S. 314-340.

Theile, Carsten, Systematik, 2007:
Systematik der fair value-Ermittlung, in: PiR 2007, S. 1-8.

Theile, Carsten, BilMoG, 2008:
Bilanzrechtsmodernisierungsgesetz – Konsolidierte Textfassung, Kommentar, Änderungen beim Jahres- und Konzernabschluss, Herne/Berlin 2008.

Thiele, Stefan, Zeitbewertung, 2007:
Zeitbewertung und Rechnungslegungsgrundsätze – Hat der Fair Value eine Chance?, in: Rechnungslegung und Wirtschaftsprüfung, Festschrift zum 70. Geburtstag von Jörg Baetge, hrsg. von Hans-Jürgen Kirsch und Stefan Thiele, Düsseldorf 2007, S. 625-644.

Thiele, Stefan/von Keitz, Isabel/Brücks, Michael, Internationales Bilanzrecht, 2008:
Internationales Bilanzrecht – Rechnungslegung nach IFRS, Kommentar, hrsg. von Stefan Thiele, Isabel von Keitz und Michael Brücks, Bonn/Berlin 2008, Loseblattausgabe, Stand: Februar 2008.

Tipke, Klaus/Lang, Joachim, Steuerrecht, 2008:
Steuerrecht, 19. Auflage, Köln 2008.

Trageser, Christoph, IFRS, 2008:
IFRS im Mittelstand? Kosten-Nutzen-Analyse einer Rechnungslegungsumstellung, in: PiR 2008, S. 21-26.

Troßmann, Ernst/Baumeister, Alexander, Harmonisierung, 2005:
Harmonisierung von internem und externem Rechnungswesen durch die Fair Value-Bewertung?, in: Fair Value – Bewertung in Rechnungswesen, Controlling und Finanzwirtschaft, hrsg. von Hartmut Bieg und Reinhard Heyd, München 2005, S. 629-648.

Tubbesing, Günter, „A True and Fair View", 1979:
„A True and Fair View" im englischen Verständnis und 4. EG-Richtlinie, in: Die Aktiengesellschaft 1979, S. 91-95.

Ull, Thomas, Abschlusselemente, 2006:
Ergänzende Abschlusselemente, in: Rechnungslegung nach IFRS – Ein Handbuch für mittelständische Unternehmen, hrsg. von Norbert Winkeljohann, 2. Auflage, Herne/Berlin 2006, S. 363-386.

Ull, Thomas, IFRS, 2006:
IFRS in mittelständischen Unternehmen – Empfehlungen für die inhaltliche Ausgestaltung einer mittelstandsorientierten IFRS-Rechnungslegung, Wiesbaden 2006.

Urbain-Parleani, Isabelle, Frankreich, 2006:
Das Kapital der Aktiengesellschaft in Frankreich, in: ZGR-Sonderheft 17, 2006, S. 575-611.

Van Hulle, Karel, Bilanzrichtlinien, 2003:
Von den Bilanzrichtlinien zu International Accounting Standards, in: WPg 2003, S. 968-981.

Velte, Patrick, Harmonisierungspotenziale, 2006:
Harmonisierungspotenziale zwischen in- und externem Rechnungswesen bei der IAS/IFRS-Umstellung – Eine praxisorientierte Analyse am Beispiel langfristiger Fertigungsaufträge nach IAS 11 unter besonderer Berücksichtigung der Earned Value Methode, in: Steuer und Studium 2006, S. 565-569.

Velte, Patrick, Auswirkungen, 2008:
Auswirkungen des BilMoG-RefE auf die Informations- und Zahlungsbemessungsfunktion des handelsrechtlichen Jahresabschlusses – Würdigung ausgewählter novellierter Ansatz- und Bewertungsvorschriften unter besonderer Berücksichtigung kleiner und mittelständischer Unternehmen –, in: KoR 2008, S. 61-73.

Vesper, Alexander, Finanzinstrumente, 2007:
Die Bilanzierung von Finanzinstrumenten: Vereinfachung in Sicht?, in: Accounting 4/2007, S. 7-10.

Volk, Gerrit, Jahresabschlußadressaten, 1987:
Das Informationsinteresse der Jahresabschlußadressaten, in: BB 1987, S. 723-728.

Volk, Gerrit, Information, 1990:
Jahresabschluß und Information – Zur formalen Struktur des Jahresabschlusses einer Kapitalgesellschaft, Heidelberg 1990.

von Keitz, Isabel, Praxis, 2005:
Praxis der IASB-Rechnungslegung – Best practice von 100 IFRS-Anwendern, 2. Auflage, Stuttgart 2005.

von Keitz, Isabel/Stibi, Bernd, Rechnungslegung, 2004:
Rechnungslegung nach IAS/IFRS – auch ein Thema für den Mittelstand?, in: KoR 2004, S. 423-429.

Wagenhofer, Alfred, Zusammenwirken, 2006:
Zusammenwirken von Controlling und Rechnungslegung nach IFRS, in: Controlling und IFRS-Rechnungslegung – Konzepte, Schnittstellen, Umsetzung, hrsg. von Alfred Wagenhofer, Berlin 2006.

Wagenhofer, Alfred, Bilanzierung, 2008:
Bilanzierung & Bilanzanalyse – Eine aktuelle und umfassende Einführung in die Bilanz, 9. Auflage, Wien 2008.

Wagenhofer, Alfred, Fair Value-Bewertung, 2008:
Fair Value-Bewertung: Führt sie zu einer nützlicheren Finanzberichterstattung?, in: zfbf 2008, S. 185-194.

Wagenhofer, Alfred, Internationale Rechnungslegungsstandards, 2009:
Internationale Rechnungslegungsstandards – IAS/IFRS, Grundlagen und Grundsätze, Bilanzierung, Bewertung und Angaben, Umstellung und Analyse, 6. Auflage, München 2009.

Wagenhofer, Alfred/Ewert, Ralf, Externe Unternehmensrechnung, 2007:
Externe Unternehmensrechnung, 2. Auflage, Berlin et al. 2007.

Wala, Thomas/Knoll, Leonhard/Messner, Stephanie, Vor- und Nachteile, 2007:
Vor- und Nachteile einer Integration von internem und externem Rechnungswesen auf Basis der IFRS – Teil I und II, in: DStR 2007, S. 1834-1838 und S. 1881-1883.

Walb, Ernst, Erfolgsrechnung, 1926:
Die Erfolgsrechnung privater und öffentlicher Betriebe: Eine Grundlegung, Berlin/ Wien 1926.

Walb, Ernst, Finanzwirtschaftliche Bilanz, 1966:
Finanzwirtschaftliche Bilanz, 3. Auflage, Wiesbaden 1966.

Wallau, Frank, Mittelstand, 2005:
Mittelstand in Deutschland: Vielzitiert, aber wenig bekannt, in: Mittelstand in Lehre und Praxis? Beiträge zur mittelständischen Unternehmensführung und zur Betriebswirtschaftslehre mittelständischer Unternehmen, hrsg. von Hetmar Wilbert, Friedrich Meyer, Frank Wallau und Jörg Wiese, Aachen 2005, S. 1-15.

Walter, Antje, Ertragsteuern, 2005:
Tatsächliche und latente Ertragsteuern, in: Rechnungslegung für Banken nach IFRS – Praxisorientierte Einzeldarstellungen, hrsg. von Edgar Löw, 2. Auflage, Wiesbaden 2005, S. 841-866.

Wälzholz, Eckhard, Insolvenzrechtliche Behandlung, 2007:
Die insolvenzrechtliche Behandlung haftungsbeschränkter Gesellschaften nach der Reform durch das MoMiG, in: DStR 2007, S. 1914-1921.

Watrin, Christoph/Strohm, Christiane, Paradigmenwechsel, 2006:
Principles-Based Accounting Standards – Paradigmenwechsel der US-Rechnungslegung?, in: KoR 2006, S. 123-127.

Weber-Grellet, Heinrich, Zielsetzung der Steuerbilanz, 1994:
Maßgeblichkeitsschutz und eigenständige Zielsetzung der Steuerbilanz, in: DB 1994, S. 288-291.

Weber-Grellet, Heinrich, Maßgeblichkeitsgrundsatz, 1999:
Der Maßgeblichkeitsgrundsatz im Lichte aktueller Entwicklungen, in: BB 1999, S. 2659-2666.

Weigl, Roland/Weber, Hans-Georg/Costa, Martin, Rückstellungen, 2009:
Bilanzierung von Rückstellungen nach dem BilMoG, in: BB 2009, S. 1062-1066.

Weißenberger, Barbara E., Integrierte Rechnungslegung, 2004:
Integrierte Rechnungslegung und Unternehmenssteuerung: Bedarf an kalkulatorischen Erfolgsgrößen auch unter IFRS?, in: ZfCM-Sonderheft 2/2004, S. 72-77.

Weißenberger, Barbara E./Angelkort, Hendrik, IFRS-Rechnungslegung, 2007:
IFRS-Rechnungslegung und Controlling, in: IFRS-Management, hrsg. von Reinhard Heyd und Isabel von Keitz, München 2007, S. 409-437.

Weißenberger, Barbara E./Stahl, Anne B./Vorstius, Sven, Umstellung, 2004:
Die Umstellung auf internationale Rechnungslegungsgrundsätze – Wunsch und Wirklichkeit in deutschen Unternehmen, in: KoR 2004, S. 5-16.

Wetzel, André, Kapitalmarkt, 2003:
Kapitalmarkt und Mittelstand – Ergebnisse einer Umfrage nicht börsennotierter Unternehmen in Deutschland, Studien des Deutschen Aktieninstituts, Heft 24, Frankfurt a. M. 2003.

Wiedmann, Harald/Beiersdorf, Kati/Schmidt, Martin, IFRS im Mittelstand, 2007:
IFRS im Mittelstand vor dem Hintergrund des Entwurfes eines IFRS für KMU, in: BFuP 2007, S. 326-345.

Winkeljohann, Norbert/Solfrian, Gregor, Basel II, 2003:
Basel II – Neue Herausforderungen für den Mittelstand und seine Berater, in: DStR 2003, S. 88-92.

Winkeljohann, Norbert/Ull, Thomas, Aktueller Stand, 2004:
IAS/IFRS im Mittelstand, Aktueller Stand – Kosten/Nutzen – Praxisberichte zur Umstellung: Ein Tagungsbericht, in: KoR 2004, S. 430-434.

Winkeljohann, Norbert/Ull, Thomas, Relevanz, 2006:
Determinanten einer zunehmenden Relevanz der IFRS für mittelständische Unternehmen, in: IFRS für den Mittelstand, Perspektiven – Anwendung – Praxisberichte, hrsg. von Norbert Winkeljohann und Norbert Herzig, Stuttgart 2006.

Winnefeld, Robert, Bilanz-Handbuch, 2006:
Bilanz-Handbuch – Handels- und Steuerbilanz, Rechtsformspezifisches Bilanzrecht, Bilanzielle Sonderfragen, Sonderbilanzen, IFRS/IAS/US-GAAP, 4. Auflage, München 2006.

Woerner, Lothar, Gewinnrealisierung, 1988:
Die Gewinnrealisierung bei schwebenden Geschäften, in: BB 1988, S. 769-777.

Wöhe, Günter, Bilanzierung, 1997:
Bilanzierung und Bilanzpolitik, 9. Auflage, München 1997.

Wollmert, P./Achleitner, A.-K., Konzeptionelle Grundlagen, 1997:
Konzeptionelle Grundlagen der IAS-Rechnungslegung, Teil I und Teil II, in: WPg 1997, S. 209-222 und S. 245-256.

Wolter, Hans-Jürgen/Hauser, Hans-Eduard, Bedeutung, 2001:
Die Bedeutung des Eigentümerunternehmens in Deutschland – Eine Auseinandersetzung mit der qualitativen und quantitativen Definition des Mittelstands, in: Jahrbuch zur Mittelstandsforschung 1/2001, hrsg. vom IfM Bonn, Wiesbaden 2001, S. 25-77.

Woywode, Uwe, Wörterbuch, 2000:
Wörterbuch Rechnungslegung und Steuern – einschließlich wichtiger Rechts- und Finanzterminologie – Deutsch/Englisch – Englisch/Deutsch, hrsg. von PricewaterhouseCoopers, Frankfurt a. M. 2000.

Wüstemann, Jens/Bischof, Jannis/Kierzek, Sonja, Gläubigerschutzkonzeptionen, 2007:
Internationale Gläubigerschutzkonzeptionen, in: BB-Special 5/2007, S. 13-19.

Wüstemann, Jens/Kierzek, Sonja, Bilanztheoretische Erkenntnisse, 2007:
IFRS als neues Bilanzrecht für den Mittelstand? – Bilanztheoretische Erkenntnisse und Würdigung der IFRS in ihrem Lichte, in: BFuP 2007, S. 358-375.

Yoshida, Takeshi, GoB, 1976:
Methode und Aufgabe der Ermittlung der Grundsätze ordnungsmäßiger Buchführung, in: Bilanzfragen, Festschrift zum 65. Geburtstag von Prof. Dr. Ulrich Leffson, hrsg. von Jörg Baetge, Adolf Moxter und Dieter Schneider, Düsseldorf 1976, S. 49-63.

Zabel, Martin/Cairns, David, Vereinfachte IFRS, 2005:
Vereinfachte IFRS für ausgewählte Unternehmen des Mittelstands – Ein Diskussionsbeitrag und eine Bestandsaufnahme zu Bedeutung, Prozess und Lösungsansätzen des IASB-Projekts „Accounting Standards for Small and Medium-sized Entities" –, in: KoR 2005, S. 207-216.

Zeitler, Franz-Christoph, Entwicklungslinien, 2001:
Internationale Entwicklungslinien der Bankenaufsicht – Praktische Auswirkungen und rechtliche Funktion der Baseler Eigenkapitalübereinkunft –, in: WM 2001, S. 1397-1401.

Ziegler, Hasso, Neuorientierung, 1994:
Neuorientierung des internen Rechnungswesens für das Unternehmens-Controlling im Hause Siemens, in: zfbf 1994, S. 175-188.

Zimmermann, Jochen/Schilling, Sebastian, Änderungen IAS 19, 2004:
Änderungen der Bilanzierung von Pensionsverpflichtungen nach IAS 19 und deren Wirkung auf die Jahresabschlüsse deutscher Unternehmen, in: KoR 2004, S. 485-491.

Literaturverzeichnis

Zülch, Henning, GuV, 2006:
Die Gewinn- und Verlustrechnung (GuV), in: Rechnungslegung nach IFRS – Ein Handbuch für mittelständische Unternehmen, hrsg. von Norbert Winkeljohann, 2. Auflage, Herne/Berlin 2006, S. 278-310.

Zülch, Henning/Hoffmann, Sebastian, Würdigung, 2008:
Analyse und Würdigung der Stimmung zum BilMoG im Deutschen Bundestag, in: DB 2008, S. 2261-2263.

Zündorf, Horst, Bewertungswahlrechte, 2009:
Bewertungswahlrechte, in: Das neue deutsche Bilanzrecht – Handbuch zur Anwendung des Bilanzrechtsmodernisierungsgesetzes (BilMoG), hrsg. von Karlheinz Küting, Norbert Pfitzer und Claus-Peter Weber, 2. Auflage, Stuttgart 2009, S. 101-114.

Verzeichnis der Verordnungen, Empfehlungen und Richtlinien sowie Mitteilungen, Vorschläge und Kommentare der Europäischen Union

Verordnungen

Verordnung (EG) Nr. 1606/2002 des Europäischen Parlaments und des Rates vom 19. Juli 2002
betreffend die Anwendung internationaler Rechnungslegungsstandards, ABl. L 243 vom 11.09.2002, S. 1-4.

Verordnung (EG) Nr. 2238/2004 der Kommission vom 29. Dezember 2004
zur Änderung der Verordnung (EG) Nr. 1725/2003 betreffend die Übernahme bestimmter internationaler Rechnungslegungsstandards in Übereinstimmung mit der Verordnung (EG) Nr. 1606/2002 des Europäischen Parlaments und des Rates betreffend IFRS 1 und IAS Nrn. 1 bis 10, 12 bis 17, 19 bis 24, 27 bis 38, 40 und 41 und SIC Nrn. 1 bis 7, 11 bis 14, 18 bis 27 und 30 bis 33, ABl. L 394 vom 31.12.2004, S. 1-175.

Verordnung (EG) Nr. 1864/2005 der Kommission vom 15. November 2005
zur Änderung der Verordnung (EG) Nr. 1725/2003 betreffend die Übernahme bestimmter internationaler Rechnungslegungsstandards in Übereinstimmung mit der Verordnung (EG) Nr. 1606/2002 des Europäischen Parlaments und des Rates im Hinblick auf die Einfügung von „International Financial Reporting Standard" (IFRS) 1 und der „International Accounting Standards" (IAS) 32 und 39, ABl. L 299 vom 16.11.2005, S. 45-57.

Verordnung (EG) Nr. 800/2008 der Kommission vom 6. August 2008
zur Erklärung der Vereinbarkeit bestimmter Gruppen von Beihilfen mit dem Gemeinsamen Markt in Anwendung der Artikel 87 und 88 EG-Vertrag (allgemeine Gruppenfreistellungsverordnung), ABl. L 214 vom 09.08.2008, S. 3-47.

Verordnung (EG) Nr. 1004/2008 der Kommission vom 15. Oktober 2008
zur Änderung der Verordnung (EG) Nr. 1725/2003 betreffend die Übernahme bestimmter internationaler Rechnungslegungsstandards in Übereinstimmung mit der Verordnung (EG) Nr. 1606/2002 des Europäischen Parlaments und des Rates im Hinblick auf International Accounting Standard (IAS) 39 und International Financial Reporting Standard (IFRS) 7, ABl. L 275 vom 16.10.2008, S. 37-41.

Verordnung (EG) Nr. 1260/2008 der Kommission vom 10. Dezember 2008
zur Änderung der Verordnung (EG) Nr. 1126/2008 betreffend die Übernahme bestimmter internationaler Rechnungslegungsstandards in Übereinstimmung mit der Verordnung (EG) Nr. 1606/2002 des Europäischen Parlaments und des Rates im Hinblick auf International Accounting Standards (IAS) 23, ABl. L 338 vom 17.12.2008, S. 10-16.

Verordnung (EG) Nr. 1274/2008 der Kommission vom 17. Dezember 2008
zur Änderung der Verordnung (EG) Nr. 1126/2008 betreffend die Übernahme bestimmter internationaler Rechnungslegungsstandards in Übereinstimmung mit der Verordnung (EG) Nr. 1606/2002 des Europäischen Parlaments und des Rates im Hinblick auf International Accounting Standard (IAS) 1, ABl. L 339 vom 18.12.2008, S. 3-44.

Verordnung (EG) Nr. 495/2009 der Kommission vom 3. Juni 2009
zur Änderung der Verordnung (EG) Nr. 1126/2008 zur Übernahme bestimmter internationaler Rechnungslegungsstandards gemäß der Verordnung (EG) Nr. 1606/2002 des Europäischen Parlaments und des Rates im Hinblick auf International Financial Reporting Standards (IFRS) 3, ABl. L 149 vom 12.06.2009, S. 22-59.

Empfehlungen und Richtlinien

Empfehlung 2003/361/EG der Kommission vom 6. Mai 2003
betreffend die Definition der Kleinstunternehmen sowie der kleinen und mittleren Unternehmen, ABl. L 124 vom 20.05.2003, S. 36-41.

Richtlinie 2001/65/EG des Europäischen Parlaments und des Rates vom 27. September 2001
zur Änderung der Richtlinien 78/660/EWG, 83/349/EWG und 86/635/EWG des Rates im Hinblick auf die im Jahresabschluss bzw. im konsolidierten Abschluss von Gesellschaften bestimmter Rechtsformen und von Banken und anderen Finanzinstituten zulässigen Wertansätze, ABl. L 283 vom 27.10.2001, S. 28-32.

Richtlinie 2003/38/EG des Rates vom 13. Mai 2003
zur Änderung der Richtlinie 78/660/EWG über den Jahresabschluss von Gesellschaften bestimmter Rechtsformen hinsichtlich der in Euro ausgedrückten Beträge, ABl. L 120 vom 15.05.2003, S. 22-23.

Richtlinie 2003/51/EG des Europäischen Parlaments und des Rates vom 18. Juni 2003
zur Änderung der Richtlinie 78/660/EWG, 86/635/EWG und 91/674/EWG über den Jahresabschluss und den konsolidierten Abschluss von Gesellschaften bestimmter Rechtsformen von Banken und anderen Finanzinstituten sowie von Versicherungsunternehmen, ABl. L 178 vom 17.07.2003, S. 16-22.

Richtlinie 2006/46/EG des Europäischen Parlaments und des Rates vom 14. Juni 2006
zur Änderung der Richtlinien des Rates 78/660/EWG über den Jahresabschluss von Gesellschaften bestimmter Rechtsformen, 83/349/EWG über den konsolidierten Abschluss, 86/635/EWG über den Jahresabschluss und den konsolidierten Abschluss von Banken und anderen Finanzinstituten und 91/674/EWG über den Jahresabschluss und den konsolidierten Abschluss von Versicherungsunternehmen, ABl. L 224 vom 16.08.2006, S. 1-7.

Siebente Richtlinie 83/349/EWG des Rates vom 13. Juni 1983
aufgrund von Artikel 54 Absatz 3 Buchstabe g) des Vertrages über den konsolidierten Abschluß, ABl. L 193 vom 18.07.1983, S. 1-17.

Vierte Richtlinie 78/660/EWG des Rates vom 25. Juli 1978
aufgrund von Artikel 54 Absatz 3 Buchstabe g) des Vertrages über den Jahresabschluß von Gesellschaften bestimmter Rechtsformen, ABl. L 222 vom 14.08.1978, S. 11-31.

Zweite Richtlinie 77/91/EWG des Rates vom 13. Dezember 1976
zur Koordinierung der Schutzbestimmungen, die in den Mitgliedstaaten den Gesellschaften im Sinne des Artikels 58 Absatz 2 des Vertrages im Interesse der Gesellschafter sowie Dritter für die Gründung der Aktiengesellschaft sowie für die Erhaltung und Änderung ihres Kapitals vorgeschrieben sind, um diese Bestimmungen gleichwertig zu gestalten, Abl. L 026 vom 31.01.1977, S. 1-13.

Mitteilungen, Vorschläge und Kommentare

COM 95 (508) von November 1995
Mitteilung der Kommission zur Harmonisierung auf dem Gebiet der Rechnungslegung: Eine neue Strategie im Hinblick auf die internationale Harmonisierung.

EU-Kommission, Kommentare, 2002
Kommentare zu bestimmten Artikeln der Verordnung (EG) Nr. 1606/2002 des Europäischen Parlaments und des Rates vom 19. Juli 2002 betreffend die Anwendung internationaler Rechnungslegungsstandards und zur Vierten Richtlinie 78/660/EWG des Rates vom 25. Juli 1978 sowie zur Siebenten Richtlinie 83/349/EWG des Rates vom 13. Juni 1983 über Rechnungslegung, 2002, abgedruckt in: International Financial Reporting Standards IFRS einschließlich International Accounting Standards IAS und Interpretationen. Die amtlichen EU-Texte Englisch-Deutsch, hrsg. vom Institut der Wirtschaftsprüfer in Deutschland e. V., 5. Auflage, Düsseldorf 2009, S. 43-67.

KOM(2000) 359 endgültig vom 13.06.2000
Mitteilung der Kommission an den Rat und das Europäische Parlament – Rechnungslegungsstrategie der EU: Künftiges Vorgehen, 2000, Kommission der Europäischen Gemeinschaften.

KOM(2001) 582 endgültig vom 23.10.2001
Mitteilung der Kommission an den Rat, das Europäische Parlament und den Wirtschafts- und Sozialausschuss – Ein Binnenmarkt ohne steuerliche Hindernisse, Strategie zur Schaffung einer konsolidierten Körperschaftsteuer-Bemessungsgrundlage für die grenzüberschreitende Unternehmenstätigkeit in der EU, 2001, Kommission der Europäischen Gemeinschaften.

KOM(2001) 80 endgültig vom 13.02.2001
Vorschlag für eine Verordnung des Europäischen Parlaments und des Rates betreffend die Anwendung internationaler Rechnungslegungsgrundsätze, 2001, Kommission der Europäischen Gemeinschaften.

KOM(2003) 284 endgültig vom 21.05.2003
Mitteilung der Kommission an den Rat und das Europäische Parlament – Modernisierung des Gesellschaftsrechts und Verbesserung der Corporate Governance in der Europäischen Union – Aktionsplan, 2003, Kommission der Europäischen Gemeinschaften.

KOM(2003) 726 endgültig vom 24.11.2003
Mitteilung der Kommission an den Rat, das Europäische Parlament und den Europäischen Wirtschafts- und Sozialausschuss – Ein Binnenmarkt ohne unternehmenssteuerliche Hindernisse. Ergebnisse, Initiativen, Herausforderungen, 2003, Kommission der Europäischen Gemeinschaften.

KOM(2005) 702 endgültig vom 23.12.2005
Mitteilung der Kommission an den Rat, das Europäische Parlament und den Europäischen Wirtschafts- und Sozialausschuss – Sitzlandbesteuerung – Skizzierung eines möglichen Pilotprojekts zur Beseitigung unternehmenssteuerlicher Hindernisse für kleine und mittlere Unternehmen im Binnenmarkt [...], 2005, Kommission der Europäischen Gemeinschaften.

KOM(2006) 157 endgültig vom 05.04.2006
Mitteilung der Kommission an den Rat, das Europäische Parlament und den Europäischen Wirtschafts- und Sozialausschuss – Umsetzung des Lissabon-Programms der Gemeinschaft: Bisherige Fortschritte und weitere Schritte zu einer gemeinsamen, konsolidierten Körperschaftsteuer-Bemessungsgrundlage (GKKB), 2006, Kommission der Europäischen Gemeinschaften.

KOM(2007) 223 endgültig vom 02.05.2007
Mitteilung der Kommission an das Europäische Parlament, den Rat und den Europäischen Wirtschafts- und Sozialausschuss – Umsetzung des Programms der Gemeinschaft für mehr Wachstum und Beschäftigung und eine Steigerung der Wettbewerbsfähigkeit von EU-Unternehmen: Weitere Fortschritte im Jahr 2006 und nächste Schritte zu einem Vorschlag einer gemeinsamen konsolidierten Körperschaftsteuer-Bemessungsgrundlage (GKKB), 2007, Kommission der Europäischen Gemeinschaften.

KOM(2007) 394 endgültig vom 10.07.2007
Mitteilung der Kommission über ein vereinfachtes Unternehmensumfeld in den Bereichen Gesellschaftsrecht, Rechnungslegung und Abschlussprüfung, 2007, Kommission der Europäischen Gemeinschaften.

KOM(2009) 83 endgültig vom 26.02.2009
Vorschlag für eine Richtlinie des Europäischen Parlaments und des Rates zur Änderung der Richtlinie 78/660/EWG des Rates über den Jahresabschluss von Gesellschaften bestimmter Rechtsformen im Hinblick auf Kleinstunternehmen, 2009, Kommission der Europäischen Gemeinschaften.

P6_TA(2008) 0183 endgültig vom 24.04.2008
Entschließung des Europäischen Parlaments vom 24. April 2008 zu den Internationalen Rechnungslegungsstandards (IFRS) und der Leitung des „International Accounting Standards Board" (IASB).

Verzeichnis der Gesetze, Artikelgesetze, Parlamentaria, Verwaltungsanweisungen und Urteile

Gesetze

AktG: Aktiengesetz vom 06.09.1965, BGBl I 1965, S. 1089, zuletzt geändert durch Art. 5 Bilanzrechtsmodernisierungsgesetz vom 25.05.2009, BGBl I 2009, S. 1102.

BGB: Bürgerliches Gesetzbuch in der Fassung der Bekanntmachung vom 02.01.2002, BGBl I 2002, S. 42, ber. BGBl I 2002, S. 2909 und BGBl I 2003, S. 738, zuletzt geändert durch Art. 3 Gesetz zur Strukturreform des Versorgungsausgleichs vom 03.04.2009, BGBl I 2009, S. 700.

EStG: Einkommensteuergesetz in der Fassung der Bekanntmachung vom 19.10.2002, BGBl I 2002, S. 4210, ber. BGBl I 2003, S. 179, zuletzt geändert durch Art. 3 Bilanzrechtsmodernisierungsgesetz vom 25.05.2009, BGBl I 2009, S. 1102.

GenG: Gesetz betreffend die Erwerbs- und Wirtschaftsgenossenschaften in der Fassung der Bekanntmachung vom 16.10.2006, BGBl I 2006, S. 2230, zuletzt geändert durch Art. 10 Bilanzrechtsmodernisierungsgesetz vom 25.05.2009, BGBl I 2009, S. 1102.

GmbHG: Gesetz betreffend die Gesellschaften mit beschränkter Haftung in der Fassung der Bekanntmachung vom 20.05.1898, RGBl 1898, S. 846, zuletzt geändert durch Art. 8 Bilanzrechtsmodernisierungsgesetz vom 25.05.2009, BGBl I 2009, S. 1102.

HGB: Handelsgesetzbuch vom 10.05.1897, RGBl 1897, S. 219, zuletzt geändert durch Art. 1 Bilanzrechtsmodernisierungsgesetz vom 25.05.2009, BGBl I 2009, S. 1102.

InsO: Insolvenzordnung vom 05.10.1994, BGBl I 1994, S. 2866, zuletzt geändert durch Art. 9 Gesetz zur Modernisierung des GmbH-Rechts und zur Bekämpfung von Missbräuchen vom 23.10.2008, BGBl I 2008, S. 2026.

KWG: Gesetz über das Kreditwesen in der Fassung der Bekanntmachung vom 09.09.1998, BGBl I 1998, S. 2776, zuletzt geändert durch Art. 2 Gesetz zur Fortentwicklung des Pfandbriefrechts vom 20.03.2009, BGBl I 2009, S. 607.

PublG: Gesetz über die Rechnungslegung von bestimmten Unternehmen und Konzernen (Publizitätsgesetz – PublG) vom 15.08.1969, BGBl I 1969, S. 1189, ber. BGBl I 1970, S. 1113, zuletzt geändert durch Art. 4 Bilanzrechtsmodernisierungsgesetz vom 25.05.2009, BGBl I 2009, S. 1102.

UStG: Umsatzsteuergesetz in der Fassung der Bekanntmachung vom 21.02.2005, BGBl I 2005, S. 386, zuletzt geändert durch Art. 8 Steuerbürokratieabbaugesetz vom 21.12.2008, BGBl I 2008, S. 2850.

Artikelgesetze

Gesetz über elektronische Handelsregister und Genossenschaftsregister sowie das Unternehmensregister (EHUG) vom 10. November 2006, BGBl I 2006, S. 2553-2586.

Gesetz zur Durchführung der Vierten, Siebten und Achten Richtlinie des Rates der Europäischen Gemeinschaften zur Koordinierung des Gesellschaftsrechts (Bilanzrichtlinien-Gesetz – BiRiLiG) vom 19. Dezember 1985, BGBl I 1985, S. 2355-2433.

Gesetz zur Einführung internationaler Rechnungslegungsstandards und zur Sicherung der Qualität der Abschlussprüfung (Bilanzrechtsreformgesetz – BilReG) vom 4. Dezember 2004, BGBl I 2004, S. 3166-3182.

Gesetz zur Fortsetzung der Unternehmenssteuerreform vom 29. Oktober 1997, BGBl I 1997, S. 2590-2600.

Gesetz zur Kontrolle von Unternehmensabschlüssen (Bilanzkontrollgesetz – BilKoG) vom 15. Dezember 2004, BGBl I 2004, S. 3408-3415.

Gesetz zur Modernisierung des Bilanzrechts (Bilanzrechtsmodernisierungsgesetz – BilMoG) vom 25. Mai 2009, BGBl I 2009, S. 1102-1137.

Gesetz zur Modernisierung des GmbH-Rechts und zur Bekämpfung von Missbräuchen (MoMiG) vom 23. Oktober 2008, BGBl I 2008, S. 2026-2047.

Steuerentlastungsgesetz 1999/2000/2002 vom 24.03.1999, BGBl I 1999, S. 402-496.

Parlamentaria

Beschlußempfehlung und Bericht des Rechtsausschusses (6. Ausschuß) zu dem von der Bundesregierung eingebrachten Entwurf eines Gesetzes zur Durchführung der Vierten Richtlinie des Rates der Europäischen Gemeinschaften zur Koordinierung des Gesellschaftrechts (Bilanzrichtlinien-Gesetz) – Drucksache 10/317 –, Entwurf eines Gesetzes zur Durchführung der Siebenten und Achten Richtlinie des Rates der Europäischen Gemeinschaften zur Koordinierung des Gesellschaftsrechts – Drucksache 10/3440 –, BT-Drucks. 10/4268 vom 18.11.1985.

Beschlussempfehlung und Bericht des Rechtsausschusses (6. Ausschuss) zu dem Gesetzentwurf der Bundesregierung – Drucksache 16/10067 –, Entwurf eines Gesetzes zur Modernisierung des Bilanzrechts (Bilanzrechtsmodernisierungsgesetz – BilMoG), BT-Drucks. 16/12407 vom 24.03.2009.

Entwurf eines Gesetzes zur Einführung internationaler Rechnungslegungsstandards und zur Sicherung der Qualität der Abschlussprüfung (Bilanzrechtsreformgesetz – BilReG), BT-Drucks. 15/3419 vom 26.06.2004.

Entwurf eines Gesetzes zur Modernisierung des Bilanzrechts (Bilanzrechtsmodernisierungsgesetz – BilMoG), BT-Drucks. 16/10067 vom 30.07.2008, S. 1-124.

Entwurf eines Steuerentlastungsgesetzes 1999/2000/2002, BT-Drucks. 14/23 vom 09.11.1998.

Gesetzesbeschluss des Deutschen Bundestages – Gesetz zur Modernisierung des Bilanzrechts (Bilanzrechtsmodernisierungsgesetz – BilMoG), BR-Drucks. 270/09 vom 27.03.2009.

Verwaltungsanweisungen

BdF-Schreiben vom 23.12.1991, IV B 2 – S 2170 – 115/91, betr.: Ertragsteuerliche Behandlung von Teilamortisations-Leasing-Verträgen über unbewegliche Wirtschaftsgüter, in: BStBl I 1992, S. 13.

Urteile

ROHG, Entscheidung vom 03.12.1873 – Rep. 934/73, in: ROHG Band 12, S. 15-23.

BGH-Urteil vom 01.03.1982, II ZR 23/81, DB 1982, S. 1922.

Urteil des LG Frankfurt a. M. vom 03.05.2001, 3/6 O 135/00, DB 2001, S. 1483.